국부론〔하〕

국부론(하)

2007년 12월 29일 개역초판 1쇄 발행
2025년 4월 30일 개역초판 22쇄 발행

저 자 / 애덤스미스
역 자 / 김수행
발행인 / 박기봉
발행처 / **비봉출판사**
서울 금천구 가산디지털2로 98, 2-808(가산동, IT캐슬)
TEL. 2082-7444 FAX. 2082-7449
bbongbooks@hanmail.net
등록번호 2007-43 (1980년 5월 23일)

ISBN 978-89-376-0359-4 (전2권)
978-89-376-0361-7 94320

정가 25,000원

〈개역판〉

국부론〔하〕

An Inquiry Into
The Nature and Causes of
The Wealth of Nations

Adam Smith 저
김수행 역

비봉출판사

일러두기

1 번역에는 다음의 책들을 이용했다.

R. H. Campbell & A. S. Skinner, eds., An Inquiry into the Nature and Causes of the Wealth of Nations (Oxford: Oxford University Press, 1976).
Edwin Cannan 版, Volume I & II (London: Methuen & Co., 1904).
Edwin Cannan 版, Modern Library Version (New York: Random House, 1994).
竹内謙二 譯,『國富論』(上)(中)(下) (東京: 千倉書房, 1981).
大內兵衛 · 松川七郎 譯,『諸國民の富』(東京: 岩波書店, 1969).
楊敬年 譯,『國富論』(中國: 陝西人民出版社, 2001).
崔壬煥 譯,『國富論』(서울: 乙酉文化社, 1970).
金秀行 譯,『國富論』(서울: 東亞出版社, 1992).
楊敬年譯,『國富論』(中國: 陝西人民出版社, 2000).
唐日松等譯,『國富論』(中國: 華夏出版社, 2005).

2 스미스 자신의 주(註)는 *로 달았다. 본문 중의 ( )는 스미스 자신의 것이다.

3 역자의 주는 짧은 경우에는 본문 중에 〔 〕로 달았고, 긴 경우에는 1, 2, 3… 번호를 붙여 본문 하단에 달았다.

4 본문 각 문장의 앞에 있는 요약문은 캐넌 판에 의거했다.

차 례

제 4편 정치경제학의 학설체계 (계속)

제 5편 국왕 또는 국가의 수입

(이상 하권)

 -차 례-

제 2편 자본의 성질 · 축적 · 사용

제 3편 각국의 상이한 국부증진 과정

제 4편 정치경제학의 학설체계

(이상 상권)

제 4 편

정치경제학의 학설체계(계속)

제 6장 통상조약

제 7장 식민지

제 8장 중상주의에 대한 결론

제 9장 중농주의, 즉 토지생산물이 한 나라의 소득과 부의 유일한 원천 또는 주된 원천이라고 말하는 경제학설

“속담에도 「쉽게 들어온 돈은 쉽게 나간다(Light come light go)」는 말이 있다. 보통의 소비풍조는 어디서나 소비할 수 있는 진정한 능력에 따라 정해진다기보다는 소비할 돈을 얼마나 쉽게 벌 수 있는가에 따라 결정되는 것 같다.” -제 4편 제 7장 (p.756)-

“소비야말로 모든 생산활동의 유일한 목표이자 목적이며, 생산자의 이익은 소비자의 이익을 증진시키는 데 필요한 한에서만 고려되어야 한다. 이런 명제는 더없이 자명한 것으로서, 이를 증명하려고 하는 것은 어리석은 일이다. 그러나 중상주의에서는 소비자의 이익이 거의 언제나 생산자의 이익에 희생되고 있으며, 중상주의는 소비가 아니라 생산을 모든 상공업의 궁극적인 목표이자 목적으로 삼고 있는 듯이 보인다.” -제 4편 제 8장(p.814)-

“자연적 자유의 제도 하에서는 국왕은 오직 세 가지의 의무에 유의해야 한다. 그 세 가지 의무란, 첫째 사회를 다른 독립사회의 폭력·침략으로부터 보호하는 의무, 둘째 사회의 각 구성원을 다른 구성원의 불의·억압으로부터 될 수 있는 한 보호하는 의무, 또는 엄정한 사법을 확립하는 의무, 셋째 일정한 공공사업·공공시설을 건설·유지하는 의무다.” -제 4편 제 9장(p.848)-

제6장
통상조약

1. 통상조약은 혜택을 받는 나라에게는 유리하다.

한 국가가 조약을 통해 자신을 속박함으로써 〔다른 모든 나라로부터 들여오는 것을 금지하는〕 어떤 상품을 어느 한 나라로부터 들여오는 것을 허용하거나, 다른 모든 나라의 상품에 대해 부과하는 세금을 어느 한 나라의 상품에 대해서는 면제하는 경우, 이런 혜택을 받는 나라나, 또는 적어도 그 나라의 상인과 제조업자들은 그 조약으로부터 반드시 큰 이익을 얻게 된다. 그 상인과 제조업자들은 그들에게 매우 관대한 이 나라 안에서 일종의 독점을 누린다. 이 나라는 그들의 상품을 위한 더 광대하고 유리한 시장이 된다. 더욱 광대해지는 것은 다른 나라의 상품들이 배제되거나 과중한 세금을 부담해야 하므로 이 나라는 그들의 상품을 더 많이 소비할 수 있기 때문이며, 더 유리해지는 것은 이 나라에서 일종의 독점을 누리는 수혜국의 상인들이 종종 그들의 상품을 다른 나라와 완전경쟁을 할 경우보다 높은 가격으로 팔 수 있기 때문이다.

2. 그러나 혜택을 베푸는 나라에게는 불리하다.

그러나 이런 조약은 혜택을 받는 나라의 상인·제조업자들에게는 유리할지라도 그런 혜택을 주는 나라의 상인·제조업자들에게는 반드시 불리하다. 이들은 자기들에게 불리한 독점이 외국 사람들에게 부여됨으로써 자신들이 필요로 하는 외국상품을 〔다른 나라와의 완전경쟁을 허용하는 경우에 비해〕 종종 더 높은 가격으로 구입해야 한다. 따라서 이 나라의 생산물 중 외국상품을 구매하기 위해 필요한 부분은 더 낮은 가격으로 판매되는 수밖에 없다. 왜냐하면 두 물건이 서로 교환될 때 한 물건이 싸다는 것은 다른 물건이 비싼 필연적 결과이거나 다른 것이 비싸다는 것과 같기 때문이다.

그러므로 이 나라의 연간생산물의 교환가치(交換價値)는 이런 조약에 의해 감소될 수 있다. 그러나 이런 감소는 어떤 적극적인 손실이 되는 것은 아니며, 오직 그렇지 않은 경우에 얻을 수 있는 이익을 축소시킬 뿐이다. 이 나라는 이런 조약이 없을 경우보다 낮은 가격으로 상품을 팔지만, 아마 원가(原價)보다 낮은 가격으로 팔지는 않을 것이다. 그리고 장려금의 경우처럼 상품을 시장에 내보내는 데 필요한 자본과 자본의 보통이윤을 보상하지 못할 정도의 가격으로는 팔지 않을 것이다. 만약 그렇다면 무역은 계속될 수 없다. 그러므로 자유경쟁이 있는 경우에 비해 이익이 적기는 하지만 혜택을 주는 나라조차도 무역을 통해 이익을 얻을 수 있다.

3. 조약 체결의 목적은 무역수지의 흑자를 얻기 위해서다.

그러나 어떤 통상조약들은 이것과는 매우 다른 원리에 근거하여 유리하다고 여겨졌다. 어떤 상업국은 때때로 자국에 불리한 이런 종류의 독점을 외국상품들에 부여했다. 그것은 이 나라가 양국간의 교역을 통해 해마다 구매보다 판매를 많이 하고 그 무역차액을 금은으로 수취할 수 있으리라고 기대했기 때문이다. 1703년 메두엔(Methuen)에 의해 체결된 잉글랜드와 포르투갈 간의 통상조약이 크게 격찬을 받은 것도 바로 이런 원리에 근거한 것이다. 다음은 이 조약을 직역(直譯)한 것인데, 그것은 오직 세 개의 조항으로 이루어져 있다.

4. 제 1항 「신성한 포르투갈 국왕 폐하는 폐하 자신과 계승자의 이름으

로 영국의 모직물과 기타 모직제품을, 이후부터 영원히 법에 의해 금지될 때까지, 종전과 마찬가지로 포르투갈이 수입하는 것을, 다음과 같은 조건으로 허락한다.

5. 제 2항

존경하는 영국 국왕 폐하는, 폐하 자신과 계승자의 이름으로, 이후부터 영원히 영국이 포르투갈의 포도주를 수입하는 것을 허락할 의무를 진다. 영·불 양국이 평화 상태 또는 전쟁 상태에 있는지를 불문하고 어느 때든, 그리고 포르투갈 포도주가 영국에 105갈론 들이 큰 통(pipes)이나 52.5갈론 들이 중간 통(hogsheads)이나 기타 용량의 통(casks) 어느 것에 의해 수입되든 관계없이, 관세나 세금 또는 기타 어떤 명목으로도 같은 양(量)의 프랑스산 포도주 수입에 비해 더 많은 관세나 세금을 직접 또는 간접으로 요구할 수 없으며, 아울러 관세나 세금의 $\frac{1}{3}$을 삭감 또는 감액해 주어야 한다. 만약 어느 때든지 앞에서 말한 관세의 삭감 또는 감액이 어떤 방식으로든 취소되거나 침해를 받게 될 때에는, 존경하는 포르투갈 국왕 폐하께서 다시 영국의 모직물과 기타 모직품의 수입을 금지하는 것은 정당하고 합법적이다.

6. 제 3항

양국의 특명 전권대사 각하는 앞서 말한 각자의 국왕들이 이 조약을 비준할 것과 2개월 안에 그 비준들을 서로 교환할 것을 약속하고 그 책임을 지도록 한다.」

7. 이 조약은 분명히 포르투갈에 유리하고 영국에 불리하다.

이 조약에 근거해서 포르투갈 국왕은 금지 전과 동일한 조건, 즉 그 전에 지불했던 관세를 인상하지 않는 조건에서 영국 모직물의 수입을 허가할 의무를 지게 되었다. 그러나 영국 모직물을 다른 어느 나라〔예를 들어 프랑스나 네덜란드〕의 모직물보다 더 좋은 조건으로 수입할 의무를 지게 된 것은 아니다. 반대로 영국 국왕은 포르투갈 포도주를 그것과 경쟁할 것이 확실한 프랑스 포도주에 부과되는 관세의 $\frac{2}{3}$만을 부과하는 조건으로 수입해야 할 의무를 지게 되었다. 따라서 여기까지는 분명히 이 조약이 포르투갈에게는 유리하고 영국에게는 불리하다.

8. 포르투갈은 영국에 많은 금을 수출한다.

그러나 이 조약은 영국 통상정책의 걸작이라는 격찬을 받았다. 포르투갈은 해마다 브라질로부터 국내 상업에 필요한 양 〔주화나 귀금속 식기에 필요한 양〕 이상의 금을 들여오고 있다. 이 잉여(剩餘)의 금은 금고 속에 가만히 보관되어 있기에는 너무나 귀중한 것이다. 그러나 국내에는 그것을 이용할 유리한 시장이 없기 때문에 이 잉여의 금은 어떤 금지조치에도 불구하고 해외로 유출되어 〔국내에서 더 유리하게 팔리는〕 상품들과 교환되고 있다. 그 중 상당한 부분이 영국 상품이나 〔영국을 통해 판매되는〕 다른 유럽나라의 상품에 대한 대가로 해마다 영국으로 온다.

바레티(Baretti)는, 매주 리스본에서 오는 정기 우편선은 매주 평균 5만 파운드 스털링 이상의 금을 영국으로 싣고 온다는 말을 들은 바 있다고 말했다. 그 금액은 아마 과장되었을지도 모른다. 만약 그것이 사실이라면, 유입되는 금의 양은 매년 260만 파운드 스털링 이상에 이를 터인데, 그것은 브라질이 매년 공급하고 있다고 생각되는 것보다 더 많은 양이다.

9. 한때 포르투갈에서 수입되는 금의 거의 전부는 기타 유럽 나라들의 이익을 위한 것이라고 여겨졌다.

영국 상인들은 몇 해 전 포르투갈 국왕의 호감을 상실함으로써 과거에 자기들에게 부여되었던 몇 개의 특권들이 침해되거나 철회되었다. 이 특권들은, 조약에 의해서가 아니라 포르투갈 국왕의 자발적인 호의에 의해, 사실은 아마도 영국 상인들의 간청에 의해, 포르투갈이 영국 국왕으로부터 받은 커다란 은혜, 즉 방위와 보호에 대한 대가로, 그들에게 부여되었던 것이다. 따라서 평소에 포르투갈과의 무역을 칭찬하는 데 여념이 없었던 사람들이 오히려 포르투갈과의 무역은 보통 생각한 것보다 덜 유리하다고 말할 정도로 되었다. 그리하여 그들은 이 금의 연간수입액 대부분〔거의 전부〕은 영국의 이익을 위한 것이 아니고 다른 유럽 나라들을 위한 것이라고 주장했다. 왜냐하면 해마다 영국으로 수입되는 포르투갈의 과일·포도주는 그곳으로 수출되는 영국 상품의 가치를 거의 상쇄할 정도이기 때문이었다.

10. 그렇지 않다고 하더라도, 이런 종류의 무역은 같은 양의 다른 무역보다 더 가치 있는 것은 아니다.

그러나 이 금의 연간수입액 전부가 영국을 위한 것이고 그 양이 바레티가 생각하는 양 이상에 이른다고 가정해 보자. 그렇더라도 이 무역은, 수출되는 상품의 대가로 동일한 가치의 소비재를 받는 다른 무역보다 더 유리하다고는 말할 수 없을 것이다.

11. 대부분의 금은 다시 외국으로 보내져 각종 상품과 교환될 수밖에 없는데, 영국의 생산물로 직접 그 상품들을 구매하는 것이 먼저 포르투갈의 금을 산 다음 그것으로 다시 구매하는 것보다 더 유리할 것이다.

영국의 식기·주화의 연간 추가분으로 사용되는 것은 금 수입액의 아주 작은 부분뿐이다. 그 나머지는 반드시 해외로 유출되어 어떤 종류의 소비재와 교환되게 마련이다. 그러나 이 소비재를 영국 산업의 생산물로 직접 구입하는 것이 먼저 그 생산물로 포르투갈의 금을 구입하고 그 뒤에 그 금으로 소비재를 구입하는 것보다 영국에게는 더 유리할 것이다. 소비재의 직접적 대외무역은 우회적인 무역보다 언제나 더 유리하다. 그리고 동일한 가치의 해외상품을 국내시장으로 가져오는 데 있어 후자보다도 전자의 방법이 훨씬 더 적은 양의 자본을 필요로 한다. 따라서 자본의 더 작은 부분을 포르투갈 시장에서 판매할 재화를 생산하는 데 사용하고, 더 큰 부분을 (영국에서 수요가 있는) 소비재를 얻을 수 있는 다른 시장들에서 판매할 재화들의 생산에 사용했더라면, 영국에게 더 유리했을 것이다. 이렇게 하면 현재보다 훨씬 더 적은 양의 자본으로 우리나라에서 필요한 금과 소비재를 구매할 수 있을 것이고, 여분의 자본이 다른 목적으로 사용되어 추가적인 노동을 고용하고 연간생산물을 더욱 증가시킬 수 있을 것이다.

12. 포르투갈과의 무역에서 배제되더라도 영국이 금을 획득하는 데는 어려움이 없을 것이다.

영국이 포르투갈 무역으로부터 완전히 배제되더라도

식기·주화·해외무역에 필요한 금의 연간 총공급량을 획득하는 데는 별로 어려움이 없을 것이다. 금이란 다른 모든 상품과 마찬가지로 그것과 교환될 수 있는 가치를 가진 사람이 그 가치를 지불하면 어디에서든 획득할 수 있다. 또한 포르투갈의 연간 금의 잉여분은 여전히 해외로 보내질 것이고, 비록 영국에 의해 밖으로 운송되지는 않는다 하더라도 다른 어떤 나라에 의해 운송되고, 그 나라는 지금의 영국과 마찬가지로 금을 그 가격대로 다시 판매하려고 할 것이다. 실제로 우리는 포르투갈의 금을 직접적으로 구매하지만 스페인을 제외한 다른 나라의 금은 간접적으로 구매하기 때문에, 다소 비싼 값을 지불할지도 모른다. 그러나 그 차이는 아주 적어서 사회의 주목을 받을 가치조차 없을 것이다.

13. 영국이 필요로 하는 금은 전부 포르투갈에서 온다고 한다. 그러나 포르투갈에서 오지 않더라도 다른 나라들로부터 올 수 있다.

우리나라에서 필요로 하는 거의 모든 금은 포르투갈에서 들어온다고들 말한다. 다른 나라들과의 무역수지는 우리에게 불리하거나, 또는 그렇지 않다고 하더라도, 크게 유리하지 않다. 그러나 우리가 반드시 기억해야 할 것은, 한 나라로부터 더 많은 금을 수입하면 할수록 다른 모든 나라로부터는 반드시 그만큼 더 적은 양의 금을 수입해야 한다는 것이다. 금에 대한 유효수요는 다른 모든 상품에 대한 수요와 마찬가지로 모든 나라에서 일정한 양으로 제한되어 있다. 만약 이 양의 $\frac{9}{10}$가 한 나라로부터 수입된다면 다른 모든 나라로부터 수입되는 것은 $\frac{1}{10}$뿐이다. 또한 매년 식기·주화에 필요한 양보다 더욱 많은 금이 몇몇 특정 나라로부터 수입되면 될수록, 그만큼 더 많은 양의 금이 다른 나라로 반드시 수출되어야 한다. 현대의 정책 목표들 중에서 가장 중요하지 않은 정책목표인 무역수지가 몇몇 특정 나라에 대해 흑자를 보인다면, 다른 많은 나라와의 무역에서는 반드시 적자를 보여야 한다.

14. 만약 영국의 선박을 포르투갈의

지난번 전쟁〔1755년~62년〕의 종료

항구에서 몰아내려는 스페인과 프랑스의 기도가 성공했다면, 그것은 도리어 영국에 유리했을 것이다.

기에 프랑스와 스페인 양국은, 공격이나 도발을 받았다는 등의 아무런 구실도 없이, 포르투갈 국왕에게 포르투갈의 항구에서 영국의 모든 선박들을 몰아내고 〔이런 배제를 보장하기 위해〕 프랑스·스페인 수비대의 배치를 요구했는데, 이것은 영국은 포르투갈과 무역하지 않으면 존립할 수 없다는 어리석은 견해에 근거한 것이다. 만약 포르투갈 국왕이 자기의 매부인 스페인 국왕이 제안한 이 굴욕적인 조건을 받아들였더라면, 영국은 포르투갈 무역의 상실보다 훨씬 큰 곤란〔즉, 아주 약한 동맹자에 대한 지원이라는 무거운 부담〕으로부터 벗어날 수 있었을 것이다. 동맹자인 포르투갈은 자신의 방위를 위해 아무런 준비도 갖추고 있지 않기 때문에 영국이 모든 힘을 이 하나의 목적에 집중하더라도 다음 전쟁에서는 아마 포르투갈을 방위할 수 없을 것이다. 포르투갈 무역의 상실은 의심할 나위 없이 그 당시 이 무역에 종사하고 있던 상인들을 매우 당황하게 했을 것이다. 그들은 자본을 사용하는 데 있어 전과 같이 유리한 다른 방법을 한두 해 동안 찾지 못했을 것이다. 영국이 이 유명한 통상정책, 즉 포르투갈과의 무역을 하지 못하게 됨으로써 겪게 될 모든 불편이란 아마 이런 것이었을 것이다.

15. 금과 은의 대량 수입은 해외무역을 위해서다.

해마다 금은을 대량으로 수입하는 것은 식기나 주화를 만들기 위해서가 아니라 해외무역을 위해서다. 우회적인 대외 소비무역은 다른 어떤 상품보다도 금은에 의해 더 유리하게 이루어질 수 있다. 금은이 보편적인 상업수단이기 때문에, 모든 상품들의 대가를 치르는 데 있어 다른 어떤 상품보다 금은을 더 쉽게 받아들인다. 그리고 귀금속은 작은 부피에 큰 가치를 담고 있기 때문에 한 장소에서 다른 장소로 운반하는 데 드는 비용이 다른 어떤 종류의 상품보다 적고, 그런 운반으로 인한 가치상실도 매우 적다. 다른 외국의 다른 재화를 구매할 목적으로 어떤 외국에서 구매하는 모든 상품 중에서 금은만큼 편리한 것은 없다. 포르투갈과의 무역에서 얻을 수 있는 주된 이익은 모든 우회적인 대외 소비무역을 쉽게 하는 데 있다. 이것은 비록 사활이 걸린 가장 중요한 이익은 아닐지라도 분명히 상당히 큰 이익이다.

16. 식기 제조나 주화 주조에 필요한 금과 은의 양은 매우 적다.

영국의 식기나 주화에 해마다 새로 추가되는 양(量)은 연간 금은 수입량의 아주 작은 부분을 차지할 뿐이라는 것은 매우 명백한 사실이다. 비록 영국이 포르투갈과 직접 무역을 하지 않더라도 어느 곳에서든 이 정도의 적은 양의 금은은 매우 쉽게 획득할 수 있을 것이다.

17. 새로운 금은 식기의 대부분은 옛날 식기를 녹여서 만든 것이다.

비록 금은 세공업은 영국에서 상당히 큰 사업이지만, 해마다 판매되는 새로운 금은 식기의 대부분은 오래된 다른 식기를 녹여 만든 것이다. 그러므로 영국의 모든 금은 식기에 매년 추가되는 금은은 그렇게 많을 수 없으며, 매우 적은 양의 금은의 수입을 매년 필요로 할 뿐이다.

18. 새 주화의 대부분은 구(舊) 주화를 재주조한 것이다. 왜냐하면 녹여서 양호한 주화로 만드는 것이 유리하기 때문이다.

주화의 경우도 마찬가지다. 최근의 금화 재주조(1774년) 이전 약 10년 동안 연간 80만 파운드 스털링 이상에 이른 금화 주조액의 대부분마저도 그 전 우리나라에서 유통되고 있던 화폐에 매년 추가된 것이라고 상상하는 사람은 아무도 없을 것이라고 나는 믿는다. 정부가 주조비용을 지불하는 나라에서는 주화의 가치는 (주화가 완전한 표준 금은량을 함유하고 있더라도) 주조되지 않은 같은 양(量)의 금은이 가지는 가치보다 훨씬 클 수는 없다. 왜냐하면 주조되지 않은 금은을 같은 양의 금은화로 전환시키기 위해서는 조폐국에 가서 아마 몇 주 동안만 기다리면 되기 때문이다. 그러나 어느 나라에서든 유통되고 있는 주화의 대부분은 거의 항상 마모되거나 표준 중량을 밑돈다. 영국의 경우 최근의 재주조 이전에는 주화는 상당히 마모되어 있었는데, 금화는 2% 이상, 은화는 8% 이상 표준 중량에 미달했다. 그러나 〔표준 중량의 금 1파운드를 완전히 함유하는〕 $44\frac{1}{2}$기니가 무게 1파운드 이상의 주조되지 않은 금을 구매할 수 없다면, 표준 중량에 미달하는 $44\frac{1}{2}$기니로는 금 1파운드를 살 수 없으며, 이 부족을 메우기 위해서는 금이 어느 정도 추가되지 않으면 안 된다. 그러므로 시장에서 금 덩어리의 파운드당 가격은 주조가격〔즉, 46파운드 14실링 6펜스〕과 같지 않고, 그 당시에는 약 47파운드 14실링이었으며 때로는 약 48파운드였다. 주화의 대부분이 이런 훼손상태에 있었을 때에도 조폐국에서 새로 나온 $44\frac{1}{2}$기니는 보통의 기니화보다 더 많은 상품을 구매할 수 없었다. 왜냐하면 이 새로운 기니화는 상인의 금고에 들어오면 다른 주화와 혼합되어 주화간의 차이에서 얻을 수 있는 것 이상의 수고를 들이지 않고는 그것들을 구별할 수 없었기 때문이다. 다른 기니화들과 마찬가지로 그것들도 46파운드 14실링 6펜스의 가치를 가질 뿐이었다. 그러나 이 새로운 주화를 녹이면 아무런 실질적인 손실도 없이 1파운드의 표준 금량으로 되며, 그것은 어느 때라도 주화의 모든 목적에 적합한 보통의 금화나 은화 47파운드 14실링 내지 48파운드를 얻을 수 있었다. 그러므로 새로운 주화를 녹이는 것은 명백한 이익이었다. 그래서 정부의 어떤 사전 경고로도 막을 수 없을 정도로 순식간에 용해되었다. 이 때문에 조폐국의 활동이라는 것이 다소 페넬로페의 자수〔web of Penelope: 그리스 신화에 나오는 오디세우스의 아내인 페넬로페는 남편이 트로이 전쟁에 참가하고 있는 동안 구혼자를 물리치기 위한 계략으로, 자수를 완성하면 그 확답을 주겠다고 맹세하고는 낮에 놓은 자수를 밤에는 풀어버림으로써 20년 동안 정절을 지켰다고 한다〕와 같은 것이었다. 즉, 낮에 한 일이 밤이면 허사가 되어 버렸다. 조폐국이 한 일은 매일 주화를 추가하는 것이 아니라 매일 녹여 없어지는 최량의 주화를 보충하는 것이었다.

19. 주조료는 주화의 가치를 같은 무게의 금은 덩어리의 가치보다 크게 할 것이다.

조폐국에 금은의 주조를 의뢰하는 민간인들이 주조비용을 부담한다면, 〔금은세공이 그 제품의 가치를 증가시키는 것과 마찬가지로〕 금은화의 가치가 증가될 것이다. 주조된 금은이 주조되지 않은 금은보다 큰 가치를 가질 것이다. 만약 주조료(seignorage)가 과도하게 높지 않다면 주화의 가치는 금은 덩어리 가치에 그 주조료를 더한 것과 같을 것이다. 왜냐하면 정부는 어느 곳에서나 화폐 주조의 배타적인 특권을 가지고 있어 주화는 주조료를 지불할 수 있는 것보다 낮은 가격으로 시장에 나올 수 없기 때문이다. 만약 주조료가 정말 과도하다면 〔즉, 그것이 주조에 필요한 노동비용의 가치를 훨씬 초과한다면〕 국내외의 주화 위조자들은 금은 덩어리 가치와 주화 가치 사이의 큰 괴리에 유혹되어 대량의 위조주화를 투입함으로써 정부 주화의 가치를 저하시킬 것이다. 그러나 프랑스의 경우 주조료가 8%인데도 불구하고 이런 종류의 위조가 눈에 띌 정도로 나타나지 않는다. 주화 위조자가 그 나라에 살고 있는 경우 그는 어디서든 폭로될 위험이 너무 크고, 또 외국에 살고 있는 경우 그의 대리점이나 거래선이 폭로될 위험이 너무 크기 때문에, 6~7%의 이익을 위해 그런 위험을 감수하려고 하지 않는다.

20. 프랑스의 조폐수수료

프랑스에서는 주조료가 주화의 가치를 그것이 함유하고 있는 순금의 가치보다 수수료의 크기만큼 상승시킨다. 1726년 1월의 칙령에 의해 24캐럿 순금의 주조가격은 8파리온스(Paris ounces)의 마르크(mark)당 740리브르 9수 $1\frac{1}{11}$드니에(denier)로 고정되었다.* 프랑스의 금화는 〔조폐국의 주조 공차(remedy)를 고려하면〕 $21\frac{3}{4}$캐럿의 순금과 $2\frac{1}{4}$캐럿의 합금을 함유한다. 그러므로 표준금 1마르크는 약 671리브르 10드니에 정도의 가치를 가질 뿐이다. 그러나 프랑스에서는 표준금 1마르크는 24리브르짜리 루이 도르(Louis-d'ores) 금화

---

* Bazinghen, M. Abot de(1764).

30개, 즉 720리브르로 주조된다. 그러므로 주조는 표준금 1마르크의 가치를 671리브르 10드니에와 720리브르 사이의 차액, 즉 48리브르 19수 2드니에만큼 인상한다.

21. 주조료는 주화 용해의 이익을 감소시키거나 없앤다.

주조료는 새 주화의 용해로 얻는 이익을 많은 경우 완전히 없애거나 또는 모든 경우 감소시킬 것이다. 이런 이익이란 보통의 주화가 함유하고 있어야 할 금 덩어리 양과 실제로 함유하고 있는 양 사이의 차이에서 항상 발생한다. 만약 이런 차이가 주조료보다 작다면 이익이 아니라 손실이 발생할 것이다. 만약 그것이 주조료와 같다면, 이익도 손실도 없을 것이다. 그리고 그것이 주조료보다 크다면 분명히 약간의 이익이 있을 테지만, 그 이익은 주조료가 없을 때보다는 작을 것이다.

예를 들어, 최근의 금화 재주조 이전에 만약 주조에 대해 5%의 주조료가 있었다면 금화의 용해는 3%의 손실을 가져왔을 것이다. 만약 조폐수수료가 2%였더라면 이익도 손실도 없었을 것이다. 그리고 주조료가 1%였더라면 이익이 있었을 테지만 그것은 2%가 아니라 오직 1%였을 것이다. 그러므로 주화를 무게에 따라 받지 않고 개수에 따라 받는 어느 곳에서나 주조료는 주화 용해의 가장 효과적인 예방책이며 따라서 주화 수출의 가장 효과적인 예방책이다. 보통 용해되거나 수출되는 주화는 가장 좋고 가장 무거운 주화인데, 그 이유는 이런 주화가 최대의 이익을 주기 때문이다.

22. 영국이 주조료를 면제한 것은 잉글랜드 은행을 위해서였다.

주화 주조에 주조료를 부과하지 않음으로써 그것을 장려하는 법률은 최초로 찰스 2세의 통치기간 중 한시적으로 시행되었다. 그리고 그 뒤 시한(時限)이 상이한 기간 단위로 몇 차례 연장되다가 1769년에 와서 영구화되었다. 잉글랜드은행(Bank of England)은 금고의 주화를 보충하기 위해 종종 조폐국에 금 덩어리를 가져가야 했다. 그리고 주화 주조비를 자기가 부담하는 것보다 정부가 부담하는 것이 자기에게 이익이 될 것이라고 생각했을 것이다. 정부가 이 법률의 영구화에 동의한 것은 아마 잉글랜드은행에 대한 호의에서 비롯되었을 것이다. 그러나 만약 금화의 무게를 재는 관습이 사라지게 되면 〔불편함 때문에 반드시 없어지리라 생각하지만〕, 그리고 잉글랜드의 금화를 최근의 재주조 전처럼 개수에 의해 받게 된다면, 잉글랜드은행은 다른 몇몇의 경우처럼 이 경우에도 자신의 이해타산을 적지 않게 잘못했다는 것을 알게 될 것이다.

23. 그러나 주조료가 있다면 은행은 아무런 손실도 입지 않는다.

최근의 재주조 이전에는 잉글랜드의 금화는 표준 중량에서 2% 부족했는데, 주조료가 없었기 때문에 금화의 가치는 함유해야 할 표준금량의 가치보다 2% 낮았다. 그러므로 잉글랜드은행이 주조하기 위해 금덩어리를 구매할 때 그것에 대해 주조 이후의 가치보다 2% 높게 지불하지 않을 수 없었다. 그러나 만약 2%의 주조료가 있었다면 보통의 금화가 표준 금량에서 2% 부족했다고 하더라도 그 가치에서는 그것이 함유해야 할 표준 금량과 동등했을 것이다. 왜냐하면 이 경우 주조비용이 무게의 감소를 보상하기 때문이다. 잉글랜드 은행은 2%의 주조료를 지불해야 했을 것이고, 전체 거래에서 입게 될 손실은 정확히 2%가 되었을 것인데, 이는 실제의 손실에 비해 더 크지는 않았을 것이다.

24. 주조료가 과도하게 높은 경우

만약 주조료가 5%이고 금화가 표준 금량에서 2%만 부족하다면 잉글랜드은행은 금 덩어리의 구매가격에서는 3%의 이익을 얻을 것이다. 그러나 은행은 주조에 5%의 주조료를 정부에 지불해야 하므로 전체 거래에서 입게 될 손실은 마찬가지로 정확히 2%가 될 것이다.

25. 주조료가 과도하게 낮은 경우

만약 주조료가 1%이고 금화가 표준 금량에서 2% 부족하다면 그 은행은 금 덩어리의 구매가격에서는 1%의 손실만 입을 것이다. 그러나 마찬가지로 은행은 1%의 주조료를 지불해야 하므로 전체 거래에서 은행이 입게 될 손실은 다른 모든 경우와 마찬가지로 2%가 될 것이다.

26. 주화의 표준 금량과 실제 함유된 금량이 같다면, 주조료 때문에 손실을 입는 일은 있을 수 없다.

만약 적당한 주조료가 있고 동시에 주화가 표준 금량을 완전히 함유하고 있다면〔최근의 재주조 이래 주화는 사실 거의 이런 상태였다〕, 그 은행이 주조료에 의해 어떤 손실을 입는다고 하더라도 금 덩어리의 구매가격에서는 이익을 얻을 것이다. 그리고 그 은행이 금 덩어리의 구매가격에서 얻는 어떤 이익도 모두 주조료에 의해 잃을 것이다. 그러므로 전체 거래에서 그 은행은 이익도 손실도 입지 않을 것이며, 그리고 주조료가 없었던 상황과 똑같을 것이다.

27. 그 누구도 주조료를 부담하지 않는다.

한 상품에 부과하는 세금이 밀수입을 유발하지 않을 만큼 가벼울 경우, 그 상품을 취급하는 상인은 〔비록 그가 세금을 선불했다고 하더라도 상품가격에서 세금을 돌려받기 때문에〕 사실상 세금을 부담하지 않는다. 그 세금은 결국 최종 구매자나 소비자가 부담하는 것이다. 그러나 화폐라는 것은 모든 사람이 그것을 취급하는 상인이 되는 일종의 상품이다. 화폐를 구매하는 사람은 누구나 그것을 다시 판매한다. 화폐에 관한 한 보통의 경우 최종 구매자나 소비자가 없다. 그러므로 주조료가 화폐 위조를 유발하지 않을 정도로 가벼울 경우, 모든 사람이 그 세금을 선불하기는 하지만 아무도 최종적으로 그것을 부담하지 않는다. 왜냐하면 모든 사람이 주화의 가치 증가로 그 세금을 돌려받기 때문이다.[1)]

28. 주조료는 은행의 지출을 증가시키지도 않는다.

그러므로 적정한 주조료는 어떤 경우에도 〔주조를 위해 조폐국에 금 덩어리를 가져가는〕

---

1) 스미스는 화폐를 오직 상품을 유통시키는 수단으로만 파악하고 있다. 즉, 한 상품을 판매하여 화폐를 얻고 그 화폐로 다시 상품을 구매한다. C—M—C.

은행이나 다른 민간인들의 비용을 증가시키지 않을 것이다. 그리고 주조료가 없다고 하더라도 그것을 감소시키지 않을 것이다. 주조료가 있든 없든 주화가 표준 금량을 함유하고 있다면 주조는 어떤 사람에게도 전혀 비용을 들이지 않을 것이다. 그리고 만약 그 양(量)에 미달하면, 그것이 함유해야 할 금의 양과 그것이 실제로 함유하고 있는 금의 양 사이의 차이만큼의 비용이 주조에는 항상 들게 마련이다.

29. 주조료를 부과하지 않을 경우 정부는 손실을 보지만, 그 때문에 이익을 얻는 사람은 없다.

그러므로 정부 스스로가 주화 주조비용을 지불하는 경우에는 약간의 작은 경비를 부담할 뿐 아니라 〔적당한 주조료에서 얻을 수 있는〕 약간의 작은 수입을 잃게 된다. 그러나 은행과 다른 민간인은 정부의 이 쓸모없는 너그러운 조치에 의해 조금도 이익을 얻지 못한다.

30. 주화의 가치가 다시 저하한다면, 주조료는 은행이 중대한 손실을 입는 것을 막을 것이다.

그러나 은행의 이사들은 그들에게 어떤 적극적 이익은 약속하지 못하고 다만 손실은 없을 것이라는 일종의 추측(speculation)에 근거해서 주조료를 납부하는 것에는 동의하지 않을 것이다. 금화의 현재 상태에서, 그리고 금화를 무게에 의해 받는 것이 계속되는 한, 그들은 주조료를 내는 것에 의해서는 분명히 아무것도 얻지 못할 것이다. 그러나 만약 금화의 무게를 재는 습관이 영원히 사라지고 〔확실히 그렇게 될 것이지만〕, 금화가 최근의 재주조 이전처럼 가치 훼손의 상태에 빠진다면, 주조료의 납부 결과 은행의 이익〔더 적절히 말하면 절약〕은 아마 상당한 수준이 될 것이다. 잉글랜드 은행은 상당한 양의 금 덩어리를 조폐국에 보내는 유일한 회사다. 그리고 매년의 주조에 따른 비용의 전부 또는 거의 모두를 그 은행이 부담한다. 만약 연간 주조가 오직 주화의 불가피한 상실과 필연적인 마모를 회복하기 위한 것이라면, 5만 또는 최대한 10만 파운드 스털링을 초과하지 못할 것이다. 그러나 만약 주화가 표준 금량에 미달한다면, 연간 주조는 이것 외에도 수출과 용해로 인하여 유통주화에 끊임없이 생기는 큰 공백을 메워야 할 것이다. 최근의 금화 재주조 직전의 10~12년 동안 연간 주조가 평균 85만 파운드 스털링 이상에 달한 것은 바로 이런 이유 때문이었다. 그러나 만약 금화에 4~5%의 주조료가 붙었다면, 그런 상태에서도 수출과 용해는 효과적으로 저지되었을 것이다. 잉글랜드 은행은 85만 파운드 스털링으로 주조되는 금 덩어리의 2.5% 〔즉, 21,250파운드〕의 손실을 해마다 보는 대신에, 아마 그것의 $\frac{1}{10}$ 정도의 손실도 입지 않았을 것이다.

31. 이 정도의 절약은 정부로서는 사소한 것으로 생각되겠지만, 은행으로서는 고려할 가치가 있는 것이다.

주화의 주조비용을 지불하기 위해 의회가 할당한 세출은 겨우 연간 14,000파운드였다. 그리고 정부의 실질적인 비용〔즉, 조폐국 공무원의 보수〕은 보통의 경우 그 총액의 절반도 넘지 않으리라고 나는 확신한다. 따라서 이런 매우 작은 금액을 절약하는 것, 또는 이보다도 그렇게 더 크지 않은 다른 이익을 얻는 것은 정부가 진지한 관심을 기울일 가치도 없는 아주 사소한 일이라고 생각할지도 모른다. 그러나 불가능한 일도 아니며 과거에도 자주 일어났고 앞으로도 다시 일어날 것이 거의 확실한 사건에서 해마다 18,000~20,000파운드를 절약하는 것은 확실히 잉글랜드 은행과 같이 거대한 회사도 진지한 주의를 기울일 가치가 있는 일이다.

32. 주조료를 받지 않는 것보다 중상주의 정신에 더욱 잘 부합하는 것은 없다.

앞의 추론과 논평들 중의 약간은 제1편의 〔화폐의 기원과 사용을 논하며 또 상품의 진정한 가격과 명목가격의 차이를 논하는〕 장(章)들에 들어가야 좋았을지도 모르겠다. 그러나 주화 주조를 장려하는 법률은 중상주의에서 비롯된 통속적인 편견에서 유래하기 때문에 나는 그것들을 이 장(章)에서 논하기 위해 유보해 두는 것이 좋다고 생각했다. 중상주의가 모든 나라의 부(富)를 구성하는 것으로 여기는 바로 그것, 즉 화폐의 생산에 일종의 장려금을 제공하는 것 — 주조료를 받지 않는 것 — 보다도 중상주의의 정신에 더욱 잘 부합하는 것은 없을 것이다. 이것은 중상주의가 내놓은 칭찬할 만한[비꼬는 말이다] 수많은 부국책(富國策)들 중의 하나이다.

제7장 식민지

제 1절 새로운 식민지를 건설하는 동기

1. 유럽의 식민지 건설은 그리스나 로마의 그것보다 이해관계가 복잡하다.

아메리카와 서인도에 최초로 식민지를 건설하게 한 이해관계는 결코 고대 그리스와 로마의 식민지 건설을 유도한 이해관계처럼 간단명료한 것은 아니었다.

2. 그리스의 식민지는 본국의 인구가 과잉이었을 때 건설되었다.

고대 그리스〔도시국가였다〕의 각 나라들은 아주 작은 영토만을 소유하고 있었다. 그리고 어느 나라에서든 국민들이 자기 영토가 유지할 수 있는 규모 이상으로 증가했을 때, 그들 중의 일부는 새로운 거주지를 찾아 약간 멀리 떨어진 다른 세계로 보내졌다. 각국을 둘러싸고 있는 호전적인 이웃들 때문에 그들 중 누구도 본국에서 영토를 확장하는 것이 어려웠기 때문이다. 도리아인(Dorians)은 식민지를 주로 이탈리아와 시실리에서 찾았는데, 그곳에는 로마제국의 건설 이전까지는 원시적이고 비문명적인 민족들이 거주하고 있었다. 그리스의 다른 두 개의 큰 부족인 이오니아인(Ionians)과 이올리아인(Eolians)의 식민지들은 소아시아와 에게 해의 섬들에 있었는데, 그곳의 거주자들도 시실리와 이탈리아의 거주자들과 거의 같은 상태였던 것으로 보인다. 모국(母國)은 식민지를 〔언제든지 큰 은혜와 원조를 받을 수 있지만 그 대신 모국에 대해 커다란 감사와 존경을 표할 의무를 가진〕 자식으로 간주했지만 해방된 자식으로 여겨서 식민지에 대한 직접적인 권위나 사법권을 요구하지 않았다. 식민지는 스스로의 정부를 만들고 자신들의 법을 제정하고 자신들의 관리를 선임하고 〔모국의 승인이나 동의를 기다릴 필요가 없는〕 하나의 독립된 국가로서 이웃 국가들에 대해 선전포고하거나 강화(講和)를 체결할 수 있었다. 이런 식민지를 건설하도록 한 이해관계보다 더 간단명료한 이해관계는 없다.

3. 로마의 식민지는 토지에 대한 요구를 충족시키고 정복지에 군대를 주둔시키기 위해 건설되었다.

대부분의 다른 고대 공화국과 마찬가지로 로마도 원래 그 국가를 구성하는 상이한 시민들 간에 일정한 비율로 공유지(公有地)를 분배하는 농지법(Agrarian law)의 기초 위에 건설되었다. 인간생활이 영위됨에 따라 결혼·상속·양도 등에 의해 원래의 분배는 교란되고 〔다른 여러 가족들의 생활유지를 위해 할당되었던〕 토지들이 종종 한 개인의 소유로 되었다. 이런 무질서〔당시에는 이것을 무질서로 여겼다〕를 시정하기 위해 누구를 막론하고 한 시민이 소유할 수 있는 토지의 크기를 약 350에이커에 해당하는 500유제라(jugera)로 제한하는 법이 만들어졌다. 그러나 이 법은 〔한두 번 정도 집행된 적이 있다는 것을 읽었지만〕 무시되거나 회피되었으며, 부의 불평등은 계속 확대되었다. 시민들의 대부분은 토지를 갖지 못했고, 토지가 없으면 그 당시의 풍습이나 관습상 자유인은 자신의 독립성을 유지하기 힘들었다. 현재는 가난한 사람이 비록 자신의 토지를 소유하지 못해도 약간의 자본만 가지고 있으면 타인의 토지를 임차하거나 작은 소매업을 할 수도 있다. 그리고 그가 자본이 없다면 농업

노동자나 직공으로서 직업을 찾을 수 있다. 그러나 고대 로마인들 사이에서는 부자들의 토지는 모두 한 사람의 관리인〔그 또한 노예였다〕 아래에서 일하는 노예들에 의해 경작되었다. 그러므로 가난한 자유인이 차지농이 되거나 노동자로서 고용될 기회가 거의 없었다. 모든 상업과 제조업도, 그리고 소매업조차도 부자들의 노예에 의해 주인들의 이익을 위해 이루어졌으며, 부자는 부·권력·보호장치를 가지고 있었기 때문에 가난한 자유인이 그들과 경쟁하기는 어려웠다. 그러므로 토지를 소유하지 않은 시민들은 매년의 선거에서 후보자들이 주는 보조금 외에는 다른 어떤 생존수단도 가지기 힘들었다. 호민관들이 평민들로 하여금 부자나 귀족에 반대하도록 선동할 때에는 평민들에게 고대의 토지 배분을 상기하게 하여 이런 종류의 사유재산을 제한하는 법이 공화국의 기본법이라고 설명했다. 평민들은 토지를 획득하기 위해 떠들게 되고, 부자와 귀족은 자신의 토지 중 단 한 조각도 그들에게 주지 않으려고 굳게 다짐했으리라 짐작할 수 있다. 그러므로 몇 가지 방법으로 평민들을 만족시키기 위해 그들은 종종 새로운 식민지를 찾아주겠다고 제안했다. 그러나 정복자인 로마는 이런 경우에도 시민들을 〔그들이 어디서 정착해야 할지도 모르는〕 광활한 세계로 방출하여 부를 추구하게 할 필요는 없었다.

로마는 대체로 그들에게 이탈리아에 있는 정복지를 분배해 주었고, 그들은 공화국의 영역 안에 있었기 때문에 독립된 국가를 형성할 수 없었다. 그들은 기껏해야 일종의 자치단체를 구성하여 스스로 행정상의 부속법을 제정할 권한을 가지고 있었지만 항상 모국의 징벌·관할·입법권에 복종해야 했다. 이런 종류의 식민은 국민들에게 약간의 만족을 줄 뿐 아니라, 〔복종할 것인지가 의심스러웠던〕 새로운 정복지에 일종의 수비대를 창설하는 것과 같았다. 그러므로 로마의 식민지는 설립 그 자체의 특성을 고려하건 건설의 동기를 고려하건 그리스의 식민지와는 전혀 달랐다. 따라서 서로 다른 식민지 건설을 지칭하는 최초의 단어들도 서로 다른 의미를 가지고 있다. 라틴어 콜로니아(colonia)는 단순히 대규모 경작지(plantation)를 의미한다. 반대로 그리스어 아포이카(απoιχια: Apoikia)는 주거의 분리, 고향으로부터의 이탈, 집으로부터 떠남 등을 의미한다. 그러나 로마 식민지가 많은 점에서 그리스 식민지와는 달랐지만, 식민지 건설을 야기한 이해관계가 간단명료한 것은 마찬가지다. 두 나라의 식민지 모두 불가피한 필요성이나 명료한 유용성으로부터 유래한 것이었다.

4. 아메리카 식민지의 유용성은 그리 명백하지 않다.

아메리카와 서인도에서 유럽 식민지 건설은 어떤 필요성에서 비롯된 것이 아니었다. 그리고 그들로부터 나오는 유용성이 매우 컸지만 처음에는 그렇게 명료한 것도 아니었다. 식민지가 처음 건설될 때에는 그것의 유용성이 미처 이해되지 못했으며, 유용성은 식민지 건설의 동기나 그 건설을 야기한 여러 발견들의 동기도 아니었다. 그리고 그런 유용성의 특성 · 정도 · 한계는 아마 지금도 잘 이해되지 않고 있다.

5. 베네치아인들은 동인도 상품의 무역에서 큰 이윤을 얻었다.

14~15세기 동안 베네치아인들은 향료와 그 외의 동인도제품을 유럽의 다른 나라에 판매해서 상당한 이익을 얻는 무역에 종사했다. 그들은 그런 재화들을 주로 이집트에서 구입했는데, 이집트는 당시 맘메루크인(Mammeluks)들의 지배하에 있었고, 그들은 터키인들의 적이었다. 베네치아인들 역시 터키인의 적이었는데, 터키인들을 공동의 적으로 하고 있다는 양자간의 이익의 일치와 베네치아의 화폐 덕분에 맘메루크인들이 베네치아인들에게 무역의 독점권을 부여하는 일종의 결합관계가 형성되었다.

6. 포르투갈인들은 이런 이윤을 탐내어 희망봉을 경유하는 항로를 발견하게 되었다.

베네치아인들의 거대한 이윤이 포르투갈인의 탐욕을 자극했다. 그런데 포르투갈인은 15세기 중에 무어인(Moors)들이 사하라 사막을 가로질러 가져온 상아와 사금(gold dust)이 나는 나라로 가는 해로를 찾아내기 위해 노력하고 있었다. 그들은 마데이라(Madeira) 제도, 카나리아(Canaries) 제도, 아조레스(Azores) 제도, 케이프 드 버드(Cape de Verd) 섬, 기니 · 로안고 · 콩고 · 앙골라 · 벵겔라(Benguela)의 해안 등과 마침내는 희망봉을 발견했다. 그들은 베네치아인들이 영위하는 유리한 무역에 자신들도 참가하기를 오랫동안 원해 왔는데, 이 희망봉 발견이 그들의 이런 소원을 달성할 가능성을 열어주었다. 1497년 바스코 다 가마(Vasco da Gama)는 네 척의 배로 리스본 항구를 출발하여 11개월 동안의 항해 끝에 인도 해안에 도착함으로써 거의 한 세기 동안 끊임없이 추구해 온 일련의 발견을 완성했다.

7. 콜럼버스는 서쪽으로 항해하여 동인도에 도달하려고 했다.

이보다 몇 년 전에 〔아직 그 성공 여부가 의심스럽게 보였던〕 포르투갈인들의 계획에 대해 유럽의 기대가 들떠 있던 동안, 제노바의 한 수로 안내인〔콜럼버스〕이 서쪽으로 우회하여 동인도로 항해한다는 훨씬 더 대담한 계획을 수립했다. 그 당시 동인도 나라들의 위치는 유럽에 아주 불완전하게 알려져 있었다. 그곳에 가본 적이 있던 소수의 유럽 여행자들은 그 거리를 매우 과장하여 말했다. 실제로 매우 먼 것이 단순하고 무지해서 그것을 측정할 수 없는 사람들에게는 무한히 먼 것처럼 보였거나, 유럽으로부터 그렇게 엄청나게 멀리 떨어져 있는 지역을 자신들이 방문했다는 모험의 신비성을 증폭시키기 위해서였을 것이다. 콜럼버스는 동쪽으로 가는 길이 멀수록 서쪽으로 가는 길은 가까울 것이라는 매우 정확한 결론을 내렸다. 그러므로 그는 가장 짧고 가장 확실한 길을 택하려고 했으며, 그는 카스틸랴 이사벨라(Isabella of Castile)에게 자신이 세운 계획의 가능성을 확신시키는 행운을 잡았다. 그리하여 그는 바스코 다 가마의 탐험이 포르투갈에서 시작되기 약 5년 전인 1492년 8월 팔로스(Palos) 항을 출발했다. 그리고 약 2~3개월 남짓한 항해 끝에 먼저 소 바하마(small Bahama: 즉 루카얀 제도)의 몇몇 섬들을 발견하고 나중에는 산토도밍고(Santo Domingo: 즉 도미니카)라는 큰 섬을 발견했다.

8. 콜럼버스는 자기가 발견한 곳이 인도인 줄 잘못 알았다.

그러나 콜럼버스가 이 항해에서나 이후의 항해에서 발견한 나라들은 그가 찾으려고 했던 나라들과는 전혀 다른 곳이었다. 중국과 인도가 지니고 있는 부(富)·문명·조밀한 인구 대신에 그는 산토도밍고와 그가 방문한 다른 신세계에서 오직 숲으로 덮혀 있고 경작되지 않았으며, 벌거벗고 비참한 몇몇 원시인 부족들이 거주하는 나라들만을 찾아냈다. 그렇지만 그는 그 나라들이 〔중국과 동인도를 방문한, 아니면 적어도 사후에 그곳에 관한 기록을 남긴 최초의 유럽인인〕 마르코 폴로(Marco Polo)에 의해 기술된 몇몇 나라들과 같지 않다는 사실을 믿으려고 하지 않았다. 산토도밍고에 있는 치바오(Cibao)라는 산의 이름과 마르코 폴로의 기록에 나오는 쉬팡오(Cipango)라는 산의 이름 사이에 존재하는 아주 조그마한 유사성이 〔아주 명백한 반대 증거에도 불구하고〕 그로 하여금 그가 애착을 가지고 있었던 선입관에 매달리도록 하기에 충분했다. 페르디난도(Ferdinando)와 이사벨라에게 보내는 편지에서 그는 그가 발견한 나라들을 인도(Indies)라고 부르고 있다. 그는 이 나라들이 마르코 폴로가 기술한 나라들의 한쪽 끝이며, 갠지즈 강이나 알렉산더에 의해 정복당했던 나라들로부터 그렇게 멀리 떨어져 있지 않다고 생각했다. 그리고 그들이 서로 다른 지역이라는 것을 드디어 확신했을 때조차 그 부유한 나라들이 멀리 떨어져 있지 않다고 자신하며, 이후의 항해에서 그 나라들을 찾아 테라 피르마(Terra Firma) 해안을 따라 다리엔(Darien) 지협으로 향했다.

9. 동인도와 서인도라는 이름은 이렇게 해서 생겨났다.

콜럼버스의 이런 오류의 결과로 그 이후 계속해서 이 불행한 나라들에 인도라는 이름이 붙여졌으며, 이 새로운 지역이 원래의 인도와는 전혀 다른 곳이라는 것이 밝혀졌을 때, 이 새로운 지역을 서인도(西印度)라 부르고, 이와 서로 구별하기 위해 원래의 인도는 동인도(東印度)라고 불렀다.

10. 콜럼버스가 발견한 나라들은 부유하지 않았다.

그러나 콜럼버스에게 중요했던 것은 자신이 발견한 나라들이 〔실제로는 어떠하든〕 스페인 왕실에 매우 중요한 나라로 보고되는 것이었다. 그러나 한 나라의 진정한 부를 구성하는 것〔즉, 땅에서 나는 동식물〕으로서 그 나라들이 매우 중요하다고 보고할 만한 것이 그 당시에는 실제로는 아무것도 없었다.

11. 동물들도 풍부하지 않았다.

〔쥐와 토끼의 중간에 해당하는 종(種)이며, 브라질의 아페리아(Aperea)와 동일하다고 뷔퐁(Buffon)이 생각하는〕 코리(cori)는 산토도밍고에서 가장 큰 네 발 달린 포유류였다. 이 동물의 수가 많았던 것으로 보이지는 않으며, 스페인의 개와 고양이들이 오래 전에 그것을 〔몸집이 더 작은 다른 종류와 함께〕 거의 멸종시켰다고 한다. 그러나 이것들은 이바나(Ivana) 또는 이구아나(Iguana)라 불리는 꽤 큰 도마뱀과 더불어 그 땅에서 나는 중요한 동물성 식품이었다.

12. 식물들도 풍부하지 않았다.

주민들의 식물성 식품은 그들의 농업이 발달되지 못했기 때문에 풍부하지는 않았지만 동물성 식품처럼 부족하지는 않았다. 그것은 그 당시에 유럽에 전혀 알려지지 않았던 식품들로 옥수수·참마(yam)·감자·바나나 등이었는데, 이런 식품들은 그 뒤에도 유럽에서는 크게 귀중한 것으로 여겨지지 않았으며, 오래 전부터 유럽에서 재배된 보통의 곡류·두류에서 나오는 것과 동일한 영양가를 그것으로부터 얻으리라고는 기대조차 하지 않았다.

13. 목화는 그 당시 크게 중요시되지 않았다.

목화는 매우 중요한 제조업원료를 제공했으며 그 섬에서 나는 모든 식물성 생산물 중 그 당시 유럽인들에게는 가장 가치 있는 것이었다. 그러나 15세기 말경 동인도의 머스린(muslins)과 기타 면직물이 유럽의 전 지역에서 아주 귀하게 여겨졌음에도 불구하고, 면포 제조업 그 자체는 유럽의 어느 지역에서도 발전하지 않았다. 그러므로 목화조차 그 당시 유럽인들의 눈에는 크게 중요한 것으로 보이지 않았다.

14. 그래서 콜럼버스는 광물에 기대를 걸었다.

새로 발견한 나라들이 매우 유익하다는 보고를 정당화할 수 있는 동식물들이 전혀 발견되지 않자 콜럼버스는 광물로 눈을 돌렸다. 동식물의 부족을 광물의 풍부함으로 보상할 수 있다고 그는 자신했다. 그는 〔원주민들이 옷에 장식하고 있으며, 산에서 흘러내리는 계곡 급류에서 그들이 종종 발견한다고 말하는〕 작은 금 조각들을 보고 이 산들이 매우 풍부한 금광으로 가득 차 있다고 생각하고는 매우 흡족해 했다. 그러므로 산토도밍고는 금이 풍부한 나라이기 때문에 (지금이나 옛날이나 마찬가지인 편견에 따라) 스페인 국왕과 왕국에게 진정한 부의 무한한 원천이라고 보고하였다. 콜럼버스가 최초의 항해에서 돌아와 일종의 개선식에서 카스틸랴(ISabella Castille)와 아라곤(Arragon)의 국왕들에게 소개될 때 그가 발견한 나라의 주요 생산물들을 의장대가 들고 콜럼버스 앞에서 걸어갔다. 그것들 중 가치 있는 것이라고는 작은 금띠·금팔찌·금장식품들 그리고 몇 짝의 솜이 고작이었다. 그 나머지는 사람들을 놀라게 할 단순히 진기한 물건들이었다. 특별히 큰 갈대 몇 개, 매우 아름다운 깃을 가진 새 몇 마리, 거대한 악어와 바다소(manati)의 박제품 몇 개 등이었다. 그 선두에는 비참한 원주민 예닐곱 명이 걸어가고 있었는데 그 독특한 색깔과 생김새가 그 광경을 더욱 진기하게 만들었다.

15. 카스틸랴의 추밀원은 황금에 매력을 느꼈고, 콜럼버스는 자기가 발견하게 될 금은의 절반을 왕에게 바치겠다고 제안했다.

콜럼버스의 보고 결과 카스틸랴의 추밀원은 원주민들이 스스로를 방어할 수 없는 것이 명백한 그 나라들을 점령하기로 결정했다. 원주민들을 기독교도로 교화시킨다는 경건한 목적이 이 부당한 계획을 신성화했다. 그러나 황금 보화를 찾으려는 희망이 그것을 점령하도록 유도한 유일한 동기였다. 그리고 이런 동기에 더 큰 무게를 싣기 위해서 그곳에서 발견된 모든 금은의 절반은 왕의 소유로 되어야 한다고 콜럼버스가 제안했다. 이 제안은 추밀원에 의해 승인되었다.

16. 이것은 지속적으로 부담할 수 없는 무거운 세금이었으므로 얼마 되지 않아 감축되었다.

최초의 탐험가들이 유럽으로 들여온 금의 전부 또는 대부분이 방어력 없는 원주민들을 약탈하는 것과 같은 아주 손쉬운 방법으로 획득되는 한, 이처럼 무거운 세금〔50%〕을 지불하는 것도 아마 어렵지 않았을 것이다. 그러나 원주민들이 가지고 있던 금을 모두 빼앗은 뒤〔산토도밍고와 콜럼버스가 발견한 다른 모든 지역에서 이런 일은 6~8년 만에 완전히 끝났다〕 더 이상의 금을 얻기 위해서는 이제 광산에서 캐내야 했을 때, 이렇게 무거운 세금을 지불할 가능성은 더 이상 존재하지 않았다. 따라서 엄중한 세금 징수로 인해 먼저 산토도밍고의 광산들이 폐광되었다고 한다. 그리고 이 광산들은 그 뒤에도 채굴된 적이 없다. 그러므로 세금은 곧 금광 총생산물의 $\frac{1}{3}$, $\frac{1}{5}$, $\frac{1}{10}$로 점점 감소되어 결국 $\frac{1}{20}$로 되었다. 은에 대한 세금은 오랫동안 총생산물의 $\frac{1}{5}$로 유지되었는데, 금세기에 들어서야 $\frac{1}{10}$로 감소되었다. 그러나 최초의 탐험가들은 은에 대해서는 큰 관심을 가지지 않았던 것으로 보인다. 황금처럼 귀중한 것만이 그들의 흥미를 끌었던 것으로 보인다.

17. 그 뒤의 스페인의 모험은 전부 이와 동일한 동기에서 이루어졌다.

콜럼버스의 모험 이후 새로운 세계에 대한 스페인 사람들의 다른 모든 모험들은 동일한 동기에서 비롯되었던 것으로 보인다. 황금에 대한 신성한 갈망이 오이에다(Oieda), 니쿠에사(Nicuessa), 바스코 누그네스 드 발보아(Vasco Nugnes de Balboa) 등을 다리엔(Darien) 지협으로, 코르테즈(Cortez)를 멕시코로, 알마그로(Almagro)와 피차로(Pizzarro)를 칠레와 페루로 유도하였던 것이다. 이런 모험가들이 어느 미지의 해안에 도착했을 때 그들이 제일 먼저 조사한 것은 그곳에서 금이 발견될 수 있는지의 여부였다. 그리고 이 문제에 관해 그들이 얻은 정보에 따라 그들은 그 나라에 정착할 것인지 아니면 떠날지를 결정했다.

18. 신중한 입법자는 금은의 채굴을 장려하려 하지 않는다.

그러나 〔대부분의 사업가들을 파산시키는〕 비용이 많이 들고 불확실한 사업들 중 새로운 금광이나 은광을 찾는 사업만큼 위험한 것은 아마 없을 것이다. 그것은 아마 세상에서 가장 불리한 복권이며, 낙첨되는 사람이 입게 되는 손실에 비해 당첨되는 사람이 얻는 이득의 비율이 가장 낮은 복권일 것이다. 왜냐하면 당첨이 매우 드물고 낙첨이 많을 뿐 아니라 복권의 일반적인 가격이 매우 부유한 사람의 전 재산에 해당하기 때문이다. 광업은 그곳에 투자된 자본을 자본에 대한 보통이윤과 더불어 회수하는 것이 아니라, 오히려 일반적으로 자본과 이윤을 모두 삼켜버리는 사업이다. 그러므로 광업은 자기 나라의 자본을 증가시키기를 원하는 사려 깊은 입법자들이 될 수 있는 한 특별히 장려하지 않으려 하며 〔저절로 그곳으로 흘러들어가는 것보다〕 더 많은 자본이 그곳으로 들어가는 것을 가능한 한 막으려고 하는 사업이다. 그러나 실제로는 거의 모든 사람이 자신에게는 행운이 따르리라는 어리석은 믿음을 강하게 가지기 때문에, 최소한의 성공 가능성만 있어도 그곳으로 자본의 과도한 부분이 저절로 흘러들어간다.

19. 사람들은 항상 황금의 나라(Eldorado)를 꿈꾼다.

이런 사업에 대해 인간의 냉정한 이성과 경험이 내리는 판단은 항상 극히 불리한 것이라고 하더라도, 인간의 탐욕이 내리는 판단은 일반적으로 그것과 정반대였다. 많은 사람들에게 철학자의 돌〔philosopher's stone: 모든 금속을 금으로 전환시키는 힘을 가지고 있으리라고 연금술사들이 믿었던 돌〕이 있을 것이라는 어리석은 생각을 갖게 한 것과 똑같은 열망이 다른 많은 사람들에게 거대한 금은을 매장하고 있는 광산을 발견할 수 있을 것이라는 어리석은 생각을 갖게 했다. 그러나 그들은 다음과 같은 사실들을 고려하지 않았다. 즉, 어느 시대, 어느 나라에서든 그런 금속들의 가치는 주로 희소성(scarcity)에서 나오며, 그것이 희소한 이유는 한 장소에 매장되어 있는 금은은 아주 소량밖에 없으며, 그 소량은 어디서나 단단하고 깨뜨리기 어려운 물질들로 둘러싸여 있으며, 그것이 있는 곳까지 뚫고 들어가서 그것을 얻기 위해서는 많은 노동과 비용이 필요하기 때문이라는 점이다. 그들은 금은의 광맥이 납·구리·주석·철의 광맥만큼 거대하고 풍부할 것이라고 믿었다. 엘도라도(Eldorado)라는 황금의 성과 황금의 나라에 대한 월터 롤리 경(Sir Walter Raleigh)의 꿈은, 아무리 현명한 사람이라도 그렇게 괴상한 환상에 빠질 수 있다는 것을 믿게 하기에 충분한 것이다. 그 위대한 사람이 죽은 지 일백 년 이상이 지난 뒤에도 예수회 교도인 구밀라(Gumila)는 그 불가사의한 세계가 실재한다는 것을 확신하고, 〔선교사들의 경건한 노동에 대해 그처럼 크게 보상해 줄 수 있는〕 그곳 사람들에게 복음의 빛을 전할 수 있다면 얼마나 행복할까라고 열렬히, 그리고 감히 말하건대, 아주 진심으로 기도했다.

20. 스페인 사람들에 관한 한 그 희망은 어느 정도 실현되었다.

스페인 사람들에 의해 처음 발견된 나라들에서 채굴 가치가 있는 것으로 추정되는 금은광은 현재로는 하나도 없다. 최초의 발견 직후 채굴된 광산들의 풍부함뿐 아니라, 최초의 탐험가들이 그곳에서 발견했다고 전해지는 금은의 양도 아마 매우 과장되었을 것이다. 그러나 이 탐험가들이 발견한 것으로 전해진 금은만으로도 그들 본국의 모든 사람의 탐욕을 달아오르도록 하기에 충분했다. 아메리카로 건너간 모든 스페인 사람들은 엘도라도와 같은 곳을 발견할 수 있을 것으로 기대했다. 그리고 행운의 여신은 극히 소수의 다른 경우에서처럼 이 경우에도 은혜를 베풀었다. 여신은 그녀의 충실한 신도들이 가지고 있는 허황한 꿈을 어느 정도 실현시켜 주었다. 즉, 멕시코와 페루의 발견 및 정복(전자는 콜럼버스의 최초 탐험이 있은 지 약 30년 뒤에 이루어졌고, 후자는 약 40년 뒤에 이루어졌다)과 더불어 여신은 그들이 찾고 있던 양과 비슷한 엄청난 양의 귀금속을 그들에게 선사했다.

21. 동인도와의 통상계획이 서인도 발견을 야기했다.

이처럼 동인도와의 통상계획이 최초의 서인도 발견을 야기했으며, 새로 발견된 나라들에 대한 정복 계획이 스페인의 모든 식민지 건설을 유발했다. 그들로 하여금 이런 정복을 하게 한 동기는 금은광이었으며, 인간의 지혜로는 예견할 수 없었던 일련의 사건들에 의해 이 사업은 투기꾼들이 어떤 합리적 근거를 가지고 예상했던 것보다 훨씬 큰 성공을 거두었다.

22. 그러나 다른 나라의 모험가들은 그처럼 성공을 거두지 못했다.

아메리카에 식민지를 건설하려고 시도했던 다른 모든 유럽 나라들의 최초 탐험가들도 똑같은 망상(妄想)에서 출발했지만, 그만큼 성공을 거두지는 못했다. 브라질에 최초로 정착한 지 백 년 이상이 지나서야 그곳에서 금광·은광·다이아몬드 광산이 발견되었다. 영국·프랑스·네덜란드·덴마크의 식민지에서는 채굴 가치가 있는 것으로 추정되는 것은 아직 발견되지 않았다. 그러나 북아메리카의 최초의 영국인 이민자들은 그들에게 면허를 내주는 조건으로 그곳에서 발견한 모든 금은의 $\frac{1}{5}$을 왕에게 바쳤다. 월터 롤리 경, 런던 앤드 플리머스 회사(London and Plymouth Company), 플리머스 시의회 등에게 부여한 면허상에는 $\frac{1}{5}$이 왕의 몫으로 되어 있다. 금은광의 발견에 대한 기대와 더불어 이 최초의 이민자들은 동인도로 가는 북서 항로를 발견할 수 있으리라는 기대를 가지고 있었다. 그들은 지금까지 이 두 기대 중 어느 것도 이루지 못하고 있다.

제 2절 새로운 식민지가 번영하는 이유

1. 문명국의 식민지는 어떤 인간 사회보다 빨리 부강해진다.

황무지나 〔새로운 정착자들에게 쉽게 자리를 내줄 만큼〕 원주민의 수가 적은 나라를 점유한 문명국의 식민지는 다른 어떤 인간 사회보다 더 빨리 부강하게 된다.

2. 이주민들이 가지고 간 지식과 질서정연한 통치, 풍부하고 저렴한 토지, 높은 임금이 유리한 여건을 조성했다.

이주민은 〔미개 야만족들 사이에서 여러 세기 동안 저절로 발달할 수 있는 것보다〕 우수한 농업과 그 외의 유용한 수공업에 관한 지식을 가지고 간다. 그리고 또 그들은 복종의 관습, 본국에서 행하는 질서정연한 통치와 그것을 지탱해 주는 법체계·재판에 대한 약간의 지식을 가지고 가며, 따라서 그들은 새로운 정착지에서 이와 같은 종류의 것들을 자연스럽게 건설한다. 그러나 미개 야만족들 사이에서는 자기들의 보호를 위해 필요한 법과 통치가 확립된 이후에도, 법과 통치의 자연적인 진보는 산업의 자연적인 진보보다 훨씬 더디다.

모든 이주자들은 자신이 경작할 수 있는 것보다 많은 토지를 획득한다. 그가 지불해야 할 지대도 없으며 세금도 거의 없다. 생산물을 지주와 나눌 필요도 없으며, 일반적으로 국가의 몫도 매우 적다. 그는 생산물을 가능한 한 증가시키려는 동기를 갖게 되며, 생산물은 거의 모두 자기의 것으로 된다. 그러나 그가 가지고 있는 토지는 보통 아주 광활하기 때문에 자기의 모든 노동과 그가 고용한 다른 사람의 모든 노동을 사용하더라도 그 토지가 생산할 수 있는 양의 $\frac{1}{10}$ 조차 생산하기 힘든다. 그는 최고로 높은 임금을 주고서라도 다른 지역의 노동자들을 모으려고 애쓴다. 그러나 임금이 높고 토지는 풍부하고 저렴하기 때문에 노동자는 곧 고용주를 떠나 스스로 지주가 된다. 그리고 그도 마찬가지로 똑같이 높은 임금을 주고 다른 노동자들을 고용하게 되는데, 그 노동자도 자신이 첫 번째 고용주로부터 떠난 이유와 똑같은 이유로 자신을 떠나게 된다.

노동에 대한 높은 보수는 결혼을 장려한다. 어린이들은 유년기에 충분히 음식을 섭취하고 적절한 보살핌을 받으며, 성인이 되었을 때 그들의 노동의 가치는 자신들의 생활비보다 훨씬 많다. 완전히 성숙했을 때 노동의 높은 가격과 토지의 낮은 가격은 자신의 아버지가 과거에 한 것과 같은 방식으로 스스로 자립할 수 있게 한다.

3. 식민지에서는 인구증가와 경작의 개량이 장려되었는데, 이는 곧 부강해짐을 의미했다.

다른 나라에서는 지대·이윤이 임금을 잠식하고 두 개의 우월한 계급이 열등계급을 억압한다. 그러나 새로운 식민지에서는 두 개의 우월한 계급은 이해관계 때문에 열등계급을 더 너그럽고 인간적으로 취급해야 한다. 왜냐하면 이곳에서는 열등계급이 적어도 노예상태로 있지는 않기 때문이다. 가장 높은 자연적 비옥도를 가진 황무지를 낮은 가격으로 구입할 수 있다. 토지 소유자는 언제나 스스로 기업가이므로 토지개량에서 얻을 수 있는 소득 증가분은 자기의 이윤으로 되며, 이런 상황에서 이윤은 일반적으로 매우 크다. 그러나 토지의 개량·경작을 위해 타인의 노동을 고용하지 않고서는 이렇게 큰 이윤을 얻을 수 없다. 그런데 새로운 식민지에서 흔히 볼 수 있는 광활한 토지와 적은 인구 사이의 불균형 때문에 이런 노동을 획득하기가 어렵다. 그러므로 그는 임금수준에 대해서는 왈가왈부 하지 않고 어떤 가격으로든 노동을 고용하려고 한다.

노동자의 높은 임금은 인구를 증가시킨다. 양질의 토지가 싸고 풍부하기 때문에 개량이 촉진되고 소유자는 높은 임금을 지불할 수 있게 된다. 토지 가격〔토지생산물의 가격이 옳을 것이다〕의 거의 전체가 그런 임금으로 이루어진다. 노동에 대한 보수로서는 그 임금 수준이 높지만, 그렇게 매우 가치 있는 것〔노동자〕의 가격으로서는 그것은 낮은 것이다. 인구증가와 개량을 장려하는 것이 곧 실질적인 부강(富强)을 장려하는 것이다.

4. 그리스 식민지의 진보는 매우 빨랐다.

고대 그리스의 수많은 식민지들은 아주 급속도로 부강하게 되었던 것 같다. 한두 세기 동안 몇 개의 식민지들은 모국과 경쟁하고 모국을 능가하기도 했던 것 같다. 시실리의 시라쿠스(Syracuse)와 아그리겐툼(Agrigentum), 이탈리아의 타렌툼(Tarentum)과 로크리(Locri), 소아시아의 에페수스(Ephesus)와 밀레투스(Miletus) 등은 모든 점에서 고대 그리스의 어느 도시와 다를 바 없었다. 도시의 건설은 늦었지만, 정교한 예술·철학·시문·웅변술 등은 초기에 개발되어 아주 높은 수준에 이르러 모국의 어느 도시에 못지않았다. 가장 오래된 그리스 철학의 두 학파인 탈레스(Thales) 학파와 피타고라스(Pythagoras) 학파가 고대 그리스에서 형성된 것이 아니라 전자는 아시아의 한 식민지에서, 후자는 이탈리아의 한 식민지에서 형성되었다는 것은 주목할 만한 사실이다. 이런 식민지들은 〔새 이주자들에게 쉽게 자리를 내준〕 미개하고 야만적인 원주민들이 거주한 나라에서 건설되었다. 그 식민지들은 양질의 토지를 풍부하게 지녔으며, 그들은 모국으로부터 완전히 독립되어 있었기 때문에 그들 자신의 일을 자신들의 이익에 가장 적합하다고 판단되는 방식으로 자유로이 처리할 수 있었다.

5. 로마 식민지의 진보는 이보다 훨씬 느렸다.

로마 식민지들의 역사는 결코 그 정도로 찬란하지는 않다. 물론 플로렌스와 같은 몇 개 식민지들은 여러 시대를 거쳤고 모국이 멸망한 이후에도 상당한 국가로 발전했다. 그러나 그들 중 어느 식민지도 아주 급속하게 발전했다고는 여겨지지 않는다. 식민지들은 모두 정복지에 건설되었는데, 그 정복지들은 대부분의 경우 전부터 많은 인구가 거주하고 있었다. 각 이주자에게 할당된 토지는 일반적으로 작았으며, 식민지가 독립되어 있지 않았기 때문에 자신들의 일을 자신들이 판단해서 자신들의 이익에 적합한 방식으로 처리하는 데 항상 자유롭지는 않았다.

6. 아메리카 식민지는 많은 토지를 가지고 있었으며, 본국으로부터 크게 간섭을 받지 않았다.

양질의 토지가 풍부하다는 점에서 아메리카와 서인도에 건설된 유럽 식민지들은 고대 그리스의 식민지와 비슷하거나 오히려 그것을 능가한다. 다른 한편, 모국에 대한 종속(從屬)이라는 측면에서는 고대 로마의 식민지들과 비슷하지만, 유럽에서 멀리 떨어져 있기 때문에 모든 식민지에서 종속이 미치는 영향은 다소 약화되었다. 이런 상황 때문에 모국의 감시와 권력으로부터 어느 정도 벗어날 수 있었다. 자신들의 방식대로 자신들의 이익을 추구하는 그들의 행동은 유럽에 알려지지 않았거나 유럽에서는 이해되지 못했기 때문에 많은 경우 간과되었다. 멀리 떨어져 있어서 그런 행동을 제한하는 것이 어려웠기 때문에 몇몇 경우에는 그런 행동이 허락되고 용서되었다. 폭압적이고 전횡을 일삼는 스페인 정부조차도 광범한 반란을 두려워하여 자신의 식민지에 내린 명령들을 취소하거나 완화시켜야 할 경우도 많았다. 따라서 부(富)·인구(人口)·개량(改良)에서 모든 유럽 식민지들의 진보는 매우 컸다.

7. 스페인의 식민지인 멕시코와 페루의 진보는 대단히 컸다.

스페인 국왕은 식민지 건설 초기부터 금은의 자기 몫을 받음으로써 식민지로부터 약간의 수입을 획득했다. 그 수입은 당연히 인간의 탐욕심에 내재한 훨씬 더 큰 부(富)에 대한 가장 허황된 기대를 불러일으키게 되었다. 그 때문에 스페인 식민지는 건설 당초부터 모국의 큰 관심을 끌었지만 다른 유럽 식민지들은 오랜 기간 상당히 무시되었다. 스페인의 식민지가 이런 관심을 받았다고 해서 그만큼 더 번영하지도 않았고, 다른 식민지들이 무시되었다고 해서 그만큼 더 나빠지지도 않았다. 스페인의 식민지들은 땅의 크기에 비해 인구·번영이라는 점에서 거의 모든 기타 유럽 식민지보다 뒤떨어지는 것으로 보인다.

그러나 스페인의 식민지 역시 인구·개량의 점에서는 분명히 아주 빠르게, 그리고 매우 크게 진보했다. 울로아(Ulloa)에 의하면, 정복 이후에 건설된 리마(Lima)시는 약 30년 전에 이미 5만 명의 인구가 거주하고 있었고, 인디언이 거주하는 비참한 마을에 지나지 않았던 키토(Quito)에도 그와 비슷한 수의 인구가 살고 있었다. 〔자칭 여행가이고 어디서든 매우 정확한 정보에 의거해 기록하는 사람으로 여겨지는〕 제멜리 카레리(Gemelli Carreri)는 멕시코시의 인구가 10만 명이라고 적고 있는데, 아무리 스페인 작가들이 과장을 한다고 해도 그것은 아마 모르테즈마(Mortezuma: 멕시코의 황제) 시대에 비하면 다섯 배 이상이 될 것이다. 이 인구는 영국 식민지 중 가장 큰 세 개의 도시인 보스톤·뉴욕·필라델피아의 인구보다 훨씬 큰 것이다.

스페인의 정복 이전에 멕시코나 페루에는 무거운 짐을 나르기에 적합한 가축이 없었다. 원주민들에게는 라마(lama)가 짐을 나르기 위해 그들이 가지고 있던 유일한 짐승이었지만, 라마의 힘은 보통의 당나귀의 힘보다 훨씬 약했던 것으로 보인다. 그들은 아직 쟁기 같은 것은 있는 줄도 몰랐다. 그들은 철을 사용할 줄 몰랐다. 그들은 주조화폐를 가지고 있지 않았을 뿐 아니라 어떤 교환수단도 가지고 있지 않았다. 그들의 거래는 물물교환으로 이루어졌다. 일종의 나무삽이 농사를 위한 중요한 도구였다. 날카로운 돌이 물건을 자르는 데 사용되는 칼과 손도끼의 역할을 했다. 물고기 뼈나 동물의 딱딱한 가는 뼈가 꿰매는 데 사용하는 바늘 역할을 했다. 이것들이 중요한 작업도구였던 것 같다. 그러므로 이런 상태에서는 멕시코와 페루 어느 곳에서도 〔모든 종류의 유럽 가축들이 풍부하게 공급되고 철·쟁기·수많은 유럽 기술들이 그들에게 소개된〕 오늘날만큼 많이 개량되고 훌륭하게 경작된다는 것은 불가능했던 것으로 생각된다. 한 나라의 인구밀도는 진보·경작의 정도에 비례함에 틀림없다. 정복한 뒤 원주민들을 학살했음에도 불구하고, 이 두 대제국〔멕시코와 페루〕의 현재 인구가 과거보다 훨씬 많을 것이다. 그리고 주민들도 확실히 많이 달라졌다. 왜냐하면 스페인계 크리올인〔Creole: 서인도에 이주해온 유럽인의 자손〕들이 많은 점에서 과거의 인디언보다 우월하다고 나는 생각하기 때문이다.

스페인 사람들의 정착 이후 포르투갈 사람들의 브라질 정착이 유럽인의 아메리카 정착 중 가장 오래된 것이다. 그러나 최초의 발견 이후 오랫동안 브라질에서 금은이 발견되지 않았으므로 국왕에게 수입을 거의 가져다 줄 수 없었다. 따라서 그곳은 오랫동안 상당히 소홀히 취급되었다. 이렇게 소홀히 취급되는 동안 그 식민지는 강력하고 부유한 식민지로 성장했다.

8. 브라질의 포르투갈 식민지 인구는 매우 조밀했다.

포르투갈이 스페인의 지배 하에 있는 동안 브라질은 네덜란드의 공격을 받았는데, 네덜란드는 14주로 분할되어 있던 브라질의 14개 주들 중에서 7개 주를 획득했다. 그들은 나머지 7개 주도 곧 정복할 수 있을 것으로 기대했다. 마침 그때 포르투갈은 독립을 획득하고 브라간자(Braganza)가 왕위에 올랐다. 그 당시 스페인과 적대관계에 있던 네덜란드는 〔마찬가지로 스페인과 적대관계에 있던〕 포르투갈과 우호를 맺었다. 그리고 네덜란드는 그들이 정복하지 않은 브라질의 지역들을 포르투갈 국왕에게 넘기는 것에 동의했다. 한편 포르투갈 국왕은 〔이런 좋은 동맹국과 다툴만한 가치가 없는 일이라 생각하여〕 네덜란드가 이미 정복한 지역을 네덜란드에 넘기는 데 동의했다. 그러나 네덜란드 정부는 곧 포르투갈 이주민을 억압하기 시작했는데, 이주민들은 불평을 호소하는 것으로 만족하지 않고 새로운 지배자에 대항하여 무기를 들고 자신들의 용기와 결단에 의해 〔그리고 모국의 묵인은 있었지만 어떤 공개적인 원조도 받지 않고〕 이 지배자를 브라질에서 몰아냈다. 네덜란드인들은 그 나라의 일부조차 자신들의 손으로 보유하는 것이 불가능하다는 것을 깨닫고, 그 지역 전체를 포르투갈 왕에게 반환하고 말았다. 이 식민지에는 포르투갈인이나 그 후손인 크리올인, 흑백 혼혈인, 포르투갈인과 브라질인의 혼혈족 등 60만 명 이상의 인구가 있는 것으로 알려지고 있다. 아메리카에 있는 어느 한 식민지에서도 유럽계의 주민이 이만큼 많이 살고 있는 곳은 없을 것이다.

9. 스페인이 쇠락하자 각국은 아메리카에서 발판을 얻었다.

15세기 말경과 16세기 대부분 동안 스페인과 포르투갈은 대서양상의 두 개의 강력한 해군 대국이었다. 왜냐하면 베네치아의 무역이 전 유럽으로 확대되었지만 그 함대들이 지중해를 넘어 항해하는 일은 거의 없었기 때문이다. 최초의 발견을 이유로 스페인 사람들은 아메리카 전체를 자신들의 소유라고 주장했다. 그리고 그들은 포르투갈과 같이 강대한 해상국가가 브라질에 정착하는 것을 막지는 못했지만, 그 당시 스페인이라는 이름이 주는 공포 때문에 대부분의 유럽 나라들이 그 큰 대륙의 어느 곳에서도 식민지를 건설하기를 두려워했다. 플로리다에 정착하려고 시도했던 프랑스인들은 스페인 사람들에 의해 모두 살해되었다.

그러나 16세기 말경 이른바 무적함대의 패배 또는 실수로 말미암아 스페인은 해상권을 잃게 되어 자신의 힘으로는 다른 유럽 국민들의 정착을 더 이상 막을 수 없게 되었다. 그리하여 17세기 중 대서양에 항구를 가진 모든 큰 나라들, 영국·프랑스·네덜란드·덴마크·스웨덴 등이 새로운 세계에서 약간의 식민지를 건설하려고 기도했다.

10. 스웨덴의 식민지 뉴저지는 뉴욕에 합병된 뒤 크게 번영했다.

스웨덴인들은 뉴저지에 정착했다. 거기에 아직도 스웨덴 가정들이 상당수 있는 것을 보면, 그 식민지가 모국으로부터 보호를 받았더라면 번창했을 것이라는 것을 보여 주기에 충분하다. 그러나 스웨덴은 그 식민지를 중요시하지 않았으며, 곧 그 식민지는 네덜란드 식민지인 뉴욕에 합병되었고, 1674년 이 네덜란드 식민지는 또다시 영국인의 지배 하에 들어갔다.

11. 덴마크의 식민지 세인트 토마스와 산타크루즈는 독점회사가 해산된 뒤 크게 번영했다.

세인트 토마스(St.Thomas)와 산타크루즈(Santa Cruz)라는 작은 섬이 덴마크인들이 새로운 세계에서 점유하고 있던 유일한 영토였다. 이 조그마한 정착지들은 한 독점회사의 지배 하에 있었는데, 그 회사는 이주민들이 생산한 잉여생산물을 구입하고 이주민들이 원하는 다른 나라 상품들을 그들에게 공급할 수 있는 독점권을 가지고 있었다. 그리하여 그 회사는 상품의 구입과 판매에서 그들을 억압할 수 있는 권력을 가지고 있었을 뿐 아니라 그 권력을 행사하고 싶은 유혹을 받고 있었다. 독점 상인회사에 의한 통치는 아마 어느 나라의 어떤 통치보다 나쁠 것이다. 이런 통치 때문에 이 식민지들의 발전이 더욱 느리고 덜 활기차게 이루어졌지만, 발전이 완전히 저지될 수는 없었다. 덴마크의 이전 국왕이 이 회사를 해체하였는데, 그 뒤로 이 식민지들은 매우 번영했다.

12. 네덜란드의 식민지 수리남은 아직도 독점회사의 통치 하에 있지만 크게 번영했다.

네덜란드의 서인도 식민지들은 동인도 식민지와 마찬가지로 원래는 같은 하나의 독점회사의 지배 하에 있었다. 그들 중 몇몇 식민지들은 〔오래 전에 식민지가 건설되어 사람들이 거주하기 시작한 거의 대부분의 나라들에 비하여〕 상당한 발전을 이루었지만 대부분의 새로운 식민지들에 비하면 그 발전이란 활기가 부족하고 더딘 것이었다. 수리남(Surinam) 식민지는 상당히 발전했지만 설탕을 생산하는 대부분의 다른 유럽 식민지에 비하면 훨씬 뒤떨어진다. 물론 〔지금 뉴욕과 뉴저지의 두 주로 분할된〕 노바 벨지아(Nova Belgia) 식민지도 계속 네덜란드의 통치하에 남아 있었더라도 아마 곧 상당한 발전을 하게 되었을 것이다.

양호한 토지가 풍부하고 저렴하다는 것은 최악의 통치가 미치는 효력을 완전히 상쇄할 만큼 번영의 중요한 원인이다. 그리고 모국으로부터 멀리 떨어져 있기 때문에 이주자들은 그 회사가 자신들을 희생시키면서 누리는 독점을 밀수를 통해 다소 피할 수 있었다. 현재 그 회사는 모든 네덜란드 선박이 수리남과 무역하는 것을 싣고 오는 화물가치의 2.5%를 지불하는 조건으로 허가하고 있으며, 거의 대부분이 노예무역인 아프리카와 아메리카 사이의 직접무역만을 자신이 직영하고 있다. 이 회사가 지니고 있던 독점권이 이처럼 느슨해진 것이 아마도 그 식민지가 지금 누리고 있는 번영의 중요한 원인일 것이다. 네덜란드 소유의 두 개의 중요한 섬인 꾸라소(Curaçá)와 유스따차(Eustatia)는 모든 나라의 선박들에 개방된 자유항이다. 이런 자유야말로 〔오직 일국의 선박들에게 그 항구가 개방되는 더욱 비옥한 식민지들 중에서〕 이 불모의 두 섬이 번영을 이룩하게 된 커다란 이유이다.

13. 프랑스령 식민지 캐나다는 독점회사가 해산된 이래 신속하게 진보했다.

프랑스령 캐나다 식민지는 지난 세기〔17세기〕의 대부분과 금세기의 초반에 독점회사의 지배하에 있었다. 그처럼 불리한 통치하에서는 그 식민지의 발전은 새로운 다른 식민지와 비교해 상당히 느리게 마련이다. 그러나 이른바 미시시피 계획(제 2편 제 2장을 참조하라)의 붕괴 이후 이 회사가 해체되었을 때 발전이 훨씬 더 급속히 이루어졌다. 영국인이 이 나라를 점유하게 되었을 때, 인구는 20~30년 전 교부 샤를봐(Charlevoix)가 계산한 주민 수의 약 두 배에 이르렀다. 이 예수회 교부는 이 나라 전체를 여행하면서 인구를 실제 수보다 적게 말하려 하지 않았을 것이다.

14. 산토도밍고와 기타의 프랑스령 설탕식민지는 번영하고 있다.

프랑스령 산토도밍고는 〔오랫동안 프랑스의 보호를 요구하지도 않았을 뿐 아니라 프랑스의 권위를 승인하지도 않은 채〕 약탈을 일삼는 해적들에 의해 건설되었다. 그리고 이 도적의 무리가 본국의 권위를 인정할 만큼 시민화 되었을 때에도 이 무리를 아주 부드럽게 다루어야 했다. 이 기간 동안 이 식민지의 인구·진보는 아주 급속히 증가했다. 프랑스의 다른 식민지와 마찬가지로 얼마간 지배해 온 독점회사의 억압이 분명히 발전을 지연시키기는 했지만, 이 식민지의 발전을 완전히 억제할 수는 없었다. 그 억압에서 벗어나자마자 이 식민지는 번영의 길로 다시 들어섰다. 지금은 이 식민지가 설탕을 생산하는 서인도 식민지들 중에서 가장 중요한 식민지로 되었으며, 그 생산량이 영국 식민지의 설탕 생산 총량보다 많다고 한다. 설탕을 생산하는 프랑스의 다른 식민지들도 일반적으로 모두 번영하고 있다.

15. 그러나 영국 식민지의 진보가 가장 신속했다.

그러나 북아메리카의 영국 식민지보다 빨리 발전하는 식민지는 없다.

16. 풍부한 토지와 자유가 식민지 발전의 원인이다.

양호한 토지가 풍부하고 자신들의 일을 자신들의 방식대로 처리할 수 있는 자유가 있다는 것이 모든 새로운 식민지들이 발전할 수 있는 두 가지 큰 원인으로 보인다.

17. 영국 식민지들은 스페인과 포르투갈의 식민지처럼 양호한 토지를 많이 가지고 있지 않았으나, 그들의 제도가 토지 개량을 위해 더욱 유리했다.

북아메리카의 영국 식민지들은 양호한 토지를 아주 풍부하게 지니고 있지만 스페인·포르투갈의 식민지에 뒤떨어지고, 최근의 전쟁〔1763년 파리조약으로 끝난 7년전쟁〕 전까지 프랑스의 소유로 있던 몇몇 식민지들보다 우월하지 않다. 그러나 영국 식민지들의 정치제도는 다른 세 나라 식민지의 그것보다 경작·진보에 유리했다.

18. 미경작지의 독점은 다른 어떤 식민지에서보다 더 많은 제한을 받고 있었다.

첫째, 영국 식민지에서는 미경작지의 독점이 완전히 금지되어 있지는 않지만 다른 어느 식민지보다 제한되어 있었다. 모든 소유자들에게 제한된 기간 동안 자신의 토지를 개량·경작할 의무를 부과하며 그것을 이행하지 않을 때에는 방치된 토지를 타인에게 양도할 수 있는 토지로 선언하는 식민지법은 아주 엄격하게 집행되지는 않았지만 어느 정도 효과를 가지고 있었다.

19. 장자상속제와 한정(限定) 상속제가 별로 유행하지 않았으므로 양도(讓渡)가 더 흔하게 행해지고 있었다.

둘째, 펜실베니아에서는 장자상속권(長子相續權)이 없으며, 토지는 동산과 마찬가지로 가족의 모든 자식들에게 균등하게 분배되었다. 뉴잉글랜드의 세 주에서는 모세의 율법과 마찬가지로 장자는 오직 다른 자식들 둘의 몫을 가진다. 그러므로 이런 주에서 상당한 크기의 토지가 때로는 한 개인에 의해 독점된다고 하더라도 한두 세대를 거치면서 그 토지는 다시 충분히 분할된다. 다른 영국 식민지에서는 영국법과 마찬가지로 장자상속권이 있다. 그러나 모든 영국 식민지에서 공짜로 얻은 토지들에 대한 보유권이 인정되므로, 이것은 토지 양도를 용이하게 하며, 광대한 토지를 공짜로 얻은 사람은 작은 부역면제 지대를 벌기 위해 약간의 토지만 남겨두고 그 토지의 대부분을 가능한 한 빨리 양도하는 것이 자기에게 이롭다는 것을 알게 된다.

스페인과 포르투갈의 식민지에서는 봉작(封爵) 칭호가 붙어 있는 대토지의 상속시에는 이른바 장자상속권(right of Majorazzo)이 행사된다. 이런 토지는 모두 한 사람에게 넘어가고, 상속이 제한되어 양도가 불가능하다. 사실 프랑스 식민지들은 파리의 관습에 따르는데, 파리의 관습은 영국법에 비하면 토지 상속에서 나이 어린 자식들에게 훨씬 더 유리하다. 그러나 프랑스 식민지에서는 만약 쉬발리〔chivalry: 영주의 소집에 응하여 전장에서 기사의 의무를 하는 기사제도〕와 호미지〔homage: 영주에게 충성한 차지인에게 그 토지의 보유권을 공공연하게 인정하는 의식〕 등 명예로운 근무에 의해 보유된 대토지의 어떤 부분이 양도되면, 그 토지는 일정 기간 영주의 상속인 또는 영주 가족의 상속인에 의한 상환권의 적용을 받는다. 그리고 그 나라의 모든 대토지는 이런 명예로운 보유권에 의해 보유되고 있기 때문에 양도가 번거롭게 마련이다. 그러나 새로운 식민지에서 광대한 미경작지는 상속보다 양도에 의해 훨씬 급속하게 분할된다. 지금까지 살펴본 것처럼, 풍부하고 저렴한 양질의 토지가 새로운 식민지의 급속한 번영의 중요한 원인이다.

토지의 독점은 사실상 토지의 풍부함과 저렴함을 불가능하게 한다. 더욱이 미경작지의 독점은 개량을 방해하는 가장 큰 요인이다. 토지의 개량·경작에 사용되는 노동은 사회에 대해 가장 크고 가장 가치 있는 생산물을 공급한다. 노동생산물은 노동의 임금과 그곳에 투자된 자본의 이윤뿐 아니라 경작되는 토지의 지대를 지불한다. 영국 이주자들의 노동은 〔토지의 독점으로 말미암아 노동이 다른 직업으로 다소 이탈해 간 세 나라의 어느 식민지보다도〕 토지의 개량·경작에 더 많이 사용되고 있기 때문에, 세 나라의 어느 식민지보다 더 가치 있는 생산물들을 더 많이 공급할 수 있을 것이다.

20. 세금은 비교적 가벼웠다.

셋째, 영국 이주자들은 더 가치 있는 생산물을 더 많이 생산할 뿐 아니라 세금이 가볍기 때문에 생산물의 더 많은 부분이 자신들의 것으로 된다. 그리고 이 생산물들은 저축되거나 더 많은 노동을 고용하는 데 사용될 수 있다. 영국 이주자들은 모국의 방위나 모국 정부의 행정비용을 지원하기 위해 아직 아무것도 기여한 바 없다. 반대로 그들의 방위는 지금까지 거의 전적으로 모국의 부담으로 유지되고 있다. 육·해 군비는 민간정부의 필수적인 경비보다 훨씬 더 크며, 그들 자신의 민간 행정비는 항상 아주 작았다. 민간 행정비는 총독과 재판관, 그 외의 약간의 경찰관들에게 충분한 봉급을 지급하고 가장 유용한 몇 개의 공공사업을 유지하는 데 필요한 정도로 한정되었다. 현재의 전쟁 개시 전 매사추세츠 만(Massachusetts Bay)의 행정비는 1년에 약 18,000파운드였다. 뉴햄프셔와 로드 아일랜드는 각각 3,500파운드였다. 코네티컷은 4,000파운드, 뉴욕과 펜실베니아는 각각 4,500파운드, 뉴저지는 1,200파운드, 버지니아와 사우스 캐롤라이나는 각각 8,000파운드였다. 노바 스코티아와 조지아의 행정비는 영국 의회의 연간 보조금으로 부분적인 지원을 받았다. 그러나 노바 스코티아와 조지아는 그 외에도 식민지의 공공경비로 1년에 약 7,000파운드와 2,500파운드를 각각 지출했다.

간단히 말해 〔정확히 계산할 수 없는 메릴랜드와 노스캐롤라이나의 행정비를 제외하면〕 북아메리카에서 행정비로 주민들이 납부해야 하는 총액은 현재의 전쟁 개시 전에는 매년 64,700파운드를 넘지 않았다. 이것은 3백만의 인구를 잘 통치하는 데 얼마나 적은 경비가 드는가를 보여주는 기억할 만한 예이다. 실제로 통치비 중 가장 중요한 부분인 방위비·보호비는 항상 모국이 부담했다. 또 신임 총독의 부임 환영식과 새로운 의회의 개회식 등에 즈음한 식민지정부의 기념행사는 아주 정중하게 치러졌지만 낭비적이고 허식적인 행렬 등은 전혀 없었다. 마찬가지로 종교적인 행사도 검소하게 치러졌다. 식민지에는 십일조가 없으며, 성직자의 수도 많지 않으며, 그들은 적당한 수당과 사람들의 자발적인 헌금으로 생활한다.

반대로 스페인과 포르투갈의 군대는 그들의 식민지에 부과한 세금으로부터 어느 정도 지원을 받는다. 프랑스는 실제로 그들의 식민지로부터 상당한 세입을 획득한 적이 없으며 식민지에 부과된 세금은 일반적으로 그곳에서 지출된다. 그러나 이 세 나라의 식민지 정부의 지출은 대단히 크고 또 비용이 훨씬 더 많이 드는 기념행사들이 거행된다. 예를 들어 페루의 새로운 총독환영 행사에 지출되는 비용은 종종 엄청난 금액에 이른다. 이런 기념의식에 소요되는 비용은 부유한 이주민들이 그런 특별한 경우에 지불하는 실제의 세금이 될 뿐 아니라, 이런 기념의식은 그들 사이에 기타 모든 경우에도 허영과 낭비의 습관을 초래하게 된다. 그것들은 아주 가혹한 임시세일 뿐 아니라, 훨씬 더 가혹한 영구세〔즉, 개인의 사치와 낭비라는 파멸적인 세금〕를 신설하는 데 기여한다.

이 세 나라의 식민지에서 종교적 지배 역시 매우 억압적이다. 이들의 모든 지역에서 십일조가 있으며, 스페인과 포르투갈의 식민지에서는 아주 엄격하게 부과된다. 그뿐 아니라 이들 모두는 수많은 탁발 수도승들 때문에 고생하고 있다. 그들의 걸식은 허가된 것일 뿐 아니라 종교에 의해 신성화되어 있기 때문에 〔그들에게 자비를 베푸는 것은 하나의 의무이며, 이것을 거절하면 가장 큰 죄라고 철저하게 교육받은〕 가난한 사람들에게는 아주 가혹한 세금이다. 이런 모든 사정들 외에도 이들 식민지에서는 성직자들이 가장 거대한 토지 독점자이다.

21. 모국의 무역 독점권이 갖는 억압성은 그렇게 크지 않았다.

넷째, 그들의 잉여생산물(즉, 자신들의 소비를 초과하는 부분)을 처분할 때, 영국 식민지가 다른 어느 유럽 식민지보다 더 유리하고 더 넓은 시장을 이용할 수 있다. 유럽의 모든 나라들은 자신의 식민지무역을 독점하려고 다소 노력하기 때문에 다른 나라의 선박들이 자기 식민지와 무역하는 것을 금지하고, 다른 외국에서 유럽 상품들을 수입하는 것을 금지한다. 그러나 이런 독점이 실행되는 방식은 나라마다 상당히 다르다.

22. 식민지의 잉여생산물을 최대한 싸게 구입하려는 독점회사가 없었다.

몇몇 나라는 식민지 전체의 무역을 하나의 독점회사에게 맡겼다. 이주민들은 그들이 원하는 모든 유럽 상품들을 그 회사에서만 구입해야 하고, 자신의 모든 잉여생산물을 그 회사에만 판매해야 한다. 그러므로 그 독점회사는 유럽 상품들을 가능한 한 비싸게 판매할 뿐 아니라 잉여생산물을 가능한 한 싸게 구매하고, 또한 이렇게 낮은 가격에서라도 잉여생산물을 유럽에서 아주 높은 가격으로 처분할 수 있는 양만큼만 구매하는 것이 자기에게는 이익이었다. 식민지 잉여생산물의 가치를 어떻든 저하시키고 많은 경우 그 양의 자연적 증가를 막고 억제하는 것이 이 회사에게는 이익이었다.

새로운 식민지의 자연적 성장을 저해하는 여러 가지 방법들 중에서 가장 효과적인 방법은 의심할 나위 없이 독점회사를 설립하는 것이다. 비록 금세기에 와서 여러 방면에서 독점회사는 독점권의 행사를 많이 포기했지만, 독점회사의 설립이 네덜란드의 정책이었다. 그리고 이것은 이전 국왕의 통치기간까지의 덴마크의 정책이기도 했다. 프랑스도 때때로 이런 정책을 사용했다. 그리고 최근 1755년 이래, 즉 독점회사의 설립은 어리석은 짓이라는 이유로 다른 모든 나라들이 이 정책을 포기한 이래로는,

포르투갈이 브라질의 두 개 주에 대해, 즉 페르남부코(Fernambuco)와 마라논(Marannon)에 대해 이 정책을 사용했다.

23. 식민지와의 무역을 특정 항구와 면허받은 특정 선박으로 제한하지 않았다.

다른 나라들은 비록 독점회사를 설립하지 않더라도 식민지의 모든 무역을 모국의 특정한 한 항구에 제한하고, 그곳으로부터 하나의 선단을 이루어 특정 계절에만 출항할 수 있도록 했다. 만약 한 척의 배만 있을 경우에는 대개 거액의 요금을 지불해야 하는 특별면허가 있어야만 항해가 허락되었는데, 그 외에는 어떠한 선박도 그 항구에서 출항할 수 없었다.

이 정책은 〔특정 항구에서 특정 계절에 특정 선박을 이용하여 무역을 한다는 조건하에〕 모국의 모든 국민들에게 식민지무역을 개방했다. 자신들의 자본을 이런 허가를 받은 선박을 이용하기 위해 공동 투자한 상인들은 서로 협력해서 행동하는 것이 자기들에게 이익이라고 생각했기 때문에, 이런 방식으로 이루어지는 무역은 분명히 독점회사에 의해 이루어지는 무역과 거의 동일한 원리에 의해 이루어졌을 것이다. 그 상인들이 얻은 이익은 독점회사와 마찬가지로 엄청났고 거의 억압적이었을 것이다. 식민지에는 공급 사정이 좋지 않아서, 이주민들은 부득이 매우 비싸게 사고 매우 싸게 팔아야만 했을 것이다.

최근 몇 년 전까지 스페인은 언제나 이런 정책을 썼는데, 그 때문에 스페인령 서인도에서는 모든 유럽 상품의 가격이 엄청나게 높았다고 한다. 울로아(Ulloa)의 말에 따르면, 키토(Quito)에서는 철 1파운드가 약 4~6펜스에, 강철 1파운드가 약 6~9펜스에 팔린다고 한다. 이주자들이 그들의 생산물을 내놓는 것은 주로 유럽 상품을 구매하기 위해서다. 그러므로 식민지가 유럽 상품을 높은 가격으로 구매하는 만큼 자기 생산물을 낮은 가격으로 파는 결과가 된다. 유럽 상품이 비싸다는 것은 곧 식민지 생산물이 저렴하다는 것과 같은 말이다. 이런 점에서 페르남부코와 마라논을 제외한 모든 식민지에 대한 포르투갈의 정책은 스페인의 옛날 정책과 동일하며, 두 개 주에 대해서는 최근 더욱 나쁜 정책이 채택되었다.

24. 모든 국민에게는 모국의 어느 항구에서도 무역할 수 있는 자유가 주어져 있다.

다른 나라들은 자국민에게는 식민지무역 활동을 자유롭게 할 수 있도록 하며 모국의 무역항을 제한하지 않고 세관의 일상적인 수속 외에는 어떤 면허도 요구하지 않고 있다. 이런 경우 상인의 수가 많고 분산되기 때문에 상인들이 전체적인 담합에 참가할 수 없으며, 경쟁은 그들이 아주 엄청난 이익을 얻는 것을 막기에 충분하다. 이런 자유로운 정책 하에서는 이주자들은 적당한 가격에 자신들의 생산물을 판매하고 유럽 재화를 구매할 수 있다. 플리머스 회사의 해체 이후 우리 식민지들이 아직 유아기에 있었을 때, 영국이 쓴 정책은 항상 이러했다. 프랑스 역시 일반적으로 이런 정책을 썼는데, 이른바 프랑스의 미시시피 회사의 해체 이후 이 정책을 일관되게 사용했다. 그러므로 프랑스와 영국이 그들의 식민지 무역에서 얻는 이익은 타국 국민들에게 경쟁을 허용하는 경우에 비해 약간 더 높지만, 결코 엄청나게 높은 것은 아니다. 그리고 그 결과 유럽 상품의 가격도 이 두 나라 식민지의 대부분에서는 지나치게 높지는 않다.

25. 열거된 상품을 제외하고는 무엇이든 모국 이외의 다른 지방들에 자유롭게 수출할 수 있었다.

자신들의 잉여생산물을 수출할 때 영국 식민지들로 하여금 모국 시장에만 수출하도록 제한을 가한 것은 약간의 상품들에 대해서뿐이다. 이들 상품은 항해조례와 그 뒤의 다른 몇 개의 법령에 열거되어 있기 때문에 열거품목(列擧品目: enumerated commodities)이라고 부른다. 그 나머지는 비(非)열거품목이라 부르는데, 선박 소유자와 선원의 $\frac{3}{4}$이 영국 국민인 영국 선박이나 식민지 선박을 이용하기만 하면 그 상품들은 다른 나라로 직접 수출될 수 있다.

26. 가장 중요한 일부 생산물

비(非)열거품목들 중에는 아메리카와 서인

들은 열거되지 않았다. 도의 가장 중요한 생산물인 각종 곡물·목재·소금에 절인 식품·어류·사탕·럼주 등이 포함되어 있다.

27. 예를 들면 곡물과 곡물은 자연히 모든 새로운 식민지에서 가장 중요한 경작 대상이다. 식민지에게 아주 넓은 곡물 판매시장을 허용해 줌으로써 그 법령은 인구가 아주 작은 영토의 소비량 이상으로 곡물 경작을 확대하도록 장려한다. 그리하여 계속 증가하는 인구를 위해 미리 풍부한 생활물자를 공급하도록 한다.

28. 목재와 숲이 울창하여 목재의 가치가 아주 적거나 거의 없는 나라에서 삼림을 벌목하는 데 드는 비용이 토지 개간의 주요 장애 요인이다. 그 법령은 식민지에게 아주 넓은 목재시장을 마련해 줌으로써 그대로 두면 가치가 아주 적은 목재의 가격을 올리고, 그 결과 식민지로 하여금 그대로 두면 비용에 지나지 않을 것에서 약간의 이윤을 얻도록 하여 토지 개간을 용이하게 한다.

29. 가축과 사람이 절반도 거주하지 않으며 절반도 경작되지 않은 나라에서는, 가축은 자연히 거주민들이 소비하는 양 이상으로 번식하기 때문에 종종 그 가치가 거의 없거나 전혀 없게 된다. 그러나 이미 지적한 바와 같이, 어느 나라에서든 토지의 대부분이 개량되기 전에는 가축 가격은 곡물 가격과 일정한 비율을 유지해야 할 필요가 있다(제 1편 제 11장 제 1절을 참조하라). 모든 형태의 아메리카산 가축에게 (살아 있는 것이든 죽은 것이든) 아주 넓은 시장을 제공해 줌으로써, 그 법률은 토지의 개량을 위해 그것의 높은 가격이 필수적인 하나의 상품, 즉 가축의 가치를 끌어올린다. 그러나 이런 자유가 제공하는 훌륭한 효과는 조지 3세 제4년의 제15호 법률(1764년)에 의해 다소 감소되었음에 틀림없다. 왜냐하면 그 법률은 가축의 피혁과 모피를 열거품목에 포함시킴으로써 아메리카산 가축의 가치를 감소시키는 경향을 가지고 있기 때문이다.

30. 어류와 영국 의회가 늘 염두에 두고 있었던 목표는 영국 식민지 어업의 확장을 통해 영국의 해운업과 해군력을 증강시키려는 것이었던 것으로 생각된다. 그 때문에 식민지의 어업은 자유로운 제도가 줄 수 있는 모든 고무와 격려에 의해 번창했다. 특히 최근의 전쟁 전까지는 뉴잉글랜드의 어업이 아마 세계에서 가장 중요한 어업 중의 하나였을 것이다. 영국에서는 엄청난 금액의 장려금에도 불구하고 포경업의 전체 어획량이 매년 포경업에 지불되는 장려금의 가치를 크게 초과하지 않는다고 많은 사람들이 생각하는데 〔그러나 내가 이런 의견을 정당화하려는 것은 아니다〕 반해, 뉴잉글랜드에서는 아무런 장려금도 없이 포경업이 상당한 규모로 이루어지고 있다. 어류는 북아메리카인들이 스페인·포르투갈·지중해 연안국들과 교역하는 중요한 품목들 중의 하나다.

31. 설탕과 설탕은 원래 영국으로만 수출될 수 있었던 열거품목이었다. 그러나 1731년 설탕 재배업자의 진정에 의해 그것을 전 세계로 수출하는 것이 허락되었다. 그러나 이런 자유는 일정한 제한 하에서 허락된 것이고 또한 영국에서 설탕 가격이 상승했기 때문에 그 자유는 큰 의미를 가질 수 없었다. 여전히 영국과 그 식민지가 영국 식민지에서 생산되는 모든 설탕의 거의 유일한 시장이다. 영국과 그 식민지의 설탕 소비가 매우 빨리 증가했기 때문에, 비록 자메이카와 〔1763년 전쟁으로 얻은〕 여러 섬들〔그레나다·세인트 빈센트·그레나딘·도미니카·토바고〕의 부단한 개량으로 설탕 수출이 최근 20년간 크게 증가했지만, 외국에 대한 수출은 전보다 그리 많지 않다고 한다.

32. 럼주가 그러했다. 럼주는 아메리카인들이 흑인 노예를 수입해 오는 아프리카 해안지역과의 교역에서 아주 중요한 품목이다.

33. 만일 곡물·육류·어류가 영국 시장에 들어왔다면, 그것들은 만약 아메리카의 모든 곡물·소금에 절인 식품·어류의 총잉여생산물이 열

영국의 생산물들과 지나치게 격렬한 경쟁을 했을 것이다.

거품목에 포함되어 영국시장에 수입되었더라면, 본국인의 산업생산이 많은 방해를 받았을 것이다. 그러므로 그런 상품을 열거품목에서 제외하고 쌀을 제외한 모든 곡물과 소금에 절인 식품의 수입을 평상시에 법률에 따라 금지한 것은 아메리카의 이익을 위해서라기보다는 이런 방해를 염려했기 때문일 것이다.

34. 비(非)열거품목들은 처음에는 세계의 어느 나라로도 수출될 수 있었다. 최근에는 피니스테레 곶 이남의 나라들로 한정되었다.

비(非)열거품목들은 원래 세계의 모든 지역으로 수출될 수 있었다. 한때 열거품에 속했던 목재·쌀이 그 뒤 열거품목에서 제외되었을 때, 그 상품의 수출은 유럽시장으로서는 피니스테레 곶〔Cape Finisterre: 북서부 스페인의 최서단의 곶〕 이남의 나라들에 한정되었다. 조지 3세 제6년의 제52호 법률〔1766년〕에 의해 모든 비(非)열거품목들이 이와 비슷한 제한을 받게 되었다. 피니스테레 곶 이남의 유럽 지역들은 제조업이 발달되지 않아 영국 식민지 선박들이 본국 제조업을 방해할 수도 있는 제조품을 그곳에서 수송해 올 염려가 더욱 적었기 때문이다.

35. 열거품목들은 (1) 모국에서는 전혀 생산되지 않는 상품들과, (2) 그 공급의 작은 부분만이 모국에서 생산되는 상품들이다.

열거품목에는 두 가지 종류가 있다. 첫 번째 종류는 본국에서 생산될 수 없거나 적어도 생산되지 않는 아메리카 특산물이다. 당밀·커피·코코아·담배·향료·생강·고래지느러미·생사·면화·해리 가죽 및 그 외의 아메리카산 모피·인디고·퍼스틱(fustic)·염료용 나무가 이 종류에 속한다. 두 번째 종류는 아메리카 특산물은 아니고 본국에서 생산되거나 생산될 수도 있는 상품이지만, 본국 수요의 대부분을 충족시킬 수 있는 양이 아니기 때문에 주로 외국으로부터 공급되는 상품들이다. 각종 선박용품·돛대·활대·기운 돛대·타르·역청·테레빈·선철·봉철·동광·피혁·모피·가성

칼륨·조제탄산칼륨 등이 이 종류에 속한다.

첫 번째 종류에 속하는 상품들의 대량수입은 본국에서 생산되는 어떤 생산물의 발전도 억제하지 않으며, 그 판매를 방해하지도 않는다. 그 상품들의 수출이 본국 시장으로 제한되어 있기 때문에, 우리나라 상인들은 그 상품들을 식민지에서 싸게 구입하여 본국에서 판매함으로써 높은 이윤을 얻을 수 있을 뿐 아니라, 식민지와 외국 사이의 중개무역을 발전시켜 영국은 유럽에서 이런 종류의 상품을 최초로 수입하는 나라로서 당연히 그 중심지[즉, 집산지]가 될 것으로 기대되었다.

두 번째 종류의 상품들의 수입은 본국에서 생산되는 동일한 종류의 상품의 판매를 방해하지 않으면서 다른 외국에서 수입되는 동일한 종류의 상품의 판매를 방해하게끔 운영될 수 있다고 생각되었다. 적당한 관세를 부과함으로써 두 번째 종류의 상품을 본국 생산품보다는 항상 다소 비싸게 하고 외국에서 수입되는 동일한 종류의 상품보다는 훨씬 싸게 할 수 있기 때문이다. 그러므로 이런 상품을 본국 시장으로 제한함으로써 영국의 생산을 저해하는 것이 아니라, 영국에 대해 무역흑자를 올린다고 여겨지는 몇몇 외국의 생산을 억제할 생각이었다.

36. 식민지산 선박용품의 영국으로의 수입에 대해서는 장려금이 주어졌다.

식민지에서 생산되는 돛대·활대·기운 돛대·타르·역청·테레빈 등을 영국을 제외한 다른 나라로 수출하는 것을 금지했기 때문에 당연히 식민지에서 나는 목재의 가격은 하락하고, 따라서 식민지 토지 개간의 중요한 장애물인 삼림벌채비가 상승하는 경향이 있었다. 금세기 초인 1703년 스웨덴의 역청·타르 회사가 그들 자신의 선박만을 이용하고, 그들 자신이 제시한 가격에, 그들이 적당하다고 여기는 양만을 판매한다는 조건을 수용하지 않는 어떤 수출도 금지했다. 영국은 이 주목할 만한 중상주의 정책에 대응하고 스웨덴뿐 아니라 북유럽의 다른 세력들로부터 가능한 한 독립하기 위해 아메리카로부터 선박용품을 수입하는 데 대하여 장려금을 지급했는데, 이 장려금의 효과로 아메리카산 목재는 〔수출이 본국 시장에 제한됨으로써 발생할 수 있는 가격하락보다〕 훨씬 큰 폭으로 가격이 상승했다. 두 법령〔영국 이외의 다른 나라에 대한 수출금지와 식민지산 선박용품의 영국 수입에 대한 장려금 지급〕이 동시에 실시되었기 때문에 그들의 결합된 효과는 아메리카에서 삼림의 개척을 억제했다기보다는 장려한 것이었다.

37. 아메리카에서 수입되는 선철(銑鐵)에 대해서는 관세가 면제되었다.

선철(pig)과 봉철(bar iron)도 열거품목에 속해 있었지만, 아메리카에서 수입되는 경우에는 다른 나라에서 수입되는 경우에 부과되는 거액의 관세가 면제되기 때문에, 이 규제는 아메리카에서 제철소의 건설을 저해하기보다는 장려했다. 제철소만큼 대량의 목재 소비를 유발하고, 숲으로 뒤덮인 나라의 토지 개간에 기여할 수 있는 제조업은 없다.

38. 이런 규정은 목재의 가격을 올렸고, 따라서 그 지역의 토지 개간을 도왔다.

이런 규제가 아메리카산 목재 가격을 상승시키고 그리하여 토지 개간을 쉽게 하는 경향이 있다는 것은 의회가 의도한 것도 아니고 이해한 것도 아니었다. 그러나 그처럼 유익한 효과가 우연이었다고 해서 그 효과의 현실성이 덜한 것은 아니다.

39. 영국령 아메리카 식민지와 서인도 사이에는 자유무역이 이루어졌다.

열거품목과 비열거품목 모두에서 영국령 아메리카 식민지와 서인도 사이의 무역에는 가장 완벽한 무역 자유가 허용되었다. 이 식민지들은 인구가 증가하고 번창하고 있으므로 각 식민지는 다른 식민지에서 자신의 생산물을 팔 수 있는 크고 넓은 시장을 얻는다. 그 시장들 모두를 합해서 보면, 서로의 생산물을 판매할 수 있는 커다란 내부시장이 형성된다.

40. 그러나 영국의 관대함이 정밀한

그러나 식민지무역에 대해 영국이 보

제조품에까지 미치지는 않았다.

여주는 관대함은 주로 〔가공되지 않은 상태로 있거나 가공의 첫 단계에 있는〕 식민지 생산물의 시장에 국한되었다. 식민지 생산물이라도 그것이 비교적 선진적이거나 비교적 정밀한 제조품인 경우, 영국의 상인과 제조업자들은 자신들이 스스로 그것을 취급하려고 했으며, 이리하여 때로는 높은 세금의 부과로 또 때로는 절대적인 금지로 그런 제조업이 식민지에서 설립되는 것을 막도록 입법부를 설득했다.

41. 정제 설탕에는 무거운 세금이 매겨졌다.

예를 들어 영국 식민지에서 생산되는 원당(原糖)의 수입관세는 100파운드 당 겨우 6실링 4펜스인 반면, 백당(白糖)의 경우에는 1파운드 1실링 1펜스며, 한두 번 가공한 정당(精糖)의 경우에는 4파운드 2실링 $5\frac{8}{20}$ 펜스이다. 이처럼 높은 관세가 처음 부과되었을 때 영국은 영국령 식민지의 설탕이 수출될 수 있는 유일한 시장이었을 뿐 아니라 오늘날도 여전히 주된 시장이다. 그러므로 이 관세는 처음에는 외국시장〔영국〕으로 내보내기 위해 설탕을 표백·정제하는 것을 금지시키는 효과를 가졌으며, 지금은 아마 총생산량의 $\frac{9}{10}$ 이상을 판매하는 시장〔영국〕으로 내보내기 위해 설탕을 표백·정제하는 것을 금지시키는 효과를 가지고 있다. 그리하여 설탕의 표백·정제 산업은 모든 프랑스령 설탕 식민지에서는 번창했지만, 영국령 식민지의 경우 〔식민지 자체 시장에 공급되는 부분을 제외하고는〕 거의 발전하지 않았다. 그레나다가 프랑스의 지배 하에 있는 동안에는 거의 모든 농장에 적어도 설탕을 표백하는 설비가 있었다. 그러나 영국 지배 하에 들어가면서 이런 종류의 작업장이 거의 모두 폐쇄되었으며, 1773년 10월 현재 그 섬에 남아 있는 작업장은 두세 개를 넘지 못할 것이라고 확신한다. 그러나 현재는 세관이 이 점에 소홀하기 때문에 표백당 또는 정제당이라도 덩어리에서 분말로 빻아지면 보통 원당으로 간주되어 수입된다.

42. 식민지에는 제강소와 강재 절단 공장의 건설이 허가되지 않았다.

영국은 아메리카산 선철과 봉철(bar iron)에 대해 〔그와 비슷한 상품이 다른 나라에서 수입될 경우에 부과되는〕 세금을 면제해 줌으로써 그 산업을 진흥시키는 데 반해, 아메리카 식민지의 어느 곳에서도 제강소와 강재 절단공장이 건설되는 것을 절대적으로 금지한다. 영국은 식민지의 자체 소비를 충당하기 위해 필요한 더욱 정교한 제품의 제조조차 식민지에게 허락하지 않으며, 식민지가 필요로 하는 이런 종류의 모든 상품들을 영국의 상인과 제조업자로부터 구매하도록 강제했다.

43. 아메리카에서 생산된 모자 · 양모 및 모직물은 대량으로 한 주에서 다른 주로 보내질 수 없었다.

영국은 아메리카에서 생산되는 모자·양모·모직물을 수로를 통해서는 물론 말·마차에 의해 육로로 한 주에서 다른 주로 보내는 것을 금지한다. 이 규정은 원격지 판매를 위한 제조업의 발전을 효과적으로 방지하며, 식민지 산업을 자기 가족이나 같은 주에 있는 이웃의 필요를 위해 개별 가정에서 만드는 조잡한 가내수공업으로 한정시켜 버린다.

44. 이런 금지령은 신성한 인간의 권리를 침해하는 것이기는 하나 커다란 피해를 주지는 않았다.

그러나 많은 주민들에게 자신들의 생산물을 이용하여 자신들이 만들 수 있는 모든 것을 만들지 못하도록 하거나, 자신들의 자본·노동을 자신들이 판단하여 자기에게 가장 유리한 방식으로 사용하는 것을 막는 것은 인간의 가장 신성한 권리에 대한 명백한 침해다. 그러나 이런 금지가 아무리 잘못된 것이라 하더라도 지금까지는 여러 식민지에게 치명적인 것은 아니었다. 식민지 토지는 여전히 아주 싸고 노동은 비싸기 때문에, 식민지는 정교한 고급 제품의 거의 모두를 스스로 만드는 것보다 싼 값으로 본국에서 수입할 수 있다. 그러므로 그런 제조업을 발전시키는 것이 금지되지 않았다고 하더라도, 식민지는 현재의 진보상태에서는, 식민지 자신의 이익을 위해서라도 아마 정교한 제조품의 생산을 시도하지 않았을 것이다.

식민지의 현재의 진보 상태에서는 이 금지는 식민지의 산업활동을 구속하지도 않고 식민지가 스스로 나아갔을 발전에 제약을 가하지도 않지만, 이 금지는 〔모국의 상인과 제조업자들의 근거 없는 질투 때문에 어떤 충분한 이유도 없이〕 식민지에 부과된 무례한 종속(從屬)의 상징일 뿐이다. 더 발전된 상태에서는 이런 금지는 진정한 억압이 되고 용인될 수도 없을 것이다.

45. 일부 식민지 생산물은 영국으로 수입될 때 감세 또는 장려금 혜택을 누렸다.

영국은 한편으로는 식민지의 일부 가장 중요한 생산물의 수입을 본국 시장으로 제한했지만, 다른 한편으로는 그것을 보상해 주기 위해 다른 일부 생산물에 대해 본국 시장에서 이익을 얻도록 해준다. 예컨대, 때로는 비슷한 상품이 다른 나라에서 수입될 때 높은 관세를 부과하며, 때로는 식민지에서 수입할 때 장려금을 지급한다. 영국령 식민지의 설탕·담배·철에 대해서는 첫 번째 방식으로 편익을 제공하고, 생사·대마·아마·인디고·선박용품·건축용 목재에 대해서는 두 번째 방식으로 편익을 제공한다. 수입에 대해 장려금을 지급함으로써 식민지 생산을 장려하는 두 번째 방법은 내가 아는 한 영국만의 특유한 방식이다. 첫 번째 방식은 그렇지 않다. 포르투갈은 다른 나라에서 담배를 수입해 오는 것에 대해 높은 세금을 부과하는 데 만족하지 않고 가장 엄격한 벌칙으로 그것을 금지하고 있다.

46. 유럽에서 수입하는 경우 영국 식민지는 다른 나라의 식민지들보다 관대한 취급을 받았다.

식민지가 유럽에서 상품을 수입하는 경우에도 영국은 다른 어떤 나라보다도 관대하게 자국의 식민지를 취급한다.

47. 수출의 경우 관세를 환불해 주었다.

영국은 외국 제품의 수입시에 부과된 관세의 일부를, 거의 대부분의 경우 절반 또는 그 이상을, 또한 어떤 때는 그 전부를, 그 상품의 재수출시에 환불해 준다. 〔영국으로 수입되는 거의 모든 외국제품에 부과되는 높은 세금이 붙은 채로) 상품이 외국에 나가면 어느 독립국도 그것을 사지 않으려 할 것이라는 것은 쉽게 예상할 수 있다. 그러므로 재수출시 그런 세금의 일부를 환불해주지 않으면 중상주의가 상당히 애호하는 중개무역은 종지부를 찍고 말 것이다.

48. 식민지로 수출하는 경우에도 관세가 환불되었다.

그러나 우리 식민지는 결코 독립국이 아니다. 그러므로 식민지에 대해 유럽에서 생산되는 모든 상품을 독점적으로 공급할 수 있는 권리를 가지고 있는 영국은 (다른 나라들이 자국 식민지에 대해 해온 것과 똑같은 방식으로) 식민지로 하여금 상품을 모국에서 지불한 세금이 붙은 채로 구입하도록 강요할 수 있다. 그러나 1763년까지 그와는 반대로 독립국으로 수출될 때와 마찬가지로 우리 식민지로 수출되는 외국상품의 대부분에 대해서도 세금이 환불되었다. 1763년 조지 3세 제4년의 제15호 법률에 의해 이 관대한 특전은 크게 감소되어 다음과 같은 내용으로 개정되었다. "유럽과 동인도에서 생산되거나 제조된 모든 상품이 우리 왕국에서 아메리카의 영국령 식민지로 수출되는 경우에는 구(舊) 왕실 보조금세(old subsidy)라 불리는 관세의 일부도 환불되어서는 안 된다. 단 포도주·백색 옥양목·무명천은 제외된다." 이 법이 제정되기 전에는 많은 종류의 외국 상품들을 모국보다도 식민지에서 더 싼 값으로 구입할 수 있었다. 몇 가지는 지금도 그렇다.

49. 이것은 이해관계가 있는 상인들의 건의에 의한 것이었다.

식민지무역에 관한 규제의 대부분을 권고한 사람은 주로 무역상인이었다는 사실을 주목해야 한다. 그러므로 대부분의 규제에서 무역상인의 이익이 식민지의 이익이나 모국의 이익보다 더 많이 고려되었다는 것은 이상할 게 없다. 무역상은 식민지에 필요한 모든 유럽 상품을 식민지에 독점적으로 공급할 수 있고, 무역상 자신들이 본국에서 하는 어떤 상업활동도 방해하지 않는 범위에서 식민지 잉여생산물을 독점적으로 구매할 수 있기 때문에, 식민지의 이익은 무역상들의 이익을 위해 희생되었다. 대부분의 유럽 상품과 동인도 상품이 다른 독립국으로 재수출될 때와 마찬가지로 식민지로 수출되는 경우에도 동일한 세금 환불이 허용됨으로써, 모국의 이익은 중상주의적 관념에 따르더라도 상인들의 이익을 위해 희생되었다. 상인들이 식민지로 보내는 외국상품에 대해 가능한 한 적은 비용을 치르는 것, 따라서 〔영국으로 수입할 때 그들이 이미 지불한〕 관세를 가능한 한 많이 되돌려 받는 것은 상인들의 이익에 부합되었다. 그렇게 해서 그들은 식민지에서 동일한 상품의 양을 더 많은 이윤을 얻으면서 판매하거나, 동일한 이윤을 얻으면서 더 많은 양을 판매할 수 있었으므로, 결국 어느 방법으로든 이익을 얻을 수 있었다. 모든 상품을 가능한 한 싸고 풍부하게 구입하는 것이 식민지에게는 이익이다. 그러나 이것은 모국에게는 반드시 이익이 되지 않을 수도 있다. 모국은 그런 상품들을 수입할 때 받은 관세의 대부분을 환불함으로써 세입(稅入) 면에서 손해를 볼 수도 있고, 외국 제품이 관세 환불에 의해 더 나은 조건으로 식민지로 운반되어 식민지 시장에서 영국제품보다 싼 값으로 판매됨으로써 모국의 제조업이 손해를 볼 수도 있다. 흔히들 말하기를, 독일산 아마포가 아메리카 식민지로 재수출될 때의 관세 환불로 인하여 영국 아마포 제조업의 발전이 상당히 지체되었다고 한다.

50. 영국의 식민지무역 정책은 다른 나라에 비해 더 관대하고 덜 억압적이었다.

그러나 영국의 식민지무역 정책은 다른 나라의 정책과 마찬가지로 중상주의 정신에 의해 좌우되어 왔음에도 불구하고 전체적으로는 다른 어느 나라의 정책보다 더 관대하고 덜 억압적이었다.

51. 외국무역을 제외하고는 영국 식민지는 완전한 자유를 누렸다.

외국무역을 제외한 모든 점에서는 영국 식민지 주민들은 그들 자신의 일을 자신들의 방식대로 처리하는 데 있어 완전히 자유롭다. 그 자유는 모든 점에서 본국의 동포시민의 자유와 완전히 동일했으며, 식민지 통치를 위해 과세할 수 있는 권리를 유일하게 지니고 있는 식민지 의회에 의해 본국과 같은 방식으로 완전히 보장되어 있다. 식민지 의회의 권위는 행정권을 압도하며, 아무리 천하고 미움을 사는 식민지 주민이라도 법을 준수하는 한, 주(州)의 지사(知事)나 다른 문무 관료들의 분노를 두려워할 필요가 없다. 식민지 의회는 영국 하원과 마찬가지로 반드시 국민을 완전히 평등하게 대표하지는 않을지라도 그런 성격에 훨씬 더 가깝다. 행정권이 식민지 의회를 매수할 수단이 없기 때문이든, 아니면 모국으로부터 받는 원조 때문에 매수할 필요가 없기 때문이든, 식민지 의회는 일반적으로 자신들을 뽑아준 유권자들의 뜻에 의해 더 큰 영향을 받는다. 식민지의 입법부 중에서 영국 상원에 해당하는 카운슬(council)은 세습귀족으로 구성되어 있지 않다. 뉴잉글랜드에 있는 세 개의 주(州)와 같이 몇 군데의 식민지에서는 카운슬은 국왕에 의해 임명되는 것이 아니라 국민들의 대표에 의해 선출되었다. 어느 영국 식민지에도 세습귀족은 존재하지 않는다. 모든 식민지에는 다른 모든 자유로운 나라에서와 마찬가지로 오래된 가문의 자손들은 동일한 공로와 재산을 가진 벼락부자보다 더 큰 존경을 받았다. 그러나 그들은 존경을 받았을 뿐이고 어떤 특권을 가지고 이웃을 성가시게 할 수는 없었다.

현재의 전쟁이 시작되기 전에 식민지 의회는 입법권뿐 아니라 행정권의 일부도 가지고 있었다. 코네티컷과 로드아일랜드에서는 식민지의회가 지사를 선출했다. 다른 식민지에서는 각 의회가 부과한 세금을 징수하는 징세관(徵稅官)을 의회가 임명하는데, 징세관은 의회에 대해 직접 책임을 지고 있었다. 그러므로 모국 거주자들보다도 식민지 주민들이 더 평등하다. 그들의 생활방식은 본국 주민에 비해 더 공화적(共和的)이며, 그들의 정부, 특히 뉴잉글랜드의 세 개의 주(州)정부 역시 지금까지는 더 공화적이었다.

52. 스페인과 포르투갈의 전제정치는 본국에

이와는 반대로 스페인·포르

52. 서보다 식민지에서 더 폭압적이었다. 프랑스도 정도는 덜하지만 역시 그러하다.

투갈·프랑스의 전제정치는 식민지에서도 행해지고 있다. 식민지가 본국으로부터 멀리 떨어져 있기 때문에 본국 정부가 하급관료들에게 위임한 자의적 권력은 아주 폭력적으로 행사되게 마련이다. 모든 전제정치 하에서는 그 나라의 어느 지역보다도 수도에 더 많은 자유가 있다. 군주 자신은 사법질서를 교란하거나 국민 대중을 억압하려는 사심이나 의도를 가지고 있지 않다. 수도에서는 군주의 존재가 많든 적든 하급관료들을 위압하지만, 멀리 떨어진 주에서는 그곳에 있는 국민들의 불만이 군주에게 도달되기 어려우므로 하급관리들이 훨씬 더 안전하게 전횡을 일삼을 수 있다. 그런데 아메리카에 있는 유럽 식민지들은 지금까지 알려진 가장 큰 제국의 가장 멀리 떨어진 국내 지역보다 더 멀리 떨어져 있다. 영국 식민지의 통치는 그렇게 멀리 떨어져 있는 지역의 주민들에게 완전한 안전을 부여할 수 있었던 세계 최초의 유일한 것이다. 프랑스 식민지의 행정은 스페인·포르투갈의 행정에 비해 항상 더 훌륭하고 온건하게 행해졌다. 이런 행정의 우수성은 프랑스의 국민성과 각국의 국민성을 드러내는 통치의 특성에 대응한다. 프랑스의 통치는 영국의 통치에 비하면 독단적이고 폭력적이지만, 스페인·포르투갈의 통치에 비해서는 준법적이고 자유롭다고 할 수 있다.

53. 프랑스의 사탕수수 재배 식민지가 영국 식민지보다 번영하고 있는 것은 전자가 설탕의 정제를 제한하지 않고 또 노예를 잘 다루고 있기 때문이다.

그러나 북아메리카 식민지의 발진을 통해 영국 정책의 우수성을 더욱 잘 알 수 있다. 프랑스의 사탕생산 식민지들의 발전은 대부분의 영국 식민지의 발전보다 우수했거나 적어도 그와 같은 정도였다. 영국의 사탕생산 식민지에서는 북아메리카 식민지의 통치와 거의 같은 종류의 자유로운 통치가 행해지고 있다. 그러나 프랑스의 사탕생산 식민지들은 영국 식민지와는 달리 그들이 생산한 사탕을 정제하는 데 방해를 받지 않고 있다. 더욱 중요한 것은 프랑스인들의 행정상의 특수한 재능에 의해 흑인노예에 대한 더욱 훌륭한 관리방식이 도입되고 있다는 점이다.

54. 전제정부가 공화정부보다 노예에게는 더 유리하다.

모든 유럽 식민지에서는 사탕수수의 경작이 흑인노예들에 의해 이루어진다. 유럽의 온화한 기후에서 탄생한 사람들의 신체로는 서인도의 작렬하는 태양 아래서 땅을 파는 노동을 견딜 수 없었을 것이다. 많은 사람들의 의견처럼, 파종 쟁기를 도입하면 크게 능률을 올릴 수 있을지 모르지만, 현재 이루어지고 있는 사탕수수의 경작은 완전히 손노동이다. 가축에 의해 이루어지는 경작의 이점과 성공 여부가 가축을 잘 관리하는 것에 아주 크게 의존하는 것처럼, 노예에 의해 이루어지는 경작의 이점과 성공 여부도 노예들의 관리방식에 크게 의존한다. 노예의 양호한 관리라는 측면에서는 프랑스의 농장주가 영국의 농장주보다 뛰어난 것으로 일반적으로 인식되고 있다고 생각한다. 법률이 적어도 노예주의 학대로부터 조금이나마 노예를 보호하는 한, 그 법은 통치가 완전히 자유로운 식민지에서보다 통치가 상당히 전횡적으로 이루어지는 식민지에서 더욱 제대로 집행될 것이다. 불행한 노예법이 제정되어 시행되는 모든 나라에서는 행정장관이 노예를 보호할 때는 어느 정도 노예주의 사유재산 관리에 간섭한다. 그런데 자유국가에서 노예주가 식민지 의회의 의원이거나 그 선거인인 경우, 그곳 행정장관은 상당한 주의와 신중을 기하지 않고는 감히 사유재산 관리에 간섭할 수 없다. 그는 노예주에게 존경을 표해야 하는 입장에 있기 때문에 노예를 보호하는 것이 더욱 어렵게 된다. 그러나 통치가 상당히 독단적이고 행정장관이 개인들의 사유재산 관리에 간섭하며, 만약 노예주가 행정장관의 의향에 따라 노예를 관리하지 않을 때에는 구인장(拘引狀)을 발부하는 것이 일반적인 나라에서는, 노예를 어느 정도 보호하기가 훨씬 쉽다. 그리고 통상적인 인간의 자비심으로도 그렇게 하게 마련이다.

행정장관의 보호 때문에 노예주는 노예를 덜 경멸하게 되고 노예에 대해 더 큰 관심을 가지고 더 부드럽게 다루게 된다. 부드럽게 취급하면 노예는 더욱 충성할 뿐 아니라 더 영리하게 되어 결국 더 쓸모 있게 된다. 노예는 신분이 자유로운 하인에 점점 더 가까워지고 주인의 이익에 대해 어느 정도의 성실성과 애착을 가질 수도 있는데, 이런 덕성은 주로 자유로운 하인들에게서 찾아볼 수 있지만, 주인이 자기 노예를 단지 노예로서 취급하더라도 아무런 제재나 처벌을 받지 않고 완전히 자유롭고 안전할 수 있는 그런 나라의 노예들한테서는 결코 찾아볼 수 없다.

55. 이런 예는 로마의 역사에서도 찾아볼 수 있다.

자유로운 통치에서보다 독단적인 통치에서 노예상태가 더 낫다는 것은 모든 나라 모든 시대의 역사를 통해 확인할 수 있다고 나는 생각한다. 로마의 역사에서 주인의 폭력으로부터 노예를 보호하기 위해 행정장관이 간섭한 최초의 시기는 황제가 지배한 시대였다는 것을 우리는 알고 있다. 아우구스투스의 재임시 베디우스 폴리오(Vedius Pollio)가 사소한 잘못을 저지른 노예의 몸을 찢고 연못에 던져 물고기의 먹이가 되도록 했을 때, 황제가 크게 노하여 즉시 그가 소유하고 있던 다른 모든 노예들을 해방시키라고 명했다. 공화정 하에서는 행정방장관이 노예주를 처벌하기는커녕 노예를 보호할 만한 권위조차 갖고 있지 않았다.

56. 프랑스의 사탕수수 재배 식민지의 우월성이 더욱 주목을 받는 것은 그 식민지가 자기의 자본을 축적했기 때문이다.

프랑스의 사탕생산 식민지, 특히 산토도밍고의 사탕 재배지를 개량한 자본의 거의 전부가 그 식민지들의 점진적인 개량·경작에서 나왔다는 것은 주목할 만한 사실이다. 자본은 거의 모두가 토지와 이주민 노동의 생산물이었으며, 다시 말해 〔우수한 경영에 의해 점차 축적되어 생산물을 더욱 증가시키기 위해 사용된〕 그 생산물의 가격이었다. 그러나 영국의 사탕생산 식민지를 개량하고 경작한 자본의 대부분은 영국 본국에서 보내온 것이지, 결코 식민지의 토지와 노동의 생산물은 아니었다. 영국령 사탕생산 식민지의 번영은 상당한 정도로 영국의 막대한 부(富)에서 비롯되었는데, 말하자면 그 부의 일부가 식민지로 흘러넘친 것이다. 그러나 프랑스령 사탕생산 식민지의 번영은 전적으로 식민지 주민의 훌륭한 경영에서 비롯되었으므로, 프랑스의 경영은 영국의 경영에 비해 몇 가지 우수성을 지니고 있었음에 틀림없다. 이런 우수성은 노예에 대한 훌륭한 관리에서 가장 잘 드러났다.

57. 이상이 유럽 각국들의 식민지 정책의 대략적인 윤곽이다.

이상이 식민지에 대해 유럽 각국들이 취한 정책의 대략적인 윤곽이다.

58. 유럽의 정책은 식민지의 번영을 위해 공헌한 것이 아무것도 없다.

그러므로 유럽의 정책에는 아메리카 식민지의 최초의 건설에서든, 〔식민지 내정에 관한 한〕 그 뒤의 식민지의 번영에서든, 자랑할 만한 것이 거의 없다.

59. 망상과 불법이 최초의 계획을 지휘했다.

망상(妄想)과 불법(不法)이 최초의 식민지 건설을 지배하고 지휘한 원리였던 것으로 생각된다. 망상은 금은광을 찾아다닌 것이고, 불법은 유럽 국민들을 해치기는커녕 최초의 모험가들을 힘껏 친절하게 맞이한 순진한 원주민들이 사는 나라의 소유물을 약탈한 것이었다.

60. 식민지를 건설한 모험가들은 합리적인 동기를 가지고 있었다.

그 뒤에 몇 개의 식민지를 건설한 모험가들은 금은광을 찾으려는 망상적인 계획에다 더 합리적이고 더 훌륭한 다른 동기들을 결합시켰다. 그러나 이런 동기들마저도 유럽의 정책에 명예를 부여할 만한 것은 아니다.

61. 그 뒤의 비교적 존경할 만한 모험자들은 유럽 정부의 무질서와 불법에 의해 쫓겨났다.

본국에서 박해를 받은 영국의 청교도들은 자유를 찾아 아메리카로 도피하여 그곳에서 뉴잉글랜드의 네 개 주를 건설했다. 아주 부당한 취급을 받았던 영국의 가톨릭교도들은 메릴랜드 식민지를, 그리고 퀘이커교도들은 펜실베니아 식민지를 건설했다. 포르투갈의 유태인들은 종교재판에 의해 박해를 받고 재산을 몰수당해 브라질로 추방된 뒤에 원래 이 식민지에 살고 있었던 유배된 죄인과 매춘부들 사이에 약간의 질서와 산업을 도입하고 그들에게 사탕수수 경작을 가르쳤다. 이 중의 어느 경우든 아메리카에 사람을 거주시켜 경작하게 한 것은 유럽 여러 정부의 지혜나 정책이 아니라 그 정부의 무질서와 불법이었다.

62. 식민지를 실제로 건설하는 일에 유럽의 각국 정부들은 거의 공헌한 바가 없다.

유럽의 여러 정부들은 이 식민지들 중 가장 중요한 몇 곳을 건설하는 데에도 그것을 계획했을 때와 마찬가지로 공적(功績)이 거의 없었다. 멕시코 정복은 스페인 추밀원의 계획이 아니라 쿠바 총독의 계획이었다. 이 계획은 그것을 위임받은 대담한 모험가의 강인한 정신에 의해 〔그 일을 그런 사람에게 위임한 것을 곧 후회한 총독의 모든 방해에도 불구하고〕 완성되었다. 칠레와 페루, 그리고 아메리카 대륙의 거의 모든 스페인령 식민지의 정복자들은 스페인 국왕의 이름으로 정착과 정복을 일반적으로 허가받은 것 이외에는 기타 어떤 국가적인 장려책도 받지 않았다. 이런 모험은 모험가 개인이 모든 위험을 무릅쓰고 개인의 비용으로 이루어졌다. 스페인 정부는 그런 모험에 거의 아무런 기여도 하지 않았다. 영국 정부도 북아메리카의 가장 중요한 몇 곳의 식민지 건설을 완성하는 데 공헌한 바가 거의 없다.

63. 식민지들이 건설된 뒤에도 유럽의 각국 정부들은 그들을 격려하기보다는 오히려 방해했다.

식민지가 건설되고 모국의 관심을 끌 만큼 중요한 것으로 되었을 때, 모국이 식민지에 대해 취한 최초의 규제는 식민지무역의 독점을 확보하고 식민지의 판로를 모국으로 한정하며, 식민지를 희생시켜 본국 시장을 확장하는 것, 결국 식민지의 번영을 촉진하기는커녕 오히려 둔화시키고 억제하는 데 그 목적을 두고 있었다. 식민지에 대해 유럽 각국이 취한 정책의 가장 본질적인 차이 중의 하나는 이런 독점력을 행사하는 방식의 차이에 있다. 이런 방식들 중 최선의 방식이라고 할 수 있는 영국의 방식은 다른 나라의 정책보다 다소 더 자유롭고 덜 억압적이었다는 것뿐이다.

64. 유럽은 식민지 건설자를 제공한 것 외에는 아무것도 기여한게 없다.

그렇다면 유럽의 정책은 아메리카 식민지의 최초의 건설이나 현재의 발전에 어떤 방식으로 기여했는가? 그것은 하나의 방식, 오직 하나의 방식으로 크게 기여했다. 대장부의 위대한 어머니여(Magna virum Mater)! 유럽의 정책은 위대한 업적을 성취하고 대제국의 토대를 건설할 수 있는 사람을 낳고 길렀다. 이런 사람을 기를 수 있는 정책 또 실제로 길렀던 정책을 폈던 곳은 세계에서 유럽뿐이다. 식민지들이 유럽의 정책으로부터 받은 혜택은 활동적이고 기업가적인 건설자들의 교육과 원대한 안목이었으며, 이것 이외에는, 식민지의 내정(內政)에 관한 한, 가장 크고 가장 중요한 몇 개의 식민지들은 유럽의 정책에 힘입은 바가 거의 없다.

제 3절 아메리카의 발견 및 희망봉을 경유해 동인도에 이르는 항로의 발견으로 유럽이 얻은 여러 가지 이익들

1. 아메리카 식민지들이 유럽의 정책으로 얻은 것.

위에서 말한 것들은 아메리카 식민지들이 유럽의 정책으로부터 얻은 이익들이다.

2. 유럽의 이익은?

그렇다면 유럽은 아메리카의 발견과 식민지화로 무슨 이익을 얻었는가?

3. 유럽이 아메리카로부터 얻은 이익은 (1)유럽의 일반적 이익과, (2) 식민지를 가진 특정국의 이익이다.

그 이익들은 두 가지로 나눌 수 있는데, 그 하나는 하나의 큰 대륙으로서 유럽이 이 중대한 사건을 통해 얻은 일반적인 이익이고, 다른 하나는 각 식민지 모국이 식민지를 지배한 결과 자국의 식민지로부터 얻은 특수한 이익이다.

4. 유럽에 대한 일반적 이익은 다음과 같다.

아메리카의 발견과 식민지화를 통하여 하나의 커다란 나라로서 유럽이 얻은 일반적 이익은 유럽이 향유할 수 있는 물품들이 증가했다는 것과 유럽의 산업이 확대되었다는 것이다.

5. (a)향유할 수 있는 물품들을 증대시켰다.

유럽으로 수입된 아메리카의 잉여생산물은 유럽인들이 얻을 수 없었던 다양한 상품들 — 편의와 사용을 위한 것, 쾌락과 장식을 위한 것 —을 공급하여 유럽인들이 향유할 수 있는 물품들을 증대시켰다.

6. (b)산업의 확대를 촉진했다. 이것은 아메리카와 직접무역을 하고 있는 나라들뿐만이 아니다.

아메리카의 발견과 식민지화가 먼저 아메리카와 직접 교역한 스페인·포르투갈·프랑스·영국 등과 같은 나라의 산업을 발전시켰다는 것은 누구나 인정할 것이다. 다음은 아메리카와 직접 교역을 하지 않더라도 오스트리아의 플랑드르와 독일의 몇 개 주 —이 나라들은 앞에서 언급한 나라들의 중개를 통해 상당한 양의 아마포와 다른 상품들을 아메리카로 보냈다 — 와 같이 다른 나라의 중개를 통해 자국의 생산물을 식민지로 보낸 나라의 산업도 발전시켰다. 이 모든 나라들은 분명히 자국의 잉여생산물을 판매할 수 있는 넓은 시장을 얻었으며, 그 결과 자국의 잉여생산물을 증가시키도록 자극을 받았음에 틀림없다.

7. 또한 아메리카에 자국의 생산물을 전혀 보내지 않는 나라의 산업까지 확대시켰다.

그러나 이 대사건이 자국 생산물의 어느 하나도 아메리카로 보내지 않았던 것으로 생각되는 헝가리나 폴란드와 같은 나라의 산업을 장려하는 데 공헌했는가의 여부는 아마도 그렇게 명확하지는 않다. 그렇지만 이 대사건이 공헌한 것은 의심할 여지가 없다. 아메리카 생산물의 일부가 헝가리와 폴란드에서 소비되었으며, 그곳에는 이 새로운 세계의 산물인 사탕·초콜릿·담배에 대한 어느 정도의 수요가 있었다. 이런 상품들은 헝가리·폴란드 산업의 생산물로 구매되었거나 그 생산물의 일부와 교환된 어떤 것으로 구매되었음에 틀림없다. 아메리카에서 생산된 그런 상품들은 헝가리·폴란드의 잉여생산물과 교환되기 위해 그 나라로 들어온 새로운 가치이며 새로운 등가물(等價物)들이다. 그 상품들이 그곳으로 운송됨으로써 두 나라의 잉여생산물을 위한 새롭고 더 넓은 시장이 창출된 것이다. 그 상품들은 잉여생산물의 가치를 증가시키고 그것의 생산 증가를 자극했다. 헝가리와 폴란드의 잉여생산물의 일부가 직접 아메리카로 운송되지는 않는다 하더라도 다른 나라로 운송될 것인데, 이 나라에서는 자신들이 구입한 아메리카 잉여생산물의 일부를 가지고 그것을 구입할 것이다. 따라서 헝가리와 폴란드의 잉여생산물은 최초에 아메리카 잉여생산물에 의해 시작된 무역의 유통을 통해 새로운 하나의 시장을 발견할 수 있다.

8. 아메리카로부터 생산물을 전혀 획득한 적이 없는 나라의 산업까지 확대시켰다.

이 대사건은 아메리카로 어떤 상품도 보낸 적이 없을 뿐 아니라 그곳으로부터 어떤 상품도 획득한 적이 없는 나라의 향유할 수 있는 여지를 증가시키고, 그 나라의 산업을 확대시키는 데 기여했을 것이다. 왜냐하면 그런 나라조차 〔아메리카와의 무역을 통해 잉여생산물이 증가된〕 나라로부터 더 많은 수량의 다른 상품들을 획득했을 것이기 때문이다. 이렇게 풍부해진 상품들은 분명히 그 나라의 향유 가능성을 증가시키고, 또 마찬가지로 그 나라의 산업을 확대시켰을 것이다. 여러 종류의 많은 새로운 등가물들이 그 나라 산업의 잉여생산물과 교환되기 위해 그들에게 제공되었을 것이다. 잉여생산물들을 팔 수 있는 더 넓은 시장이 창출되어 그 가치가 등귀하고, 그 결과 잉여생산물의 증가를 촉발했을 것이다.

거대한 유럽 무역권으로 해마다 투입되어 다양한 유통경로를 통해 그 무역권에 있는 여러 나라들 사이로 해마다 분배되는 상품의 수량은 아메리카의 총잉여생산물에 의해 분명히 증가되었을 것이다. 이처럼 엄청난 수량의 상품들 대부분은 유럽의 각 나라로 분배되어 그 나라의 향유를 증가시키고 그 나라의 산업을 확대시킬 것이다.

9. 모국의 독점적 무역은 전 유럽 및 아메리카, 특히 후자의 향유와 산업을 저하시켰다.

모국의 배타적·독점적 무역은 일반적으로 모든 나라, 특히 아메리카 식민지의 향유(享有)와 산업을 저하시키는 경향이 있거나, 그렇지 않으면 적어도 그 발달을 억제해서 자유무역에서 가능한 수준보다 낮게 하는 경향이 있다. 모국의 독점적 무역은 인류가 영위하는 사업의 대부분을 추동(推動)하는 거대한 스프링의 동작을 억누르는 자체 하중(荷重)과 같다. 그것은 식민지 생산물의 가격을 다른 모든 나라에서 인상함으로써 그 소비를 감소시키고, 따라서 식민지의 산업을 억누르며, 다른 모든 나라의 향유와 산업의 확대를 억제한다. 왜냐하면 그들이 향유하는 것에 대해 더 많은 비용을 지불할수록 향유할 수 있는 것은 적어지고, 그들이 생산한 것에 대한 대가로 얻을 수 있는 것이 적어질수록 그 생산도 더욱 적어지기 때문이다.

마찬가지로 모국의 독점적 무역은 식민지에서 다른 모든 나라의 생산물가격을 인상해서 다른 모든 나라의 산업을 억제하고 식민지의 향유와 산업을 억제한다. 즉, 이 독점무역은 어느 특정국의 이익을 증진시킨다는 구실 하에 기타 모든 나라, 특히 식민지의 향유를 저지하며 그 산업을 방해한다. 그것은 가능한 한 하나의 특정 시장에서 다른 모든 나라를 배제할 뿐 아니라 식민지 상품의 판로를 가능한 한 하나의 특정한 시장으로 제한한다. 다른 모든 시장이 개방되어 있을 때 하나의 특정 시장으로부터 배제되는 것과 다른 모든 시장이 폐쇄되어 있을 때 하나의 특정 시장으로 제한되는 것 사이에는 엄청난 차이가 있다. 그런데 식민지의 잉여생산물은 〔유럽이 아메리카의 발견과 식민지화로 획득하는〕 모든 향유와 산업성장의 본래의 원천이다. 모국에 의해 무역이 독점됨으로써 이 원천이 그렇지 않을 때에 비해 훨씬 더 빈약하게 되는 경향이 있다.

10. 식민 모국은 자국의 식민지로부터 두 가지 특수한 이익을 얻고 있다.

각 식민 모국이 특히 자국의 식민지로부터 얻는 특수한 이익은 두 가지 종류로 나눌 수 있다. 첫 번째 이익은 각 제국(empire)이 자국의 지배 하에 있는 영토들로부터 얻는 공통적인 이익이며, 두 번째 이익은 유럽령 아메리카 식민지와 같은 아주 고유한 특성을 지닌 영토에서 비롯된다고 할 수 있는 특수한 이익이다.

11. 공통적인 이익이란 군사력과 세입을 얻는 것이다.

각 제국이 자국의 지배 하에 있는 영토들로부터 얻는 공통적인 이익은, 첫째 제국의 방위를 위해 영토가 제공하는 군사력과, 둘째 영토가 모국 민간정부의 지원을 위해 제공하는 세입(稅入)으로 이루어진다. 로마의 식민지들은 때때로 이 두 가지 모두를 제공했다. 그리스 식민지는 때때로 군사력을 제공했지만 세입은 거의 제공하지 않았다. 그들은 자신들이 모국의 지배 하에 있다는 것을 거의 인정하지 않았다. 그들은 전시에는 모국의 동맹국이었지만 평화시에는 모국의 속국이 아니었다.

12. 군사력을 제공한 아메리카 식민지는 하나도 없었다.

유럽령 아메리카 식민지는 아직 모국의 방위를 위해 어떤 군사력도 제공하지 않았다. 식민지의 군사력은 아직 자신들을 방위하는 데조차 충분하지 못한 상태다. 그리고 모국이 참전하는 여러 전쟁에서 일반적으로 식민지의 방위 때문에 모국의 군사력이 상당히 분산되었다. 그러므로 이런 점에서 모든 유럽령 식민지들은 예외 없이 그들 모국을 강력하게 했다기보다는 오히려 약화시킨 원인이 되었다.

13. 스페인과 포르투갈의 식민지만이 모국의 방위를 위해 세입을 제공했다.

스페인과 포르투갈의 식민지들만이 모국의 방위나 모국 정부를 지원하는 데 필요한 세입을 제공했다. 유럽의 다른 나라들, 특히 영국의 식민지들에 부과되었던 세금은 평화시에는 식민지에 지출되는 경비에 거의 미치지 못했으며, 전시에는 식민지가 요구하는 경비를 지불하기에 결코 충분하지 못했다. 그러므로 그런 식민지들은 각자의 모국에 대해서는 지출의 원천이었지 세입의 원천이 아니었다.

14. 독점무역만이 유일한 특수 이익이다.

이런 식민지들이 각자의 모국에게 주는 이익은 유럽령 아메리카 식민지와 같이 아주 고유한 특성을 지닌 영토에서 비롯된다고 말할 수 있는 고유한 이익으로 구성된다. 그리고 독점적 무역은 그와 같은 고유한 이익을 낳는 유일한 원천으로 인식된다.

15. 한 나라의 독점 무역은 다른 나라에게는 불리하다.

이런 독점적 무역의 결과, 예를 들어 영국식민지의 잉여생산물 중 이른바 열거품목에 속하는 부분 전체가 영국을 제외한 다른 나라로는 반출될 수 없다. 다른 나라는 그 뒤에 영국으로부터 그 상품들을 구매할 수밖에 없다. 그러므로 그 생산물들은 다른 어느 나라보다 영국에서 더 값쌀 수밖에 없으며 다른 어느 나라의 향유보다 영국의 향유를 증가시키는 데 더 많은 기여를 할 것이다. 마찬가지로 어느 나라보다도 영국의 산업을 장려할 것이다. 영국은 열거품목과 교환하는 자국의 잉여생산물을 〔다른 나라가 자국의 잉여생산물로 그 열거품목을 구매할 때 받는 가격보다〕 더 높은 가격으로 판매할 것임에 틀림없다.

예를 들어 영국 식민지에서 생산된 사탕과 담배를 구매할 경우, 영국 제조품은 다른 나라의 비슷한 제조품보다 더 많은 양의 사탕과 담배를 구매할 것이다. 그러므로 영국의 제조품과 다른 나라의 제조품이 모두 영국령 식민지에서 생산된 사탕·담배와 교환될 수 있는 한, 가격 면에서 이와 같은 우위성은 다른 나라의 제조품이 누릴 수 있는 장려 이상으로 영국 제조품을 장려했다. 식민지무역의 독점이 식민지를 소유하지 않은 나라의 향유와 산업을 감소시키거나, 적어도 독점되어 있지 않은 경우의 수준 이하로 억제하는 것처럼, 그것은 다른 나라에 비해 식민지를 소유하고 있는 나라에게 명백한 이익을 가져다준다.

16. 이런 이익은 식민 모국에게도 상대적인 것이다.

그러나 이런 이익은 절대적인 이익이라기보다는 이른바 상대적인 이익임을 알 수 있을 것이다. 왜냐하면 식민 모국의 산업과 생산을 자유무역의 경우에 자연스럽게 성장할 수 있는 수준 이상으로 증대시키는 것에 의해서가 아니라 다른 나라의 산업과 생산을 억제함으로써 식민 모국에게 이런 우위성을 부여하기 때문이다.

17. 예를 들면 영국은 프랑스보다 싸게 담배를 얻고 있는데, 독점무역이 전혀 없을 경우보다 더 싸게 얻고 있는 것은 아니다.

예를 들어 메릴랜드와 버지니아의 담배는 영국이 독점하고 있으므로 프랑스보다 영국에 확실히 더 싼 값으로 들어오며, 영국은 보통 상당한 양의 담배를 프랑스에 판매한다. 그러나 프랑스와 유럽의 다른 모든 나라들이 항상 메릴랜드나 버지니아와 자유무역을 할 수 있었다면, 그 식민지에서 생산된 담배는 지금쯤이면 다른 모든 나라는 물론이고 영국에까지도 지금의 실제가격보다 훨씬 더 낮은 가격으로 들어왔을 것이다. 그리고 시장이 지금의 시장보다 훨씬 더 넓어져서 담배 생산은 지금쯤에는 크게 증가하여 담배농장의 이윤을 〔아직 그것보다 조금 낮을 것으로 여겨지는〕 곡물농장의 이윤과 비슷한 자연적 수준까지 감소시켰을 것이다. 그리고 담배가격은 지금쯤이면 현재의 가격보다 다소 하락했을 것이다. 영국이나 다른 나라의 동일한 양(量)의 상품들이 메릴랜드나 버지니아에서 현재보다 더 많은 양의 담배를 구매할 수 있을 것이며, 따라서 그곳에서 훨씬 더 높은 가격으로 판매될 것이다. 그러므로 담배가 저렴함과 풍부함에 의해 영국이나 다른 나라의 향유를 증가시키고 산업을 발전시킨다면, 자유무역의 경우에는 현재보다 아마 훨씬 더 큰 효과를 거둘 것이다. 사실 영국은 이런 경우에는 다른 나라보다 더 유리한 지위에 있지도 못할 것이다. 왜냐하면 영국은 자국 식민지의 담배를 좀더 낮은 가격으로 구매하고, 따라서 자국 상품들을 지금보다 더 높은 가격으로 판매할 수 있을지 몰라도, 영국이 다른 나라에 비해 식민지 담배를 더 저렴한 가격으로 구매할 수도 없고, 자국상품을 다른 나라에 비해 더 높은 가격으로 판매할 수도 없을 것이기 때문이다. 영국은 절대적 이익은 얻을지 모르나 상대적 이익을 분명히 상실할 것이다.

18. 다른 나라에 이런 불이익을 주기 위해 영국은 두 가지를 희생했다.

영국은 식민지무역에서 이런 상대적 이익을 얻기 위해, 즉 가능한 한 다른 나라를 식민지무역에서 배제하려는 〔다른 나라의 시기를 살 만한〕 악의적인 계획을 실행하기 위해, 자국 및 다른 모든 나라가 그 무역을 통해 얻을 수 있었을 절대적 이익의 일부를 희생시켰을 뿐 아니라, 거의 모든 다른 무역부문에서 절대적이고 상대적인 불이익을 감수했던 것인데, 이렇게 이야기할 만한 확실한 이유가 있다.

19. 식민지 무역에 투입되었던 외국자본이 철수했기 때문에 이 무역의 이윤이 높아졌고, 영국의 다른 무역부문에서 자본을 끌어들였기 때문에 그 다른 무역부문의 이윤도 높아지게 되었다.

항해조례에 의해 영국이 식민지무역을 독점했을 때, 과거에 식민지무역에 투자되었던 외국자본들은 그 사업으로부터 철수해야 했다. 식민지무역의 일부만을 장악했던 영국 자본은 이제 그 전부를 장악해야 했다. 즉, 과거에는 식민지가 유럽으로부터 필요로 하는 상품들의 오직 일부만을 공급했던 자본이 이제는 그 상품 전체를 공급해야 했다. 그러나 그 자본으로는 식민지에게 그 상품 전체를 공급할 수 없었고, 따라서 그 자본이 공급하는 상품은 매우 비싸게 팔릴 수밖에 없었다. 또한 과거에는 식민지 잉여생산물의 일부만을 구매했던 자본이 이제는 잉여생산물 전체를 구매해야 했다. 그러나 그 자본으로는 종전과 비슷한 가격으로 전체를 결코 구매할 수 없었기 때문에 그 전체는 아주 낮은 가격으로 판매되어야 했다.

그런데 상인이 이처럼 아주 낮은 가격으로 구매하고 아주 높은 가격으로 판매하는 자본투하 부문에서는 이윤이 매우 커서 다른 무역부문에서 얻는 이윤의 일반적인 수준을 훨씬 상회하였음에 틀림없다. 식민지무역에서 얻는 이와 같은 이윤의 우월성은 반드시 다른 산업분야로부터 종전에 거기에 투자되었던 자본의 일부를 끌어오게 마련이다. 그러나 이와 같은 자본의 전환은 식민지무역에서 자본간의 경쟁을 점차 격화시킬 것이고, 다른 무역부문에서는 자본간의 경쟁을 점차 완화시킬 것이다. 그리하여 식민지무역에서 얻는 이윤은 점차 감소할 것이고, 다른 무역부문에서 얻는 이윤은 점차 증가할 것이다. 결국 모든 분야의 이윤이 과거 수준과는 달리 다소 더 높은 새로운 수준에 도달할 것이다.

20. 그리고 이런 경향은 계속된다.

다른 모든 무역부문에서 자본을 끌어옴으로써 모든 무역부문에서 무역독점이 없었을 경우에 비해 이윤율을 다소 끌어올리는 이런 이중의 효과는 최초로 무역독점이 실시되었을 때 발생했을 뿐 아니라 그 이후로도 무역독점에 의해 계속 나타났다.

21. 식민지 무역의 독점은 다른 무역부문에서 자본을 끌어들인다.

첫째, 이런 독점은 다른 모든 무역부문에서 자본을 끌어들여 식민지무역에 투자되도록 한다.

22. 식민지 무역은 영국의 전체 자본보다 더 빨리 증가했다.

항해조례의 제정 이후 영국의 부(富)가 매우 크게 증가했으나 분명히 식민지의 부가 증가하는 비율로 증가하지는 않았다. 그러나 한 나라의 외국무역은 그 나라의 부(富)에 비례하여 증가하고, 그 나라의 잉여생산물은 총생산물에 비례하여 증가하게 마련이다. 영국은 이른바 식민지의 외국무역 전체를 독점하고 있으며, 영국 자본이 그 무역의 크기에 정확히 비례하여 증가하지 않았기 때문에, 영국은 독점하지 않았다면 다른 분야로 갔을 많은 자본을 이 무역부문에 묶어놓은 채 다른 부문에 투자되어 있던 자본의 일부를 계속 이 무역부문으로 끌어오지 않으면 식민지무역을 계속 수행할 수 없었다. 따라서 항해조례의 제정 이후 다른 많은 무역부문, 특히 유럽 지역과의 무역은 계속 쇠퇴해 온 반면 식민지무역은 계속 증가해 왔다. 외국에 판매하기 위한 제조품은 항해조례 이전과 같이 가까운 유럽시장이나 다소 멀리 떨어진 지중해 연안국으로 가기 위해 만들어진 것이 아니라 그 대부분은 아주 멀리 떨어진 식민지 시장, 즉 다수의 경쟁자가 존재하는 시장이 아니라 독점을 유지하고 있는 시장으로 가기 위해 만들어졌다.

매튜 데커 경(Sir Matthew Decker)과 다른 저자들은 다른 외국무역 부문의 쇠퇴 원인이 세금의 과중함과 부적절한 과세방식, 노동의 높은 가격*, 사치의 증가 등이라고 하지만, 식민지무역의 과잉성장이 그 원인이라고 할 수 있다. 영국의 상업자본은 막대하지만 무한하지는 않으며, 항해조례 이후 크게 증가했지만 식민지무역에 비례하여 증가하지는 않았기 때문에, 식민지무역은 다른 무역부문으로부터 상업자본의 일부를 끌어오지 않고는 〔즉, 다른 무역부문의 어느 정도의 쇠퇴 없이는〕 수행될 수 없었다.

23. 식민지 무역의 독점은 영국 무역의 방향을 변화시켰을 뿐이다.

영국은 항해조례에 의해 식민지무역을 독점하기 이전과 식민지무역이 상당한 양에 이르기 이전에도 커다란 상업국이었으며, 영국의 상업자본도 매우 컸으며 또 날이 갈수록 증가했을 것이라는 점을 주목해야 한다. 크롬웰의 통치기간 중 네덜란드와의 전쟁에서 영국 해군은 네덜란드 해군보다 우세했다. 그리고 찰스 2세의 통치 초기에 발발한 네덜란드와의 전쟁에서는 영국 해군은 프랑스·네

* 노동은 노동자가 가진 육체적·정신적 힘(즉, 노동력)을 지출하는 행위를 가리키고, 임금은 자본가가 노동자의 노동력을 일정한 기간 구매할 때 지불하는 것이므로, '노동의 높은 가격'이 아니라 '노동력의 높은 가격'이라고 말해야 할 것이다.

덜란드의 연합함대보다 우세했거나 적어도 그것에 필적했다. 만약 네덜란드가 해군과 무역 사이의 비율을 지금도 그 당시와 동일하게 유지하고 있다면, 아마 현재 영국 해군의 우위성은 그 당시보다 더 커졌다고 보기 힘들 것이다. 두 전쟁 중 어느 전쟁에서도 그처럼 막강한 해군력이 항해조례 덕택이었다고 말할 수는 없다. 첫 번째 전쟁기간에는 항해조례의 초안이 겨우 작성되어 있었으며, 두 번째 전쟁이 발발하기 전 그것이 입법당국에 의해 완전히 법제화되기는 했지만 아직 항해조례의 어느 부분도, 특히 식민지에 대한 배타적 무역독점을 확립한 부분은, 상당한 효력을 발휘할 만큼 충분한 시간을 가지지 못했다. 그 당시의 식민지나 식민지무역은 지금과 비교하면 보잘것없었다. 자메이카 섬은 주민도 매우 적었으며 경작도 거의 되지 않은, 사람이 살기에 부적합한 사막이었다. 뉴욕과 뉴저지는 네덜란드의 소유였으며, 세인트 크리스토퍼의 절반은 프랑스 소유였다. 안티구아 섬·남북 캐롤라이나·펜실베니아·조지아·노바 스코티아 등은 경작되지도 않았다. 버지니아·메릴랜드·뉴잉글랜드는 경작되었고 아주 번창하고 있던 식민지였지만, 아마 그 당시에는 그 식민지들이 부(富)·인구·진보에서 지금과 같은 급속한 발전을 하리라 예상하거나 적어도 조금이나마 기대했던 사람은 유럽이나 아메리카에서 단 한 명도 없었을 것이다. 요컨대 어느 정도 중요한 영국 식민지들 중에서 그 당시의 상태가 지금의 상태와 어느 정도 유사성을 지니고 있었던 식민지는 바바도스 섬뿐이었다. 영국이 항해조례의 제정 뒤 얼마 동안 그 일부분이라도 향유해 온 식민지무역은 (왜냐하면 항해조례는 제정 뒤 7년이 지나서야 아주 엄격하게 실시되었기 때문이다) 그 당시의 거대한 영국무역이나 이 무역에 의해 지원을 받은 막강한 해군력의 원인이 될 수 없었다. 그 당시에 그 막강한 해군력을 지원한 무역은 유럽과 지중해 연안국들과의 무역이었다. 그러나 현재 영국이 이들과의 무역에서 차지하고 있는 몫으로는 그와 같이 막강한 해군력을 지원할 수 없을 것이다. 증가하고 있는 식민지무역이 모든 나라에게 자유롭게 개방되어 있었다면, 영국이 그 중 어느 정도의 몫을 차지하든 — 아마 상당한 몫을 차지했을 것이다 — 그 몫의 전부는 영국이 이전에 소유하고 있던 거대한 무역에 새로 추가되었을 것이다. 독점의 결과 식민지무역의 증가가 과거의 영국 무역에 새로운 부분을 추가시켰다기보다는 그 무역의 방향을 완전히 바꾸어 놓았다.

24. 독점은 영국의 이윤율을 그 자연적 수준 이상으로 높였다.

둘째, 식민지무역의 독점이 모든 나라가 영국 식민지와 무역하는 것이 허용되었을 경우에 비해 영국 무역의 다른 모든 분야의 이윤율을 높이는 데 공헌한 것은 분명하다.

25. 식민지 무역의 독점은 식민지 무역부문에서 자본의 경쟁을 감소시킴으로써 이 부문의 이윤율을 끌어올린다.

식민지무역의 독점은, 식민지무역으로 저절로 흘러들어왔을 것보다 더 많은 영국자본을 이 무역부문로 끌어온 것처럼, 또 모든 외국자본을 식민지무역으로부터 배제함으로써 식민지무역에 투입된 외국자본의 양(量)을 자유무역의 경우 자연히 투입될 수준의 자본의 양(量) 이하로 축소시켰다. 식민지무역의 독점은 이 무역부문에서 자본들 간의 경쟁을 완화시킴으로써 그 부문의 이윤율을 분명히 상승시킨다. 그리고 다른 모든 부문에서 영국 자본들 간의 경쟁을 역시 완화시킴으로써 다른 모든 무역부문에서 영국자본의 이윤율을 분명히 증가시킨다. 항해조례의 제정 이후 특정 시기에 영국 상업자본의 상태와 크기가 어떠했든, 식민지무역의 독점은 이 상태가 계속되는 동안에는 식민지 무역이 독점되지 않았을 경우에 비해 식민지 무역부문과 다른 모든 무역부문에서 영국의 보통이윤율을 분명히 상승시킬 것이다. 만약 항해조례의 제정 이후 영국의 보통이윤율이 상당히 저하했다면 〔확실히 저하했다〕, 그 이윤율은 〔만약 이 조례에 의해 확립된 독점이 이윤율을 상승시키는 데 기여하지 않았다면〕 더욱 저하했을 것이다.

26. 그 때문에 이 나라는 독점권이

그러나 보통이윤율을 평상시보다 증가

없는 부문에서 불리한 위치에 놓이게 된다.

시키는 요인이 무엇이든, 그 요인은 그 나라가 독점을 유지하고 있지 않은 모든 무역부문에서 그 나라를 절대적으로 그리고 상대적으로 불리한 위치에 놓이도록 한다.

27. 그 나라로 하여금 더 적게 사게 하고 더 적게 팔게 한다.

그 요인은 그 나라를 절대적으로 불리한 위치에 놓이도록 한다. 왜냐하면 독점권이 없는 무역부문에서 그 나라 상인들은 자국으로 수입하는 외국상품과 외국으로 수출하는 자국상품을 평상시보다 더 높은 가격으로 판매하지 않고서는 더 큰 이윤을 얻을 수 없기 때문이다. 그 상인들의 나라는 평상시보다 더 높은 가격에 구매하고 더 높은 가격에 판매할 수밖에 없고, 더 적게 구매하고 더 적게 판매할 수밖에 없으며, 더 적게 향유하고 더 적게 생산할 수밖에 없기 때문이다.

28. 다른 나라들로 하여금 외국시장에서 그들보다 더 싸게 판매할 수 있게 해준다.

그 요인은 그 나라를 상대적으로 불리한 위치에 놓이도록 한다. 왜냐하면 그런 무역부문에서 그 요인은 그 나라와 동등하게 절대적으로 불리한 위치에 있지 않은 나라들로 하여금 평상시에 비해 자기 나라보다 더 유리한 위치에 놓이게 하거나 덜 불리한 위치에 놓이게 하기 때문이다. 그것은 다른 나라들로 하여금 자국이 향유하고 생산하는 것에 비해 더 많이 향유하고 더 많이 생산할 수 있도록 한다. 그것은 평상시에 비해 다른 나라들의 우세(優勢)를 크게 하고 열세(劣勢)를 작게 한다. 그것은 자국 생산물의 가격을 평상시보다 상승시키기 때문에 다른 나라의 상인들로 하여금 외국시장에서 자국보다 낮은 가격으로 판매할 수 있게 하며, 따라서 자국이 독점권을 가지지 않은 거의 모든 무역 분야에서 자국 상인들을 밀어낼 수 있게 한다.

29. 높은 임금보다 높은 이윤이 제조품의 가격을 더 많이 올린다.

우리나라 상인들은 영국 노동의 높은 임금이 자신들의 제조품이 외국시장의 경쟁에서 지는 원인이라고 불평하지만, 자본의 높은 이윤에 대해서는 입을 다물고 있다. 그들은 다른 사람들이 얻는 과도한 이익에 대해서는 불평하지만 자기 자신들의 과도한 이익에 대해서는 아무 말도 하지 않는다. 그러나 영국 자본이 얻는 높은 이윤은 영국노동의 높은 임금만큼 영국 제조품의 가격을 높이는 데 기여하며, 어떤 경우에는 아마 그 이상 기여할 것이다.

30. 그래서 영국의 자본은 유럽과 지중해 무역에서 물러났다.

위와 같은 이유 때문에 영국 자본은 독점력을 행사할 수 없는 대부분의 다른 무역부문, 특히 유럽과의 무역과 지중해 연안국과의 무역으로부터 부분적으로는 끌려나오고 부분적으로는 쫓겨났다고 말하더라도 틀리지 않을 것이다.

31. 일부는 식민지 무역의 높은 이윤 때문에 끌려나왔다.

즉, 영국 자본이 부분적으로 이런 무역부문에서 끌려나온 이유는, 식민지무역의 지속적인 발전과 매년 식민지무역에 사용되는 자본의 끊임없는 부족으로 말미암아, 식민지무역의 이윤이 높았기 때문이다.

32. 또 일부는 외국과의 경쟁에 의해 쫓겨났다.

그리고 영국 자본이 부분적으로 이 무역부문에서 쫓겨난 이유는, 영국에서 확립된 높은 이윤율이 영국이 독점권을 가지고 있지 않은 다른 모든 무역부문에서 다른 나라에게 허용한 유리한 지위 때문이었다. 영국 자본은 높은 이윤율을 얻으려고 높은 가격을 요구함으로써 가격경쟁력이 저하되었기 때문이다.

33. 독점은 영국의 이윤을 높이는 반면 외국의 이윤을 떨어뜨렸다.

식민지무역의 독점이 〔독점이 없는 경우 다른 무역 분야에 투자되었을〕 영국 자본의 일부를 끌어내온 것처럼, 식민지무역에서 축출되지 않았다면 결코 다른 무역부문으로 가지 않았을 많은 외국자본을 다른 무역부문으로 가도록 강요했다. 식민지무역의 독점은 다른 무역부문에서 영국 자본들의 경쟁을 감소시켜 영국의 이윤율을 증가시켰다. 반대로 외국 자본들의 경쟁을 증가시켜 외국의 이윤율을 감소시켰다. 전자의 방법과 후자의 방법에 의해 식민지무역의 독점은 분명히 다른 모든 무역부문에서는 영국이 상대적으로 불리한 위치에 놓이도록 했다.

34. 식민지 무역은 다른 어떤 무역보다 더 유리하다고 주장하지만,

그런데 식민지무역은 다른 어떤 무역보다도 영국에게 유리하다고 말할지도 모른다. 그리고 독점이 없는 경우 그 부문으로 갈 것보다 더 많은 영국자본을 그 무역부문으로 가게 함으로써 독점은 영국 자본이 찾을 수 있는 다른 어떤 용도보다 영국에 유리하게 그 자본을 사용하도록 했다고 말할지도 모른다.

35. 이웃나라와의 무역은 원격지와의 무역보다 유리하고, 또 직접무역은 우회무역보다 유리하다.

그러나 자본을 한 나라를 위해 가장 유리하게 사용한다는 것은 그 나라에서 최대의 생산적 노동을 고용하여 그 나라의 토지와 노동의 연간생산물을 최대로 증가시키는 것을 가리킨다. 그러나 대외 소비무역에 투자된 어떤 자본이 고용할 수 있는 생산적 노동량은 이미 제 2편〔제 5장〕에서 설명한 바와 같이 그 회전속도에 정확히 비례한다. 예를 들어 대외 소비무역에 투자되어 1년에 한 번 규칙적으로 회전하는 1,000파운드의 자본은 1,000파운드가 1년 동안 그 나라에서 고용할 수 있는 것과 동일한 생산적 노동량을 계속 고용할 수 있다. 1년에 두 번이나 세 번 회전하면 1년 동안 2,000파운드나 3,000파운드가 고용할 수 있는 것과 동일한 생산적 노동량을 계속 고용할 수 있다. 이 때문에 이웃나라와 행하는 대외 소비무역이 멀리 떨어져 있는 나라와 행하는 무역보다 일반적으로 더 유리하다. 제2편〔제 5장〕에서 이미 설명한 바와 같이, 이와 똑같은 이유 때문에 직접적인 대외 소비무역이 우회적인 대외 소비무역보다 일반적으로 더 유리하다.

36. 그러나 독점은 자본을 (1)원거리 무역과 (2)우회적 무역으로 돌리도록 강제했다.

그러나 식민지무역의 독점은, 영국자본의 용도에 미치는 영향이란 측면에서 보면, 모든 경우 어느 정도의 자본을 이웃나라와 행하는 대외 소비무역으로부터 더 멀리 떨어져 있는 나라와 행하는 무역으로, 그리고 많은 경우 직접적인 대외 소비무역으로부터 우회적인 대외 소비무역으로 이동하도록 강요했다.

37. (a) 식민지 무역의 독점은 영국의 자본을 이웃나라들과의 무역으로부터 멀리 떨어진 나라들과의 무역으로 전환시킨다.

첫째, 식민지무역의 독점은 모든 경우 영국 자본의 일부를 이웃나라와 행하는 대외 소비무역으로부터 더 멀리 떨어져 있는 나라와 행하는 대외 소비무역으로 이동하도록 강요했다.

38. 아메리카와 서인도와의 무역은 원거리 무역이며 그 회전속도도 특히 느리다.

그것은 모든 경우 영국 자본의 일부를 유럽과 지중해 연안국과 행하는 무역으로부터 아메리카와 서인도 등과 같이 더 멀리 떨어져 있는 지역〔장거리일 뿐 아니라 그 나라들 특유의 상황 때문에 자본의 회전속도가 분명히 낮은 지역〕과 행하는 무역으로 이동하도록 강요했다. 이미 지적한 바와 같이, 새로운 식민지에는 항상 자본이 부족하다. 새로운 식민지의 자본은 토지의 개량과 경작에서 많은 이윤과 이익을 얻으면서 투자할 수 있는 것보다 항상 훨씬 적다. 그러므로 새로운 식민지는 자신들이 가지고 있는 것보다 항상 더 많은 자본을 필요로 한다. 그리고 이 자본의 부족을 보충하기 위해 본국으로부터 가능한 한 많은 자본을 차입하려고 노력하며, 그 결과 새로운 식민지는 항상 모국에 대해 빚을 지고 있다.

식민지 주민들이 빚을 얻는 가장 일반적인 방법은 모국의 부유한 사람들로부터 차용증서로 돈을 빌리는 것이 아니라 〔가끔 이처럼 하기도 하지만〕 유럽 상품을 자기에게 공급하는 거래처에 대한 지불을 그 거래처가 허용하는 한 최대한 뒤로 미루는 방법이다. 그들의 연간 부채 상환액은 종종 그들이 지고 있는 총채무의 $\frac{1}{3}$ 에 불과하며, 때로는 그보다 적을 때도 있다. 그러므로 그들의 거래처가 그들에게 선대해 준 총자본은 3년 이내에 영국으로 회수되는 경우가 거의 없고, 때로는 4년이나 5년이 지나서야 회수된다.

예를 들어 5년 만에야 전부가 영국으로 한 차례 회수되는 1,000파운드의 영국 자본은, 그 전부가 1년에 한 차례씩 회수되는 경우에 비해 오직 $\frac{1}{5}$ 의 영국 노동을 계속 고용할 수 있을 뿐이다. 즉, 1,000파운드가 1년 동안 고용할 수 있는 노동량이 아니라, 200파운드가 1년 동안 고용할 수 있는 양만을 계속 고용할 뿐이다. 물론 식민지의 농장주는 그의 거래처가 이런 지불 지체에 의해 입는 손실을, 그가 유럽 상품에 대해 지불하는 높은 가격을 통해, 장기어음에 대한 이자지불을 통해, 그리고 단기어음의 갱신에 대한 수수료 지불을 통해 보상하는데, 그것은 아마도 거래처의 손실을 보상하고도 남을 것이다. 그러나 식민지의 농장주가 비록 거래처의 손실을 보상해 준다고 하더라도 영국의 손실을 보상할 수는 없다. 대금회수에 시간이 걸리는 무역에서 상인이 얻는 이윤은 대금회수가 빈번하고 시간이 적게 걸리는 무역에서 얻는 이윤과 동일하거나 그보다 클 수도 있다. 그러나 상인이 거주하고 있는 나라의 이익, 즉 그 나라에서 계속 고용되는 생산적 노동량, 그리고 토지와 노동의 연간생산물은, 항상 더 적게 마련이다. 아메리카와의 무역과 더욱이 서인도와의 무역은 유럽 어느 지역과의 무역이나 심지어 지중해 연안국들과의 무역과 비교해서도 그 대금회수가 일반적으로 시간이 더 많이 걸리고, 더 불규칙적이고, 더 불확실하다는 사실은 이런 다양한 무역부문의 경험을 가지고 있는 사람이라면 누구나 쉽게 인정할 것이라고 나는 믿는다.

39. (b) 식민지무역의 독점은 영국의 자본을 우회무역으로 이동시킨다.

둘째, 식민지무역의 독점은 많은 경우 영국 자본의 일부를 직접적인 대외 소비무역으로부터 우회적인 대외 소비무역으로 이동시킨다.

40. 다음과 같은 것은 일종의 우회무역이다. 영국을 제외한 다른 시장으로의 수출이 금지된 열거품목들 중에서 그 양이 영국의 소비량을 훨씬 초과해서 그 일부가 다른 나라로 수출되어야 하는 품목이 몇 개 있다. 이런 수출은 영국 자본의 일부를 우회적인 대외 소비무역으로 이동시킴으로써만 이루어질 수 있다.

예를 들어 메릴랜드와 버지니아는 해마다 96,000통(hogshead) 이상의 연초를 영국으로 보내지만, 영국의 소비량은 14,000통을 넘지 않는다고 한다. 그러므로 82,000통 이상의 연초는 프랑스·네덜란드·발트연안국·지중해 연안국들과 같은 다른 나라들로 수출되어야 한다. 82,000통의 연초를 영국으로 가져와서 그것을 다른 나라로 재수출하고 그 대가로 상품이나 화폐를 다른 나라에서 영국으로 가져오는 영국 자본의 이 부분이 바로 우회적인 대외 소비무역에 사용되는 것인데, 이처럼 많은 잉여를 처분하기 위해서는 필연적으로 영국 자본의 일부가 그 용도로 이동하도록 강요할 수밖에 없다. 이 자본총액이 영국으로 회수되는 데 걸리는 해수를 계산하려면, 아메리카로부터 회수하는 데 걸리는 시간에다 위의 다른 나라로부터 회수하는 데 걸리는 시간을 합해야 한다. 아메리카와 행하는 직접적인 대외 소비무역에 사용되는 총자본이 종종 3~4년 이내에 회수될 수 없다면, 이런 우회적인 대외 소비무역에 사용되는 총자본은 4~5년 이내에는 회수될 수 없을 것이다. 직접적인 대외 소비무역에 사용되어 3~4년 만에 회수되는 총자본은 1년 안에 전부 회수되는 총자본이 고용할 수 있는 국내 노동의 $\frac{1}{3}$~$\frac{1}{4}$ 정도만을 계속 고용할 수 있다고 한다면, 4~5년 만에 회수되는 우회적인 대외 소비무역에 사용되는 총자본은 국내 노동의 $\frac{1}{4}$~$\frac{1}{5}$ 정도만을 계속 고용할 수 있을 것이다.

몇몇 항구에서는 담배를 수입하는 외국 거래처에게 일반적으로 신용을 준다. 런던항에서는 일반적으로 현금으로 거래가 이루어지는데, 계량과 동시에 대금이 지불되는 것(Weigh and pay)이 원칙이다. 그러므로 런던항에서는 모든 우회적인 대외 소비무역의 최종적 대금회수는 아메리카로부터의 회수에 비해 오직 상품이 판매되지 않은 채 창고에 있는 시간만큼 더 길 뿐이지만, 흔히 상품들은 매우 오랫동안 창고에 있을 수도 있다. 그러나 식민지가 연초를 판매할 수 있는 시장이 영국시장으로 제한되지 않았다면 본국의 국내소비에 필요한 것 이상으로 들어오는 양이 매우 적었을 것이다. 이 경우 현재 다른 외국으로 수출하는 막대한 잉여 연초로써 자국 소비를 위해 구매하는 상품을 아마 영국은 자국 노동의 직접적 생산물이나 자국 제조품의 일부를 가지고 구매했을 것이다. 이런 생산물이나 제조품은 지금처럼 하나의 큰 시장〔아메리카〕을 위해 거의 전적으로 만들어지는 것이 아니라, 아마 다수의 작은 시장들을 위해 만들어졌을 것이다. 하나의 커다란 우회적인 대외 소비무역 대신에 영국은 다수의 소규모 직접적인 대외 소비무역을 행했을 것이다.

대금 회수의 빈번함 덕택에 지금처럼 커다란 우회적 무역활동을 하고 있는 자본의 일부〔아마도 작은 일부분으로 지금의 $\frac{1}{3}$~$\frac{1}{4}$을 넘지 않을 것이다〕로써도 다수의 소규모 직접적 무역을 수행하는 데 충분했을 것이고, 지금과 동일한 양(量)의 영국 노동을 고용하고 영국의 토지와 노동의 연간생산물을 지금과 같은 정도로 유지하기에 충분했을 것이다. 이와 같은 방식으로 이 무역의 모든 목적이 훨씬 더 작은 자본으로 이루어졌다면, 더 많은 여분의 자본이 다른 목적에, 예를 들어 토지의 개량, 제조업의 성장, 영국 상업의 확장 등에 사용될 수 있었을 것이다. 이 여분의 자본은 다른 모든 부문에 투자된 다른 영국자본과 경쟁을 하게 되고, 그 결과 모든 부문의 이윤율을 감소시켜 모든 부문에서 영국의 자본으로 하여금 다른 나라에 대한 우위를 현재 누리고 있는 것보다 더욱 강화했을 것이다.

41. 독점은 또한 영국 자본의 일부를 중개무역으로 돌리도록 강요했다.

식민지무역의 독점은 또한 영국 자본의 일부를 각종 대외 소비무역에서 중개무역으로 이동하도록 강요했다. 그 결과 영국 산업을 다소 지원하기보다는 부분적으로는 식민지 산업을, 그리고 부분적으로는 다른 몇 나라의 산업을 지원하는 데 사용되도록 했다.

42. 예를 들어 연초 구매에 사용된 자본이 그렇다.

예를 들어 영국에서 해마다 재수출되는 82,000통의 잉여 연초로 해마다 구매하는 외국상품 모두가 영국에서 소비되지는 않는다. 그 상품들의 일부〔예: 독일과 네덜란드로부터의 아마포〕는 식민지의 소비를 위해 식민지로 되돌아간다. 영국자본 중 연초를 구매하는 데 사용된 부분〔이것은 뒤에 다시 아마포의 구매에 사용된다〕은 영국 산업을 지원하지 않고 부분적으로는 식민지 산업을, 그리고 부분적으로는 〔자국의 노동생산물로 연초를 구매하는〕 특정국의 산업을 지원하는 데 사용된다.

43. 자본을 하나의 수로(水路)에만 몰리게 함으로써 이 나라의 상공업 전부를 불안전하게 만든다.

이밖에도, 식민지무역의 독점은 자연스럽게 식민지무역으로 갈 것보다 더 많은 영국 자본이 이곳에 몰리게 함으로써, 독점이 없을 경우 영국의 모든 산업분야들 사이에 나타났을 자연적 균형을 완전히 파괴한 것으로 보인다. 영국의 산업은 다수의 작은 시장들을 향한 것이 아니라 주로 하나의 큰 시장을 향한 것이다. 영국의 무역은 다수의 작은 수로를 통해 이루어지는 것이 아니라 주로 하나의 큰 수로를 통해 이루어지게 되었다. 그 결과 영국의 상공업체계 전체가 독점이 없는 경우에 비해 더 불안정하게 되었으며, 나라의 전체 상태가 덜 건강하게 되었다.

현재 상태의 영국은 몇 군데의 급소가 비대해져서, 각 부분이 더 적절히 균형을 이룬 신체에서는 아주 보기 드문 많은 위험한 병에 걸리기 쉬운 불건전한 신체와 비슷하다. 혈관이 인공적으로 그 자연적 용적 이상으로 팽창되어 있으며, 그 혈관을 통해서 우리나라의 부자연스러울 정도로 큰 상공업이 무리하게 순환하고 있기 때문에, 이 큰 혈관에 들어 있는 혈액이 조금이라도 정체되면 몸 전체에 가장 위험한 병을 가져오기 쉽다. 따라서 식민지와의 관계 단절에 대한 예상은 스페인의 무적함대나 프랑스의 침공에 대해 느꼈던 것보다 훨씬 더 큰 공포를 영국 국민들에게 던져 주었다. 인지조례(stamp act)의 철폐가 적어도 상인들 사이에서 인기가 있었던 이유는 이런 공포 〔근거가 있든 없든〕 때문이었다. 식민지 시장에서 본국상품이 완전히 축출되는 것이 단지 몇 년 동안만 계속된다면, 우리 상인의 대부분은 그들의 무역이 완전히 정지되고, 우리 공장주의 대부분은 그들의 사업이 완전히 망하며, 그리고 우리 노동자의 대부분은 자신들이 해고될 것이라고 생각하곤 했다. 유럽의 어느 이웃나라와의 단절도 역시 여러 층의 사람들의 취업을 정지시키거나 중단시킬 수 있지만, 이런 예상은 사람들의 감정을 그토록 동요시키지는 않을 것이다. 몇 군데의 작은 혈관에서 그 순환이 정지된 혈액은 위험한 병을 야기하지 않은 채 더 큰 혈관으로 쉽게 흘러들어간다. 그러나 큰 혈관에서 혈액의 순환이 정지되었을 때의 직접적이고 불가피한 결과는 경련·졸도·사망 등이다. 장려금이나 또는 국내시장과 식민지시장의 독점에 의해, 인공적으로 부자연스러울 정도로 비대해진 제조업들 중 하나에서 고용이 잠시 중단되거나 정지된다면, 정부를 놀라게 하고 입법부의 심의마저 교란시키는 폭동·무질서가 종종 야기될 것이다. 우리의 주된 제조업들의 대부분이 갑자기 완전히 중지되었을 때 얼마나 큰 무질서와 혼란이 발생할까를 생각이나 해 보았는가?

44. 독점은 점차적으로 완화되어야 한다.

영국에게 배타적 식민지무역을 부여한 법률을 식민지무역이 상당히 자유로워질 때까지 적절하게 점진적으로 완화시키는 것이 미래에 일어날 가능성이 있는 이런 위험으로부터 벗어나게 하고, 이처럼 비대해진 분야에서 영국 자본의 일부를 끌어낼 수 있게 하며, 또 심지어 강제로 끌어내어 〔이윤이 더 적기는 하지만〕 다른 분야로 이동시킬 수 있는 유일한 방법이다. 그리고 그것은 영국 산업의 한 분야를 점차 감소시키고 나머지 모든 분야를 증가시켜 모든 산업분야를 자연적이고 건강하며 적당한 비율〔완전한 자유가 반드시 확립시켜 유지할 수 있는 비율〕로 점차 회복시킬 수 있는 유일한 방법이다. 식민지무역을 즉시 모든 나라에 개방하는 것은 자신의 노동과 자본을 이 무역에 투자하고 있는 대부분의 사람들에게 약간의 일시적인 불편을 야기할 뿐 아니라 영구적인 큰 손실을 안겨다 줄 수도 있다. 영국의 소비를 초과하는 82,000통의 연초를 수입하던 선박들이 갑자기 일거리를 잃게 되면, 이것 한 가지만 가지고도 사람들은 매우 고통스럽게 느낄 수도 있다. 이런 것이 중상주의의 모든 규제들이 낳는 불행한 결과들이다! 그것들은 국가의 상태에 아주 위험한 무질서를 가져올 뿐 아니라, 적어도 얼마 동안은 그보다 훨씬 더 큰 무질서를 야기하지 않고는 종종 치료하기 어려운 무질서를 가져온다. 그렇다면 식민지무역을 어떤 방법으로 점차 개방해야 할 것인가? 제일 먼저 제거되어야 할 제한은 무엇이며, 가장 뒤에 제거되어야 할 제한은 무엇인가? 완전히 자유롭고 공정한 자연적인 체계(natural system of perfect liberty and justice)는 어떤 방식으로 점차 회복되어야 할 것인가? 우리는 이런 문제를 장래의 정치가와 입법가의 지혜에 맡겨둘 수밖에 없다.

45. 만일 다섯 가지의 일시적인 사건들이 없었다면, 영국이 현재 12개 북아메리카 동맹주와의 무역에서 배제된 것이 훨씬 더 심각한 문제로 느껴졌을 것이다.

천만 다행히도 예상하지도 못했고 생각지도 못한 다섯 개의 다른 사건들이 동시에 발생함으로써, 영국은 식민지무역 중 매우 중요한 한 분야, 즉 북아메리카 12 동맹주(同盟州)와의 무역으로부터 〔1774년 10월 1일부터〕 약 1년 동안 완전히 배제되었음에도 불구하고 그 문제의 심각성을 예상했던 것만큼 그렇게 심하게 느끼지 못했다. 첫째, 이들 식민지는 불수입 협정〔non-importation agreement: 영국 상품에 대한 불매운동〕을 스스로 준비하면서 그들의 시장을 위해 생산된 모든 상품들을 영국에서 완전히 동이 나게 했다. 둘째, 스페인 함대의 특수(特需)가 영국 시장에서조차 영국 제품과 경쟁하곤 했던 독일과 북유럽의 많은 상품들, 특히 아마포를 동이 나게 했다. 셋째, 러시아와 터키 간의 평화조약 체결로 〔터키가 곤경에 처해 있던 동안, 그리고 러시아 함대가 에게해(Archipelago)를 순시하고 있을 때에는 언제나 공급이 매우 빈약했던〕 터키시장으로부터 영국 제품에 대한 특수(特需)가 야기되었다. 넷째, 영국 제품에 대한 북유럽의 수요는 지난 얼마 동안 해마다 증가하고 있다. 다섯째, 최근 폴란드의 분할과 그 결과 나타난 폴란드의 평화는 그 거대한 나라의 시장을 개방시킴으로써 북유럽의 수요에다 이 해에 폴란드로부터의 특수를 덧보태게 되었다. 네 번째 사건을 제외한 이런 사건들 모두는 그 성질상 일시적이고 우연한 성질의 것들인데, 식민지무역의 중요한 부문으로부터의 배제가 불행하게도 앞으로도 지속된다면 어느 정도의 곤란을 조성할 수도 있다. 그러나 이런 곤란은 점차적으로 발생할 것이기 때문에 일시에 모든 곤란이 발생할 때에 비해 그 심각성은 훨씬 약화될 것이다. 그 사이에 우리나라의 노동과 자본은 새로운 용도와 방향을 찾음으로써 이런 곤란이 특히 심각한 정도에 이르는 것을 막아줄 수도 있다.

46. 식민지 무역의 독점은 전체적으로 좋지 않다.

식민지무역의 독점은, 독점이 없을 경우에 그 부문으로 향할 영국 자본보다 더 큰 부분을 독점분야로 이동시킨다는 점에서 보면, 모든 경우에 영국 자본의 더 큰 부분을 이웃나라와의 대외 소비무역으로부터 더욱 멀리 떨어진 나라와의 그것으로 전환시키고, 그리고 많은 경우 직접적인 대외 소비무역으로부터 우회적인 대외 소비무역으로 전환시키며, 그리고 어떤 경우에는 모든 대외 소비무역으로부터 중개무역으로 전환시킨다. 그러므로 그것은 모든 경우 더 많은 생산적 노동량을 고용할 수 있는 방향으로부터 훨씬 더 적은 노동량을 고용하는 방향으로 자본을 이동시킨다. 또한 영국 상공업의 매우 큰 부분을 하나의 특정 시장에 적합하게 함으로써, 식민지무역의 독점은 생산물들이 다수의 시장들을 위해 생산되는 경우에 비해 전반적인 상공업 상태를 더 위험하고 불안전하게 만들었다.

47. 그러나 무역 그 자체는 항상 유리한 것이다.

그러나 우리는 식민지무역의 결과와 식민지무역의 독점의 결과를 주의 깊게 구별해야 한다. 전자는 항상 그리고 반드시 이익이 되는 것이지만, 후자는 항상 그리고 반드시 해가 된다. 그러나 식민지무역은 너무나 큰 이익을 낳기 때문에 그것이 독점되어 그 독점에서 발생하는 해로운 결과에도 불구하고 전체적으로는 여전히 매우 크게 유익하다. 물론 독점되어 있지 않은 경우에 비해 그 이익이 상당히 감소되기는 하지만.

48. 자연적 상태에서의 무역은 영국의 생산적 노동을 증가시킨다.

자연적이고 자유로운 상태에서 식민지무역의 결과는, 영국 산업의 생산물 중 유럽과 지중해 연안국의 시장처럼 본국에서 가까운 시장의 수요를 충족시키고 남는 부분을 판매할 수 있는 큰 시장(비록 멀긴 하지만)을 개방시킨다는 것이다. 자연적이고 자유로운 상태에서 식민지무역은 유럽 시장과 지중해 연안국의 시장으로 보내졌던 생산물의 어떤 부분도 그 시장에서 끌어내지 않고 영국의 잉여와 교환될 수 있는 새로운 등가물들을 계속 제공함으로써 영국으로 하여금 그 잉여를 계속 증가시키도록 자극한다. 자연적이고 자유로운 상태에서 식민지무역은 영국의 생산적 노동량을 증가시키는 경향이 있지만, 어떤 측면에서도 결코 이전에 고용되어 있던 생산적 노동의 방향을 변화시키지는 않는다. 식민지무역의 자연적이고 자유로운 상태에서는 다른 모든 나라와의 경쟁은 새로운 시장, 새로운 사업의 이윤율이 보통수준 이상으로 상승하는 것을 막을 것이다. 새로운 시장은 과거의 시장으로부터 어떤 것을 끌어내지 않고도 자신에게 공급될 새로운 생산물을 창조할 것이고, 그 새로운 생산물은 새로운 용도에 사용될 새로운 자본을 구성할 것이며,

그 새로운 용도는 과거의 용도로부터 아무것도 끌어내지 않을 것이다.

49. 그러나 독점은 그것을 감소시킨다.

이와는 반대로, 식민지무역의 독점은 다른 나라와의 경쟁을 배제함으로써 새로운 시장과 새로운 용도에서 이윤율을 상승시켜 과거의 시장으로부터는 생산물을, 과거의 용도로부터는 자본을 끌어낸다. 식민지무역에서 우리가 차지하는 몫을 독점이 없는 경우보다 크게 증가시키는 것이 독점의 노골적인 목적이다. 만일 독점이 있을 때의 우리나라의 몫이 독점이 없을 때의 그것보다 조금도 크지 않다면 그것을 독점하려고 할 이유가 전혀 없을 것이다. 그러나 다른 대부분의 무역보다 대금회수가 더 느리고 장기적인 무역부문으로 자연적으로 흘러들어갈 것보다 더 많은 자본을 투하하게 강제하는 것은, 그것이 무엇이건 간에, 반드시 그 나라에서 해마다 유지되는 생산적 노동의 총량과 그 나라에서 매년 산출되는 토지와 노동의 생산물을, 그렇지 않은 경우에 비해 감소시킨다. 그것은 그 나라 주민의 소득을 자연히 증대할 수 있는 정도보다 낮게 하며, 따라서 그들의 축적 능력을 감소시킨다. 그것은 항상 그들의 자본이 자연적으로 유지할 수 있는 만큼의 생산적 노동량을 유지하지 못하게 할 뿐 아니라, 자연적으로 두었을 경우 증가할 수 있는 만큼 급속히 증가시키는 것도 저지함으로써, 결국 더 많은 생산적 노동을 부양하는 것을 저지하게 된다.

50. 무역의 자연적이고 긍정적인 효과는 독점무역의 부정적 효과를 상쇄하고도 남음이 있다.

그러나 식민지무역의 자연적이고 긍정적인 효과는 독점이 영국에 미치는 부정적인 효과를 상쇄하고도 남음이 있다. 그리하여 독점의 폐해가 있음에도 불구하고 전체로서 본 식민지무역은 현재 이루어지고 있는 방식으로도 대단히 유리하다. 식민지무역에 의해 개척된 새로운 시장과 새로운 용도는 독점에 의해 상실된 구 시장과 구 용도보다 훨씬 크다. 식민지무역이 창조한 새로운 생산물과 새로운 자본은 〔자금회수가 더욱 빠른 다른 무역부문에서 자본이 철수함으로써〕 잃게 된

생산적 노동량보다 더 많은 생산적 노동을 영국에서 유지하고 있다. 그러나 식민지무역이 현재 수행되는 바로 그런 방식으로도 영국에 이익이 된다면, 이것은 독점 때문에 이익이 되는 것이 아니라, 독점에도 불구하고 다른 이유 때문에 이익이 되는 것이다.

51. 식민지는 유럽의 천연생산물이 아니라 그 제조품에 대한 시장을 제공하고 있다.

식민지무역이 개척한 새로운 시장은 유럽의 천연생산물에 대한 시장이 아니라 오히려 유럽의 제조품에 대한 시장이다. 농업은 모든 새로운 식민지에 적절한 사업이다. 그곳에서는 지대가 싸기 때문에 농업은 다른 어떤 사업보다 유리한 사업이다. 따라서 그곳에서는 토지의 천연생산물이 풍부하므로 다른 나라에서 수입하기는커녕 잉여가 매우 많아 수출할 정도다. 새로운 식민지에서는 농업은 다른 부문에서 일손을 끌어오거나, 아니면 적어도 다른 부문으로 일손이 이동하지 못하도록 한다. 식민지에서는 생활필수품의 제조에 종사할 여유 일손도 거의 없는 형편이므로, 사치품의 제조에 종사할 일손은 전혀 없다. 이런 두 종류 제조품의 대부분에 대해 사람들은 스스로 그것을 만드느니 차라리 그것을 외국으로부터 수입하는 것이 더 싸게 먹힌다는 사실을 발견한다. 그리하여 식민지무역은 주로 유럽의 제조업을 발전시킴으로써 유럽의 농업을 간접적으로 발전시킨다. 식민지무역으로부터 일거리를 얻는 유럽의 제조업자들은 유럽의 토지 생산물에 대해 새로운 판로를 제공한다. 따라서 모든 시장 중에서 가장 유리한 시장(즉, 유럽의 곡물·가축·빵·육류를 위한 국내시장)은 아메리카와의 무역으로 말미암아 크게 확장되었다.

52. 독점이 스페인과 포르투갈의 제조업을 유지시켜 줄 수는 없었다.

그러나 인구가 많고 번영하는 식민지들에 대한 무역의 독점이 그 자체로서는 제조업을 새로 창출해 내거나 심지어 있던 것을 유지하기에 결코 충분하지 못하다는 것은 스페인과 포르투갈의 실례에서 충분히 볼 수 있다. 이 두 나라는 대규모 식민지를 보유하기 이전에는 공업국이었다. 그러나 세계에서 가장 부유하고 비옥한 식민지를 보유하게 되면서부터 두 나라는 더 이상 공업국이 아니게 되었다.

53. 이 두 나라에서는 독점의 부정적인 효과가 무역의 긍정적인 효과를 거의 없애버렸다.

스페인과 포르투갈에서 독점의 나쁜 영향은 기타의 원인들에 의해 더욱 악화되어 식민지무역의 자연적이고 긍정적인 효과들을 억눌러 버렸다. 기타 원인들이란 다음과 같은 것들이다. 상이한 종류의 기타 독점들; 금은의 가치가 대부분의 기타 나라들의 그것보다 하락한 것; 수출에 부당한 세금을 부과한 결과 자국 상품이 외국시장에서 배척당하게 된 것; 국내 지역간의 화물운송에 부당하게 과세함으로써 국내시장을 축소시킨 것; 그러나 무엇보다도 치명적인 것은, 불규칙하고 편파적인 사법(司法)행정이었다. 이 두 나라의 사법기관은 부유하고 권력을 가진 채무자를 그들에 의해 손해를 본 채권자의 채권추심으로부터 종종 벗어나게 해주었는데, 그 결과 열심히 일하는 국민들은 이 거만하고 권력을 가진 사람들의 소비에 제공할 상품 만들기를 겁내게 되었다. 감히 이들에게 외상판매를 거절할 수도 없고, 또 이들로부터 나중에 외상값을 받을 수 있을 것이라고 완전히 자신할 수 없었기 때문이다.

54. 영국에서는 무역의 긍정적인 효과가 독점의 부정적인 효과를 크게 줄여 주었다.

이와는 반대로 영국에서는, 식민지무역의 자연적이고 긍정적인 효과는, 기타 원인들의 지원까지 보태져서, 독점의 부정적인 효과를 크게 극복할 수 있었다. 그 기타 원인들이란 다음과 같은 것들이다. 일반적인 상업의 자유로서, 비록 약간의 제한이 있었지만, 다른 나라들의 상업의 자유와 적어도 같거나 어쩌면 그것을 능가했다. 그 내용은 자국 산업의 거의 모든 생산품을 무관세로 외국에 수출할 수 있는 자유, 그리고 더욱 중요한 것은, 어느 국가 기관에 보고할 필요도 없이, 어떤 질문이나 조사를 받을 필요도 없이, 국내의 한 지역에서 다른 지역으로 화물을 운송할 수 있는 무제한의 자유이다.

그러나 무엇보다 더 중요한 것은 평등하고 공정한 사법행정이다. 이것은 가장 비천한 영국 시민의 권리도 가장 권세 있는 시민들로부터 존중받을 수 있게 해주며 동시에 각 개인에게 자신의 노동의 과실을 획득할 수 있도록 보장해 줌으로써 모든 근면을 최대로 가장 유효하게 장려한다.

55. 무역은 독점에 의해서가 아니라 독점 이외의 원인에 의해 영국의 제조업에 이익을 주었다.

그러나 영국의 여러 제조업이 식민지무역 때문에 발달했다고 한다면〔이것은 틀림없는 사실이다〕, 그것은 식민지무역의 독점에 의해서가 아니라 식민지무역의 독점에도 불구하고 기타 원인들에 의해 그렇게 된 것이다. 독점의 효과는 영국 제조품의 양을 증가시키는 것이 아니라 제조품 중 일부의 질과 형태를 바꾸어 이것을 〔독점이 아니었다면 대금회수의 빈도가 잦고 대금회수가 신속한 시장으로 향했을 것을〕 대금회수가 느리며 장시간이 걸리는 시장으로 돌린 것이었다. 이 효과는 결과적으로 영국 자본의 일부를 더 많은 제조업 노동자를 유지했을 부문으로부터 훨씬 적은 수를 유지하는 부문으로 전환시켰기 때문에, 영국에서 유지되는 제조업 노동자의 총수를 증가시키기는커녕 감소시켰다.

56. 독점은 식민지와 모국의 산업을 다 같이 억제한다.

그러므로 식민지무역의 독점은, 중상주의의 다른 모든 비열하고 악독한 방법들과 마찬가지로, 기타 모든 나라의 산업, 특히 식민지 산업을 억제하는데, 그러면서도 그 이익을 위해 독점을 확립한 식민 모국의 산업은 전혀 발전시키지 않고 오히려 축소시켰다.

57. 독점은 모국에서 임금을 떨어뜨린다.

독점으로 인해 모국의 자본은 〔그 자본의 크기가 어떻든〕 독점이 없다면 유지할 수 있는 정도의 생산적 노동량을 유지할 수 없으며, 독점이 없다면 주민에게 줄 수 있는 정도의 수입을 줄 수 없게 된다. 자본은 수입으로부터의 저축에 의해서만 증식되기 때문에, 독점은 〔자본으로 하여금 독점이 없다면 제공할 수 있는 정도의 수입을 제공할 수 없게 함으로써) 독점이 없는 경우와 같은 빠른 자본증식을 반드시 방해하고, 따라서 자본이 더욱 많은 생산적 노동을 고용하는 것을, 그리고 더욱 많은 수입을 주민에게 주는 것을 방해한다. 그러므로 독점은 수입의 큰 원천 중 하나인 임금을 독점이 없었을 경우보다 언제나 필연적으로 감소시키게 된다.

58. 독점은 이윤을 높임으로써 토지의 지대와 토지가격을 떨어뜨리는 경향이 있다.

독점은 상업이윤율을 높임으로써 토지개량을 저해한다. 토지개량의 이익은 토지가 현재 생산하는 것과 새롭게 일정한 자본을 투하해서 더 많이 생산해 낼 수 있는 것의 차이에 달려 있다. 만약 이 차액이, 같은 금액의 자본이 다른 어떤 상업부문에 사용되었을 때 얻을 수 있는 이윤보다 더 크다면, 토지 개량은 다른 모든 상업부문으로부터 자본을 끌어오게 된다. 만약 그 이윤보다 더 작다면, 상업부문은 토지개량으로부터 자본을 끌어내게 된다. 따라서 일반적으로 상업이윤율을 높이는 것은 무엇이든 토지개량 이익의 유리함을 감소시키고 그것의 불리함을 증가시킨다. 전자의 경우에는 자본이 토지개량 쪽으로 가는 것을 방해하고, 후자의 경우에는 토지개량으로부터 자본을 끌어내게 된다. 개량을 저해함으로써 독점은 수입의 또 다른 큰 원천인 지대의 자연적인 증가를 필연적으로 억제한다. 또 독점은 이윤율을 높이므로 독점이 없을 경우의 시장이자율보다 독점이 있을 경우의 시장이자율을 더 높게 한다. 그러나 지대에 비례하는 토지가격〔즉, 몇 년분의 지대총액〕은 이자율이 오름에 따라 필연적으로 하락하고 이자율이 내림에 따라 필연적으로 상승한다. 따라서 독점은 지주의 이익을 두 가지 방법으로 해치게 되는데, 첫째는 지대의 자연적 증가를 저지하는 것이고, 둘째는 토지에서 받는 지대에 비례하는 토지가격의 자연적 증가를 저지하는 것이다.

59. 독점은 이윤의 절대액을 감소시킨다.

사실 독점은 상업이윤율을 높이고 이에 의해 어느 정도는 상인의 이익을 증가시킨다. 하지만 독점은 자본의 자연적 증식을 저해하므로 주민이 자본의 이윤으로부터 얻게 되는 수입총액을 증가시킨다기보다는 오히려 감소시키는 경향이 있다. 왜냐하면, 일반적으로 대자본에 대한 작은 이윤율이 소자본에 대한 큰 이윤율보다 더 많은 수입을 창출하기 때문이다. 독점은 이윤율을 높이지만, 이윤 총액이 독점이 없을 경우보다 증가하지 못하도록 저해한다.

60. 그리하여 수입의 모든 본원적인 원천들을 풍족하지 않게 한다.

수입의 모든 원천들, 즉 임금·지대·이윤은 독점의 경우 독점이 없을 경우에 비해 훨씬 적어진다. 한 나라의 몇 안 되는 사람들의 매우 작은 이익을 증진시키기 위해, 독점은 그 나라에 있는 다른 모든 사람들의 이익을 해치며, 다른 나라의 모든 사람들의 이익을 해치게 된다.

61. 독점은 절약의 미풍을 파괴한다.

이 독점이 일부 특수 계층에게 유리하다고 증명되었거나 증명될 수 있었던 것은 오직 일반이윤율을 상승시켰기 때문이다. 그러나 독점이 한 나라 전체에 끼치는 나쁜 영향 〔이것은 높은 이윤율로부터 필연적으로 수반되는 것으로 이미 서술한 바 있다〕 외에도 아마 이 모든 나쁜 영향을 합한 것보다 더 치명적인 〔그러나 경험으로 판단한다면 높은 이윤율에 기인하는 나쁜 영향과 불가분의 관계에 있는〕 것이 하나 있다. 높은 이윤율은 상인의 속성상 매우 자연적인 절약의 미풍을 파괴한다. 이윤이 많을 때에는 절약이라는 미덕은 불필요한 것으로 생각되고, 사치가 상인의 부유한 처지에 어울리는 것처럼 보인다. 게다가 거대한 상업자본의 소유자는 그 나라 산업 전체의 지도자·지휘자이므로 그들의 생활태도는 다른 어떤 계급의 사람들의 행동보다 국민 전체의 생활태도에 더욱 큰 영향을 미친다. 만일 고용주가 주의 깊고 절약하는 사람이라면 노동자도 역시 그러할 것이다. 그런데 만약 고용주가 방탕하고 규율을 지키지 않는다면, 고용주의 지시에 따라 일을 하는 노동자 역시 고용주의 생활태도를 본받게 될 것이다. 이리하여 축적은 당연히 축적을 가장 잘 할 수 있는 사람들에 의해 이루어지지 못하고, 생산적 노동의 고용에 충당될 재원은 그것을 당연히 가장 많이 증가시켜야 할 사람들의 수입으로부터는 증가하지 않는다. 그 나라의 자본은 증가하기는커녕 감소하며, 그리하여 그 나라에 고용된 생산적 노동량은 점점 작아져 간다.

카디스(Cadiz)와 리스본(Lisbon) 상인의 엄청난 이윤은 스페인과 포르투갈의 자본을 증가시켰는가? 그들의 과대한 이윤은 양국의 빈곤을 완화하고, 양국의 산업을 촉진시켰는가? 이 두 무역도시에서 상인들의 낭비풍조는 너무 지나쳐서 그 막대한 이윤으로도 그 나라의 총자본을 증대시키기는커녕 그 이윤을 가져다 주었던 자본을 유지하기조차 벅찰 정도였다. 외국 자본들이 날로 더 많이 카디스와 리스본의 무역에 끼어들고 있다. 스페인과 포르투갈 사람들이 불합리한 독점이라는 고통스러운 속박을 날마다 더욱 더 강화하려고 노력하는 것은, 나날이 부족해지고 있는 그들의 자본으로는 경영해 나가기가 더욱 힘들어지고 있는 무역으로부터 이런 외국자본들을 몰아내기 위해서이다.

카디스와 리스본 상인들의 태도를 암스테르담 상인들의 태도와 비교해 보면, 상인의 행위와 성격이 자본이윤율의 높고 낮음에 의해 얼마나 다른 영향을 받는지를 생생하게 느낄 수 있다. 실제로 런던 상인들은 대체로 아직까지는 카디스와 리스본 상인들처럼 거상(巨商)으로 되지도 못했고 암스테르담 상인들처럼 그렇게 주의 깊고 절약하는 시민들도 아니다. 런던 상인들 중 많은 수가 전자의 대부분보다는 훨씬 더 부유하고 후자의 대부분보다는 부유하지 않다고 일반적으로 생각하고 있다. 그러나 런던 상인들의 이윤율은 보통 전자보다는 많이 낮고 후자보다는 상당히 높다. 속담에도 "쉽게 들어온 돈은 쉽게 나간다(Light come light go)"는 말이 있다. 보통의 소비풍조는 어디서나 소비할 수 있는 진정한 능력에 따라 정해지기보다는 소비할 돈을 얼마나 쉽게 벌 수 있는가에 따라 결정되는 것 같다.

62. 독점은 하나의 계층의 사람들에게만 이익이 된다.

바로 이 때문에 독점이 초래하는 특정 계급의 배타적 이익이 그 나라 전체의 일반적 이익을 여러 가지 다양한 방식으로 해치게 되는 것이다.

63. 독점 정책은 소상인들의 정책이다.

고객이 되어 줄 외국 사람들을 육성한다는 단 하나의 목적을 위해 거대한 제국을 건설하려는 계획은 언뜻 생각하면 소상인(小商人)들로 구성된 나라에 적합한 것으로 보일 수 있다. 그러나 그것은 소상인들로 구성된 나라에겐 전적으로 부적합한 계획인 반면, 정부가 소상인들의 영향력 하에 있는 나라에게는 지극히 적합한 계획이다. 이런 나라의 정치가들은, 그리고 이런 나라의 정치가들만이, 동료 시민들의 피와 재물을 이용하여 그런 제국을 건설하고 유지함으로써 어느 정도 이익을 얻을 수 있다고 생각할 수 있다.

어떤 상점 주인에게 다음과 같이 제안해 보라. 즉, "나에게 좋은 땅을 사 주시오, 그러면 나는 다른 가게에서 살 수 있는 가격보다 비싼 값을 지불하더라도 항상 내 옷을 당신 가게에서만 사겠소"라고. 그러면 그 상인은 당신의 제안을 받아들이려고 선뜻 나서지 않을 것이다. 그러나 만약 다른 어떤 사람이 당신에게 좋은 땅을 사 주면서 당신에게 당신의 모든 옷을 그 상인의 가게에서 사라고 지시한다면, 그 상인은 당신의 후견인에게 매우 감사할 것이다.

영국은 국내에 안주하지 못하는 국민을 위해 먼 나라에서 큰 땅을 샀다. 사실 그 가격은 매우 쌌다. 오늘날의 보통의 토지가격(30년간의 토지 수입에 해당하는 가격)과는 달리, 처음 그곳을 발견하고 그 해안을 답사하고 그 지방을 점유하는 데 필요했던 다양한 설비들의 가격 정도였다. 그 땅은 비옥하고 광활했다. 경작하기에 좋은 땅을 풍부하게 가지고 있었으며 한동안은 자신들의 생산물을 원하는 곳에 자유롭게 판매할 수 있었던 경작자들은 불과 30~40년 사이(1620~60년 사이)에 매우 번창하게 되었으므로, 영국의 소상인들과 무역업자들은 그들을 자신들의 고객으로 독점하고자 했다. 그래서 영국의 소상인들과 무역업자들은 그 땅의 최초 구입비용이나 그 이후의 개량비용 중 일부를 지불했다고 속이지도 않고 뻔뻔스럽게 의회에다 다음과 같은 사항들을 청원했다. 즉, 아메리카의 경작자들은 앞으로, 첫째 유럽으로부터 사기를 원하는 모든 재화를 자기들의 가게에서만 사야 하며, 둘째 아메리카의 생산물 중 자기들이 사고 싶어 하는 품목은 모두 자기들의 가게에만 팔아야 한다는 것이다. 후자의 조항을 청원한 이유는 생산품목 모두를 사는 것이 이익이 안 된다고 생각했기 때문이다. 아메리카의 생산물 중 일부는 영국으로 수입된다면 영국 상인들이 본국에서 경영하고 있는 일부 업종과 충돌했을 것이다. 따라서 영국 상인들은 식민지인들이 이런 특수 품목들을 다른 곳에서 팔기를 원했으며, 그곳이 멀리 떨어진 곳일수록 더 좋다고 생각했다. 이 때문에 이런 특수 품목에 대한 시장은 피니스테레 곶(북서부 스페인의 최서단의 곶) 이남의 나라들로 한정되어야 한다는 제안을 하기에 이르렀던 것이다. 저 유명한 항해조례 중의 한 조항은 바로 이런 상인들의 제안을 법으로 제정한 것이다.

64. 식민지에 대한 영국의 경비는 모두 독점을 유지하기 위해 지출되었으며 그 액수는 거액이었다.

이런 독점을 유지하는 것이 여태까지 영국이 자신의 식민지들을 지배해 온 주된 목표, 아니 더욱 적절하게는 아마도, 유일한 목표였다. 여태껏 한 번도 모국의 일반 통치나 방위를 보조하기 위해 세입이나 병력을 제공하지 않은 식민지로부터 얻을 수 있는 큰 이익이란 바로 배타적인 무역에 있다고 생각했던 것이다. 독점은 식민지의 종속(從屬)의 주요한 상징이자 여태까지 종속에서 거둬들인 유일한 과실이다. 이런 종속관계를 유지하기 위해 영국이 지금까지 얼마나 큰 비용을 지출했든, 그 비용은 사실상 이런 독점을 지탱하기 위해 지출된 것이다. 현재의 전쟁이 개시되기 이전 평화시에 식민지를 유지하는 데 드는 비용은 보병 20개 연대의 급여 및 그들에게 지급할 필요가 있었던 대포·군수품·비상식량에 드는 비용, 그리고 북아메리카와 서인도제도의 긴 해안선을 다른 나라 사람들의 밀수선으로부터 방어하기 위해 항상 유지해야 했던 상당한 규모의 해군력에 드는 비용 등이었다. 이런 평화시의 식민지 유지비용은 영국의 세입에서 부담되었지만, 이것은 식민지 지배를 위해 모국이 부담했던 전체 비용 중 아주 작은 부분에 지나지 않았다. 만약 우리가 전체 비용의 규모를 알고자 한다면, 우리는 이런 평화시의 연간 유지비에다, 〔영국이 그 식민지들을 자신의 속령이라고 간주한 결과〕 이런 식민지의 방어를 위해 여러 가지 사태에 직면할 때마다 지출해야 했던 금액의 이자를, 가산해야 할 것이다. 또한 우리는 여기에다 최근의 전쟁〔1763년까지 7년간 프랑스와 싸운 전쟁〕의 총경비와 그것에 앞서 일어났던 전쟁의 대부분의 경비도 가산해야 한다. 최근의 전쟁은 전적으로 식민지 쟁탈전이었으며, 그 총비용은 그것이 세계의 어느 부분에서 지출되었든〔즉, 그것이 독일에서 지출되었든, 서인도에서 지출되었든 간에〕 마땅히 식민지 계정에 산입되어야 한다. 이 경비를 조달하기 위해 발행된 신규 국채와 파운드당 2실링의 추가적인 토지세, 그리고 해마다 감채기금(sinking fund)으로부터 차용한 금액 등을 포함한다면, 그 총비용은 9천만 파운드를 상회한다. 1739년에 시작된 스페인전쟁은 원래 식민지 쟁탈전이었다. 그 전쟁의 주요한 목적은 남미의 북쪽 해안 지방과 밀무역을 하고 있는 식민지 선박이 검문당하는 것을 방지하기 위한 것이었다. 이 전쟁의 총경비는 사실상 독점을 유지하기 위해 지불된 장려금이다. 겉으로 내세운 목적은 영국의 제조업을 장려하고 영국의 통상을 증진시킨다는 것이었다. 그러나 그것의 진정한 효과는 상업이윤율을 높이고, 우리 상인들로 하여금 대부분의 다른 무역부문에 비해 대금회수가 느리고 장시간이 소요되는 무역부문으로 〔그렇지 않았을 경우 투자했을 것보다〕 더 많은 자본을 전환시키도록 유도한 것이었다. 이 두 가지 결과를 얻기 위한 것이었다면, 오히려 장려금을 제공하는 편이 훨씬 더 나았을 것이다.

65. 영국이 식민지 통치로부터 얻는 것은 전혀 없다.

따라서 현재의 관리제도하에서는 영국이 식민지 지배로부터 얻는 것은 전혀 없고 오직 손실뿐이라 할 수 있다.

66. 식민지에 대한 일체의 지배권을 자발적으로 포기하는 것이 훨씬 유리할 것이다.

영국이 식민지에 대한 모든 권한을 자발적으로 포기하고, 식민지가 스스로 통치자를 뽑고 자신의 법률을 제정하고, 동시에 스스로 적절히 판단하여 전쟁이나 평화를 결정하도록 해야 한다고 제안하는 것은, 세계 어느 국민에 의해서도 아직 채용된 적이 없고 또 장래에도 결코 채용될 리 없는 제안이다. 식민지를 통치하는 것이 아무리 번거로운 일일지라도, 또 그것에 드는 경비에 비해 얻을 수 있는 수입이 아무리 작을지라도, 어떤 나라도 자국의 식민지에 대한 지배권을 자발적으로 포기한 예가 없다. 이것을 포기하는 것이 종종 국민의 이익에 부합하지만, 항상 그 나라의 위신을 손상시키고 동시에 〔그보다 더 중요한 것은〕 지배층의 사적인 이익에 반한다는 것이다. 왜냐하면, 그것을 포기함으로써 그들은 존경과 이익이 따르는 다수의 지위·관직을 마음대로 처분할 권리를 잃게 되고, 부(富)와 명예를 얻을 다수의 좋은 기회를 상실하게 된다. 그런데 이런 처분권과 좋은 기회는 아무리 시끄럽고 국민 대중에게 가장 이익을 주지 않는 속령이라도 그것을 영유하기만 하면 거의 틀림없이 얻게 되는 이권이다. 그러므로 아무리 몽상적인 사람이라도, 적어도 언젠가는 채택되리라는 희망을 가지고, 위에서 언급한 것과 같은 식민지 지배의 포기라는 방법을 제안할 수는 없을 것이다. 그러나 만약 이 제안이 채택된다면 영국은 평화시의 매년의 식민지 유지비용으로부터 곧 해방될 뿐 아니라, 〔상인에게는 현재의 독점에 비해 불리할지 모르나 국민대중에게는 더욱 유리한〕

자유무역을 보장해 주는 여러 가지 통상조약을 식민지와 체결할 수 있을 것이다. 이처럼 서로 사이좋게 헤어짐으로써 근래의 불화(不和)로 거의 소멸된 식민지의 모국에 대한 자연스런 애정이 신속히 회복될 것이다. 이렇게 되면 식민지들은 모국과 분리할 때 맺은 통상조약을 앞으로 수세기 동안 존중할 뿐 아니라 무역에서는 물론 전쟁에서도 우리 편이 되고, 불온한 시민이 아니라 가장 성실하고 애정이 충만한 관대한 동맹국이 되려고 할 것이다. 그리고 한편으로는 모국 측의 부모로서의 애정과 다른 한편으로는 식민지 측의 자식으로서의 효경심(孝敬心)이 영국과 식민지 사이에서도 부활할 것이다. 이런 관계는 고대 그리스의 식민지와 모국 사이에 존재했다.

67. 식민지는 그것을 영유할 가치가 있을 만큼 충분한 수입을 제공해 주지 않는다.

어떤 한 식민지가 자기가 속해 있는 제국에 이익이 되기 위해서는, 평화시에는 자신의 정부기구를 유지하기 위한 모든 비용을 부담할 뿐 아니라 제국 전체의 유지를 위한 자신의 분담금을 부담하기에 충분한 세입(稅入)을 제국에게 제공해야만 한다. 왜냐하면, 식민지는 다소나마 제국 전체의 통치비용을 필연적으로 증가시키며, 따라서 만약 어떤 식민지가 이 비용의 자기 몫을 부담하지 않는다면 불평등한 부담이 제국의 다른 식민지에게 전가될 수밖에 없기 때문이다. 동일한 이유로, 각 식민지가 전시(戰時)에 제국에 제공해야 하는 특별세입이 제국의 전체 특별세입에서 차지하는 비율은 각 식민지가 평화시에 제공하는 경상세입이 제국 전체의 경상세입에서 차지하는 비율과 같아야 한다. 영국이 자신의 식민지로부터 받는 경상세입이나 특별세입 어느 것도 대영제국의 총세입에서 이런 비율을 차지하고 있지 않다는 것은 쉽게 알 수 있는 사실이다. 독점은 영국 국민들의 개인적 수입을 증대시키고 그리하여 국민들로 하여금 더 많은 세금을 낼 수 있게 함으로써 식민지로부터 받는 국가 세입의 부족을 보충한다고 여겨져 왔다. 그러나 이 독점은, 내가 밝히려고 노력했듯이, 식민지에 대해서는 매우 무거운 부담이고, 영국의 어떤 특정계급의 수입을 증대시킨다 하더라도 국민 대다수의 수입을 증대시키지 않고 오히려 감소시키며, 따라서 결과적으로 국민 대다수의 조세지불 능력을 증대시키지 않고 오히려 감소시킨다. 또한 독점에 의해 수입이 증가하는 사람들은 특정계급을 구성하며, 내가 다음 편에서 보여주려고 하듯이, 이 계급에게 다른 계급의 세율 이상으로 세금을 부과하는 것은 절대로 불가능하고, 그 세율 이상으로 세금을 부과하려고 시도하는 일조차 매우 어리석다. 따라서 어떤 추가 세금도 이 특정계급으로부터는 얻을 수 없다.

68. 식민지에 대한 과세는 식민지 의회나 영국 의회가 결정할 수 있다.

69. 식민지 의회는 여태까지 충분한 세금 징수에 동의하지 않았다.

식민지는 그 자신의 의회에 의해서나 영국 의회에 의해 과세될 수 있다. 식민지 의회로 하여금 자신들을 선출해 준 사람들에게, 식민지 자체의 문무(文武) 기구를 상시적으로 유지할 수 있을 뿐 아니라 대영제국의 일반정부 지출 가운데 식민지가 분담해야 할 몫을 지불하기에 충분한 세입을 거두도록 관리하는 것은 거의 불가능했다. 국왕의 직접적인 감시하에 놓여 있는 영국 의회조차 그런 체계로 관리되거나 심지어 본국의 문무 기구를 유지하기에 충분한 보조금을 선뜻 제공하게 되기까지는 오랜 세월이 걸렸다. 영국 의회조차 그런 관리체계를 확립할 수 있었던 것은 의회의 특정 의원들 사이에 이런 문무기구로부터 생기는 관직의 대부분이나 그 관직의 임면권의 대부분을 분배해 줌으로써 비로소 가능했다. 그러나 식민지 의회들은 왕의 감시로부터 멀리 떨어져 있고, 그들의 수가 많고, 분산되어 있으며, 그들의 구성이 다양하기 때문에, 비록 왕이 그들을 통치하기 위한 동일한 수단을 가지고 있다고 하더라도 동일한 방법으로 그들을 통치하기란 매우 어려울 것이다.

그런데 사실상 그런 수단도 없다. 식민지 의회들의 모든 지도적인 의원들 사이에 대영제국의 통치 전체로부터 생기는 관직이나 관직의 임면권의 몫을 충분히 나누어 줌으로써 그들로 하여금 자기 고향에서 자신들의 인기를 포기하면서 대영제국의 통치 전체〔이것의 거의 모든 이익은 자기들을 모르는 사람들에게 분배된다〕를 유지하기 위해 자신들의 선거구민들에게 과세하게 하는 것은 절대적으로 불가능한 일일 것이다. 더욱이 각 의회의 각 의원들의 상대적 중요성에 관한 본국 정부의 불가피한 몰이해(沒理解)는 틀림없이 자주 그들을 노엽게 만들고, 그리고 이런 방식으로 그들을 관리하려고 하면 계속 실책을 범하게 될 것인데, 이런 일들이 식민지 의회에 대해 그런 관리체계를 확립하도록 하는 것을 전혀 불가능하게 만드는 것처럼 보인다.

70. 더욱이 식민지 의회는 무엇이 필요한지조차 알지 못하고 있다.

또한 식민지의회는 제국 전체의 방어와 유지를 위해 무엇이 필요한가를 판단할 적임자라 할 수도 없다. 그 방어와 유지에 대한 임무가 그들에게 맡겨져 있지 않다. 그것은 그들의 일이 아니고, 그들은 그것에 관한 정보를 전혀 가지고 있지 않다. 한 식민지의 의회는, 한 교구의 교구회처럼, 그 자신의 지역 업무에 관해서는 매우 적절히 판단할 수 있지만, 제국 전체에 관해서는 적절한 판단을 내릴 수 있는 수단을 가지고 있지 않다. 식민지 의회는 심지어 그 식민지 자체가 제국 전체에서 어떤 비중을 지니고 있는지 또는 다른 식민지와 비교해서 그 자신의 부(富)와 중요성이 어느 정도인지를 적절히 판단할 수 없다. 왜냐하면 다른 식민지들은 그 특정 식민지 의회의 감독과 관리하에 있지 않기 때문이다. 제국 전체의 방어와 유지를 위해 무엇이 필요한지, 그리고 어느 정도의 비율로 각 식민지가 기여해야 하는지는 제국 전체의 일을 감독하고 관리하는 의회만이 판단할 수 있다.

71. 징발 방식에 의해 식민지에 과세해야 한다는 제안도 있다.

따라서 식민지는 징발령(requisition)에 의해 과세되어야 하고, 영국 의회가 각 식민지가 지불해야 하는 금액을 결정해야 하며, 그리고 식민지 의회는 식민지의 상황에 가장 잘 맞는 방법으로 그것을 할당하고 징수해야 한다는 제안이 나왔다. 제국 전체에 관한 것은 제국 전체의 일을 감독하고 관리하는 의회에 의해 이런 방식으로 결정될 것이다. 그리고 각 식민지의 지역적 업무는 여전히 그 자신의 의회에 의해 규제될 것이다. 이 경우 비록 식민지는 영국 의회에 한 사람의 대표자도 보내지 않지만, 경험에 따라 판단해 보건대, 의회의 징발령이 불합리하리란 가능성은 없다. 영국 의회는 어떤 경우에도 의회에 대표자를 보내지 않은 지역에 과중한 책임을 부과하려는 의향은 조금도 없었다. 건지(Guernsey)섬과 저지(Jersey)섬은 의회의 권위에 저항할 만한 어떤 수단도 지니고 있지 않지만 영국의 다른 어떤 지방보다 조세가 가볍다. 의회는 식민지에 과세할 권리가 있다고 생각하지만 〔그것의 근거가 있건 없건〕, 그 권리를 행사함에 있어 본국의 주민이 지불하는 것에 가까운 금액조차 식민지에 대해 요구한 적은 지금까지 한 번도 없었다. 더욱이 만일 식민지의 분담금이 토지세의 상승이나 하락에 비례하여 증감하게 한다면, 본국 의회는 그 자신의 선거구민에게 과세하지 않으면 식민지에도 과세할 수 없을 것이며, 이 경우 식민지는 사실상 의회에 대표를 보낸 것으로 간주될 수 있을 것이다.

72. 프랑스 국왕은 일부 식민지에 대해 이런 방식으로 과세했다.

한 제국 안의 모든 식민지들에 대해 일률적으로 과세하지 않고 각 식민지가 납부해야 할 금액을 국왕이 결정하는데, 일부 식민지에서는 국왕이 적당하다고 생각하는 금액을 과세하여 징수하는 반면, 다른 식민지에서는 국왕이 각 식민지 정부로 하여금 그 금액을 결정하여 징수하도록 위임하는 예들도 없지 않다. 프랑스의 몇몇 식민지에서는 국왕이 적당하다고 생각하는 금액을 과세할 뿐 아니라 그가 적당하다고 생각하는 방식으로 그것을 징수한다. 다른 식민지에 대해서는 국왕이 일정한 금액을 요구하지만 각 식민지 정부가 그들이 적당하다고 생각하는 대로 그 금액을 징수하도록 내버려 둔다. 징발령에 의한 과세계획에 따르면, 영국 의회와 식민지 의회 사이의 관계는 프랑스 국왕과 〔여전히 자기 자신의 정부를 가질 특권을 누리고 있고 가장 잘 지배되고 있는 것으로 여겨지고 있는〕 프랑스 식민지 정부 사이의 관계와 같게 될 것이다.

73. 영국 의회는 충분한 권력을 가지고 있지 않다.

그러나 이런 계획에 따르면, 비록 식민지들은 자신들의 세금 부담액이 본국 국민들의 부담액에 비해 적절한 수준을 초과하지 않을까 염려할 정당한 이유가 있을 수 없지만, 영국은 도리어 식민지의 부담이 그런 적절한 수준에 결코 도달하지 않을 것이라고 염려할 만한 정당한 이유가 있을 수도 있다. 영국 의회는 과거 얼마 동안 〔자신들의 정부를 지닐 특권을 여전히 누리고 있는 프랑스 식민지들에 대해 프랑스 국왕이 가지고 있는 것과 같은〕 확립된 권위를 식민지에 대해 가지고 있지 못했다. 만일 식민지 의회가 매우 우호적인 태도를 취하지 않는다면(그리고 지금까지보다 더욱 기술적으로 관리되지 않는다면 그들은 별로 우호적일 것 같지 않다), 식민지 의회는 여전히 영국 의회의 가장 합리적인 징발령도 회피하거나 거절하기 위한 많은 구실을 찾아낼 것이다. 프랑스와의 전쟁이 발발한다면 제국의 지위를 보호하기 위해 1천만 파운드가 즉각 모금되어야 한다고 가정하자. 이 금액은 공채 발행을 통해 조달되어야 하며, 이 공채의 이자지불을 위해서는 기금이 담보로 제공되어야 한다. 영국 의회는 이 기금을 모으는 방법으로, 그 일부는 영국에서 징수되는 세수로 충당하고 일부는 아메리카와 서인도의 모든 식민지 의회에 대한 징발 방식으로 충당하겠다고 제안할 것이다. 이런 기금의 모집은 전장에서 멀리 떨어져 있고 그리고 때로는 자신들은 전쟁이라는 사건과 별로 관계가 없다고 생각하는 모든 식민지 의회의 우호적인 태도에 부분적으로 의존하게 되는데, 사람들은 과연 이런 기금을 담보로 믿고서 돈을 빌려줄 것인가? 이런 기금을 담보로 삼아서는 영국에서 징수될 세금보다 더 큰 금액을 조달할 수 없을 것이다. 전쟁 때문에 지게 되는 채무의 모든 부담을, 지금까지 항상 그래 왔듯이, 영국이 지게 될 것이며, 제국 전체가 아니라 제국의 일부분이 지게 될 것이다. 아마도 영국은 자신의 제국을 확대하면서 한 번도 자신의 재원을 증대시키는 일 없이 자신의 비용을 증가시키기만 한 〔세계가 시작한 이래로〕 유일한 국가일 것이다. 대개 다른 국가들은 제국을 방어하는 비용의 대부분을 자신의 식민지들에게 넘겨 자신의 부담을 줄였다. 지금까지 영국은 이런 비용의 거의 전부를 자신이 맡아 식민지들의 부담을 경감시켰다. 영국을 지금까지 법률에 의해 예속된 것으로 여겨져 왔던 자신의 식민지와 동등한 관계에 두기 위해서는, 의회의 징발령에 의해 그들에게 과세한다는 계획에서, 만일 식민지 의회가 징발령을 회피하거나 거절하려 한다면 영국 의회는 자신의 징발령을 즉시 유효하게 하는 몇 가지 수단을 지니는 것이 필요할 것 같다. 그 수단이 무엇인지는 상상하기가 매우 쉽지는 않고, 이제까지 설명된 적도 없다.

74. 그리하여 저항이 일어난다. 만약 영국 의회가 식민지 의회의 동의조차 없이 식민지에 과세하는 권리를 완전히 확립한다면, 식민지 의회의 중요성은 그 순간부터 끝을 보게 되고, 그것과 함께 영국령 아메리카의 모든 지도자들의 중요성도 끝을 보게 될 것이다. 사람들이 공공업무의 관리에 참여하기를 원하는 주된 이유는 그 참여가 자신들을 중요한 인물로 만들기 때문이다. 자유로운 통치의 모든 제도의 안정성과 지속성은 그 나라의 지도자들〔세습 귀족들〕의 대부분이 자신들 각자의 중요한 지위를 유지하고 방위할 수 있는 권력에 의존한다. 이들 지도적인 인물들이 벌이는 피차간의 중요한 지위에 대한 공격과 자신의 중요한 지위에 대한 방어가 국내의 모든 당파적 행동과 야심적인 행동을 구성한다.

아메리카의 지도자들은 다른 모든 나라의 지도자들처럼 자신들의 지위를 보존하고자 한다. 그들은, 만일 〔자신들이 의회라고 부르기를 좋아하고,

또한 영국 의회와 권한에서 동등하다고 여기기를 좋아하는) 자신들의 의회가 영국 의회의 비천한 각료나 행정관리가 될 만큼 강등되어야 한다면, 그들 자신의 중요성의 대부분은 끝장날 것이라고 느끼거나 상상하고 있다. 그러므로 그들은 영국 의회의 징발령에 의해 과세되는 제안을 거절했고, 다른 야심 있고 혈기 있는 사람들과 마찬가지로 그들 자신의 지위를 보호하기 위해 칼을 뽑을 것을 선택한 것이다.

75. 납세에 비례하여 의회 대표를 뽑자고 제안되어야 한다. 그렇지 않는 한 그들을 굴복시키는 것은 가망이 없는 일일 것이다.

로마제국의 몰락 무렵 로마를 보호하고 제국을 확장시키는 주된 부담을 지고 있던 로마의 동맹국들은 로마시민의 모든 특권을 자신들에게 허락해 달라고 요구했다. 거절당했을 때 사회적 전쟁이 발발했다. 이 전쟁 도중에 로마는 그 특권을 그들 대부분에게 차례로 수여했는데, 그들이 총동맹에서 벗어나려는 정도에 따라 수여했다. 영국 의회는 식민지에 대한 과세를 고집하고 있으며, 식민지들은 자신들의 대표를 보내지 않는 의회에 의해 과세되는 것을 거부하고 있다. 만일 영국이 총동맹으로부터 이탈하려고 하는 각 식민지에게 (그 식민지가 본국과 동일한 조세를 납부하고 본국 시민과 동일한 상업의 자유를 인정받으면서) 식민지가 제국의 세입에 기여하는 것에 비례하여 대표자를 허락한다면, 식민지의 납세액에 따라 대표자 수는 증가할 것이고, 지위를 얻을 수 있는 새로운 방법, 야심에 대한 새롭고 좀 더 눈부신 대상이 각 식민지의 지도자들에게 제공될 것이다. 그들은 식민지 안에서의 파벌싸움이라는 하잘것없는 복권(福券: raffle)에서 얻는 작은 상금을 위해 시간을 허비하지 않고, (사람들이 자신의 능력과 행운에 대해 당연히 가지고 있는 자신감에 의거해) 영국의 정치라는 거대한 국가적 복권추첨 바퀴에서 때때로 나오는 큰 상금을 얻고자 할 것이다. 만일 이 방법을 쓰거나 기타 방법을 찾아내어(이 방법보다 더 명확한 방법은 없는 것 같지만) 아메리카 식민지 지도자들의 중요성을 유지시켜 주고 그들의 야심을 만족시켜 주지 않는 한, 그들이 우리에게 자발적으로 굴복할 것 같지는 않다. 그리고 그들에게 강요할 때 흘리게 될 피는 한 방울 한 방울 모두가 우리 동료시민의 피든가 우리의 동료시민이 되어 주기를 바라는 사람들의 피라는 것을 명심해야 한다. 일이 진행되는 형편으로 보아, 우리의 식민지들이 무력만으로 쉽게 정복될 것이라고 믿는 사람은 매우 어리석다. 이른바 자신들의 대륙의회의 결의를 주도하는 사람들은 아마도 유럽에서 가장 높은 사람들도 느끼지 못하는 정도의 자존심을 이 순간에 느끼고 있을 것이다. 그들은 소매상점 주인·상인·변호사로부터 정치가와 입법가가 되었으며, 그리고 (일찍이 세상에 존재했던 가장 거대하고 가장 강력한 제국 중의 하나가 되리라고 그들이 믿고 있고 또한 사실 그렇게 될 것처럼 보이는) 거대한 제국을 위한 새로운 형태의 정부를 설계하기 위해 몰두하고 있다. 대륙의회 밑에서 직접 활동하는 아마도 500명쯤 되는 사람들과 그 500명 밑에서 활동하는 아마도 50만 명쯤 되는 사람들 모두는 마찬가지로 자기 자신들의 중요성이 점차 상승하고 있음을 느끼고 있다. 아메리카의 지배적인 정당의 거의 모든 사람들은 현재 자신의 상상 속에서 (그가 이전에 차지했던 것뿐 아니라 일찍이 차지하기를 기대했던 것보다) 더 우월한 지위를 차지하고 있다고 느끼고 있다. 야망에 대한 몇 가지 새로운 대상이 자신에게나 그의 지도자들에게 제공되지 않을 경우에는, 만일 그들이 보통사람의 정신을 가지고 있다면, 그들은 목숨을 걸고 그 지위를 지키기 위해 죽음도 불사할 것이다.

76. 그 저항은 파리의 그것처럼 완강한 것이 될 것이다.

프랑스의 역사학자 에노(Henault: 1685~1770)는 "우리는 지금 동맹(Ligue)에 관한 수많은 사소한 사건들의 기록을 재미있게 읽고 있는데, 이 사건들은 당초 발생했을 때에는 아마 별로 중요한 뉴스거리로 간주되지도 않았을 것이다"고 말했다. 그는 말하기를, "그러나 당시 모든 사람들은 자신들을 상당히 중요한 인물이라고 상상했으며, 그 당시로부터 우리에게 전해져온 수많은 회상록들은 그 대부분이 자신이 상당히 중요한 배우로서 참여했다고 자부하는 사건들을 기록하고 과장하는 것에 즐거움을 느끼는 사람들에 의해 씌어진 것이다."고 했다. 그때 파리 시민들이 얼마나 완강히 자신들을 방어했고, 〔모든 프랑스 국왕들 중에서 가장 훌륭하고, 뒤에는 가장 사랑받은 왕〕 앙리 4세에게 굴복하지 않으려고 얼마나 무서운 기근을 견뎠는가는 잘 알려져 있다. 시민들의 대부분, 또는 그들 대부분을 주도하던 사람들은, 만일 옛 정부가 다시 확립되면 끝장날 수밖에 없는 자신들의 지위를 보호하기 위해 싸웠다. 우리의 식민지들이 영국 본국과 연합하는 데 동의하도록 유인될 수 없다면, 그들은 〔마치 파리시민들이 가장 훌륭한 국왕 중의 한 사람에게 대항했던 것처럼〕 자신들을 방어하기 위해 모든 식민 모국들 중에서 가장 훌륭한 모국에 대해 매우 격렬하게 저항할 것이다.

77. 대의제가 등장함으로써 로마 및 이탈리아의 경우와 사정이 달라지게 되었다.

대의제(代議制: representation)라는 관념은 옛날에는 없었다. 일국의 국민들이 다른 나라에서 시민권을 얻었을 때, 그들이 그 시민권을 행사하는 수단은 다른 나라 사람들과 함께 한 덩어리가 되어 투표하고 심의하는 것 외에는 없었다. 이탈리아 주민들의 대부분에게 로마 시민의 특권을 인정한 것이 로마 공화국을 파멸시켰다. 누가 로마 시민이고 누가 로마 시민이 아닌지를 더 이상 구별할 수 없게 되었다. 어떤 종족도 자기 자신의 구성원을 식별할 수가 없었다. 어떤 종류의 천민도 국민의회에 침여할 수 있었고, 진정한 시민들을 몰아낼 수 있었으며, 마치 그들 자신이 진정한 시민인 양 공화국의 업무를 결정할 수 있었다. 그러나 비록 아메리카가 50명의 새로운 대표들을 영국 의회에 보낸다고 하더라도, 하원의 문지기는 누가 의원이고 누가 의원이 아닌가를 구별하는 데 큰 어려움은 없을 것이다. 그러므로 비록 로마의 체제는 로마가 이탈리아의 맹방(盟邦)들과 연합함으로써 불가피하게 무너졌지만, 영국의 체제는 영국이 자신의 식민지들과 연합함으로써 손상될 가능성은 전혀 없다. 반대로 영국의 체제는 연합으로 인해 더욱 완성될 것이고, 이런 연합이 없으면 불완전하게 보일 것이다. 제국 내의 각 지역의 일을 토론하여 결정하는 의회는, 각 지역의 사정을 충분히 이해하기 위해 반드시 제국의 각 지역으로부터 온 대표들을 받아야 한다. 그러나 나는 이 연합이 쉽게 달성될 수 있다거나, 연합과정에서 각종 큰 어려움이 발생하지 않으리라고 생각하는 것은 아니다. 그러나 나는 극복할 수 없는 것처럼 보이는 어려움이 있다는 말은 일찍이 들어 본 적이 없다. 아마 주된 어려움은 사물의 본성에서 생기는 것이 아니라 대서양의 이쪽과 저쪽 사람들의 편견과 견해 차이에서 생길 것이다.

78. 아메리카 식민지의 대표들은 잘 관리될 수 있을 것이다.

대서양의 이쪽에 있는 우리는 아메리카 대표가 많아져서 영국 체제의 균형을 파괴함으로써 왕권의 영향력 또는 민주주의의 힘을 지나치게 증대시키지 않을까 두려워하고 있다. 그러나 아메리카 대표의 수를 아메리카 납세액에 비례하도록 한다면, 관리되어야 할 사람들의 수는 그들을 관리하는 수단에 정확히 비례할 것이고, 관리하는 수단은 관리를 받는 사람들의 수에 비례해 증가할 것이다. 연합 뒤에도 영국 체제의 군주제적 부분과 민주주의적 부분은 상호간에 이전과 정확히 동일한 정도의 상대적 힘을 가질 것이다.

79. 아메리카 식민지 사람들은 압제를 받지 않을 것이다.

대서양의 다른 쪽 사람들은 자신들이 통치의 중심지로부터 떨어져 있기 때문에 많은 억압을 받지 않을까 두려워하고 있다. 그러나 그들의 대표가 처음부터 상당히 많이 영국 의회에 참여할 것이므로 그들은 모든 억압으로부터 쉽게 보호될 수 있을 것이다. 멀리 떨어져 있더라도 대표들이 선거구민에 의존하는 것을 크게 약화시킬 수는 없고, 대표들은 여전히 자신의 의석과 그것으로부터 얻는 모든 이익이 선거구민의 호의에 달려있다는 것을 느낄 것이다. 어떤 문무관리가 제국의 먼 지역에서 범할지도 모를 비행을 의회 의원의 모든 권한을 가지고 고발함으로써 선거구민의 호의를 얻는 것이 그 대표에게는 이익일 것이다. 더욱이 통치의 중심지로부터 아메리카가 멀리 떨어져 있는 상황이 매우 오랫동안 지속되지는 않을 것이라고 아메리카 주민들은 〔약간의 외관상의 이유에 의거하여〕 믿고 있다. 부(富)·인구·진보에서 아메리카의 발전이 지금까지 너무나 급속했으므로 아마 1세기 이내에 아메리카의 납세액은 영국의 납세액을 능가할 것이다. 그렇게 되면 제국의 중심지는 자연히 전체의 방어·유지에 가장 크게 공헌한 지역으로 이동할 것이다.

80. 아메리카와 희망봉 항로의 발견은 인류 역사상 최대의 사건이며, 동·서 인도 원주민의 불행은 일시적인 것이 될 수 있고, 그 결과는 모든 사람들에게 유리할 것이다.

아메리카의 발견과 희망봉을 경유하는 동인도항로의 발견은 인류역사에 기록된 두 가지 가장 위대하고 가장 중요한 사건이다. 그것들의 성과는 이미 너무나 거대한 것이었다. 그러나 그 발견 이래 아직 2~3세기밖에 지나지 않았으므로 그것들의 성과의 모든 크기가 나타나는 것은 불가능하다. 어떤 인간 지혜도 장차 이 위대한 사건들로부터 인류에게 어떤 이익이나 불행이 생길지를 예견할 수는 없다. 세계에서 가장 멀리 떨어져 있는 지역들을 어느 정도 결합시키고, 서로의 부족분을 경감시킬 수 있게 하며, 서로의 즐거움을 증대시킬 수 있게 하고. 서로의 산업을 북돋우게 함으로써 그 발견들의 일반적 경향은 이로운 것 같다. 그러나 동서 인도의 원주민들에게는, 그 발견들로부터 생길 수 있었던 모든 상업적 이익들이 무서운 불행 속에서 상실되었다. 그렇지만 이런 불행은 그 발견들 자체의 속성에 있는 어떤 것으로부터 발생한 것이 아니라 우연히 생긴 것처럼 보인다. 이런 발견들이 이루어졌던 특정 시점에서 우연히 유럽사람 쪽이 힘이 월등하여 멀리 떨어진 나라들에서 온갖 불의를 저지를 수 있었던 것이다. 앞으로 그 나라들의 주민이 더 강하게 되거나 유럽 주민들이 더

약하게 되어, 세계 모든 지역의 주민들이 용기와 힘의 균등상태에 도달해서 상호의 공포심을 고무시킴으로써 독립국들이 불의를 저지르지 않고 서로서로의 권리를 존경할 수 있게 될 것이다. 이런 힘의 균등을 확립하는 방법으로서는, 〔나라들 사이의 광범한 교역이 자연히 또는 필연적으로 가져오게 될〕 지식과 각종 개량들의 상호교류가 가장 확실한 방법인 것 같다.

81. 동시에 이 발견은 중상주의 체계를 강화시켰다.

그러는 동안 그 발견의 주된 효과들 중의 하나는 중상주의(重商主義: mercantile system)가 〔만일 그 발견이 없었더라면 결코 얻을 수 없었을 만큼의〕 영광과 영예를 얻게 된 것이다. 토지의 개량·경작에 의해서보다는 오히려 무역과 제조업에 의해, 그리고 농촌산업에 의해서보다는 도시산업에 의해 대국을 풍요롭게 하는 것이 중상주의의 목적이다. 그러나 그 발견의 결과로 유럽의 상업도시들은 세계의 매우 작은 부분들(유럽 중 대서양에 접해 있는 부분과, 발트해·지중해 주위에 있는 나라들)을 위한 제조업자·중개업자가 아니라, 이제는 아메리카의 수많은 번영하는 경작자들을 위한 제조업자가 되었고, 아시아·아프리카·아메리카의 거의 모든 나라들을 위한 중개업자·제조업자가 되었다. 두 개의 신세계〔아시아와 아메리카〕가 그들의 산업을 위해 개방되었고, 각각의 신세계는 옛날의 세계보다 훨씬 컸고 아메리카의 시장은 나날이 점점 더 커지고 있다.

82. 아메리카 식민지를 소유하고 동인도와 무역하고 있는 나라는 모든 이익을 얻고 있는 것 같으나, 실제로는 그렇지도 않다.

아메리카의 식민지들을 소유하고 직접 동인도와 교역하고 있는 나라들은 실제로 이 거대한 상업의 모든 이익을 누리고 있다. 그러나 다른 나라들도 자신들을 배제시키려는 불쾌한 모든 제약에도 불구하고 자주 그것의 진정한 이익의 더 큰 몫을 누리고 있다. 예컨대 스페인과 포르투갈의 식민지들은 스페인과 포르투갈의 산업보다는 다른 나라의 산업을 더 많이 실질적으로 장려하고 있다. 아마포라는 단일품목에서 그 식민지들의 연간 소비가 300만 파운드 스털링 이상에 이른다고 한다. 그러나 이 거대한 소비가 거의 전부 프랑스·플랑드르·네덜란드·독일에 의해 공급되고 있다. 스페인과 포르투갈은 그것의 일부만을 공급한다. 이런 대량의 아마포를 식민지에 공급하고 있는 자본은 위와 같은 여러 국민들 사이에 분배되어 있고 그들에게 매년 수입을 제공하고 있다. 다만 그 자본의 이윤만이 스페인과 포르투갈에서 소비되어 카디스와 리스본 상인들의 사치스러운 낭비를 지탱해 주고 있다.

83. 독점 규정들은 때로는 다른 나라들보다 그것을 설정하는 나라를 더욱 해롭게 한다.

각국이 자기 자신의 식민지와의 배타적인 무역을 확보하려고 설정한 규제들조차도 타국보다는 자국에 더 큰 해를 끼치는 경우가 자주 있다. 다른 나라의 산업에 대한 부당한 억압은, 말하자면, 그 억압자의 머리에 떨어지고, 다른 나라의 산업을 파괴시키기보다는 오히려 자국의 산업을 파괴시킨다. 이런 규제 때문에 예컨대 함부르크 상인들은 아메리카에 보내야 할 아마포를 런던에 보내야만 하고, 독일 시장에 가져와야 할 담배를 런던으로 가져오지 않으면 안 된다. 왜냐하면, 함부르크 상인들은 아마포를 직접 아메리카에 판매할 수도 없고, 담배를 직접 거기에서 가져올 수도 없기 때문이다. 이런 제약 때문에 그들은〔이런 제약이 없을 경우보다〕 어느 정도 더 싸게 아마포를 팔고 어느 정도 더 비싸게 담배를 사지 않으면 안 된다. 그들의 이윤은 아마도 그것에 의해 어느 정도 감소할 것이다. 그러나 함부르크 상인들은 함부르크와 런던 사이의 교역에서 아메리카와의 직접교역에서보다 훨씬 빨리 자기의 자본을 회수한다〔비록 아메리카로부터의 지불이 런던으로부터의 지불만큼 기한을 지킨다고 가정하더라도. 그런데 이런 가정은 결코 타당하지 않다〕. 그러므로 그 규제 때문에 함부르크 상인들이 행하게 되는 런던과의 무역에서, 그들의 자본은 아메리카와의 직접무역에 의해 유지할 수 있었을 것보다 훨씬 더 많은 독일 노동자들을 끊임없이 고용할 수 있다. 런던과의 무역이 아마도 그들에게는 아메리카와의 무역보다 더 적은 이윤을 줄지 몰라도, 그들의 나라에 덜 이롭다고 말할 수는 없다. 그러나 독점이 런던 상인의 자본을 자연적으로 끌어들이는 그 무역에서는 사정이 전혀 다르다. 즉, 그 무역은 다른 대부분의 무역보다 런던 상인에게는 더 많은 이윤을 줄 수 있지만, 자본의 회수가 늦기 때문에, 그의 나라, 즉 영국에게는 더 유리할 수가 없다.

84. 모국은 식민지 유지에 드는 비용과 불편만을 떠맡았을 뿐이다.

유럽 각국이 자국 식민지 무역의 모든 이익을 독점하려고 부당하게 시도했지만, 어떤 나라도 아직은 식민지에 대한 억압적인 권력을 평화시에는 유지하고 전쟁시에는 방어하는 비용 이외에 어떤 것도 독점할 수 없었다. 즉, 식민지를 소유함으로써 생기는 모든 불편을 식민 모국이 완전히 떠맡았으며, 식민지 무역에서 생기는 이익은 다른 나라들과 나눠 갖지 않을 수 없었던 것이다.

85. 아메리카 무역의 독점은 눈부신 목표물이다.

얼핏 보면, 의심의 여지없이, 아메리카 식민지의 거대한 상업을 독점하는 것은 당연히 최고의 가치를 획득하는 것처럼 보인다. 식별력 없는 멍청한 야심가의 눈에는 이런 독점은 혼란한 정치와 전쟁의 아수라장 가운데서 쟁취할만한 가치가 있는 눈부신 목표물로 보일 것이다. 그러나 그 목표물의 휘황찬란함이, 그 상업의 무한한 거대함이 곧 그것을 독점하면 손해를 보게 하는 본질인 것이다. 왜냐하면 다른 많은 자본의 용도보다 본질상 그 나라에 덜 유리한 용도가 그 나라의 자본을 자연적으로 그 부문으로 흘러들어갈 것보다 훨씬 더 많이 흡수하기 때문이다.

86. 한 나라의 상업자본은 자연히 그 나라에 가장 유리한 용도를 찾는다.

제2편(제 5장)에서 보았듯이, 각국의 상업자본은 그 나라에 가장 유리한 사업을 자연적으로 찾게 된다. 만일 자본이 중개무역에 사용되면, 그 나라는 그 자본에 의해 무역관계를 맺는 모든 나라를 위한 상품 집산지가 된다. 그러나 그 자본의 소유

주는 필연적으로 가능한 한 그 상품의 많은 부분을 본국에서 처분하고자 한다. 그럼으로써 그는 수출의 수고·위험 비용을 절약하려고 하는데, 그 때문에 그는 외국에 그것들을 판다면 벌 수 있을 것보다 훨씬 더 낮은 가격으로, 그리고 어느 정도 더 적은 이윤으로, 그것들을 기꺼이 본국에서 팔려고 한다. 그는 중개무역을 가능한 한 대외 소비무역으로 전환시키려고 노력한다. 만일 그의 자본이 대외 소비무역에 사용된다면, 그는 〔자신이 외국시장에 수출하기 위해 수집하는〕 본국의 재화를 〔위와 동일한 이유로〕 가능한 한 많이 본국에서 처분하고자 할 것이다. 그리하여 그는 대외 소비무역을 가능한 한 국내상업으로 전환시키려고 노력할 것이다. 모든 나라의 상업자본은 이런 방식으로 자연히 가까운 투자처를 찾고 멀리 떨어진 투자처를 꺼리게 되며, 자연히 자본의 회전속도가 빠른 투자처를 찾고 그 회전시간이 오래 걸리는 투자처를 꺼리게 되며, 자연히 많은 양의 생산적 노동을 유지할 수 있는 투자처를 찾고 가장 적은 양의 생산적 노동을 유지할 수 있는 투자처를 꺼리게 된다. 상업자본은 자연히 그 나라 전체에 가장 유리한 투자처를 찾고 그 나라 전체에 가장 불리한 투자처를 꺼리게 된다.

87. 멀리 떨어진 투자처의 이윤이 더 높다는 것은 그 투자처에 대한 투자가 더 필요하다는 것을 나타낸다.

그러나 만일 그 나라 전체에 덜 유리한 멀리 떨어진 투자처의 이윤이 가까운 투자처가 가진 자연적 이점을 뛰어넘을 만큼 높다면, 이런 이윤의 우월성은 모든 이윤이 적정수준에 이를 때까지 가까운 투자처로부터 자본을 끌어들일 것이다. 하지만 이런 이윤의 우월성은, 사회의 현실 상황에서는, 그런 멀리 떨어진 투자처는 다른 투자처에 비해 자본이 다소 덜 투자되었다는 것, 그리고 그 사회의 자본이 모든 다양한 투자부문에 가장 적합한 방식으로 배분되어 있지 않다는 것을 보여준다. 그것은 또한 어떤 상품이 적정가격보다 싸게 구입되거나 비싸게 판매된다는 사실, 그리고 몇몇 특정 계층의 사람들이

(모든 상이한 계층의 사람들 사이에 당연히 생겨나야 하고 또 자연히 생겨나게 되는 평등상태에 적합한 것보다) 더 많은 돈을 지불하거나 더 적은 돈을 받게 됨으로써 많든 적든 억압을 받고 있다는 사실을 보여준다. 비록 동일한 자본이 멀리 떨어진 투자처에서는 가까운 투자처에서와 동등한 수량의 생산적 노동을 결코 유지할 수 없을 것이지만, 멀리 떨어진 곳의 투자처 역시 가까운 투자처와 마찬가지로 사회복리에 필요할 수가 있다. 왜냐하면, 멀리 떨어진 투자처에서 취급하는 재화가 가까운 투자처를 경영하는 데 필요할 수 있기 때문이다. 그러나 만일 이런 재화를 거래하는 사람들의 이윤이 적정수준보다 높다면, 그 재화는 적정가격(즉, 자연가격)보다 비싸게 팔릴 것이며, 가까운 투자사업에 종사하는 사람들은 어느 정도 이런 높은 가격 때문에 활동이 위축될 것이다. 따라서 이럴 경우 그들은 자기의 이해타산에 따라 자본의 일부를 가까운 투자사업으로부터 멀리 떨어진 투자사업으로 이동시킬 것이며, 이리하여 후자의 이윤은 적정수준으로 저하하고, 후자가 거래하는 상품의 가격도 자연가격으로 저하할 것이다. 이 특별한 경우 공공이익의 관점에서도, 보통의 경우에는 사회에 더욱 유리한 투자사업으로부터 약간의 자본이 보통의 경우에는 사회에 덜 유리한 투자사업으로 이동해야 한다. 그리고 이런 특별한 경우 개인들의 자연적 이익 성향은, 다른 모든 보통의 경우와 마찬가지로 정확히 공공이익과 일치하고, 그들로 하여금 자본을 가까운 투자사업으로부터 회수해서 멀리 떨어진 투자사업으로 향하게끔 한다.

88. 어떤 투자처에 과도한 자본이 몰리면 그 투자처의 이윤이 저하함으로써 적절한 배분이 곧 회복된다.

따라서 개인들의 사적 이익과 열망은 자기의 자본을 (사회에 가장 유리한) 투자부문으로 자연스럽게 돌리게 한다. 그러나 만일 이 자연스런 선호 때문에 그들의 자본을 너무 많이 그 투자부문으로 돌린다면, 그 부문의 이윤감소와 다른 모든 부문에서의 이윤증대는 즉시 그들로 하여금 이런 잘못된 배분을 바꾸게 한다.

그러므로 법의 개입이 전혀 없다면, 사람들의 사적 이익과 열망은 자연스럽게 그들로 하여금 사회의 자본을 사회 전체의 이익에 가장 잘 일치하는 비율로 다양한 투자부문에 배분하도록 한다.

89. 중상주의는 특히 아메리카와 인도 무역에서 이런 배분을 교란시킨다.

중상주의의 다양한 규제는 모두 필연적으로 이런 자연스러우면서도 가장 유리한 자본배분을 다소 교란시킨다. 그러나 아메리카와 동인도의 무역에 관련된 규제들은 아마도 다른 어떤 규제보다 더 자본배분을 교란시킨다. 왜냐하면 이 두 거대한 대륙과의 무역은 다른 어떤 종류의 무역보다 더 많은 양의 자본을 흡수하기 때문이다. 그렇지만 아메리카 무역과 동인도 무역에서 자본배분의 교란을 발생시키는 규제들은 동일하지 않다. 독점은 두 무역 모두에서 주된 동력(動力)이지만 종류가 다르다. 그러나 독점은〔어떤 종류든〕 사실상 중상주의의 유일한 동력인 것처럼 보인다.

90. 포르투갈 사람들은 최초로 다른 모든 국민들을 인도양 방면의 무역에서 배제하려고 했으며, 네덜란드 사람들은 아직도 기타 모든 나라 국민들을 향료제도(spice islands)와의 무역에서 배제하고 있다.

아메리카와의 무역에서 각국은 자국 식민지와의 직접무역으로부터 다른 모든 나라를 완전히 배제함으로써 가능한 한 자국 식민지 시장을 독점하려고 한다. 16세기의 대부분에 걸쳐 포르투갈 사람들은 〔동인도 항로를 처음 발견했다는 이유로〕 인도 해역을 항해할 독점권을 요구함으로써 동인도무역을 독점하려고 했다. 네덜란드 사람들은 유럽의 기타 모든 나라들이 자신들의 향료제도와 어떤 종류의 직접무역이든 하지 못하도록 계속 배제하고 있다. 이런 종류의 독점은 명백히 다른 모든 유럽 나라들에게 불리하도록 설정되며, 따라서 그들은 그들 자본의 일부를 투자함으로써 이익을 얻을 수 있는 무역으로부터 배제될 뿐 아니라 독점적으로 거래되는 재화를 재화 생산국으로부터 직접 자신들이 수입할 경우보다 다소 비싸게 구입하지 않을 수 없다.

91. 현재 주요 항구들은 개방되어 있지만, 각국은 독점회사를 설립했다.

그러나 포르투갈의 힘이 약해진 뒤로는 유럽의 어느 나라도 인도 해역에 대한 배타적 권리를 주장하지 않았으며, 인도 해역의 주요 항구들은 현재 모든 유럽 선박에 개방되어 있다. 그렇지만 포르투갈과 (최근 몇 년 사이의) 프랑스를 제외한다면, 동인도무역은 유럽 각국에서 하나의 독점회사에 맡겨져 있었다. 이런 종류의 독점은 그 독점회사를 설립한 바로 그 나라의 이익을 해치는 것이다. 그 나라의 대부분의 국민들은 그들 자본의 일부를 투자함으로써 이익을 볼 수 있는 이 무역부문으로부터 배제될 뿐 아니라, 그 무역이 취급하는 상품을 그 무역이 국민 모두에게 개방된 경우보다 어느 정도 비싸게 구입해야만 한다. 예를 들어 영국 동인도회사의 설립 이래 그 무역으로부터 배제된 영국의 다른 주민들은 그들이 소비하는 동인도회사 상품의 가격을 통해 동인도회사가 독점에 의해 획득한 모든 특별이윤뿐 아니라 거대한 회사를 운영하는 데 따른 불가피한 부정과 부패가 필연적으로 야기하는 과도한 낭비에 대해서도 지불할 수밖에 없었던 것이다. 이런 종류의 독점이 초래하는 불합리성은 첫 번째 종류의 독점(자국 식민지시장으로부터 타국을 완전히 배제하는 것)의 불합리성보다 더욱 명백하다.

92. 독점은 자본의 자연적 배분을 교란시킨다.

이런 두 종류의 독점은 그 사회의 자본의 자연적 배분을 다소 교란시키지만, 반드시 동일한 방식으로 교란시키는 것은 아니다.

93. 아메리카형 독점은 항상 많은 자본을 끌어들인다.

첫 번째 종류의 독점은 항상 독점이 설정된 무역으로 그 사회의 자본 중 자연스럽게 그 무역부문으로 가는 것보다 더 큰 부분을 끌어들인다.

94. 독점회사형 독점은 자본을 때로

두 번째 종류의 독점(독점회사가 특정

는 끌어들이고 때로는 배척한다.

시장으로부터 자국 국민들을 배제하는 것)은 이따금 독점이 설정된 부문으로 자본을 유치하지만, 때로는 상황에 따라 그 부문으로부터 자본을 배제하기도 한다. 가난한 나라에서는 그런 독점은 그 무역부문으로 더 많은 자본을 유치하지만, 부유한 나라에서는 독점은 그 부문으로 가려는 많은 자본을 배제한다.

95. 가난한 나라에서는 독점은 자본을 끌어들인다.

예를 들어 스웨덴·덴마크와 같은 가난한 나라는, 동인도무역이 하나의 독점회사에 종속되지 않았더라면, 아마도 동인도에 한 척의 배도 보내지 않았을 것이다. 이런 독점회사의 설립은 필연적으로 모험가들을 자극한다. 독점은 국내시장에서 모든 경쟁자들로부터 그들을 보호해 주며, 그들은 외국시장에서 다른 나라의 무역업자와 동등한 기회를 갖게 된다. 그들의 독점권은 상당한 양의 상품으로부터 높은 수준의 이윤을 얻을 확실성과, 대량의 상품으로부터 거대한 규모의 이윤을 얻을 기회를 그들에게 제시한다. 만일 이런 특별한 유인이 없었다면, 가난한 나라의 영세 상인들은 아마도 동인도무역과 같은 멀고도 불확실한 모험에 자기의 소규모 자본을 투자할 엄두를 내지 않았을 것이다.

96. 부유한 나라에서는 독점은 자본을 배척한다.

반대로 네덜란드와 같은 부유한 나라는, 자유무역의 경우에는 현재보다 더 많은 수의 선박을 동인도에 파견할 것이다. 네덜란드 동인도회사의 자본은 제한된 규모이므로, 독점이 없다면 동인도 무역에 종사했을 대량의 상업자본을 동인도 무역으로부터 배제하고 있다. 네덜란드의 상업자본은 그 규모가 상당히 크기 때문에, 때로는 외국공채 구입에, 때로는 외국의 사적 무역업자나 모험가들에 대한 대부에, 때로는 가장 우회적인 방법의 대외 소비무역에, 때로는 중개무역에 끊임없이 흘러들어가고 있다. 모든 가까운 투자대상은 자본이 포화상태에 있고, 작은 이윤을 얻으면서도 거기에 투자될 수 있는 모든 자본은 이미 거기에 투자되었으므로, 네덜란드 자본은 필연적으로 가장 먼 곳의 투자로 눈을 돌리게 된다. 동인도 무역이 자유롭다면 이런 잉여자본의 더 많은 양을 반드시 끌어들였을 것이다. 동인도는 유럽의 제조품과 아메리카의 금은 및 기타 생산물에 시장을 제공하는데, 이 시장은 유럽과 아메리카를 합친 것보다 그 규모가 더 크다.

97. 독점의 결과는 두 가지 경우 모두 유해하다.

자본의 자연스러운 배분을 교란시키는 것 — 특정 무역부문에 종사하려는 자본을 그 부문에서 배제하든가, 그 부문에 종사하지 않았을 자본을 그 부문으로 끌어오든가 하는 것 — 은 반드시 그 사회에 해롭다. 만약 독점회사가 없을 경우 네덜란드의 동인도 무역이 현재보다 더욱 크게 된다면, 네덜란드 자본의 일부가 현재 자기에게 가장 유리한 투자사업으로부터 배제되고 있음을 의미하기 때문에, 네덜란드는 큰 손실을 입고 있음에 틀림없다. 그리고 만약 독점회사가 없을 경우 스웨덴·덴마크의 동인도 무역이 현재보다 적어진다면, 두 나라 자본의 일부가 자신들의 현재 상황에 다소 적합하지 않은 투자사업에 흡수되어 있음을 가리키기 때문에, 두 나라는 큰 손실을 입고 있음에 틀림없다. 그들의 현재 상황에서는 다른 나라로부터 동인도상품을 구매하는 것이 〔비록 좀 비싸게 치이더라도〕 그들의 작은 자본의 매우 큰 부분을 그처럼 멀리 떨어진 무역으로 전환시키는 것보다 나을 것이다. 왜냐하면 동인도와의 직접무역에서는 자본의 회수(回收)가 몹시 느리고, 그것에 투입된 자본이 국내에서 유지할 수 있는 생산적 노동의 양도 매우 적은데, 다른 한편으로, 국내에서는 생산적 노동을 고용할 필요성이 매우 크지만 거의 아무것도 되어 있지 않으며, 그리고 해야 할 일은 너무도 많기 때문이다.

98. 독점회사가 없이는 동인도와 무역할 수 없는 나라는 동인도와의

따라서 독점회사가 없을 경우 특정국이 동인도와 직접무역을 수행할 수

무역을 하지 않는 것이 좋다.

없다고 하더라도, 이런 사실은 독점회사가 그 나라에 설립되어야 한다는 것을 가리키는 것이 아니라 오히려 그 나라는 동인도와 직접적으로 교역할 필요가 없다는 것을 가리킬 뿐이다. 동인도 무역의 수행에 독점회사가 일반적으로 필요한 것은 아니라는 사실은 포르투갈 사람들의 경험에서 충분히 나타났다. 그들은 한 세기 이상을 어떤 독점회사 없이 거의 모든 동인도 무역을 수행했던 것이다.

99. 반드시 한 독점회사의 대자본이 있어야 한다는 생각은 틀렸다.

상인 개인들로서는 충분한 자본을 가지고 있지 못하기 때문에 때때로 동인도에 파견하는 선박에 적재할 상품을 공급할 대리점을 동인도의 여러 항구에 유지할 수 없으며, 이런 경우 화물 적재의 어려움 때문에 선박의 회항시기를 놓칠 것이고, 이런 지연으로부터 발생하는 비용은 사업의 이윤 전체를 갉아먹을 뿐 아니라 종종 엄청난 손실을 가져올 수도 있다고 주장한다. 이런 논의는 어떤 큰 무역부문도 독점회사 없이는 이루어질 수 없다는 것을 증명하려는 것이지만, 이것은 모든 나라의 경험과는 반대된다. 어떤 큰 무역부문에서도 그 주요 부문을 경영하기 위해서는 반드시 그것에 부속된 많은 부문들도 경영해야 하는데, 어떤 한 개별 상인의 자본은 이런 큰 무역부문을 감당하기에 부족하다. 한 나라가 어떤 큰 무역부문을 감당할 만큼 성숙하면 자연히 일부 상인들은 자신들의 자본을 주요 무역부문에 투입하고, 다른 일부 상인들은 보조부문에 투입하게 된다. 그리고 비록 모든 무역부문이 이런 방식으로 수행된다고 하더라도, 그것이 한 명의 상인이 투자한 자본에 의해 수행되는 일은 아주 드물다. 따라서 한 나라가 동인도 무역을 경영할 조건을 갖추게 되면, 그 나라 자본의 일정한 부분은 그 무역의 다양한 분야로 자연스럽게 나뉠 것이다. 몇몇 상인은 동인도에 체류하면서 유럽에 체류하는 다른 상인들이 파견하는 선박에 상품을 공급하는 일에 자기의 자본을 투하하는 것이 유리하다고 생각할 것이다. 유럽의 여러 국민들이 동인도에서 획득한 거류지가 현재 그것이 소속되어 있는 독점회사의 수중으로부터 벗어나 국왕의 직접적인 보호하에 두어진다면, 그곳에서의 거주는 적어도 그 거류지가 소속되어 있는 특정국의 상인에게는 안전과 편함을 줄 수 있을 것이다. 만일 어떤 특정 시기에 어떤 나라의 자본 중 자발적으로 동인도무역에 종사하려는 부분이 동인도 무역의 다양한 모든 분야를 수행하기에 충분하지 않다면, 그것은 그런 특정 시기에 그 나라가 동인도 무역을 수행할 수 있는 준비가 덜 되었다는 사실, 그리고 당분간 다른 유럽 나라들로부터 동인도 상품을 〔비록 비싸게 치이더라도〕 구입하는 것이 스스로 동인도로부터 직접 수입하는 것보다 낫다는 사실을 보여준다. 재화를 높은 가격에 구입함으로써 발생할 수 있는 손해는, 동인도와의 직접교역보다 더욱 필요하고 더욱 유용하며 본국의 여건과 처지에 더욱 적합한 투자부문으로부터 자본의 상당 부분을 빼냄으로써 입게 될 손실보다는 적을 것이다.

100. 아프리카와 동인도에는 아메리카에서처럼 수많은 번영하는 식민지는 없다.

비록 유럽 사람들이 아프리카 해안과 동인도에 다수의 중요한 거류지를 보유하고 있지만, 아직까지는 그곳에 아메리카 대륙의 여러 섬들에서의 식민지와 같이 다수의 번영하는 식민지를 설립하지는 못했다. 아프리카뿐 아니라 동인도라는 이름으로 총칭(總稱)되는 몇몇 나라들에는 미개한 민족들이 살고 있다. 그러나 이 민족들은, 결코 비참하고 가엾은 아메리카 사람들처럼 연약하지도 않고 자위능력이 없지도 않았다. 그리고 그들이 살고 있는 나라의 자연적 비옥도에 비하면 그들의 인구수도 더 많았다. 아프리카나 동인도의 대부분의 미개 민족들은 유목민족이었으며, 남아프리카의 호텐토트족〔Hottentots: 독일의 아프리카 식민지였던 Cape 지역에 사는 원주민으로 Bushman족과 Bantu족이 이에 속한다.〕도 그러했다. 그러나 멕시코와 페루를 제외한 아메리카 전 지역의 원주민들은 수렵생활을 하고 있는데, 동일한 비옥도를 가진 동일한 크기의 토지가 부양할 수 있는 유목민의 수와 수렵인의 수 사이에는 매우 큰 차이가 난다. 따라서 아프리카와 동인도에서는 원주민들을 이주시켜 그 자리에 유럽농장을 확대하는 것이 더욱 어려웠다. 더욱이 이미 관찰한 바와 같이 독점회사의 특질은 새로운 식민지의 성장에 불리한데, 이것이 주된 원인이 되어 동인도에서는 새로운 식민지가 거의 발달할 수 없었다.

포르투갈 사람들은 독점회사를 설립하지 않고 아프리카·동인도와 무역했다. 그들이 아프리카의 콩고·앙골라·벵겔라(Benguela) 그리고 동인도의 고아(Goa)에 개척한 거류지는, 비록 미신과 온갖 나쁜 정책 때문에 많이 침체되어 있지만, 아직도 아메리카 식민지와는 약간의 유사성을 띠고 있으며, 수세대에 걸쳐 살아온 포르투갈 사람들도 있다. 희망봉과 바타비아〔Batavia: 자카르타〕에 있는 네덜란드 사람들의 거류지는 현재 유럽인들이 아프리카나 동인도에 설립한 식민지들 중에서 최대의 것으로서, 이 두 곳의 거류지의 위치는 특별한 행운이다. 희망봉에는 아메리카의 원주민들만큼이나 미개하고 자위 능력이 없는 인종이 살고 있었다. 더구나 그곳은 유럽과 동인도의 중간에 있는 주막이라고 할 수 있으며, 거의 모든 유럽 선박들이 오고 갈 때 기항(寄港)하여 쉬어가는 곳이다. 그 선박에 각종 신선한 식량과 과일, 그리고 때때로 포도주를 공급한다는 것은 그 자체로 식민지인들의 잉여생산물에 대해 거대한 시장을 제공하고 있다. 희망봉이 유럽과 동인도 사이에 있는 것이 가지는 의미는, 바타비아가 동인도의 주요 나라들 사이에 있는 것이 가지는 의미와 같다. 바타비아는 인도에서 중국이나 일본으로 가는 가장 번잡한 항로 위에 있으며, 그 항로의 거의 중간쯤에 위치해 있다. 또한 유럽과 중국 사이를 오가는 거의 모든 선박도 바타비아를 거쳐서 가야 한다. 그런데 무엇보다도 그곳은 동인도의 연안무역이라 불리는 것의 주요 시장이자 중심지다. 동인도의 연안무역은 유럽인들뿐 아니라 인도 원주민들에 의해서도 이루어진다. 그리고 중국과 일본, 통킹(Tonkin) · 말라카(Malacca) · 인도지나 · 셀레베스 섬의 주민들에 의해 운항되는 선박들도 이 항구에서는 흔히 볼 수 있다. 이렇게 유리한 위치 때문에 희망봉과 바타비아는 독점회사의 억압적인 특성이 가끔 그들의 성장에 가한 모든 장애물을 극복할 수 있었다. 또한 이런 유리한 위치 때문에 바타비아는 아마도 세상에서 가장 건강에 해로운 기후라는 추가적인 약점도 극복할 수 있었다.

101. 네덜란드의 독점회사는 향료와 육두구 나무를 전멸시켰고 말라카 군도의 인구를 감소시켰는데, 영국의 회사도 이와 같은 경향을 갖고 있다.

영국과 네덜란드의 회사들은, 비록 위에서 언급한 두 식민지를 빼고는 이렇다할 식민지를 개척하진 않았지만, 이들 둘은 모두 동인도에서 많은 지방들을 정복했다. 그러나 그들이 식민지 원주민들을 다스리는 방식에서 독점회사의 자연적인 특성이 너무나도 분명하게 드러났다. 향료군도에서 네덜란드인들은 풍년에 생산되는 향료 중에서 유럽에서 충분한 이윤을 얻으면서 판매할 수 있다고 예상되는 수량만을 남겨두고 나머지는 모두 불태워 없앴다고 한다. 그들이 거주하지 않는 섬에서는 그들은 천연적으로 자라는 정향(clove: 丁香) 나무〔꽃봉오리를 말려서 향신료로 씀〕와 육두구(nutmeg: 肉豆寇) 나무〔열대산 상록수로, 그 씨를 향신료나 약용으로 씀〕의 어린 꽃과 푸른 잎을 채집해 오는 사람들에게 특별 장려금을 주었다. 그러나 이런 야만적인 정책의 결과, 이 나무들은 현재 거의 완전히 멸종되었다고 한다.

그들이 거주하는 섬에서조차 그들은 위와 같은 종류의 나무 수를 크게 감소시켰다. 만일 그들 자신의 섬에서 나온 것이라 하더라도 생산량이 시장규모를 훨씬 능가한다면, 원주민들이 생산량의 일부를 다른 나라로 운송할 수단을 발견할 것이라고 그들은 의심했다. 그리고 그들은, 자신들의 독점을 가장 잘 보호할 수 있는 방법은 그들 자신이 시장에 공급하는 것보다 더 많이 재배되지 못하도록 금지하는 것이라고 생각했다. 각종 억압적인 방법에 의해 그들은 몰루카 제도(Moluccas)의 몇몇 섬의 주민의 수를, 그들 자신의 소수 수비대와, 향료를 싣고 가기 위해 이따금 찾아오는 선박들에 신선한 식량과 기타 생활필수품을 공급하기에 겨우 충분할 정도로 감소시켰다. 그러나 이전에 포르투갈 사람들이 통치하고 있을 때에는 이 섬들은 인구가 상당히 조밀했다고 한다.

영국의 회사들은 벵골지역에서 아직 그처럼 완벽하게 파괴적인 제도를 확립할 시간이 없었다. 그러나 그들의 통치계획은 거의 같은 경향을 띠고 있었다. 확신하건대, 해외지사의 지사장이 농부에게 한창 자라고 있는 양귀비 밭을 파헤치고 그곳에 벼나 다른 곡물을 심으라고 명령하는 것은 드문 일이 아니었다. 식량의 부족을 예방하자는 것이 겉으로 내세운 구실이었지만, 진정한 이유는, 지사장에게 그가 그때 손에 넣고 있던 많은 양의 아편을 더 높은 가격에 판매할 기회를 제공하려는 것이었다. 상황이 바뀌면 그 명령도 바뀌어 벼나 다른 곡물을 재배하던 들판이 파헤쳐져 양귀비 재배를 위한 곳으로 바뀌었다. 물론 이때는 아편으로 특별이윤을 취할 수 있으리라고 지사장이 예견하는 때이다. 몇 번의 기회를 통해 그 회사의 직원들은 그들 자신을 위해 그 나라의 대외무역과 국내 상업의 몇몇 중요한 분야를 독점하려고 했다. 그들이 이것에 성공했다면, 그들은 독점한 특정 품목의 생산을 그들 자신이 구입할 수 있고, 또 그들이 예상하기에 충분한 이윤을 보장할 수 있는 수량까지 감축하려고 했을 것임이 분명하다. 1~2세기 안에 영국회사의 정책은 이런 방식으로 네덜란드 정책만큼이나 완진히 파괴적인 것이 되고 말았을 것이다.

102. 이런 파괴적인 제도는 통치자로서의 회사 자신의 이익에도 반하는 것이다.

그러나 이 회사들은 그들이 정복한 나라의 통치자로 여겨지므로, 이런 파괴적인 계획 이상으로 그들의 진정한 이익을 해치는 것은 없다. 거의 대부분의 나라에서 통치자의 수입은 그곳 인민들의 수입으로부터 나온다. 그러므로 인민들의 수입이 많으면 많을수록, 즉 그들의 토지와 노동의 연간생산물이 많으면 많을수록, 그들은 통치자에게 더 많이 납부할 수 있다. 그러므로 통치자에겐 연간생산물을 가능한 한 크게 증가시키는 것이 이익이 된다. 그러나 만약 이것이 각 통치자에게 이익이 된다면, 벵골의 통치자처럼 그 수입이 주로 지대(地代)로부터 나오는 통치자의 경우에는 더욱 그러하다. 그 지대는 필연적으로 생산물의 수량과 가치에 비례하며, 그리고 이 수량과 가치는 시장의 규모에 의존한다. 그 수량은 항상 다소 정확히 그 생산물을 살 돈이 있는 사람들의 소비에 의존할 것이며, 그들이 지불하는 가격은 항상 그들 사이의 경쟁의 치열함에 비례할 것이다. 따라서 통치자에게 이익이 되는 것은 자기 나라의 생산물에 대해 가장 넓은 시장을 개척하는 것이고, 구매자들의 수와 경쟁을 가능한 한 증가시키기 위해 가장 완전한 상업의 자유를 허용하는 것이다. 그리고 같은 이유로, 국산품을 국내 한 지역에서 다른 지역으로 운송하는 경우, 국산품을 외국에 수출하는 경우, 또는 그 수출품과 교환될 수 있는 각종 상품을 수입하는 경우 모든 독점과 모든 제한들을 철폐하는 것이다. 이렇게 함으로써 통치자는 생산물의 수량과 가치를 증가시킬 수 있으며, 따라서 그 중 자신의 몫, 즉 자신의 수입을 증가시킬 수 있다.

103. 그러나 이 회사들은 통치자의 영구적인 수입보다도 독점상인의 일시적인 이윤을 선호한다.

그러나 일군(一群)의 상인들은 자신들이 이미 통치자가 된 뒤에도 자신들을 통치자로 간주할 수 있는 능력이 없다. 그들은 여전히 무역, 즉 다시 팔기 위해 사는 것만이 자신들의 주요 업무이며, 그리고 괴상하게도 통치자의 역할은 상인의 역할에 대한 부속품에 불과한, 상인의 역할에 복종해야 하는 어떤 것으로 간주한다. 즉, 통치자의 역할을 이용하여 그들은 인도에서 더 저렴한 가격에 물건을 살 수 있고, 그리고 그것을 이용해서 유럽에서 더 많은 이윤을 남기고 팔 수 있게 된다고 생각한다.

이런 목적을 위해 그들은 가능한 한 모든 경쟁자들을 그들이 통치하는 나라의 시장으로부터 배제하려고 하며, 그리하여 그 나라 잉여생산물의 몇몇을 상인들 자신의 수요를 겨우 충당하는 수준 또는 그들이 합리적이라고 생각하는 이윤을 얻으면서 유럽에서 팔 수 있는 수준으로 감축하려고 한다. 이런 상인적 습관 때문에 그들은 거의 필연적으로, 비록 느끼지는 못할지라도, 보통의 경우 통치자의 거대하고 영구적인 수입보다는 독점자의 일시적이고 적은 이윤을 선호하게 되며, 그들은 또한 점차 그들이 통치하는 나라를 네덜란드인이 몰루카 제도를 다루는 방식으로 다루게 된다. 동인도회사를 왕으로 간주한다면, 인도로 운송된 유럽 상품은 될 수 있는 대로 싸게 팔려야 하며, 인도상품은 유럽에서 될 수 있는 대로 비싸게 팔려야 한다. 그러나 상인으로서의 동인도회사의 이익은 이와 정반대다. 통치자로서의 그들의 이익은 그들이 통치하는 나라의 이익과 정확히 일치하지만, 상인으로서의 그들의 이익은 그들이 통치하는 나라의 이익과 정반대다.

104. 인도의 행정부문은 싸게 사서 비싸게 파는 것밖에 생각하지 않는다.

그러나 만약 이런 통치의 경향이, 유럽 지휘부의 경향조차도, 이런 방식으로, 본질적으로 그리고 아마도 치유 불가능할 정도로 잘못된 것이라면, 인도에 있는 행정부의 경향은 더욱 그러하다. 인도에 있는 행정부는 필연적으로 하나의 상인협회로 구성되는데, 물론 상인이란 직업은 의심의 여지없이 매우 존경할만한 직업이긴 하지만, 이 직업은 세계 어느 나라에서도 사람들로 하여금 자연히 두려워서 복종하게 할 수 있는 그런 권위를 갖고 있지 못하며, 무력의 사용 없이 사람들을 스스로 복종하게 할 수도 없다. 이런 상인협회는 자신들이 동반하는 무력을 사용함으로써만 비로소 복종을 강요할 수 있기 때문에, 그들의 통치는 필연적으로 군사적이고 전제적일 수밖에 없다. 그러나 그들의 본업은 상업이다. 즉, 자기들의 주인을 위해 자기들에게 위탁

된 유럽 상품을 팔고, 그 다음 유럽 시장에 보낼 인도 상품을 구매하는 것, 그리고 될 수 있는 대로 유럽 상품을 비싸게 팔고 인도 상품을 싸게 구매하는 것, 따라서 자기들이 영업하는 특정 시장으로부터 가능한 한 모든 경쟁자들을 배제시키는 일이 그들의 본업이다. 그러므로 회사의 무역에 관한 한, 인도 행정부의 이념은 본국 지휘부의 그것과 동일하다. 즉, 통치를 독점의 이익에 봉사하도록 하며, 따라서 인도의 잉여생산물 중 몇몇에 대해서는 회사의 수요를 간신히 충족시켜 줄 정도까지 그 자연적 성장을 억제하는 것이다.

105. 행정부의 직원들이 자신을 위한 장사를 하더라도 그것을 제지할 방법이 없다. 그들의 개인적 장사는 회사의 공적 무역보다 더 광범하고 더 유해하다.

게다가 행정부의 모든 직원들은 많든 적든 자기 자신들의 장사를 하고 있는데, 그들의 이런 행위를 금지할 방법이 없다. 1만 마일이나 멀리 떨어져 있어 전혀 감독을 받지 않는 경리과 직원이 주인이 보낸 한 장의 명령에 따라 자신의 장사를 곧 포기하고, 치부할 수 있는 수단을 손에 잡고 있으면서도 치부에 대한 모든 희망을 영원히 버리며, 주인이 그에게 주는 적당한 수준의 급여 — 이 급여는 적당한 액수이긴 하지만 증가되거나 그 회사의 실제 이윤이 허용할 수 있는 수준이 될 가능성은 거의 없다 — 에 만족할 것이라고 기대하는 것은 지극히 어리석은 일이다. 이런 상황에서 회사 직원들로 하여금 자기 자신을 위한 장사를 하지 못하게 금지하는 것은, 상급 직원들이 사장의 지시를 집행한다는 구실 아래 하급 직원들을 억압하다가 불쾌감만 느끼게 되는 것 이상의 어떤 효과도 기대할 수 없다. 직원들은 자연스럽게 자기들의 사적 거래를 위해서도 회사의 공적 거래에서와 마찬가지로 독점을 설정하려고 한다. 만약 그들이 마음대로 행동할 수 있는 조건이라면, 그들이 선택한 품목의 거래로부터 다른 모든 사람들을 완전히 배제함으로써 그들은 독점을 공공연히 직접적으로 설정할 것이다. 그리고 이것은 아마도 독점을 설정하는 최선의, 가장 덜 억압적인 방법이다. 그러나 만일 유럽으로부터의 지시에 의해 그들이 이와 같은 행위를 할 수 없다면, 그들은 똑같은 종류의 독점을 비밀리에, 그리고 간접적으로, 설정하려고 할 것인데, 이것은 그 나라를 훨씬 더 파괴할 것이다. 그들은 〔은폐된 또는 적어도 공개되지 않은〕 대리인들을 통하여 수행하려는 어떤 무역부문에서 그들을 간섭하는 사람들을 괴롭히고 파멸시키기 위해 정부의 모든 권위를 사용하고 사법(司法)을 남용할 것이다. 그러나 직원들의 사적 거래는 자연히 회사의 공적 거래보다 훨씬 많은 품목들에 걸쳐 행해질 것이다. 회사의 공적 거래는 유럽과의 거래 이상으로 확장되지 못하며 인도의 대외무역의 일부밖에 포함하지 못하지만, 직원들의 사적 거래는 인도의 국내·국외 거래의 모든 다양한 분야로 확대될 수 있다. 회사에 의한 독점은 잉여생산물 중에서 만약 자유무역이라면 유럽으로 수출될지도 모를 부분의 자연스런 증대를 억제할 뿐이지만, 직원들에 의한 독점은 그들이 거래하려는 생산물 전체〔즉, 수출용 및 국내 소비용〕의 자연스런 증대를 억제하는 경향이 있으며, 그리하여 전국의 경작을 퇴보시키고 주민수를 감소시키는 경향이 있다. 회사 직원들에 의한 독점은 모든 종류의 생산물의 수량, 심지어 생활필수품의 수량까지도 〔그들이 그것들을 거래하려고 결정하는 경우에는 언제나〕 그들이 구매할 수 있고 또 만족스러운 이윤으로 판매할 수 있다고 예상하는 수준까지 감축시키는 경향이 있다.

106. 직원들의 이익은 그 회사의 진성한 이익과는 다르며, 그 나라의 이익과도 일치하지 않는다.

또한 그들이 처한 지위의 특성상 직원들은 통치하는 나라의 이익을 희생시키면서 자신의 이익을 엄중히 옹호하는 경향이 있는데, 이것은 그들의 고용주들이 자기들의 이익을 옹호하는 경향보다 더욱 강하다. 인도는 고용주들의 것이기 때문에, 고용주들은 자신이 소유하고 있는 것〔즉, 인도〕의 이익을 고려하지 않을 수 없다. 그 나라는 직원들의 것이 아니다. 따라서 고용주들의 진정한 이익은 〔만약 그들이 이런 이익의 성격을 이해할 능력이 있다면) 그 나라의 이익과 일치한다. 그러나 주로 무지 때문에, 그리고 비루한 상인들의 편견 때문에, 고용주들은 그 나라의 이익을 억누르고 있는 것이다. 그러나 직원들의 실질적 이익은 결코 그 나라의 이익과 일치하지 않고, 가장 완전히 이해한다 하더라도 억압을 중단하려고 하지 않을 것이다. 따라서 유럽에서 발송된 훈령은 자주 빈약한 것이었지만 그 의도는 대부분 좋았다. 인도의 직원들이 만든 규제는 때때로 지능은 뛰어나지만 의도는 덜 좋은 것이었다. 행정부 직원들은 인도를 떠나려 하고, 따라서 가능한 한 빨리 정부의 일로부터 손을 떼려고 한다. 그리고 모든 재산을 챙겨 그 나라를 떠난 다음날 그 나라 전체가 지진 때문에 파멸하더라도 그들은 전혀 관심이 없다.

107. 죄는 제도에 있는 것이지, 그 제도를 운영하는 사람들의 성품과 인격에 있는 것은 아니다.

그러나 내가 지금 얘기하는 것은 동인도회사 직원들의 일반적인 성품과 인격을 헐뜯으려는 것이 아니며, 또한 특정 개인의 그것을 헐뜯으려는 것은 더욱 아니다. 내가 비난하려는 것은 통치제도와 직원들이 처해 있는 상황이지 그 안에서 일하고 있는 사람들의 성품과 인격이 아니다. 그들은 그들의 상황이 자연스럽게 요구하는 대로 행동했다. 그들을 큰소리로 비난하는 사람들의 행위도 아마 그들보다 낫지 못할 것이다. 전쟁과 강화담판 과정에서 마드라스와 캘커타 시의회(councils of Madras and Calcutta)는 몇 번에 걸쳐 (로마공화국 전성기에 원로원의 명예를 가져온 바와 같은) 과단성과 명료한 지혜를 가지고 행동했다. 그러나 그 시의회 의원들이 받은 직업적 교양은 전쟁과 정치와는 매우 다른 것이었다. 비록 교육도, 경험도, 심지어 선례조차 없었지만, 오로지 그들의 상황이 그들에게 요구하는 모든 위대한 자질들을 즉시 형성시켜 주었던 것으로 보이며, 그리고 그들로 하여금 그들 스스로도 자신들이 구비하고 있는 줄 몰랐던 능력과 덕행을 발휘하도록 고무했던 것으로 보인다. 그러므로 만일 어떤 상황이 그들로 하여금 그들이 하리라고 기대할 수 없었던 고상한 행동을 하도록 한다면, 다른 경우에는 그들의 상황이 그들로 하여금, 그 성격은 어느 정도 다르지만, 장한 일을 하도록 고무하더라도 우리는 이상하게 생각할 필요가 없다.

108. 독점회사는 유해하다.

모든 면에서 볼 때 이런 독점회사는 유해한 존재이다. 왜냐하면 그 회사를 만든 나라에 대해서는 항상 대체로 곤란을 조성하며, 불행히도 그 회사의 통치하에 떨어진 나라에 대해서는 파괴적이기 때문이다.

제8장
중상주의에 대한 결론

1. 중상주의체계는 제조업의 원료와 생산도구의 수출을 억제했다.

수출장려와 수입억제는 중상주의가 한 나라를 부유하게 하기 위해 제시하는 두 개의 큰 동력(engine)이지만, 몇몇 특정 상품에 대해서는 중상주의가 이와는 정반대의 정책, 즉 수출을 억제하고 수입을 장려하는 정책을 추구하는 것 같다. 그러나 그 궁극적인 목적은 언제나 무역수지의 흑자를 통해 한 나라를 부유하게 하는 것이다. 중상주의는 제조업의 원료와 생산도구의 수출을 억제하는데, 이것은 우리나라의 제조업자들에게 유리한 여건을 조성해 줌으로써 그들로 하여금 모든 외국시장에서 타국의 제조업자보다 더욱 저렴한 가격에 판매할 수 있도록 하기 위해서다. 또한 이런 방식으로 몇몇 값싼 상품들의 수출을 제한함으로써, 중상주의는 다른 상품들을 더 많이, 더 높은 가격에 수출할 수 있도록 한다. 중상주의는 원료의 수입을 장려하지만, 이것은 우리 국민들로 하여금 더욱 값싼 원료를 가공할 수 있도록 함으로써 값비싼 완성품이 대량으로 수입되는 것을 방지하기 위한 것이다. 적어도 우리나라의 법령집에서는 생산도구의 수입장려책을 찾아볼 수 없다. 제조업이 어느 정도 발전하게 되면, 도구류의 생산 그 자체가 매우 중요한 수많은 제조업의 목적이 된다. 만일 이런 도구류의 수입을 특별히 장려하게 되면 그 제조업의 이익은 크게 손상되므로, 이런 도구류의 수입은 장려되는 것이 아니라 자주 금지되었다. 이와 같은 이유에서 양모를 손질하는 도구인 소모기(梳毛機)의 수입은 〔아일랜드로부터 수입한 것이거나, 조난선의 화물이나 포획 화물인 경우를 제외하고는〕 에드워드 4세 제 3년의 법률〔1463년〕에 의해 금지되었다. 이런 금지는 엘리자베스 제 39년의 법률〔1597년〕에서 갱신된 이후 여러 법령들에 의해 연장되어 영구화되었다.

2. 제조원료의 수입은 관세가 면제되었다.

제조원료의 수입은 다른 상품에는 부과되는 관세를 면제해 주거나, 장려금을 지급하는 방식으로 장려되었다.

3. 원료 수입에 대한 면세 조치는 합리적이다.

몇몇 나라들로부터의 양모 수입, 모든 나라들로부터의 원면 수입, 아일랜드 및 영국령 식민지로부터의 생마(生麻)와 염료·생피(生皮)의 대부분의 수입, 영국령 그린란드(Greenland) 어장으로부터의 물개가죽의 수입, 영국령 식민지로부터의 선철과 철근의 수입, 그리고 몇 가지 종류의 기타 원료의 수입은, 세관에서 정식 수속을 밟는 경우 모든 관세가 면제된다. 우리나라의 상인들과 제조업자들은 자신들의 이익을 위해 입법기관으로 하여금 이런 면세 조치들과 우리나라의 대부분의 상업 규정을 제정하도록 강요했을 것이다. 그럼에도 불구하고 이와 같은 면세조치는 완전히 공정하고 합리적이며, 만일 국가의 필요에 따라 다른 모든 원료의 수입에까지 확대 적용될 수 있다면, 사회 전체는 틀림없이 이익을 볼 것이다.

4. 방직용 실은 제조품이지만 무관세다. 방적공은 가난하고 보호를 받지 못하는 사람들이지만, 직조공장의 사장은 부유하고 세력을 가진 사람들이기 때문이다.

그렇지만 우리나라의 큰 제조업자들의 탐욕은, 어떤 경우에는 도저히 그들의 제조품 원료라고 공정하게 간주될 수 없는 것에까지 이런 면세조치를 확대시켰다. 조지 2세 제 24년의 법령 제46호 법률〔1750년〕은 외국산 갈색 마사(麻紗)의 수입에 대해 중량 1파운드당 겨우 1페니의 관세만을 부과했지만, 실제로 그 이전에는 관세액이 이보다 훨씬 높았다. 즉, 범포(帆布)용 마사는 중량 1파운드에 대해 6펜스, 모든 프랑스·네덜란드산 마사는 1실링, 그리고 정결한 마사 또는 러시아산 마사의 경우에는 중량 1백 파운드당 2파운드 13실링 4펜스의 관세가 부과되고 있었다. 그러나 제조업자들이 이와 같은 감세조치만으로 오랫동안 만족한 것은 아니었다. 조지 2세 제29년의 법령 제15호 법률〔1756년〕은 1야드당 18펜스 이하의 가격으로 수출되는 영국과 아일랜드산 아마포에 대해 장려금을 주었으며, 더욱이 갈색 마사(麻紗)의 수입에 부과되고 있던 얼마 되지 않는 관세마저도 철폐시켰던 것이다. 그런데 아마사를 만드는 데 필요한 각종 작업과정은 아마사로부터 아마포를 짜는 데 필요한 작업에서보다 더욱 많은 수의 노동을 고용한다. 아마를 재배하는 사람과 아마의 껍질을 벗겨 다듬는 사람의 노동을 제외하더라도, 한 사람의 직조공(weaver)이 계속 일을 해나가기 위해서는 적어도 3~4명의 방적공(spinner)이 필요하다. 다시 말해, 아마포(linen cloth)의 생산에 필요한 총 노동량의 $\frac{4}{5}$ 이상이 아마사(linen yarn)의 생산에 종사하고 있어야 하는 것이다. 그러나 우리나라의 방적공은 가난하며, 대개는 여자이고, 전국 각지에 흩어져 있어 아무런 도움이나 보호도 받지 못하고 있다. 더욱이 우리나라의 큰 제조업자들은 이처럼 가난한 방적공들이 만들어낸 반제품의 판매에 의해서가 아니라, 직조공에 의해 생산된 완제품의 판매에 의해 이윤을 얻는다. 완제품을 가능한 한 비싸게 판매하는 것이 그들에게 이익이듯이, 가능한 한 저렴한 가격으로 원료(마사)를 사들이는 것 역시 이들 큰 제조업자들에게 이익이다. 이들은 의회로부터 자신들의 아마포 수출에 대해서는 장려금을, 모든 외국산 아마포의 수입에 대해서는 무거운 관세를, 그리고 몇 가지 종류의 프랑스산 아마포의 국내

소비에 대해서는 완전금지를 강요함으로써 자신들의 제품을 가능한 한 비싸게 판매하려고 노력한다. 또한 이들 큰 제조업자들은 외국산 마사의 수입을 장려하고, 그리하여 국내에서 생산된 마사를 이들 외국산 수입 마사와 끊임없이 경쟁을 시킴으로써 가난한 방적공들이 생산해낸 마사를 더욱 저렴한 가격에 사들이려고 노력한다. 결국 이들은 가난한 방적공의 임금은 물론 자신들이 고용한 직조공의 임금도 낮게 유지하려는 생각뿐인데, 따라서 이들이 한편으로는 완제품의 가격을 인상하고 다른 한편으로는 원료 가격을 인하하려고 노력하는 것은 모두 결코 노동자의 이익을 위해서가 아니다. 우리나라의 중상주의에 의해 주로 장려되는 것은 부자와 권력자의 이익을 위한 산업뿐이다. 가난한 사람과 빈궁한 사람의 이익을 위한 산업은 너무나 자주 무시되거나 억압을 받고 있다.

5. 이런 면세와 수출장려금은 잠정적인 법률 규정에 의한 것이다.

아마포 수출에 대한 장려금 지급 및 외국산 마사 수입에 대한 관세 면제는 애당초 15년간 유효한 것이었지만, 그 뒤 두 번에 걸친 연장조치에 의해 계속 유지되었고, 1786년 6월 24일 개시되는 의회의 회기 만료와 함께 그 효력을 상실할 것이다.

6. 원료 수입에 대한 장려금 지급은 아메리카 식민지로부터의 그것에 한정되었다.

장려금에 의해 원료 수입을 장려한 것은 주로 아메리카 식민지로부터 수입되는 원료에 한정되었다.

7. 원료 수입에 대한 장려금은 주로 아메리카의 생산물에 대해 지급되었다. 예컨대 선박용품에 대한 장려금.

이런 종류의 최초의 장려금은 18세기 초 무렵 아메리카로부터의 선박용품 수입에 대하여 지급되었는데, 그 품목으로는 돛대용 목재 · 활대 · 기움 돛대 · 대마 · 타르역청 · 테레빈유(turpentine) 등이 포함되었다. 그런데 돛대용 목재에 대한 톤당 1파운드의 장려금 및 대마에 대한 톤당 6파운드의 장려금은 스코틀랜드로부터 잉글랜드로 수입되는 것에까지 확대되었다. 이들 장려금은 모두 아무런 변화

없이 동일한 비율로 계속되어, 대마에 대한 장려금은 1741년 1월 1일에, 돛대용 목재에 대한 장려금은 1781년 6월 24일 국회의 회기 종료와 함께 각각 효력을 상실했다.

8. 수입 원료에 대한 장려금 지급은 몇 차례 변화를 겪었다.

타르 · 역청 · 테레빈유의 수입에 대한 장려금은 그것이 시행되는 기간 동안 몇 차례의 변화를 겪었다. 처음에는 타르에 대해서는 톤당 4파운드, 역청에 대해서는 톤당 4파운드, 테레빈유에 대해서는 톤당 3파운드의 장려금이 지급되었다. 그 뒤 타르에 대한 톤당 4파운드의 장려금은 특정 방식으로 생산된 것에만 제한되었고, 그 밖의 매매가능한 양질의 순수한 타르에 대해서는 톤당 2파운드 4실링으로 감소되었다. 역청에 대한 장려금 역시 같은 방식으로 1파운드로 감소되었고, 테레빈유에 대한 장려금은 1파운드 10실링으로 감소되었다.

9. 식민지산 인디고 수입에 대한 장려금.

연대순으로 말하자면, 원료 수입에 대해 지급된 두 번째의 장려금은 조지 2세 제21년의 제30호 법률〔1747년〕에 따라 영국령 식민지로부터의 인디고(indigo: 남색 염료) 수입에 대한 것이었다. 식민지산 인디고의 가격이 프랑스산 최상품 인디고 가격의 $\frac{3}{4}$에 해당할 경우 이 법률에 따라 파운드당 6펜스의 장려금이 지급되었다. 대부분의 장려금과 마찬가지로 이 장려금 역시 일정 기간 동안만 효력을 지니는 것이었는데, 몇 차례의 연장조치에 의해 계속되었지만 파운드당 4펜스로 감소되었으며, 결국 1781년 3월 25일 국회의 회기 종료와 함께 효력을 상실했다.

10. 식민지산 대마 또는 생아마(生亞麻) 수입에 대한 장려금.

이런 종류의 세 번째 장려금은 (다름 아니라 우리가 때로는 식민지 아메리카의 환심을 사고, 때로는 그들과 논쟁을 시작하던 시기인) 조지 3세 제4년의 제26호 법률〔1764년〕에 따라 영국령 식민지로부터의 대마 또는 생마(生麻)의 수입에 대해 지급되었다. 이 장려금은 1764년

6월 24일부터 1785년 6월 24일까지 21년 동안에 걸쳐, 최초의 7년간은 톤당 8파운드, 두 번째 7년간은 톤당 6파운드, 그리고 마지막 7년간은 톤당 4파운드의 비율로 지급되었다. 이 장려금은 (비록 열악한 품질의 대마가 소량으로 재배되기는 하지만) 대마 생산에 적합하지 못한 기후를 지닌 스코틀랜드에는 적용되지 않았다. 스코틀랜드산 아마가 잉글랜드로 수입되는 것에 대해 장려금을 지급했다면, 영국 남부지역의 아마생산은 너무나 큰 타격을 받았을 것이다.

11. 아메리카산 목재 수입에 대한 장려금. 이런 종류의 네 번째 장려금은 조지 3세 제5년의 제45호 법률(1765년)에 따라 아메리카로부터의 목재 수입에 대해 지급되었다. 이 장려금은 1766년 1월 1일부터 1775년 1월 1일까지 9년 동안 지급되었다. 최초의 3년간은 매 120딜(deal; deal은 목재의 부피를 나타내는 단위로, 1딜은 폭 7인치 x 두께 3인치 x 길이 6피트인 크기의 목재)의 좋은 송판(松板)에 대해 1파운드의 비율로, 기타 각재(角材)는 50입방피트 당 12실링의 비율로 지급되었고, 두 번째 3년간은 송판에 대해서는 15실링의 비율로, 기타 각재에 대해서는 8실링의 비율로, 그리고 마지막 3년간은 송판에 대해서는 10실링의 비율로, 기타 각재에 대해서는 5실링의 비율로 지급되었다.

12. 식민지산 생사 수입에 대한 장려금. 이런 종류의 다섯 번째 장려금은 조지 3세 제9년의 제38호 법률(1769년)에 따라 영국령 식민지로부터의 생사(生絲) 수입에 대해 지급되었다. 이 장려금은 1770년 1월 1일부터 1791년 1월 1일까지 21년 동안에 걸쳐 지급되도록 되어 있었다. 최초의 7년간은 100파운드 가치의 생사에 대해 25파운드의 장려금이, 두 번째 7년간은 20파운드, 그리고 마지막 7년간은 15파운드의 장려금이 지급될 것이다. 양잠과 제사(製絲)는 대량의 수공업 노동을 필요로 하는데, 아메리카에서는 노동력이 매우 비싸서 (내가 전해 들은 바에 따르면) 이와 같은 거액의 장려금 지급으로도 별다른 효과를 거

두지 못하고 있다.

13. 식민지산 술통 수입에 대한 장려금. 이런 종류의 여섯 번째 장려금은 조지 3세 제11년의 제50호 법률〔1771년〕에 따라 영국령 식민지로부터의 파이프(pipe: 최대 크기의 술통)·대통(hogshead: pipe의 $\frac{1}{2}$들이 큰 통)·통 판목(술통을 만드는 판목)·통 뚜껑 판목 등의 수입에 대해 지급되었다. 이 장려금은 1772년 1월 1일부터 1781년 1월 1일까지 9년 동안에 걸쳐 지급되도록 되어 있었다. 최초의 3년간은 각각의 일정량에 대해 6파운드, 두 번째 3년간은 4파운드, 그리고 마지막 3년간은 2파운드의 장려금이 지급될 것이다.

14. 아일랜드산 대마 수입에 대한 장려금. 마지막 일곱 번째 장려금은 조지 3세 제 19년의 법령 제 37호 법률〔1779년〕에 따라 아일랜드로부터의 대마 수입에 대해 지급되었다. 이 장려금은 아메리카로부터의 대마와 생마의 수입에서와 마찬가지 방식으로 1779년 6월 24일부터 1800년 6월 24일까지 21년 동안 지급되도록 되어 있었다. 이 기간은 마찬가지로 7년씩을 1기로 하여 세 시기로 구분되는데, 각각의 시기에 아일랜드에 지급되는 장려금은 아메리카로부터의 수입에 대해 지급되는 것과 같다. 그러나 이 장려금은 아메리카로부터의 수입의 경우와는 달리 생마의 수입에까지 지급되지는 않았는데, 만약 지급되었더라면 영국의 아마 재배에 커다란 피해를 주었을 것이다. 이 마지막 장려금이 승인된 시기의 영국과 아일랜드 의회의 관계는, 이전 시기에 영국과 아메리카의 의회의 관계에 비해, 더 좋은 우호적인 관계가 아니었다. 그러나 아일랜드에 주어진 이런 혜택은, 아메리카에 주어진 어떤 혜택보다도, 상호 더 좋은 관계를 가져올 것으로 기대하면서 주어졌던 것이기를 바란다.

15. 이런 상품들이 외국으로부터 올 때에는 전부 관세가 부과되었다. 식민지와 모국의 이해관계는 일치한다는 주장도 있다. 아메리카에서 수입될 때는 장려금을 지급하는 동일한 상품

이 기타 나라에서 수입될 때에는 상당한 정도로 관세가 부과되었다. 아메리카 식민지의 이익은 모국의 이익과 동일한 것으로 생각되었다. 그들의 부(富)는 우리의 부로 간주되었다. 그들에게 아무리 많은 화폐를 보내더라도 무역차액에 의해 모두 되돌아올 것이며, 우리가 그들에게 어떤 경비를 지출하더라도 우리는 결코 조금도 가난해지지 않을 것이라고 생각했다. 아메리카 식민지는 모든 면에서 우리 자신의 것이며, 거기에 지출된 경비는 우리 자신의 재산증식과 우리나라 국민의 더 나은 일자리를 창출하는 데 쓰이는 것이라고 생각했다. 이런 제도의 어리석음을 폭로하기 위해 지금 뭔가를 더 말할 필요는 없다고 생각한다. 치명적인 경험들이 그것을 이미 충분히 폭로했기 때문이다. 만약 우리의 아메리카 식민지가 정말로 영국의 일부였다면, 이 장려금들은 생산에 대한 장려금으로 간주될 수도 있었을 것이며, 따라서 생산 장려금(다른 종류의 장려금이 아니다)에 대한 반대 이유로써 이런 장려금을 반대할 수가 있을 것이다.

16. 절대적 금지와 높은 관세에 의한 원료수출의 금지.

제조업 원료의 수출은 때로는 절대적 금지에 의해, 그리고 때로는 높은 관세에 의해 억제되었다.

17. 양모와 생양(生羊)의 수출은 중벌로 금지되어 있다.

우리나라의 모직물 제조업자들은 다른 어떤 제조업자들보다 성공적으로 의회를 설득하여, 의회로 하여금 나라의 번영은 곧 자신들의 독특한 사업의 성공과 확대에 달려 있음을 믿도록 했다. 그들은 외국으로부터 모직물을 수입하는 것을 절대적으로 금지함으로써 소비자에 대해 독점적인 지위를 얻었을 뿐 아니라, 살아 있는 양과 양모의 수출금지를 통해 목양업자·양모 생산자들에 대해서도 독점적인 지위를 차지하게 되었다. 세수 확보를 위해 제정된 많은 법률들의 가혹함에는 당연히 불평이 따랐는데, 법이 범죄라고 선언하기 이전에는 무죄라고 생각되었던 행위에 대해 중벌을 과했기 때문이다. 그러나 이런 세법 중 가장 잔인한 것조차 우리나라의 상인·제조업자들이 자신들의 불합리하고 억압적인 독점을 유지하기 위해 소란을 떨어 의회로부터 받아낸 법률들의 일부와 비교해 보면 극히 온화하고 점잖은 것이라고 나는 감히 단언할 수 있다. 이런 법률들은 드라콘의 법률〔laws of Draco: 아테네의 입법자 드라콘이 기원전 621년에 공포했다고 전해지는 아테네의 가장 오래된 성문법. 매우 가혹했다〕과 마찬가지로 모두 피로써 쓰여진 것이라 할 수 있다.

18. 위반한 자는 손이 절단되고 사형에 처해졌을 때도 있다.

엘리자베스 제 8년의 제3호 법률〔1566년〕에 의해 양·새끼 양·숫양을 수출한 자는 초범일 경우에는 그의 총재산을 영원히 몰수하고 일 년간 감금한 뒤, 장날에 마을에서 왼손을 절단하여 그 손에 못을 박는다. 그리고 재범일 경우에는 중죄인으로 선고받고 사형을 당하게 된다. 우리나라 양(羊)의 품종이 외국에서 사육되는 것을 막는다는 것이 이 법의 목적이었던 것 같다. 찰스 2세 제 13~14년의 제 18호 법률〔1662년〕에 의해 양모의 수출은 중죄로 인정되어, 수출한 사람은 중죄인과 같은 형벌과 재산 몰수를 당하게 되었다.

19. 그러나 현재에는 양 한 마리에 20실링의 벌금이 부과되고, 그 양과 그 선박에 대한 양의 소유자의 몫이 몰수된다.

인도적(人道的)인 국가의 명예를 위해 나는 이런 법률들이 이때까지 한 번도 집행되었던 적이 없었기를 희망한다. 그러나 그 중의 첫째 항은, 내가 알기로는, 직접 폐지된 적이 없으며, 고등변호사 호킨스(Hawkins)는 아직도 여전히 유효하다고 생각하는 것 같다. 그러나 찰스 2세 제12년의 제32호 법률〔1660년〕제 3조에 의해 실제로는 폐지된 것으로 생각할 수 있는데, 이 법은 이전 법률에서 규정하고 있는 처벌을 명백히 취소하지는 않았지만 새로운 처벌 규정을 두고 있기 때문이다. 즉, 수출하였거나 수출을 시도한 양 한 마리당 20실링의 벌금과 양의 몰수, 그리고 양을 실었던 선박에 대한 양의 소유자 몫을 몰수한다는 것이다. 후자의 법률은 윌리엄 3세의 제 7~8년의 제28호 법률(1695년) 제 4조에 의해 명백히 폐지되었다. 이 법률의 해당 조항은 이렇게 선언하고 있다. "국왕 찰스 2세의 제 13, 14년에 제정된 양모의 수출을 금하는 법률은 양모의 수출을 중죄로 간주하고 있으나 그 형벌이 너무나 가혹하여 범법자를 효과적으로 처벌할 수 없었다. 따라서 당국에 의해 제정된 앞에서 말한 법률의 해당 부분, 즉 상기 범죄를 중죄로 규정한 부분을 폐지하고 무효로 한다."

20. 다른 형벌과 함께 양모 1파운드당 3실링의 벌금이 부과되었다.

그러나 이 관대한 법률에 의해 부과되는 형벌이든, 또는 이 관대한 법률에 의해 폐지되지 않아 종전의 법률에 의해 부과되는 형벌이든, 매우 가혹하기는 마찬가지였다. 양모를 수출한 사람은 양모의 몰수 외에도 수출한, 또는 수출을 기도한 양모 무게 1파운드당 3실링의 벌금을 물어야 했다. 이 벌금은 양모 가치의 4~5배에 해당하는 것이다. 이 죄를 범한 상인이나 기타 사람들은 중개인이나 다른 사람으로부터 자신의 채권과 예금액을 요구할 수 없었다. 그의 재산이 얼마든, 또 그가 이 무거운 벌금을 낼 수 있든 없든, 그를 완전히 파멸시키는 것이 이 법의 목적이다. 그러나 국민대중의 도덕의식은 이 법의 고안자들만큼 타락하지 않았기 때문에 나는 이 법이 실제로 적용되었다는 말을 들어보지 못했다. 이를 위반한 자가 판결이 난 뒤 석 달 안에 벌금을 내지 못하면 7년간의 유배형(流配刑)에 처해지고, 그가 만약 형기가 만료되기 전에 돌아온다면 그는 교회의 승인 없이 중벌을 받게 된다. 이 범죄 사실을 알고 있었던 선박 소유자는 선박과 부속장비에 대한 그의 모든 권리를 박탈당한다. 그리고 이 사실을 알고 있었던 선장과 선원은 그들의 유형동산(有形動産)을 박탈당하고, 석 달 동안의 감금에 처해진다. 그 이후의 법률에 의하면 선장은 6개월간의 감금에 처해진다.

21. 양모의 밀수출을 방지하기 위해 양모의 국내 상거래도 제한을 받고 있다.

양모의 수출을 금지하기 위해 양모의 모든 국내상업은 번거롭고 억압적인 제한을 받고 있다. 양모는 상자나 통(桶)이나 갑(匣) 또는 기타 포장용기로 포장해서는 안 되고 오로지 가죽이나 포장용 천으로 만들어진 용기에 담아서, 겉에다 3인치 이상 크기의 글자로 양모(wool) 또는 모사(毛絲: yarn)라는 표시를 해야 한다. 그렇지 않으면 양모와 포장용기를 몰수당하고, 양모의 소유자나 그것을 포장한 사람은 양모 무게 1파운드당 3실링의 벌금을 내야 한다. 일출(日出)에서 일몰(日沒)까지의 시간을 제외하고는, 양모를 말이나 마차에 실어서는 안 되며, 육로를 통해 해안에서 5마일 이내의 육지로 운반해서도 안 된다. 이것을 어기면 양모와 말과 마차는 몰수당한다. 만약 양모가 해안에 가까운 곳의 작은 마을[hundred: 영국의 군(郡) 이하의 작은 행정단위. 백호읍(百戶邑)]을 통과하여 운반되거나 이 마을에서 수출되는 경우, 이 마을은, 통과하거나 수출된 양모의 가치가 10파운드 미만일 경우는 20파운드를, 그 이상의 가치일 경우에는 양모 가치의 세 배와 함께 소송비용의 세 배를, 벌금으로 납부해야 하고, 1년 안에 기소된다. 이 마을에 대한 형사재판은 주민 중 임의의 두 사람에게 대해 시행되는데, 법원은 법정에서 기타 주민들에게 벌금을 할당시켜서 그 두 사람에게 변상해 준다. 이것은 강도의 경우와 마찬가지다. 그리고 만약 어떤 사람이 벌금 이하의 금액으로 그 마을과 타협한다면, 그는 5년간의 감금에 처해지는데, 어느 누구든지 그를 기소할 수 있다. 이 규정들은 전국에 걸쳐서 시행되고 있다.

22. 켄트와 서섹스에서 특히 더 심하다.

그러나 켄트(Kent)나 서섹스(Sussex) 같은 몇몇 지역에서는 제한이 훨씬 더 번거롭다. 해안에서 10마일 이내에 있는 모든 양모 소유자는 양모를 깎은 지 3일 안에 양모의 양(量)·보관장소에 대한 서면보고서를 세관원에게 제출해야 한다. 그리고 그가 양모의 일부를 옮기기 전에 양모의 양·무게, 구매자의 이름·주소, 운반예정지 등에 대해 비슷한 통보를 해야 한다. 이 지역의 해안에서 15마일 이내에 있는 사람은 누구든지 양모를 사기 전에 다음과 같은 것을 국왕에게 약속해야 한다. 즉, 구매한 양모의 일부라도 해안에서 15마일 이내에 있는 다른 사람에게는 절대 판매하지 않겠다는 것을. 만약 이 지역에서 신고되지 않고 앞에서 말한 약속 없이 양모를 해변으로 수송하다가 적발되면, 양모는 몰수되고 범법자는 양모 무게 1파운드당 3실링을 내야 한다. 전술한 신고를 하지 않고 양모를 해안에서 15마일 이내에 두면 그것은 압류되어 몰수된다. 그리고 만약 압류 이후에 반환을 요구하려면, 그는 패소할 경우 모든 벌금 이외에 소송비용의 세 배를 지불하겠다는 것을 재무재판소(Exchequer)에 미리 보증해야 한다.

23. 연안무역 또한 그러하다.

이런 제한이 국내 상업에 부과되었을 때 연안교역이 자유로울 리가 없었을 것이다. 양모를 해안의 항구나 여타의 장소〔여기에서 해안의 다른 장소나 항구로 옮기기 위해〕로 수송하거나 수송하게 하는 모든 양모 소유자는 그 항구로부터 5마일 이내로 들어오기 전에 무게·검인 꾸러미의 수를 그 항구에 신고해야 한다. 이것을 위반할 경우 양모의 몰수, 말마차·여타 운송도구의 몰수 및 양모의 수출에 대한 여타 현행법에 의한 형벌과 몰수를 당하게 된다. 그러나 이 법률〔윌리엄 3세 제 1년의 법률 제 32호〕은 매우 관대하게도 다음과 같이 선언하고 있다. "이것은 해안에서 5마일 이내라고 해서 양모를 깎은 장소에서 그의 집으로 옮기는 것을 금지하는 것은 아니다. 다만 양모를 깎은 뒤 10일 이내에, 또 그것을 옮기기 전에, 양모 꾸러미의 진정한 수와 보관장소를 세관원에게 선시하고, 양모를 옮길 경우에는 옮기기 3일 전에 옮기려는 의도를 세관원에게 선서해야 한다." 해안을 따라 수송되는 양모는 신고되어 있는 특정 항구에 내려진다는 보증이 있어야 한다. 만일 그 중의 일부라도 관리의 입회 없이 내려진다면 다른 재화의 경우와 마찬가지로 양모는 몰수되고 양모 무게 1파운드당 3실링의 통상적인 벌금을 추가로 물어야 한다.

24. 모직물 제조업자는 잉글랜드의 양모는 다른 모든 나라의 그것보다 우량하다고 주장하나, 이는 완전히 거짓말이다.

우리나라의 모직물 제조업자들은 이런 특별한 제한·규제에 대한 자신들의 요구를 정당화하기 위해 확신을 가지고 다음과 같이 주장하고 있다. 즉, 잉글랜드 양모는 특별한 품질을 갖고 있어 다른 나라의 양모보다 우월하다는 것, 다른 나라의 양모는 잉글랜드 양모와 다소라도 혼합되지 않으면 좋은 제품으로 될 수 없다는 것, 좋은 옷감은 잉글랜드 양모 없이는 만들어질 수는 없다는 것, 따라서 양모 수출이 완전히 금지된다면 잉글랜드는 세계 모직물 무역 전부를 독점할 수 있으며, 경쟁자가 없기 때문에 원하는 가격으로 모직물을 팔 수 있고, 매우 큰 흑자에 의해 잉글랜드는 믿을 수 없을 정도의 부를 짧은 기간에 벌 수 있다는 것이다. 이런 주장은, 상당히 많은 사람들이 확언하는 기타의 주장과 마찬가지로, 매우 많은 사람들〔이들은 대개 모직업에 대해 잘 모르거나, 모직업에 대해 특별한 연구를 한 사람들이 아니다〕이 맹목적으로 믿어 왔으며 지금도 믿고 있다. 그러나 잉글랜드 양모가 좋은 옷감을 만드는 데 필수적이라는 것은 새빨간 거짓말이며, 좋은 옷감에 전혀 적합하지 않다. 좋은 옷감은 전적으로 스페인 양모로 만들어진다. 더욱이 잉글랜드 양모를 스페인 양모와 혼합해 합성하면 옷감은 상당한 정도로 그 질이 떨어질 수밖에 없다.

25. 이런 규제는 예상했던 것처럼 양모의 가격을 떨어뜨렸다.

이 책의 제 1편 제11장 제 3절에서 본 바와 같이, 이런 규제의 효과로 잉글랜드 양모의 가격은 현재 응당 받아야 할 가격보다 낮아졌을 뿐 아니라, 에드워드 3세 시대의 가격보다 훨씬 낮아졌다. 스코틀랜드 양모의 가격은 합병의 결과로 이와 같은 규제에 따르게 되었을 때 약 절반으로 떨어졌다고 한다. 매우 정직하고 현명한 『양모 회고록』의 저자 존 스미스(John Smith) 목사에 따르면, 잉글랜드에서 가장 좋은 잉글랜드 양모의 가격은 일반적으로 암스테르담 시장에서 가장 질

나쁜 양모의 판매가격보다 낮았다고 한다. 양모 가격을 자연적이고 적절한 가격 이하로 내리는 것이 이런 규제의 공공연한 목적이었고, 이것이 기대한 결과를 낳았다는 것은 의심의 여지가 없다.

26. 그러나 이것은 양모의 생산량을 크게 감소시키지는 않았다.

이런 가격 하락이 양모 생산을 위축시킴으로써 양모의 연간생산량을, 비록 이전의 생산량 이하로는 아니라 할지라도, 현재 상황에서 공개적이고 자유로운 시장을 통해 양모 가격이 자연적이고 적절한 가격으로 인상되도록 허용된다면 생산될 수준 이하로, 틀림없이 감소시켰을 것이라고 생각할지도 모른다. 그러나 나는 양모의 연간생산량이 이런 규제에 의해 약간의 영향은 받았겠지만 큰 영향을 받지는 않았을 것이라고 믿는다. 양모 생산은 목양업자가 자신의 노동과 자본을 사용하는 주목적이 아니다. 목양업자는 양모 가격에서 이윤을 얻는다기보다는 도살한 양〔고기〕의 가격에서 이윤을 얻는다. 그리고 후자의 평균적이고 통상적인 가격은 많은 경우 전자의 평균적이고 통상적인 가격에 어떤 손실이 나든 이를 보충한다. 나는 이 책의 앞부분〔제 1편 제 11장 제 3절 4의 3〕에서 다음과 같이 지적한 바 있다. “개량된 경작지에서 사육되는 크고 작은 가축들의 가격은 그 토지로부터 지주와 차지농이 합리적으로 기대하는 수준의 지대와 이윤을 지불하기에 충분해야 한다. 만약 그렇지 못하면 그들은 가축 사육을 즉각 중지할 것이다. 따라서 가축 가격 중에서 양모와 날가죽에 의해 지불되지 않는 부분은 살코기에 의해 지불되어야만 한다. 전자의 가격이 낮으면 낮을수록 후자의 가격은 상승해야만 한다. 지주와 차지농에게는, 일단 가격이 지대와 이윤을 지불하기만 하면, 그 가격이 가축의 어떤 구성부분으로 분할되는가는 전혀 상관이 없다. 그러므로 진보되고 경작이 잘 된 나라에서는 지주와 차지농의 이익은 그런 규제에 의해 큰 영향을 받지 않는다. 비록 소비자로서의 그들의 이익은 식료품의 가격 상승에 의해 영향을 받을 수 있지만.” 따라서 이런 추론에 따르면 개량되고 경작이 잘 된 나라에서는 양모 가격의 하락이 양모의 연간생산량을 감소시킬 것 같지는 않다. 그러나 양모 가격의 하락이 양고기 가격을 상승시켜 양고기에 대한 수요의 감소와 그에 따른 생산의 감소가 발생하는 경우 양모의 생산량은 감소할 수 있을 것이다. 그러나 이 경우에도 그 효과는 매우 크지는 않을 것이다.

27. 그 품질도 그렇게 떨어지지 않았다.

양모 가격의 하락이 연간생산량에 미치는 효과가 매우 큰 것은 아니었다 하더라도 질에 미치는 효과는 틀림없이 매우 컸을 것이라고 생각할지도 모른다. 잉글랜드 양모의 질은 비록 이전 시기에 비해 낮아진 것은 아닐지라도 개량·경작의 현 상태에서 응당 그래야 할 것에 비해 낮아진 것은 틀림없으며, 그 질의 저하는 아마도 가격 하락에 거의 비례할 것이라고 생각할지도 모른다. 양모의 질은 품종·목초에 의존할 뿐 아니라 성장과정 전체에 걸친 양의 관리 및 청결도에도 의존하므로, 양모 가격이 이런 보살핌이 필요로 하는 노동비용을 보상하는 것에 비례하여 보살핌이 달라질 수 있다고 생각하는 것은 당연하다. 그러나 양모의 품질은 상당한 정도로 양의 건강·성장·크기에 의존한다. 따라서 살코기의 개량에 필요한 보살핌은 어떤 점에서는 양모의 개량에 충분하다. 가격 하락에도 불구하고 잉글랜드 양모는 금세기 전체를 통해 개량되었다고 말할 수 있다. 물론 가격이 더 높았다면 더 많은 개량이 있었을 것이다. 그러나 가격이 낮았다는 사실이 비록 개량을 방해했다고 하더라도 개량을 완전히 막은 것은 아니었다.

28. 양모 생산자의 손해는 예상되었던 것보다는 적었다.

따라서 이런 규제의 폭력은 연간 생산된 양모의 양과 질 모두에서 생각만큼 큰 영향을 미치지는 않은 것 같다(필자는 전자보다 후자에 대한 영향이 더 컸다고 생각한다). 그리고 양모 생산자의 이익은 비록 다소 침해되었지만 전체적으로 보아 생각했던 것보다 훨씬 적게 침해되었던 것 같다.

29. 양모의 수출 금지와 양모에 대한 수출세의 효과.

그러나 이런 생각이 양모 수출에 대한 절대적인 금지를 정당화시켜 주는 것은 아니다. 그러나 양모 수출에 대한 상당한 정도의 과세를 정당화시켜 줄 수는 있을 것이다.

30. 양모의 수출금지는 양모 생산자의 이익을 해친다.

다만 일부 계층의 이익을 증진시키기 위해 다른 계층의 이익을 어느 정도 해치는 것은 모든 계층의 국민들(subjects)에 대한 국왕의 의무인 정의(正義)와 대우의 평등(平等)을 명백히 위반하는 것이다. 그런데 위의 금지조치는 제조업자의 이익을 증진시키기 위해 어느 정도 양모 생산자의 이익을 해치는 것이다.

31. 양모에 대한 수출세는 합리적이다.

모든 계층의 국민은 국왕 또는 국가의 유지에 이바지해야 한다. 양모 수출에 대해 1토드(tod)당 5~10실링의 조세는 국왕에게 상당한 수입이 될 것이다. 그것은 양모 수출을 금지하는 경우보다 생산자의 이익을 다소 덜 해칠 것이다. 왜냐하면 양모 가격을 그렇게 많이 떨어뜨리지는 않을 것이기 때문이다. 그리고 그것은 제조업자에게 충분한 이익을 줄 것이다. 왜냐하면 그는 수출을 금지하는 경우만큼 싸게 살 수는 없다고 하더라도, 외국 제조업자가 살 때보다 적어도 5~10실링 싸게 살 수 있으며, 또한 외국 제조업자가 물어야 하는 운송비 · 보험료를 절약할 수도 있기 때문이다. 국왕에게 상당한 수입을 주면서 동시에 모든 사람들에게 불편을 거의 주지 않는 조세를 고안하는 것은 거의 불가능하다.

32. 수출 금지는 밀수꾼에게만 유리하다.

금지는, 그것을 지키기 위한 온갖 형벌에도 불구하고, 양모 수출을 막지 못한다. 양모는 잘 알다시피 상당량 수출되고 있다. 국내시장과 외국시장 사이의 현격한 가격 차이가 밀수출에 대한 유혹을 낳으며, 따라서 법률의 엄격함도 그것을 막지는 못한다. 이런 불법적인 수출은 밀수꾼을 제외하고는 아무에게도 도움이 되지 않는다. 세금이 부과되는 합법적인 수출은 국왕에게 수입을 올려 줌으로써, 그리고 이에 따라 기타의 더 번거롭고 불편한 세금을 줄여 줌으로써, 나라의 모든 국민들에게 이익이 될 것이다.

33. 표백토의 수출은 양모의 수출과 동일한 처벌을 받게 된다.

모직물의 제조에서 준비과정과 세척과정에 필요한 표백토(漂白土: fuller's earth)의 수출 역시 양모 수출과 거의 동일한 처벌을 받게 된다. 심지어 담배 파이프용 점토는 표백토와 다르다는 것이 알려져 있었으나, 그 겉모양이 비슷하기 때문에, 그리고 때때로 표백토가 담배 파이프용 점토로 수출될지도 모르기 때문에, 그것의 수출 역시 동일한 금지와 처벌이 부과되었다.

34. 생가죽(生皮)의 수출은 금지되고 있으며, 소의 뿔도 그러하다.

찰스 2세 제 13~14년의 제 7호 법률〔1662년〕에 의해 생가죽(生皮)은 물론 무두질한 가죽 역시 장화·단화·슬리퍼의 형태를 제외하고는 수출이 금지되었다. 이 법률은 장화업자·단화업자에게 목축업자에 대한 독점적인 지위를 주었을 뿐 아니라 무두질업자에 대해서도 독점적인 지위를 주었다. 이후의 법률에 의해 우리나라의 무두질업자는 무두질한 가죽 112파운드 무게당 1실링만을 세금으로 내면서 이 독점으로부터 빠져 나갔다. 그리고 이들은 자신들의 상품을 더 이상 가공하지 않고 수출할 때조차도 이에 부과된 국내소비세의 $\frac{2}{3}$를 되돌려 받게 되었다. 모든 가죽제품은 면세로 수출될 수 있었으며, 그 외에도 국내소비세 전체를 되돌려 받을 수 있었다. 그러나 우리나라의 목축업자는 여전히 낡은 독점에 지배되고 있다. 목축업자는 격리되어 있으며, 나라의 이 구석 저 구석에 흩어져 있어 스스로 독점단체를 결성한다거나, 다른 사람들이 자신들에게 행사하고 있는 독점으로부터 벗어날 목적으로

서로 결합한다는 것은 매우 곤란하다. 한편, 모든 제조업자는 대도시에 다수 모여 있기 때문에 쉽게 그렇게 할 수 있다. 심지어 소뿔조차 수출이 금지되어 있었다. 소뿔 가공업자와 빗 제조업자라는 하찮은 두 업종도 그 방면에서는 이 목축업자에 대해 독점을 누리고 있었다.

35. 방모사 · 소모사 · 백라사(白羅絲) · 회중시계의 케이스 등의 수출도 금지되었다.

완제품이 아닌 반제품의 수출을 금지나 조세로 제한하는 것은 가죽제조업에만 특유한 것은 아니다. 어떤 상품을 즉각적인 사용 · 소비에 적합하도록 하기 위해 해야 할 일이 남아 있는 경우, 우리나라의 제조업자는 스스로 그것을 해야 한다고 생각하고 있다. 방모사와 소모사는 양모와 똑같은 처벌 규정으로 수출이 금지되어 있다. 심지어 흰 옷감까지도 수출세가 부과되었으며, 우리나라의 염색업자는 옷감상인에 대해 독점적 지위를 갖고 있었다. 옷감상인은 이 독점에 맞서 자신을 보호할 수 있었겠지만, 우리나라 옷감상인의 대부분은 또한 염색업자이기도 했다. 손목시계 · 벽시계의 케이스, 손목시계 · 벽시계의 문자판은 수출이 금지되어 왔다. 우리나라 손목시계 · 벽시계 제조업자는 이런 상품들의 구입가격이 외국 업자와의 경쟁에 의해 상승하는 것을 달가워하지 하지 않는 것 같다.

36. 일부 금속들도 수출이 금지되었다.

에드워드 3세, 헨리 8세 및 에드워드 6세 시대에 제정된 낡은 법률에 의해 모든 금속의 수출도 금지되었다. 납과 주석만이 예외였는데, 이것은 아마도 이 금속들이 매우 풍부했기 때문이고, 이 금속들의 수출이 당시 우리나라 무역의 상당한 부분을 구성하고 있었기 때문이다. 윌리엄과 메리 제5년의 제17호 법률〔1694년〕은 광물무역을 장려하기 위해 영국산 광석에서 나오는 철 · 구리 · 황철(黃鐵)을 수출금지로부터 제외했다. 그 뒤 모든 종류의 구리막대〔영국제든 외국제든〕는 윌리엄 3세 제9~10년의 제26호 법률〔1697년〕에 의해 수출이 허가되었다. 가공되지 않은 황동(黃銅),

즉 총기류를 만드는 금속, 종을 만드는 금속, 주화를 만드는 금속들의 수출은 여전히 금지되고 있다. 모든 종류의 황동제품은 면세로 수출될 수 있다.

37. 기타의 제조업 원료에 대해서는 수출세가 부과되고 있다.

제조업 원료의 수출은 완전히 금지되어 있지 않는 경우에는 상당한 정도의 세금이 부과된다.

38. 많은 재화들의 수출은 면세로 되었으나, 제조업의 원료나 반제품은 여전히 면세에서 제외되었다.

조지 1세 제8년의 제15호 법률(1721년)에 의해, 이전 법률에 의해 관세가 부과되던 모든 재화(영국의 생산품 또는 제조품)의 수출은 면세로 되었다. 그러나 다음의 재화들은 제외되었다. 알루미늄 · 납 · 납광석 · 주석 · 무두질한 가죽 · 구리 · 석탄 · 소모기 · 흰색 모직물 · 천연 갤라민석 · 모든 종류의 가죽 · 아교 · 토끼 털 · 산토끼 털 · 모든 종류의 모발 · 말 · 산화아연. 말(horse)을 제외하면 이 모든 것들은 제조업의 원료이거나 반제품(이것은 다른 제조업의 원료라고 생각할 수 있다) 또는 생산도구다. 이 법률은 이 상품들에 기존의 관세(즉, 구(舊)왕실 보조금세와 1%의 수출세)를 그대로 부과했다.

39. 염료는 수입시에는 면세되었으나 수출시에는 관세가 부과되었다.

동일한 법률에 의해 많은 종류의 염료는 수입시에 그 수입세가 면제되었다. 그러나 이들은 각각 수출시에 매우 무겁지는 않더라도 일정한 관세가 부과되었다. 영국의 염색업자는 이 염료의 수입을 면세에 의해 장려하는 것이 그들에게 이익이 된다고 생각하는 한편, 이 염료의 수출을 약간 저지하는 것 역시 자신들에게 이익이 된다고 생각했던 것 같다. 그러나 이 주목할 만한 사업상의 창의력을 끌어낸 탐욕은 자신의 목적을 충족시키지 못했다. 왜냐하면 수입업자는 국내시장의 수요에 필요한 양을 초과하지 않도록 수입량의 조절에 매우 큰 주의를 기울이게 되었기 때문이다. 국내시장에는 항상 공급이 부족했으며, 그 상품의 가격은 수출이 수입만큼 자유로울 경우보다 다소 비쌌다.

40. 세네갈 고무는 특별한 역사를 가지고 있는데, 무거운 수출세가 부과되었다.

위의 법률에 의해 세네갈 고무와 아라비아 고무는 열거된 염료목록에 포함되어 있으므로 면세로 수입될 수 있었다. 이것들은 재수출할 때 무게 112파운드당 3펜스에 해당되는 가벼운 종량세(poundage)를 물어야 했다. 당시 프랑스는 이 염료를 가장 많이 생산하는 세네갈에 인접한 나라들과 독점적인 무역을 하고 있었다. 그리고 영국시장은 생산지로부터의 직접적인 수입에 의해 쉽게 공급될 수 없었다. 조지 2세 제 25년〔1751〕에 이르러서는 세네갈 고무는 유럽의 어느 곳으로부터도 수입될 수 있었다(이것은 항해조례의 일반적인 취지에 어긋난다). 그러나 이 법률은 잉글랜드의 중상주의정책의 일반원리에 반대되는 어떤 특정 무역을 장려하려는 것이 아니었으므로, 112파운드의 무게를 수입할 때마다 10실링의 관세가 부과되었고, 재수출할 경우 이 관세는 조금도 환불되지 않았다. 1755년에 시작된 전쟁에서 승리한 영국은 프랑스가 이전에 누리고 있었던 이 지역과의 독점적 무역을 할 수 있게 되었다. 우리나라의 제조업자는 전쟁이 끝나자마자 이 유리한 기회를 이용해서 자신에게 유리하도록 이 상품의 재배자·수입업자 쌍방에 대해 독점적인 지위를 확보하고자 노력했다. 그리하여 조지 3세 제 5년의 제 37호 법률〔1765년〕에 의해 아프리카 식민지의 세네갈 고무 수출은 영국으로 한정되었으며, 아메리카와 서인도제도의 영국 식민지의 열거품목의 경우와 동일한 제한·규제·몰수·처벌을 받게 되었다. 실제로 세네갈 고무의 수입은 무게 112파운드당 6펜스라는 가벼운 세금을 내야 했으나, 재수출은 1파운드 10실링의 무거운 세금을 내야 했다. 우리나라 제조업자의 의도는 위의 식민지들의 생산물 전체를 영국으로 수입하는 것, 그리고 자신들에게 유리한 가격으로 그것을 살 수 있게 하기 위해 〔큰 세금을 물지 않고서는〕 그것의 일부라도 다시 수출되지 않게 하는 것이었다. 그러나 그들의 탐욕은 많은 다른 경우와 마찬가지로 목적을 달성하지 못했다. 이 무거운 관세는 밀수출에 대한 유혹을 야기하여 이 상품의 상당한 양이 영국뿐 아니라 아프리카로부터 유럽의 모든 공업국(특히 네덜란드)으로 비밀리에 수출되었다. 이런 이유 때문에 조지 3세 제 14년의 제 10호 법률〔1774년〕에 의해 이 수출관세는 무게 112파운드당 5실링으로 경감되었다.

41. 수출되는 해리(海狸) 가죽에는 7펜스가 과세된다.

〔구(舊)왕실 보조금세가 부과되는〕 관세율표에 의하면, 해리(海狸: beaver) 가죽은 한 장에 6실링 8펜스로 평가되었으며, 1772년 이전에 이 상품의 수입에 부과되던 각종 관세는 이 평가액의 $\frac{1}{5}$ 또는 한 장당 16펜스였다. 그리고 이 상품이 재수출될 경우 이 중에서 구 특별세의 절반, 즉 2펜스를 제외하고는 모두 환불되었다. 이토록 중요한 원료의 수입에 대한 관세가 너무 높다고 생각되어, 1772년 평가액은 2실링 6펜스로 경감되었으며, 이에 따라 수입관세는 6펜스로 저하되었고 재수출시에는 이 중 $\frac{1}{2}$ 만이 환불되었다. 동일한 전쟁의 승리로 해리를 가장 많이 생산하는 나라(캐나다)가 영국의 지배하에 들어왔다. 그리고 해리 가죽은 열거품목 중의 하나였으므로 아메리카의 해리 수출은 영국시장으로 한정되었다. 우리나라의 제조업자들은 곧 이런 사정을 잘 이용했으며, 그리하여 1764년 해리 가죽의 수입세는 1페니로 경감되었으며, 재수출할 경우 수입세는 전혀 환불되지 않았고 수출세는 한 장당 7펜스로 인상되었다. 동일한 법률에 의해 해리의 털·뱃가죽의 수출에는 무게 1파운드당 18펜스의 관세가 부과되었다. 그리고 그 상품의 수입에 부과되는 관세에는 아무런 변동이 없었으나, 영국인에 의해 영국배로 수입될 때에는 한 장당 4펜스에서 5펜스 사이의 관세를 납부해야 했다.

42. 석탄에는 1톤당 5실링의 수출세가 과세되었다.

석탄은 제조업 원료로도 생산도구로도 생각될 수 있다. 따라서 석탄의 수출에는 무거운 관세가 부과되었는데, 현재〔1783년〕 그것은 톤당 5실링, 또는 뉴캐슬 지역의 도량형인 찰드론(chaldron)으로 하면 찰드론당 15실링이다. 이 금액은 대개의 경우 탄광에서나 심지어 수출항에서의 석탄의 원가보다 더 높다.

43. 일반적으로 생산도구의 수출은 금지되었다.

그렇지만 진정한 의미에서의 생산도구라고 불리는 것의 수출은 일반적으로 제한을 받았는데, 높은 관세가 아니라 절대적으로 금지되었다. 윌리엄 3세 제 7~8년의 제 20호 법률 제 8조〔1695년〕에 의해, 장갑이나 긴 양말을 짜는 데 쓰이는 직기나 기계의 수출에 대해, 수출한 또는 수출을 기도한 직기나 기계를 몰수하고 40파운드의 벌금이 부과되었다. 이 중에서 절반은 국왕에게, 나머지 절반은 범죄를 제보하거나 고발한 사람에게 돌아갔다. 동일한 방식으로 조지 3세 제 14년의 제 71호 법률〔1774년〕에 의해, 면포·아마포·모직물·명주 제조업에 쓰이는 도구의 수출에 대해서는 범법자는 도구의 몰수와 200파운드의 벌금에 처해졌다. 또 이런 도구를 알면서도 자신의 배에 싣도록 묵인한 배의 선장은 마찬가지로 200파운드의 벌금에 처해졌다.

44. 기능공을 유인하여 국외로 보내는 것도 마찬가지로 무거운 죄다.

생명이 없는 생산도구의 수출에 대해 그처럼 무거운 벌이 부과되는 마당에 생명이 있는 생산도구, 즉 기능공이 자유롭게 국외로 나가도록 허용하는 것은 생각할 수도 없었다. 따라서 조지 1세 제 5년의 제 27호 법률〔1718년〕에 의해 영국의 기능공, 또는 어떤 영국 제조업의 기능공이 자기 일을 수행하거나 가르치기 위해서 외국에 가려고 하는 경우, 또는 그를 유인해서 외국에 보내려고 하는 경우, 그가 초범일 경우에는 100파운드 이내의 벌금과 석 달간의 감금 및 벌금이 완불될 때까지 감금에 처해진다. 그가 재범일 경우 벌금은 재판부의 재량에 맡겨지고 12개월간의 감금 및 벌금이 완불될 때까지 감금에 처해진다. 조지 2세 제 23년의 제 13호 법률〔1749년〕에 의해, 이 처벌은 더욱 무거워져 초범일 경우에는 유인한 기능공 1인당 500파운드의 벌금과 12개월간의 구금 및 벌금이 완불될 때까지의 감금에, 재범일 경우에는 유인한 기능공 1인당 1,000파운드의 벌금과 2년간의 감금 및 벌금이 완불될 때까지의 감금에 처해진다.

45. 기능공은 해외로 나가는 것이 금지되었다.

이상 두 법률의 전자에 의해, 누군가가 기능공을 유인했거나, 기능공이 앞에서 말한 목적을 위해 해외로 나갈 것을 약속했거나 계약한 증거가 있을 경우, 기능공은 재판부의 재량에 따라 절대로 해외에 나가지 않겠다는 맹세를 해야 한다. 그렇지 않을 경우 맹세를 할 때까지 감금에 처해진다.

46. 그리고 해외에서 자기 일을 하거나 가르치는 기능공에 대해서는 귀국을 명할 수 있다.

기능공이 해외에 나가 외국에서 자신의 직업을 수행하거나 가르칠 경우 국왕의 해외 공사·영사나 장관에 의해 경고를 받게 되는데, 이 경고를 받고 6개월 이내에 국내에 돌아와 계속 머물면서 거주하지 않으면 국내에서 유산을 받을 수도 없고 어떤 사람의 유언집행자나 재산관리인이 될 수도 없고 상속·증여·구매에 의해 국내 토지를 소유할 수도 없다는 선고를 받게 된다. 그는 또한 그의 모든 토지·재산·동산을 국왕에게 몰수당하고, 모든 점에서 외국인으로 선고받게 되고 국왕의 보호에서 벗어나게 된다.

47. 소중한 자유가 상인과 제조업자들의 하찮은 이익을 위해 희생되고 있다.

이런 규제가 국민의 자랑스러운 자유를 얼마나 위반하는지를 살펴보는 것은 불필요하다고 생각한다. 우리가 이 자유를 지키기 위해 골몰하고 있는 척하지만, 이 경우 그 자유는 우리나라의 상인·제조업자의 하찮은 이익을 위해 분명히 희생당하고 있다.

48. 규제의 목적은 이웃 나라의 제조업이 발전하지 못하도록 하는 것이다.

이런 모든 규제들의 특기할 만한 동기는 우리나라 제조업 그 자체의 개선에 의해서가 아니라, 모든 이웃 나라의 제조업을 억압함으로써, 거추장스럽고 불편한 상대와의 귀찮은 경쟁을 가능한 한 끝냄으로써 우리나라의 제조업을 확장시키려는 것이다. 우리나라의 제조업자들은 그들 자신이 국민 전체의 재능을 독점하는 것을 당연하게 생각하고 있다. 그들 모두는 몇몇 업종에서는 한꺼번에 고용할 수 있는 도제수를 제한함으로써, 그리고 모든 업종에서는 오랜 도제수업의 필요성을 의무화함으로써, 자신들의 업종에서의 지식이 가능한 한 소수의 사람들에게만 전수되도록 제한하려고 하며, 이 소수의 사람들 중 일부라도 외국인들을 가르치기 위해 해외로 나가는 것을 매우 싫어한다.

49. 중상주의 체계는 공업과 상업의 목적은 소비가 아니라 생산이라고 잘못 생각하고 있다.

소비야말로 모든 생산활동의 유일한 목표이자 목적이며, 생산자의 이익은 소비자의 이익을 증진시키는 데 필요한 한에서만 고려되어야 한다. 이런 명제는 더없이 자명한 것으로서, 이를 증명하려고 하는 것은 어리석은 일이다. 그러나 중상주의에서는 소비자의 이익이 거의 언제나 생산자의 이익에 희생되고 있으며, 중상주의는 소비가 아니라 생산을 모든 상공업의 궁극적인 목표이자 목적으로 삼고 있는 듯이 보인다.[1)]

50. 본국 생산품과 경쟁관계에 있는 제품의 수입제한은 생산자를 위해

국내에서 생산되거나 제조되는 상품과 경쟁관계에 있는 모든 외국상

---

1) 마르크스는 자기 이전의 경제학이 산업자본의 순환을 일면적으로 파악하고 있음을 다음과 같이 지적했다. 즉, 중금주의(重金主義)는 M — C — M′ 에 주목하여 오직 유통영역만을 문제로 삼았고, 중상주의는 M — C···P··· C′ — M′ 을 단 한 번의 고정된 형태로 파악하여 국내에서의 생산과 국외에서의 판매에서 발생하는 금은량의 증가에만 주목했고, 고전파경제학은 P···C′ — M′ · M — C···P(P′) 즉 생산자본의 순환을 특별히 강조함으로써 자본가들이 절약하고 축적하여 생산규모를 확대시키는 경향을 찬양했으며, 중농학파는 상품자본의 순환, 즉 C′ — M′ — C···P···C′ 을 논의의 중심에 둠으로써 연간생산물이 어떻게 판매되어 그 다음해의 생산을 가능하게 하는지를 해명할 수 있었다. 『자본론』 제2권 제 1~3장을 참조.

소비자의 이익을 희생시킨다.

품의 수입이 제한되고 있다는 점에서, 국내 소비자의 이익은 명백히 생산자의 이익에 희생되고 있다. 이런 독점이 거의 언제나 야기하는 가격상승을 소비자가 감수해야 하는 것은 거의 전적으로 생산자의 이익을 위해서이다.

51. 수출장려금도 그렇다.

몇몇 생산물의 수출에 대해 장려금이 지급되는 것 역시 전적으로 생산자의 이익을 위해서이다. 국내 소비자는 첫째로 이런 장려금을 지급하는 데 필요한 세금을 부담해야 하며, 그 다음으로는 국내시장에서 그 상품의 가격상승으로부터 필연적으로 야기되는 더욱 무거운 부담을 지불하지 않으면 안 된다.

52. 포르투갈과의 메두엔 조약의 규정도 그렇다.

포르투갈과의 유명한 통상조약에 의해, 소비자들은 국내의 기후조건 아래에서는 산출되지 않는 상품을 이웃 나라〔프랑스〕로부터 구입하는 것을 고율의 관세에 의해 방해받고 있으며, 이리하여 멀리 떨어진 나라의 상품을, 비록 이것이 이웃 나라의 상품보다 질적으로 뒤진다는 것이 일반적으로 알려지고 있음에도 불구하고, 구입하지 않을 수 없다. 국내소비자는 〔국내 생산자가 자신의 몇몇 생산물을 이런 강제가 없는 경우보다 좀더 유리한 조건으로 그 멀리 떨어진 나라에 수출할 수 있도록 하기 위해서〕 이런 불편을 감수해야만 하는 것이다. 또한 소비자는 이처럼 강요된 수출로 인해 국내시장에서 이들 생산물의 가격이 아무리 상승하더라도 이를 감수하지 않을 수 없다.

53. 그러나 가장 낭비적인 경우는 아메리카 및 서인도 식민지 경영이다.

그러나 아메리카와 서인도제도의 식민지 통치를 위해 확립된 법률체계에서는 우리나라의 다른 모든 무역규제에서보다 더욱 철저하게 국내 소비자의 이익이 생산자의 이익에 희생되고 있다. 식민지 주민을 〔오직 우리나라 생산자들의 상점으로부터 그들이 공급할 수 있는 모든 재화를 사지 않을 수 없는) 고객으로 만들겠다는 단 하나의 목적을 위해 대제국이 건설된 것이다. 이런 독점이 우리 생산자들에게 가져다주는 약간의 가격 상승을 위해 국내소비자들은 그 제국을 유지하고 방어할 모든 비용을 부담하고 있다. 이런 목적을 위해, 그리고 오직 이런 목적만을 위해, 최근의 두 전쟁에서는 2억 파운드 이상의 비용이 지출되었으며, 〔이전의 전쟁들에서 동일한 목적을 위해 발행된 것 이외에〕 1억 7천만 파운드 이상의 새로운 국채가 생겨났다. 이런 국채의 이자만 하더라도 식민지무역의 독점으로부터 얻었다고 이야기할 수 있는 특별이윤 전체보다 클 뿐 아니라, 식민지무역의 가치 전부 또는 매년 평균적으로 식민지에 수출되는 재화의 가치 전부보다 크다.

54. 중상주의의 고안자는 생산자이고, 특히 상인과 제조업자이다.

이런 중상주의 전체를 고안해낸 것이 과연 누구인가를 파악하는 일은 그다지 어렵지 않다. 우리는 그것을 고안해낸 사람이 소비자들이 아니라 생산자들이었다고 믿어도 좋을 것이다. 왜냐하면 소비자의 이익은 전적으로 무시되어 왔음에 반해 생산자의 이익에는 매우 신중한 주의가 기울여지고 있었기 때문이다. 또한 이 생산자들 중 우리나라의 상인·제조업자들이야말로 중상주의의 특히 중요한 설계자들이다. 이 장(章)에서 주의깊게 살펴본 중상주의의 여러 규제들에서는 우리나라 제조업자들의 이익이 특별히 우대되었고, 그리고 소비자의 이익이 희생되었을 뿐 아니라 기타 생산자들〔예컨대 원료생산자〕의 이익이 더 크게 희생되었다.

제9장
중농주의, 즉 토지생산물이 모든 나라의 수입(收入)과 부(富)의 유일한 원천 또는 주요 원천이라고 하는 경제학설

1. 중농주의 체계는 중상주의 체계만큼 긴 설명이 필요 없다.

중농주의 경제학에 대해서는 중상주의에 대해 한 것만큼의 긴 설명을 필요로 하지 않는다.

2. 토지생산물을 재부(財富)의 유일한 원천으로 생각하는 이 체계의 대략적인 윤곽을 명확하게 설명할 것이다.

토지생산물을 모든 나라의 수입〔수입(revenue)은 소득(income)으로 소비되거나 자본(capital)으로 축적된다〕과 부(富)의 유일한 원천으로 간주하는 경제학설은, 내가 아는 한, 일찍이 어느 나라에서도 채택된 적이 없으며, 오늘날 박학다식한 몇몇 프랑스 학자들의 사상 속에 남아 있을 뿐이다. 세계 어느 곳에서도 아무런 폐해를 주지 않았으며, 앞으로도 그러할 것으로 생각되는 이 학설의 오류에 대해 길게 검토하는 것이 별다른 가치를 지니지 못한다는 것만은 확실하다. 그럼에도 불구하고 나는 가능한 한 명확하게 이 매우 독창적인 학설의 대략적인 윤곽을 설명해 보고자 한다.

3. 콜베르는 중상주의 체계를 채용했

루이 14세 시대의 유명한 재상 콜베

으며, 도시의 산업을 중시했다.

르(Colbert)는 청렴하고 근면하며 풍부한 지식을 지니고 있었고, 또한 국가회계의 감사에 많은 경험과 예리한 안목을 가지고 있었으며, 요컨대 어느 면으로 보나 국가 수입의 징수와 지출에 올바른 방법과 질서를 도입하는 데 적합한 재능을 가진 인물이었다. 그러나 불행하게도 그는 중상주의의 모든 편견을 가지고 있었다. 그런데 중상주의란 그 본질에 있어 제한·통제의 학설이며, 따라서 〔관청의 각 부서를 총괄하고, 그들로 하여금 본연의 임무에서 벗어나지 않도록 하기 위한 점검·통제에 익숙한〕 끈기 있고 근면한 행정가의 마음에 들 수밖에 없는 학설이다. 따라서 그는 대국의 상공업을 관청의 각 부서에 대해서와 마찬가지 방식으로 통제하려고 했으며, 또한 자유·평등·정의의 원칙에 따라 각 개인이 각자의 방식대로 자신의 이익을 추구하도록 허용하지 않고, 어떤 산업부문에 대해서는 예외적인 특권을 부여하는 반면, 다른 산업부문에 대해서는 특별한 제한을 가하기도 했다. 그는 유럽 여러 나라의 다른 재상들과 마찬가지로, 농촌산업보다 도시산업을 더욱 진흥시키기 위해 노력했을 뿐 아니라, 도시산업을 지원하기 위해 농촌산업을 쇠퇴시키고 억압하는 것마저도 꺼리지 않았다. 도시 주민에게 값싼 식량을 제공함으로써 제조업·외국무역을 장려하기 위해 그는 곡물수출을 전면 금지했으며, 이리하여 농촌생산물 중 가장 중요한 부분에 대한 외국시장을 농촌주민으로부터 빼앗았다. 이와 같은 곡물수출 금지는 〔프랑스의 옛 지방법에 따라 한 지방으로부터 다른 지방으로의 곡물 수송에 가해진 여러 가지 제한 및 모든 지방의 경작자에게 가해진 가혹한 세금(따이유)과 결합됨으로써〕 프랑스 농업을 그처럼 비옥한 토양과 적당한 기후를 가진 나라가 분명히 도달할 수 있었을 발전의 수준보다 훨씬 낮은 수준에 머물게 했다. 이처럼 좌절되고 억제된 상태는 대체로 이 나라의 어느 곳에서나 쉽게 느낄 수 있었으므로, 그 원인에 관한 여러 가지 조사가 시작되었다. 그 원인 중의 하나는 콜베르 정부가 농촌산업에 비해 도시산업을 중시하고 특혜를 주었기 때문이라고 생각되었다.

4. 그 결과 중농주의 체계를 지지하는 프랑스 사상가들은 도시의 산업을 과소평가한다.

속담에 의하면, 한 쪽으로 심하게 굽어진 막대기를 바로잡으려면 그만큼 심하게 반대쪽으로 굽히지 않으면 안 된다고 한다. 농업이 한 나라의 수입과 부의 유일한 원천이라는 학설을 제시한 프랑스 학자들은 아마도 이 속담의 원리를 받아들인 것처럼 보인다. 즉, 콜베르의 정책에서 도시산업이 농촌산업에 비해 과대평가되고 있는 것과 마찬가지로, 이들의 학설에서는 도시산업이 농촌산업에 비해 과소평가되고 있다.

5. 중농주의 체계에는 세 계급이 있는데 토지소유자, 경작자, 수공업자 · 제조업자 · 상인이 그것이다.

중농주의자는 한 나라의 토지와 노동의 연간생산물에 공헌한다고 생각되는 사람들을 세 계급으로 분류한다. 첫 번째 계급은 토지소유자 계급이다. 두 번째 계급은 차지농 · 농업노동자 등 경작자 계급인데, 이들은 중농주의자에 의해 생산적 계급으로 칭송되며, 세 번째 계급은 수공업자 · 제조업자 · 상인 계급인데, 중농주의자들은 이들을 비생산적 계급이라는 굴욕적인 명칭으로 그 지위를 격하시키고 있다.

6. 토지소유자의 연간생산물에 대한 공헌은 토지의 개량에 의해서다.

토지소유자 계급은 토지 개량을 위해, 또한 〔토지 위에 새로 짓거나 기존의 것을 유지하는〕 건물 · 배수구 · 울타리 · 기타 설비를 위해 비용을 지출함으로써 연간생산량에 공헌한다. 이런 지출 때문에 경작자는 동일한 자본량으로 이전보다 더욱 많은 양을 생산하고 따라서 더 많은 지대를 지불할 수 있게 된다. 이처럼 증대된 지대는 토지소유자가 자신의 토지를 개량하기 위해 지출한 비용〔또는 자본〕에 대한 〔토지소유자에게 귀속되는〕 이자 또는 이윤으로 간주될 수 있다. 이런 비용을 중농주의 학설에서는 토지비용(depenses foncieres)이라 부른다.[1)]

7. 경작자의 연간생산물에 대한 공헌은 시초비용과 연간비용에 의해서다.

경작자 또는 차지농은 토지를 경작하기 위해 지출하는 〔중농주의에서 말하는〕 시초비용(始初費用: depenses primitives)과 연간비용(年間費用: depenses annuelles)에 의해 연간생산량에 공헌한다. 시초비용에는 농사용구·가축·종자 등에 소요되는 비용뿐 아니라, 적어도 〔그가 경작하는 첫 해의 대부분의 기간 동안 또는 토지로부터 어느 정도의 수확을 거둘 때까지 소요되는〕 자기의 가족·피고용자의 생계비와 가축의 유지비 등이 모두 포함된다. 연간비용에는 종자비용·농기구 소모비용은 물론, 피고용자·가축의 연간 유지비, 또한 〔자기의 가족 중에서 누군가가 경작에 고용된 것으로 간주될 수 있는 경우에는〕 가족의 생계비 등이 포함된다. 토지생산물 중에서 지대를 지불하고 난 다음에 경작자에게 남는 부분은, 첫째 적절한 기간 안에 〔적어도 그의 차지기간 동안〕 그에게 시초비용의 전체와 그것에 대한 보통의 이윤을 충분히 보상할 수 있어야 하며, 둘째 매년 그에게 연간비용의 전체와 그것에 대한 보통의 이윤을 보상할 수 있어야 한다. 이런 두 종류의 비용은 차지농이 경작에 투하하는 두 가지 자본이다. 만일 이들 자본에 적절한 이윤이 덧붙여져 규칙적으로 그의 손에 되돌아오지 않는다면, 그는 다른 직업과 동일한 수준에서 자신의 직업을 유지할 수 없으며, 자신의 이익을 위해 가능한 한 빨리 그 직업을 포기하고 다른 직업을 찾아야 한다. 토지생산물 중 차지농으로 하여금 계속 경작할 수 있게 하는 데 필요한 부분은 경작에 불가결한 재원으로 간주되어야 한다. 만일 지주가 그것을 침해한다면, 그는 필연적으로 자기 토지의 생산물을 감소시키고 얼마 지나지 않아 차지농으로 하여

1) 마르크스는 이것을 토지자본이라 불렀다. 물론 마르크스는 토지소유자가 토지자본을 투하한다고는 생각하지 않았다. 차지농업가가 차지기간 중에 토지개량을 위해 투하한 토지자본은 차지기간의 종료와 함께 토지소유자의 것으로 되기 때문에, 토지의 사적소유는 자본에 의한 토지개량을 억제하게 된다고 말했다.『자본론』 제 3권 제 37장 참조.

금 그런 높은 지대를 지불할 수 없게 할 뿐 아니라, 그렇지 않았을 경우 자신의 토지에서 획득했을 정당한 지대마저도 지불할 수 없게 한다. 본래 지주에게 귀속하는 지대는, 총생산물을 생산하기 위해 미리 지출한 모든 필요비용을 가장 완전한 방법으로 지불한 이후에 남는 순생산물에 지나지 않는다. 경작자의 노동이 모든 비용을 완전히 지불하고 난 이후에도 이런 종류의 순생산물을 제공하기 때문에, 이 학설에서 경작자 또는 차지농이 생산적 계급이라는 명예로운 칭호에 의해 특별히 구별되는 것이다. 또한 이 학설에서는 동일한 이유로 그들의 시초비용과 연간비용을 생산적 비용이라 부른다. 왜냐하면 이런 비용은 그 자신의 가치를 회수할 뿐 아니라 순생산물을 매년 재생산하기 때문이다.

8. 이런 비용지출에는 모든 조세를 면제해 주어야 한다.

이른바 토지비용〔다시 말해 지주가 자기의 토지를 개량하기 위해 지출하는 비용〕도 이 학설에서는 생산적 비용이라는 명예로운 이름으로 높이 평가되고 있다. 토지비용 전체와 그것에 대한 보통이윤이 〔지주가 자기의 토지로부터 획득하는〕 지대의 증가에 의해 완전히 보상될 때까지 지대 증가분은 교회에 의해서건 국왕에 의해서건 침해될 수 없는 신성한 것으로 간주되어야 하며, 이것에는 십일조도 세금도 부과되어서는 안 된다. 만일 그렇지 않으면 토지 개량을 저해함으로써 교회로서는 십일조의 장래의 증가를, 국왕으로서는 조세 수입의 장래의 증가를 저해하게 된다. 정상적인 상태에서는 이런 토지비용은 자기 자신의 가치를 완전하게 재생산할 뿐 아니라 일정 기간 뒤에는 순생산물을 재생산하기 때문에 이 학설에서는 생산적 비용으로 간주되고 있다.

9. 그 밖의 모든 비용과 사람들은 비생산적이다.

이 학설에서 생산적이라고 간주되는 비용은 차지농의 시초비용과 연간비용 그리고 지주의 토지비용 세 가지뿐이다. 사물에 대한 이런 평가에 따르면, 다른 모든 비용과 다른 모든 부류의 사람들〔일반적인 이해 방식으로는 가장 생산적이라고 생각되는 사람들조차)은 전적으로 비생산적이라고 간주된다.

10. 특히 수공업자와 제조업자는 비생산적이며, 그들을 고용하기 위한 비용도 그러하다.

특히 수공업자·제조업자들은, 일반적인 이해 방식에 따를 경우, 그들의 노동은 토지의 천연생산물의 가치를 크게 증가시키지만, 이 학설에서는 전적으로 비생산적인 계급으로 묘사된다. 왜냐하면 그들의 노동은 오직 그들을 고용하는 자본을 보통이윤과 함께 보상할 뿐이기 때문이다. 그 자본은 고용주가 그들에게 선대한 원료·도구·임금으로 구성되어 있으며 따라서 그들의 고용과 생활유지를 위한 재원이다. 그 자본의 이윤은 고용주의 생활유지를 위한 재원이다. 고용주는 그들의 고용에 필요한 원료·도구·임금을 선대하는 것과 마찬가지로, 자기 자신의 생활유지를 위해 필요한 것을 자기 자신에게 선대한다. 일반적으로 고용주는 그들이 만드는 제품의 가격으로부터 기대하는 이윤에 자기의 생활유지비를 맞춘다. 제품의 가격이 〔고용주 자신에게 선대한〕 생활유지비와 〔그가 수공업자와 제조업자들에게 선대한〕 원료·도구·임금을 보상하지 않는 한, 그 가격은 그가 지출한 모든 비용을 보상하지 못한다는 것은 분명하다. 그러므로 공업자본의 이윤(利潤)은 토지 지대와는 달리 순생산물(純生産物)이 아니다. 다시 말해, 총생산물 중 그것을 획득하기 위해 지출해야 하는 모든 비용을 완전히 보상한 뒤에 남는 부분이 아니다. 차지농의 자본은 공장주의 자본과 마찬가지로 자기에게 이윤을 낳는다. 그런데 차지농의 자본은 또한 제 3자〔지주〕에게 지대를 제공하지만 공장주의 자본은 그렇지 않다. 그러므로 수공업자·제조업자의 고용·생활유지에 지출되는 비용은 자기 자신의 가치를 유지시킬 뿐이며 새로운 가치를 전혀 생산하지 않는다. 따라서 그 비용은 전혀 비생산적인 비용이다.[2)] 이와는 달리 차지농과 농업노동자의 고용에 지출되는 모든 비용은 자기 자신의 가치를 유지시킬 뿐 아니라 새로운 가치〔즉, 지주의 지대〕를 생산한다. 따라서 이 비용은 생산적 비용이다.

11. 상업자본도 그러하다.

상업자본은 공업자본과 똑같이 비생산적이다. 상업자본은 새로운 가치를 생산함이 없이 자기 자신의 가치를 유지시킬 뿐이다. 상업자본의 이윤은 투자자인 상인이 그것을 사용하는 동안, 또는 그가 수익을 얻을 때까지, 자기 자신에게 선대한 생활유지비의 상환일 뿐이다. 이윤은 자본을 사용하는 데 지출되어야 하는 비용의 일부를 상환할 뿐이다.

12. 수공업자와 제조업자의 노동은 매년의 생산물의 가치에 아무것도 추가하지 않는다.

수공업자 · 제조업자의 노동은 매년의 토지생산물 총량의 가치에 결코 아무것도 새로 부가하지 않는다. 물론 그것은 실제로 토지생산물의 특정부분〔예: 제조품의 원료〕의 가치를 상당히 증가시킨다. 그러나 이 부분에 부가하는 가치는 그들이 제조기간 동안 소비한 다른 농산물의 가치와 정확히 일치한다. 그러므로 총량의 가치는 어떤 순간에도 결코 그 노동에 의해 증가하지 않는다. 예컨대 한 쌍의 아름다운 주름을 가진 레이스를 만드는 사람은 종종 1페니의 아마 가치를 30파운드로 증가시킬 것이다. 얼핏 보면 그가 일부 농산물의 가치를 약 7,200배 〔1파운드=20실링=240펜스〕 증가시킨 것처럼 보이지만, 사실 그는 매년의 농산물 총량의 가치에 아무것도 부가하지 않았다. 그가 그 레이스를 만드는 데는 아마도 2년이 걸릴 것이다. 그 일이 끝났을 때 그가 얻는 30파운드는 그가 2년 동안 자기 자신에게 선대한 생활비의 상환일 뿐이다.

---

2) 제조품의 가격이 소비된 생산수단의 가격과 임금을 보상할 뿐 아니라 고용주의 생활비를 제공하는 경우, 고용주의 생활비에 해당하는 부분은 고용주가 투하한 자본의 이윤이며 분명히 새로 창조된 가치다. 왜냐하면 10,000원을 가진 고용주가 매년 2,000원을 생활비로 지출하는 경우, 그가 그 돈을 제조업에 투하하지 않았다면 5년 뒤에는 빈털터리가 되었을 것이지만, 그가 제조업에 투하했기 때문에 5년 뒤에도 원금 10,000원을 가지고 있을 뿐 아니라 그동안 매년 2,000원을 지출할 수 있었던 것이다. 『자본론』 제 1권 제 23장(단순재생산) 참조.

매일 · 매달 · 매년의 노동에 의해 그가 아마에 부가하는 가치는 그날 · 그달 · 그해 동안 자기 자신이 소비한 가치를 보상할 뿐이다. 그러므로 한순간도 그는 매년의 토지생산물 총량의 가치에 아무것도 부가하지 않는다. 왜냐하면 농산물총량 중 그가 계속 소비하는 부분은 그가 계속 생산하는 가치와 항상 일치하기 때문이다. 보잘것 없으면서도 비용만 많이 드는 레이스 제조업에 종사하는 사람들 대부분의 극단적인 빈곤은, 그들의 제품 가격이 보통의 경우 그들의 생계수단의 가치를 초과하지 않는다는 점을 우리에게 납득시켜 준다. 차지농 · 농업노동자의 노동은 그렇지 않다. 왜냐하면 지주의 지대는, 그들의 노동이 보통의 경우 피고용자와 고용주 모두의 고용 · 생계유지에 지출되는 총비용 또는 총소비를 완전히 보상하는 것을 넘어 계속 생산되는 가치이기 때문이다.[3)]

13. 수공업자 · 제조업자 · 상인은 절약을 통해서만 수입을 증가시킬 수 있다.

수공업자 · 제조업자 · 상인은 오직 절약에 의해, 또는 이 학설에서 표현하는 대로 내핍에 의해 〔즉, 그들의 생계비로 정해진 재원의 일부를 포기하는 것에 의해〕 사회의 부(富)와 수입을 증가시킬 수 있다. 그들은 매년 오직 자기들의 생활재원을 재생산한다. 그러므로 그들이 매년 자기들의 소비재원 중 일부를 절약하지 않는다면, 그들이 매년 소비재원 중 일부의 향유를 포기하지 않는다면, 사회의 수입과 부는 그들의 노동에 의해 조금도 증가할 수 없다. 그와는 반대로 차지농 · 농업노동자는 자기들의 생계비로 정해진 총재원을 완전히 향

3) 여기에서는 자본주의적 상품생산과 소상품생산이 구별되지 않고 있다. 전자의 경우, 공업자본가는 보통의 이윤(이것이 자기의 생활비 수준이어서 단순재생산만 가능하든, 그것을 초과하여 확대재생산이 가능하든)을 얻어야만 하고, 농업자본가(차지농업가)는 공업자본가와 동일한 보통의 이윤을 얻을 뿐 아니라 지주에게 지대(토지 사용을 허가해 준 것에 대한 대가: 절대지대)를 지불할 수 있어야만 한다. 그렇지 않으면 자본주의적 상품생산은 불가능하다. 다시 말해 공업자본가와 농업자본가는 투자를 하지 않을 것이다.

유하면서도 동시에 사회의 수입과 부를 증가시킬 수 있다. 그들 자신의 생계비로 정해진 재원을 초과해서 그들의 노동은 〔사회의 수입과 부를 필연적으로 증가시킬〕 순생산물을 제공한다. 그러므로 프랑스나 잉글랜드 같이 토지소유자와 경작자가 많은 나라들은 근면과 향유에 의해 부유하게 될 수 있다. 그와는 반대로 네덜란드나 함부르크와 같이 주로 상인·수공업자·제조업자로 구성된 나라들은 오직 절약과 내핍을 통해 부유하게 될 수 있다. 이와 같이 상이한 조건에 처해 있는 나라들의 관심사가 매우 다르듯이 국민성도 서로 다르다. 전자의 나라에서는 관대함·솔직함·우애가 자연히 국민성의 일부를 이룬다. 후자의 나라에서는 모든 사회적 쾌락과 향유를 싫어하는 편협함·비열함·이기적 성향이 국민성의 일부를 이룬다.

14. 비생산적 계급은 다른 두 계급의 부담으로 유지된다.

비생산적 계급〔즉 상인·수공업자·제조업자 계급〕은 모두 다른 두 계급〔즉, 토지소유자 계급과 경작자 계급〕의 비용부담으로 부양되고 고용된다. 이 두 계급은 비생산적 계급에게 작업재료와 생활수단〔즉, 그들이 작업하는 동안 소비하는 곡물과 가축〕을 제공한다. 토지소유자와 경작자는 비생산적 노동자의 임금과 모든 고용주들의 이윤을 최종적으로 지불한다. 이런 노동자와 고용주들은 사실상 토지소유자와 경작자들의 하인이다. 진정한 하인은 집 안에서 일을 하지만 그들은 집 밖에서 일하는 하인일 뿐이다. 그러나 둘 다 똑같은 주인의 비용부담으로 부양된다. 그들의 노동은 똑같이 비생산적이다. 그들의 노동은 토지의 천연생산물 총량의 가치에 아무것도 부가하지 않는다. 총량의 가치를 증가시키기는커녕 그들의 노동은 총량의 가치에서 지불되어야 하는 부담비용일 뿐이다.

15. 그러나 두 계급에게도 유용하다.

그러나 비생산적 계급은 다른 두 계급에게 유용할 뿐 아니라 크게 유용하다. 상인·수공업자·제조업자의 노동에 의해, 토지소유자와 경작자는 〔만약 자기들 스스로 서투르고 미숙련된 방식으로 수입하거나 만든다면 그들이 투하해야만 했을 노동량보다 훨씬 적은 노동의 생산물로] 자기들이 필요로 하는 외국 재화와 국내 제조품을 구입할 수 있다. 비생산적 계급에 의해 경작자는 토지경작으로부터 자기들의 관심을 빼앗아갔을 많은 근심으로부터 해방된다. 이런 분산되지 않은 주의(注意)의 결과 경작자가 거둘 수 있게 된 더 많은 생산물은 [비생산적 계급의 고용과 생계유지가 토지소유자·경작자 자신들에게 부담시키는] 총비용을 지불하기에 충분하다. 상인·수공업자·제조업자의 노동은 그 자체로서는 완전히 비생산적이지만 이런 방식으로 간접적으로 토지생산물의 증가에 기여한다. 비생산적 계급의 노동은 생산적 노동을 토지경작이라는 그 적합한 일에 전념하게 함으로써 생산적 노동의 생산력을 증대시킨다.[4] 자기 일이 농경과는 거리가 먼 사람들의 노동에 의해 농경은 종종 더욱 쉽고 더욱 훌륭하게 된다.

16. 비생산적 계급의 노동을 제한하고 억압하는 것은 다른 두 계급에게 이익이 되지 않는다.

어떤 측면에서도 상인·수공업자·제조업자의 노동을 제한·억제하는 것은 토지소유자와 경작자에게 이익이 될 수 없다. 이 비생산적 계급이 향유하는 자유가 크면 클수록 그 계급을 고용하는 각종 직업에서의 경쟁은 더욱 커질 것이고, 토지소유자와 경작자는 외국 재화와 국내 제조품을 더욱 싸게 공급받을 것이다.

17. 다른 두 계급을 억압하는 것도 비생산적 계급에게 이익이 되는 것은 아니다.

토지소유자와 경작자를 억압하는 것은 결코 비생산적 계급에게 이익이 될 수 없다. 비생산적 계

4) 상업자본의 이윤에 대해 마르크스는 동일한 생각을 가지고 있다. 즉, 상업자본에 고용된 노동자는 스스로 잉여가치를 창조하지 않지만 상품의 매매과정을 담당하여 잉여가치의 실현을 촉진함으로써 산업자본의 잉여가치 생산을 가속화시킨다는 것이다. 다시 말해 상업자본은 산업자본의 더 작은 부분을 화폐자본·상품자본의 형태로 유통영역에 묶여 있게 함으로써 산업자본 중 생산에 직접적으로 사용되는 부분을 증대시킨다는 것이다. 이런 역할에 의해 상업자본은 산업자본가에게 고용된 노동자가 창조한 잉여가치 총량의 사회적 분배에 참가하여 사회적 평균이윤을 얻게 된다고 말했다. 『자본론』 제 3권 제 16장(상품거래자본)과 제 17장(상업이윤) 참조.

급을 부양·고용하는 것은 토지의 잉여생산물(즉, 경작자와 토지소유자의 생활수단을 뺀 뒤 남는 것)이기 때문이다. 이 잉여가 크면 클수록 비생산적 계급의 생활수단과 고용도 커질 것임이 틀림없다. 완전한 정의, 완전한 자유, 완전한 평등을 확립하는 것이 생산적 계급과 비생산적 계급 모두의 최고도의 번영을 가장 효과적으로 보증하는 매우 단순한 비밀이다.

18. 이와 마찬가지로 상업국은 농업국의 부담으로 유지되고 있다.

네덜란드나 함부르크와 같이 주로 비생산적 계급으로 구성되어 있는 상업국의 상인·수공업자·제조업자는 마찬가지로 토지소유자와 경작자의 비용부담으로 부양되고 고용된다. 유일한 차이점은 토지소유자와 경작자의 대부분이 외국의 주민이고 외국정부의 백성이며, 따라서 그들이 작업재료와 생활수단을 제공하는 상인·수공업자·제조업자로부터 멀리 떨어진 매우 불편한 곳에 있다는 점이다.

19. 상업국은 농업국에게 대단히 유용하다.

그러나 이런 상업국은 다른 나라의 주민들에게 유용할 뿐 아니라 상당히 유용하다. 상업국은 타국의 매우 중요한 부족 물자를 어느 정도 보충하며, 타국의 주민들이 자기 나라에서 찾아야 하지만 정책상의 어떤 결함으로 찾지 못하고 있는 상인·수공업자·제조업자를 대리해 준다.

20. 고율의 관세로 상업국의 산업을 방해하는 것이 농업국에게 이익이 되는 것은 아니다.

상업국이 공급하는 상품이나 그들의 무역에 고율의 관세를 부과함으로써 상업국의 산업을 저해·억제하는 것은 결코 농업국의 이익이 될 수 없다. 이런 관세는 상업국 상품의 값을 비싸게 하여 농업국 자신의 토지의 잉여생산물(이것으로 농업국은 상업국의 상품을 구매한다)의 실질가치를 떨어뜨릴 뿐이다. 그 관세는 농업 잉여생산물의 증가 그리고 결과적으로는 그들 자신의 토지의 개량·경작을 저해할 뿐이다. 그와는 반대로 농업 잉여생산물의 가치를 올리며 그 증가를 고무하고 결과적으로 그들 자신의 토지의 개량·경작을 장려하기 위한 가장 효과적인 수단은 모든 상업국의 무역에 가장 완전한 자유를 허용하는 일일 것이다.

21. 무역의 자유는 때가 되면 국내에서 수공업자 등을 공급할 것이다.

무역의 완전한 자유는 농업국에 부족한 상인 · 수공업자 · 제조업자를 머지않아 농업국에 공급하는 가장 효과적인 수단이며, 농업국이 국내에서 느끼는 매우 중요한 부족 물자를 가장 적절하고 유익한 방식으로 보충하는 가장 효과적인 수단이기도 할 것이다.

22. 그들의 자본이 증가하면 먼저 제조업자를 고용하게 된다.

농업국 토지의 잉여생산물의 계속적인 증가는 머지않아 토지의 개량 · 경작에서 보통의 이윤율을 얻으면서 사용될 수 있는 것보다 더 큰 자본을 창조한다. 그리고 이 잉여부분은 당연히 국내에서 수공업자 · 제조업자의 고용에 사용될 것이다. 이 수공업자 · 제조업자는 국내에서 그들의 작업원료와 생활수단을 찾을 수 있기 때문에 매우 낮은 기교와 숙련을 가지고도 먼 곳에서 작업원료와 생활수단을 가져와야만 하는 상업국의 수공업자· 제조업자만큼 싸게 만들 수 있을 것이다. 기교와 숙련이 부족하여 그들이 당분간 그만큼 싸게 만들 수 없다고 하더라도 국내에서 시장을 발견할 수 있으므로 자기들의 제품을 국내시장에서는 상업국의 수공업자· 제조업자의 제품만큼 싸게 팔 수 있을 것이다. 왜냐하면 상업국의 제품은 멀리 떨어진 곳으로부터 국내시장에 들어오기 때문이다. 그리고 그들의 기교· 숙련이 개선됨에 따라 그들은 곧 제품을 더욱 싸게 팔 수 있을 것이다. 그리하여 상업국의 수공업자· 제조업자의 제품은 농업국의 시장에서 즉각 경쟁에 직면하게 될 것이고 곧 자기보다 싼 제품이 나타나 그곳에서 완전히 밀려나게 될 것이다. 기교· 숙련의 점진적인 개선의 결과로 농업국의 제품이 싸게 됨에 따라 판매는 국내시장을 넘어 다수의 외국시장으로 확대될 것이고, 거기에서 똑같은 방식으로 상업국의 많은 제품을 점진적으로 밀어낼 것이다.

23. 그 뒤에는 외국무역으로 흘러들어갈 것이다.

농업국의 농산물과 제조품의 이런 계속적인 증가는 머지않아 보통의 이윤율로 농업이나 제조업에 사용될 수 있는 것보다 더 큰 자본을 창조할 것이다. 이 자본의 잉여는 당연히 외국무역으로 향할 것이고 국내수요를 초과하는 농산물과 제조품을 외국에 수출하는 데 사용될 것이다. 자국 생산물을 수출하는 데 있어 농업국의 상인은 상업국의 상인에 대해, 농업국의 수공업자· 제조업자가 상업국의 수공업자 · 제조업자에 대해 가졌던 이점〔즉, 후자가 멀리서 찾아야만 했던 화물· 비축물 · 식료품을 국내에서 찾을 수 있다는 이점〕을 똑같이 가질 것이다. 그러므로 항해의 기교 · 숙련은 뒤떨어지지만 그들은 그 화물을 외국시장에서 상업국 상인만큼 싸게 팔 수 있을 것이다. 그리고 동등한 기교 · 숙련을 가지게 되면 그들이 더 싸게 팔 수 있을 것이다. 그리하여 그들은 곧 외국무역 부문에서 상업국과 경쟁하게 될 것이고 머지않아 그들을 밀어낼 것이다.

24. 무역의 자유는 제조업의 육성과 외국무역의 도입을 위한 최선의 방법이다.

그러므로 이 자유롭고 관대한 학설에 따르면, 농업국이 자신의 수공업자 · 제조업자 · 상인을 육성하는 가장 유리한 방법은 다른 모든 나라의 수공업자 · 제조업자 · 상인에게 무역의 가장 완전한 자유를 허용하는 것이다. 그렇게 함으로써 농업국은 자신의 토지의 잉여생산물의 가치를 올리고, 그 가치의 계속적인 증가는 〔농업국이 필요로 하는 모든 수공업자 · 제조업자 · 상인을 필연적으로 육성할〕 재원을 점차로 확보하게 할 것이다.

25. 고율의 관세와 수입금지는 농산물의 가치를 떨어뜨리고, 상업과 제조업의 이윤을 높인다.

이와는 반대로 농업국이 고율의 관세나 수입금지로 외국 국민의 무역을 억압하면 그것은 필연적으로 두 가지 방식으로 자기 자신의 이익을 해치게 된다. 첫째, 모든 외국 재화와 모든 종류의 제조품의 가격을 상승시켜 자기 자신의 토지의 잉여생산물〔이것으로 농업국은 외국 재화와 제조품을 구매한다)의 실질가치를 반드시 떨어뜨린다. 둘째, 자국 상인·수공업자·제조업자에게 국내시장에 대한 일종의 독점권을 부여함으로써 농업이윤율에 비해 상업이윤율과 제조업이윤율을 올린다. 그리하여 이전에 농업에 사용되었던 자본의 일부를 끌어내거나, 〔그렇지 않았다면 농업에 사용되었을〕 자본이 농업으로 향하는 것을 방해한다. 그러므로 이 정책은 두 가지 방식으로, 즉 첫째는 농산물의 실질가치를 떨어뜨려 농업이윤율을 저하시킴으로써, 둘째는 다른 모든 산업의 이윤율을 상승시킴으로써 농업을 저해한다. 농업은 그렇지 않았을 경우보다 불리하게 되고, 상업과 제조업은 더욱 유리하게 된다. 그리하여 모든 사람은 자기의 이익을 추구하여 자기의 자본·노동을 가능한 한 농업으로부터 상공업으로 전환시키려고 한다.

26. 제조업자와 상인을 너무 일찍 길러낼 수 있을 뿐이다.

외국 국민의 무역을 억압하는 정책에 의해 농업국이 자국의 수공업자·제조업자·상인을 무역자유에 의한 것보다 다소 빨리 육성할 수 있다고 할지라도 〔이것은 적지 않게 의심스러운 일이지만〕, 이 억압정책은 이를테면 그들을 너무 일찍 〔그들에 대한 필요가 무르익기 전에〕 육성시킬 것이다. 하나의 산업을 너무 성급하게 육성하는 것에 의해 억압정책은 다른 더욱 가치있는 산업을 억제하게 될 것이다. 보통의 이윤과 함께 그 자본을 보충할 뿐인 하나의 산업을 너무 성급하게 육성함으로써 억압정책은 이윤과 함께 자본을 보충하는 것 이상의 순생산물〔즉, 지주에 대한 공짜지대〕을 제공하는 다른 산업을 억압할 것이다.[5] 그것은 전혀 비생산적인 노동을 너무 성급하게 고무함으로써 생산적 노동을 억압한다.

---

5) 순생산물의 개념이 마르크스와 다르다. 마르크스에 따르면, 연간총생산물 중에서 전년에 사용한 고정자본(건물·기계 등)의 감가상각비와 원료·보조원료비를 뺀 것이 순생산물이다. 이 순생산물은 노동자의 연간 노동에 의해 새로 창조된 것이고, 임금·이윤·지대·조세 등으로 분할될 것이다. 물론 잉여생산물은 순생산물에서 임금을 뺀 것과 같다.

27. 토지생산물의 분배는 『경제표』에서 설명되고 있다.

토지의 연간생산물 총액이 어떤 방식으로 앞에서 설명한 세 계급 사이에 분배되는가, 또한 비생산적 계급의 노동이 어떻게 이 총가치를 전혀 증가시키지 않고 오직 자기 자신이 소비한 가치를 보상할 뿐인가 하는 문제는 이 학설〔중농주의〕의 천재적이고 심오한 창시자인 케네(Quesnay)에 의해 몇 가지 산술적인 표식(表式)으로 표현되었다. 이들 표식 중 첫 번째의 것은 그것이 지닌 걸출함으로 인해 케네 자신이 『경제표(Tableau economomique)』〔1758년 발간〕라는 이름으로 특별히 다른 것과 구별하고 있는데, 가장 완전하게 자유로운 상태, 따라서 최고의 번영을 누리는 상태 하에서, 다시 말해, 연간생산물이 가능한 한 최대의 순생산물을 낳으며 각 계급은 연간생산물 중 자기 자신의 적절한 몫을 향유하는 상태 하에서, 이런 분배가 어떻게 이루어지는가에 관한 그의 생각을 표현하고 있다. 그 다음의 몇몇 표식들은 이런 완전한 자유가 제한·규제되는 상태 하에서, 다시 말해 토지소유자 계급 또는 비생산적 계급이 경작자계급보다 우대받고 이들 두 계급 중의 누군가가 이 생산적 계급에게 당연히 귀속되어야 할 몫을 다소 침해하는 상태 하에서, 이런 분배가 어떻게 이루어지는가에 관한 그의 생각을 표현하고 있다. 이 학설에 따르면, 이런 모든 침해는, 다시 말해 가장 완전한 자유에 의해 확립되는 자연적 분배에 대한 모든 침해는, 필연적으로 연간생산물의 가치 총량을 매년 틀림없이 감소시킬 것이며, 또한 사회의 진정한 부와 수입을 필연적으로 점차적으로 감소시킬 것이 틀림없다. 한편 이런 감소 과정이 급속하게 진행되는가, 완만하게 진행되는가는 그 침해의 정도에 따라, 다시 말해 가장 완전한 자유에 의해 확립되는 자연적 분배가 왜곡되는 정도에 따라, 좌우될 것이다. 이들 몇몇 표식들은, 이 학설에 따르면, 사물의 자연적 분배가 왜곡되는 정도에 조응하는 감소의 정도를 표현한다.

28. 해로운 규제에도 불구하고

몇몇 이론적인 의사들은 인체의 건강이 식

국민은 번영할 수 있다.

사 · 운동에 관한 어떤 정확한 양생법(養生法: regimen)에 의해서만 유지될 수 있으며, 이것을 조금이라도 어기게 되면 그 침해의 정도에 따라 필연적으로 일정한 병 또는 이상상태가 나타난다고 생각한 듯하다. 그러나 경험에 의하면, 매우 다양한 양생법에 따르더라도, 심지어는 건강에 바람직하다고는 일반적으로 도저히 생각될 수 없는 양생법에 따르더라도, 인체가 적어도 겉으로는 가장 완벽한 건강상태를 종종 유지하고 있는 것을 볼 수 있다. 인체가 건강한 상태에 있을 때에는, 매우 잘못된 양생법의 나쁜 영향조차도 여러 가지 점에서 예방하거나 시정할 수 있는 〔무엇인가 알 수 없는〕 건강 유지의 원동력이 인체 그 자체 내에 작용하고 있는 듯하다. 그 자신이 의사이고 더구나 매우 이론적인 의사였던 케네는 사회에 대해서도 이와 마찬가지의 생각을, 즉 사회도 어떤 정확한 양생법, 즉 완전한 자유와 완전한 정의라는 정확한 양생법 아래에서만 비로소 번영한다는 생각을 가지고 있었던 것 같다. 그는 사회에서는 각자가 자기 자신의 상태를 개선하려고 끊임없이 행하는 자연적 노력이 어느 정도 불공평하고 억압적인 경제정책의 악영향을 여러 가지 점에서 예방하고 시정할 수 있는 건강 유지의 원동력이라는 것을 생각하지 않은 듯하다. 이런 경제정책은 비록 부(富)와 번영을 향한 국민의 자연적 진보를 다소 늦출 수는 있다고 하더라도 완전히 정지시킬 수는 없으며, 하물며 후퇴시킬 수는 더더욱 없다. 만약 국민이 완전한 자유와 완전한 정의를 누리지 않고서는 번영할 수 없다면, 일찍이 이 세상에서 번영할 수 있었던 국민은 아무도 없었을 것이다. 인체의 경우 자연의 지혜가 인간의 게으름과 무절제함으로부터 야기되는 많은 악영향을 치유해 주는 것과 마찬가지로, 사회의 경우에도 자연의 지혜〔지혜로운 자연〕가 다행히 인간의 어리석음과 불의로부터 야기되는 많은 악영향을 치유하기에 충분한 대비를 해 주고 있는 것이다.

29. 중농주의가 수공업자 등을 비생

그러나 이 학설의 주된 오류는 수공업

산적이라고 한 것은 잘못이다.

자 · 제조업자 · 상인의 계급을 전혀 비생산적인 계급으로 상정하는 것에 있는 것 같다. 다음의 설명은 이런 생각이 잘못된 것임을 밝혀줄 것이다.

30. 왜냐하면, (1)그들은 적어도 자신들의 매년의 소비를 재생산하고, 그들을 고용하는 자본을 존속시키기 때문이다.

첫째로, 이 계급은 자신이 연간 소비한 가치를 매년 재생산하며, 자신을 유지하고 고용하는 자본을 적어도 존속시킨다는 사실은 일반적으로 인정된다. 이런 이유만으로도 이 계급을 비생산적이라고 부르는 것은 전혀 적절하지 않다고 생각된다. 예컨대 혼인의 결과 1남 1녀의 자녀만이 탄생하여 부모를 대체할 뿐 인류의 수를 증가시키지 못하고 이전과 같게 유지한다고 하더라도, 우리는 그 혼인을 불모(不毛: barren)이고 비생산적이라고 이야기할 수 없다. 확실히 차지농과 농업노동자들은 자신들을 유지하고 고용하는 자본을 초과하는 순생산물〔즉, 지주에 대한 공짜 지대〕을 매년 재생산한다. 세 자녀를 낳는 혼인이 두 자녀만을 낳는 혼인보다 확실히 더욱 생산적이듯이, 차지농 · 농업노동자의 노동은 상인 · 수공업자 · 제조업자의 노동보다 더욱 생산적이다. 그러나 전자의 계급이 더 많이 생산해 낸다고 해서 곧 후자의 계급이 비생산적으로 되는 것은 아니다.

31. (2)그들은 하인과는 다르기 때문이다.

둘째로, 이런 이유에서 수공업자 · 제조업자 · 상인을 하인과 동일시하는 것은 전적으로 부적절하다고 생각된다. 하인의 노동은 자신을 유지 · 고용하는 재원을 존속시키지 않는다. 하인을 유지 · 고용하는 것은 전적으로 주인의 비용에 의한 것이며, 하인이 행하는 노동은 이런 비용을 보충하는 성질의 것이 결코 아니다. 그 노동은 그가 행하는 바로 그 순간에 소멸해 버리는 서비스에 불과하며, 따라서 그의 임금이나 생활수단의 가치를 보상할 수 있는 판매 가능한 상품으로 고정되거나 체현될 수 없다. 이와는 달리 수공업자 · 제조업자 · 상인의 노동은 판매가능한 상품의 형태로 고정되고 체현된다. 바로 이런 이유 때문에 나는 생산적 노동과 비생산적 노동을 다룬 장〔제 2편 제 3장〕에서 수공업자 · 제조업자 · 상인을 생산적 노동자로 분류하고 하인을 비생산적 노동자로 분류한 것이다.

32. (3)그들의 노동이 사회의 진정한 수입을 증가시키기 때문이다.

셋째로, 수공업자 · 제조업자 · 상인의 노동은 그 사회의 진정한 수입을 증가시키지 않는다고 하는 것은 아무리 생각해 봐도 부당한 것 같다. 예컨대 이 학설에서 상정하고 있는 것처럼 이 계급이 하루 · 한 달 · 한 해에 소비하는 가치가 이들이 매일 · 매월 · 매년 생산해 내는 가치와 완전히 일치한다고 가정하더라도, 이런 사실로부터 이들의 노동이 사회의 진정한 수입〔다시 말해 그 사회의 토지 · 노동의 연간생산물의 진정한 가치〕에 아무것도 덧붙이지 못했다고는 말할 수 없다. 예컨대 수확 뒤 최초의 6개월 동안 10파운드어치의 작업을 행하는 수공업자는, 비록 그 기간 동안 10파운드어치의 곡물 · 기타 생활필수품을 소비한다고 하더라도, 그 사회의 토지 · 노동의 연간생산물에 10파운드의 가치를 실제로 덧붙인 것이다. 그는 곡물과 기타 생활필수품으로 10파운드어치의 반년분 수입을 소비하면서 〔자기 자신이나 다른 사람이 반년분의 동일한 소득을 획득할 수 있는〕 동일한 가치의 제품을 생산한 것이다. 따라서 이 6개월 동안 〔이 사회에서〕 소비되고 생산된 것의 가치는 10파운드가 아니라 20파운드와 같다. 물론 이 기간의 어느 순간에도 이 가치 중 10파운드만이 존재했다고 말할 수 있을지도 모른다. 그러나 만일 수공업자에 의해 소비된 10파운드 가치의 곡물 · 기타 생활필수품이 군인 · 하인에 의해 소비되었다면, 6개월이 끝나는 순간의 연간생산물 가치는 수공업자의 노동에 의해 현실적으로 존재하는 것보다 10파운드만큼 적었을 것이다. 따라서 수공업자가 생산하는 것의 가치는 그 기간의 어느 순간에도 그가 소비하는 가치보다 크다고 할 수 없을지라도, 그 기간의 어느 순간 시장에 현실적으로 존재하는 재화의 가치는, 그가 생산해 낸 것에 의해, 그가 아무것도 생산해 내지 않는 경우보다 더욱 크다.

33. 수공업자 등의 소비와 생산이 같기 때문에 비생산적이라고 한 것은 잘못이다.

이 학설의 옹호자들이 수공업자·제조업자·상인의 소비는 그들이 생산하는 것의 가치와 일치한다고 주장할 때, 이 옹호자들이 의미하는 바는 아마도 그들의 수입(다시 말해 그들의 소비에 충당되는 재원)이 그들이 생산하는 것의 가치와 일치한다는 것뿐일 것이다. 그러나 만일 이들이 좀더 정확하게 표현하여, 이 계급의 수입은 그들이 생산한 것의 가치와 일치한다고 주장하기만 했다면, 독자들은 이 수입 중에서 자연적으로 저축되는 부분은 필연적으로 그 사회의 진정한 부를 다소 증가시킬 것임에 틀림없다는 사실을 쉽사리 생각해 낼 수 있었을 것이다. 그런데 자신들의 주장을 논쟁적으로 제기하기 위하여 이들은 그렇게 표현하지 않았던 것이다. 그러나 비생산적이라는 주장은 (가령 모든 사정이 현실적으로 이 주장에서 가정하고 있는 것과 일치한다고 하더라도) 설득력이 거의 없다.

34. (4)연간생산물을 증가시키는 데에는 유용노동의 생산력 증대와 유용노동의 수량 증대라는 두 가지 방법이 있다.

넷째로, 차지농과 농업노동자도 절약하지 않고서는 사회의 진정한 수입, 즉 토지·노동의 연간생산물을 증가시킬 수 없다는 것은 수공업자·제조업자·상인과 마찬가지다. 한 사회의 토지·노동의 연간생산물은 오직 두 가지 방법 — 첫째로 그 사회 안에서 현실적으로 유지되는 유용노동(useful labour)의 생산력을 증대시키는 것, 둘째로 이런 유용노동의 양(量)을 늘리는 것 — 에 의해서만 증가될 수 있다.

35. 유용노동의 생산력 증대란 면에서는 농업부문이 불리하다.

유용노동의 생산력 증대는 첫째로 노동자의 능력 개선, 둘째로 그가 사용하는 기계류의 개선에 좌우된다. 그런데 수공업자·제조업자의 노동은 차지농·농업노동자의 노동에 비해 더욱 세분될 수 있으며, 더욱 단순한 작업으로 환원될 수 있으므로, 위의 두 종류의 개선을 더 높은 정도로 달성할 수 있다. 이런 점에서 경작자 계급은 수공업자·제조업자 계급에 비해 조금도 유리하지 않다.

36. 유용노동량의 증가는 자본의 증가에 의존한다.

한 사회 안에서 현실적으로 고용되는 유용노동량의 증대는 그것을 고용하는 자본의 증대에 전적으로 의존하고 있음에 틀림없다. 그리고 이런 자본의 증대는 이런 자본의 사용을 관리·지휘하는 특정한 사람들〔또는 자본을 이들에게 빌려주는 다른 사람들〕이 수입으로부터 저축한 금액과 정확히 일치함에 틀림없다. 이 학설에서 가정하고 있듯이, 만일 상인·수공업자·제조업자들이 토지소유자·경작자들에 비해 절약·저축의 성향이 더욱 강하다고 한다면, 그들은 사회 안에 고용되는 유용노동량을 증가시키고 따라서 그 사회의 진정한 수입, 즉 토지·노동의 연간생산물을 증가시키기가 더욱 쉬울 것이다.

37. (5)무역과 제조업은 중농주의가 유일한 수입이라고 생각하는 생활자료를 제공할 수 있기 때문이다.

마지막 다섯째로, 한 나라 주민의 수입이 이 학설에서처럼 오직 그들의 노동에 의해 획득되는 생활수단의 양(量)으로 이루어진다고 가정하더라도, 상공업국의 수입은 다른 사정이 동일하다면 무역·공업이 없는 나라의 수입보다 항상 더 클 것임에 틀림없다. 왜냐하면 무역과 제조업에 의해 〔그 나라의 토지가 현재의 경작상태에서 그들에게 제공할 수 있는 것보다〕 훨씬 더 많은 양(量)의 생활수단이 매년 그 나라에 수입될 수 있기 때문이다. 예를 들면 도시 주민은 비록 자신의 토지를 소유하고 있지 않더라도, 자기에게 작업원료뿐 아니라 생활수단까지도 제공하는 토지생산물의 양(量)을 자기의 노동에 의해 다른 사람으로부터 얻고 있다. 하나의 도시와 이웃 농촌 사이에 항상 존재하는 관계는 하나의 독립국과 다른 독립국들 사이에 존재하는 관계와 같다고 말할 수 있다. 예컨대 네덜란드는 자신의 생활수단의 대부분을 다른 나라로부터, 즉 살아 있는 가축은 홀스타인(Holstein)과 유틀랜드(Jutland)로부터,

곡물은 유럽의 거의 대부분의 나라들로부터 들여온다. 적은 양의 제조품은 많은 양의 천연생산물을 구입할 수 있다. 따라서 상공업국은 적은 양의 자신의 제조품으로 다른 나라로부터 많은 양의 천연생산물을 구입할 수 있다. 이와는 반대로, 무역·제조업이 없는 나라는 일반적으로 많은 양의 자신의 농산물로 매우 적은 양의 제조품을 다른 나라로부터 구입하게 된다. 상공업국은 매우 적은 사람들의 생활수단·편의품을 수출하고 매우 많은 사람들의 생활수단·편의품을 수입하는 반면에, 상공업국이 아닌 나라는 매우 많은 사람들을 위한 생활수단·편의품을 수출하고 매우 적은 사람들을 위한 그것을 수입한다. 전자의 주민들은 그들의 토지가 현재의 경작상태에서 제공할 수 있는 것보다 훨씬 많은 양의 생활수단을 언제나 향유함에 틀림없지만, 후자의 주민들은 그보다 훨씬 적은 양의 생활수단을 언제나 향유할 수 있을 뿐이다.

38. 중농주의는 그 오류에도 불구하고 가치가 있다.

이 학설은 그것이 지닌 불완전함에도 불구하고 아마도 지금까지 경제학에 관해 발표된 것들 중 진리에 가장 접근한 것이며, 이 이유 때문에 이 매우 중요한 학문〔경제학〕의 여러 원리들을 주의 깊게 검토하고자 하는 모든 사람들이 연구해 볼 만한 충분한 가치를 지니고 있다. 토지에서 일하는 노동만이 유일하게 생산적인 노동이라고 이해하고 있다는 점에서 그들의 주장은 아마도 너무 편협하고 제한적이긴 하지만, 국부(國富: wealth of nations)가 화폐라는 소비할 수 없는 귀금속으로 구성되는 것이 아니라 그 사회의 노동에 의해 해마다 재생산되는 소비 가능한 재화들로 구성된다고 이해하는 점에서, 그리고 완전한 자유는 이런 매년의 재생산을 가능한 한 최대로 하기 위한 유일하게 효과적인 수단이라고 이해하는 점에서, 이 학설은 모든 점에서 정당하며 또한 폭넓고 관대하다고 생각한다. 이 학설을 따르는 사람들은 매우 많다. 더욱이 사람들이란 역설적(逆說的)인 것을 좋아하며, 보통 사람들이 결코 이해할 수 없는 것을 자기 자신은 이해하고 있는 듯이 보이는 것을 좋아하므로, 공업노동의 비생산적 성격에 관해 이 학설이 지니고 있는 역설은 아마도 이 학설을 찬미하는 사람들의 수를 증가시키는 데 적지 않게 기여했을 것이다. 그들은 지난 몇 년 동안 상당히 중요한 하나의 학파(學派)를 형성했으며, 특히 프랑스 학계에서는 경제학자(The OEconomists)라는 이름으로 구별되고 있다. 그들의 저작은 이전에는 충분히 검토된 적이 없었던 여러 주제들에 대한 일반적인 논의를 불러일으켰을 뿐 아니라, 농업을 위한 국가 정책에 어느 정도 영향력을 행사했다는 점에서 확실히 프랑스를 위해 어느 정도 공헌했다. 즉, 프랑스 농업이 이전에 고통받아 왔던 몇 가지 억압으로부터 벗어나게 된 것은 그들의 주장이 가져온 결과였다. 예컨대 토지의 장래 구매자〔또는 소유자〕에 대해서도 유효한 토지 임차기간이 9년에서 27년으로 연장되었으며, 한 지방으로부터 다른 지방으로의 곡물수송에 대해 가해진 오래된 지방적인 제한조치가 완전히 폐지되었으며, 그리고 곡물을 외국에 수출할 수 있는 자유가 모든 일반적인 경우에 나라의 관습법으로서 확립되었다. 이 학파의 저작은 대단히 많고, 더구나 진정한 의미에서의 정치경제학〔즉, 국부의 성질과 원인에 관한 이론〕뿐 아니라 통치제도의 온갖 분야를 다루고 있는데, 이 모든 저작에서 이 학파는 눈에 보이는 어떤 조그마한 수정도 없이 맹목적으로 케네의 이론을 추종하고 있다. 이 때문에 대부분의 저작들은 거의 비슷하다. 그것들 중에서 가장 명쾌하고 가장 논리적으로 정리된 저작으로는 한때 마르티니코의 지사를 지낸 베르시에 드 라 리비에르(Mercier de la Riviere)가 쓴 『정치사회의 자연적·본질적 질서』〔1767년〕라는 소책자를 들 수 있다. 이 학파의 스승이자 그 자신은 매우 겸손하고 순진한 사람이었던 케네에 대해 이 학파의 모든 사람들이 보내는 찬사는 고대 철학자들이 그들 각 학파의 창시자에게 보내는 찬사에 결코 뒤지지 않는다. 매우 근면하고 존경받을 만한 저자인 마르키 드 미라보(Marquis de Mirabeau)는 다음과 같이 말하고 있다.

"세계가 시작된 이래, 정치사회를 풍요롭고 아름답게 만든 여러 발명들과는 별도로, 정치사회에 안정성을 부여한 3대 발명이 있었다. 첫 번째는 인간으로 하여금 법률 · 계약 · 역사 · 발견들을 그대로 후세에 전달할 수 있도록 해준 문자(文字)의 발명이다. 두 번째는 문명사회의 모든 관계들을 맺어주는 화폐(貨幣)의 발명이다. 세 번째는 이상의 두 가지 발명의 결과인 경제표(經濟表)로서, 이것은 두 가지 발명의 목적을 완전하게 만들어 완성시킨다. 이것은 우리 시대의 위대한 발명이지만, 이것으로부터의 이익은 우리의 자손들이 거두어들일 것이다."

39. 어떤 나라들은 농업을 더 중시했다.

오늘날 유럽 여러 나라들의 경제정책은 농업〔즉, 농촌산업〕보다는 제조업 · 외국무역〔즉, 도시산업〕을 더욱 중시해 왔지만, 다른 나라들은 이와는 다른 정책, 즉 제조업 · 외국무역보다는 농업을 더욱 중시하는 정책을 펴기도 했다.

40. 예를 들면 중국이 그렇다.

중국의 정책은 다른 어떤 산업보다 농업을 중시한다. 중국에서 농민의 생활상태는 〔대부분의 유럽나라에서 수공업자의 생활상태가 농민의 생활상태보다 양호한 것만큼이나〕 수공업자의 생활상태보다 양호하다. 중국에서 모든 사람이 지니는 가장 큰 야심은 약간의 토지라도 점유하는 것〔소유에 의해서든 임차에 의해서든〕이다. 또한 중국에서는 토지의 임차계약이 매우 적절한 조건에서 이루어지고 있으며, 임차인의 권리는 충분히 보장된다고 전해진다. 중국 사람들은 외국무역을 전혀 중시하지 않는다. "귀국의 거지같은 무역!"이라는 말이 베이징의 중국 관리가 외국무역에 대해 러시아 공사 드 랑즈(De Lange)에게 자주 내뱉곤 했던 말이다.* 중국 사람들은 일본과의 교역을 제외하고는 그들 스스로 자기들의 선박을 이용하여 외국과의 무역을

* J. Bell, *Traveles from St. Petersburg in Russia to Diverse Parts of Asia*, Glasgow, 1763.

거의 또는 전혀 행하지 않으며, 그들이 다른 나라 선박의 출입을 허용하는 항구조차 한두 개뿐이다. 그러므로 중국에서 외국무역은 〔그들 자신의 선박을 이용하든 다른 나라의 선박을 이용하든 좀더 많은 자유가 허용된다면 자연적으로 도달할 수 있는 것보다〕 훨씬 좁은 범위로 제한되어 있다.

41. 중국은 그 자체만으로도 대단히 광대한 나라이지만, 더 많은 외국무역을 하는 것이 그 나라에 유리할 것이다.

공산품은 부피가 작더라도 종종 큰 가치를 지니며, 따라서 대부분의 농산물에 비해 더 적은 비용으로 한 나라로부터 다른 나라로 수송될 수 있으므로 거의 모든 나라에서 외국무역의 주된 품목이 되고 있다. 더욱이 중국에 비해 국내시장이 협소하거나 국내상업에 불리한 사정을 가진 나라들은 제조업의 발전을 위해 일반적으로 외국무역을 필요로 한다. 왜냐하면 광대한 외국시장이 존재하지 않을 경우 협소한 국내시장만을 가지고 있거나, 또는 한 지방으로부터 다른 지방으로의 교통이 매우 불편해서 특정 지역의 재화가 그 나라 국내시장 전체를 확보할 수 없는 나라들에서는 제조업이 충분히 번영할 수 없기 때문이다. 제조업의 충분한 발전은 분업에 전적으로 의존한다는 사실을 결코 잊어서는 안 된다. 또한 이미 앞에서〔제 1편 제 3장〕 살펴보았듯이, 제조업에 분업이 도입될 수 있는 정도는 필연적으로 시장의 크기에 의해 좌우된다. 중국의 광활한 영토, 거대한 인구, 다양한 기후 및 이에 따른 전국 각지에 걸친 다양한 생산물, 그리고 수로(水路)에 의한 전국 각 지역 사이의 손쉬운 교통 등은 그 나라의 국내시장을 매우 크게 만들어 거대한 제조업을 충분히 지탱할 수 있으며, 상당한 정도의 분업을 가능하게 한다. 중국의 국내시장은 아마 그 크기에서 유럽 모든 나라들의 시장을 합한 것에도 결코 뒤지지 않는다. 이처럼 거대한 국내시장에 세계의 나머지 모든 지역의 외국시장을 첨가시키는 외국무역이 만일 이루어진다면, 또한 특히 외국무역의 상당한 부분이 중국 선박으로 이루어진다면, 틀림없이 중국의 제조품은 더욱더 증가할 것이며, 제조업의 생산력은 더욱더 발전할 것이다. 또한 이렇게 되면 좀더 폭넓은 항해가 이루어짐으로써 중국인들은 세계의 다른 모든 지역에서 시행되고 있는 기술·산업상의 여러 개량뿐 아니라 다른 나라에서 사용되고 있는 각종 기계들을 스스로 사용·제작하는 기술까지도 자연스럽게 습득하게 될 것이다. 현재와 같은 정책으로는 다른 나라 국민들(일본인은 제외한다)을 본받아 그들 자신을 발전시킬 수 있는 기회는 거의 없다.

42. 이집트와 인도의 힌두교 정부도 농업을 우대했다.

또한 고대 이집트의 정책 및 인도의 힌두교(Gentoo) 정부의 정책 역시 다른 모든 산업보다 농업을 중시했다고 생각된다.

43. 이들 나라의 인민들은 세습적 계급으로 나뉘어 있었다.

고대 이집트와 인도에서는 전체 국민은 각각의 세습계급(cast) 또는 씨족으로 구분되어 있었으며, 각각의 카스트는 자자손손에 이르기까지 하나의 특정한 직업 또는 일정한 부류의 직업들에 종사할 뿐이었다. 예컨대 승려(僧侶)의 아들은 필연적으로 승려가 되었으며, 군인의 아들은 군인이, 농민의 아들은 농민이, 직포공의 아들은 직포공이, 재봉사의 아들은 재봉사가 되었다. 이들 두 나라에서는 승려계급이 최고 계급이었으며 군인계급이 그 다음이었다. 또한 이들 두 나라에서는 차지농·농업노동자 계급이 상인·제조업자 계급보다 상위계급이었다.

44. 그곳에서는 관개(灌漑)에 주의를 기울였다.

이들 두 나라 정부는 농업의 이익에 특히 주의를 기울였다. 나일강의 물을 적절하게 배분하기 위해 이집트의 고대 왕들에 의해 시행된 공사는 고대에 유명한 것이었으며, 이들 가운데 몇몇 유적은 지금까지도 여행자들의 감탄을 불러일으키고 있다. 갠지스강과 그 밖의 여러 강들의 물을 적절하게 배분하기 위해 인도의 고대 왕들에 의해 시행된 이와 마찬가지 종류의 공사는, 비록 이집트의 그것만큼 유명해지지는 못했지만, 역시 거대했던 것 같다. 따라서 이들 두 나라는 때때로 식량난에 허덕이기는 했지만 대단한 풍작을 낳는 것으로 유명했다. 두 나라는 인구가 매우 조밀했지만 평년작인 해에도 이웃 나라들에 많은 양의 곡물을 수출할 수 있었다.

45. 이집트와 인도는 외국무역을 다른 나라들에 의존했다.

고대 이집트인은 바다를 매우 싫어하는 미신을 갖고 있었다. 한편 힌두교는 그 신도들이 물 위에서 불을 켜는 것, 따라서 물 위에서 음식을 요리하는 것을 허용하지 않았으므로 사실상 그 신도들의 장거리 항해를 금지했다. 그리하여 이집트인과 인도인은 자신들의 잉여생산물의 수출을 거의 전적으로 다른 민족들의 해운업에 의존했을 것임에 틀림없다. 이런 의존성은 시장을 제한함으로써 잉여생산물의 증대를 틀림없이 저해했을 것이다. 또한 이런 의존성은 농산물의 증대보다 공산품의 증대를 더욱 저해했을 것이다. 왜냐하면 제조업은 농산물의 가장 중요한 부분보다 훨씬 더 넓은 시장을 필요로 하기 때문이다. 한 명의 제화공이 1년 동안 300켤레 이상의 구두를 만들어내지만, 그의 가족은 아마 6켤레도 사용하지 못할 것이다. 그러므로 그는 적어도 자신의 가족과 같은 가족이 있는 50가구 이상의 고객이 없는 한 자신의 노동생산물 전체를 처분할 수 없다. 대국의 경우, 수공업자가 아무리 많다고 하더라도 가구수 전체의 $\frac{1}{50}$~$\frac{1}{100}$ 이상은 좀처럼 되지 않는다. 그러나 프랑스·잉글랜드와 같은 대국에서는 농업에 종사하는 사람의 수가, 몇몇 저자들에 따르면, 총인구의 $\frac{1}{2}$, 다른 저자들에 따르면 $\frac{1}{3}$이라고 추산되고 있지만, 내가 알고 있는 어떤 저자도 $\frac{1}{5}$ 이하라고 말하지는 않는다. 그런데 프랑스·잉글랜드의 농업생산물의 대부분이 국내에서 소비되므로, 이런 계산에 따를 경우, 농업에 종사하는 사람들 각각은 자신의 노동생산물 전체를 처분하기 위해 자신의 가족과 같은 수의 가족을 가진 한두 가구, 또는 기껏해야 4가구 이상의 고객을 필요로 하지 않는다. 그러므로 시장이 제한되어 있는 상태 하에서도 농업은 제조업에 비해 더욱 쉽게 자립할 수 있는 것이다. 고대 이집트와 인도 두 나라에서는 편리한 내륙 수상운송이 제한된 외국시장을 어느 정도 보상해 주었으며, 이런 편리한 내륙수운은 전국 각지의 모든 생산물에 대해 국내시장 전체를 가장 유리하게 개방해 주었다. 더욱이 인도의 광활한 영토는 넓은 국내시장을 제공해 줌으로써 여러 가지 제조업을 충분히 유지할 수 있게 해 주었다. 반면에 잉글랜드에도 미치지 못하는 고대 이집트의 협소한 영토는 그 어느 시기에도 여러 가지 제조업을 유지하기에는 너무나 좁은 국내시장을 제공했음에 틀림없다. 따라서 가장 많은 양의 쌀을 수출하는 인도의 한 주인 벵골(Bengal)은 곡물수출보다는 각종 제조품의 수출로 인해 언제나 더욱 이름이 났다. 이와는 달리 고대 이집트는 약간의 제조품, 특히 고급아마포를 수출하고 있었음에도 불구하고, 언제나 대규모 곡물수출로 더욱 유명했다. 이집트는 오랜 기간 로마제국의 곡창이었다.

46. 토지세는 동방 여러 나라의 국왕들로 하여금 농업에 특별한 관심을 갖도록 했다.

중국·고대 이집트·〔각 시대마다 서로 분할되어 있던〕 인도 왕국들의 왕들은 그들의 세입의 전부 또는 상당히 큰 부분을 언제나 어떤 종류의 토지세 또는 지대로부터 끌어내고 있었다. 이들 토지세 또는 지대는 마치 유럽에서의 $\frac{1}{10}$세〔십일조〕와 같이 토지생산물의 특정 비율〔$\frac{1}{5}$ 이라고 한다〕로 이루어졌는데, 이것은 현물로 납부되든지 일정한 평가에 따라 화폐로 납부되었으며, 따라서 수확량의 변동에 따라 해마다 변동되었다. 그러므로 이들 나라의 왕들은 그들 자신의 세입이 증가하느냐 감소하느냐가 직접적으로 농업의 번영·쇠퇴에 의존하고 있었으므로 자연히 농업에 대해 특별한 주의를 기울였다.

47. 고대 그리스 및 로마는 제조업과 외국무역을 억제하고, 제조업을 노예노동만으로 수행했다.

고대 그리스공화국과 로마공화국의 정책은, 비록 농업을 제조업·외국무역보다 중시했지만, 농업을 직접적으로 또는 의도적으로 장려했다기보다는 오히려 후자를 억제했던 것 같다.

몇몇 그리스 고대국가들에서는 외국무역이 전적으로 금지되어 있었으며, 그 밖의 다른 몇몇 국가들에서는 수공업·제조업이라는 직업이 〔군사훈련·체육훈련을 통해 배양하려고 했던 습성들을 몸에 붙이지 못하게 하고 따라서 전쟁의 고난을 견디어 내고 전쟁의 위험에 맞닥뜨리는 체력을 다소 떨어뜨린다고 생각하여〕 인체의 강인함과 민첩함에 해(害)를 주는 것으로 생각했다. 이런 직업들은 오직 노예들에게만 적합한 것으로 생각했으며, 국가의 자유민이 그것에 종사하는 것은 금지되었다. 심지어 로마와 아테네에서처럼 이런 금지조치가 없었던 국가들에서조차 대부분의 사람들은 오늘날 대개 도시의 하류층이 종사하고 있는 모든 직업에서 사실상 배제되어 있었다. 왜냐하면 아테네와 로마에서는 이런 직업이 부자의 이익을 위해 그것에 종사하는 노예들에게 모두 맡겨져 있었으며, 그들 주인의 부·권력·배경으로 인해 가난한 자유민이 부자의 노예와 경쟁할 경우 자신들의 제품 시장을 발견하기는 거의 불가능했다. 그러나 노예들에게는 발명의 재능이 거의 없었으며, 기계류와 작업 배치에서 노동을 쉽게 하고 단축하는 중요한 모든 개량들은 자유민의 발명이었다. 만일 노예가 이런 종류의 개량을 제안한다고 하더라도, 주인은 그가 게으름을 피우기 위해, 그리고 주인의 경제적 부담으로 자신의 노동을 줄이기 위해 그것을 제안한다고 생각하기 쉬울 것이다. 이리하여 불쌍한 노예는 보상은커녕 크게 학대받고 아마도 어떤 벌을 받을 것이다. 그러므로 동일한 작업량의 완수에서 노예에 의해 행해지는 제조업은 자유민에 의해 행해지는 제조업보다 대체로 더욱 많은 노동을 필요로 했음이 틀림없다. 이 때문에 전자의 제품은 후자의 것보다 틀림없이 더욱 비쌌을 것이다. 몽테스키외(Montesquieu)에 따르면, 헝가리의 광산은 이웃 터키의 광산에 비해 비록 그 매장량은 풍부하지 않지만 항상 더욱 적은 비용으로 가동되고 있었으며, 따라서 더욱 많은 이윤을 가져왔다. 터키의 광산은 노예들에 의해 가동되고 있으며, 노예의 팔이 터키인들이 지금까지 생각해 낸 유일한 기계다. 헝가리의 광산은 자유민들에 의해 가동되고 있으며, 이들은 수많은 기계를 사용해서 자신들의 노동을 쉽게 하고 단축시키고 있다. 그리스·로마 시대의 제조품 가격이 거의 알려져 있지 않은 사실로 미루어 볼 때, 양질의 제조품은 그 가격이 매우 비쌌던 것으로 보인다. 견직물은 그것의 무게에 상당하는 금과 교환되었다. 물론 당시의 견직물은 유럽산이 아니라 모두 동인도산이었으므로 수송거리가 멀다는 점으로부터 그것의 가격이 엄청나게 비쌌다는 것이 어느 정도 설명될 수도 있을 것이다. 그러나 귀부인이 때때로 매우 좋은 아마포 한 필에 대해 지불하는 가격도 이와 마찬가지로 대단했을 것이다. 그런데 아마포는 언제나 유럽산이거나 아무리 멀더라도 이집트산이었으므로, 이처럼 높은 가격은 그것에 사용된 노동의 비용이 엄청났다는 사실 이외에는 무엇으로도 설명될 수 없으며, 또한 이런 노동비용은 오로지 이 노동이 사용한 기계가 형편없었다는 사실에서 비롯되었다. 양질의 모직물 가격도, 비록 그처럼 엄청나지는 않았지만, 오늘날의 가격보다 훨씬 높았던 것으로 보인다. 플리니(Pliny)의 말에 따르면, 특수 방식으로 염색된 옷감의 가격은 무게 1파운드당 100데나리우스(denarius) [다시 말해 3파운드 6실링 8펜스] 였으며, 이와는 다른 방식으로 염색된 옷감은 무게 1파운드당 1,000데나리우스[33파운드 6실링 8펜스] 였다.* 기억해야 할 것은, 로마의 (중량 단위인) 파운드는 (16 온스가 아니라) 12온스에 불과하다는 사실이다. 이처럼 높은 가격은 주로 염색 탓이었던 것 같다. 그러나 그 옷감 자체가 오늘날 생산되고 있는 것보다 훨씬 더 비싸지 않았다면 그처럼 값비싼 염색은 행해지지 않았을 것이다. 주원료와 보조원료 사이의 가치 차이는 매우 컸을 것으로 생각된다. 위의 저자가 언급한 트리클리나리아[triclinaria: 즉 식탁 옆의 눕는 의자에 기댈 때 사용된 일종의 모직 베개 또는 쿠션] 의 가격은 모든 예상을 뛰어넘어 그것들 중 어떤 것은 3만 파운드 스털링 이상, 또 다른 어

---

* Pliny, *Natural History*.

떤 것은 무려 30만 파운드 스털링 이상이나 되었다고 한다. 이처럼 높은 가격 역시 염색 탓이었다고 말해지는 것은 아니다. 아버스노트(Arbuthnot)의 관찰에 의하면, 상류층 남녀의 의복은 오늘날보다 고대에 훨씬 다양성이 적었던 듯하며, 우리가 고대의 조각을 보더라도 그의 관찰은 정확하다고 할 수 있다. 그러나 그는 이런 사실로부터 그들의 의복이 대체로 우리들의 의복보다 더욱 값쌌을 것임에 틀림없다고 추론하고 있는데, 이런 추론은 옳지 않다. 유행하는 의복이 매우 값비싼 경우 그 종류는 매우 적지 않을 수 없다. 그러나 제조업의 생산력 증대에 의해 의복 한 벌의 비용이 그다지 비싸지 않게 되면 다양성이 자연스럽게 매우 커질 것이다. 왜냐하면 부자들은 의복 한 벌만으로는 자기 자신을 남의 눈에 띄게 할 수 없으므로, 당연히 자신들의 의복의 수와 다양성을 늘림으로써 그렇게 하려고 노력할 것이기 때문이다.

48. 제조품의 가격을 올리는 모든 사정들은 농업을 좌절시키고 억제한다.

이미 살펴보았듯이〔제 3편 제 3장〕 모든 나라에서 가장 규모가 크고 가장 중요한 상업은 도시주민과 농촌주민 사이에서 이루어진다. 도시주민은 작업원료·생활수단을 이루는 천연생산물을 농촌으로부터 얻는다. 그리고 그들은 천연생산물의 일정 부분을 즉시 사용할 수 있도록 제조·가공해서 농촌으로 되돌려 보냄으로써 천연생산물에 대한 대가를 지불한다. 도시주민과 농촌주민 사이에 이루어지는 상업은 궁극적으로 일정량의 천연생산물이 일정량의 제조품과 교환되는 것에 다름 아니다. 따라서 후자가 비싸면 비쌀수록 전자는 더욱 싸다. 다시 말해, 어느 나라에서든 제조품의 가격을 높이는 모든 것은 토지의 천연생산물의 가격을 낮추게 되고 따라서 농업을 쇠퇴시킨다. 일정량의 천연생산물〔또는 같은 이야기지만 일정량의 천연생산물의 가격〕이 구매할 수 있는 제조품의 양이 적으면 적을수록, 그 일정량의 천연생산물의 교환가치는 그만큼 적어지고, 또한 지주가 토지 개량에 의해 또는 차지농이 토지경작에 의해 농산물의 양을 증가시키려는 자극도 그만큼 줄어든다. 더욱이 어느 나라에서든 수공업자 · 제조업자의 수를 감소시키는 모든 것은 〔토지의 천연생산물에 대한 시장 중 가장 중요한 시장인〕 국내시장을 협소하게 함으로써 농업을 더욱더 쇠퇴시킨다.

49. 제조업과 외국무역을 제한하는 학설체계는 결국 이렇게 한다.

그러므로 농업을 진흥시키기 위해 다른 모든 산업보다 농업을 중시하고 제조업·외국무역에 대해서는 제한을 가하는 학설체계는 실제로 그것이 의도하는 목적과는 정반대로 작용하게 되고, 그것이 진흥시키려는 바로 그 산업을 간접적으로 쇠퇴시킨다. 이런 의미에서 아마도 이 학설은 중상주의보다 논리적으로 더욱 일관성이 없다. 중상주의는 제조업·외국무역을 농업에 비해 더욱 장려함으로써 그 사회의 자본의 일정 부분을 더 유리한 산업부문으로부터 더 불리한 산업부문으로 이동시킨다. 그럼에도 불구하고 중상주의는 그것이 진흥시키려는 산업부문을 실제로 그리고 결국에는 장려한다. 이와는 달리 중농주의는 실제로 그리고 결국에는 그들 자신이 더 선호하는 산업부문을 쇠퇴시키는 것이다.

50. 어떤 산업부문을 장려하거나 제한하려는 학설체계는 모두 사회 진보를 저해한다.

특정 산업부문에 대해 특별한 장려책을 사용함으로써 〔이런 장려책이 없었을 경우 이 부문에 자연적으로 투하되었을 것보다〕 더욱 많은 양(量)의 자본을 의도적으로 이 부문에 끌어들이려 하거나, 특정 산업부문에 대해 특정한 제한정책을 사용함으로써〔이런 제한정책이 없었을 경우 이 부문에 투하되었을〕 일정량의 자본을 의도적으로 이 부문으로부터 끌어내려는 어떤 학설도 실제로는 그것이 의도하는 큰 목적을 파괴하게 된다. 그것은 참된 풍요 · 번영을 향한 그 사회의 진보를 촉진시키기는커녕 오히려 저지하며, 또한 사회의 토지 · 노동의 연간생산물의 진정한 가치를 증대시키기는커녕 오히려 감소시킬 뿐이다.

51. 자연적 자유의 체계는 국왕에게 다음 세 가지 책무를 맡길 뿐이다. 국토방위, 사법행정, 공공사업의 유지.

그러므로 특혜를 주거나 제한을 가하는 모든 제도가 완전히 철폐되면 분명하고 단순한 자연적 자유(natural liberty)의 제도가 스스로 확립된다. 이 제도 하에서 모든 사람은 정의의 원칙을 위반하지 않는 한, 완전히 자유롭게 자기의 방식대로 자신의 이익을 추구할 수 있으며, 자신의 근면·자본을 바탕으로 다른 누구와도〔다른 어느 계급과도〕 완전히 자유롭게 경쟁할 수 있다. 이렇게 되면 국왕은 사적 개인의 노동을 감독하고 그것을 사회의 이익에 가장 적합한 직업으로 인도해야 하는 의무로부터 완전히 해방된다. 국왕은 이 의무를 이행하려고 시도할 때 항상 수많은 망상에 빠질 수밖에 없었고, 또한 이 의무를 적절히 이행하는 데는 인간의 어떤 지혜나 지식도 결코 충분할 수 없었던 것이다. 자연적 자유의 제도하에서는 국왕은 오직 세 가지의 의무에 유의해야 하는데, 이 세 가지 의무는 물론 매우 중요하지만 명백해서 보통의 이해력을 가진 사람이라면 누구나 파악할 수 있다. 세 가지 의무란, 첫째 사회를 다른 독립사회의 폭력·침략으로부터 보호하는 의무, 둘째 사회의 각 구성원을 다른 구성원의 불의·억압으로부터 가능한 한 보호하는 의무, 또는 엄정한 사법(司法)행정을 확립하는 의무, 셋째 일정한 공공사업·공공시설을 건설·유지하는 의무이다. 그런데 이런 공공사업과 공공시설을 건설·유지하는 것은 결코 어느 개인이나 소수 개인들의 이익에 적합할 수 없다. 왜냐하면 그것의 이득은 사회 전체에 대해서는 그것의 비용을 보상하고도 남는 경우가 종종 있지만 어느 개인이나 소수 개인들에 대해서는 결코 비용을 보상할 수 없을 것이기 때문이다.

52. 다음 편에서는 군주의 필요경비와 전 사회의 경비를 분담시키는 방법, 공채(公債)의 원인과 효과가 다루어질 것이다.

국왕이 이런 의무를 적절히 수행하기 위해서는 필연적으로 일정한 경비(經費)가 필요하며, 이런 경비는 다시 필연적으로 일정한 세입(稅入)을 필요로 한다. 그러므로 다음의 제 5편에서 나는 다음과 같은 것을 설명하려고 한다. 첫째, 국왕이나 국가의 필요 경비는 무엇인가, 이 경비 중 어느 것을 사회 전체의 일반적 과세(課稅)에 의해 조달해야 하며, 어느 것을 사회의 특정 부분의 사람들〔또는 특정 구성원들〕의 과세에 의해 조달해야 하는가 하는 문제다. 둘째, 사회 전체가 부담해야 하는 경비를 조달할 때 사회 전체에 과세하는 방법은 어떤 것들이 있으며, 각 방법의 주된 이점과 불편은 무엇인가 하는 문제다. 셋째, 거의 모든 근대국가가 그 세입의 일부를 공채(公債: public debt)의 담보로 제공하거나 공채를 짊어지게 된 이유와 원인은 무엇이며, 그리고 이런 공채가 사회의 진정한 부(富), 즉 토지·노동의 연간생산물에 미친 영향은 무엇인가 하는 문제이다. 그러므로 제 5편은 자연히 세 개의 장(章)으로 분할된다.

제 5 편

국왕 또는 국가의 수입

"큰 재산이 있는 곳에는 반드시 큰 불평등이 존재한다. 한 사람의 큰 부자에 대하여 적어도 500명의 가난한 사람이 있으며, 소수의 풍요로움은 다수의 빈곤을 전제로 한다. 부자의 풍요는 가난한 사람들의 분노를 자극하는데, 빈민들은 빈곤에 내몰리고 질투심에 의한 부추김을 받아 부자의 재산을 침해하려고 한다. 수년에 걸친 노동에 의해, 또는 수세대에 걸친 노동에 의해 획득한 귀중한 재산의 소유자가 하룻밤이라도 안전하게 잘 수 있는 것은 공권력의 보호 아래에서만 가능하다."

-제 5편 제 1장 (p.876)-

"국정에 직접 관계하는 사람들의 주된 관심사는 당장의 위급 상황을 해소하는 것이다. 그들은 미래의 국가수입을 채무로부터 해방시키는 일은 후손들의 문제로 남겨둔다."

-제 5편 제 3장 (p.1142)-

"과세 수입에서도 군사력에서도 제국의 유지에 전혀 기여하지 않는 나라들을 제국의 한 지방으로 간주할 수는 없다. 그들은 아마도 제국의 부속물, 즉 제국이 가진 일종의 화려하고 눈부신 장식물로 간주될 수는 있을지 모른다. 그러나 제국이 더 이상 이런 장식물을 유지하기 위한 비용지출을 감당할 수 없다면, 그들을 포기해야 한다."

-제 5편 제 3장 (p.1186)-

제1장
국왕 또는 국가의 지출

제 1절 국방비

1. 군사비 지출은 시대에 따라 다르다.

국왕의 첫 번째 의무는 다른 독립사회의 폭력과 침략으로부터 그 사회를 보호하는 것이며, 이것은 군사력에 의해서만 달성될 수 있다. 그러나 이런 군사력을 평화시에 준비하고 전쟁시에 사용하기 위해 지출되는 경비는 사회의 상황에 따라, 그리고 사회의 발전단계에 따라 큰 차이를 보인다.

2. 수렵민족 사이에서는 군사비가 들지 않는다.

북아메리카의 원주민들 사이에서 볼 수 있은 바와 같이, 가장 낮고 가장 미개한 사회상태의 수렵민족에게는 각 개인은 사냥꾼임과 동시에 전사(戰士)이다. 그들이 자기의 사회를 방어하기 위해 또는 다른 사회로부터 가해진 침략에 대해 보복하기 위해 전쟁에 참가하는 경우, 그들은 가정에서 생활하던 것과 마찬가지로 스스로의 노동으로 자신의 생활을 유지한다. 이런 상태의 사회에서는 진정한 의미의 왕이나 국가가 존재하지 않으므로, 전쟁을 준비하거나 전쟁터에서의 생활을 유지하기 위한 경비는 국가로부터 지출되지 않는다.

3. 유목민이 싸우러 나갈 때에는 전 종족이 재산을 가지고 같이 이동한다.

타타르인(Tartar)이나 아라비아인들 사이에서 볼 수 있는 바와 같이, 더 진보된 사회상태의 유목민족에게도 각 개인은 여전히 전사다. 이들 민족은 대개 일정한 거주지를 갖지 않으며, 이리저리 옮기기 쉬운 천막이나 덮개를 덮은 일종의 수레 속에서 생활한다. 어떤 사건이 일어나거나 계절이 변화함에 따라 이들 종족 전체는 거주지를 옮긴다. 가축 떼가 한 지역의 목초를 모두 먹어버리면 그들은 다른 곳으로, 그 다음에는 또 다른 곳으로 옮겨가며, 건조한 시기에는 강가로 내려오고 우기(雨期)에는 고지(高地)로 올라간다. 이들 민족이 전쟁에 참가할 경우, 전사들은 가축 떼를 연약한 노인과 부녀자들에게 맡기려 하지 않으며, 노인과 부녀자를 아무런 방비나 생활수단 없이 뒤에 남겨 두려고 하지 않는다. 더욱이 이들 종족 전체는 평화시에도 이동생활에 매우 익숙해 있으므로 전쟁시에는 쉽사리 모두가 전투에 참가할 수 있다. 그들이 하나의 군대로서 진군하든 한 무리의 유목민으로서 이리저리 옮겨 다니든, 그 목적이 다를 뿐이고 생활방식 자체는 거의 동일하다. 따라서 그들은 모두가 전쟁에 참가해서 각자가 할 수 있는 만큼의 역할을 수행한다. 타타르인들 사이에서는 여자도 전쟁에 참가했다는 사실이 흔히 알려지고 있다. 그들이 승리할 경우 정복당한 상대 종족의 것이면 무엇이든 그들이 차지한다. 그러나 만일 그들이 패배할 경우 그들은 모든 것을 잃게 되며, 그들의 가축 떼는 물론 부녀자들조차도 정복자의 전리품이 된다. 전쟁에서 다행히 살아남은 사람의 대부분도 눈앞의 생존을 위해 정복자에게 복종하지 않을 수 없으며, 그 나머지는 대개 불모의 땅으로 쫓겨난다.

4. 추장이나 왕들은 전쟁

타타르인 · 아라비아인들의 일상생활 · 일상훈

비용을 부담하지 않는다.

련은 충분히 전쟁에 대한 대비가 된다. 달리기 · 씨름 · 곤봉시합 · 창던지기 · 활쏘기 등은 야외생활을 하는 사람들의 일상적인 놀이이며, 그 모두가 전쟁을 흉내 낸 것이다. 실제로 전쟁에 참가할 경우 타타르인 · 아라비아인들은 평화시와 마찬가지로 그들이 늘 데리고 다니는 가축 떼에 의해 생활한다. 이들 민족은 모두 추장이나 왕을 가지고 있지만, 추장이나 왕은 이들을 전쟁에 내보내기 위해 필요한 어떤 경비도 부담하지 않는다. 오히려 이들이 전쟁에 참가할 때 바라거나 요구하는 유일한 보상은 다른 민족으로부터 약탈할 수 있는 좋은 기회뿐이다.

5. 유목민족은 수렵민족보다 훨씬 더 위협적이다.

수렵민족의 무리는 200~300명을 좀처럼 넘지 않는다. 수렵을 통해 얻을 수 있는 생활수단은 그 이상의 무리가 상당한 기간 함께 생활하기에는 대체로 충분하지 않다. 반면에 유목민족의 무리는 때로는 20~30만 명에 이르기도 한다. 그들이 목초를 모두 먹어버린 지역으로부터 목초가 아직 남아있는 다른 지역으로 아무런 방해도 받지 않은 채 이동하는 한, 함께 이동할 수 있는 인원수에는 아무런 제한도 없는 듯하다. 수렵민족은 이웃의 문명민족에게 그다지 위협이 되지 않지만, 유목민족은 그렇지 않다. 북아메리카 인디언이 일으키는 전쟁만큼 보잘것없는 것도 드물지만, 이와 반대로 아시아에서 타타르인의 침략보다 더욱 두려웠던 것은 없었다. 아마도 스키타이(Scythia)인이 통일되었더라면 유럽도 아시아도 이에 대항할 수 없었을 것이라는 투키디데스(Thucydides)의 판단은 모든 시대의 경험에 의해 증명되었다. 스키타이나 타타르의 광대하고 아무런 방비가 없는 평원의 주민들은 종종 정복한 유목집단이나 씨족의 추장의 지배하에 통일되었다. 아시아의 유린과 파괴는 언제나 그들이 통일되었음을 알리는 것에 다름 아니었다. 또 하나의 대규모 유목민족인 아라비아의 황량한 사막의 주민들은 지금까지 단 한 번 마호메트(Mahomet)

와 그 후계자들의 지배하에 통일되었다. 그들의 통일은 정복의 결과라기보다는 오히려 종교적인 열정의 산물이었지만, 그것이 상징하는 바는 동일했다. 만약 아메리카의 수렵민족들이 일찍이 유목민족이 되었더라면, 그들과 이웃하고 있다는 사실은 유럽 식민지들에게 지금보다 더욱 큰 위협이 되었을 것이다.

6. 가정용품을 만들 뿐인 농경민족들은 쉽게 전사로 변한다. 그들을 전쟁에 준비하도록 하는 일에 국왕은 비용을 들이지 않는다.

좀 더 진보된 사회상태에 있으나 외국과는 거의 교역을 하지 않고 거의 모든 가족이 스스로 사용할 조잡한 가정용품 이외에는 별다른 제조품을 지니지 못한 농경민족의 경우에도 각 개인은 마찬가지로 전사고 또한 쉽사리 전사가 된다. 농사를 지으며 살아가는 사람들은 계절에 따른 온갖 어려움을 이겨내면서 대체로 하루 종일 집 밖에서 생활한다. 그들은 고된 일상생활에 익숙해 있으므로 전쟁의 고통을 능히 이겨내며, 실제로 그들이 항상 하지 않으면 안 되는 농사일 중에는 전쟁 중에 행하는 일과 흡사한 것도 있다. 도랑을 파야 하는 농사일은 참호를 파고 진지를 구축하는 일에 대한 좋은 훈련이 된다. 또한 농경민족의 일상의 놀이는 유목민족의 그것과 마찬가지로 전쟁을 흉내낸 것들이다. 다만 농경민족은 유목민족만큼 한가한 때가 없으므로 자주 이런 놀이들을 즐기지 못할 뿐이다. 그들은 병사로서의 훈련을 완전히 습득하지는 못하고 있다. 그럼에도 불구하고 왕 또는 국가는 이들이 전쟁에 참가할 준비를 하는 데 아무런 비용도 부담하지 않는다.

7. 그들이 출전할 경우에도, 그들을 유지하는 데 그렇게 많은 비용이 들지 않는다.

농업이란 그것이 아무리 원시적이고 낮은 상태에 있다고 하더라도 일정한 거주지(居住地)를 전제로 한다. 다시 말해, 큰 손실을 보지 않고서는 결코 포기할 수 없는 일종의 고정된 거주지를 필요로 한다. 따라서 농경민족이 전쟁에 참가할 경우 모든 사람들이 전쟁터에 나갈 수는 없다. 적어도 노인·부녀자·아이들은 집에 머물러 거주지를 보살펴야 한다. 반면 적령기의 남자는 모두 전쟁터에 나가는데, 실제로 소규모 민족들의 경우 이런 일은 흔히 있었다. 모든 민족들에게 적령기의 남자는 대체로 전체 인구의 $\frac{1}{4}$~$\frac{1}{5}$에 이르는 것으로 생각된다. 만일 전투가 파종기 이후에 시작되어 수확기 이전에 끝난다면, 농민과 주된 일꾼들이 농토로부터 벗어난다고 하더라도 그다지 큰 손실은 입지 않을 것이다. 그들은 그 기간 동안 해야 할 일을 노인·부녀자들이 충분히 해낼 수 있을 것으로 믿고 전쟁터로 나간다. 따라서 그들은 단시일 내에 끝날 전투라면 보수를 받지 않고도 기꺼이 전쟁터로 나가며, 전쟁을 준비할 경우와 마찬가지로 전쟁터에서 그들의 생활을 지탱하기 위한 비용도 종종 국왕 또는 국가가 거의 부담하지 않는다. 고대 그리스의 여러 나라 시민들은 제 2차 페르시아 전쟁 이후까지, 펠로폰네소스(Peloponnesus)의 주민들은 펠로폰네소스 전쟁 이후까지 이런 방식으로 봉사한 것 같다. 투키디데스에 따르면, 펠로폰네소스 사람들은 여름철이 되면 수확하기 위해 전쟁터를 뒤로 하고 집으로 돌아갔다. 로마 사람들은 왕정시대와 공화국 초기에 마찬가지 방식으로 복무했다. 고향에 머물러 있던 사람들이 전쟁터에 나간 사람들의 생활유지를 위해 얼마나마 거두기 시작한 것은 바로 베이이(Veii) 포위 이후의 일이었다. 로마 제국의 폐허 위에 세워진 유럽의 여러 왕국에서는 〔봉건법이라 불리는 것이 확립되기 이전, 그리고 그 이후 어느 정도의 기간까지도〕 대영주가 자신의 직속 가신들을 데리고 자신의 경비로 국왕에 봉사하곤 했다. 고향에서와 마찬가지로 전쟁터에 있는 경우에도 대영주는 자기 자신의 수입으로 생활했으며, 국왕으로부터 받는 봉급수당으로 생활하지는 않았다.

8. 전장에 나가는 사람들에게 급료를 지불해 줄 필요가 있게 된 것은 그 뒤의 일이다.

더욱더 진보된 사회상태에서는 두 가지 서로 다른 원인으로 말미암아 전쟁에 참가하는 사람이 자신의 비용으로 생활하는 것이 불가능해진다. 이들 두 가지 원인이란 제조업의 발달과 전쟁기술의 개선이다.

9. 수공업자와 제조업자들이 일단 그들의 일터를 떠나면 국가에 의해 부양되지 않으면 안 되기 때문이다.

농민이 전쟁에 참가하더라도 전쟁이 파종기 이후에 시작되어 수확기 이전에 끝난다면, 그들의 농사일이 중단되더라도 그들의 소득은 크게 감소하지 않을 것이다. 남겨진 일의 대부분은 농민의 노동이 없더라도 자연이 스스로 알아서 해 준다. 그러나 예컨대 수공업자 · 대장장이 · 목수 · 직포공은 일자리를 비우면 그들 소득의 유일한 원천은 완전히 봉쇄되어 버린다. 자연은 그들에게 아무것도 해 주지 않으며, 그들은 스스로 모든 것을 해야만 했다. 따라서 그들이 사회를 방어하기 위해 전쟁터에 나가게 되면, 그들은 자신의 생활을 유지할 아무런 수입도 갖지 못하게 되므로 사회로부터 부양받지 않으면 안 된다. 주민의 대부분이 직공 · 제조업자인 나라에서는 전쟁터에 나가는 대부분의 사람들을 이런 사람들로 충당하지 않을 수 없으므로, 그들이 복무하고 있는 동안은 국가로부터 부양을 받지 않을 수 없다.

10. 전쟁 기간이 길어지면 무상으로 복무하는 것이 농민에게까지도 너무 과중한 부담이 된다.

전쟁 기술이 점차로 상호 관련된 복잡한 과학(科學)으로 발전되어, 초기의 사회에서처럼 전쟁의 승패가 일회의 불규칙적인 전투에 의해 좌우되는 것이 아니라 대개 몇 차례에 걸친 개별 전투〔각각은 일년 내내 계속된다〕로 결정되면, 일반적으로 전쟁에 참가하고 있는 사람들을 최소한 그들이 전쟁터에서 복무하고 있는 동안만이라도 부양해 주어야 할 필요가 있다. 그렇지 않으면, 전쟁에 참가하는 사람들의 일상적인 직업이 무엇이건, 이처럼 지루하고 비용이 많이 드는 복무는 그들에게 큰 부담이 될 것이다. 따라서 제 2차 페르시아 전쟁 이후 아테네의 군대는 일반적으로 용병(傭兵: mercenary)으로 구성되었으며, 이들의 일부는 시민이고 일부는 외국인으로서, 이들 모두는 국가의 경비에 의해 고용되고 지급되었던 것 같다. 베이이의 포위 이후 로마군대는 전쟁터에 나가 있는 동안의 복무에 대해서는 수당을 받았다. 봉건정부 하에서 대영주와 그들의 직속 가신의 병역의무는 어느 시기 이후부터는 현금 납부로 바뀌었으며, 이 현금은 그들을 대신해서 전쟁에 참가하는 사람들을 부양하는 데 사용되었다.

11. 문명 시대에는 총인구에 대한 군인수의 비율이 작아진다.

총인구에 비해 전쟁에 참가할 수 있는 사람들의 수는 미개사회에서보다 문명사회에서 필연적으로 더욱 적다. 문명사회에서 군인은 군인이 아닌 사람들의 노동에 의해 부양되므로, 군인의 수는 후자가 그들 자신과 그들이 부양하지 않으면 안 되는 행정부·사법부 관리들을 각각의 지위에 적합한 방식으로 부양하고 난 다음 부양할 수 있는 사람 수를 넘지 못한다. 고대 그리스의 작은 농업국에서는 총인구의 $\frac{1}{4}$~$\frac{1}{5}$이 스스로를 군인이라 생각하고 있었으며, 때때로 전투에 참가했다고 한다. 오늘날 유럽의 문명국들에서는 주민의 $\frac{1}{100}$ 이상이 군인이라면 즉시 파멸하지 않을 수 없다는 것이 일반적인 생각이다.

12. 전쟁을 준비하는 데 드는 비용은 그렇게 많지 않았다.

어느 나라에서도 군대를 양성하는 비용은 (전쟁터에서 군대를 유지하는 비용이 모두 국왕 또는 국가의 부담으로 된 이후 오랫동안까지도) 거대하지 않았던 것 같다. 고대 그리스의 모든 공화국에서는 군사훈련이 모든 자유민들에게 국가가 부과한 의무교육의 일부였다. 각 도시에는 하나의 공설운동장이 있어서 그곳에서 관리의 보호 아래 젊은이들이 여러 교사로부터 갖가지 훈련을 받았던 것 같다. 이처럼 간단한 제도에 쓰이는 비용이 그리스 국가가 시민들을 전쟁에 대비시키기 위해 지출한 비용의 전부였다. 고대 로마에서의 전신광장(戰神廣場: Campus Martius)에서의 훈련은 고대 그리스의 짐나지움(Gymnasium: 演武場)에서의 훈련과 동일한 목적을 지닌 것이었다. 봉건정부 하에서는 동일한 목적을 위해 모든 지역의 시민들은 몇 가지 군사훈련 이외에도 궁술까지 습득해야 한다는 포고를 많이 내렸지만, 성과를 거둔 것 같지는 않다. 이들 포고를 시행하도록 위임받은 관리들의 관심부족 때문이든 또는 다른 사정 때문이든, 이 포고들은 일반적으로 무시되었던 것으로 보인다. 그리고 어느 곳에서나 봉건정부의 변천과정 속에서 군사훈련은 많은 사람들 가운데 점차 사라져간 듯하다.

13. 그리스와 로마 및 봉건시대의 초기에는 군인은 별개의 계급이 아니었다.

고대 그리스와 로마의 공화국에서는 그 존속기간 전체에 걸쳐, 그리고 봉건정부 하에서는 최초로 확립된 이후 상당한 기간 동안, 군인이라는 직업은 독립된 별개의 직업이 아니었으며, 특정 시민계급의 유일한 또는 주요한 직업도 아니었다. 모든 주민들은 〔그들이 생계를 유지하기 위해 종사하는 일상의 직업이 무엇이든〕 평상시에도 스스로가 군인의 일에 적합한 사람이라고 생각하고 있었으며, 비상시에는 기꺼이 군인의 일을 수행해야 하는 것으로 생각하고 있었다.

14. 그러나 전쟁이 더욱 복잡해짐에 따라 전쟁기술을 최고수준으로 높이기 위해 분업이 필요하게 되었다.

그러나 전쟁기술은 모든 기술 중에서 가장 고도의 것이므로, 사회의 진보에 따라 필연적으로 가장 복잡한 기술의 하나가 된다. 기계적인 기술과 이것과 필연적으로 관련되는 다른 몇 가지 기술의 수준은 특정 시대에 전쟁기술이 도달할 수 있는 최고수준을 결정한다. 그러나 전쟁기술을 이런 최고수준으로 높이기 위해서는 그것이 특정 시민계급의 유일한 또는 주된 직업이 되어야 할 필요가 있으며, 분업은 다른 어떤 기술의 경우에서와 마찬가지로 전쟁기술의 진보에 필수적이다. 분업이 다른 기술에 도입된 것은 하나의 특정한 일에만 매달리는 것이 이것저것 손대는 경우보다 자신에게 더 큰 이익을 가져다준다는 사실을 잘 알고 있는 개인들의 판단에 의해 자연적으로 이루어진 것이다. 그러나 군인이라는 직업을 다른 모든 직업으로부터 독립된 별개의 특정 직업으로 만들 수 있는 것은 오로지 국가의 지혜뿐이다. 태평 세월에 사회로부터 특별한 장려도 없이 대부분의 자기 시간을 군사훈련에 써 버리는 민간인은 아마도 틀림없이 군사훈련에 능숙하게 되고 또한 매우 만족스럽게 느낄 것이다. 그러나 그가 자신의 이익을 증가시키지 못한다는 것은 확실하다. 따라서 그가 대부분의 자기 시간을 이런 특정한 일에 써 버리는 것이 자기 자신의 이익이 되게끔 할 수 있는 것은 오로지 국가의 지혜뿐이다. 그럼에도 불구하고 많은 국가들은 이런 지혜를 갖는 것이 국가의 존립을 좌우할 만한 상황에서조차 반드시 이런 지혜를 갖지는 못했다.

15. 사회가 진보하면 국민은 전쟁을 싫어하게 된다.

유목민은 상당히 많은 여가를 가지고 있고, 농민은 원시적인 농경상태에서는 약간의 여가가 있지만, 직공 · 제조업자들은 전혀 여가를 가지지 못한다. 첫 번째 경우의 사람들은 별다른 손실 없이 많은 시간을 군사훈련에 사용할 수 있고, 두 번째 경우의 사람들은 약간의 시간을 할애할 수 있다. 반면에 세 번째 경우의 사람들은 단 한 시간이라도 군사훈련에 사용하면 어느 정도의 손실을 보게 되므로, 그들은 자신의 이익을 고려하여 군사훈련을 소홀히 하게 된다. 기술과 제조업의 발전이 필연적으로 가져오는 농경의 진보에 따라 농민도 직공과 마찬가지로 거의 여가를 가질 수 없다. 군사훈련은 도시 주민과 마찬가지로 농촌 주민에 의해서도 무시되며, 대부분의 사람들은 완전히 비(非)전투적으로 된다. 이와 동시에 〔농업과 제조업의 개선에 항상 뒤따르는, 그리고 실제로 이런 개선이 축적된 것에 다름 아닌〕 부(富)는 이웃 나라로부터의 침략을 유발한다. 근면한, 따라서 풍요로운 국민은 가장 공격받기 쉽다. 만일 국가가 그 사회의 방위를 위해 어떤 새로운 조치를 취하지 않는다면, 사람들은 그들의 자연스러운 습성으로 말미암아 결코 자신을 방어할 수 없게 된다.

16. 방위를 위해서는 두 가지 방법밖에 없다.

이런 상황에서 국가가 그 사회

를 방위하기 위해 어느 정도 대비하는 데에는 두 가지 방법밖에 없다.

17. (1) 강제로 군사훈련을 실시하고 군무(軍務)에 복역하게 하는 것이다.

첫째로, 매우 엄격한 통제에 의해 그리고 사람들의 이해관계 · 천성 · 기호와는 상관없이 군사훈련을 의무적으로 실시하며, 적령기에 있는 시민의 모두 또는 일부로 하여금 그들이 어떤 직업을 가지고 있든 어느 정도 군인의 직업을 겸하도록 강제하는 방법이 있다.

18. (2)군인이라는 직업을 독립된 직업으로 만드는 것이다.

둘째로는 일정한 수의 시민을 항상적인 군사훈련에 고용하는 방법이 있는데, 이 방법은 결국 군인이라는 직업을 다른 모든 직업으로부터 독립된 별개의 특수 직업으로 만드는 것이다.

19. 다시 말해 민병(民兵) 또는 상비군(常備軍)을 창설하는 것이다.

만일 국가가 이들 두 가지 방법 중 첫 번째의 것을 채택한다면 그 군대는 민병대(民兵隊: militia)라 불리고, 두 번째 방법을 받아들인다면 상비군(常備軍: standing army)이라 불린다. 군사훈련은 상비군의 유일한 또는 주된 일이며, 국가가 그들에게 제공하는 생활비 · 수당은 그들의 생활의 일상적인 주된 재원이다. 민병대에게는 군사훈련이 오직 임시적인 일에 지나지 않으며, 그들은 생활의 일상적인 주된 재원을 이와는 다른 직업에서 얻는다. 민병대에서는 노동자 · 상인 · 직공으로서의 성격이 군인으로서의 성격을 압도하며, 상비군에서는 군인으로서의 성격이 다른 모든 것에 우선한다. 이들 두 종류의 서로 다른 군대 사이의 본질적인 차이는 바로 이런 구별 속에 존재하는 것으로 생각된다.

20. 민병대는 옛날에는 군사훈련을 받았지만 부대(部隊)로 편성되지는 않았다.

민병대에는 몇 가지 서로 다른 종류가 있었다. 어떤 나라에서는 국가를 방위하도록 예정되어 있는 시민들이 부대로 편성되지 않고 〔다시 말해 독립된 몇 개의 부대로 나뉘어져 각각 상임장교의 지휘를 받지 않고〕 훈련만 받은 것 같다. 고대 그리스 · 로마의 공화국에서 시민들은 집에 있는 동안에는 각자 독립적으로 또는 마음에 맞는 동료와 함께 군사훈련을 했으며, 전투에 참가하기 위해 실제로 소집될 때에야 비로소 특정 부대로 편성된 듯하다. 다른 나라에서는 민병이 군사훈련을 받았을 뿐 아니라 부대로 편성되었다. 잉글랜드와 스위스에서는 물론이고 〔민병과 같은 불완전한 군대를 지닌〕 오늘날 유럽의 각국에서도 모든 민병은 평화시에도 특정 부대에 배치되어 상임장교의 지휘 아래 훈련을 받는다.

21. 총포는 개별적 숙련과 기교를 덜 중요하게 만든다.

총포가 발명되기 전에는 병사 한 사람 한 사람이 자기의 무기를 더 능숙하게 사용하는 군대가 훨씬 우수했다. 신체의 강인함과 민첩함이 매우 중요했으며, 그것이 일반적으로 전투의 운명을 좌우했다. 무기 사용의 능숙함은, 마치 오늘날 펜싱을 배우는 것과 마찬가지로, 대부대로 편성함에 의해서가 아니라 각자가 개별적으로 특정 훈련소에서 특정 교관으로부터 가르침을 받거나 또는 각자의 적수들과 함께 연습하는 것에 의해서만 습득될 수 있는 것이었다. 그러나 총포의 발명 이래 신체의 강인함과 민첩함, 그리고 심지어 무기 사용의 능숙함조차도 〔비록 아무런 중요성을 지니지 않는 것은 아니라 하더라도〕 그 중요성이 감소되었다. 총포의 성질 때문에 〔비록 서툰 사람이 능숙한 사람과 같은 수준이 되지는 않는다 하더라도〕 두 사람 사이의 차이는 이전보다 훨씬 줄어들었다. 따라서 총포를 사용하는 데 필요한 기술·숙련은 대부대로 편성되어 연습하더라도 충분히 습득될 수 있는 것으로 생각된다.

22. 규율이 훨씬 더 중요하게 되었다.

규율·질서 그리고 명령에 대한 절대 복종은 오늘날의 군대에서 전투의 운명을 결정하는 데 있어 병사가 무기를 능숙하게 다루는 것보다 훨씬 중요하다. 그러나 총포의 굉음·초연, 그리고 〔대포의 사정거리 안에 들어가자마자 그리고 때로는 전투가 개시되기 훨씬 이전에도 누구나 직면하고 있다고 느끼는) 죽음에의 공포는 근대 전쟁의 초기에조차 이런 규율 · 질서 · 명령에 대한 절대복종을 유지하는 것을 매우 어렵게 했음에 틀림없다. 고대의 전투에서는 사람의 목소리 이외에는 아무런 소음 · 초연도 없었으며, 눈으로 직접 볼 수 없는 원인 때문에 다치거나 죽는 일도 없었다. 누구나 어떤 치명적인 무기가 실제로 자신의 몸에 다가올 때까지는 그런 무기가 자신의 주위에 없다고 확신할 수 있었다. 이런 상황에서 무기를 사용하는 기술 · 숙련에 대해 어느 정도의 자신감을 가지고 있는 부대에서는, 전투가 개시되는 순간뿐 아니라 그 과정 전체를 통해, 그리고 마침내 어느 한 쪽의 군대가 완전히 괴멸될 때까지 어느 정도의 규율과 질서를 유지하는 것이 더 쉬웠을 것이다. 그러나 규율 · 질서 · 명령에 대한 절대복종 등의 습관은 대부대 속에서 훈련받지 않는 경우 쉽사리 습득되지 않는다.

23. 민병대는 상비군보다는 언제나 열등하다.

그러나 민병대는 어떤 방식으로 지도 · 훈련되더라도 잘 훈련된 규율 바른 상비군보다 항상 뒤떨어진다.

24. 왜냐하면 민병대는 능숙하지 않기 때문이다.

1주일에 한 번, 또는 한 달에 한 번밖에 훈련을 받지 못한 군인은 매일 또는 이틀에 한 번 훈련을 받는 군인보다는 결코 능숙하게 무기를 다룰 수 없다. 물론 이런 사정이 오늘날에는 고대에서만큼 중요하지는 않다고 하더라도, 프로이센 군대가 뛰어나다고 인정받는 것은 주로 그들이 훈련에 숙달되었기 때문이라는 사실을 볼 때, 훈련이 오늘날에도 매우 중요하다는 것을 알 수 있다.

25. 그리고 규율도 뒤떨어지기 때문이다.

1주일에 한 번, 또는 한 달에 한 번 상관에게 복종해야 하며, 그 외의 시간에는 상관에게 책임을 지지 않고 자신의 일을 자기 마음대로 자유롭게 처리할 수 있는 군인들은, 자신의 모든 생활 · 행동을 매일매일 상관의 명령에 따라 하고 또한 아침에 일어나서 잠자리에 들기까지, 그들의 숙소로 해산하는 것까지도 상관의 지시에 따르는 군인들에 비해 상관 앞에서도 덜 어려워하고 명령에 복종하려는 마음도 훨씬 덜하다. 민병대는 상비군에 비해 병기의 취급에서 뒤떨어지는 것보다 훨씬 더 군기 또는 복종의 습관에서 뒤떨어진다. 그러나 오늘날의 전쟁에서는 명령에 절대복종하는 습관이 무기를 뛰어나게 다루는 기술보다 언제나 더욱 큰 중요성을 지닌다.

26. 가장 뛰어난 민병은 평화시에 자신들을 다스리던 족장에 의해 통솔되는 민병이다.

타타르인 · 아라비아인의 민병대처럼, 평화시에 복종하고 있던 추장의 지휘하에 전쟁에 참가하는 민병대는 매우 뛰어나다. 상관에 대한 존경이라는 면에서도, 명령에 대한 절대복종이라는 면에서도, 그들은 상비군에 거의 접근한다. 스코틀랜드의 고원지대 민병대는 자신들의 족장 지휘하에 복무할 때에는 이런 장점을 지니고 있었다. 그러나 고원지대 사람들은 이리저리 돌아다니지 않고 한 곳에 정착한 목양민(牧羊民)이고 일정한 거주지를 가지고 있어 평화시에 족장을 따라 이리저리 이동하는 것에 익숙하지 않았으므로, 전쟁시에 족장을 따라 상당히 먼 곳까지 나간다거나 오랫동안 전쟁터에 머문다거나 하는 일을 그다지 좋아하지 않았다. 전리품을 획득하기만 하면 그들은 곧 집으로 돌아가기를 원했으며, 족장에게는 이들을 붙들어둘 만한 권위가 없었다. 복종이라는 면에서 그들은 타타르인 · 아라비아인의 민병대보다 훨씬 뒤졌다. 또한 고원지대 사람들은 정착생활로 말미암아 집 밖에서 보내는 시간이 훨씬 적었으므로, 타타르인 · 아라비아인에 비해 군사훈련에 덜 익숙했으며 무기를 다루는 솜씨도 뒤졌다.

27. 여러 차례 전투에 참가하고 나면 민병대도 상비군처럼 된다.

그러나 어떤 민병대라도 전쟁터에서 몇 차례 계속되는 전투에 참가하면 모든 면에서 상비군과 같아진다는 사실에 주목해야 한다. 즉, 병사들은 매일매일 무기를 다루는 훈련을 받고,

항상 장교의 지휘를 받으므로 상비군에서 나타나는 것과 같은 절대복종의 습관이 몸에 배는 것이다. 전쟁터에 나가기 전 그들이 무엇을 했는가는 별로 중요성을 지니지 못한다. 전쟁터에서 몇 차례의 전투를 겪게 되면 그들은 모든 면에서 필연적으로 상비군이 되어버린다. 아메리카에서의 전쟁〔미국 독립전쟁〕이 지속되어 또 다른 전투가 벌어지면, 아메리카 민병대는 〔최근의 전쟁〔1756~63년의 전쟁〕에서 프랑스·스페인의 가장 뛰어난 병사들에게 적어도 뒤지지 않는 전과를 올린〕 영국 상비군에 필적하는 좋은 적수가 될 것이다.

28. 역사는 상비군의 우월성을 증명하고 있다.

이런 차이점이 분명히 이해된다면, 규율이 좋은 상비군이 민병대보다 훨씬 압도적으로 우월하다는 사실을 모든 시대의 역사가 증명하고 있음이 밝혀질 것이다.

29. 마케도니아의 상비군은 그리스의 민병대를 무찔렀다.

역사적으로 명확한 기록이 있는 최초의 상비군 중의 하나는 마케도니아(Macedon)의 필립 군대다. 이웃한 트라키아(Thrace)·일리리아(Illyria)·테살리아(Thessaly), 그리고 몇몇 그리스 도시들과의 잦은 전쟁은 아마도 처음에는 민병대였을 그의 군대에게 점차 상비군의 엄격한 규율을 확립시켰다. 〔지극히 드물었으며, 가령 있다고 하더라도 결코 길지 않았던〕 평화시에도 그는 그 군대를 해산하지 않았다. 그 군대는 오랜 기간에 걸친 격렬한 전투 끝에 고대 그리스의 주요 공화국의 용맹스럽고 잘 훈련된 민병대를, 그리고 뒤이어 별다른 전투 없이 페르시아 제국의 무기력하고 제대로 훈련받지 못한 민병대를 정복했다. 그리스 공화국·페르시아 제국의 몰락은 어떤 종류의 민병대보다 상비군이 압도적으로 우월했기 때문이다. 그 몰락은 명확한 또는 상세한 기록이 남아 있는 군사역사상의 최초의 큰 변혁이었다.

30. 카르타고와 로마의 전쟁에서도

카르타고(Carthage)의 몰락과 뒤이은

상비군이 민병대를 무찔렀다.

로마의 융성은 두 번째의 큰 변혁이다. 그 유명한 두 공화국의 운명 속에 나타나는 갖가지 모습들은 이와 동일한 원인으로부터 설명될 수 있다.

31. 카르타고의 상비군은 이탈리아에서 로마의 민병대를 무찔렀다.

제1차 카르타고 전쟁의 종결로부터 제2차 카르타고 전쟁의 시작에 이르기까지 카르타고 군대는 계속 전쟁터에 머물면서, 차례차례 통수권을 이어받은 세 명의 명장 — 즉, 하밀카르(Hamilcar) · 그의 사위 하스드루발(Hasdrubal) · 그의 아들 한니발(Hannibal) — 에 의해 지휘되어, 처음에는 국내의 반역 노예를 징벌하고, 그 다음으로 반란을 일으킨 아프리카 나라들을 토벌했으며, 마지막으로 스페인 왕국을 정복했다. 한니발이 스페인으로부터 이탈리아까지 이끌고 갔던 군대는 몇 차례의 전투를 치르면서 점차 필연적으로 상비군의 엄격한 규율에 익숙해졌음에 틀림없다. 이 기간 동안 로마인들은 비록 태평세월을 맞이하지는 않았다 하더라도 매우 중대한 전쟁에는 한 번도 휩쓸리지 않았으며, 그들 군대의 규율은 대단히 문란했다고 한다. 트레비아(Trebia) · 트라시메누스(Thrasymenus) · 칸나에(Cannae)에서 한니발이 맞닥뜨린 로마 군대는 상비군에 맞서는 민병대였다. 아마도 이런 상황은 다른 그 무엇보다도 그 전투의 운명을 결정지었다.

32. 스페인에서 로마의 민병대도 무찔렀다.

한니발이 스페인에 남겨 놓은 상비군도 이들에 맞서기 위해 로마로부터 파병된 민병대보다 월등히 우월했으며, 불과 몇 년 안에 그의 동생 영거 하스드루발(younger Hasdrubal)의 지휘 아래 그들을 스페인으로부터 거의 완전히 축출해 버렸다.

33. 로마의 민병대가 상비군처럼 되었을 때, 그들은 이탈리아에서 카르타고의 상비군을 격파했다.

한니발은 본국으로부터 충분한 보급을 받지 못했다. 로마 민병대는 계속 전쟁터에 남아 있었으므로 전쟁이 계속됨에 따라 규율 있고 잘 훈련된 상비군으로 변해갔으며, 한니발의 우세는 날이 갈수록 흔들리게 되었다. 하스드루발은 이탈리아에 있는 그의 형을 돕기 위해 스페인에서 자신의 지휘하에 있던 상비군의 전부 또는 거의 전부를 동원하는 것이 필요하다고 판단했다. 출병 도중 그는 길잡이에 의해 잘못 인도되었다고 전해진다. 그는 잘 알지도 못하는 나라에서 모든 면에서 자신의 군대에 필적하거나 더욱 뛰어난 또 하나의 상비군으로부터 기습공격을 받아 완전히 패배했다.

34. 로마 군대는 스페인에 있는 카르타고의 민병대, 그리고 아프리카에 있는 카르타고의 상비군과 민병대를 모두 격파했다.

하스드루발이 스페인을 떠난 뒤, 로마의 대 스키피오(the great Scipio)는 자신의 군대보다 더욱 뒤떨어지는 민병대와 대적하고 있다는 것을 알게 되었다. 그는 그 민병대를 정복했으며, 전쟁이 계속됨에 따라 그의 민병대는 필연적으로 규율 있고 잘 훈련된 상비군으로 되어갔다. 이 상비군은 이후 아프리카로 파견되었는데 거기에서 이 상비군에 대적한 것은 민병대뿐이었다. 카르타고를 방어하기 위해서는 한니발의 상비군을 소환하는 것이 필요했다. 자주 패배하여 사기가 떨어진 아프리카 민병대가 한니발의 군대에 참가했으며, 자마(Zama) 전투에서는 이들 민병대가 한니발 군대의 대부분을 이루었다. 바로 그날의 결과가 적대적인 두 공화국의 운명〔카르타고의 멸망〕을 결정지었다.

35. 그 뒤 로마공화국은 상비군을 두었으며, 마케도니아의 상비군 이외에는 별다른 저항을 받지 않았다.

제2차 카르타고 전쟁의 종결로부터 로마공화정의 몰락에 이르는 기간 동안 로마군대는 모든 면에서 상비군이었다. 마케도니아의 상비군은 로마군대에 어느 정도 저항했다. 로마군대의 위세가 절정에 달했을 때에도 그 조그만 왕국을 정복하기 위해서는 두 번에 걸친 큰 전쟁과 세 번에 걸친 큰 전투가 필요했다. 마케도니아의 마지막 왕이 좀더 용맹했더라면 그 정복은 더욱 힘들었을 것이다. 고대 세계의 모든 문명국들, 즉 그리스·시리아·이집트 등의 민병대는 로마의 상비군에 대해 오직 미약한 저항만을 했다. 오히려 몇몇 미개국들의 민병대가 자신을 더욱 잘 지켜냈다. 미트리다테스(Mithridates)가 흑해와 카스피해 이북의 나라들로부터 이끌고 온 스키타이 또는 타타르 민병대는 제2차 카르타고 전쟁 이후 로마가 맞닥뜨린 가장 위협적인 상대였다. 파르티아(Parthia)와 게르만 민병대 역시 항상 높이 평가받았으며, 몇몇 경우에 로마 군대에 비해 상당한 우세를 보이기도 했다. 그러나 대개의 경우, 그리고 잘 지휘되는 경우, 로마군대는 훨씬 월등했던 것 같다. 그리고 로마인이 파르티아와 게르만 민족을 철저하게 정복하지 않은 것은, 아마도 이미 너무나 비대해진 제국에 이들 두 미개국을 추가시키는 것이 별다른 가치를 지니지 못한다고 로마인들이 생각했기 때문일 것이다. 고대 파르티아인들은 스키타이 또는 타타르계의 민족으로서 선조들의 생활습관을 항상 유지했던 것 같다. 고대 게르만인들은 스키타이 또는 타타르인들과 마찬가지로 유목민족으로서, 평화시에 그들이 늘 익숙하게 따르던 족장의 지휘하에 전쟁에 참가했다. 게르만 민병대는 스키타이 또는 타타르인들의 그것과 전적으로 동일한 종류의 것이며, 아마도 그들로부터 유래했을 것이다.

36. 여러 황제의 치하에서 로마 군대는 민병대로 퇴화되어 갔다.

로마군대의 기강이 해이해진 데에는 몇 가지 이유가 있었다. 군기가 지나치게 엄격했던 것도 아마 그 중의 한 가지 이유였을 것이다. 그 위세가 절정에 달해서 자신들에 대항할 만한 상대가 아무도 없는 듯이 보였을 때, 그들의 육중한 갑옷은 불필요하게 무거운 짐으로 인식되어 벗어 던져졌고, 그들의 고된 훈련은 쓸데없는 헛수고로 인식되어 무시되기에 이르렀다. 더욱이 제정로마 시대에는 로마의 상비군〔특히 게르만 판노니아(Pannonia) 변경을 수비하는 상비군〕이 종종 자신들의 우두머리를 옹립함으로써 중앙의 황제에 대해 위협을 가했다. 그들을 약화시키기 위해서, 몇몇 저자들에 의하면 디오클레티아누스(Diocletian) 황제가, 또 다른 저자들에 의하면 콘스탄티누스(Constantine) 황제가, 먼저 그들을 〔이전에는 두세 개의 군단으로 이루어진 대부대가 언제나 진을 치고 있던〕 변방으로부터 불러들여 여러 지방의 도시들에 소규모로 분산시켰으며, 외부로부터의 침략을 격퇴하는 것이 필요해진 경우를 제외하고는 그들로 하여금 결코 다른 지역으로 이동할 수 없도록 했다. 상공업 도시에 주둔해서 그 지역으로부터 결코 다른 지역으로 옮겨갈 수 없었던 소규모 부대의 병사들은 상인·직공·제조업자 등이 되었다. 일반인으로서의 성격이 군인으로서의 성격을 압도하게 되었으며, 이리하여 로마 상비군은 점차로 〔그 뒤 서로마 제국에 침입한〕 게르만·스키타이 민병대의 공격에도 저항할 수 없는 부패하고 나약하고 기강이 문란해진 민병대로 쇠퇴하였다. 로마 황제들이 잠시나마 그들 자신을 보위할 수 있었던 것은 오로지 이들 민족의 일부 민병대를 고용해서 이들 민족의 또 다른 민병대의 침략에 대항하게 했기 때문이었다. 서로마 제국의 몰락은 〔고대사가 명확하고 상세한 기록을 남긴〕 군사역사상의 세 번째 대변혁이다. 서로마 제국의 몰락은 미개민족의 민병대가 문명민족의 민병대에 비해, 다시 말해 유목민족의 민병대가 농민·직공·제조업자의 민병대에 비해 압도적으로 우세했기 때문이었다. 민병대가 이룩한 승리는 일반적으로 상비군에 대한 승리라기보다는 자신들보다 군사훈련·규율에서 뒤떨어진 다른 민병대에 대한 승리였다. 그리스 민병대가 페르시아 제국의 민병대에 대해 획득한 승리도 마찬가지였으며, 훗날 스위스 민병대가 오스트리아·부르고뉴 민병대에 대해 획득한 승리도 또한 이와 마찬가지였다.

37. 서유럽에서는 민병대가 점차 상비군으로 대체되었다.

서로마 제국의 폐허 위에 새로 나라를 세운 게르만·스키타이 민족의 군사력은 새로운 정착지에서도 당분간은 본국에서와 마찬가지의 종류였다. 즉, 평화시에 늘 익숙하게 복종해 왔던 족장의 지휘 아래 전쟁터에 나가는 유목민·농민으로 이루어진 민병대였다. 따라서 이 민병대는 제법 잘 훈련되었고, 또한 규율이 제법 엄했다. 그러나 기술·산업이 발전함에 따라 족장의 권위는 점차 쇠퇴했으며, 대부분의 사람들은 군사훈련에 많은 시간을 할애할 수 없었다. 봉건적인 민병대의 규율·훈련은 점차 사라지고 이에 대신하여 상비군이 점차 도입되기에 이르렀다. 더욱이 상비군이라는 편리한 제도가 어떤 문명국에서 일단 채택되면 모든 이웃 나라들도 이를 받아들일 필요가 있었다. 왜냐하면 이들 이웃 나라는 자신들의 안전보장이 상비군 제도의 채택에 달려 있으며, 자국의 민병대는 도저히 다른 나라의 상비군의 공격을 감당해낼 수 없다는 사실을 잘 알고 있었기 때문이다.

38. 상비군은 평화시에도 그 사기를 잃지 않았다.

상비군의 병사는 가령 그들이 적군을 한 번도 본 적이 없다고 하더라도 종종 최정예 부대가 지니는 용맹성을 지니고 있었으며, 전쟁터에 나가자마자 백전불굴의 최정예 부대와 능히 맞서 싸웠다. 1756년 러시아 군대가 폴란드에 진군했을 때 러시아 병사들의 용맹은 그 당시 유럽 제일의 최정예 부대로 생각되던 프로이센 군대의 용맹에 결코 뒤지지 않았던 것 같다. 그런데 러시아 제국은 그 이전의 20년 가까운 기간 태평세월을 누렸으며, 따라서 그 당시 아마도 적군과 마주친 경험을 지닌 병사는 거의 없었을 것이다. 1739년 스페인 전쟁이 시작되었을 때 잉글랜드는 약 28년간에 걸쳐 태평세월을 누리고 있었다. 그럼에도 불구하고 잉글랜드 군대의 용맹은 오랜 기간의 평화에 의해 줄어들기는커녕, 〔그 불행한 전쟁의 최초의 거대한 전과인〕 카르타고(Carthagena)에 대한 공격에서 더없이 빛났던 것이다. 오랜 평화가 계속될 경우 아마도 장군들은 그들의 솜씨를 간혹 잊어버릴지 모르지만, 규율이 엄격한 상비군이 존재하는 곳에서는 병사들이 그들의 용맹을 잊어버리는 일은 결코 없는 것 같다.

39. 또한 문명국의 유일한 방위수단이기도 하다.

만일 문명국이 자신의 방위

를 민병대에 의존하고 있다면, 그들은 이웃에 있는 어떤 미개국에 의해서도 정복될 위험에 항상 노출되어 있다. 모든 아시아 문명국들이 타타르인에 의해 빈번히 정복되었다는 사실은 미개국의 민병대가 문명국의 그것보다 월등히 우월함을 충분히 입증해 준다. 그러나 상비군은 어떤 민병대보다 우월하다. 상비군은 부유한 문명국에 의해 가장 잘 유지되며, 또한 그것만이 가난하고 미개한 이웃 나라의 침략으로부터 자기 나라를 잘 지켜낸다. 따라서 어느 나라든 문명을 영원히 또는 상당 기간 보존하려고 한다면 상비군에 의존할 수밖에 없다.

40. 상비군은 야만국을 개화시키는 유일한 수단이기도 하다.

군기가 잡힌 상비군에 의해서만 문명국이 방어될 수 있는 것과 마찬가지로, 이것에 의존하지 않고서는 미개국이 갑작스럽게 그리고 상당한 수준으로 문명화될 수 없다. 상비군은 저항할 수 없는 물리력에 의해 국왕의 법을 제국의 가장 변두리까지 시행하며, 상비군이 없다면 어떤 통치도 받아들이지 않을 나라들에서 어느 정도의 정상적인 통치를 가능하게 한다. 누구라도 표트르 대제(Peter the great)가 러시아에 도입한 개선 조치들을 주의 깊게 살펴본다면 거의 모든 조치들이 군기가 잡힌 상비군의 확립으로 귀착됨을 발견할 수 있을 것이다. 상비군은 그의 모든 법령들을 실행하고 유지시켜 주는 도구였다. 러시아 제국이 그 뒤 계속 누려오고 있는 질서 · 국내평화는 전적으로 그 군대에 힘입은 것이다.

41. 상비군은 자유를 위해서도 불리한 것은 아니다.

공화주의적(共和主義的) 성향을 지닌 사람들은 상비군이 자유를 위태롭게 한다고 싫어했다. 물론 장군 · 주요 장교들의 이익이 국가 헌법의 유지와 필연적으로 반대되는 곳에서는 확실히 그러하다. 케사르(Caesar)의 상비군은 로마공화정을 붕괴시켰으며, 크롬웰의 상비군은 장기의회(長期議會)로부터 의원들을 몰아냈다. 그러나 국왕 자신이 장군이며, 그 나라의 주요 귀족들이 군대의 사령관을 겸임하고 있는 나라, 다시 말해 군대가 〔민간정부의 요직을 대부분 차지하여 민간정부의 유지에 최대의 이익을 가진〕 사람들의 통제하에 있는 나라에서는 상비군이 결코 자유를 위협할 수 없다. 이와는 반대로 경우에 따라서는 상비군이 자유에 보탬이 될 수도 있다. 상비군이 국왕의 권위를 안전하게 보호해 주고 있는 경우에는 국왕으로 하여금 〔오늘날 몇몇 공화국들에서 보는 것처럼, 모든 시민들의 극히 하찮은 행동까지도 감시하고 언제라도 개인의 평화를 파괴하기 쉬운〕 그런 의구심(疑懼心)을 가질 필요가 없게 한다. 정부의 안전이 상류계급에 의해 지탱되고 있다고 하더라도 일반대중의 불평불만에 의해 위태롭게 되는 나라, 다시 말해 작은 소동이 몇 시간 안에 대혁명을 불러일으킬 수 있는 나라에서는, 정부의 모든 권위가 자신에 대한 불평불만을 억누르고 탄압하는 데 쓰이지 않을 수 없다. 이와는 달리 자신이 그 나라의 전통적인 귀족층은 물론이고 군기가 잡힌 상비군에 의해서도 지지받고 있다고 생각하는 국왕에게는 아무리 난폭하고 근거 없는 격렬한 항의라도 전혀 위협이 되지 못한다. 그는 안심하고 그것을 용서하거나 모른 체할 수도 있으며, 그 자신이 훨씬 우월하다는 것을 깨닫고 있으므로 더욱 자연스럽게 이같이 행동하게 된다. 거의 방종에 가까울 정도의 자유는 국왕이 군기가 잡힌 상비군에 의해 그 권위를 보장받고 있는 나라에서만 허용될 수 있다. 오직 이런 나라에서만 공공의 안녕·질서를 위하여 이처럼 지나치게 방탕한 자유를 억압하는 재량권마저도 국왕에게 부여할 필요가 없다.

42. 이리하여 국방비는 증가한다. 국왕의 첫 번째 의무〔즉, 다른 독립사회의 폭력·불의로부터 그 사회를 방어할 의무〕를 이행하기 위해서는 사회가 점차 문명화됨에 따라 더욱 많은 비용이 필요해진다. 애초에는 평화시나 전쟁시나 왕에게 아무런 비용도 부담시키지 않았던 군사력은 사회의 진보에 따라 처음에는 전쟁시에 그리고 나중에는 평화시에도 국왕에 의해 유지되지 않으면 안 되었다.

43. 총포의 발명이 이 경비를 더욱 증가시켰다.

총포의 발명이 전쟁 기술에 가져온 큰 변화로 말미암아 일정수의 군인을 평화시에 훈련·연습시키는 경비는 물론 전쟁시에 그들을 동원하는 경비도 크게 증가했다. 그들의 무기·탄약 모두가 이전보다 더욱 비싸졌다. 소총은 창·활에 비해, 그리고 대포·박격포는 투석기(投石機)에 비해 훨씬 값비싼 기계다. 더욱이 오늘날 열병식에서 사용되는 화약은 한 번 사용하면 그만인데도 상당한 비용이 소요된다. 고대의 열병식에서 던지거나 발사된 창·화살은 쉽게 다시 주워서 사용할 수 있었으며 더욱이 매우 값싼 것이었다. 대포·박격포는 투석기보다 더욱 값비쌀 뿐 아니라 더욱 무거우므로, 그것을 전쟁터에서 사용하기 위해서 정비하거나 전쟁터로 옮기는 데도 더욱 많은 비용이 소요된다. 한편 오늘날의 대포는 그 성능 면에서 고대의 것에 비해 월등히 우수하므로 몇 주만이라도 그처럼 우수한 대포의 공격에 견뎌내도록 도시를 방비하는 일은 이전보다 훨씬 어려워졌고 따라서 훨씬 많은 비용을 필요로 하게 되었다. 오늘날에는 여러 원인들로 말미암아 한 사회를 방위하는 데 훨씬 많은 비용이 필요하게 되었다. 사회의 자연적인 진보가 야기하는 이와 같은 불가피한 결과는 〔화약의 발명과 같은 우연적인 사건에 의해 야기된 것으로 보이는〕 전쟁기술의 대변혁 때문에 더욱 촉진되었다.

44. 따라서 총포는 부유한 국민을 유리하게 하며, 문명에게도 유리하다.

오늘날의 전쟁에서는 총포에 소요되는 비용이 엄청나므로, 이런 경비를 능히 부담할 수 있는 나라가 훨씬 유리하다는 것은 명백하다. 따라서 부유한 문명국은 가난한 미개국에 비해 훨씬 유리하다. 고대에는 부유한 문명국이 가난한 미개국에 대해 자신을 방위하는 것이 어렵다는 것을 알았다. 그러나 오늘날에는 가난한 미개국이 부유한 문명국에 대해 자신을 방위하는 것이 어렵다는 것을 깨닫는다. 얼핏 보아 매우 유해한 것처럼 생각되는 총포의 발명은 문명의 영속(永續)과 확대에 확실히 유리하다.

제 2절 사법비

1. 사법비는 시대에 따라 차이가 난다.

국왕의 두 번째 의무는 그 사회의 모든 구성원을 다른 구성원의 불의(不義)나 억압으로부터 가능한 한 보호하는 의무, 다시 말해 재판의 엄정한 시행을 확립하는 의무인데, 이런 의무의 수행도 서로 다른 단계의 사회에서는 서로 다른 정도의 비용을 필요로 한다.

2. 사적 소유가 생김으로써 비로소 민간에 대한 통치가 필요하게 되었다.

수렵민족들에게는 재산이라는 것이 거의 없거나, 있다고 하더라도 2~3일 노동의 가치를 넘을 만한 재산은 아무것도 없으므로 재판관이나 공식적인 재판의 시행도 거의 없다. 아무런 재산도 가지고 있지 않은 사람들이 상대방에 대해 해칠 수 있는 것은 오직 신체나 명예뿐이다. 그러나 한 사람이 다른 사람을 살해하고 상처를 입히고 비방하더라도, 이런 해를 입는 사람은 고통을 받지만 해를 끼친 사람은 아무런 이익도 얻지 못한다. 하지만 재산에 대한 침해라면 사정은 달라진다. 해를 끼치는 사람이 얻는 이익은 해를 입는 사람이 잃게 되는 손실과 종종 그 크기가 같다. 질투하고 저주하고 노여워하는 것만이 한 사람이 다른 사람의 신체나 명성에 대해 해를 끼칠 수 있는 유일한 감정이다. 그러나 대부분의 사람들은 이런 감정에 쉽사리 휩싸이지 않으며, 아주 나쁜 사람일지라도 항상 그런 감정을 가진 것은 아니다. 또한 이런 감정을 통해 얻는 만족은, 특이한 성격을 지닌 사람에게는 매우 기분 좋은 일일지 모르지만, 어떤 실질적인 이익이나 항구적인 이익을 수반하지 않으므로, 대부분의 사람들은 냉정히 판단한 끝에 이런 감정을 억제해 버리는 것이 일반적이다. 사람들은 이런 감정으로 말미암은 침해로부터 자신을 보호해 줄 공권력이 없더라도 상당히 안전하게 사회 속에서 함께 살아간다. 그러나 부자의 탐욕·야심, 그리고 빈민이 노동을 싫어하고 눈앞의 안일과 향락을 좋아하는 것은 다른 사람의 재산을 침해하게 하는 감정이며, 또한 끊임없이 작용하고 더욱 큰 영향을 미치는 감정이다. 큰 재산이 있는 곳에는 반드시 큰 불평등이 존재한다. 한 사람의 큰 부자에 대하여 적어도 500명의 가난한 사람이 있으며, 소수의 풍요로움은 다수의 빈곤을 전제로 한다. 부자의 풍요는 가난한 사람들의 분노를 자극하는데, 빈민들은 빈곤에 내몰리고 질투심에 의한 부추김을 받아 부자의 재산을 침해하려고 한다. 수년에 걸친 노동에 의해, 또는 수세대에 걸친 노동에 의해 획득한 귀중한 재산의 소유자가 하룻밤이라도 안전하게 잘 수 있는 것은 공권력의 보호 아래에서만 가능하다. 그는 언제나 알 수 없는 적들(그는 그 적들을 먼저 화나게 한 적이 없으면서도 결코 그들을 달랠 수 없다)에 둘러싸여 있다. 그는 그 적들의 침범에 대해 단지 공권력에 의해서만 보호를 받을 수 있는데, 이 공권력의 강력한 팔은 그런 악행(惡行)을 징벌할 준비가 항상 되어 있다. 따라서 귀중하고 방대한 재산을 획득하게 되면 필연적으로 확고한 민간에 대한 통치(civil government)의 확립을 요구하게 되는 것이다. 아무런 재산이 없거나 재산이 있더라도 겨우 2~3일 노동의 가치를 넘지 않는 곳에서는 민간에 대한 통치는 별로 필요가 없다.

3. 재산은 복종의 원인을 강화한다.

통치는 어느 정도의 복종을 전제로 한다. 그런데 통치의 필요성은 값비싼 재산을 획득함에 따라 점차 증대하므로, 복종을 자연스럽게 야기하는 주요한 원인들도 재산의 성장과 함께 점차 증대한다.

4. 복종의 원인으로는 네 가지가 있다.

자연스럽게 복종을 야기하는 원인 또는 사정들(즉, 어떤 공공제도가 생겨나기 이전에 일부 사람들을 나머지 대부분의 사람들보다 우월하게 만드는 원인 또는 사정들) 은 다음의 네 가지인 것처럼 보인다.

5. (1) 개인적 자질의 우월성이다, 첫 번째 원인은 개인적 자질(즉, 육체적으로는 체력 · 아름다움 · 민첩이고, 정신적으로는 지혜 · 덕성 · 신중 · 정의 · 인내 · 중용이다) 의 우월함이다. 육체적인 자질은 정신적인 자질을 동반하지 않는 한 어느 시대의 사회에서도 아무런 권위를 얻지 못한다. 단순한 육체적인 힘에 의해 두 사람으로 하여금 자신을 따르도록 할 수 있는 사람은 정말로 매우 강한 사람이다. 정신적인 자질이 있으면 그것만으로도 큰 권위를 얻을 수 있다. 그러나 그것은 결코 눈으로 볼 수 있는 자질이 아니므로 언제나 논란의 대상이 되며 또한 일반적으로 논쟁되었다. 미개사회든 문명사회든 어느 사회도 서열 · 지위의 순서를 결정할 때 이처럼 눈으로 볼 수 없는 자질에 의해서가 아니라 무언가 명백하고 뚜렷한 것에 의거하는 것이 더 편리하다고 생각했다.

6. (2) 나이가 많다는 것이다, 두 번째 원인은 나이에서의 우월함이다. 노망(老妄)한 것이 아닌가 의심받을 정도로 나이가 들지 않은 이상, 동일한 신분 · 재산 · 능력의 젊은이보다는 나이가 많은 사람이 어디서나 더욱 존중받는다. 북아메리카 원주민들과 같은 수렵민족들에서는 나이야말로 신분과 서열을 좌우하는 유일한 근거다. 그들에게서 아버지라는 단어는 손윗사람에 대한 호칭이고, 형제라는 단어는 동년배에 대한, 그리고 아들이라는 단어는 손아랫사람에 대한 호칭이다. 가장 부유한 문명국에서도 다른 모든 면에서 동등하고 따라서 달리 서열을 결정할 만한 기준이 아무것도 없는 사람들 사이에서는 나이가 서열을 좌우한다. 형제자매들 사이에서는 최연장자가 제일 높은 서열을 차지하며, 또한 아버지의 신분을 물려받을 때도, 예컨대 영예로운 칭호와 같이 분할될 수 없고 한 사람만이 전부를 가져야 하는 것은 대부분의 경우 최연장자에게 돌아간다. 나이는 아무런 논란의 여지도 남기지 않는 명백

하고 뚜렷한 기준이다.

7. (3) 재산이 많다는 것이다,

세 번째 원인은 재산에서의 우월함이다. 부(富)의 권위는 〔사회의 어떤 시대에서도 대단하지만〕 아마도 상당한 재산의 불평등을 용인하는 가장 미개한 사회에서 가장 크다. 1,000명을 부양하기에 충분할 만큼 자기의 가축이 증식하고 있는 타타르 족장은 이 가축의 증가분을 1,000명의 부양에 사용할 수밖에 없다. 왜냐하면 미개한 그 사회에서는 그의 생산물 중 자신의 소비를 초과하는 부분과 교환될 수 있는 어떤 제조품도, 어떤 하찮은 물건도 없기 때문이다. 그가 부양하는 1,000명의 사람들은 자신들의 생존을 전적으로 그에게 의존하기 때문에 전쟁시에는 그의 명령에 복종하며, 평화시에는 그의 판결에 복종해야 한다. 그는 필연적으로 그들의 장군이고, 재판관인데, 족장이라는 그의 지위는 재산이 많다는 사실로부터 생겨난 필연적인 결과이다. 부유한 문명사회에서는 이보다 더욱 많은 재산을 가진 사람이 있을 수 있지만, 그럼에도 불구하고 그가 10여명의 사람들을 지배할 수가 없다. 비록 그의 소유지의 생산량이 1,000명 이상의 사람들을 부양하기에 충분하고 또한 실제로 그들을 부양하고 있다고 하더라도, 그들은 그로부터 받는 것에 대해 대가를 지불하고 있으며, 또한 그는 등가물과의 교환이 아니면 아무것도 남에게 주지 않기 때문에, 전적으로 그에게 의존하고 있다고 생각하는 사람은 아무도 없으며, 그의 권위는 몇 사람의 하인에게만 미칠 뿐이다. 그럼에도 불구하고 재산의 권위는 부유한 문명사회에서조차 매우 대단하다. 재산의 권위가 연령의 권위 또는 개인적 자질의 권위보다 훨씬 크다는 사실은 상당한 재산의 불평등을 용인하는 모든 시대의 사회에서 끊임없는 불만요소가 되었다. 사회의 제1기, 즉 수렵시대에는 이런 불평등은 있을 수 없었다. 거기에서는 모두가 가난하므로 모두가 평등하며, 나이가 많다는 것 또는 개인적 자질이 우수하다는 것 등이 권위·서열의 미약하나마 유일한 근거였다. 따라서 이 시대의 사회에서는 권위·복종은 거의 또는 전혀 존재하지 않았다. 사회의 제2기, 즉 유목시대에는 재산의 매우 큰 불평등이 존재하며, 이 시기만큼 재산이 많다는 사실이 그것을 소유하는 사람에게 매우 큰 권위를 부여한 시기도 없다. 따라서 권위·복종이 이처럼 완전하게 확립된 시기도 없다. 아라비아 족장의 권위는 매우 대단하며, 타타르 칸(khan)의 권위는 전제적이다.

8. (4) 출신(出身)이 좋다는 것이다.

네 번째 원인은 출신의 우월함이다. 출신이 우월하다는 것은 그 사람의 집안이 옛날부터 재산이 많았다는 것을 의미한다. 모든 집안은 마찬가지로 오래 되었다. 또한 왕자의 선조는 거지의 선조에 비해 비록 잘 알려져 있다고 하더라도 그 수가 훨씬 많은 것은 아니다. 집안이 오래 되었다는 것은 부가 오래 되었다는 것, 또는 통상적으로 부에서 기인하거나 부에 뒤따르는 영화가 오래 되었다는 것을 의미한다. 갑작스러운 영화는 오래된 영화보다 낮게 평가된다. 왕위 찬탈자를 미워하고 옛 왕가를 그리워하는 것은, 전자에 대해 사람들이 자연스럽게 갖는 경멸과 후자에 대한 숭배에 크게 기인한다. 장교는 자신이 언제나 지휘를 받던 상관에게는 기꺼이 복종하지만, 자기의 부하가 자기의 상관이 되는 것은 도저히 참지 못하는 것과 마찬가지로, 사람들은 자기 자신과 자기의 선조가 언제나 복종해 왔던 집안에 대해서는 쉽사리 복종하지만, 자신들이 단 한 번도 우월성을 인정하지 않았던 집안이 자신들을 지배하려고 하면 분기탱천하게 된다.

9. 출신에 의한 구별은 수렵민족들 사이에는 없었다.

출신의 차이는 재산의 불평등에 뒤따르는 것이므로 〔모든 사람들이 재산상 평등하고 따라서 출신에서도 거의 평등한〕 수렵민족 사이에서는 도저히 생겨날 수 없다. 물론 그들 사이에서조차도 현명하고 용맹스러운 사람의 자손은 동일한 능력을 가지면서도 불행히도 어리석고 겁 많은 사람의 자손으로 태어난 사람보다 어느 정도 더 높이 평가받을지도 모른다. 그러나 아마도 그 차이는 그다지 크지 않을 것이며, 내가 믿기로는, 오직 지혜·덕망을 물려받아

영화를 누린 가문은 이 세상에 결코 존재하지 않았다.

10. 그러나 유목민족 사이에는 항상 이 출신상의 구별이 있었다.

유목민족 사이에서는 출신의 차이가 생길 수 있을 뿐 아니라 언제나 있었다. 이들 민족은 어떤 사치도 전혀 모르며, 따라서 큰 재산이 경박스러운 사치에 의해 흩어져 버리는 일도 매우 드물다. 그러므로 존귀하고 이름난 선조의 후손이라는 이유 때문에 존경받는 집안이 이들보다 더욱 많은 민족은 없다. 왜냐하면 이들만큼이나 오랫동안 부(富)가 동일한 집안에 계속 보유될 수 있었던 민족은 없기 때문이다.

11. 출신과 재산에 의한 구별은 유목민족 사이에서 가장 심하다.

출신과 재산이 한 사람을 다른 사람 위에 올려놓는 주된 두 가지 원인이라는 것은 명백하다. 출신과 재산은 각각의 개인들을 서로 차별하는 두 가지 큰 원천이며, 따라서 사람들 사이에서 자연스럽게 권위와 복종을 형성하는 주된 원인이다. 유목민족 사이에서는 이 두 가지 원인 모두가 완전하게 작용한다. 〔자신의 큰 재산 때문에, 그리고 자신에게 생계를 의존하는 사람들이 매우 많기 때문에 존경받고, 그 가문의 존귀함 때문에, 그리고 이름난 자신의 가문이 매우 오래 되었다는 사실 때문에 높이 추앙받는〕 대 목축인은 그의 집단 또는 씨족 안의 모든 목축인들에 대해 자연스럽게 권위를 갖게 된다. 그는 수많은 사람들의 단결된 힘을 누구보다도 마음대로 지배할 수 있다. 그의 군사력은 그들 누구의 것보다 강력하다. 전쟁시에 그들 모두는 그 누구보다도 그의 휘하에 기꺼이 모여들며, 이리하여 그의 빛나는 가문과 커다란 재산은 자연스럽게 그로 하여금 일종의 행정권을 갖게 한다. 또한 그는 수많은 사람들의 단결된 힘을 그 누구보다도 마음대로 행사할 수 있으므로, 그들 중의 누군가가 다른 사람에게 해를 입혔을 경우 그 잘못을 보상하도록 가장 잘 강제할 수 있다. 따라서 그는 힘이 없어 스스로를 지킬 수 없는 사람들이 자연스럽게 자신들의 보호를 의탁하는 사람이 된다. 그들은 자신들에게 가해졌다고 생각되는 침해에 대한 불평을 자연스럽게 그에게 호소하며, 이 경우 그의 중재는 심지어 침해를 가했다고 비난받은 사람에게서조차 쉽사리 받아들여진다. 이리하여 그의 빛나는 출신과 큰 재산은 자연스럽게 그로 하여금 일종의 사법권(司法權)을 갖게끔 한다.

12. 유목민족 안에서 재산의 불평등이 일어나고 민간에 대한 통치가 도입된다.

재산의 불평등이 처음으로 생겨나서 사람들 사이에서 이전에는 도저히 있을 수 없었던 권위·복종을 야기한 것은 유목시대(사회의 제2기)에서였다. 재산의 불평등은 (그것의 유지에 없어서는 안 될) 민간에 대한 통치를 어느 정도 도입하게 한다. 이것은 그것의 필요성에 대한 고려 없이도 진행된 자연스러운 과정이었던 것으로 보인다. 통치의 필요성에 대한 고려는 나중에는 권위와 복종을 유지하고 확보하는 데 크게 기여하게 된다. 특히 부자들은 자기들에게 기득권의 유지를 확고하게 해주는 사물의 질서라는 것을 유지하는 데 필연적으로 관심을 갖게 된다. 재산이 적은 사람들은 단결하여 부자들의 재산을 보호하는데, 이것은 부자들이 단결해서 자기들의 적은 재산을 보호해 주도록 하기 위해서다. 모든 영세 목축인들은, 자신들의 가축 떼가 안전한가는 대 목축인의 가축 떼가 안전한가에 달려 있고, 자신들의 보잘것없는 권위가 유지되는 것은 대 목축인의 권위가 유지되는 것에 달려 있으며, 따라서 자신들보다 보잘것없는 사람들이 자신들에게 복종하도록 하는 것은 자신들이 대 목축인에게 복종하는 것에 달려 있다고 믿는다. 영세 목축인들은 자신들의 재산과 권위를 지키기 위해 자신들의 작은 왕인 대 목축인의 재산을 보호하고 그의 권위를 유지하는 데 관심을 가지는 일종의 소 귀족층을 형성한다. 통치제도가 재산의 안전을 위해 형성되는 한, 실제로는 가난한 사람으로부터 부자를 지키기 위한, 또는 재산을 전혀 갖지 못한 사람으로부터 어느 정도의 재산을 가진 사람을 지키기 위한 것에 다름 아니다.

13. 그러나 사법권은 오랫동안 비용보다는 오히려 수입의 원천이었다.

국왕의 사법권은 그에게 지출의 원인이 되기는커녕 오랜 기간 수입의 원천이었다. 그에게 판결을 요청하는 사람은 언제나 그 재판에 대해 지불하려고 했고, 선물(present)이 따르지 않는 청원은 결코 없었다. 국왕의 권위가 상당히 확립된 뒤, 유죄판결을 받은 사람은 상대방에게 지불해야 하는 배상금과는 별도로 국왕에게도 벌금을 물어야 했다. 국왕을 골치 아프게 했고, 괴롭혔으며, 그 심기를 불편하게 했으므로, 이에 대해 벌금을 내는 것은 당연하다고 생각되었다. 아시아의 여러 타타르 통치제도나, 로마제국을 몰락시킨 게르만·스키타이 민족에 의해 세워진 유럽의 여러 통치제도에서는 사법(司法)은 왕과 그 아래의 모든 족장·영주들〔이들은 어떤 특정 종족·씨족에 대해, 또는 어떤 특정 영토·지역에 대해 왕을 대신해서 특정 재판을 행했다〕에게 상당한 수입의 원천이었다. 원래는 국왕과 그 아래의 족장들 모두가 직접 재판을 했던 것이다. 그 뒤 관리나 재판관 등과 같은 특정 대리인에게 재판을 위임하는 것이 더욱 편리하다고 생각했다. 그러나 이 대리인들은 여전히 자기의 임명자에게 재판으로부터 얻는 이윤을 보고하도록 되어 있었다. 헨리2세 시대에 순회 재판관들에게 내려진 훈령을 살펴보면*, 이들 재판관이란 국왕의 수입 중 일정한 부분을 징수하기 위해 각 지역에 파견된 일종의 순회 대리인에 지나지 않음을 분명히 알 수 있을 것이다. 그 당시에는 재판을 행하는 것이 국왕에게 일정한 수입을 가져다주었을 뿐 아니라, 이런 수입을 올리는 것 자체가 그가 재판을 함으로써 얻고자 하는 주된 이익들 중의 하나였던 것 같다.

14. 그 때문에 큰 폐단이 생겼다.

수입을 올리는 목적에 재판을 종속시켜 버리는 것은 필연적으로 여러 가지 매우

* J. Tyrell, *General History of England both Ecclesiastical and Civil.* London, 1700.

엄중한 폐단을 야기하게 된다. 손에 큰 선물을 가지고 와서 재판을 청구하는 사람은 실제 이상으로 유리한 판결을 받기 쉽고, 보잘 것 없는 선물을 가지고 와서 재판을 청구한 사람은 정당하지 못한 불리한 판결을 받기 쉬웠다. 또한 이런 선물이 계속 되풀이되도록 하기 위해 재판 자체가 자주 연기되곤 했다. 더욱이 유죄판결을 받은 사람에게 벌금이 부과되는 제도는 종종 어떤 사람이 실제로는 잘못이 없다고 하더라도 그에게 잘못을 뒤집어씌우기 위해 매우 그럴듯한 이유를 생각해 내도록 했다. 유럽 모든 나라의 고대사를 살펴보면 이런 폐해가 결코 드물지 않았음을 알 수 있다.

15. 이 폐단은 국왕이 친히 사법권을 행사하든 대리인을 시켜서 하든 마찬가지였다.

국왕이나 족장이 자신의 사법권을 직접 행사하는 경우 그가 그것을 아무리 남용하더라도 이것으로 말미암아 폐해를 구제받을 수 없다. 왜냐하면 그를 비판하기에 충분할 만큼 강력한 영향력을 지닌 사람은 아무도 없었기 때문이다. 반면에 그가 자신의 사법권을 대리인에게 위임했을 경우에는 구제할 방법이 있을 때도 있었다. 만일 대리인이 자기 자신만의 이익을 위해 어떤 부정한 짓을 저질렀다면, 국왕 스스로가 그를 벌하거나 또는 그로 하여금 잘못을 시정하도록 지시하기를 주저하지 않을 수도 있다. 그러나 대리인이 자신의 왕을 위해, 다시 말해 자신을 임명하고 자신을 좋아하는 왕의 비위를 맞추기 위해 비행을 저지른 경우에는, 대부분의 경우 마치 왕 자신이 이런 비행을 저지른 경우만큼이나 그 폐해를 시정하는 일이 어려웠을 것이다. 실제로 모든 야만적인 통치제도, 특히 로마제국의 몰락 위에 세워진 유럽의 모든 옛날의 통치제도 아래에서는 사법은 오랜 기간 극도로 부패했으며, 재판은 가장 훌륭한 왕 아래에서조차 전적으로 공정하고 평등한 것이 아니었고 가장 나쁜 왕 아래에서는 완전히 부패했다.

16. 국왕이 토지 수입과 재판 선물

국왕이나 족장이 그 집단 또는 씨족 가

에만 의존하고 있는 한 이런 폐단은 시정될 수 없었다.

운데서 가장 큰 목축인에 불과한 유목민족에서는, 국왕 역시 가신(家臣)이나 백성들과 마찬가지로 자기 자신의 가축을 증식시켜 생계를 유지한다. 유목사회로부터 겨우 탈피했고 그 사회보다 그다지 크게 진보하지 못한 농경민족들(예: 트로이 전쟁 당시에 그러했던 것으로 보이는 그리스의 여러 종족들, 서로마 제국의 멸망 이후에 처음으로 정착한 게르만·스키타이 선조들)에서는 국왕 또는 족장은 그 나라의 최대 지주(地主)일 뿐이었으며, 다른 지주와 마찬가지로 자기 자신의 소유지로부터, 다시 말해 오늘날 유럽에서 왕실 영지(領地)라고 불리는 것으로부터 거둬들인 수입으로써 생계를 유지한다. 그의 백성들은 동료의 억압으로부터 자신들을 보호하기 위해 그의 권위를 필요로 하는 경우를 제외하고는, 보통의 경우에는 그를 돕기 위해 아무것도 바치지 않는다. 그의 백성들이 그의 권위를 필요로 하는 경우가 생겨 그에게 바치는 선물이 그의 경상수입의 전부를 구성하는데, 몇몇 아주 특수한 긴급상황을 제외하고는, 이것이 그가 백성들에 대한 통치로부터 얻는 보수의 전부다. 호머의 이야기에서 아가멤논(Agamemnon)이 아킬레스(Achilles)에게 그의 우정에 대한 보답으로 그리스의 일곱 도시에 대한 지배권을 주었을 때, 그가 그것으로부터 얻어낼 수 있을 것이라고 언급한 유일한 이익은 사람들이 선물을 바치면서 그를 신(神)처럼 칭송할 것이라는 사실 하나뿐이었다. 이런 선물들, 재판에 대한 보수, 또는 재판에 대한 수수료라고도 부를 수 있는 것이 국왕 자신의 지배권으로부터 얻어낼 수 있는 경상수입의 전부를 이루는 한, 국왕이 선물들을 전적으로 포기한다는 것은 거의 기대할 수도 없었고, 그렇게 해야 한다고 제안하는 것은 실례가 되었다. 그러나 국왕이 선물을 어느 선에서 규제해야 한다는 주장은 제안될 만한 것이었으며, 실제로 자주 제안되었다. 그렇지만 선물이 어느 선에서 규제되었다 하더라도, 모든 권한을 가지고 있는 국왕이 정해진 한도를 초과하여 선물을 받는 것을 어떻게 방지할 것인가는, 불가능하지는 않다고 하더라도, 여전히 매우 어려운 문제였다. 따라서 이런 상황이 계속되는 한, (선물이 마음대로 결정되어서 확정될 수 없다는 사실로부터 자연히 생겨나는) 재판상의 부정부패는 효과적으로 시정될 수 없었다.

17. 그러나 과세를 해야만 하게 되었을 때, 백성들은 재판관이 선물을 받아서는 안 된다고 규정했다.

그러나 여러 가지 원인들 때문에, 그리고 주로 다른 나라의 침략으로부터 그 나라를 방위하기 위한 비용이 끊임없이 증가함에 따라, 국왕의 사유지만으로는 통치비용을 조달하는 것이 불충분하게 되었을 때, 그리고 또한 사람들이 자기 자신의 안전을 위해 여러 가지 세금을 부담함으로써 통치비용에 기여하는 것이 필요하게 되었을 때, 국왕 또는 그의 관리·대리인(즉, 재판관)은 재판에서 어떤 명목으로도 선물을 받아서는 안 된다는 요구가 널리 받아들여지게 된 듯하다. 이런 선물들을 효과적으로 규제하는 것보다는 오히려 전적으로 폐지해버리는 것이 훨씬 쉽다고 생각한 듯하다. 재판관에게는 일정한 봉급이 지급되었는데, 이 금액은 이전에 재판에서 얻은 이득 중 재판관의 몫에 대한 보상이라고 생각되었다. 왜냐하면 세금은 재판에서 얻은 이득 중 국왕의 몫을 보상하고도 남는다고 생각되었기 때문이다. 이때부터 재판은 무료로 행해진다고 말했다.

18. 재판은 무료로 행해지지 않는다.

그러나 실제로는 어느 나라에서도 재판이 결코 무료로 행해지지는 않았다. 적어도 변호사·법률가들은 소송 당사자들로부터 항상 그 대가를 지불받아야 하며, 만일 그렇지 못할 경우 그들은 자신들의 의무를 현재보다 훨씬 성의 없이 이행할 것이다. 어느 재판소에서도 변호사·법률가에게 해마다 지불되는 수수료는 재판관의 급료보다 훨씬 많다. 따라서 재판관의 급료가 국왕에 의해 지불된다고 하더라도 결코 소송에 필요한 경비는 크게 감소하지 않는다. 그러나 재판관이 소송 당사자로부터 어떤 선물이나 수수료도 받을 수 없도록 금지한 것은 소송비용을 감소시키기보다는 오히려 재판의 부패를 방지하기 위한 것이었다.

19. 재판관의 봉급은 문명국 정부의 지출에서 작은 일부분을 차지한다.

재판관이라는 직책은 그 자체로서 매우 명예로운 것이므로 아주 적은 수입밖에 없더라도 사람들은 기꺼이 그 직책을 맡으려 한다. 치안판사라는 하위직은 귀찮은 일이 많이 따르고 대개의 경우 아무런 수입이 없는데도 불구하고 우리나라 대부분의 지방 대지주들에게는 야심의 표적이 되고 있다. 고위직이든 하위직이든 모든 재판관의 봉급 및 사법의 총비용은 〔어느 정도 낭비가 이루어지고 있는 곳에서조차〕 문명국에서는 통치비용 전체 중 매우 보잘것없는 부분을 이룰 뿐이다.

20. 그것은 법정 수수료로써 지불될 수 있을 것이다.

전체 재판비용 역시 법정 수수료(fees of court)에 의해 쉽게 충당될 수 있을지 모른다. 이 경우 재판을 부패시키지 않으면서 국가 수입은 일정한 부담〔비록 적은 금액이지만〕으로부터 완전히 벗어날 수 있을 것이다. 국왕처럼 매우 영향력 있는 사람이 법정 수수료에 관여해서 그것으로부터 자신의 수입의 상당부분을 이끌어내는 곳에서는 법정 수수료를 효과적으로 규제하는 일이 어렵다. 그러나 법정 수수료로부터 이익을 얻을 수 있는 주된 사람이 재판관인 곳에서는 그 일이 매우 쉽다. 왜냐하면 국왕으로 하여금 그런 규제를 존중하도록 강제하는 일은 반드시 쉽다고는 할 수 없지만, 법률은 재판관으로 하여금 그런 규제를 존중하도록 쉽게 강제할 수 있기 때문이다. 법정 수수료가 상세히 규제되고 재판과정의 어느 단계에서 한꺼번에 회계관 또는 출납계원에게 납부되며, 판결이 끝난 뒤에야 비로소 각각의 재판관들에게 일정한 비율로 분배되는 곳에서는 이런 수수료가 전적으로 금지되어 있는 곳만큼이나 부패의 위험이 적은 것처럼 보인다. 이 수수료는 소송비용을 크게 증가시키지 않으면서도 재판비용 전체를 충분히 충당할 수 있을 것이다. 판결이 날 때까지는 수수료가 재판관들에게 지불되지 않음으로써, 수수료는 법정이 소송사건을 심리하고 판결하는 데 열성을 내도록 하는 자극제가 될 것이다. 상당히 많은 수의 재판관으로 이루어진 법정에서는 각각의 재판관에게 돌아갈 몫을 그가 소송의 심리에 〔법정에서나 법정의 명령에 따른 위원회에서나〕 참여한 시간수 · 일수에 비례하여 책정함으로써 수수료가 재판관 각자의 열성을 유도하는 자극제가 될 것이다. 공공업무는 그 업무를 끝마치지 않는 한 보수를 받을 수 없고, 더욱이 그 업무를 얼마나 열심히 수행했느냐에 비례하여 보수를 지급받는 곳에서 가장 잘 이루어진다. 프랑스의 각 고등법원에서는 법정 수수료(Epices and vacations)가 재판관이 받는 보수의 대부분을 이룬다. 프랑스에서 서열과 권위에서 둘째 가는 왕국 고등법원인 툴루즈(Toulouse) 고등법원의 재판관에게 국왕이 지급하는 급료〔모든 공제를 하고 난 뒤의 순소득〕는 연간 150리브르(livre)〔약 6파운드 11실링〕에 지나지 않는다. 약 7년 전에 그 금액은 그곳에서 보통의 보병이 받는 연간 임금이었다. 법정 수수료의 분배는 재판관의 성실한 근무 여하에 따라 다르다. 성실한 재판관은 그의 직책으로부터 비록 풍족하지는 않더라도 여유 있는 수입을 얻는 반면, 게으른 재판관은 그의 급료 이외에는 아무것도 받지 못한다. 이들 고등법원은 많은 면에서 매우 편리한 법정이라고는 할 수 없을지라도 지금껏 단 한 번도 비난받은 적이 없으며, 더욱이 부패의 의심을 받은 적은 결코 없는 듯하다.

21. 잉글랜드의 법정은 최초에는 법정수수료로 유지되었는데, 이 때문에 월권행위가 나타났다.

잉글랜드에서는 법정 수수료가 원래 재판소를 유지하는 주된 재원이었던 것으로 생각된다. 각 법정은 가능한 한 많은 사건을 자신들이 처리하려고 노력했으며, 원래는 자신들의 관할하에 있지 않은 많은 소송사건까지도 기꺼이 접수하려고 했다. 형사사건의 심리만을 목적으로 설치된 고등법원의 왕좌부(King's Bench)가 민사소송까지 취급하였다. 왜냐하면 원고는, 피고가 자신을 정당하게 대하지 않음으로써 일종의 불법침해죄(trespass) 또는 경범죄(misdemeanor)를 범했다고 주장했기 때문이다. 원래는 국왕의 수입을 징수하고 국왕에게 지불되어야 할 채무의 이행만을 강제하기 위해 설립된 이재법원〔理財法院: court of exchequer: 원래 세수(稅收)와 관련된 안건을 심리하기 위해 설립되었으나, 현재는 고등법원으로 통합되었다〕은 계약상의 채무와 관계된 그 밖의 모든 사건도 처리했다. 왜냐하면 원고는 피고가 자신에게 채무를 이행하지 않음으로써 자신도 왕에게 채무를 이행할 수 없었다고 주장했기 때문이다. 이런 상황 때문에 많은 경우 어느 법정에서 자신들의 사건을 처리하게 할 것인가를 선택하는 것은 전적으로 당사자들에게 맡겨지게 되었으며, 각각의 법정은 보다 더 신속하고 공평하게 사건을 처리함으로써 가능한 한 많은 사건의 심리를 자신들에게 끌어들이려고 노력했다. 잉글랜드의 오늘날 칭찬받을 만한 사법제도의 형성에는 이런 경쟁이 크게 기여했다. 그런데 이런 경쟁은 옛날에는 재판관 사이에서 벌어졌으며, 각 재판관은 자신의 법정에서 모든 종류의 불의에 대항하여 법이 허용하는 한 가장 신속하고 가장 효과적인 구제를 하려고 노력했다. 원래 보통법원은 계약 위반에 대한 손해배상 사건만을 취급했다. 대법관법원〔Court of Chancery: 현재는 고등법원의 일부로 되어 있다〕은 소액채권을 취급하는 양심법원(Court of Conscience)으로서 처음에는 계약사항의 엄정한 이행을 강제하는 역할을 맡았다. 계약위반 사항이 금전을 지불하지 않는 것일 때에는, 그것에 의한 손실은 그 금전에 대한 지불명령〔이것은 계약의 엄정한 이행에 다름 아니다〕 이외의 방법으로는 결코 보상될 수 없었다. 따라서 이런 경우에는 보통법원의 판결만으로도 충분했다. 그러나 다른 경우에는 이와 달랐다. 차지인이 지주가 토지 임차계약을 위반하여 자신을 토지로부터 부당하게 쫓아냈다는 이유로 지주를 고발한 경우에는, 그가 손해배상을 받더라도 그것이 결코 토지를 다시 점유하게 되는 것과는 같을 수 없었다. 따라서 이런 소송사건은 얼마 동안 모두 대법관법원으로 갔으므로 보통법원은 적지 않은 손실을 입었다. 보통법원이 토지로부터의 부당한 추방 또는 토지점유 박탈에 대한 가장 효과적인 구제책으로서 인위적이고 의제적인 토지점유 회복영장(writ of ejectment)을 고안해낸 것은 바로 이런 소송사건들을 자신들에게로 다시 되돌리기 위한 의도에서였다.

22. 법정은 소송절차에 대한 인지세(印紙稅) 부과로 유지될 수 있으나, 소송절차가 복잡하게 되는 폐단을 낳는다.

각 법원의 소송절차에 대해 법원이 부과하여 그 법원에 소속된 재판관과 기타 관리들의 생활유지를 위해 쓰는 인지세(stamp-duty)는 〔국가의 일반 수입에 부담을 주지 않으면서〕 사법비를 충당하기에 충분한 수입을 가져올 수 있을 것이다. 그러나 이 경우 재판관들은 가능한 한 인지세 수입을 늘리기 위해 모든 소송절차를 불필요하게 늘리려는 유혹에 빠질 것이다. 오늘날 유럽에서는 대부분의 경우 법원·변호사·법원서기에 대한 보수를 그들이 작성한 페이지 수에 따라 책정하는 것이 관례로 되어 있으나, 각 법원은 각 페이지마다 몇 줄을, 그리고 각 줄마다 몇 개의 단어가 들어가야 한다고 요구했다. 그리하여 변호사와 서기들은 자신의 보수를 증가시키기 위해 필요 이상으로 단어수를 늘릴 꾀를 생각해 냈으며, 이리하여 유럽의 모든 법정에서 사용되는 법률 용어들이 타락하게 된 것이다. 이와 같은 유혹 때문에 아마도 법률절차의 형식마저도 타락하게 될지 모른다.

23. 법원의 독립을 유지하는 다른 한 가지 방법은 법원에게 재산수입을 가지게 하는 것이다.

그러나 사법부가 자기 자신의 비용을 충당하도록 되어 있든 또는 재판관들이 어떤 다른 재원으로부터 일정액의 급료를 받든, 행정권을 가진 사람이 그 재원의 관리나 그들의 급료 지급을 담당할 필요는 없다고 생각한다. 그 재원은 소유지의 지대로부터 생길 수도 있는데, 이 경우 각 소유지의 관리는 그 소유지에 의해 유지될 법원에 위임된다. 또한 그 재원은 일정 금액에서 나오는 이자로부터 생길 수도 있는데, 이 경우 그 화폐의 대부는 그 화폐에 의해 유지될 법원에 위임된다. 스코틀랜드 순회법정(Court of Session) 재판관의 급료의 일부〔비록 매우 작은 부분이지만〕는 일정 금액의 화폐의 이자로부터 생긴다. 그러나 이런 재원은 필연적으로 불안정하므로, 영원히 지속되어야 할 기구를 유지하기 위한 재원으로는 부적당하다고 생각된다.

24. 사법권과 행정권의 분리는 행정사무의 증가에 기인한다.

사법권과 행정권이 분리된 것은 사회가 점차 진보함에 따라 국가의 사무가 점차 증가한 것에서 비롯된 듯하다. 사법이 너무나 힘들고 복잡한 임무가 되어 그것을 위임받은 사람은 오로지 그것에만 전념해야만 하였다. 행정권을 담당한 사람은 사적(私的)인 소송을 직접 판결할 시간적 여유가 없었으므로, 그를 대신해서 소송을 판결하는 대리인이 임명되기에 이르렀다. 로마의 전성기에 집정관(執政官: consul)은 국가의 수많은 정치적 사무에 너무나 바빴으므로 재판에 관심을 쏟을 여유가 없었다. 그리하여 그를 대신해서 재판을 집행할 대리 사법관〔praetor: 고대 로마에서 집정관이 외출하고 없는 기간에 그를 대신하여 업무를 처리할 권한을 가졌던 사람〕이 임명되었다. 로마제국의 몰락 위에 세워진 여러 유럽 왕국들의 발전 과정에서 왕 또는 대영주는 재판을 너무 힘들고 비천한 직무여서 그들 자신이 직접 재판을 행하기에는 부적합한 것이라고 생각했다. 그래서 그들은 대리인, 즉 집행관(bailiff)이나 재판관을 임명함으로써 그 일로부터 벗어났다.

25. 사법권은 행정권에서 분리되어야 할 뿐 아니라 그것으로부터 독립되어야 한다.

사법권과 행정권이 하나로 결합되어 있을 때에는, 정치(politics)라고 속되게 부르는 것을 위해 공정한 법 집행이 자주 희생되는 것은 거의 피할 수 없는 일이다. 국가의 큰 이익을 돌보도록 위임된 사람들은, 비록 불순한 의도는 없다고 하더라도, 때때로 국가의 이익을 위해 개인의 권리를 희생하는 것이 필요하다고 생각한다. 그러나 모든 개인의 자유, 개인의 안전감은 공평무사한 재판에 달려 있다. 모든 개인으로 하여금 자기의 모든 권리를 완전히 안전하게 누리고 있다고 느끼게 하기 위해서는, 사법권은 행정권으로부터 분리되어야 할 뿐 아니라 가능한 한 행정권으로부터 독립되어야 한다. 재판관은 행정부의 변덕에 따라 면직되어서는 안 된다. 재판관이 규칙적으로 급료를 받는가의 여부가 행정권의 선의 또는 심지어 그 경제적 여유 여하에 달려 있어서는 안 된다.

제 3절 공공사업과 공공기구의 지출

1. 국왕의 세 번째 책무는 각 개인에게 이윤을 가져다줄 수 없는 공공사업과 공공기구를 건설하고 유지하는 것이다.

국왕 또는 국가의 세 번째이자 마지막 의무는 다음과 같은 공공시설과 공공기구 — 즉, 전체 사회에 가장 큰 이익을 줌에도 불구하고 그것으로부터의 이윤이 어떤 개인 또는 소수의 개인들에게 그 비용을 보상해 줄 수 없으며, 따라서 어떤 개인 또는 소수의 개인들이 그것을 건설하고 유지할 것으로 기대할 수 없는 성질을 지닌 공공사업과 공공기구 — 를 건설하고 유지하는 의무다. 이 의무의 이행에도 역시 시대가 다름에 따라 서로 다른 정도의 비용이 요구된다.

2. 이런 공공사업과 공공기구는 주로 상업을 조장하고 교육을 진흥시키기 위한 것이다.

사회의 방위와 사법집행에 필요한 공공기구와 공공사업에 대해서는 이미 앞에서 언급하였다. 이 밖의 공공사업과 공공기구로는 주로 사회의 상업(商業)을 촉진시키기 위한 것과 사람들의 교육(敎育)을 진흥시키기 위한 것이 있는데, 교육기구에는 다시 두 가지 종류가 있다. 즉, 청소년의 교육과 모든 연령층의 사람들을 위한 교육이 그것이다. 이들 각종 공공사업과 공공기구에 대한 가장 적합한 경비지출의 방법을 고려하기 위해 이 장(章)의 제 3절(節)을 세 개 항(項)으로 구분하기로 한다.

1. 사회의 상업을 촉진하기 위한 공공사업과 공공기구

1) 상업 일반을 촉진하기 위해 필요한 공공사업과 공공기구

1. 이런 공공사업 · 공공기구를 위한 지출은 증가하고 있다.

한 나라의 상업을 편리하게 하는 공공사업, 예컨대 잘 닦인 길 · 교량 · 운하 · 항구 등의 건설과 유지를 위해 필요한 비용이 시대가 바뀜에 따라 변한다는 것은 증명할 필요도 없이 명백하다. 한 나라의 도로를 건설하고 유지하는 데 드는 비용은 그 나라의 토지 · 노동의 연간생산물이 증가함에 따라 커질 것이다. 즉, 그 비용은 이 도로를 통해 수송되는 상품의 양과 무게가 증가함에 따라 커질 것이다. 다리의 강도는 그 다리를 통과할 마차들의 수와 무게에 적합해야 할 것이다. 운하를 위한 물의 깊이와 양은 그 운하를 통해 상품을 옮길 선박의 수와 톤수에 비례해야 할 것이다. 마찬가지로 항구의 크기는 거기에 정박하게 될 선박의 수에 비례해야 할 것이다.

2. 이 비용은 국가수입에서 지출할 필요는 없다.

이런 공공사업 비용은 대부분의 나라에서 행정권이 징수해서 사용하고 있는 이른바 국가수입에서 지불되어야 할 필요는 없는 것 같다. 이런 공공사업의 많은 부분은 국가의 일반수입에 부담을 주지 않고도 그 자신의 비용을 충당하는 데 필요한 특별수입을 가져올 수 있을 정도로 잘 운영될 수 있다.

3. 그 건설비용은 통행세와 그 밖의 특별한 요금으로 조달될 수 있다.

예컨대 도로 · 교량 · 운하들은 대부분의 경우 그것들을 이용하는 마차들에 대해 약간의 통행료(toll)를 거두는 것에 의해 건설되고 유지될 수 있다. 항구의 경우 거기에서 화물을 싣거나 부리는 선박의 톤수에 약간의 항만세(port-duty)를 부과함으로써 건설되고 유지될 수 있다. 상업을 편리하게 하기 위한 또 다른 제도인 주화 주조(coinage)는 많은 나라에서 그 자신의 비용을 보상해 줄 뿐 아니라 왕에게 약간의 수입〔즉, 주조료(Seignorage)〕을 제공한다. 동일한 목적을 가지는 또 다른 제도인 우체국은 그 자신의 비용을 보상해 주는 것을 넘어, 거의 모든 나라에서 상당한 수입을 왕에게 제공한다.

4. 차량의 중량과 선박의 적재량에 따른 통행료 부과는 대단히 공평하다.

도로나 다리를 지나가는 마차와 운하를 통과하는 선박이 무게나 톤수에 비례하여 통행료를 낼 때, 마차와 선박은 공공사업의 유지를 위해 공공사업에 가한 마멸에 정확히 비례하여 지불하게 된다. 공공사업을 유지하기 위해 더 공평한 방법을 발견하는 것은 거의 불가능한 것 같다. 이런 세금이나 요금은 비록 운송자에 의해 선불되지만 상품의 가격에 덧붙여지는 형식을 통해 궁극적으로는 소비자에 의해 지불된다. 그렇지만 수송비는 이런 공공사업에 의해 격감하기 때문에, 상품들은 통행료에도 불구하고 공공사업이 없었을 경우보다 소비자들에게 싸게 공급된다. 즉, 상품들의 가격은 통행료에 의해 등귀한다기보다는 수송비의 감소에 의해 인하된다. 그러므로 이 세금을 궁극적으로 지불하는 사람은 이 세금을 지불함으로써 얻는 손해보다 더 큰 이득을 본다. 그가 지불하는 것은 그가 얻는 것에 정확히 비례한다. 사실상 그는 이득의 일부를 지불하는 셈이다. 이것보다 공평하게 세금을 부과하는 방법을 생각하기는 불가능하다.

5. 사치스런 마차에 더 높은 통행료가 부과되면, 부자들은 더욱 쉬운 방법으로 빈민구제에 공헌할 수 있게 된다.

사치스러운 마차(예컨대 사륜 대형마차나 역전마차 등)에 대한 통행료를 필수적인 마차(예컨대 이륜짐마차나 사륜짐마차 등)에 대한 통행료보다 높게 한다면 무거운 상품들을 각 지방으로 수송하는 것을 더 싸게 함으로써 부자들의 교만함·허영심이 빈민들의 구제에 매우 간단한 방법으로 기여하게 될 것이다.

6. 이런 방식으로 도로와 운하의 사용료를 징수하게 되면 꼭 필요한 곳 외에는 건설되지 않는다.

도로·다리·운하 등이 〔이것들을 통해 이루어지는 상업에 의해〕 이런 방식으로 건설되고 유지된다면, 그것들은 상업이 요구하는 곳, 따라서 그것들을 건설하는 것이 적절한 곳에서만 건설될 수 있다. 도로·다리·운하 등의 건설비용이나 그것들의 규모·장엄함 등도 또한 상업이 지불할 수 있는 정도에 맞추어야 할 것이다. 대규모의 도로는 단순히 어떤 지방 영주의 시골별장이나, 〔영주가 아첨을 떠는 것이 좋겠다고 생각하는〕 권력자의 별장과 연결하기 위해, 또는 상업이 전혀 이루어지지 않는 한적한 지역에 건설될 리가 없다. 큰 다리도 단순히 근처의 궁전 창문에서 보는 경관을 좋게 하기 위해 아무도 지나가지 않는 장소에 건설될 리가 없다. 그러나 이런 종류의 공공사업이 스스로 조달하는 수입이 아닌 다른 수입에 의해 건설되는 몇몇 나라에서는 이런 일들이 벌어지기도 한다.

7. 운하는 정부의 관리보다는 개인의 수중에서 더욱 잘 관리된다.

유럽의 몇몇 지역에서는 운하에 대한 통행세·갑문세(閘門稅: lock-duty)가 영리를 목적으로 경영하는 개인의 소유이다. 만일 운하가 제대로 유지되지 않는다면, 수상운송은 전면 중지될 수밖에 없고 그와 함께 통행료로 벌 수 있는 모든 이윤도 사라질 것이다. 만일 이런 통행료가 그 자신은 통행료에 아무 이해관계가 없는 관리의 감독하에 두어진다면, 그 관리는 통행료를 가져오는 운하의 유지에 관심을 덜 쏟을 것이다. 랑그도크(Langedoc) 운하를 건설하는 데 프랑스 왕과 그 지방은 1,300만 리브르를 지출했는데, 이것은 (지난 세기 말의 프랑스 화폐 가치에 따라 은 1마르크당 28리브르로 계산하면) 90만 파운드 스털링에 해당한다. 이 거대한 공사가 끝났을 때, 운하가 계속 잘 유지되게 할 수 있는 가장 그럴듯한 방법은 통행료 수입을 그 공사를 계획하고 수행했던 기술자 리케(Riquet)에게 주는 것이라고 생각되었다. 그 통행료는 현재 그 신사 가문의 여러 자손들에게 큰 재산이 되고 있고, 따라서 그들은 그 운하를 잘 관리하는 데 큰 관심을 쏟고 있다. 그러나 만일 이 통행료가 위와 같은 관심이 없는 관리의 감독하에 두어졌다면, 통행료는 장식적이고 불필요한 지출에 사용되었을 것이고, 운하의 가장 필수적인 부분은 황폐하도록 방치되었을 것이다.

8. 그러나 도로의 통행료는 안전하게 개인의 재산으로 해둘 수는 없고, 관리인이 관리하도록 맡겨두어야 한다.

도로의 유지를 위한 통행료는 안심하고 사적 개인의 소유가 되게 할 수는 없다. 도로는 운하와는 달리 전혀 관심을 갖지 않고 내버려 둬도 완전히 통행불능의 지경에 이르지는 않는다. 그러므로 도로에 대한 통행료 징수권자는 도로의 수선에 전혀 신경을 쓰지 않고도 거의 비슷한 통행료를 부과할 수 있을 것이다. 이런 설비의 유지를 위한 통행료는 관리나 수탁자의 관리하에 두는 것이 적절할 것이다.

9. 영국의 유료도로의 통행료에 대해 불평은 많지만, 대단한 것은 아니다.

영국에서 수탁자가 이런 통행료의 관리에서 저질렀던 부정은 많은 경우 매우 정당하게 비난받았다. 많은 유료도로(turnpike)에서는 통행료로 징수되는 돈이 보수작업을 가장 완벽하게 수행하는 데 필요한 금액의 두 배 이상이며, 보수작업은 대충 아무렇게나 하든지 때로는 전혀 하지 않는다고 한다. 이런 종류의 통행료에 의해 도로를 보수하는 제도는 그렇게 오래 되지 않았다는 점을 생각해야 한다. 그러므로 우리는 이 제도가 가능하리라고 생각하는 정도의 완벽함에는 이르지 못했다는 점에 놀라서는 안 된다. 비열하고 부적합한 수탁자들이 자주 임명되었다면, 또한 그들의 행동을 통제하고 통행료를 보수작업에 필요한 수준으로 인하시키기 위한 적절한 감독기관과 회계기관이 아직까지 확립되지 못했다면, 유료도로의 역사가 짧기 때문에 그런 결점들이 나타났다고 말할 수밖에 없다. 그런 결점들은 하원에 의해 때가 되면 점차 개선될 것이다.

10. 정부는 유료도로를 관리하고 그것으로 수입을 얻어야 한다는 제안이 있었다.

영국의 여러 유료도로에서 거두는 돈은 도로를 보수하는 데 필요한 것을 상당히 초과하기 때문에, 몇몇 각료들조차 그 돈을 적절하게 절약해서 이룩하는 저축은 언젠가는 국가의 긴급지출에 쓸 수 있는 매우 큰 재원이라고 생각했다. 정부가 유료도로의 관리를 스스로 담당하고 군인들을 고용해서 수리하게 한다면, 군인들은 현재 그들이 받고 있는 급료에 약간만 추가해서 받더라도 일을 하려 할 것이므로, 임금만으로 생활하는 노동자를 고용할 수밖에 없는 수탁자보다 정부는 훨씬 적은 비용지출로 도로를 더 잘 유지 관리할 수 있을 것이라고 한다. 엄청난 수입(아마 50만 파운드 스털링)이 국민들에게 아무런 추가부담을 주지 않고 이런 방식으로 얻어질 수 있을 것이고,* 유료도로는 현재 우체국이 그런 것처럼 국가의 일반경비에 크게 기여할 것이라고 주장한다.

11. 그러나 이 계획은 다음과 같은 반대에 직면하기 쉽다.

비록 이 계획의 입안자들이 추정하는 정도로 그 수입이 클 것 같지는 않지만, 여하튼 상당한 수입이 이런 방법을 통해 얻어지리라는 것은 의심의 여지가 없다. 그러나 그 계획 자체는 몇 가지 매우 중요한 반대에 부닥칠 것 같다.

12. (1) 통행료는 인상되어 상업에 큰 방해물이 될 것이다,

첫째로, 만일 유료도로에서 거두는 통행료가 국가의 긴급지출을 위한 재원으로 간주된다면, 통행료는 긴급 지출할 금액이 증가함에 따라 인상될 것임에 틀림없다. 그러므로 영국의 정책에 따라 통행료는 매우 빠르게 인상될 것이다. 간편하게 통행료에서 상당한 수입을

* 이 책의 제1판(1776년)과 제2판(1778년)을 발간한 이래 나는 영국에서 징수되는 유료도로 통행료 총액이 50만 파운드의 순수입을 낳지 않는 것을 확실히 믿게 되었다. 이 금액은 정부의 관리 하에서 5개의 주요 도로를 보수하는 데 충분하지 못할 것이다.

얻을 수 있기 때문에, 행정부는 자주 이 재원에 의지하게 될 것이다. 아무리 절약한다고 해도 50만 파운드를 현재의 통행료에서 저축할 수 있는지는 매우 의심스럽지만, 만일 통행료가 현재의 두 배가 된다면 100만 파운드가 저축되고, 네 배를 올린다면 200만 파운드가 저축되리라는 것은 의심의 여지가 없다.* 이런 엄청난 수입은 그것을 징수할 관리를 한 명도 새로 임명하지 않고서도 거둬질 수 있을 것이다. 그러나 유료도로의 통행료가 이런 방식으로 계속 인상된다면, 유료도로는 현재같이 국내상업을 촉진하는 대신 그것에 대한 대단히 거추장스러운 장애물이 될 것이다. 한 지방에서 다른 지방으로 무거운 상품들을 수송하는 비용이 너무나 크게 증가할 것이고, 따라서 그런 상품에 대한 시장이 곧 크게 축소될 것이기 때문에, 그 상품들의 생산은 크게 침체할 것이고, 국내산업의 가장 중요한 부분들이 완전히 몰락할 것이다.

13. (2) 마차의 중량에 따른 과세는 주로 빈민들의 부담이 된다.

둘째로, 무게에 비례하여 마차에 매기는 세금은 도로를 보수한다는 단일 목적에 사용될 때는 매우 공평한 세금이지만, 어떤 다른 목적〔즉, 국가의 일반적인 긴급지출을 지원하는 것〕에 사용될 때는 매우 불공평한 세금이 된다. 그 세금이 위에서 언급한 단일 목적에 사용될 때는 각 마차는 자기가 도로를 훼손시키는 만큼 세금을 낸다. 그러나 다른 목적에 사용될 때는, 각 마차는 자기가 훼손시키는 것 이상을 세금으로 내어 국가의 긴급지출의 재원을 마련하는 데 기여하게 된다. 그런데 유료도로 통행료는 상품의 가격을 그것의 가치가 아니라 무게에 비례하여 인상시키기 때문에, 그 세금은 값비싸고 가벼운 상품의 소비자가 아니라 조잡하고 무거운 상품의 소비자가 주로 부담하게 된다. 그러므로 이 세금이 재원으로 되는 국가의 긴급지출이 무엇이건, 그 지출은 부

* 나는 지금 이런 예상액이 지나치게 크다고 믿고 있다.

자가 아니라 주로 빈민들로부터, 다시 말해 가장 능력 있는 사람이 아니라 가장 능력 없는 사람들로부터 조달될 것이다.

14. (3) 그리고 도로의 유지·보수는 소홀해질 것이다.

셋째로, 정부가 항상 도로의 보수를 게을리하는 경우, 유료도로 통행료의 일부를 도로 보수에 사용하도록 강제하는 것이 현재보다 더욱 어려워질 것이다. 그리하여 엄청난 수입을 국민으로부터 징수하면서도 그 수입의 일부조차 이런 방식으로 징수하는 수입이 쓰여야 하는 유일한 목적에 사용되지 않을 것이다. 현재 유료도로 수탁자들이 비천하고 가난하기 때문에 그들의 비행을 시정하도록 하기가 어렵다면, 위와 같은 상황에서는 그들의 부(富)와 권세 때문에 그 잘못을 시정하도록 하기가 열 배는 더 어려워질 것이다.

15. 프랑스에서는 도로를 행정부문에서 관리하고 있다.

프랑스에서는 도로의 유지·보수를 위한 재원이 행정부의 직접적인 감독하에 있다. 이 재원은 부분적으로는 유럽 대부분의 나라에서 지방주민들이 도로 보수를 위해 제공해야 하는 일정 일수의 노동일로 구성되고, 부분적으로는 국가의 일반세입 중 국왕이 기타 지출로부터 절약하는 부분으로 구성되어 있다.

16. 큰 역로(驛路)는 일반적으로 양호하게 관리되지만, 그 밖의 도로들은 모두 완전히 등한시되었다.

프랑스와 유럽 대부분의 오래된 법률에 의해 지방 주민의 노동은 추밀원에 직접 종속되지 않는 지방의회의 감독하에 있었다. 그러나 현재의 관습에 따르면, 지방 주민의 노동과 〔국왕이 어떤 특별한 지방의 도로보수를 위해 할당하는〕 어떤 재원도 전적으로 지사의 관리 하에 있다. 지사는 추밀원이 임명하는 관리로서 추밀원의 명령을 받고 추밀원과 끊임없이 연락한다. 전제주의가 발전하는 과정에서 행정부의 권위는 점차 국가의 다른 모든 권력을 흡수하고 공공의 목적에 사용될 모든 세입의 관리를 맡게 된다. 프랑스에서는 주요 도시를 잇는 큰 역로〔驛路: post-roads〕는 일반적으로 잘 유지된다. 그리고 몇몇 지방에서는 영국의 대부분의 유료도로보다 훨씬 더 상태가 좋다. 그러나 지방도로의 대부분을 차지하는 이른바 교차로(cross-roads)는 완전히 방치되어 있고, 많은 지역에서는 무거운 마차가 결코 통과할 수 없다. 몇몇 도로에서는 말에 탄 채 지나가는 것이 위험하기조차 하다. 그런 곳에서는 노새만이 안심하고 믿을 수 있는 유일한 수송수단이다. 화려한 궁정의 거만한 대신들은, 예컨대 유력한 귀족들이 자주 보게 되는 대규모의 도로와 같이, 웅장하고 거대한 공사를 벌리기를 좋아할 것인데, 귀족의 격찬은 대신의 허영심을 만족시킬 뿐 아니라 궁전에서 자기의 지위를 유지하는 데도 도움을 준다. 그러나 일단 완성되어도 크게 두드러져 보이지 않거나 어떤 여행객도 찬사를 보내지 않을 다수의 작은 공사들, 즉 매우 유용하다는 것 외에 내세울 것이 없는 다수의 작은 공사들을 건설하는 것은 모든 면에서 볼 때 고급 관료의 관심을 끌기에는 너무 보잘것없고 하찮아 보이는 일이다. 따라서 이런 행정부 하에서는 이런 공사들은 늘 완전히 무시된다.

17. 중국과 아시아의 다른 나라의 행정부는 도로와 운하를 양호하게 유지하고 있다고 하는데, 유럽에서는 사정이 다르다.

중국과 아시아의 여러 정부에서 행정부는 도로의 보수만이 아니라 운하의 유지까지 책임지고 있다. 각 지방 지사에게 내려오는 지시에서 이것은 끊임없이 강조되고 있고, 조정에서 그의 치적에 대해 내리는 판단도 그가 이런 지시사항에 얼마나 관심을 기울였는가에 의해 많이 좌우된다. 따라서 이런 공공사업 분야는 이들 모든 나라에서 큰 관심을 쏟고 있다고 전해지고 있고, 특히 중국〔이 나라의 도로와 운하는 유럽보다 훨씬 우수하다고 한다〕에서 그러하다. 그러나 유럽에 전해진 이런 토목사업에 관한 이야기는 일반적으로 신뢰하기 어려운 여행자들, 그리고 많은 경우 바보 같고 거짓말 잘하는 선교사들이 만들어낸 이야기들이다. 만일 그것들이 더 지적인 사람들에 의해 관찰되었다면, 그리고 그것들에 대한 설명이 더 믿을 만한 목격자에 의해 보고되었다면, 아마도 그렇게 놀랍지는 않을 것이다. 버니어(Bernier)가 인도에서 이런 종류의 토목공사를 보고 설명한 것은 그런 공사를 묘사한 다른 여행자들의 더 신비스러운 보고에 훨씬 못 미친다. 아마도 그런 나라들에서도 프랑스와 마찬가지로 조정이나 수도에서 화젯거리가 될 만한 큰 도로에 관심이 두어질 것이고 그 밖의 나머지는 무시될 것이다. 또한 중국과 인도, 그리고 아시아의 여러 다른 정부에서는 국왕의 수입이 〔토지의 연간생산물이 많고 적음에 따라 증감하는〕 토지세 또는 지대에 거의 대부분 의존하고 있다. 따라서 국왕의 큰 관심사인 자기의 수입은 이런 나라에서는 토지의 경작과 생산물의 양(量)과 가치에 필연적으로 그리고 직접적으로 관련되어 있다. 생산물이 더 많아지고 더 비싸게 되기 위해서는 가능한 한 더 넓은 시장을 확보하는 것이 필요하고, 따라서 그 나라의 여러 지역 간에 가장 자유롭고 가장 편하며 가장 돈이 덜 드는 교통망을 마련하는 것이 필요한데, 이것은 최상의 도로와 최상의 운하에 의해서만 달성될 수 있다. 그러나 유럽의 어느 나라에서도 국왕의 수입은 토지세나 지대에서 주로 나오지는 않는다. 유럽의 모든 큰 왕국에서는 수입의 큰 부분이 궁극적으로는 토지생산물에 의존할지라도 그런 의존은 그렇게 직접적이지도 않고 명백하지도 않다. 따라서 유럽에서는 국왕은 토지생산물의 양과 가치 모두의 증가를 촉진하거나, 좋은 도로와 운하를 유지함으로써 그 생산물의 시장을 될 수 있는 한 확대할 필요를 그만큼 심각하게 느끼지 않는다. 그러므로 아시아의 일부 니리에서 이런 공공사업 부문이 행정부에 의해 매우 적절하게 관리된다는 것이 사실이라고 하더라도 〔나의 생각으로는 상당히 의심스럽긴 하지만〕, 현 단계에서 유럽의 어느 나라에서도 그것이 행정부에 의해 잘 관리될 수 있을 가능성은 거의 없다.

18. 지방적 성질을 가진 공공사업은 지방의 수입으로 유지되어야 한다.

그 성질상 자신을 유지하기 위한 비용을 스스로 조달할 수 없으며, 그 편리성이 어떤 특별한 장소나 지역에만 거의 제한되고 있는 공공사업은 〔국왕이 늘 관리할 게 틀림없는〕 국가의 일반수입에 의해 유지되기보다는 지방정부의 관리하에서 지방수입에 의해 유지되는 편이 항상 낫다. 런던의 거리가 대장성의 비용으로 점등(點燈)되고 포장되었다면, 그것이 현재처럼 그렇게 적은 비용으로 그렇게 잘 점등되고 포장될 수 있었을까? 더욱이 이 경우 그 비용이 런던의 각 거리 · 교구 · 지역의 주민들에 대한 지방세로 지출되지 않고 국가의 일반수입으로 지출된다면, 그리하여 결과적으로 왕국의 모든 주민들에 대한 과세로 지출된다면, 그들 대부분은 런던 거리의 조명(照明)과 포장으로부터는 어떤 이익도 얻지 않는 사람들이므로, 이는 매우 불공평한 일일 것이다.

19. 지방정부의 부정 · 부패는 국가수입의 관리에 비하면 매우 사소한 것이다.

지방수입을 관장하는 지방정부에서 때때로 발생하는 부정은, 아무리 엄청나게 보일지라도, 실제로는 거대한 제국의 수입을 관장하고 지출하는 데서 일반적으로 발생하는 부정과 비교하면 거의 언제나 매우 사소한 것이다. 더욱이 그것들은 훨씬 쉽게 시정된다. 영국의 치안판사들이 관리하는 지방정부나 주(州)정부 하에 있는 지방주민들이 도로의 유지보수를 위해 제공하는 6일의 노동이 항상 적절하게 사용되지는 않지만, 학대나 억압적인 행위는 거의 발생하지 않는다. 이와 반대로 프랑스의 감독관의 관리 하에서는 6일의 노동이 더욱 적절하게 사용되지 않을 뿐 아니라 사용 과정에서 가장 잔혹하고 가장 억압적인 행위들이 자주 발생한다. 이런 종류의 이른바 강제노역(Corvées)은 불행하게도 그 감독관들의 미움을 사게 된 교구나 단체를 징벌하는 폭정(暴政)의 주요 수단의 하나가 된다.

2) 특수한 상업부문을 촉진하기 위해 필요한 공공사업과 공공기구

1. 특수한 상업부문을 촉진하기 위해

위에서 언급한 공공사업과 공공시설

서는 특수한 기구가 필요하다.

의 목적은 상업 일반을 촉진하는 것이었다. 그러나 상업의 어떤 특수부문을 촉진하기 위해서는 특수한 기구가 필요하고 그것은 또한 특수한 비용 지출을 요구한다.

2. 야만적인 국민과의 무역에는 보루가 필요하며, 그밖에 다른 나라들과의 무역에는 대사(大使)가 필요하다.

야만적이고 문명화되지 않은 사람들과 행하는 특수한 상업부문은 특별한 보호를 필요로 한다. 아프리카 서쪽 해안과 거래하는 상인의 상품들은 보통의 상점이나 회계사무소에서는 위험할 것이다. 그 상품들을 야만적인 원주민들로부터 지키기 위해서는 상품들이 저장된 장소가 어떤 식으로든 보루화되어야 한다. 인도의 통치에는 질서가 없기 때문에 그 순하고 점잖은 국민들 속에서도 마찬가지의 예방책이 필요했다. 영국과 프랑스의 동인도회사들이 그 나라에서 첫 번째 보루(fort)를 세우도록 허락받은 것은 생명과 재산을 폭력으로부터 보호한다는 구실 때문이었다. 정부가 강력하여 영토 안에 외국인이 어떤 보루화된 장소를 소유하는 것을 금지하는 나라들에서는, 대사(ambassador)·공사·영사를 두어 모국의 관습에 따라 자국민 간의 분쟁을 조정하고, 토착민과의 분쟁에서도 그 공적인 성격에 의해 어떤 사적 개인보다 큰 권위를 갖고 개입하여 자국민에게 더욱 강력한 보호를 제공하는 것이 필요할 것이다. 전쟁이나 동맹의 목적을 위해서는 공사를 둘 필요가 없었던 외국에도 무역의 목적을 위해서는 공사를 주재시킬 필요가 자주 있었다. 터키회사(Turkey Company)의 무역 때문에 먼저 콘스탄티노플에 상주대사를 두게 되었다. 러시아에 영국 대사관을 설치한 것은 전적으로 교역상의 이해관계에서 나온 것이었다. 유럽 각 국민들 간에 교역상의 이해관계가 야기한 끊임없는 충돌 때문에, 이웃 나라들에 평화시에도 계속 상주하는 대사·공사를 두는 관습이 생겼다. 옛날에는 알려지지 않았던 이런 관습은 15세기 말이나 16세기 초, 즉 교역이 처음으로 대부분의 유럽 국민들로 확장되기 시작하고 처음으로 유럽 국민들이 교역의 이익에 주목하기 시작한 때로부터 시작되었을 것이다.

3. 자기들의 상업부문을 보호하기 위해 특별한 지출을 필요로 하는 경우 특별한 세금을 내는 것은 당연하다.

어떤 특수 상업부문의 보호를 위해 필요한 특별비용은 그 특수부문에 약간의 세금을 부과하는 것〔예컨대 상인들이 처음 그 부문에 진출할 때 약간의 요금을 내게 한다거나, 또는 더 공평하게 그들이 그 특별한 나라에서 수입하거나 수출하는 상품들에 몇 %의 특별세를 부과한다거나 하는 것〕에 의해 조달하려는 것은 이치에 맞는 것 같다. 해적으로부터 무역 일반을 보호하기 위해 처음으로 관세제도가 생겨났다고 전해진다. 만일 무역 일반을 보호하기 위한 비용을 조달하기 위해 무역에 일반세를 부과하는 것이 이치에 닿는다고 생각된다면, 어떤 특수 분야를 보호하기 위한 특별비용을 조달하기 위해 그 분야에 특별세를 부과하는 것도 마찬가지로 이치에 맞을 것이다.

4. 이런 과세 수입은 행정부의 처분에 맡겨져야 하지만, 종종 상사(商社)에 맡겨졌다.

무역 일반의 보호는 항상 국방상 필수적인 것으로 간주되었고, 따라서 행정당국의 의무 중 중요한 부분으로 간주되었다. 따라서 일반관세를 거두어 사용하는 것은 늘 행정당국에 맡겨져 왔다. 그런데 어떤 특수 무역부문의 보호는 무역 일반의 보호의 일부이고, 따라서 행정당국의 의무의 일부다. 그러므로 만일 국민들이 늘 일관되게 행동했다면, 이런 특수 부문의 보호를 위해 부과되는 특별세는 마찬가지로 늘 행정당국의 재량에 맡겨져야 했을 것이다. 그러나 다른 많은 면에서와 마찬가지로 이런 면에서도 국민들이 항상 일관되게 행동해 온 것은 아니다. 유럽 상업국의 대부분에서 상인들이 세운 특수회사들이 입법부를 설득해서 국왕의 의무 중 이 부분의 수행과, 그것과 필연적으로 연관된 모든 권력들을 자기들에게 위임하도록 한 것이다.

5. 이런 회사는 장기적으로는 장애물

이런 회사들은, 국가라면 하지 않았

또는 무용한 것임이 밝혀졌다.

을 시도를 스스로의 비용을 들여 함으로써 약간의 무역부문을 처음 개척하는 데 유용했을지 모르지만, 장기적으로 볼 때는 일반적으로 장애물이 되거나 무용함이 증명되었고, 무역을 잘못 관리하거나 제한했다.

6. 이 회사들은 관리회사이거나 주식회사이다.

회사가 주식자본을 밑천으로 무역하지 않고, 자격 요건을 갖춘 사람이 일정한 입회금을 지불하고 그 회사의 규정에 따를 것에 동의하면 회사의 구성원이 되고, 각 구성원은 자기 자신의 자본으로 그리고 자기 자신의 위험부담으로 무역을 할 때, 그 회사는 관리회사(管理會社: regulated company)라고 불린다. 그러나 회사가 주식자본을 밑천으로 무역하고 각 구성원은 이 주식자본의 출자 지분에 따라 공동의 이윤과 손실을 분배할 때, 그 회사는 주식회사(株式會社: joint stock company)라고 불린다. 이런 회사[관리회사든 주식회사든]는 배타적인 특권을 가지고 있기도 하고, 그렇지 않기도 하다.

7. 관리회사는 동업조합과 비슷하며, 그와 비슷하게 행동하고 있다.

관리회사는 유럽 모든 나라의 도시들에 널리 퍼져 있는 동업조합(同業組合)과 모든 면에서 유사하며 그것이 확대된 일종의 독점조직이다. 도시의 어떤 주민도 먼저 동업조합의 회원이 되지 않고서는 그 동업조합의 직업을 영위할 수 없는 것처럼, 대부분의 경우 국가의 어떤 백성도 먼저 그 관리회사의 구성원이 되지 않고서는 그 회사가 설립된 외국무역 부문에서 합법적으로 무역할 수 없다. 독점의 정도는, 입회 조건이 쉬운지 까다로운지, 그리고 그 회사의 이사들이 얼마만큼의 권위를 가지고 있는지, 즉 무역의 대부분을 그들 자신과 그들의 특별한 친구들에게 제한할 수 있을 정도의 권위를 가지고 있는지의 여부에 달려 있다. 가장 오래된 관리회사에서는 도제(徒弟) 신분의 특권은 동업조합에서와 마찬가지였다. 즉, 일정한 기간 그 회사의 구성원 밑에서 근무한 사람은 어떤 입회금도 지불하지 않거나, 또는 다른 사람들보다 훨씬 적은 입회금을 지불하고 그 회사의 구성원이 될 수 있었다. 보통의 동업조합 정신이, 법률상 금지되지만 않는다면, 어디에서나 관리회사를 지배한다. 관리회사가 천부적 성질에 따라 행동하도록 허락되었을 때, 그들은 경쟁을 가능한 한 최소한도로 제한하기 위해 무역에 여러 가지 번거로운 규제를 부과하려고 항상 노력하였다. 그러나 법이 그들에게 이렇게 하는 것을 금지했을 때, 그들은 쓸모없거나 보잘것없는 것이 되었다.

8. 현존하는 관리회사로는 다섯 개가 있다.

현재 영국에 남아 있는 외국무역의 관리회사는 옛날의 모험상인회사며, 지금은 일반적으로 함부르크 회사(Hamburgh Company), 러시아 회사(Russia Company), 이스트랜드 회사(Eastland Company), 터키 회사(Turkey Company), 아프리카 회사(African Company)라 불린다.

9. 이들 가운데 함부르크회사, 러시아 회사 및 이스트랜드 회사는 전혀 쓸모없는 회사들이다.

함부르크 회사의 입회 조건은 현재는 매우 간단하다고 한다. 그리고 이 사들은 무역에 어떤 제약이나 규제를 가할 힘이 없거나, 적어도 최근에는 그런 힘을 발휘하지 않았다. 물론 항상 그랬던 것은 아니다. 지난 세기〔17세기〕의 중반쯤에는 입회금은 50파운드였고, 한때는 100파운드였다. 그리고 회사의 행동은 매우 억압적이었다고 한다. 1643년, 1645년, 그리고 1661년에 잉글랜드 서부의 의류 자유무역업자들이 그 회사를 〔무역을 제한하고 제조업자들을 억업하는〕 독점조직이라고 의회에 고발했다. 비록 이런 고발이 의회에서 법률을 제정하게 하지는 못했지만, 그 회사의 행동을 수정하도록 할 정도로 효력을 발휘했다. 그때 이후로 그 회사에 대한 고발은 없었다. 윌리엄 3세 제10~11년의 제6호 법률〔1698년〕에 의해 러시아 회사의 입회금은 5파운드로 줄었고, 찰스 2세 제25년의 제7호 법률〔1672년〕에 의해 이스트랜드 회사의 입회금은 40실링이 되었고, 동시에 스웨덴·덴마크·노르웨이 등 발트해 북부 연안의 모든 나라들이 그 회사의 독점적 지배로부터 벗어났다. 이런 회사들의 행동이 이 두 법령을 제정하게 했을 것이다. 그 이전에는 차일드 경(Sir Josiah Child)이 이 두 회사와 함부르크 회사를 매우 억압적이라고 표현하였고, 당시 그 회사들 각각의 배타적 특권에 속했던 나라들과의 무역이 활발하지 못했던 것을 그 회사들의 나쁜 경영 탓으로 돌렸다. 현재에는 그 회사들이 그리 억압적이 아닐지 몰라도, 그 회사들은 확실히 아무짝에도 쓸모없다. 오직 쓸모없을 뿐이라고 말하는 것은 정말로 이 관리회사에 던질 수 있는 최대의 칭찬일지도 모른다. 그리고 위에서 언급한 세 회사들은 현재 상태로 볼 때 이런 칭찬을 들을 만하다.

10. 터키회사는 전횡적인 독점조직이다.

이전에는 터키회사의 입회금은 26세 이하의 사람들에게는 25파운드, 그 나이를 넘은 사람들에게는 50파운드였다. 도매상만이 이 회사에 들어갈 수 있었는데, 이런 제한은 모든 소매상을 배제하는 것이었다. 회사의 내규는 어떤 영국 상품도 이 회사의 선박을 이용하지 않으면 터키에 수출할 수 없도록 했고, 그 배들은 늘 런던항에서 출발했기 때문에, 무역을 그 비싼 런던항과 〔런던이나 그 이웃 지방에 사는〕 무역상에게만 제한시킨 것이다. 또 다른 내규에 의해 런던에서 20마일 이내에 살면서 런던 시민이 아닌 사람들은 구성원으로 입회시켜 주지 않았다. 이 제한은 앞의 제한과 맞물려서 불가피하게 런던 시민이 아닌 모든 사람들을 배제하게 했다. 선박에 화물을 싣고 출항하는 시간은 전적으로 이사들에게 달려 있었기 때문에, 그들은 손쉽게 그들 자신의 상품과 그들의 특별한 친구들의 상품으로 선박을 채울 수 있었으며, 너무 늦게 신청했다는 이유로 다른 사람들의 상품은 배제할 수 있었다. 따라서 이런 상태에서는 이 회사는 모든 면에서 엄격하고 억압적인 독점조직이었다. 이런 폐해는 조지 2세 제26년의 제18호 법률〔1753년〕을 낳게 되었는데, 이에 따라 입회금은 나이에 제한 없이 모두 20파운드로 통일되었고, 도매상만이라거나 런던시민만이라는 제한도 모두 없어졌다. 또한 모든 구성원들에게 영국의 모든 항구에서 수출이 금지되지 않은 모든 상품들을 터키의 어느 항구에나 수출할 수 있는 자유를 인정해 주었고, 수입이 금지되지 않은 모든 터키 상품은 일반관세와 그 회사의 필요경비를 조달하기 위한 특별관세를 지불하기만 하면 수입할 수 있게 되었다. 물론 이 회사의 구성원은 터키에 상주하는 영국 대사·영사의 법적 권위와, 정당하게 제정된 회사 내규에 복종해야 한다. 내규에 의한 억압을 막기 위해 동일한 법률에는 다음과 같은 사항이 규정되어 있다. 즉, 만일 그 회사의 7명 이상의 구성원들이 이 법률이 통과된 뒤에 제정된 내규에 의해 손해를 본다고 느끼면, 그 내규가 제정된 지 12달 이내에 식민무역부(현재는 추밀원의 한 위원회가 승계했다)에 탄원할 수 있다. 그리고 만일 7명 이상의 구성원이 이 법률이 통과되기 이전에 제정된 내규에 의해 손해를 본다고 느끼면, 이 법률이 효력을 발휘하는 날로부터 따져 12달 이내에 마찬가지의 탄원을 할 수 있다. 그러나 1년의 경험만으로는 그 큰 회사의 모든 구성원들이 특정 내규의 유해한 경향을 발견하기는 그리 쉽지 않을 것이며, 또한 그들 중 몇 명이 1년 뒤 그것을 발견한다면, 식민무역부나 추밀원위원회도 그들을 구제할 수 없을 것이다. 더구나 관리회사의 많은 내규의 목적은 동업조합의 내규와 마찬가지로 이미 구성원인 사람들을 억압하려는 것이 아니라 다른 사람들이 구성원으로 되는 것을 막는 데 있고, 그것은 높은 입회금뿐 아니라 다른 수단에 의해 이루어질 수 있는 것이다. 이런 회사는 항상 가능한 한 자기 자신의 이윤율을 높이는 것을 목적으로 하며, 이를 위해 그들은 수출하는 상품이나 수입하는 상품에 대한 시장 모두에서 가능한 한 상품이 과소 공급되도록 노력한다. 그런데 그것은 경쟁을 제한하는 것, 즉 새로운 모험상인이 그 무역에 뛰어드는 것을 막는 것을 통해서만 가능하다. 20파운드의 입회금조차도 〔계속 터키와의 무역에 종사할 생각으로 이 회사에 들어오려는 사람을 막기는 불충분하겠지만〕 투기적인 상인에게는 한 번의 모험을 거는 것을 망설이게 하기에 충분하다. 모든 무역에서 기존의 오래된 무역상들은 〔비록 동업조합을 구성하지 않더라도〕 자연스레 담합해서 이윤을 올리는데, 이 이윤은 투기적인 모험사업가들의 간헐적인 경쟁에 의하지 않고서는 적정 수준까지 내려가지 않을 것 같다. 터키무역은 비록 이 법률에 의해 상당히 개방되었지만 아직도 많은 사람들에게는 결코 완전히 자유롭다고 생각되지는 않는다. 터키회사는 〔다른 공직과 마찬가지로 국가에 의해 전적으로 부양되어야 하며, 그 무역을 모든 백성들에게 개방시켜야 하는〕 대사와 두세 명의 영사를 부양하는 데 기여한다. 이 회사가 이런 목적과 조합적 목적을 위해 부과하는 각종 세금은 국가가 이런 관리들을 부양하는 데 필요한 것보다 훨씬 많은 수입을 가져올 것이다.

11. 관리회사는 주식회사에 비해 보루나 수비대를 유지하기에는 더 부적합하다.

차일드 경이 관찰한 바에 따르면, 관리회사는 자주 공식 외교사절을 부양하긴 했지만 그들이 교역하는 나라 안에 보루를 설치하거나 수비대를 두지는 않았는데, 주식회사는 자주 그렇게 했다고 한다. 실제로 전자는 후자보다 이런 짓을 하는 데 훨씬 적합하지 않은 것 같다. 첫째로, 관리회사의 이사들은 〔그런 보루와 수비대를 두는 목적인〕 그 회사의 전체 무역의 번창에 어떤 특별한 이해관계를 가지고 있지 않다. 심지어 전체 무역의 부진은 그들 자신의 개인적인 무역에 이득을 주는 경우가 자주 있다. 왜냐하면 그것은 경쟁자들의 수를 줄임으로써 더 싸게 사고 더 비싸게 팔 수 있도록 하기 때문이다. 반대로 주식회사의 이사들은 〔자기들에게 그 관리가 맡겨진 회사의 주식자본에서 나오는〕 이윤의 분배에 참가하기 때문에, 회사의 전체 무역과 이해관계를 달리하는 자기 자신의 사적 무역을 가지지 않는다. 자기들의 사적 이익은 회사의 전체 무역의 번창, 그리고 회사의 방위에 필요한 보루와 수비대의 유지와 밀접한 관련을 갖고 있다. 그러므로 주식회사의 이사들이 보루와 수비대의 유지에 더욱 큰 관심을 가진다. 둘째로, 주식회사의 이사들은 회사의 주식자본인 대자본을 항상 관리하고 있기 때문에 그것의 일부를 필요한 보루의 건설·수리 및 수비대의 유지에 사용할 수 있다. 그러나 관리회사의 이사들은 공동자본을 관리하지 않기 때문에 〔입회금이나 회사의 무역에 부과하는 조합비로부터 나오는 임시수입 이외에는〕 이런 목적으로 사용할 재원이 없다. 그러므로 관리회사의 이사들은 보루와 수비대의 유지에 마찬가지로 관심을 가진다고 하더라도 그것을 실현시킬 능력을 가질 수 없다. 거의 주의할 필요도 없고 적은 경비로도 가능한 외교관에 대한 지원이 관리회사의 기질과 능력에 훨씬 적합한 사업이다.

12. 그러나 아프리카 회사는 이 의무를 지고 있다.

그러나 차일드 경이 살던 시대가 훨씬 지난 1750년 하나의 관리회사가 설립되었는데, 이것이 현재의 아프리카 회사이다. 이 회사는 명시적으로 처음에는 블랑곶(Cape of Blanc)과 희망봉 사이의 모든 영국 보루와 수비대의 유지를 책임졌지만, 그 뒤에 루즈곶(Cape of Rouge)과 희망봉 사이의 보루와 수비대만 책임지게 되었다. 이 회사를 인가해 준 법령〔조지 2세 제 23년의 제 31호 법률〕은 두 개의 다른 목표를 가지고 있었던 것 같다. 첫 번째는 관리회사의 이사들에게 자연스럽게 생겨나는 억압적이고 독점적인 정신을 효과적으로 억누르기 위한 것이었고, 두 번째는 그들이 기피하고 있는 요새와 수비대의 유지에 가능한 한 신경을 쓰도록 하는 것이었다.

13. 이 회사를 설립한 법률은 독점을 억제하려고 노력했으나, 효과가 없었다.

이 목적들 가운데 첫 번째를 위해 입회금이 40실링으로 제한되었다. 이 회사는 조합자격으로 거래하는 것, 또는 주식자본으로 거래하는 것이 금지되었고, 또한 공동명의로 차입하는 것이나, 영국 국민으로서 입회금을 내면 〔무역항의 제한 없이 누구나 자유롭게 행할 수 있는〕 무역에 어떤 제한을 가하는 것이 금지되었다. 이 회사의 이사회는 런던에서 회의를 하는 9명으로 구성된 위원회이고, 위원들은 런던·브리스톨·리버풀의 시민인 이 회사의 구성원들에 의해 매년 각 시로부터 3명씩 선출되었다. 어떤 위원도 3년 이상 봉직할 수 없다. 또한 위원은 〔자기변론의 기회가 주어진 다음〕 식민무역부(현재는 추밀원의 한 위원회)에 의해 해임될 수 있다. 위원회는 아프리카에서 흑인을 수출하거나 아프리카 상품을 영국에 수입하는 것이 금지되었다. 그러나 그들은 보루와 수비대를 유지할 책임이 있기 때문에 이런 목적을 위해서는 영국에서 아프리카로 여러 종류의 상품과 보급품을 수출할 수 있다. 위원회는 회사에서 받는 돈 가운데 800파운드를 넘지 않는 돈을 런던·브리스톨·리버풀에 있는 사무원의 봉급, 런던사무소의 임대료, 그 밖의 영국에서의 관리비용으로 쓸 수 있다. 이런 각종 비용을 공제하고 남는 금액을 그들은 그들의 수고에 대한 보상으로, 그들이 적절하다고 생각하는 방식대로, 그들 사이에 분배하게 된다. 이런 규정에 의해 독점의 정신이 효과적으로 억제되고, 첫 번째 목적이 충분히 달성된다고 생각한 것 같다. 그러나 그렇게 되지 않은 것 같다. 조지 3세 제4년의 제20호 법률〔1764년〕에 의해 세네갈 요새 및 그의 모든 보호령이 아프리카 회사의 책임구역이 되었는데, 그 다음 해에 (조지 3세 제 5년의 제 44호 법률에 의해) 세네갈과 그 보호령뿐 아니라 사우스 바바리(South Barbary)의 살레(Sallee)항에서 루즈곶까지의 모든 해안이 이 회사의 관할에서 해제되어 직접 국왕의 관할로 넘어가고, 그곳과의 무역은 모든 영국 국민에게 개방된다고 공포되었다. 이 회사가 무역을 제한하고 일종의 부당한 독점권을 행사했다는 혐의를 받았기 때문이다. 그러나 조지 2세 제23년의 규제조항 하에서 그들이 어떻게 그런 짓을 할 수 있었는지는 쉽게 알 수는 없다. 그렇지만, 하원에서의 논쟁 기록〔이것은 반드시 가장 믿을 만한 기록은 아니지만〕에 따르면, 이 회사는 바로 그런 잘못을 저질렀다고 고발되고 있다. 9명의 위원들은 모두 상인이었고, 각각의 요새 정착지의 총독과 대리인들은 그들에 의존하는 형편이었기 때문에, 후자가 상인의 위탁판매에 특별한 편의를 봐 주었을 것이고, 이것이 사실상의 독점을 형성했다고 볼 수 있을 것이다.

14. 의회는 보루와 수비대의 유지경비로 매년 1만3천 파운드를 이 회사에 할당하고 있는데, 이 회사는 이것을 부당하게 사용했다.

보루와 수비대의 유지라는 두 번째 목적을 위해 대략 13,000파운드에 달하는 금액이 매년 의회에 의해 그들에게 할당되었다. 이 금액이 적절하게 사용되도록 위원회로 하여금 매년 그 사용 내역을 재무재판소의 수석관리(Cursitor Baron of Exchequer)에게 보고하도록 했고, 그 보고는 뒤에 의회에 제출되어야 했다. 그러나 수백만 파운드의 지출에도 별로 주의를 기울이지 않는 의회가 고작 일년에 13,000파운드 정도의 금액에 신경을 썼을 것 같지는 않다. 그리고 재무재판소의 수석관리도 그의 직책이나 교육받은 내용으로 보아서 보루와 수비대에 대한 지출을 판단하는 데 그리 뛰어나지 않았을 것 같다. 해군의 함장들이나 해군성에서 임명된 다른 장교들이 보루와 수비대의 상태를 조사하여 그 관찰 내용을 해군성에 보고했을 것이다. 그러나 해군성은 위원회에 대한 직접적인 관할권을 가지지 않았고, 또 조사된 결과에 따라 보루와 수비대의 잘못된 운영을 고치게 할 권한도 없었다. 더욱이 해군의 함장들이 반드시 축성학(築城學: science of fortification)에 대해 깊은 조예를 가지고 있었을 것 같지도 않다. 3년이라는 임기 동안만 누릴 수 있고, 그 기간 동안에조차 정당한 보수는 보잘것없는 위원의 직책으로부터의 해임이 〔공금이나 회사돈의 직접적 사취나 횡령을 제외한〕 어떤 잘못에 대하여 위원들에게 가할 수 있는 최대의 처벌이었을 것이다. 따라서 이런 처벌에 대한 두려움 때문에 그가 어떤 이익을 가지고 있지 않은 보루와 수비대의 관리에 계속적이고 조심스러운 주의를 기울이게 된다고는 말할 수 없다. 위원회는 기니아 해안에 있는 코스트 캐슬 곶(Cape Coast Castle)의 보수(이 사업은 의회가 몇 번 엄청난 금액을 지급했던 사업이다)를 위해 잉글랜드에서 벽돌과 돌을 보냈는데, 이것이 고발당했다. 그렇게 먼 항해를 거쳐 도착한 벽돌과 돌의 질이 너무나 좋지 않았기 때문에 그것으로 보수했던 성벽은 기초부터 다시 축성되어야 할 필요가 있었기 때문이다. 루즈곶 북쪽에 있는 보루와 수비대는 국가의 경비로 유지될 뿐 아니라 왕의 직접적인 관리 하에 있었다. 그런데 왜 그 곶의 남쪽에 있으면서 적어도 부분적으로는 국가의 경비로 유지되는 보루와 수비대는 다른 관할 하에 있어야 하는지에 대해 적절한 이유를 찾는 것이 그리 쉬울 것 같지 않다. 지중해 무역의 보호가 지브롤터와 미노르카(Minorca)의 수비대의 원래의 목적·의도였고, 그 수비대의 유지와 통치는 매우 당연하게도 항상 터키회사의 관할이 아니라 왕의 관할이었다. 왕의 자존심과 위엄은 상당한 정도로 그 지배 영역의 범위에 달려 있다. 따라서 왕이 그 영역의 방어에 필요한 것에 관심을 쏟지 않을 것 같지는 않다. 지브롤터와 미노르카의 수비대는 소홀히 관리된 적이 없다. 비록 미노르카가 두 번이나 빼앗겼고, 지금은 아마도 영원히 되찾지 못하겠지만, 그것은 결코 왕의 부주의 때문이었다고 할 수 없다. 여기서 나는 지브롤터와 미노르카를 스페인 왕국에서 분리시켰던 당초의 목적을 위해 그런 값비싼 수비대가 조금이라도 필요하다고 말하려는 것은 결코 아니다. 그런 국토 분할은 잉글랜드로부터 그 자연적인 동맹자인 스페인 국왕을 소외시킨 일과, 부르봉가(Bourbon)의 두 주된 분가〔分家: 스페인과 프랑스〕들을 어떤 혈연의 유대가 결속시킬 수 있었던 것보다 더욱 긴밀하고 영구적인 동맹으로 결속시킨 일 이외에는, 아무것에도 기여하지 않았기 때문이다.

15. 주식회사는 관리회사나 개인 합명회사와 다르다.

왕의 특허장이나 의회의 법률에 의해 설립된 주식회사는 몇 가지 면에서 관리회사와 다를 뿐 아니라 합명회사(private copartnery)와도 다르다.

16. (1)출자금의 회수는 주식의 매각을 통해서 한다.

첫째, 합명회사(合名會社)에서는 어떤 공동경영자도 회사의 동의 없이는 그의 지분을 다른 사람한테 넘길 수 없고, 새로운 구성원을 회사에 끌어들일 수도 없다. 그렇지만 각 구성원은 적절한 사전

예고만 한다면 합명회사에서 물러날 수 있고 공동자본 중 자기의 지분을 반환받을 수 있다. 그러나 주식회사에서 주주는 회사로부터 출자지분의 반환을 요구할 수 없다. 각 주주는 회사의 동의 없이 자기의 주식을 타인에게 양도할 수 있으며 그리하여 새로운 주주를 영입할 수 있다. 주식의 가치는 항상 시장에서 결정되는 가격이며, 이 가격은 주주가 회사의 자본에 불입한 금액보다 크거나 작다.

17. (2) 책임이 소유 주식에 한정되어 있다.

둘째, 합명회사에서 각 공동경영자는 회사가 진 빚에 대해 자기의 모든 재산을 털어서라도 갚을 의무가 있다. 반대로 주식회사에서는 그의 지분만큼만 책임을 진다.

18. 주식회사는 고용된 이사들에 의해 경영되는데, 그들은 태만하고 낭비적이다.

주식회사의 업무는 늘 이사회에 의해 관리된다. 이사회는 자주 여러 면에서 주주총회의 통제를 받는다. 그러나 주주들의 대부분은 좀처럼 그 회사의 사업을 아는 체하지 않고, [회사에 파벌이 없는 한] 회사의 사업에 관여하려 하지 않으며, 이사회가 적절하다고 생각하는 배당금을 반년이나 일년 단위로 받는 것으로 만족한다. 성가신 일이나 일정 금액 이상의 위험이 없기 때문에, 만일 합명회사에서라면 결코 그들의 재산을 걸고 위험한 사업을 벌이지 않을 많은 사람들이 주식회사에서는 모험사업가가 되려고 한다. 그러므로 주식회사는 어떤 합명회사가 자랑하는 것보다 더 많은 자본을 보통 끌어들인다. 남해회사(South Sea Company)의 영업자본은 한때 3,380만 파운드 이상에 달했다. 잉글랜드은행의 주식자본금(dividend capital)은 현재 1,078만 파운드에 달한다. 그러나 주식회사의 이사들은 자기 자신의 돈이 아닌 다른 사람들의 돈의 관리자이기 때문에, 합명회사의 공동경영자가 자기의 돈을 감독하는 만큼의 주의력으로 남의 돈을 감독하기를 도저히 기대할 수 없다. 부자의 집사와 마찬가지로 그들은 작은 일에 신경 쓰는 것은 주인의 명예에 불리하다고 생각하여 작은 일에는 신경을 쓰지 않는다. 따라서 주식회사의 업무처리에서는 다소 태만과 낭비가 있게 마련이다. 이 점 때문에 외국무역에 종사하는 주식회사는 개인 모험사업가들과의 경쟁에서 뒤지게 된 것이다. 주식회사는 어떤 배타적인 특권 없이는 거의 성공할 수 없었고, 배타적인 특권을 가지고도 자주 성공하지 못했다. 일반적으로 그들은 배타적인 특권이 없는 경우 무역에 실패했으며, 배타적인 특권이 있는 경우에는 무역을 잘못 관리했을 뿐 아니라 무역을 제한하였다.

19. 어떤 회사는 독점 영업권을 가지고 있고, 어떤 회사는 가지고 있지 않다.

현재의 아프리카 회사의 전신인 왕립 아프리카 회사는 특허장에 의해 배타적인 특권을 가지게 되었지만, 그 특허장이 의회의 법률로 인준을 받지 못했으므로, 혁명〔1688년〕 직후 권리선언의 결과로 그 무역이 모든 국민에게 개방되었다. 허드슨만 회사(Hudson Bay Company)는 법적인 권리에서 왕립 아프리카 회사와 같은 상황에 있다. 그 회사의 배타적인 특허장도 의회의 법률로 인준을 받지 못했다. 남해회사는 〔무역회사로 존속하는 한〕 의회의 법률로 인준된 배타적 특권을 가지고 있었는데, 현재의 동인도회사(United Company of Merchants Trading to the East Indies)도 그러하다.

20. 왕립 아프리카회사는 독점적 특권들을 잃어버렸으므로 실패했다.

왕립 아프리카 회사는 권리선언에도 불구하고 상당한 기간 동안 개인 모험상인들을 무면허 상인이라 부르고 박해했지만 곧 그들과의 경쟁을 감당할 수 없다는 것을 알았다. 그러나 1698년 개인 모험상인들은 그들 무역의 거의 모든 분야에서 10%의 세금을 납부하게 되었으며, 이 금액을 왕립 아프리카 회사가 보루와 수비대의 유지에 사용했다. 그렇지만 개인 모험상인들에 대한 이런 중과세에도 불구하고 이 회사는 여전히 경쟁을 해나갈 수 없었다. 이 회사의 자본과 신용은 점차 감소했다. 1712년 회사의 빚이 너무 커져서 회사와 채권자들의 안전보장을 위해 의회의 특별법이 필요하다고 생각되었다. 그래서 회사의 채무상환 기간과 채무에 관한 기타 협약에 대해 채권자들의 $\frac{2}{3}$ 〔채권자의 수와 채권액에서〕가 결정하면 나머지 $\frac{1}{3}$은 그것을 그대로 받아들여야 한다는 법령이 제정되었다. 1730년 회사의 업무가 너무나 무질서하게 되어 회사 설립의 유일한 목적과 구실이었던 보루와 수비대의 유지를 할 수 없는 지경에 빠졌다. 그해부터 회사가 마침내 해체될 때까지, 의회는 그 목적을 위해 일년에 10,000파운드를 지원할 필요가 있다고 판단했다. 여러 해 동안 서인도제도에 흑인을 수송하는 사업에서 손해를 본 뒤, 1732년 회사는 드디어 이 사업을 완전히 포기하기로 결정하였으며, 아프리카 해안에서 구매한 흑인을 미국의 개인 무역업자에게 파는 사업과, 아프리카 내지에서 사금·상아·염료 등을 구입하는 데 그들의 직원을 사용하는 사업에 전념했다. 회사가 이렇게 제한된 사업에서 성공을 거두었지만 그것은 그 이전의 광범위한 사업에서의 실패를 상쇄하지는 못했다. 회사의 사업은 점차 계속 몰락하여, 마침내 모든 면에서 파산하게 되어, 의회의 법률에 의해 해체되었고, 회사가 맡았던 보루와 수비대는 현재의 아프리카 회사가 맡게 되었다. 왕립 아프리카 회사의 설립 이전에도 아프리카 무역을 위해 차례차례 설립되었던 세 개의 다른 주식회사들이 있었다. 그들 역시 똑같이 성공하지 못했다. 그러나 그들은 〔의회의 법률에 의해 인준되지는 않았지만 그 당시에는 실질적으로 배타적 특권을 행사할 수 있었던〕 배타적 특허장을 가지고 있었다.

21. 허드슨만 회사는 상당히 성공했는데, 이 회사는 사실상 독점적 무역을 하고 있었으며, 주주의 수도 대단히 적었다.

허드슨만 회사는 최근의 전쟁에서의 불운 이전에는 왕립 아프리카 회사보다 훨씬 운이 좋았다. 회사의 필요경비는 훨씬 적었다. 회사가 보루라고 부른 여러 거주지 안에 회사가 유지하는 사람들의 수는 120명을 넘지 않았다고 한다. 그러나 이 숫자는 〔얼음 때문에 바다에서 6~8주 이상을 견디지 못하는〕 선박에 실을 모피와 다른 상품들의 화물을 미리 준비하는 데 충분하였다. 이렇게 화물을 미리 준비할 수 있다는 장점을 몇 년 동안 개인 모험상인들은 획득할 수 없었고, 그것 없이는 허드슨만과 교역하는 것은 불가능했다. 회사의 자본은 크지 않아 11만 파운드를 넘지 않는다고 하지만, 회사로 하여금 특허장에 있는 이 넓지만 가난한 나라의 모든 〔또는 거의 모든〕 무역과 잉여생산물을 독점할 수 있도록 하는 데 충분했다. 따라서 어떤 개인 모험상인도 이 회사와 경쟁하면서 그 나라와 무역하려고 하지 않았다. 그리하여 이 회사는 실질적으로는 늘 배타적인 무역을 〔비록 법으로 보장된 권리는 아니었지만〕 누렸다. 더욱이 이 회사의 크지 않은 자본은 매우 적은 수의 주주들 사이에 분산되어 있었다. 크지 않은 자본과 매우 적은 수의 주주들을 가진 주식회사는 합명회사와 거의 비슷하고, 거의 동일한 정도로 주의 깊게 운영된다. 따라서 이런 여러 장점들의 결과로 허드슨만 회사가 최근의 전쟁 이전에 그들의 무역을 상당히 성공적으로 수행했다는 것은 놀랄 일이 아니다. 그렇지만 회사의 이윤이 고(故) 돕스(Dobbs)가 생각했던 정도에 접근했던 것 같지는 않다. 『교역의 기원에 대한 역사적·연대기적 추론』의 저자이며 더 신중하고 현명한 저술가인 앤더슨(Anderson)이 매우 정당하게 관찰한 바에 의하면, 돕스 자신이 제공한 몇 년 동안의 이 회사의 수출·수입의 보고서를 검토하고, 이 회사의 특별한 위험비용을 적절히 감안하면, 이 회사의 이윤은 부러워할 정도도 아니며 무역의 정상이윤을 훨씬 넘어서지도 않는다고 했다.

22. 남해회사는 스페인령 서인도에 해마다 배를 보냈으나, 아무런 이윤도 얻지 못했다.

남해회사는 관리해야 할 보루와 수비대를 가지지 않았고, 따라서 외국무역에 종사하는 다른 주식회사가 부담해야 하는 하나의 큰 비용에서 완전히 면제되었다. 그러나 이 회사는 대규모의 자본과 대규모의 주주를 가지고 있었다. 따라서 이 회사의 경영 전체에 어리석음·태만·낭비가 지배하리라는 것이 당연히 예상되었다. 그들의 주식투기 계획의 사기성과 무절제는 잘 알려져 있으므로 여기서는 그것을 설명하지 않을 것이다. 이 회사의 상업계획은 그보다 잘 수행된 것은 아니었다. 그들이 처음 시작한 무역은 스페인령 서인도제도에 흑인을 공급하는 것이었다. 이것에 대한 배타적 특권을 그들이 가지고 있었는데, 이것은 위트레히트 조약에 따른 아시엔토(Assiento) 협정에 의해 그들에게 인정된 것이다. 그러나 동일한 조건으로 이 회사 이전에 이 무역을 행했던 포르투갈 회사와 프랑스 회사가 망했으므로, 이 무역에 의해 큰 이윤을 얻을 것이라고는 기대되지 않았고, 따라서 그 보상으로 매년 스페인령 서인도제도에 일정한 톤수의 선박 한 척을 직접 보내는 것이 용인되었다. 매년 보내는 이 선박이 행한 열 번의 항해 중에서 1731년 로얄 캐롤라인호의 항해에서는 상당히 이득을 봤다고 전해지고, 나머지는 모두 다소간 손해를 봤다고 한다. 이 회사의 대리인들에 의하면, 이런 실패는 스페인 정부의 강탈과 억압 때문이라고 하지만, 실제로는 바로 이들 대리인들의 낭비와 부정 때문이었던 것 같다. 그들 중 몇몇은 일년 만에 엄청난 재산을 모았다고 한다. 1734년 이 회사는 왕에게, 이윤이 낮기 때문에, 그들이 매년 보내는 선박에 의한 무역으로부터 해방시켜 줄 것과 그 대신 스페인 왕으로부터 그것에 상당하는 대가를 받는 것을 허락해 주기를 탄원했다.

23. 포경업으로는 23만 7천 파운드나 손해를 보았다.

1724년 이 회사는 포경업을 시작했다. 물론 포경업을 그들이 독점한 것은 아니었지만, 그들이 포경업을 하는 동안에는 어떤 영국 국민도 그것에 참여하지 않았다. 그린랜드로의 여덟 번의 항해 가운데 한 번만 이득을 봤고, 나머지는 모두 손해를 봤다. 여덟 번째의 마지막 항해가 끝나고 회사가 그들의 선박·장비·집기 등을 팔았을 때, 자본과 이자를 포함한 모든 손실이 23만 7천 파운드에 달했다.

24. 마침내 무역회사로서는 종지부를 찍었다.

1722년 이 회사는 의회에 탄원서를 제출했는데, 그 내용은, 그들이 이미 정부에 대여해

준 3,380만 파운드 이상의 거액의 자본을 2등분 하여, 그 중의 반인 1,690만 파운드는 다른 정부 공채[매년 이자를 받는다]와 동등한 지위에 두어서 이 회사의 이사들이 회사의 상업계획을 집행하는 과정에서 체결한 채무나 발생한 손실에 책임을 지지 않도록 하고, 나머지 반은 이전과 마찬가지로 영업자본으로 하여 부채나 손실에 책임을 지게 해 달라는 것이었다. 이 탄원은 충분히 합리적이어서 들어줄 수밖에 없었다. 1733년 회사는 다시 한 번 의회에 탄원하여 그들의 영업자본의 $\frac{3}{4}$을 공채자본(annuity stock)으로 전환시키고, 오직 $\frac{1}{4}$만을 영업자본으로 남겨 이 부분만이 회사 이사들의 잘못된 경영에서 나오는 위험을 책임지게 해 달라고 했다. 회사의 공채자본과 영업자본은 정부로부터의 여러 차례의 상환에 의해 각각 200만 파운드 이상이 줄어들었다. 그래서 그것의 $\frac{1}{4}$은 3,662,784파운드 8실링 6펜스에 불과했다. 1748년에, 아시엔토 협정의 결과로 이 회사가 스페인 국왕에 대해 가지고 있던 모든 청구권을 엑스라샤펠(Aix-la-Chapelle) 조약에 의해 그것과 등가라고 생각되는 것을 받고 포기했다. 그들의 스페인령 서인도제도와의 무역은 끝났고, 남아 있던 영업자본 부분은 공채자본으로 전환되고, 회사는 모든 면에서 무역회사이기를 중단했다.

25. 이 회사의 매년의 정기선 무역에는 경쟁자가 있었다.

남해회사가 유일하게 상당히 큰 이윤을 거둘 수 있을 것으로 기대했던 무역, 즉 매년 선박에 의한 무역에서 외국시장에서나 국내시장에서나 그들의 경쟁자가 있었다는 사실에 주목할 필요가 있다. 카르타고(Carthagena), 포르토벨로(Portobello), 베라크루스(Veracruz)에서 그들은 자신들의 배가 거기로 싣고 온 것과 동일한 종류의 유럽 상품을 카디스(Cadiz)로부터 가져온 스페인 상인들과 경쟁해야 했다. 그리고 잉글랜드에서 그들은 자기들의 배가 싣고 온 것과 동일한 종류의 스페인령 서인도제도의 상품을 카디스로부터 수입한 영국 상인들과 경쟁해야 했다. 스페인과 영국 상인들의 상품은 물론 더 높은 관세를 물어야 했을 것이다. 그러나 회사 직원들의 태만·낭비·횡령에 의해 야기된 손실은 그 모든 관세보다 훨씬 무거운 세금이었을 것이다. 개인 모험상인들이 그들과 공개적이고도 공정한 경쟁을 할 수 있을 때, 주식회사가 외국무역의 어느 부문에서라도 성공할 수 있다는 것은 모든 경험에 반대되는 것 같다.

26. (1) 구(舊) 동인도회사는 경쟁을 견뎌낼 수 없었다.

구(舊) 영국 동인도회사는 1600년 엘리자베스 여왕의 특허장에 의해 설립되었다. 인도로 화물을 싣고 간 최초 열두 번 항해에서, 그들은 이 회사의 공동선박을 이용했지만 각각 독립된 자본을 가진 관리회사로서 교역했던 것 같다. 1612년 그들은 주식회사로 통합되었다. 그들의 특허장은 비록 의회의 법률에 의해 인준되지는 않았지만 그 당시에는 실질적인 배타적 특권을 가지는 것이었다. 따라서 여러 해 동안 그들은 무면허 상인들에 의해 방해받지 않았다. 74만4천 파운드를 넘지 못했고 주식 한 장이 50파운드였던 그들의 자본은 그리 크지 않았고 그들의 거래도 그리 광범위한 것이 아니었기 때문에, 큰 태만과 낭비를 야기할 구실을 주거나 엄청난 횡령을 은폐할 수 있는 정도는 아니었다. 부분적으로는 네덜란드 동인도회사의 훼방과 다른 사건들에 의해 꽤 엄청난 손해를 입기도 했지만, 그들은 몇 년 동안은 성공적인 무역을 했다. 그러나 시간이 흐름에 따라 자유주의 원리가 더 잘 이해되어, 의회의 법률에 의해 인준되지 못한 왕의 특허장이 어느 정도까지 배타적인 특권을 줄 수 있는지가 점점 더 의심스럽게 되었다. 이 문제에 대한 법원의 판결은 동일하지 않았고, 정부의 권위나 그 시대의 정서에 따라 바뀌었다. 이에 따라 무면허 상인들이 점점 증가했으며, 찰스 2세의 통치 말경과 제임스 2세의 통치기간 내내, 그리고 윌리엄 3세의 통치기간의 일부 동안 동인도회사는 큰 곤란에 빠졌다. 1698년 배타적 특권을 가지는 새로운 동인도회사를 설립하도록 해 준다면 200만 파운드를 정부에 8%의 이자율로 대부하겠다는 제안이 의회에 들어왔다. 이 제안에 대항하여 구 동인도회사는 그들의 자본액에 거의 맞먹는 70만 파운드를 4%의 이자율로 대부하겠다고 제시했다. 그러나 그 당시는 정부의 신용상태가 좋지 않았기 때문에 정부는 200만 파운드를 8%로 빌리는 것이 70만 파운드를 4%로 빌리는 것보다 나았다. 새 출자자들의 제안이 받아들여져서 새로운 동인도회사가 그 결과로 설립된 것이다. 그러나 구 동인도회사도 1701년까지는 그들의 무역을 계속할 권리를 가지고 있었다. 동시에 그들은 그들의 회계인의 이름으로 매우 교묘하게 새로운 동인도회사의 자본에 31만5천 파운드를 출자했다. 동인도무역을 200만 파운드를 대부한 출자자에게 귀속시켰던 의회 법률의 표현상의 부주의 때문에, 모든 출자분이 주식자본으로 통합되어야 하는지가 명확하지 않았다. 그 출자금이 7,200파운드에 불과한 몇몇 개인 무역상들은 그들 자신의 자본으로 그들 자신의 위험부담 하에 독립적으로 무역할 수 있는 특권을 주장했다. 구 동인도회사는 1701년까지는 그들 자신의 자본으로 독립적인 무역을 할 권리를 가지고 있었고, 그들은 그 기간 전후에도 다른 개인 무역상들과 마찬가지로 그들이 새로운 회사의 자본에 출자한 31만5천 파운드로 독립적인 무역을 할 권리가 있었다. 두 개의 회사와 개인 무역상들과의 경쟁, 그리고 두 회사 사이의 경쟁은 두 회사 모두를 파멸시켰다고 한다. 1730년 그 무역을 관리회사의 관리 하에 두어 어느 정도 개방하자는 제안이 의회에 들어왔을 때, 동인도회사는 이 제안에 반대하여 매우 강력한 어조로 그 당시 이 경쟁의 결과가 얼마나 처참했는지를 설명했다. 인도에서는 경쟁〔인도 상품을 사려는 경쟁〕이 상품가격을 너무 등귀시켜서 살 가치가 없도록 만들어 놓았고, 영국에서는 시장에 상품을 과잉 공급함으로써 가격이 엄청나게 떨어져서 이윤을 얻을 수가 없었다고 그들은 말했다. 경쟁이 영국시장에 인도상품을 매우 풍부하게 공급함으로써 〔대중에게는 큰 이익과 편리함을 주었지만〕 그것의 가격을 크게 낮추었다는 것은 의심의 여지가 없다. 그러나 경쟁이 인도시장에서 그 상품들의 가격을 크게 올렸을 것 같지는 않다. 왜냐하면 경쟁이 초래했을 엄청난 수요도 인도상업이라는 거대한 바다에서는 한 방울의 물에 불과했을 것이기 때문이다. 더욱이 수요 증가는 처음에는 때때로 상품의 가격을 올릴지 모르지만 장기적으로는 반드시 떨어뜨린다. 수요의 증가는 생산을 자극함으로써 생산자들의 경쟁을 강화시키고, 생산자들은 남보다 싼 값으로 팔기 위해서 〔그렇지 않았으면 결코 생각지도 못했을〕 새로운 분업과 새로운 기술개발을 도모하게 된다. 회사가 불평했던 처참한 결과는 소비재가 싸게 된 것과 생산이 장려된 것인데, 바로 이런 두 가지 결과를 촉진시키는 것이 경제학의 큰 임무인 것이다.

26. (2) 현재의 회사가 이를 대체했다.

그러나 그들이 이렇게 서글프게 설명했던 경쟁은 오래 용인되지는 않았다. 1702년 두 회사는 여왕이 제 3의 당사자가 된 3자 계약에 의해 어느 정도 통합되었고, 1708년 의회 법령에 의해 완전히 합병되어 현재의 동인도회사로 된 것이다. 이 법률에는, 독립무역상들이 그들의 무역을 1711년 9월 29일까지 계속하도록 허용하는 조항과, 동시에 이사들에게 3년의 시한을 주어 독립무역상들의 7,200파운드라는 소자본을 매수하여 이 회사의 자본 전체를 주식자본으로 전환시킬 수 있는 권한을 부여하는 조항을 삽입하는 것이 좋을 것이라고 생각되었다. 동일한 법률에 의해, 이 회사의 자본은 정부에 대한 새로운 대부의 결과로 200만 파운드에서 320만 파운드로 증가했다. 1743년 회사는 다시 100만 파운드를 정부에 대부했다. 그러나 이 100만 파운드는 주주들의 출자에 의해 조달된 것이 아니라 공채를 팔거나 채권을 발행해서 조달되었기 때문에 주주들이 배당을 요구할 수 있는 자본금을 증가시킨 것은 아니었다. 그렇지만 그것은 그들의 영업자본을 증가시켰다. 왜냐하면 그 자금은 다른 320만 파운드와 마찬가지로 회사가 그들의 사업계획의 집행에서 입은 손해나 체결한 부채에 대해 책임을 지기 때문이다.

26. (3) 이 회사는 독점적 특권들을 가지고

1708년부터, 또는 적어도 1711

성공적으로 무역을 했다. 또한 전쟁을 통해 광대한 지역을 정복했다.

년부터 이 회사는 모든 경쟁자들로부터 해방되어 영국의 동인도에 대한 무역을 완전히 독점하게 되어 성공적으로 무역을 하게 되었고, 그들의 이윤으로 매년 그들의 주주에게 약간의 배당금을 분배했다. 1741년에 시작된 프랑스와의 전쟁 동안에 프랑스의 퐁디셰리(Pondicherry) 총독인 뒤플레(Dupleix)의 야망에 맞서 동인도회사는 카르나틱(Carnatic) 전쟁과 인도 왕자들의 전쟁에 개입했다. 여러 번의 뚜렷한 성공과 뚜렷한 실패 뒤에 그들은 마침내 그 당시 인도에서의 주요 정착지였던 마드라스(Madras)를 잃었다. 마드라스는 엑스라샤펠(Aix-la-Chapelle) 협정에 의해 다시 되찾았지만, 전쟁과 정복의 정신이 이 시기에 동인도회사 직원들의 마음을 사로잡았고, 그 뒤로도 결코 사라지지 않았다. 1755년에 시작된 프랑스와의 전쟁 동안에 그들은 무기를 들고 일어나 영국의 일반적인 승리에 기여했다. 그들은 마드라스를 지켜냈고, 퐁디셰리를 차지했으며, 캘커타를 회복했고, 〔그 당시에는 그 지역에서 나오는 세입이 연간 300만 파운드 이상이라고 하는〕 풍요로운 넓은 지역의 세입권(稅入權)도 얻었다. 그들은 몇 년 동안 조용히 이 세입권을 가지고 있었다. 그러나 1767년에 행정부는 그들의 점령지와 거기에서 나오는 세입을 국왕에게 속한 것이라고 요구했고, 회사는 이런 요구에 대한 보상으로서 정부에 매년 40만 파운드를 지불하기로 동의했다. 그들은 이 사건 이전에 그들의 배당금을 대략 6%에서 10%로 점진적으로 올렸다. 즉, 320만 파운드의 자본에 대해 그들은 배당금을 12만 8천 파운드만큼 올렸다(다시 말해, 배당금은 연간 19만 2천 파운드에서 32만 파운드로 올랐다). 그들은 그 당시 배당금을 12.5%로 더욱 올리려고 계획하고 있었는데, 그렇게 되었다면 주주들에게 지불하는 연간 배당금이 정부에게 매년 주기로 한 금액, 즉 40만 파운드와 같아졌을 것이다. 그러나 정부와의 협정을 이행해야 했던 2년 동안, 회사는 그 당시 600~700만 파운드 이상으로 추정된 회사 부채를 더 빨리 갚게 하려고 연속해서 제정된 두 개의 의회 법령 때문에 배당금을 더 이상 증가시키지 못하게 되었다. 1769년 회사는 정부와의 협정을 5년 더 연장시켰고, 그 기간 동안 회사가 배당금을 12.5%까지 점진적으로 올릴 수 있다는 것을 협정문에 명기했다. 단 일년에 1% 이상 올리는 것은 금지되었다. 그리하여 이런 배당금의 증가는 그것이 최고 수준까지 올랐을 때에도 정부와 주주에 대한 회사의 지불액을 〔회사의 최근의 영토 획득 이전에 비해〕 60만 8천 파운드밖에 증가시키지 않았다. 영토를 획득해서 얻은 총세입이 어느 정도인지는 이미 언급했지만, 1768년 동인도회사의 동인도무역선 크루텐던(the Cruttenden)이 가져온 보고에 의하면, 모든 비용과 군사적 부담금을 공제한 순수입은 204만 8,747파운드였다. 동시에 회사는 47만 9천 파운드에 이르는 〔부분적으로는 토지에서 걷혀졌지만 주로 회사가 여러 정착지들에 설치한 세관에서 걷혀진〕 또 다른 세입을 가지고 있었다. 그들의 무역 이윤도, 회사의 사장이 하원에서 한 증언에 따르면, 이 당시 매년 적어도 40만 파운드에 달했고, 회계인의 증언에 의하면, 적어도 50만 파운드에 이르렀는데, 가장 낮게 잡은 계산에 따르더라도 주주들에게 지불할 최고의 배당금 정도는 되었다. 그렇게 엄청난 수입은 회사의 연간 지불액의 증가 60만 8천 파운드를 감당할 수 있었을 것이고, 동시에 그들 부채의 신속한 감축을 위해 거대한 감채기금을 가질 수 있었을 것이다.

26. (4) 그러나 그것을 잘못 관리했다.

그러나 1773년 회사의 부채는 감소되기는커녕 오히려 120만 파운드만큼 증가했는데, 그것은 국고에 대한 40만 파운드의 체불, 세관에 대해 지급하지 못한 관세, 잉글랜드 은행으로부터의 차입금, 인도로부터 이 회사 앞으로 발행되고 경솔하게 인수한 어음 때문이었다. 이렇게 누적된 채무가 그들에게 곤란을 야기했으므로, 그들은 배당금을 6%로 줄였을 뿐 아니라, 첫째로 정부에 대해 약속한 매년 40만 파운드의 지불을 면제시켜 줄 것과, 둘째로 회사가 바로 파산하는 것을 막기 위해 140만 파운드의 대부를 해 줄 것을 탄원했다. 회사의 재산이 크게 증가한 것은 회사 직원들에게 이런 재산의 증가보다 더욱 큰 낭비의 구실을 주었고 더욱 큰 횡령을 은폐하는 데 기여했던 것 같다.

26. (5) 그래서 의회가 관리제도를 변경했다. 그리하여 인도에서의 회사 직원들의 경영과, 인도·유럽에서의 그들의 일반적인 업무상태가 의회의 조사 대상이 되었고, 그 결과 국내·해외 모두에 걸쳐 회사의 경영조직상에 매우 중요한 몇 가지 수정이 가해졌다. 인도에서는 이전에 완전히 서로 독립하고 있었던 마드라스·봄베이·캘커타 등 주요 정착지가 4명의 보좌관으로 구성된 위원회의 도움을 받는 총독의 관할 하에 들어갔으며, 의회가 캘커타에 상주하게 될 총독과 위원회에 대한 최초의 임명권을 가지게 되었다. 캘커타는 지금은 이전의 마드라스 대신에 인도의 영국 정착지 중 가장 중요한 도시가 되었다. 캘커타 시장이 관할하게 되는 재판소는 원래 캘커타시와 그 주위의 상업적 소송을 다루기 위해 설립되었던 것인데, 제국의 확장과 함께 점차 그 사법권을 넓혀 갔다. 지금은 그것이 축소되어 그 설립 당시의 목적에 한정되었다. 그것 대신에 왕이 임명하는 대법관과 세 명의 판사들로 구성되는 새로운 최고법원이 설립되었다. 한편 유럽에서는 총회에서 투표권을 가지는 주주의 자격이 500파운드〔회사의 주식 한 장의 최초의 가격〕에서 1,000파운드로 올랐다. 이런 자격 요건을 갖추고도 투표권을 갖기 위해서는, 주주는 주식을 상속에 의하지 않고 스스로 구매한 경우 그 주식을 적어도 6개월〔이것은 이전의 조건이다〕이 아니라 1년 동안 계속 보유하고 있어야 했다. 그리고 24명의 이사진은 이전에는 매년 선출되었지만 이제는 각 이사가 4년의 임기를 가지며, 그들 중 6명은 매년 직책에서 물러나고 그 다음 해에 새로 6명의 이사를 뽑을 때 다시 선출될 수 없도록 규정하였다. 이런 수정의 결과로 주주총회나 이사회가 이전과는 달리 더 위엄

있고 착실하게 행동할 것으로 기대되었다. 그러나 어떤 수정을 가하더라도 총회나 이사회를 제국을 통치하거나 제국의 통치에 참여할 수 있는 적임자로 만드는 것은 불가능한 것처럼 보인다. 왜냐하면 그들 대다수는 제국의 번영에 대체로 관심이 없어 무엇이 제국의 번영을 증진시킬 수 있느냐에 대해 거의 주의를 기울이지 않기 때문이다. 큰 재산을 가진 사람, 때로는 그리 큰 재산을 가지지 않은 사람마저도 주주총회에서의 투표권에 의해 얻기를 바라는 영향력만 바라고 동인도회사의 1,000파운드짜리 주식을 기꺼이 산다. 주식은 인도 약탈에 참여할 기회를 주는 것은 아니지만, 인도 약탈자들을 임명하는 데 참여할 기회를 준다. 물론 이사회가 임명을 하게 되겠지만, 주주들은 이사들을 뽑을 뿐 아니라 때때로 회사 직원들의 인도 임명을 뒤엎기 때문에 이사회는 필연적으로 다소간 주주들의 세력에 지배된다. 주주가 이런 세력을 몇 년 동안 누릴 수 있다면, 그리고 그럼으로써 그의 친구들에게 혜택을 줄 수 있다면, 그는 배당금에 대해 거의 걱정을 하지 않거나, 심지어는 그의 투표권이 근거하는 주식의 가치에 대해서도 신경을 쓰지 않을 것이다. 주주는 제국〔그 투표권은 이것의 통치에 참여할 권리를 주지만〕의 번영에 대해서는 거의 관심이 없다. 이런 무역회사의 대부분의 주주들은 불가항력적인 개인 이익 때문에 국민들의 행복과 불행, 영토의 확장과 축소, 정부의 영예와 치욕에 대해 무관심하며 또한 무관심할 수밖에 없다. 그러나 어떤 통치자도 이처럼 완전하게 무관심하지 않았으며 또한 사물의 성질상 이처럼 완전하게 무관심할 수도 없었다. 이런 무관심은 의회의 조사 결과 이루어진 몇 가지 새로운 규제조치에 의해 줄어들기는커녕 더욱 늘어난 것 같다.

26. (6) 그 개혁은 아무런 소용이 없었다.

예를 들어 하원의 결의에 의해, 회사는 정부로부터 빌린 140만 파운드를 상환하고 회사채를 150만 파운드까지 감소시킬 때까지는 그들의 자본에 대해 8%의 배당을 할 수 없다는 것과, 나머지 수입과 본국에서의 회사의 순이윤은 네 부분으로 나눠져 처음 세 부분은 국가의 사용을 위해 국고에 귀속되고, 나머지는 기금으로 적립되어 그들의 회사채를 더욱 줄이거나 회사가 겪게 될지도 모를 비상사태에 대비하는 데 사용되어야 한다고 규정되었다. 그러나 회사의 모든 순수입과 이윤의 전부가 자신들에게 속하여 자기들 마음대로 사용할 수 있었을 경우에도 회사는 형편없는 관리인이고 경영자였는데, 다른 사람들의 감독과 승인하에서 회사의 순수입과 이윤의 $\frac{3}{4}$이 다른 사람들을 위해 쓰여지고 남은 $\frac{1}{4}$이 회사의 이익을 위해 지출될 때도 그 회사는 여전히 형편없는 관리인이고 경영자일 수밖에 없었다.

27. 그런 개혁은 낭비를 장려하는 경향이 있다.

회사로서는, 의회의 결의에 의해 회사의 이윤이 그들과 사이가 좋을 리 없는 사람들의 손에 넘어가는 것보다는, 8%의 정해진 배당금을 지불하고 남는 잉여를 회사의 직원들과 관련자들이 낭비하고 착복하는 편이 더 기분좋을 것이다. 이런 직원들과 관련자들의 이해관계가 주주총회를 크게 지배하여 때로는 주주총회의 권위에 정면으로 도전하여 회사 재산을 약탈한 사람들을 지지하기도 했다. 대다수의 주주들에게는, 때로는 주주총회의 권위에 도전한 사람들을 지지하는 것이 주주총회의 권위를 옹호하는 것보다 더 중요할 수도 있다.

28. 현재 회사는 이전보다 더 어려운 국면에 처해 있다.

따라서 1773년의 규정들은 인도에서 이 회사의 난맥상을 종식시키지 못했다. 일시적으로 일이 잘 될 때는 회사는 한꺼번에 캘커타의 금고 속에 300만 파운드 이상을 쌓아두고 있었고, 그 뒤 회사는 인도에서 가장 부유하고 가장 비옥한 지방의 광범한 영역에 영토를 늘리거나 약탈을 강화했지만, 모든 것이 낭비되고 탕진되었다. 이 회사는 하이더 알리(Hyder Ali)의 침입을 막거나 저항할 준비가 전혀 되어 있지 않았다. 그리고 이런 무질서의 결과로 회사는 현재〔1784년〕 어느 때보다도 더욱 곤경에 빠져 있고, 즉각적인 파산을 막기 위해 다시 한번 정부의 도움을 탄원하게 되었다. 의회에서는 이 회사를 더 잘 경영하기 위해 여러 정당이 여러 가지 계획안들을 내어놓았다. 이런 계획안들 모두가 일치하는 것은 바로 항상 명백했던 사실, 즉 회사가 영토를 지배하는 것은 전적으로 적절하지 않다는 것이었다. 회사 자신조차도 자신의 무능력을 인정하는 것 같고, 그 때문에 영토를 기꺼이 정부에 양도할 의사가 있는 것 같다.

29. 주식회사는 선전(宣戰)과 강화(講和)의 권리를 남용하고 있다.

멀리 떨어진 야만인의 나라에서 보루와 수비대를 보유하는 권리에는 그 나라에서 전쟁과 평화를 결정할 권리가 반드시 필연적으로 결부되어 있다. 전자의 권리를 가지고 있는 주식회사는 끊임없이 후자의 권리를 행사해 왔고, 자주 후자의 권리를 공공연히 부여받았다. 그들이 얼마나 불공정하고 변덕스럽고 잔인하게 그 권리를 행사했는지는 최근의 경험이 너무나도 잘 보여주고 있다.

30. 주식회사에 일시적인 독점권을 주는 것은 합리적일 때도 있을지 모르나, 영구적인 독점권은 국민들에게 부과하는 일종의 불합리한 세금이다.

상인 집단이 그들 자신의 위험과 비용으로 꽤 멀리 떨어진 야만인의 나라들과 새로운 교역관계를 수립하고자 할 때, 그들을 주식회사로 통합시켜서 성공하는 경우에는 몇 년 동안 교역의 독점권을 주는 것은 불합리하지는 않을 것이다. 그것은 〔나중에 대중이 이익을 거두게 될〕 위험하고 값비싼 모험을 위험과 비용을 무릅쓰고 한 데 대해 국가가 보상해 줄 수 있는 가장 쉽고 자연스러운 방법이다. 이런 종류의 일시적인 독점은 새로운 기계를 발명했을 때 그 발명자에게 인정되는 독점, 또는 새로운 책을 출판했을 때 그 저자에게 인정되는 독점과 마찬가지의 원리에서 옹호될 수 있다. 그러나 그 기간이 끝났을 때 독점은 종식되어야 한다. 보루와 수비대는, 만일 그것을 유지하는 것이 필요하다고 생각된다면, 국가가 관장해야 할 것이고, 그것의 대가는 회사에게 상환해 주어야 할 것이며, 그리고 교역은 모든 국민들에게 개방되어야 할 것이다. 영구적인 독점은 모든 국민들에게 두 가지 방식으로 매우 불합리하게 부담을 준다. 첫째는 자유무역의 경우 훨씬 싸게 구입할 수 있을 상품을 비싸게 사도록 함으로써, 둘째는 국민의 다수를 독점이 없을 경우 편리하고 유리하게 종사할 수 있는 사업부문에서 완전히 배제함으로써, 부담을 준다. 또한 이런 방식으로 부담을 주는 것은 모든 목적 중 가장 가치 없는 목적〔즉, 단순히 회사로 하여금 직원들의 태만·낭비·횡령을 조장할 수 있게 해 주는 것〕을 위한 것이다. 직원들의 무절제한 행동은 회사의 배당금을 완전히 자유로운 사업의 정상적인 이윤율을 거의 상회하지 못하게 하고, 매우 빈번히 그 이윤율보다 훨씬 낮게 만든다. 그러나 경험상 알 수 있는 것처럼, 독점이 없으면 주식회사는 어떤 외국무역 부문에서도 오래 버텨내지 못할 것이다. 왜냐하면 양쪽 시장에 많은 경쟁자가 있을 때 한 시장에서 이윤을 붙여 팔기 위해 다른 시장에서 매입하는 것, 수요의 일시적 변동뿐 아니라 그 수요를 충족시키는 공급의 훨씬 더 크고 빈번한 변동〔경쟁의 훨씬 더 크고 더 빈번한 변동〕을 경계하는 것, 그리고 민첩하게 판단해서 각종 재화의 품질·수량을 이런 상황 변화에 적응시키는 것은 일종의 전쟁이기 때문이다. 이 전쟁의 작전은 끊임없이 변화하며, 그것을 성공적으로 수행하기 위해서는 끊임없이 경계하고 주의하지 않으면 안 되는데, 이것을 주식회사의 이사들에게 기대할 수는 없는 일이다. 동인도회사는 그들의 부채를 상환하고 그들의 배타적 특권이 만료된 뒤에도 의회의 법령에 의해 주식회사로서 존속할 권리와, 다른 영국 국민과 마찬가지로 동인도무역을 할 수 있는 권리를 가지고 있다. 그러나 이런 경우 개인 모험상인들은 확실히 경계심과 주의에서 더 우월하므로 동인도회사는 이 무역에서 곧 뒤처지게 될 것이다.

31. 아베 모렐레는 외국무역의 독점적 특권들을 가지고 있으면서 실패한 55개 주식회사의 목록을 만들었다.

경제학에 소양이 깊은 프랑스의 유명한 저자인 아베 모렐레(Abbé Morellet)는, 1600년 이래 유럽의 여러 곳에 설립되어 독점적 특권을 가지고 있었음에도 불구하고 경영을 잘못해서 실패한 55개의 외국무역 주식회사의 목록을 제시하고 있는데, 그 중에는 주식회사도 아니고 실패하지도 않은 두세 개의 회사가 끼어 있는 반면에, 실패한 몇몇 주식회사가 빠져 있다.

32. 독점적 특권 없이도 주식회사가 훌륭히 할 수 있는 사업은 네 가지뿐이다.

주식회사가 독점적 특권 없이도 성공적으로 운영할 수 있는 유일한 사업은, 그 업무가 이른바 천편일률적이어서 임기응변이 필요 없는 것들이다. 이런 것들 중의 첫째는 은행업이고, 둘째는 화재보험업·해상보험업 및 전쟁시에 나포(拿捕)될 위험에 대한 보험업이며, 셋째는 운송 가능한 수로나 운하를 개설하고 운영하는 사업이며, 넷째는 대도시에 식수를 공급하는 사업[즉, 수도업]이다.

33. 은행업

은행업의 원리는 다소 심오하고 난해해 보이지만, 실무는 엄격한 규칙에 따라 이루어진다. 특별한 이득을 올리겠다는 허황된 생각 때문에 이런 규칙을 어기는 것은 이것을 시도하는 은행에게 언제나 매우 위험하며 종종 치명적이다. 그러나 주식회사 조직은 어떤 합명회사보다도 확립된 규칙을 대개 더 잘 지키게 한다. 따라서 주식회사는 은행업에 매우 적합하다. 유럽의 주요 은행들은 주식회사이며, 그들의 다수가 어떤 독점적 특권도 없이 성공적으로 사업을 운영하고 있다. 잉글랜드 은행은, 자신을 제외한 어떤 다른 은행도 6인 이상으로 구성되어서는 안 된다는 법령 이외에는, 다른 어떤 독점적 특권도 가지고 있지 않다. 에든버러의 두 은행(뱅크 오브 스코틀랜드와 로얄 뱅크 오브 스코틀랜드)은 어떤 독점적 특권도 가지지 않는 주식회사다.

34. 보험업

화재나 해상 손실에 의한 것이든, 전쟁시 나포에 의한 것이든, 위험의 가치는 정확히 계산할 수는 없다고 할지라도 어느 정도 엄격한 규칙과 방법으로 환원시켜서 대략적인 계산은 할 수 있다. 따라서 보험업은 독점적 특권 없이도 주식회사에 의해 성공적으로 운영될 수 있다. 런던 보험회사(London Assurance Company)나 로얄 익스첸지 보험회사(Royal Exchange Assurance Company)는 어떤 특권도 가지고 있지 않다.

35. 운하와 수로의 관리와 건설에 관한 사업

운항 가능한 수로나 운하 역시 일단 만들어지면 그것의 관리는 매우 단순하고 쉬워서 엄격한 규칙과 방법으로 이루어질 수 있다. 심지어 수로나 운하의 건설조차도 그러해서 1마일에 얼마, 수문 한 개에 얼마라는 식으로 계약할 수 있다. 대도시에 물을 공급하기 위한 운하와 수로, 큰 파이프를 건설·설치하는 경우에도 마찬가지다. 따라서 이런 사업들은 독점적 특권 없이도 주식회사에 의해 성공적으로 운영될 수 있으며 현재에도 자주 그렇다.

36. 주식회사는 합명회사로서는 제공할 수 없는 대자본이 필요한, 큰 사회적 이익을 가진 사업이 아닌 한, 설립되어서는 안 된다.

그러나 주식회사가 어떤 사업을 성공적으로 수행할 수 있으리라는 이유만으로 그 사업을 위해 주식회사를 설립하는 것, 또는 특정한 상인집단이 일반 법률의 어떤 조항의 적용을 면제받는다면 번창할 수 있으리라는 이유만으로 그들을 〔그들의 모든 이웃들에게 적용되는〕 그 조항의 적용으로부터 면제하는 것은 합리적이 아닐 것이다. 주식회사의 설립이 완전히 합리적이려면 업무가 엄격한 규칙과 방법으로 이루어질 수 있다는 사정 이외에 두 가지 추가적인 사정이 필요하다. 첫째로, 그 사업이 보통 다른 사업보다 더 크고 사회에 더 큰 이익을 준다는 점과, 둘째로, 합명회사가 쉽게 모집할 수 있는 것보다 더 많은 자본이 필요하다는 점이 명백하게 드러나야 한다. 만약 적은 자본으로 충분하다면, 비록 그 사업의 사회적 이득이 크다고 하더라도 주식회사를 설립할 충분한 이유가 되지는 않을 것이다. 왜냐하면 이런 경우 주식회사가 생산하게 되는 것에 대한 수요가 개인 모험상인들에 의해 쉽게 충족될 수 있을 것이기 때문이다. 앞에서 열거한 네 가지 사업은 모두 이런 두 가지 사정을 충족시킨다.

37. 은행업은 이런 조건을 만족시키고 있다.

신중히 운영될 경우 은행업은 큰 사회적 이익을 준다는 것은 이 책의 제 2편〔제 2장〕에서 충분히 설명되었다. 또한 국가의 신용을 유지해야 하고, 비상사태에는 아마 수백만 파운드에 달하는 조세수입을 조세가 납부되기 1~2년 전에 미리 정부에 대부해야 하는 공립은행은 합명회사로서는 쉽게 조달할 수 없는 대자본을 필요로 한다.

38. 보험업도 이런 조건을 만족시킨다.

보험업은 개인의 재산에 큰 안전성을 부여하며, 개인을 파멸시킬 수도 있는 손실을 여러 사람에게 분할함으로써 사회 전체가 가볍고 쉽게 부담할 수 있게 한다. 그러나 이런 안전성을 부여하기 위해서는 보험업자는 매우 많은 자본을 가지고 있어야 한다. 런던에서 보험업을 수행하는 두 개의 큰 주식회사가 설립되기 전에, 겨우 몇 년 사이에 파산한 150명의 개인 보험업자의 명단이 법무장관에게 제출되었다고 한다.

39. 운하 및 수도 사업도 마찬가지다.

운항 가능한 수로와 운하, 큰 도시에 물을 공급하기 위해 필요한 공사들은 거대하고 일반적인 이익을 낳는다. 동시에 여기에는 개인의 재산으로서는 감당할 수 없는 큰 비용이 요구된다는 것은 명백하다.

40. 기타 어떤 사업도 이런 조건들을 만족시키지 못한다.

나는 위에서 언급한 네 가지 사업 이외에, 주식회사의 설립을 타당하게 하는 세 가지 조건들을 만족시키는 다른 어떤 사업을 생각해 낼 수 없었다. 런던의 영국 동(銅)회사, 아연 제련회사, 유리 연마회사는 그들이 추구하는 목적에 어떤 거대하거나 특별한 효용이 있다고 할 수 없으며, 또한 그 목적을 추구하는 데 개인 재산으로 감당하지 못할 정도의 막대한 지출을 필요로 하는 것도 아니다. 물론 이런 회사들이 수행하는 사업이 주식회사를 운영하기에 적합할 정도로 엄격한 규칙과 방법으로 이루어질 수 있는지의 여부와, 이런 회사들이 특별한 이윤을 창출할 수 있는지의 여부에 대해서는 나는 알지 못한다. 광산 모험회사는 오래 전에 파산했다. 에든버러의 영국 아마포회사의 주식은 수년 전보다 낮지는 않지만 현재에도 여전히 액면가격보다 훨씬 낮은 가격으로 팔리고 있다. 어떤 특정 제조업을 진흥시킨다는 공적인 명분 하에 설립된 주식회사도 운영을 잘못하면 사회의 총자본을 감소시킬 뿐 아니라 그 밖의 점에서도 이득보다 해가 될 수 있다. 비록 올바른 의도에서 시작했다고 하더라도, 이사들은 제조업의 특정 영역을 이 부문 기업가들의 유혹과 강요에 의해 불가피하게 편애하기 때문에, 제조업의 나머지 부분은 실질적으로 저해받고, 만약 그렇지 않았다면 사려 깊은 산업 활동과 이윤 사이에 생겨났을 자연적인 비율(이 비율은 그 나라의 전체 산업 활동에 대해 다른 어떤 장려책보다 가장 크고 가장 효과적인 장려책이다)은 다소 파괴된다.

2. 청년을 위한 교육기관의 비용

1. 교육기관들은 그 경비를 자비 부담으로 할 수도 있다.

청년을 위한 교육기관은 자기 자신의 비용을 지불하기에 충분한 수입을 올릴 수 있다. 학생이 선생에게 지불하는 수업료 또는 사례비가 이런 종류의 수입이다.

2. 또는 기부에 의해서도 할 수 있다.

비록 이런 자연스런 수입으로 선생의 보수를 전부 해결할 수 없는 경우라도 그것을 국가의 일반수입(그 징수와 운용은 대부분의 나라에서 행정부에 위임되어 있다)에서 지불할 필요는 없다. 유럽의 대부분에서 학교·대학에는 기부재산이 있어서 국가의 일반수입에 부담을 주지 않으며, 비록 준다고 하더라도 그 부담은 매우 적다. 선생에 대한 보수는 어디에서나 주로 지방이나 주(州)의 수입에서, 또는 어떤 소유지의 지대에서, 또는 일정한 금액의 돈〔이것은 때로는 왕 자신이, 때로는 개인 기증자가 이 목적을 위해 기증하고 수탁자가 관리하는 화폐액이다〕의 이자에서 나온다.

3. 기부 기금은 실제로 유용한 교육을 촉진시켰을까?

이와 같은 공공의 기부재산은 교육기관의 목적을 촉진하는 데 일반적으로 기여했을까? 그것은 교사의 근면을 장려하고 교사의 능력을 발전시키는 데 기여했을까? 그것은 교육의 진행과정을 기부재산 없이 자연히 진행되었을 때보다 개인과 사회에 더욱 유용한 목적에 기여하도록 유도했을까? 이 질문의 각각에 대해 적어도 적절한 대답을 하는 것은 크게 어려운 일은 아니라고 생각한다.

4. 노력은 항상 그 필요성에 비례한다.

어떤 직업에서도 그 직업을 수행하는 사람들 대부분의 노력은 그 노력을 해야 할 필요성에 항상 비례한다. 이 필요성이 가장 큰 것은 자기 직업에서 받는 보수가 그들이 획득하기를 기대하는 재산 또는 일반수입이나 생활수단의 유일한 원천인 사람들의 경우다. 재산을 획득하기 위해 또는 심지어 생활수단을 얻기 위해서조차도, 그들은 일 년 중 일정한 가치가 있는 일정량의 일을 하지 않으면 안 된다. 자유경쟁의 경우에는 경쟁자들은 서로를 그 직업에서 밀쳐내려고 노력하므로, 이런 경쟁은 필연적으로 각자로 하여금 자신이 하는 일이 어느 정도 정확하게 수행되도록 열심히 노력하게 만든다. 어떤 특정 직업에서의 성공으로 달성할 수 있는 위대한 목표는 물론 특별한 의지(spirit)와 야심(ambition)을 가진 소수 사람들로 하여금 열심히 노력하도록 분발시킬 수도 있다. 그러나 분명한 것은, 최대의 노력을 끌어내는 데 반드시 위대한 목표가 있어야 할 필요는 없다는 것이다. 비천한 직업에서도 경쟁과 대항의식이 남보다 성적이 뛰어나는 것을 야심의 목표로 하여 최대의 노력을 경주하도록 하는 경우가 흔히 있다. 이에 반해, 목적이 위대하긴 하나 노력해야 할 필요성이 별로 절실하지 않은 경우에는 크게 노력을 하지 않는 것이 보통이다. 잉글랜드에서

법조계에서의 성공은 일종의 매우 거대한 야심의 목표가 되어 있지만, 태어나면서부터 편안히 먹고 살 수 있는 재산을 가진 사람으로서 이 직업에서 크게 두각을 나타낸 사람이 몇이나 되던가!

5. 기부 재원은 노력할 필요성을 감소시킨다.

학교·대학의 기부재산으로 말미암아 교사의 노력할 필요는 필연적으로 다소 감소하게 되었다. 그들의 생활비는, 봉급으로부터 얻어지는 한, 각자의 직업상의 성공 여부나 명성(名聲)의 유무와는 전혀 무관한 재원으로부터 나오는 것이 분명하기 때문이다.

6. 교사의 보수가 부분적으로 학생들이 내는 수업료에서 나오는 경우, 노력의 필요성이 완전히 없어지지 않는다.

일부 대학에서 봉급은 교사 보수의 일부〔작은 일부인 경우가 자주 있다〕에 지나지 않으며, 그 대부분은 학생들의 사례비 또는 수업료에서 나온다. 이런 경우 교사가 노력할 필요성은 감소되긴 하지만 전혀 없어진다고 할 수는 없다. 교사의 직업상의 평판은 여전히 자기에게 어느 정도 중요하며, 그는 자기 수업을 받는 학생들의 애정·감사·호평에 어느 정도 여전히 의존한다. 그리고 이런 좋은 반응을 얻으려면, 자신의 능력과 근면을 최대한 발휘하여 자신의 의무를 수행하는 방법밖에 없다.

7. 그의 전체 수입이 기부 재원에서 생기는 경우, 노력할 필요성은 완전히 사라진다.

기타 대학에서는 교사는 학생들로부터 사례비·수업료를 받는 것이 금지되어 봉급 이외에는 그 직무를 수행하는 것으로부터 아무것도 얻지 못한다. 이럴 경우 그의 이익은 직접적으로 그의 의무수행에 반비례한다. 될 수 있는 대로 편안히 지내는 것은 모든 사람이 원하는 바이며, 어떤 대단히 힘든 의무를 수행하든 하지 않든 그의 보수가 똑같다면, 그는 그 의무를 전혀 수행하지 않거나, 또는 〔당국이 그것을 허용하지 않는 경우에는〕 당국이 허용하는 범위 안에서 가능한 한 부주의하고 아무렇게나 수행하는 것이 자신에게 이익〔통상적으로 이해되는 의미에서의 이익〕이 된다는 것은 확실하다. 비록 그가 천성적으로 활동적이고 노동을 사랑하는 사람이라 하더라도, 이익도 되지 않는 의무수행에 정력을 소비하는 것보다는 약간의 이익이라도 얻을 수 있는 다른 방면에 정력을 투입하는 편이 자신에게 이익이 되는 것이다.

8. 대학이나 대학교의 교수들은 자신들의 동료에 대해 관대하다.

교수를 감독하는 당국이 대학(college)이거나 대학교(university)이고, 교수 자신이 이것의 구성원의 한 사람이고 다른 구성원의 대부분도 자기처럼 교수라면, 그들은 일종의 이익공동체(common cause)를 형성할 가능성이 있다. 교수들은 모두 서로에게 매우 관대해져 자신이 자기 의무를 소홀히 해도 된다는 조건하에서 동료의 의무 불이행에 동의하기가 쉽다. 옥스포드 대학교[1]에서는, 대학(college)이 아닌 대학교(university)의 교수(public professor)들의 대부분이 지난 수년 동안 강의 흉내조차 내지 않을 정도로 자신들의 의무를 완전히 방기(放棄)하고 있다.

9. 그러나 외부로부터의 통제는 무지(無知)하고 변덕스럽게 행사되기 쉽다.

그러나 교수를 감독하는 당국이 교수 자신이 속한 단체가 아니라 외부의 제3자〔예컨대 교구의 주교, 지방장관, 중앙정부의 장관〕라면, 교수는 자기의 의무를 완전히 무시하지는 못할 것이다. 그러나 이런 상급자들이 할 수 있는 것이라고는 그에게 일정한 시간을 학생들을 지도하는 데 사용하라는 것, 즉 매주 또는 매년 몇 번의 강의를 하라는 것뿐이다. 강의의 내용과 질(質) 여하는 여전히 그 교수의 근면에 달려 있는데, 그 근면의 정도는 또한 그가 그런 노력을 해야 할 동기(動機)와 비례할 것이다. 그런데 이런 종류의 외부 감독권

1) 각 대학(college)은 서로 다른 연도에 서로 다른 설립자에 의해 설립되어 가르치는 과목들도 서로 다른 경우가 많다. 이에 반해 대학교(university)는 많은 대학(college)들의 행정과 교육을 공동으로 수행하기 위해 나중에 만든 것이다.

은 무지한 상태에서 변덕스럽게 행사되기 쉽다. 이런 외부감독은 그 성질상 자의적이고 독단적이다. 외부감독권을 행사하는 사람은 교수의 강의에 출석하지도 않으며 교수가 강의하는 학문을 아마 이해하지도 못하기 때문에, 감독을 하면서 정당한 판단을 내릴 수가 없다. 감독관은 너무나 오만해서 감독권을 어떻게 행사할 것인지를 깊이 생각하지 않으며, 제멋대로 정당한 이유 없이 교수를 견책하거나 직위해제하기 쉽다. 이런 감독권에 의해 지배받는 사람들은 필연적으로 품위를 잃게 되며, 사회에서 가장 존경받는 사람들의 하나가 아니라 가장 비열하고 가장 비난받는 사람들의 하나가 되어버린다. 강력한 보호가 없다면 교수는 자신이 항상 직면하고 있는 감독권의 악용으로부터 자신을 효과적으로 방어할 수 없다. 그런데 이런 보호를 가장 잘 획득할 수 있는 방법은, 자기 직업상의 능력이나 근면에 의해서가 아니라, 상관의 뜻에 아첨하는 것에 의해서이며, 그리고 언제든지 상관의 뜻에 따라 자신도 그 구성원의 하나인 단체의 권리와 이익과 명예를 희생할 준비가 되어 있는 것에 의해서다. 프랑스 대학의 행정을 오랫동안 담당했던 사람이라면 누구나 이런 종류의 독단적인 외부감독으로부터 자연히 발생하는 결과들을 관찰할 수 있었을 것이다.

10. 청년들을 대학교에 다니도록 강제하는 것은 교수들에게 악영향을 미친다.

교수들의 자질·평판과는 관계없이 일정한 수의 학생들을 어떤 대학이나 대학교로 끌어들이는 것은, 그 요소가 무엇이든, 교수들의 자질·평판을 높일 필요성을 다소 감소시키는 경향을 가진다.

11. 대학 졸업생의 특권은 도제조례와 유사하다.

문학(arts)·법학·의학·신학 졸업생의 특권이 단순히 몇 년 동안 그 대학에 다님으로써 획득될 수 있다면, 일정한 수의 학생들은 교수의 자질이나 평판에 구애받지 않고 이런 대학으로 입학하려 할 것은 필연적이다. 졸업생의 특권은 일종의 도제조례(statute of apprenticeship)로서 교육의 개량과 진보에 기여했는데, 이것은 진정한 도제조례가 수공업·제조업의 진보에 기여한 것과 마찬가지다.

12. 장학금 지급과 전학금지 규정은 해로운 것이다.

각종 명목의 장학금(scholarships, exhibitions, bursaries, &c.)을 주는 자선기금들은 필연적으로 일정한 수의 학생들을 어떤 대학에, 그 특정 대학의 평판과는 무관하게, 입학시킨다. 이런 자선기금의 지원을 받는 학생들에게 자기가 가장 좋아하는 학교를 자유롭게 선택하게 한다면, 그런 자유가 대학들 사이에 일종의 경쟁을 유발하게 될 것이다. 이와는 반대로, 어떤 대학에 자비(自費)로 등록한 학생에 대해서까지 자유로운 전학을 금지한다면, 즉 먼저 자신이 떠나려는 그 대학에다 다른 대학으로 전학 가겠다는 취지의 신청을 한 뒤 허락을 받아야만 다른 대학으로 전학 갈 수 있게 한다면, 그런 경쟁은 소멸되고 말 것이다.

13. 학생을 특정한 지도교수에게 지정하는 것도 마찬가지로 유해하다.

각 대학에서 모든 문학이나 과학을 가르치는 지도교수를 학생 각자로 하여금 스스로 선택할 수 있도록 하지 않고 학장(學長)이 지정한다면, 그리고 게으르고 무능하며 나쁜 습관이 있는 지도교수를 만난 경우 학생이 먼저 허가를 받지 않고서는 지도교수를 다른 사람으로 바꾸는 것이 허용되지 않는다면, 그런 규정들은 동일 대학 안의 여러 지도교수들 간에 경쟁을 크게 감소시킬 뿐 아니라 지도교수들이 근면할 필요성과 각자 맡은 학생을 배려할 필요성을 크게 감소시킬 것이다. 이런 지도교수는 가르치는 학생들로부터 충분한 보수를 받더라도 학생으로부터 전혀 보수를 받지 않거나 자신의 봉급 이외에 어떤 보수도 받지 않는 교수와 마찬가지로 학생을 무시할 것이다.

14. 이런 규정이 지배하는 곳에서는 교수는 학생 측으로부터 제기되는 노골적인 불만을 회피하거나 억압할 수 있다.

만약 교수가 상식이 있는 사람이라면, 자신이 학생에게 강의하면서 말도 안 되는 것 또는 그와 비슷한 것을 이야기하거나 읽어주고 있다는 것을 스스로 깨닫는 것은 유쾌하지 못한 일일 것이다. 또 학생의 대부분이 자신의 강의를 수강하지 않거나 무시하고 경멸하고 조롱하는 표정으로 듣고 있는 것을 발견하게 되면 틀림없이 마음속으로 불쾌함을 느낄 것이다. 그러므로 그가 일정 회수의 강의를 해야 한다면, 다른 이익이 없더라도, 이런 이유만으로도 좋은 강의를 하기 위해 애써 준비하려고 노력할 것이다.

그러나 몇 가지 편법들이 교수들을 근면하게 하는 자극을 무디게 하는 데 사용된다. 예를 들면, 교수가 학생들에게 가르치려고 하는 학문을 교수 자신이 설명하지 않고 그에 관한 어떤 책을 강독하는 경우가 있다. 만약 그 책이 외국어나 지금은 사용하지 않는 고대 언어로 쓰였다면, 학생에게 그것을 읽고 해석해 주거나, 더욱 편해지려면, 학생들로 하여금 해석하게 하고 자신은 가끔 가다가 한마디씩 비평함으로써 자신이 강의를 하고 있다고 뽐낼 수도 있다. 이런 방법은 매우 미미한 지식이나 노력만으로도 경멸당하거나 조소를 받지 않고, 또 바보 같거나 불합리한 것을 일체 말할 필요도 없이, 강의를 할 수 있게 해줄 것이다. 동시에, 대학의 학칙 때문에, 학생들은 이런 엉터리 강의에 매우 규칙적으로 출석해야 하며, 강의 중에는 매우 예의바른 태도로 수업에 임해야만 한다.

15. 대학의 학칙은 교수들의 안일을 위해 만들어진 것이며, 교수가 다소 근면하다면 그것은 전혀 필요하지 않다.

대학이나 대학교의 학칙은 일반적으로 학생을 위해서가 아니라 교수를 위해, 더 적절하게 말하면, 교수의 안일(安逸)을 위해 만들어진 것이다. 그것의 목적은 대부분의 경우 교수의 권위를 유지시키고, 교수가 자신의 의무수행을 태만히 하든 성실히 하든 학생들로 하여금 〔교수가 최대의 능력과 성실로 강의하고 있는 것처럼〕 교수에게 공손한 태도를 취하도록 강요하는 것이다. 학칙은 한편으로는 교수의 완전한 지식과 덕성을 전제하고 있고, 다른 한편으로는 학생의 완전한 무능과 우매함을 전제하고 있는 것 같다. 그러나 교수가 참으로 자신의 의무를 다하는 경우, 그런 예는 없다고 나는 믿지만, 대부분의 학생들은 자신의 본분을 게을리 하는 법이 없다. 진실로 수강할 가치가 있는 강의라면 출석을 강요하기 위해 그런 학칙을 마련할 필요는 없을 것이다. 이것은 훌륭한 강의가 행해지고 있는 곳에서는 어디에서나 익히 증명되고 있는 사실이다.

물론 아동이나 어린 청소년들의 경우 인생의 어린 시절에 습득할 필요가 있다고 생각되는 교육에 출석시키기 위해 어느 정도의 강제와 속박은 필요할 것이다. 그러나 12~13세 뒤에는 교사가 자신의 직책을 충실히 이행하는 한, 강제와 속박은 어떤 부문의 교육에서도 필요하지 않다. 대부분의 청년들은 매우 관대해서, 교사가 자신들에게 유용한 것을 가르쳐주기 위해 최선을 다하는 모습만 보여준다면 교사의 가르침을 무시하거나 경멸하는 일은 결코 없으며, 오히려 일반적으로 교사가 자신의 책무를 이행하는 과정에서 범하는 여러 가지 실수를 용서해 주려고 하고, 때로는 중대한 실수라도 세상에 공개되지 않도록 숨겨주기까지 하는 경향이 있다.

16. 공립기관에 의해 수행되지 않는 교육 부문은 더욱 잘 가르쳐지고 있다.

지적해 두어야 할 것은, 공립기관이 아닌 곳에서 실시되고 있는 교육 부분은 일반적으로 매우 잘 가르쳐지고 있다는 사실이다. 젊은이가 펜싱학교나 댄스학교에 들어갈 때, 그는 언제나 펜싱과 댄스를 매우 잘 하게 된다고는 할 수 없지만, 일단 그것을 배우게는 된다. 그러나 승마학교는 이에 비하면 그 효과가 그다지 크다고 할 수는 없다. 왜냐하면 승마학교는 돈이 매우 많이 들기 때문에 보통의 경우 공립기관으로 되어 있다. 문과교육 가운데 가장 중요한 세 가지 부분, 즉 읽기·쓰기·셈하기는 지금도 공립학교에서보다 사립학교에서 배우는 것이 보통인데, 누구든지 배워야 할 정도만큼은 배우고 있다. 영국에서 사립학교(public school)는 대학만큼 부패하지는 않았다.

17. 영국의 사립학교에서 교사들은 수업료에 더 많이 의존하고 있는데, 그들은

사립학교에서 청소년들에게 가르치고 있거나 최소한 가르칠

대학보다 덜 부패해 있다.

수 있는 것은 그리스어와 라틴어이다. 다시 말해 그리스어와 라틴어는 교사들이 가르치려고 생각하거나, 그들이 가르쳐주기를 학생들이 기대하는 것의 전부다. 그러나 대학에서는 학생들에게 가르쳐주기로 되어 있는 학문을 가르쳐주지도 않고, 그렇다고 배울 수 있는 적절한 수단을 반드시 찾을 수 있는 것도 아니다. 사립학교 교사의 보수는 대부분의 경우 주로, 또는 어떤 경우에는 전적으로, 학생들의 학비 또는 사례에 의존한다. 사립학교는 어떤 독점적 특권도 가지지 않는다. 졸업의 영예를 얻기 위해 그가 어떤 사립학교에서 일정한 기간 동안 교육을 받았다는 증명서를 제시해야 할 필요는 없다. 시험을 쳐서 그가 고등학교에서 가르치는 것을 이해하고 있다는 것을 증명해 보이기만 하면, 그가 그것을 어느 곳에서 배웠는지는 묻지 않는다.

18. 대학에서 가르치고 있는 불충분한 것들조차, 만약 대학이 없다면 가르쳐줄 사람이 아무데도 없을 것이다.

일반적으로 대학에서 보통 가르치고 있는 교육 부분은 매우 잘 가르치고 있다고는 말할 수 없을 것이다. 그러나 만일 대학이 없었다면 그런 부분은 전혀 가르쳐지지 않았을 것이며, 개인도 사회도 그런 교육부분의 결여로 말미암아 상당한 손해를 입었을 것이다.

19. 유럽의 대학교는 본래 성직자에게 신학을 가르치기 위해 설립되었다.

현재 유럽의 대학들은 원래 성직자들의 교육을 위해 설치된 종교 단체였다. 대학은 교황의 권력에 의해 건립된 것이며, 그리고 전적으로 그의 직접적 보호 아래에 있었으므로, 당시에는 대학의 구성원들은 교수건 학생이건 모두 성직자의 특권이라고 불리는 것을 가지고 있었다. 즉, 그들은 각 대학이 위치하는 나라의 사법권의 관할로부터 벗어나서 종교법정에 대해서만 복종하면 되었다. 대부분의 대학에서 가르치고 있었던 것은 대학의 설립목적에 상응한 것, 즉 신학(神學: theology)이거나 아니면 신학공부를 준비하는 것들에 지나지 않았다.

20. 이 때문에 라틴어 공부는 반드시 필요했다.

기독교가 처음으로 법률에 의해 국교로 되었을 때, 속어화(俗語化)한 라틴어가 유럽 서부지역 모두의 공용어(公用語)로 되었다. 따라서 교회의 예배와 교회에서 읽는 성서의 번역은 그 나라의 공용어인 속어화한 라틴어로 행해졌다. 그러나 로마제국을 무너뜨린 야만족의 침입 이후 라틴어는 점차 유럽 어느 지방에서도 통용되지 않게 되었다. 하지만 기성의 종교 형식과 의식은 그것들을 처음 도입하고 정당화시킨 사정들이 존재하지 않게 된 이후에도 그것에 대한 사람들의 존경 때문에 오랫동안 유지되었다. 그리하여 라틴어는 이미 어디에서도 대부분의 사람에게는 이해되지 않았으나 교회의 예배는 계속 라틴어로 집행되었다. 따라서 유럽에서는 고대 이집트와 마찬가지로 두 개의 다른 언어(言語)가 사용되었다. 즉, 성직자의 언어와 일반 대중의 언어, 신성한 언어와 세속의 언어, 식자(識者)의 언어와 무식자(無識者)의 언어가 그것이다. 그러므로 성직자들은 신성하고 유식한 언어〔그들은 이 언어로 교회 의식을 집행하지 않으면 안 되므로〕를 어느 정도 이해할 필요가 있었다. 그리하여 라틴어의 학습이 처음부터 대학교육의 본질적 부분이 된 것이다.

21. 그리스어나 히브리어는 필요하지 않았지만, 종교개혁에 의해 도입되었다.

그리스어나 히브리어는 그렇지 않았다. 무오류(無誤謬)의 교회 포고는, 일반적으로 라틴 벌게이트(Latin Vulgate)라고 불리는 라틴어 성경은 그리스어·히브리어 원전과 동일하게 신의 성령(聖靈)에 의해 구술된 것이며 동일한 권위를 가진 것이라고 선언하였다. 따라서 이 두 언어〔그리스어·히브리어〕에 대한 지식이 성직자에게 필수불가결한 것이 아니었기 때문에 이 언어들에 대한 연구는 오랫동안 대학교육의 일반 과정의 필수과목이 되지 못했다. 스페인의 몇몇 대학에서는 아직도 그리스어 연구가 일반 과정의 일부가 되지 않은 것은 확실하다. 최초의 종교개혁가들은 신약성서의 그리스어 원전과 구약성서의 히브리어 원전이 라틴어 번역본보다 그들의 주장에 더욱 호의적이라는 사실을 발견했다. 왜냐하면, 당연히 상상할 수 있는 것처럼, 그 번역본은 가톨릭 교회의 교의(教義)를 지지하는 방향으로 점점 변경되어 왔기 때문이다. 따라서 그들은 그 번역본의 많은 오류를 밝혀내려고 했으며, 반면에 로마 가톨릭 성직자들은 그것을 옹호하고 설명할 필요가 있었다. 그러나 이것은 원어에 대한 지식 없이는 잘 행해질 수 없었으며, 따라서 원어 연구가 점차 더 많은 대학에〔종교개혁의 교의를 인정한 대학과 그것을 거부한 대학 모두에〕 도입되었다. 그리스어는 처음에는 가톨릭 교도와 이탈리아인들이 수학(修學)했지만, 종교개혁의 교의가 발생한 것과 동시에 유행하기 시작한 고전(古典) 연구의 모든 부분과 관련되었다. 그리하여 대부분의 대학에서는 철학 연구 이전에, 그리고 학생이 라틴어를 어느 정도 이해하자마자, 그리스어를 가르쳤다. 그러나 히브리어는 고전 연구와 아무 관련이 없었으며, 성경 외에는 히브리어로 쓰여진 존중할 만한 가치 있는 책이 하나도 없었기 때문에, 히브리어 공부는 철학 공부 이후에야 시작되었으며, 또한 학생이 신학 연구에 들어갔을 때 시작되었다.

22. 그리스어와 라틴어는 계속 대학 교육의 중요한 부분이 되어 있다.

원래는 대학에서 그리스어와 라틴어의 초보적 지식을 가르쳤으며, 어떤 대학에서는 아직도 그러하다. 다른 대학에서는 학생들이 이 언어들 중 하나 또는 모두를 미리 초보적 수준까지 배우고 오기를 기대하고 있다. 이 어학공부는 어디에서나 계속 대학교육의 매우 중요한 부분을 차지하고 있다.

23. 그리스 철학은 세 부문으로 되어 있다.

고대 그리스 철학은 3대 부문으로 구분되었다. 물리학(物理學: physicks) 또는 자연철학(自然哲學: natural philosophy); 윤리학(倫理學:

ethicks) 또는 도덕철학(道德哲學: morral philosophy); 그리고 논리학(論理學: logick). 이런 일반적 구분은 사물의 성질에 완전히 합치하는 것처럼 보인다.

24. (1) 물리학 또는 자연철학 신비한 자연현상들, 즉 천체의 운행·일식과 월식(eclipses)·혜성(comets), 천둥·번개·기타 특별한 대기현상들(meteors), 그리고 동물과 식물의 발생(generation)·생명·성장·사망 등은 모두 필연적으로 경이로움을 야기함으로써 자연히 인간의 호기심을 불러일으켜서 그 원인을 탐구하게 만드는 대상들이다. 처음에는 미신이 이런 모든 경이로운 현상들을 신의 직접적인 작용으로 돌림으로써 이런 호기심을 만족시키려고 했다. 이후에는 철학이 신들의 작용이 아니라 그보다 더욱 익숙한 원인〔즉, 인간이 더욱 잘 알고 있는 원인〕들로부터 그것들을 설명하려고 했다. 이런 현상들이 인간 호기심의 첫 번째 대상이었듯이, 그것들을 설명하려고 하는 과학이 자연히 철학의 첫 번째 분야가 되었음에 틀림없다. 따라서 역사에 남아 있는 최초의 철학자들은 자연철학자들이었던 것 같다.

25. (2) 윤리학 또는 도덕철학 동서고금을 막론하고 사람들은 서로 타인의 성격·의도·행동에 주목해 왔으며, 인간생활을 이끌어나가는 수많은 존중할 만한 규칙·준칙(準則)들이 많은 사람들의 동의(同意)에 의해 규정되고 승인되어 왔다. 문자생활이 널리 유행하게 되자, 현인들〔또는 자기 자신을 현인으로 생각한 사람들〕은 확립된 존경받는 준칙들의 수를 증가시키려고 노력하고, 행위의 적절함·부적절함에 대한 자기 자신들의 생각을 때로는 이솝우화 등과 같은 우화(寓話: apologues)의 형태로, 때로는 솔로몬의 잠언, 테오그니스(Theognis)와 포킬리데스(Phocyllides)의 시(詩), 그리고 헤시오도스(Hesiod)의 작품 중 일부와 같은 경구(警句)나 격언(格言: apophthegms) 등과 같은 더욱 간단한 형태로 표현하려고 했다. 그들은 오랫동안 이런 방법으로 현명하고 도덕적인 준칙

들의 수를 계속 증대시켜 왔지만, 그것들을 매우 명백하고 규칙적인 순서로 배열시키려 하지 않았고, 자연적 원인으로부터 결과를 연역하듯이, 각종 준칙들을 추출해 낼 수 있는 하나 또는 그 이상의 일반원리에 의해 그것들을 연결시키려고도 하지 않았다. 여러 가지 상이한 관찰들을 소수의 공통원리로 연결시켜 질서정연하게 체계화한 것의 아름다움은 자연철학 체계를 세우려는 고대의 조잡한 논문에서 처음으로 나타났다. 이후 유사한 종류의 것이 도덕에서도 시도되었다. 일상생활의 준칙들은 질서정연하게 배열되었으며, 〔자연현상을 배열하고 연결시키려고 시도했던 것과 동일한 방식으로〕 소수의 일반원칙에 의해 연결되었다. 이런 것들을 연결시키는 일반원칙들을 연구하고 설명하려는 과학을 도덕철학(道德哲學)이라 부른다.

26. (3) 논리학 여러 저자들이 자연철학과 도덕철학의 여러 가지 체계를 세웠다. 그러나 그들이 자신들의 체계를 지지하는 논거는 증명(demonstration)이 아니라 기껏해야 빈약한 개연성(probabilities)에 지나지 않는 경우가 종종 있었고, 때로는 〔일반용어의 부정확함과 애매함을 교묘히 이용하는 것 외에는 다른 근거를 전혀 가지지 않은〕 단순한 궤변(sophisms)에 불과했다. 모든 시대에서 사변체계(思辨體系)들이 너무나 천박한 이유로 채택되었으므로, 가장 작은 금전상의 이익에서조차 상식적인 사람들의 판단에 도움을 주지 못했다. 순수한 궤변은 철학과 사변의 문제를 제외하고는 인간의 사고에 어떤 영향도 주지 못했지만, 철학과 사변에는 종종 매우 큰 영향을 미쳤다. 자연철학·도덕철학의 각 체계의 옹호자들은 당연히 그들 자신의 체계와 반대의 입장에 있는 체계를 지지하기 위해 인용되는 논거의 약점을 폭로하려고 했다. 그런 논거를 검토할 때, 그들은 필연적으로 개연적인 논거와 확증적인 논거, 잘못된 논거와 결정적인 논거 사이의 차이점을 고려하게 되었다.

논리학(論理學: logick), 즉 올바른 추론과 올바르지 않은 추론의 일반원칙의 과학은, 이런 종류의 엄밀한 조사가 낳은 관찰로부터 필연적으로 생겨났다. 비록 기원상으로는 물리학과 윤리학보다 나중에 생겨났지만, 논리학은 고대의 철학학교의 대부분〔물론 전부는 아니지만〕에서 물리학이나 윤리학보다 먼저 가르쳤다. 학생들은 그렇게 중요한 주제에 대해 논하기 전에, 먼저 올바른 추론과 올바르지 않은 추론 사이의 차이를 잘 이해해야 한다고 생각했던 것 같다.

27. 그 뒤 철학은 5개 부문으로 나뉘었다.

이처럼 철학을 세 부문으로 나눈 고대의 구분법이 유럽의 대부분의 대학에서는 다섯 부문으로 나누는 것으로 바뀌었다.

28. 물리학에 형이상학 또는 정신학이 추가되었다.

고대 철학에서는 인간의 정신(精神)이나 신(神)의 본성에 관해 교육하는 것이 물리학(物理學) 체계의 일부를 이루고 있었다. 이런 존재들은, 그들을 구성하는 본질이 무엇이라고 가정되든, 거대한 우주체계의 일부였으며, 또한 가장 중대한 영향을 끼치는 일부였다. 인간의 이성(理性)이 인간의 정신과 신의 본성에 관해 내린 결론이나 추측이 무엇이든, 거대한 우주체계의 기원(起源)과 운행(運行)에 대해 해석하려고 하는 과학의 두 개의 장(章), 특히 매우 중요한 두 개의 장을 이루고 있었다. 그러나 유럽의 대학에서는 철학을 신학(神學)에 종속된 것으로서만 가르쳤으므로, 철학의 다른 어느 장(章)보다도 신학과 밀접한 관계를 가진 이 두 개의 장(章)을 더욱 많이 가르쳤던 것은 당연한 일이다. 이 두 개의 장(章)은 점점 더 확장되어 수많은 소항목(小項目)으로 분할되었으며, 결국에는 철학체계에서 알려진 것이 극히 적은 정신(精神)에 관한 원리가 훨씬 많은 것이 알려져 있는 육체에 관한 원리와 거의 같은 위치를 차지하게 되었다. 이 두 주제와 관련된 원리가 두 개의 상이한 학문을 이룬다고 생각되었다. 이른바 형이상학〔Metaphysicks: 물리학 뒤에 있는 학문이란 뜻이다.〕 또는 정신학〔Pneumaticks: 성령론〕이 물리학과 대립되어 나타났으며, 이것은 물리학보다 더욱 고귀한 학문일 뿐 아니라 특수한 직업적 목적을 위해서도 더욱 유용한 학문으로서 연마되었다. 실험과 관찰에 적합한 학문들, 즉 주의 깊게 관찰하면 아주 많은 유용한 발견들을 할 수 있는 학문들은 거의 완전히 무시되었다. 몇몇 아주 단순하고 거의 명백한 진리 이외에는, 아무리 자세하게 살펴보더라도 애매함과 불확정적인 것 외에는 어떤 것도 발견할 수 없고, 따라서 미묘하기 짝이 없는 것과 궤변 이외의 어떤 것도 만들어낼 수 없는, 그런 학문이 도리어 사람들에 의해 크게 연마되었던 것이다.

29. 그리하여 본체론 또는 실체론이 나왔다.

이들 두 과학이 서로 대립했을 때, 그것들 간의 비교는 자연히 제 3의 과학, 이른바 본체론〔本體論: Ontology: 다른 두 과학의 주제에 공통적인 성질과 속성을 다루는 과학〕을 낳게 된다. 그러나 만약 각 학파의 형이상학 또는 정신학을 구성하고 있는 것들이 전부 미묘하기 짝이 없는 것들이거나 궤변이라면, 거미줄처럼 혼란한 본체론〔이를 때로는 형이상학이라고도 부른다〕 역시 전부 미묘하기 짝이 없는 것들과 궤변들로 구성될 것이다.

30. 도덕철학은 타락하여 결의론과 금욕적 도덕론이 되었다.

인간〔한 개인으로서뿐 아니라, 가족·국가·인류사회의 구성원으로서의 인간〕의 행복·완성이 어디에 있는가는 고대 도덕철학이 연구하고자 한 대상이었다. 고대 도덕철학에서 인간생활상의 의무들은 인간생활의 행복·완성에 기여하는 것으로 간주되었다. 그러나 자연철학·도덕철학이 오로지 신학에 봉사하는 것으로 가르쳐지게 되었을 때, 인간생활에서의 의무들은 주로 내세의 행복에 기여하는 것으로 간주되었다. 고대 도덕철학에서는, 덕(德)의 완성은 덕을 소유한 사람에게 현세에서 가장 완전한 행복을 필연적으로 가져다 준다고 했다. 그러나 근대 도덕철학에서는 종종 덕의 완성은 일반적으로, 또는 거의 항상, 현세의 어떤 행복과도 관련이 없다고 했으며, 천국은 인간의 포용력 있고 관대하며 활기찬 행위에 의해서가 아니라 참회와 금욕, 수도승과 같은 내핍과 신에 대한 맹종에 의해서만 획득될 수 있는 것이라고 하였다. 대부분의 경우 결의론〔casuistry: 決疑論: 종교 윤리학에서 행위의 옳고 그름이 분명하지 않은 경우 그것을 해결하기 위한 하나의 방법으로 자기 마음에 비추어 그 시비를 판단하는 것. 양심학(良心學)이라고도 한다〕과 금욕적 도덕이 학교의 도덕철학의 대부분을 차지하였다. 이리하여 철학의 모든 부문 중 가장 중요한 부문이 가장 타락한 부문으로 되었다.

31. 철학 교육 과정의 순서는 (1)논리학, (2)본체론, (3)정신학, (4)타락한 도덕철학, (5)물리학으로 되어 있다.

대부분의 유럽 대학에서 가르치는 일반적인 철학 교육과정은 다음과 같다. 첫 번째로 가르친 것은 논리학이었고, 두 번째로는 본체론, 세 번째는 정신학인데, 여기에는 인간영혼과 신의 본성에 관한 학설이 포함된다. 네 번째로는 (정신학의 학설과 인간영혼의 불멸론, 그리고 신의 심판에 의해 내세에서 기대되는 상벌 등과 직접적으로 연결되어 있다고 간주되는) 도덕철학의 타락한 체계였다. 그리고 마지막 과정으로 간단하고 피상적인 물리학 체계를 가르쳤다.

32. 이렇게 해서 대학교육은 더욱더 세속 사람들과는 거리가 멀어지게 되었다.

유럽의 대학들이 이렇게 옛날의 철학 과정에 도입한 변화들은 성직자 교육을 위한 것이었으며, 철학을 신학 연구를 위한 더 적절한 입문(入門)으로 만들기 위한 것이었다. 그러나 이런 변화로 말미암아 철학에 세밀한 구분과 궤변이 더 많이 추가되고 결의론과 금욕적 도덕이 도입되었으므로, 철학은 확실히 신사 또는 보통 사람들의 교육에 더 적절한 것으로 되지도 못했고, 또한 이해력의 증진이나 인간정신의 개선에 더 기여할 수도 없게 되었다.

33. 이 철학 과정을 대부분의 대학에서는 아직도 다소 열심히 가르치고 있다.

이런 철학 과정은 대부분의 유럽 대학에서 아직까지 다소 열심히〔각 대학의 조직이 교수들에게 요구하는 근면성에 따라 다르지만〕 계속 가르쳐지고 있다. 가장 부유하고 기부

재산이 많은 몇몇 대학에서는, 교수들은 이런 잘못된 과정의 몇몇 서로 연결되지 않는 단편들을 가르치는 데 만족하고 있는데, 이것조차 아주 불성실하고 피상적으로 가르치고 있다.

34. 대학이 철학을 개혁한 것은 매우 적었으며, 부유한 대학의 개혁은 더욱 적었다.

철학의 여러 부문에서 이룩된 근대의 개혁은, 물론 일부 예외는 있지만, 그 대부분이 대학에서 이루어지지 않았다. 이런 개혁이 이룩된 뒤에도 대부분의 대학은 그것을 채택하는 데 적극적이지 않았다. 몇몇 대학은 타파된 학설과 진부한 편견이 세계의 모든 구석에서 쫓겨난 뒤에도 그것들의 피난처·보호막이 되는 성역으로 오랫동안 남아 있으려고 했다. 일반적으로, 가장 부유하고 기부재산이 많은 대학들이 그런 개혁을 채택하는 데 가장 느렸으며, 기존의 교육방침에 상당한 변화를 주는 것을 가장 싫어했다. 그런 개혁들은 보다 가난한 대학 몇몇에서 보다 쉽게 도입되었다. 왜냐하면, 이런 대학의 교수들은 생활비의 대부분을 그들의 명성에 의존하고 있었으므로 세계의 시대사조(時代思潮)에 더욱 많은 주의를 기울여야 했기 때문이다.

35. 사정이 이러했음에도 불구하고 대학들은 신사와 부자들의 교육을 자신들이 맡았다.

비록 유럽의 사립학교들과 대학들이 원래는 오로지 특수한 직업교육〔즉, 성직자의 교육〕을 목적으로 설립되었지만, 또한 그런 직업에 필요하다고 여겨지는 학문조차도 학생들에게 가르치는 데 그다지 열심이지 않았지만, 그들은 점차 기타 거의 모든 사람들〔특히 거의 모든 신사와 부자들〕의 교육을 담당하게 되었다. 유년시기와 〔죽을 때까지 진지하게 세상의 실무에 종사하게 되는〕 연령 사이의 오랜 기간을 더욱 유익하게 소비하는 방법은 학교에 다니는 것보다 더 좋은 방법은 없는 것 같다. 그러나 사립학교와 대학에서 가르치는 것들의 대부분은 그런 실무에 가장 적합한 준비인 것 같지는 않다.

36. 그러나 잉글랜드에서는 청소년들이

잉글랜드에서는 젊은이들이 학

36. 해외여행을 하는 것이 매우 흔한 일로 되어 있다. 이런 황당한 일은 대학들이 불신을 받고 있기 때문에 생긴 것이다.

교를 나오자마자 그들을 대학에 보내지 않고 외국에 여행 보내는 것이 점점 더 유행으로 되고 있다. 젊은이들은 여행을 함으로써 더욱 발전해 돌아온다고들 말한다. 17세나 18세에 외국에 나가 21세에 귀국하는 젊은이는 그가 외국에 나갈 때보다 나이를 3~4살 더 먹고 귀국한다. 그리고 이런 나이에는 3~4년 사이에 많은 발전을 하지 않기가 매우 어렵다. 그는 여행하는 동안 일반적으로 하나 또는 두 개의 외국어에 대한 약간의 지식을 배우게 된다. 그러나 그 지식이란 것이 외국어를 적절히 말하거나 쓸 수 있기에 충분한 것이 되지 못한다. 기타 측면에서는, 그는 고국에 살았더라면 그렇게 짧은 기간에 그렇게 될 수 없었을 만큼 매우 건방지고 매우 무절제하고 방탕하며, 진지하게 연구·직무에 주의를 기울일 수 없을 정도가 되어 귀국하는 것이 보통이다. 그렇게 어린 나이에 여행을 함으로써 그의 양친·친척의 감시·통제로부터 멀리 떨어져서 가장 경박한 방탕으로 그의 인생의 가장 귀중한 시기를 보냄으로써, 그의 초기교육으로 형성될 수 있었을 모든 유용한 습관이 강화·확립되지 못하고 거의 필연적으로 약화·말살된다. 대학이 스스로 초래한 불신 때문에 인생의 초기에 여행을 보내는 것과 같은 아주 불합리한 행위가 좋은 평판을 얻을 수 있게 된 것이다. 아들을 해외로 보냄으로써, 아버지는 적어도 잠시 동안은 자신의 눈으로 자기 아들이 무위도식하고, 남에게 무시당하고, 파멸해 가는 아주 불쾌한 일을 봐야 하는 고통으로부터 벗어난다.

37. 일부 현대 교육기관의 효과

일부 현대 교육기관의 효과는 이상과 같다.

38. 시대와 나라에 따라 교육계획과 교육제도는 상이했다.

다른 시대, 다른 나라에서는 상이한 교육계획과 상이한 교육기구가 실시되었던 것 같다.

39. 그리스에서는 국가가 체육과 음악교육을 지도했다.

고대 그리스 공화국에서는 모든 자유시민들이 국가 관원(官員)의 지휘하에 체육훈련과 음악교육을 배웠다. 체육훈련의 목적은 시민들의 육체를 단련하며, 용기를 증가시키고, 전쟁의 피로와 위험에 대비할 수 있도록 하려는 것이었다. 모든 점에서 그리스 민병(民兵)은 세계에서 가장 훌륭한 민병들 중의 하나였기 때문에, 국가 교육의 이런 부분은 의도한 목적을 완전히 달성했음에 틀림없다. 다른 부분인 음악교육은, 적어도 이 제도에 대해 설명하고 있는 철학자·역사가들에 의하면, 사람들의 마음을 따뜻하게 하고, 기분을 부드럽게 하고, 사람들로 하여금 공공생활·개인생활의 모든 사회적·도덕적 의무를 이행하도록 하는 것이다.

40. 로마인은 그리스의 운동장과 비슷한 연병장을 가지고 있었으나, 음악교육은 하지 않았다. 그것이 없었다고 해서 사태가 조금도 나빠지지는 않았다.

고대 로마에서 전신광장(戰神廣場: Campus Martius), 즉 연병장(練兵場)에서의 체육훈련은 고대 그리스의 짐나지움(Gymnasium), 즉 연무장(鍊武場)에서의 운동이 달성하려고 한 것과 동일한 목적을 달성하려고 했으며, 그리스에서와 마찬가지로 잘 달성했던 것 같다. 그러나 로마인들에게는 그리스의 음악교육에 상당하는 것은 없었다. 그렇지만 공공생활과 개인생활에서 로마인들의 도덕성은 그리스인들의 그것과 동등하였을 뿐 아니라 대체로 그것보다 훨씬 우수했던 것 같다. 로마인들이 사적 생활에서 더욱 우수했다는 것에 대해서는 그리스인과 로마인 모두에 정통하고 있는 두 저자인 폴리비우스(Polybius)와 할리카르나수스의 디오니시우스(Dionysius of Halicarnassus)가 분명히 증언하고 있다. 그리고 로마인들의 공중도덕의 우수성에 대해서는 그리스와 로마의 역사 전체가 증언하고 있다. 당쟁(黨爭)을 하면서도 온화하고 절제를 할 줄 안다는 것은 자유시민의 공공도덕에서 가장 중요한 요소라고 생각된다. 그리스의 당파들은 거의 언제나 난폭하고 살벌했지만, 로마의 당쟁에서는 그라쿠스 형제(the Gracchi)의 시기까지는 한 방울의 피도 흘린 적이 없었으며, 그라쿠스 형제의 시기부터는 로마공화국이 사실상 해체되었다고 간주할 수 있다. 따라서 플라톤, 아리스토텔레스, 그리고 폴리비우스가 제시한 매우 존경할 만한 근거에도 불구하고, 또한 몽테스키외가 그런 근거를 옹호하려고 제시한 매우 독창적인 이유에도 불구하고, 그리스인들의 음악교육은 그들의 도덕성을 도야하는 데 큰 효과가 없었던 것으로 보이는데, 그것은 음악교육 없이도 로마인들의 도덕성이 그리스인들보다 전체적으로 우월했기 때문이다. 위의 고대 철인들은 자기 조상들의 제도를 존경한 나머지 (그들 사회의 시초로부터 상당한 문명수준에 도달한 시기까지 끊임없이 계속되어 온) 옛날의 관습에 불과한 것에서 많은 정치적 의의를 발견하려고 했던 것 같다. 음악과 무용은 거의 모든 야만족들의 큰 오락이며, 어떤 사람이든 자신이 속한 사회나 집단을 즐겁게 하는 데 적합한 훌륭한 예능(藝能)이다. 오늘날 아프리카 해안의 흑인들 사이에도 그러하다. 고대 켈트인, 고대 스칸디나비아인, 그리고 (우리가 호머로부터 배울 수 있듯이) 트로이 전쟁 이전 시대의 고대 그리스인들 사이에서도 역시 그러했다. 그리스의 각 부락들이 스스로 작은 공화국을 형성했을 때, 그런 예능에 대한 학습은 자연히 오랫동안 대중의 공공교육과 보통교육의 일부가 되었던 것이다.

41. 군사훈련이나 음악을 가르치는 교사들이 국가로부터 봉급을 받거나 임명되지는 않았다.

젊은이들에게 음악이나 군사훈련을 가르치는 교사들은 로마에서도 그리고 아테네(그 법률과 관습에 대해 우리가 가장 잘 알고 있는 그리스공화국)에서도 국가로부터 봉급을 받거나 국가에 의해 임명되지 않았던 것 같다. 국가가 모든 자유시민들에게 요구한 것은 스스로 전쟁시에 국가를 보호할 준비태세가 되어 있어야 하고, 따라서 군사훈련을 배워야 한다는 것이었다. 그러면서도 국가는 그들에게 스스로 교사를 찾아서 배우도록 했으며, 이런 목적을 위해 국가가 제공한 것은 군사훈련을 받고 연습할 공설 훈련장 이외에는 아무 것도 없었다.

42. 읽기 · 쓰기 및 셈하기는 사적으로 가르쳤다.

그리스·로마 공화국의 초기에는, 교육의 또 다른 부문은 읽기·쓰기 그리고 당시의 산술(算術)에 따른 셈하기였던 것 같다. 부유한 시민은 이런 교양을 〔일반적으로 노예이거나 해방된 자유민인〕 가정교사의 도움으로 집에서 습득하였고, 가난한 시민은 〔봉급을 받고 가르치는 일을 직업으로 하는〕 교사들로부터 학교에서 배웠던 것 같다. 그러나 이런 교육 부문은 각 개인의 부모나 보호자의 배려에 내맡겨져 있었다. 국가는 그것에 대한 어떤 감독·지도도 하지 않았던 것 같다. 물론 솔론(Solon)의 법률에 의하면, 부모가 자녀들에게 좀더 나은 직업이나 실무를 가르치는 데 소홀하였을 경우, 자녀들은 부모가 늙었을 때 부모를 부양할 책임을 지지 않아도 되도록 되어 있었다.

43. 철학교육은 국가로부터 독립되어 있었다.

문명의 진보에 따라 철학과 수사학(修辭學)이 유행하게 되었을 때, 상류사회 사람들은 자녀들을 이런 유행 학문을 배우도록 철학자와 수사학자들이 설립한 학교에 보내곤 했다. 그러나 이런 학교는 오랫동안 국가로부터 지원을 받지 못했으며, 단지 묵인될 정도였다. 철학과 수사학에 대한 사회적 수요가 오랫동안 아주 미미했기 때문에, 최초로 이를 직업으로 하는 교사들은 어느 도시에서도 안정적인 일자리를 얻지 못하여 이곳저곳 떠돌아다닐 수밖에 없었다. 엘레아(Elea)의 제논(Zeno), 프로타고라스(Protagoras), 고르기아스(Gorgias), 히피아스(Hippias), 그리고 다른 많은 사람들이 이런 방식으로 살았다. 사회적 수요가 증가함에 따라 철학과 수사학을 가르치는 학교들은 처음에는 아테네에, 이후에는 다른 여러 도시에 정착하게 되었다. 그러나 국가는 몇몇 학교에게 특정 장소를 학교 부지로 제공하는 것 〔이것 역시 때때로 개인 기증자에 의해 행해졌다〕 이상의 장려는 해 주지 않았던 것 같다. 플라톤의 학원인 아카데미(Academy), 아리스토텔레스의 학부인 리케움(Lyceum), 그리고 스토아학파의 창시자인 시타(Citta)의 제논(Zeno)의 학부인 포르티코(Portico) 등은 모두 국가에서 하사한 것 같다. 그러나 에피쿠루스(Epicurus)는 자기 정원을 자신의 학교에 기증했다. 그러나 대략 마르쿠스 안토니우스(Marcus Antonius) 시대까지는 어떤 교사도 국가로부터 봉급을 받지 않았으며, 학생들의 사례금과 수업료 이외에 다른 어떤 보수도 받지 않았던 것 같다. 루시안(Lucian)의 저서로부터 알 수 있듯이, 이 철학에 밝은 황제(안토니우스)가 철학교사들 중 한 사람에게 수여한 하사금은 그의 일생 동안만 계속되었을 뿐이다. 당시에는 이런 학교를 졸업했다고 해서 어떤 특권도 주어지지 않았으며, 어떤 특정 직업이나 사업에 종사하는 것을 허가받기 위해 이런 학교에 다닐 필요도 없었다. 이런 학교에서 배우는 것이 효과가 있다는 여론이 학생들을 끌어들일 수 없는 경우, 학생들은 찾아오지 않았다. 왜냐하면 법률이 사람들에게 이런 학교에 다니도록 강제하지도 않았고, 이런 학교에 다니는 사람들에게 어떤 이점도 제공하지 않았기 때문이다. 교사들은 자신의 학생들에 대해 어떤 관할권도 없었다. 자신의 뛰어난 덕행과 능력을 통해 학생들로부터 얻을 수 있는 자연적인 권위 이외에는 기타 어떤 권위도 없었다.

44. 로마에는 법률을 가르치는 공공기관이 없었으나, 법률은 로마에서 처음으로 질서정연한 체계로 발전했다.

로마에서 민법 학습은 대부분의 공민들에 대한 교육의 일부가 아니라 몇몇 특정 가정에서의 교육의 일부분이었다. 그러나 법률에 관한 지식을 얻고자 하는 젊은이들이 갈 수 있는 학교는 없었으며, 법률을 이해하고 있다고 생각되는 친척이나 친구들의 모임에 자주 참석하는 것 외에는 다른 학습 방법이 없었다. 지적해 두어야 할 것은, 비록 12동표법(銅表法: laws of the twelve tables)은 그 대부분이 고대 그리스의 어떤 공화국의 법률에서 베껴온 것이라고는 하지만, 고대 그리스의 어떤 공화국에서도 법률이 하나의 학문으로까지 발전하지는 않았던 것으로 보인다는 점이다. 그러나 로마에서는 법률이 매우 초기부터 하나의 학문으로 되었으며, 법률에 밝다는 평판을 얻은 시민들은 모두 상당한 영예를 누렸다. 고대 그리스 공화국, 특히 아테네에서는 보통의 법정은 수많은, 따라서 무질서한, 사람들의 집단으로 구성되었으며, 그들은 종종 거의 제멋대로, 또는 소란·파벌·당파심이 결정하는 대로, 판결을 내렸다. 부당한 판결을 내렸다고 하는 불명예가 500명, 1,000명 또는 1,500명의 사람들(몇몇 법정의 경우 실제로 그렇게 많았다)로 분담됨으로써, 한 개인이 지게 되는 부담은 별로 클 수 없었다. 반면에, 로마의 주요 법정은 한 명 또는 소수의 판사로 구성되어 있었고, 특히 공개석상에서 심의되었기 때문에, 경솔하거나 불공정한 판결은 그들의 명예에 큰 영향을 줄 수 있었다. 의심스러운 사건에 대해 판사는 비난을 회피하고자 하는 욕구 때문에 자연히 그 법정이나 다른 법정에서 그 이전에 재직했던 판사들의 판례나 선례를 피난처로 삼으려고 했을 것이다. 관행과 선례에 대한 이런 주의가 필연적으로 로마법을 규칙적이고 질서정연한 체계로 만들었을 것이며, 이것이 우리에게 전해 내려온 것이다. 그리고 그런 주의는 다른 모든 나라의 법률에 대해서도 동일한 효과를 낳았다. 그리스인에 비해 로마인들의 인격이 훨씬 더 우월하다고 폴리비우스(Polybius)와 할리카르나수스의 디오니시우스(Dionysius)가 여러 차례 말한 적이 있는데, 그것은 그들이 지적하고 있는 사정 때문이라기보다는 로마 법정의 구성의 우월성 때문인 것 같다. 로마인들은 선서에 높은 경의를 표하는 것으로 특히 유명했다고 한다. 성실하고 정통한 법정 앞에서만 선서를 하는 데 익숙해 있는 사람들은, 떠들썩하고 무질서한 집회에서 선서를 하는 데 익숙한 사람들보다, 자신의 선서를 당연히 훨씬 더 존중할 것이다.

45. 고대의 교육제도는 현대의 그것보다 더 성공적이었다. 현대의 교육제도

그리스인과 로마인의 행정능력과 군사능력은 현대의 어떤 국민에

는 공공의 교육을 부패시키고 훌륭한 개인교사가 존립할 수 없게 한다.

비해서도 적어도 동등하다는 것은 누구나 쉽게 인정할 것이다. 우리의 편견은 오히려 그것을 과대평가하는 것이다. 그러나 군사훈련과 관련된 것을 제외하면, 국가는 그런 큰 능력을 만들어 내려고 전혀 애를 쓰지 않았던 것 같다. 왜냐하면, 나는 그리스인의 음악교육이 그런 능력을 형성하는 데 큰 영향을 미칠 수 있었으리라고 믿을 수 없기 때문이다. 그러나 상류층에서는 사회적 상황으로 보아 그들이 배울 필요가 있고 또 배우는 것이 유리한 모든 예술과 과학을 가르쳐줄 교사들을 찾을 수 있었던 것 같다. 이런 교육에 대한 수요는 이런 교육을 할 수 있는 능력을 만들어 낸다. 그리고 자유경쟁이 자극할 수밖에 없는 경쟁의식은 이런 능력을 고도로 발달시켰던 것 같다. 청강자들의 주의를 집중시키고, 청강자들의 의견과 사상에 큰 영향을 주고, 청강자들의 행동과 대화에 일정한 격조(格調)와 특성을 부여할 수 있는 능력이란 측면에서, 고대의 철학자들은 근대의 어떤 교사들보다 훨씬 우월했던 것 같다. 근대에는 공공교사들의 근면성이 많건 적건 환경에 의해 부식(腐蝕)되었는데, 그 환경이란 공공교사들의 봉급이 자기 직업에서의 성공 여부나 명망 여부로부터 아무런 영향도 받지 않을 수 있게 되었다는 것이다. 공공교사들과 경쟁관계에 있는 개인교사들은, 예컨대 국가로부터 아무런 장려금도 받지 못하는 상인이 동일한 사업 부문에서 상당한 액수의 장려금을 받고 있는 다른 상인과 경쟁하는 것과 마찬가지의, 처지에 놓이게 된다. 만약 아무런 장려금도 받지 못하는 그 상인이 경쟁자와 거의 같은 가격으로 상품을 판매한다면 그는 경쟁자와 동일한 이윤을 획득할 수 없으며, 따라서 그의 운명은, 비록 파산과 파멸은 아니라 하더라도, 적어도 빈곤과 구걸의 상태로 빠지게 될 것이다. 만약 그가 자기 상품을 더 비싼 값에 팔려고 한다면 그의 고객들이 크게 줄어들 것이므로, 그의 처지는 별로 개선되지 않을 것이다. 이밖에 졸업생의 특권은 많은 나라에서 지적인 직업에 종사하는 대부분의 사람들에게, 즉 더 높은 교육을 받은 대부분의 사람들에게, 필수적이거나 적어도 매우 유리하다. 그런데 그런 특권은 공공 교사들의 강의(즉, 학교)에 출석함으로써만 획득될 수 있다. 어떤 개인교사의 가장 우수한 강의를 아무리 열심히 수강하더라도 그런 특권을 요구할 자격이 주어지지 않는다. 이런 여러 가지 이유 때문에, 대학에서 통상 강의되고 있는 어떤 학문을 가르치고 있는 개인교사는 현대에는 일반적으로 최하급의 학자로 간주되고 있다. 진정으로 실력이 있는 사람이 자신의 재능을 펼 수 있는 직업으로서는 개인교사보다 더 굴욕적이고 더 불리한 직업은 없을 것이다. 이와 같이, 학교와 대학의 기부금은 공공교사들의 근면성을 부식시켰을 뿐 아니라 훌륭한 개인교사의 존립을 거의 불가능하게 만들었다.

46. 만약 공립 교육기관이 없다면 유용한 것을 제외하고는 아무것도 가르치지 않을 것이다.

만약 공립 교육기관이 없다면 수요가 없는 어떤 학설체계도 〔즉, 시대적 환경으로 말미암아 배울 필요가 없거나 편리성이 없는 또는 적어도 유행하지 않는 학설·학문은〕 가르쳐지지 않을 것이다. 개인교사가 〔과거에는 비록 유용한 것으로 인정되었으나 현재에는 이미 타파되거나 진부해진 학설이나 또는 아무런 쓸모도 없고 현학적인 궤변 덩어리라고 일반적으로 믿고 있는〕 학문을 가르쳐서는 자신의 수지를 맞출 수 없을 것이다. 그런 학설체계나 학문은 자신들의 번영과 수입이 자신들의 명성과 거의 관계가 없고 또한 자신들의 근면과도 전혀 관계가 없는 교육기관에서만 발붙일 수 있다. 지금과 같은 공립교육기관이 있었기 때문에, 부지런하고 능력 있는 한 신사가 당시대가 제공할 수 있는 가장 완전한 교육과정을 이수한 뒤에 세상에 나갔을 때 신사들이나 보통사람들 사이에서 보통 화제의 주제가 되고 있는 것을 전혀 모를 수 있는 것이다.

47. 여성 교육은 공립기관이 없기 때문에 훌륭하게 이루어지고 있다.

여성 교육을 위한 공립기관은 하나도 없으며, 따라서 여성 교육의 일반과정에는 무용한 것, 불합리한 것, 또는 황당한 것이 하나도 없다. 여자들에게 가르치고 있고 그들이 배우고 있는 것들은 그들의 부모 또는 보호자들이 배울 필요가 있거나 유용하다고 인정하는 것들뿐이며, 그 외의 것들은 없다. 여성 교육의 각 부분은 분명히 모두 실용적인 목적을 가진다. 즉, 그들 몸매의 자연적인 매력을 키우거나, 신중함·겸손함·정조·절약의 마음을 형성하거나, 여자들을 한 가문의 여주인이 되게 하고 그녀들이 그렇게 되었을 때 제대로 처신할 수 있게 한다. 여자는 일생의 어느 한 부분에서 자기가 받은 교육으로부터 편리함이나 이득(利得)을 본다고 느낀다. 그러나 남자가 일생의 어느 한 부분에서 자기가 가장 힘들여서 그리고 가장 어렵게 받은 교육으로부터 어떤 편리함이나 이득을 본다고 느끼는 경우는 거의 없다.

48. 국가는 교육에 주의를 기울이지 말아야 하는가?

그렇다면 국가는 국민들의 교육에 아무런 주의를 기울일 필요가 없는가? 만약 국가가 그런 주의를 기울여야 한다면, 상이한 계층의 사람들에게 어떤 상이한 교육을 제공해야 하며, 그리고 어떤 방식으로 제공해야 하는가?

49. 어떤 경우에는 그래야 하고, 어떤 경우에는 그럴 필요가 없다.

어떤 경우에는 사회의 상태가 대다수의 개인들로 하여금 필연적으로 〔정부가 주의를 기울이지 않더라도 국가가 요구하거나 인도할 수 있는〕 일체의 능력과 덕행을 자연히 스스로 형성할 수 있는 경지에 놓여 있도록 한다. 다른 경우에는, 사회의 상태가 대다수의 개인들로 하여금 그런 경지에 놓여 있도록 하지 않는데, 이런 때에는 대다수의 사람들이 완전히 타락하고 퇴보하는 것을 방지하기 위해 정부가 어느 정도 주의할 필요가 있다.

50. 분업은 지적·사회적·군사적인 재능을 파괴한다.

분업의 진전에 따라 노동으로 생활하는 사람들의 거의 대부분〔즉, 국민들의 대부분〕의 직업은 몇 가지의 극히 단순한 작업〔흔히 하나 또는 두 가지 작업〕으로 한정된다. 그런데 대다수 사람들의 이해력은 필연적으로 그들의 일상적인 직업에 의해 형성된다. 자신의 일생을 몇 가지 단순한 작업에 바치는 사람들은, 그리고 그것의 결과물도 항상 같거나 거의 같은 경우에는, 예기치 못한 어려움을 제거할 방법을 발견하기 위해 그의 이해력을 발휘하거나 그의 창조력을 행사할 기회를 가질 수 없다. 따라서 그는 자연히 그런 노력을 하는 습관을 상실하게 되고, 일반적으로 인간으로서 가장 둔해지고 무지해진다.[1] 그들의 정신은 마비상태에 빠져서 어떤 합리적인 대화를 이해하거나 그런 대화에 참가할 수 없을 뿐 아니라, 어떤 관대하고 고상하고 온화한 감정을 느낄 수 없게 되며, 따라서 사생활 방면의 수많은 일상적 의무들에 대해서도 정당한 판단을 내릴 수 없게 된다. 그는 자기 나라의 중대하고 광범한 이해관계를 전혀 판단할 수 없게 되며, 만약 그가 그런 상태로 되지 않도록 국가가 특별히 애쓰지 않는다면, 그는 전쟁시에도 자기 나라를 방어할 수가 없게 된다. 그의 변화 없는 단조로운 생활은 자연히 그의 정신적 용기도 상실케 하며, 그로 하여금 사병(士兵)들의 불규칙하고 불안정하고 모험적인 생활을 혐오하게 만든다. 또한 그의 단조롭고 정체된 생활은 그의 신체의 활동력을 부식시켜서, 그때까지 그가 배워 온 직업 이외의 어떤 직업에서도 활기 있고 참을성 있게 자기의 역량을 발휘할 수 없게 만든다. 이처럼 그의 특수한 직무상의 숙련과 기교는 자신의 지적·사회적·군사적 재능들을 희생시켜서 획득한 것 같다. 진보하고 문명화된 모든 사회에서는 노동빈민, 즉 대다수의 인민들은, 정부에서 이를 방지하기 위해서 노력하지 않는 한, 필연적으로 이런

1) 제 1편 제 1장(분업)에서 스미스는 분업의 이익을 크게 강조했지만, 여기에서는 거꾸로 분업의 폐해를 크게 강조하고 있다. 마르크스는 분업의 발전에 의한 노동전환을 통해 노동자의 능력이 전면적으로 개발될 수 있는 가능성을 지적하면서도, 자본주의적 분업은 노동자를 하나의 업무에 묶어 불구자로 만드는 경향이 있음을 강조했다. 『자본론』제 1권 제 15장 제 9절(공장법. 영국에서의 그 보급) 참조.

상황에 빠지게 된다.

51. 야만사회에서는 일상의 필요에 의해 그런 재능이 보존될 수 있다.

그러나 우리가 통상 부르듯이 야만사회, 즉 수렵인의 사회와 목축인의 사회, 그리고 제조업의 발달과 외국무역의 확대에 앞서서 나타나는 원시적 농업 상태의 농민사회조차도 그 사정은 이와는 다르다. 이런 사회에서는 각 개인은 다양한 일·직업에 종사하기 때문에, 그는 계속 발생하는 각종 곤란을 제거하기 위해 자신의 능력을 발휘할 뿐 아니라 그 곤란을 제거할 방법을 발명하게 된다. 발명은 끊임없이 진행되며, 그의 정신은 〔문명사회에서 거의 모든 하층민들의 이해력을 마비시키는〕 조는 듯한 우둔한 상태에 빠지지 않는다. 이런 이른바 야만사회에서는, 이미 지적했듯이, 모든 사람들은 전사(戰士)이다. 또한 모든 사람들은 어느 정도 정치가이며, 사회의 이익과 사회를 통치하는 사람들의 행동에 대해 적당한 판단을 내릴 수 있다. 그들 중 거의 모든 사람들은 그들의 추장이 평화시에 얼마나 훌륭한 재판관이며, 전쟁시에 얼마나 훌륭한 지휘관인지를 분명하게 살펴볼 수 있다. 물론 그런 사회에서는 더욱 문명화된 나라에서 때때로 소수 사람이 가지고 있는 그런 종류의 발전되고 세련된 이해력은 누구도 가지고 있지 않다. 미개사회에서는 각 개인이 하는 일은 매우 다양하지만, 사회 전체의 직업은 그렇게 다양하지 않다. 각 개인이 할 수 있는 일은 다른 사람들도 하거나 할 수 있는 일들이다. 각 개인은 상당한 정도의 지식과 기교 및 발명의 재능을 가지고 있지만, 그것을 특히 많이 가지고 있는 사람은 거의 없다. 그러나 보통 지니고 있는 정도의 것만으로도 일반적으로 사회의 모든 단순한 업무를 수행하기에 충분하다. 이와는 반대로 문명국에서는 대다수 개인들의 직업은 그 종류가 다양하지 않지만, 사회 전체의 직업은 거의 무한할 정도로 다양하다. 이런 다양한 직업은 특정 직업을 가지지 않기 때문에 다른 사람들의 직업을 관찰할 여가와 의향을 가진 소수 사람들에게 거의 무한한 연구 대상을 제공한다. 이처럼 다양한 연구 대상에 대한 사색은 필연적으로 그들의 사색에서 끝없는 비교와 연상(聯想)을 행하게 하고, 그들의 이해력은 굉장한 정도로 예리해지고 포괄적이게 된다. 그러나 그 소수의 사람들이 어떤 특수한 지위에 있지 않은 한, 그들의 위대한 능력은 비록 그들 자신에게는 명예롭지만 사회의 훌륭한 통치나 사회의 행복에는 거의 공헌할 수 없다. 그 소수의 사람들이 가진 위대한 능력에도 불구하고, 인성(人性)의 더 고귀한 모든 부분들은 대다수의 사람들에게서는 대부분 지워지거나 소멸될 수도 있다.

52. 서민들에 대한 교육은 신분과 재산이 있는 사람들에 대한 교육보다 국가의 주의를 더 많이 필요로 한다.

발달한 상업사회에서는 어느 정도의 지위·재산을 가진 사람을 교육하기보다도 서민 교육에 더 많은 사회적 관심이 필요할 것이다. 어느 정도의 지위·재산을 가진 사람들은 보통 18~19세가 되어서야 그들이 출세하려는 특정 사업·직업·상업을 시작한다. 그때까지 그들에게는 사회에서 존경받을 만한 사람이 되게 하는 모든 교양을 습득할 시간 또는 적어도 그 뒤 그런 교양을 습득할 준비를 하는 시간이 충분하다. 그들의 부모·보호자들은 그들이 그런 교양을 습득하기를 매우 열망하고 있으며, 대개 이 목적에 필요한 비용을 지출하는 데 결코 주저하지 않는다. 만일 그들이 훌륭하게 교육되지 않는다면, 그것은 결코 그들의 교육에 대한 지출이 부족했기 때문이 아니라 그 지출의 사용이 부적절했기 때문이다. 교사의 부족으로 그렇게 되는 경우는 거의 드물며, 대체로 교사의 태만·능력 부족 때문이며, 현재 상황에서 더 나은 교사를 발견하기 어렵거나 발견할 수 없기 때문이다. 또한 어느 정도의 지위·재산을 가진 사람들이 그 생애의 대부분을 바치는 직업은 서민의 직업처럼 간단하고 단조롭지 않다. 거의 모든 직업이 매우 복잡하며 손보다는 머리를 사용하는 것이다. 이런 직업에 종사하는 사람들의 이해력이 머리를 사용하지 않아 둔해지는 경우는 거의 없다. 게다가 어느 정도의 지위·재산을 가진 사람들의 직업은 그들을 아침부터 저녁까지 괴롭히지 않는 것이 보통이다. 그들은 일반적으로 많은 여가를 가지며, 그 여가에 그들은 청년기에 기초를 닦았거나 어느 정도의 취미를 얻었던 유용하거나 과시용 지식의 어느 부문을 연마할 수 있을 것이다.

53. 서민의 자녀들은 그렇지 못하다.

그러나 서민들의 경우는 사정이 다르다. 그들은 교육을 받을 여가가 거의 없다. 그들의 부모는 유년기에도 그들을 양육할 능력이 거의 없다. 그들이 일할 수 있는 나이가 되자마자, 그들은 자기 생활비를 벌 수 있는 직업에 종사해야 한다. 또한 이런 직업은 대개 간단하고 단조로운 것이어서 이해력을 발휘할 필요가 없다. 동시에 그들의 노동은 끊임없이 되풀이되고 힘든 것이기 때문에, 다른 일을 하고 싶어 하거나 심지어는 다른 것들을 생각할 여가조차 없다.

54. 국가는 모든 국민에게 읽기 · 쓰기 · 셈하기를 습득하도록 강제할 수 있다.

비록 어떤 문명사회에서도 서민들은 어느 정도의 지위·재산을 가진 사람들만큼 충분히 잘 교육받을 수 없다고 하더라도, 교육의 가장 필수적인 부분, 즉 읽기·쓰기·셈하기는 매우 어린 나이에도 배울 수 있기 때문에, 최하급의 직업에 종사하게 될 사람들의 대부분도 그런 직업에 종사하기 전에 그것을 습득할 시간이 있다. 매우 적은 비용으로 국가는 거의 모든 국민에게 교육의 가장 필수적인 부분을 습득하는 것을 쉽게 하고 장려할 수 있으며 또한 의무로서 강제할 수 있다.

55. 교구학교(敎區學校)를 설립함으로써 그렇게 할 수 있다.

국가는 각 교구·지역에 작은 학교를 설립하여 이런 교육을 쉽게 습득하게 할 수 있다. 그 학교에서는 아이들이 보통의 노동자라도 지불할 수 있을 정도로 적은 수업료를 내고 교육을 받으며, 교사들은 국가로부터 보수의 일부만을 지급받고 전부를 지급받지 않는다.

왜냐하면 만일 국가가 교사에게 보수의 전부 또는 거의 대부분을 지급한다면, 교사는 곧 그의 직무를 게을리 하게 될 것이기 때문이다. 스코틀랜드에서는 이런 교구학교(parish school)를 설립하여 거의 모든 서민들에게 읽기를 가르쳤고, 대부분의 서민에게 쓰기와 셈하기를 가르쳤다. 잉글랜드에서는 자선학교(charity school)의 설립이 스코틀랜드와 동일한 효과를 거두었지만, 이런 학교의 설립이 보편적이지 않았기 때문에 효과 역시 보편적이지 않았다. 만일 그런 작은 학교에서 어린이들이 읽기를 배우는 책이 일반적으로 사용되는 책보다 조금이라도 더욱 교훈적이라면, 그리고 만일 서민의 아이들이 거기서 때때로 배우지만 그들에게는 거의 아무 소용도 없는 라틴어의 피상적 지식 대신에 그들이 기하학·기계학의 초보적 지식을 배우게 된다면, 이런 계층에 대한 문화적 교육은 아마 최고도로 완전할 것이다. 보통의 직업에서도 기하학·기계학의 원리를 적용할 기회는 조금이라도 있으며, 따라서 서민들은 가장 유용할 뿐 아니라 가장 탁월한 학문에 대한 필수 입문인 그런 원리들을 점차 연습하고 그것에 익숙하게 될 것이다.

56. 장려상을 줌으로써 그렇게 할 수 있다.

국가는 성적이 좋은 서민의 아이들에게 소액의 상금과 작은 명예로운 휘장을 줌으로써 그런 가장 기본적인 부분의 교육을 장려할 수 있다.

57. 어떤 직업에 종사하기 전에 시험에 합격할 것을 요구할 수 있다.

국가는 사람들에게 동업조합의 입회 자격을 얻기 전에, 또는 마을이나 자치도시에서 사업 시작을 허가받기 전에, 읽기·쓰기·셈하기에 관한 시험이나 검사를 받게 함으로써, 거의 모든 국민들이 그런 가장 기본적인 교육을 받는 것을 의무화 할 수 있다.

58. 그리스인과 로마인들은 이런 방식으로 상무정신을 유지했다.

그리스·로마 공화국이 시민들의 상무정신(尙武精神)을 유지한 방식은 군사훈련과 체육단련을 쉽게 하기 위한 편의를 제공하거나, 그것을 장려하거나, 심지어는 전체 인민들이 그런 교육을 받을 것을 의무화하는 것이었다. 그리스·로마 공화국은 그런 교육의 학습을 편리하게 하기 위해 시민들에게 그것을 배우고 연습할 일정한 장소를 지정하고, 그리고 특정 교사들에게 그곳에서 가르칠 특권을 부여했다. 이들 교사에겐 봉급이나 어떤 종류의 배타적 특권도 주어지지 않았던 것 같다. 그들이 받았던 보수는 오직 자신들이 가르치는 학생들로부터 받은 것이었다. 이런 교육을 공공체육관에서 받은 사람이라고 해서 개인적으로 교육받은 사람에 비해, 만약 후자의 실력이 전자와 동등하다면, 그에게 어떤 종류의 법률상의 이점이 주어지지는 않았다.

이 두 공화국에서는 성적이 우수한 사람들에게 약간의 상금과 명예의 휘장을 수여함으로써 그런 교육의 습득을 장려하였다. 올림픽 경기, 이스트미아 경기(Isthmian Games) 또는 네메아 경기(Nemean Games)에서 수상했다면, 이것은 당사자뿐 아니라 그의 가족·친척 전체의 명예이기도 했다. 시민은 소집되면 일정 기간 공화국의 군에 복무할 의무가 있었는데, 시민은 이 때문에 그런 훈련을 배울 필요가 있었으며, 만약 배우지 않는다면, 그는 병역의무를 제대로 수행할 수 없었을 것이다.

59. 국민들이 상무정신을 가지고 있으면 상비군의 규모와 위험은 감소할 것이다.

사회의 진보·발전에 따라 군사교육은 정부가 그것을 유지하기 위해 적당한 노력을 하지 않는 한 점차 쇠퇴해 가며, 그와 더불어 대부분 사람들의 상무정신 역시 쇠퇴한다는 사실을 근대 유럽의 실례가 충분히 보여주고 있다. 그러나 사회의 안전보장은 항상 대다수 사람들의 상무정신에 달려 있다. 물론 현재에는 잘 훈련된 상비군의 지원 없이 상무정신만으로는 한 사회의 방위와 안전에 충분하지 못할 것이다. 그러나 만약 모든 시민이 군인정신을 가지고 있다면, 확실히 비교적 적은 상비군으로 충분할 것이다. 게다가 군인정신은 자유에 대한 위험〔실재하는 위험이든 환상적인 위험이든 보통사람들은 상비군의 존재로부터 그런 위험을 느끼고 있다) 을 필연적으로 훨씬 감소시킬 것이다. 왜냐하면 군인정신이 외적의 침입에 대한 상비군의 활동을 크게 돕는 것처럼, 상비군이 불행스럽게도 국가의 헌법을 무시한다면, 군인정신은 상비군을 그만큼 강력하게 저지할 것이기 때문이다.

60. (1) 그리스와 로마의 제도는 근대의 민병제보다 더욱 유효했다. 근대의 민병제는 국민의 일부만을 포괄하고 있을 뿐이다.

그리스·로마의 고대 제도는 대다수 국민의 상무정신을 유지시키는 데 있어 근대의 이른바 민병제보다 훨씬 더 효율적이었던 것처럼 보인다. 그리스·로마의 제도는 현재보다 훨씬 간단했다. 일단 제도가 확립된 이후에는 그것은 자동적으로 운행되어 갔고, 그 제도를 가장 활기차게 유지하기 위해 정부가 주의를 기울일 필요는 거의 또는 전혀 없었다. 반면에, 근대 민병제의 복잡한 규정을 유지하고 어느 정도 실시하기 위해서는 정부의 부단한 주의와 노력이 필요하며, 그렇지 않으면 그 규정은 완전히 망각되고 폐기되어 버린다. 게다가 고대 제도의 영향력은 근대 민병제보다 훨씬 더 보편적이었다. 그런 제도를 통해 전 국민은 무기 사용법을 완전히 배우게 되었다. 반면에, 아마 스위스의 경우를 제외하고는, 근대 민병제의 규정을 통해 무기 사용법을 배우는 사람들은 극소수에 불과하다. 그런데 겁쟁이〔즉, 스스로를 보호하거나 복수할 수 없는 사람〕는 확실히 인간성의 가장 중요한 부분의 하나를 결여하고 있다. 신체의 가장 필요불가결한 부분 중 하나를 박탈당하거나 사용할 수 없게 된 사람이 육체적으로 불구·기형인 것과 마찬가지로, 겁쟁이는 정신적으로 불구·기형인 것이다. 이들 둘 중 후자가 더욱 비참하고 불쌍하다. 왜냐하면 마음에 달려 있는 행복·불행은 필연적으로 육체보다는 정신의 건강·불건강, 불구·정상 상태에 더욱 의존하기 때문이다.

60. (2) 비겁한 풍조가 늘어나는 것을

사람들의 상무정신이 비록 나라의

방지하는 것은 정부의 의무다.

방위에는 소용이 없다고 할지라도, 비겁이라는 것이 필연적으로 내포하고 있는 그런 종류의 정신적 불구·기형·야비성이 대다수 사람들에게 확산되지 않도록 하기 위해서는 역시 정부의 진지한 주의가 필요하다. 이것은 문둥병이나 기타 기분 나쁘고 불쾌한 질병〔비록 치명적이거나 위험스러운 것은 아니지만〕이 대다수 사람들에게 확산되지 않도록 정부가 최대한 진지하게 주의를 기울일 필요가 있는 것과 마찬가지다. 그런 커다란 사회악을 방지하는 것 외에 다른 공공의 이득이 발생하지 않더라도 정부는 진지한 주의를 기울여야 한다.

61. 완전한 무지와 우둔함을 방지하는 것도 정부의 의무다.

문명사회에서 매우 빈번하게 모든 하층민의 이해력을 마비시키는 엄청난 무지몽매(無知蒙昧)에 관해서도 똑같은 말을 할 수 있을 것이다. 인간의 지적 능력을 적절히 사용하지 못하는 사람은 겁쟁이보다 더욱 경멸할 만하며, 그는 인간성의 더욱 본질적인 부분에서 불구·기형이 되어 있는 것 같다. 비록 국가가 하층민의 교육으로부터 어떤 이득도 얻지 못한다 하더라도, 그들이 조금이라도 교육을 받게끔 주의를 기울일 필요가 있다. 그런데 국가는 그들을 교육시킴으로써 적지 않은 이득을 얻고 있다. 그들이 교육을 받으면 받을수록 무식한 국민들 사이에서 종종 가장 무서운 무질서를 낳는 광신·미신에 덜 빠지게 된다. 게다가 교육받고 지식을 갖춘 사람들은 무지몽매한 사람들보다 항상 더욱 예절 바르고 질서를 잘 지킨다. 그들은 무지몽매한 사람들보다 더욱 큰 자존심을 가지며, 합법적인 상급자로부터 사랑을 받을 수 있을 것으로 생각하고, 따라서 자신도 상급자를 더욱 존경하는 경향이 있다. 그들은 당파·선동의 이기적 불평을 자세히 검토하려고 하며, 또한 그렇게 할 능력을 더 크게 가진다. 그리고 이런 이유로 그들은 정부 정책에 대해 방자하거나 불필요한 반항을 더 적게 하게 된다. 정부의 안전이 정부의 행동에 대한 국민들의 호의적인 판단에 매우 크게 의존하는 자유국가에서는 국민들이 정부의 행동을 성급하거나 변덕스럽게 판단하지 않도록 하는 것이 확실히 가장 중요한 문제임에 틀림없다.

3. 모든 연령의 국민을 교육할 기관의 비용

1. 이런 기관들은 주로 종교교육에 종사한다. 다른 교사들과 마찬가지로 종교 교사도 비(非)국교이고 기부 재산이 없을 경우에 더욱 정력적이 된다.

모든 연령의 국민을 위한 교육시설은 주로 종교교육을 목적으로 하는 것들이다. 종교교육은 국민을 현세(現世)에서 선량한 시민으로 만들기 위한 것이라기보다는 내세(來世)의 더 좋은 다른 세상을 위해 준비하도록 하는 목적을 가지고 있다. 이런 교육을 내용으로 하는 교리의 교사는 다른 교사들과 마찬가지로 그들의 생활을 전적으로 청중들의 자발적인 기부에 의존하거나, 국법이 그들에게 허용한 다른 재원〔예를 들면 소유지, 1/10세 또는 토지세, 일정한 봉급 또는 성직록〕을 통해 얻는다. 후자보다 전자의 상황에서 그들은 더 많은 노력·열성·근면성을 보일 것이다. 이런 측면에서 신교〔改新敎〕의 교사〔목사〕들은 기성의 구교체계〔가톨릭〕를 공격함에 있어 항상 매우 유리한 위치에 있었다. 왜냐하면 기성의 구교 성직자〔신부〕들은 성직록(聖職祿)에 의존하고 있었으므로 대다수 국민들 속에 신앙·헌신의 열정을 유지하는 데 태만했으며, 나태한 생활에 빠져서 그들 자신의 교회조직을 방어하기 위한 어떤 정력적인 노력도 전혀 할 수 없었기 때문이다. 국교로 정해지고 많은 기부재산을 가지고 있는 종교의 성직자들은 종종 학식과 고상함을 갖춘 사람들로 변하는데, 그들은 신사로서의 모든 덕목을 갖추고 있거나 신사로서 존경받을 수 있는 일체의 우수한 덕목들을 갖추고 있다. 그러나 점차로 그들은 〔그들로 하여금 하층민들에 대해 권위·영향력을 행사할 수 있게 했으며, 아마 그들 종교가 성공하여 국교로 되게 한 원래의 원인이기도 했던〕 여러 특성들〔좋은 것이든 나쁜 것이든〕을 모두 잃어버리기 쉽다. 만약 이런 성직자들이 아주 무지하고 우둔하지만 대중들에게 인기가 있고 용감한 광신자들로부터 공격을 받는다면, 그들은 마치 남부 아시아의 게으르고 나약하며 포식(飽食)하던 민족들이 북부의 근면하고 강건하며 굶주리던 타타르인들의 침입을 받았을 때처럼, 스스로가 완전히 무방비 상태에 놓여 있다고 느끼게 된다. 이런 비상사태하에서 성직자들은 보통 그들의 적을 공공질서의 교란자로서 박해·말살·추방하도록 행정관서에 요청하는 것 이외의 다른 어떤 수단도 가지고 있지 않다. 따라서 로마 가톨릭 성직자들이 프로테스탄트를 박해하기 위해 행정관서의 원조를 요청했던 것, 잉글랜드 교회가 비국교도를 박해하기 위해 그랬던 것, 그리고 일반적으로 모든 종파들이 〔한두 세기 동안 법률상 국교로서의 대우를 누리게 되면〕 그들의 교리나 종교규율을 공격하려고 하는 다른 신종파에 대항하여 완강하게 저항할 수 없다는 사실을 발견하게 되는 것은 바로 이 때문이었다. 이런 경우 학문과 훌륭한 문필이라는 측면에서 국교 쪽이 때때로 더 유리할 수도 있다. 그러나 인심을 얻는 기술, 개종자들을 모으는 모든 기술은 항상 그 적대자 측이 유리하다. 잉글랜드에서 이런 기술은 기부재산이 많은 국교 성직자들에 의해 오랫동안 무시되었으며, 현재는 주로 비국교도와 감리교도들에 의해 연마되고 있다. 그러나 많은 지방이 자발적인 기부금·신탁금·기타 탈법행위를 통해 비국교파의 교사〔목사〕들에게 독립할 수 있는 생활수단을 제공했기 때문에, 이들 교사들의 열정과 활동도 크게 감퇴된 것 같다. 그 중 많은 사람들이 학식이 높고 창의적이고 존경받는 사람으로 되었지만 대체로 매우 인기 있는 전도사이기는 멈추었다. 한편 감리교도들은 이들 비국교파에 비해 그 학문 수준이 반에도 미치지 못하지만, 대중들의 인기는 훨씬 더 있다.

2. 로마교회의 하급 성직자들은 일부

로마교회에서는 하급 성직자의 근

신교 교회의 목사들보다 더 많이 이 기적인 동기에 의해 유지되고 있다.

면·열정은 이기심이라는 강력한 동기에 의해 아마 어떤 국교화된 프로테스탄트 교회에서보다 더욱 활발하게 유지되고 있다. 교구 성직자 중 많은 사람들이 그들 생계의 대부분을 자발적 헌금〔이것은 참회하는 사람이 많을수록 증가한다〕에 의존하고 있다. 탁발수도승은 그들의 생계비 전체를 그런 헌금에서 얻는다. 그들의 사정은 육군의 경기병·경보병과 비슷하여 "약탈이 없으면 보수도 없다(no plunder, no pay)". 교구 성직자들은 〔보수가 부분적으로는 봉급에, 부분적으로는 그들 학생들이 내는 수업료·사례금에 의존하는〕 교사들과 마찬가지다. 수업료·사례금은 항상 다소간 그들의 근면·명성에 의존한다. 탁발수도승은 근면에 생계를 완전히 의존하는 교사들과 비슷하다. 따라서 그들은 서민의 귀의(歸依)를 촉진하는 모든 술책을 사용할 수밖에 없다. 마키아벨리에 따르면, 성 도미니크와 성 프란시스라는 2대 탁발수도원의 설립은 13~14세기에 가톨릭 교회의 쇠퇴한 신앙에의 귀의를 부활시켰다. 로마 가톨릭 나라들에서는 귀의의 정신이 오로지 탁발수도승과 더욱 가난한 교구 성직자들에 의해 유지되고 있다. 교회의 고위 성직자들은 〔신사로서, 세상물정에 밝은 사람으로서, 그리고 때로는 학자로서의〕 모든 교양을 가지고 하급 성직자들에 대해 필요한 종교 규율을 강제하는 데는 관심을 가지지만, 일반 사람들의 교화에 대해서는 전혀 신경을 쓰지 않는다.

3. 흄은, 국가는 어떤 기술의 진흥을 그것으로 이득을 볼 개인의 자유에 맡겨두어도 된다고 했다.

현대의 가장 저명한 철학자이자 역사가의 한 사람인 데이비드 흄(David Hume)은 〔영국의 역사(History of England)에서〕 다음과 같이 말했다.

"한 나라의 대부분의 기술과 직업은 다음과 같은 성질을 가지고 있다. 즉, 그것이 사회의 이익을 증진시킬 때에는 그것은 특정 개인들에 대해서도 유용하거나 사람들의 기분을 고양시킨다. 그리고 이런 경우 정부가 항상 지켜야 할 규칙은, 어떤 기술을 처음 도입하는 경우를 제외하고는, 일체의 일을 그 직업에 맡겨두고, 그것을 장려하거나 진흥시키는 일은 그로부터 이득을 얻게 될 개인들에게 맡겨 두라는 것이다. 장인(匠人)들은 자신들의 이윤이 고객들의 호감에 의해 증가한다는 사실을 발견하고는 가능한 한 최대로 자신의 기능과 근면을 제고하려고 노력한다. 그리고 사정이 분별없는 간섭으로 어지럽혀지지 않는 한, 상품의 공급은 항상 수요와 거의 일정한 비례관계를 유지하게 될 것이다.

4. 그러나 다른 것은 국가에서 진흥시키지 않으면 안 된다.

"그러나 비록 한 나라에 대해서는 유용하고 필요하다고 하더라도 개인에게는 아무런 이득이나 즐거움도 주지 않는 그런 직업도 있다. 최고 권력〔즉, 정부〕은 이런 직업에 종사하는 사람에 대해서는 그 방식을 변경시키지 않을 수 없다. 그들을 존속시키기 위해서는 국가의 장려가 필요하다. 이 직업에 대해 특별한 명예를 부여하거나, 긴 서열의 등급관계와 엄격한 복종관계를 확립하거나, 기타 여러 방법을 강구함으로써 그런 직업에 종사하는 사람들에게 자연히 생기게 되는 태만에 대비해야 한다. 재정금융이나, 해군함정이나, 행정기관에 취업하고 있는 사람들이 바로 이런 종류의 사람들의 예이다.

5. 성직(聖職)은 위의 첫 번째 종류에 속한 것이라고 생각하는 사람들도 있을 것이다.

"언뜻 생각하면, 성직(聖職)은 첫 번째 종류에 해당하며, 그들에 대한 장려는, 법률가와 의사의 경우와 마찬가지로, 그 교리(敎理)에 귀의하여 그들의 정신적 봉사와 지원으로부터 편익이나 위안을 얻는 개인들의 자유에 맡겨 두는 것이 안전하고 좋을 것이라는 생각이 들 것이다. 물론 성직에 종사하는 사람〔목사나 신부〕들의 근면과 각성(覺醒)은 이런 추가적인 동기에 의해 강화될 것이다. 그리고 그들의 직업상의 기술과 사람들의 마음을 지배하는 능력은 그들이 연습과 연구와 주의를 늘려감으로써 나날이 향상될 것임에 틀림없다.

6. 사실은 그렇지 않다. 성직자의 이기적인 동기에서 나오는 열성은 마땅히 억제되어야 하기 때문이다.

"그러나 만약 이 문제를 더욱 깊이 고찰한다면, 우리는 성직자의 이런 이기적인 근면을 현명한 입법자라면 누구라도 막으려고 노력할 것이라는 사실을 발견할 수 있다. 왜냐하면, 참된 종교를 제외한 모든 종교에서 그런 근면은 매우 유해하며, 참된 종교에 미신·거짓·망상의 강한 혼합물을 주입함으로써 참된 종교를 타락시키려는 자연적 경향조차 있기 때문이다. 종교에 종사하는 모든 사람들은 신도 앞에서 자기 자신을 더욱 고귀하고 신성하게 보이기 위해 다른 모든 종파에 대해 가장 격렬한 증오를 가지도록 신도들을 고무하며, 이적(異蹟: miracle)을 통해 신도의 해이해진 신앙심을 자극하려고 계속 노력할 것이다. 그들은 교리를 설명하면서 진리·도덕·예절에 대해서는 전혀 고려하지 않을 것이다. 인간 기분의 불규칙한 정서에 가장 적합한 교리들만을 뽑아내서 설교할 것이다. 새로운 방식의 근면과 기교로써 대중들의 감정과 쉽게 믿는 경향을 이용하여 청중들을 모든 비밀집회에 끌어들일 것이다. 그리하여 결국 정부가 발견하게 되는 것은, 성직자들에게 고정봉급을 주지 않음으로써 표면상으로는 절약을 한 것처럼 보이지만 실제로는 오히려 더 비싼 대가를 지불했다는 사실, 그리고 실제로 정부가 이 정신적 지도자들과 맺을 수 있는 가장 품위 있고 유리한 타협은 그들의 직업에 대해 고정된 봉급을 주는 방식으로 그들을 매수하여 그들을 나태하게 만드는 것이라는 사실, 그리하여 자신들의 양떼가 새로운 목초지를 찾아 헤매지 않도록 막는 일 이상으로 더욱 적극적인 활동을 할 필요가 없다고 그들이 느끼게 만드는 것이라는 사실이다. 이와 같이 해서 제정된 성직자에 대한 고정급여 제도는, 비록 처음에는 종교적인 관점에서 도입되지만, 결국에는 사회의 정치적 이익이란 관점에서도 유익하다는 것이 입증된다."

7. 고정된 봉급 및 정부의 기부재산

그러나 성직자들에게 주는 고정된 봉

은 위의 추론에 의거한 것이 아니라 정당의 필요에 의거한 것이다.

급의 좋은 효과와 나쁜 효과가 무엇이든, 그런 효과를 고려하여 그들에게 고정된 봉급을 준 경우는 거의 없다. 종교 논쟁이 격렬했던 시대는 일반적으로 정치적 마찰 또한 마찬가지로 격렬했던 시대였다. 이 경우 각 정당은 서로 다투는 종파의 하나와 동맹을 맺는 것이 유리하다는 사실을 알게 되었거나 그러리라고 상상했다. 그러나 그러기 위해서는 특정 종파의 교리를 채용하거나 적어도 그것에 호의를 보여야만 했다. 다행히 승리한 정당과 동맹한 종파는 필연적으로 그 동맹자의 승리를 함께 나누어 가졌다. 그리고 동맹자의 호의와 비호를 통해 그 종파는 곧 모든 반대 종파들을 어느 정도 침묵시키거나 굴복시킬 수 있게 되었다. 그 반대 종파는 대개 승리한 정당의 적과 연합하고 있었으며, 따라서 승리한 정당의 적이기도 했다. 이 특정 종파의 성직자들은 종교의 완전한 지배자가 되었으며, 대다수 사람들에 대한 그들의 세력·권위가 최고도에 달했기 때문에, 그들은 자기와 연합한 정당의 우두머리와 지도자들이 두려워서 복종하게 할 만큼, 그리고 정부로 하여금 자기의 의견과 의향을 존중하도록 할 수 있을 만큼 강력하게 되었다.

일반적으로 그들의 첫 번째 요구는 정부가 나서서 그들의 모든 적들을 침묵시키고 복종시켜야 한다는 것이었다. 그리고 그들의 두 번째 요구는 정부가 그들 자신에게 독립적인 봉급을 지급해야 한다는 것이었다. 그들은 대체로 승리에 큰 공헌을 했기 때문에, 그들이 전리품을 나누어 가지는 것은 불합리해 보이지는 않는다. 게다가 성직자들은 사람들의 기분을 맞춰 주는 일과 자신들의 생활비가 사람들의 변덕에 의존하는 것에 지쳐 있었다. 따라서 이런 요구를 하면서 그들은 그것이 앞으로 자기 종파의 세력·권위에 어떤 영향을 미칠 것인가를 고려하지 않고 그들 자신의 안락·편안만을 염두에 두었다. 정부가 이 요구에 응하기 위해서는 자신을 위해 취득하거나 보유하고자 한 어떤 것을 성직자들에게 주어야 했기 때문에, 정부는 순순히 이 요구를 받아들이려고 하지 않았다. 그러나 비록 수없이 연기하고 회피하며 핑계를 꾸며대더라도, 결국은 자신의 필요 때문에 정부는 항상 이런 요구를 받아들일 수밖에 없었다.

8. 만일 정치투쟁이 종교의 지원을 요구하지 않았다면 종파는 그 수가 너무 많아져서 그들은 서로 관용을 베푸는 것을 배웠을 것이다.

그러나 만약 정치가 종교의 도움을 요청하지 않았다면, 만약 승리한 정당이 어떤 특정 종파의 교리를 채용하지 않았다면, 그 정당이 승리했을 때 모든 종파를 불편부당하게 취급했을 것이며, 또한 사람들에게 자신이 적합하다고 생각하는 성직자와 종교를 선택하도록 허용했을 것이다. 이럴 경우 틀림없이 수많은 종파들이 출현했을 것이다. 거의 모든 종교집회는 스스로 하나의 작은 종파를 구성하거나 자신의 독자적인 교리를 가졌을 것이다. 모든 종교의 전도사들은 신도의 수를 유지하거나 증가시키기 위해 최대한의 노력을 해야 할 필요성과 모든 기교를 사용해야 할 필요성을 느꼈을 것이다. 그러나 다른 모든 전도사들도 마찬가지의 필요성을 느꼈을 것이기 때문에, 어떤 한 전도사 또는 한 종파가 크게 성공할 수는 없었을 것이다. 한 사회에서 오직 한 종파만이 허용되거나, 대규모 사회 전체가 두세 개의 대종파로 나뉘어 있는 경우에만 전도사의 이기적이고 적극적인 열성이 위험하고 골치아플 수 있는데. 이런 경우에는 각 종파의 전도사들이 질서정연한 규율과 복종 하에서 공동으로 행동할 수 있기 때문이다. 그러나 한 사회가 수백 또는 수천 개의 소종파로 나뉘어 어느 종파도 공공의 안녕을 해칠 만큼 유력하지 못한 경우에는 그런 열성이 전혀 무해(無害)할 것임에 틀림없다. 각 종파의 전도사들은 사면이 친구라기보다는 적들로 둘러싸여 있음을 알기 때문에 〔대종파의 전도사들 사이에서 좀처럼 발견할 수 없는〕 성실성과 관용을 배울 수밖에 없다. 그런데 대종파의 교리는 정부에 의해 지지되기 때문에 광범한 왕국·제국의 거의 모든 주민들로부터 존경을 받으며, 따라서 대종파의 전도사들은 자기 주위에서 자기들의 추종자·신도·겸손한 숭배자만을 볼 수 있을 뿐이다. 소종파의 전도사들은 자신이 거의 고립되어 있음을 알고서 다른 모든 종파의 전도사들을 존경할 수밖에 없으며, 그들이 상호간에 양보하는 것이 서로에게 편리하고 유쾌하다는 것을 알게 되는 양보의 정신은 아마 조만간 그들 대부분의 교리를 불합리·기만·광신의 혼합물과 단절시켜 순수하고 합리적인 종교로 환원시킬 것이다. 현인(賢人)들은 이와 같은 종교가 국교로서 인정되는 것을 보기를 모든 시대에 걸쳐서 희망했지만 어떤 실정법도 그것을 국교로 인정한 적이 없으며, 아마 어떤 나라에서도 그것을 국교로 인정하지 않을 것이다. 왜냐하면 종교에 관한 한, 실정법은 항상 대중적 미신·열광의 영향을 다소 받아왔으며, 아마 미래에도 그러할 것이기 때문이다. 이런 교회정부 계획(plan of ecclesiastical government) 또는 〔더 적절하게 말하면〕 무교회정부 계획은 독립교회파(Independents)라 불리는 매우 맹렬한 종교 광신자들의 종파가 내전〔1642~49년〕 말경 잉글랜드에서 실행하려고 제안한 것이다. 만약 그것이 실행되었다면, 그 계획은 〔비록 그 기원은 매우 비철학적이긴 하지만〕 아마 현재 모든 종류의 종교원리들 중에서 가장 철학적인 화평한 기질과 관용의 정신을 만들어냈을 것이다. 그 계획은 펜실베니아에서 실행되었는데, 퀘이커 교도들이 절대다수를 점하지만, 법률은 사실상 어떤 종파도 우대하지 않으며, 그리하여 거기에서는 이 철학적인 화평한 기질과 관용의 정신이 형성되었다고 한다.

9. 만약 그들이 상호 관용을 배우지 않더라도, 종파수가 많아지면 자기 종파의 교리에 대한 열의도 아무런 해가 되지 않을 것이다.

그러나 각 종파를 평등하게 취급함으로써 한 나라의 모든 또는 대부분의 종파들에게 이런 화평한 기질과 관용의 정신을 가지게 할 수 없다고 하더라도, 만약 종파 수가 충분히 많고, 따라서 각각의 종파가 공공의 안녕을 해칠 수 없을 정도로 소규모라면, 각 종파의 교리에 대한 과도한 열성으로부터 크게 유해한 결과는 나오지 않을 것이며, 오히려 약간의 좋은 결과까지 발생할 수 있을 것이다. 그리고 만약 정부가 모든 종파들을 간섭하지 않고, 또한 각 종파가 다른 종파를 간섭하지 못하도록 단호한 정책을 채택한다면, 각 종파들은 자연히 급속도로 분열되어 곧 그 수가 굉장히 늘어날 것은 확실하다.

10. 두 종류의 도덕체계, 즉 엄격주의와 방탕주의 가운데 전자는 보통 사람들이 선호하고, 후자는 상류층의 사람들이 선호한다.

모든 문명사회, 즉 계층의 구별이 이미 완전히 확립되어 있는 사회에서는 두 개의 상이한 도덕체계 또는 도덕관이 항상 동시에 존재했다. 하나는 엄격주의(嚴格主義) 또는 엄숙주의(嚴肅主義)라고 부를 수 있으며, 다른 하나는 자유주의(自由主義) 또는 원한다면 방탕주의(放蕩主義)라 부를 수 있는 것이다. 전자는 일반적으로 서민들에 의해 숭배되고 존경받으며, 후자는 보통 이른바 상류층에 의해 더 많이 존경받고 채택되고 있다. 이런 상반된 두 개의 체계(體系) 또는 주의(主義) 사이의 주된 구별은 경거망동이라는 악습〔즉, 큰 부귀영화, 지나친 환락과 쾌락으로부터 항상 생겨나기 쉬운 악습〕을 어느 정도로 비난하는가에 달려 있다. 자유주의 또는 방탕주의에서는, 사치·방자함과 심지어는 질서를 어지럽히는 환락, 무절제한 쾌락의 추구, 또는 적어도 남녀 중 어느 한 쪽의 정절(貞節)의 파괴 등은, 그것이 사회 풍기를 크게 해치지 않고 거짓과 불의를 수반하지 않는 한, 일반적으로 아주 관대하게 취급되고 매우 쉽게 용서된다. 이와는 반대로, 엄격주의 또는 엄숙주의에서는 그런 과분한 행위들은 극도의 혐오와 증오의 대상이 된다.

경거망동이라는 악습은 서민에게는 항상 파멸적인 것이다. 1주일의 무절제와 낭비는 종종 가난한 직공을 영원히 파멸시키고, 그를 절망에 빠뜨려서 엄청난 죄를 짓게 하기에 충분하다. 따라서 서민들 중에서 더 현명하고 선량한 부류에 속하는 사람들은 그런 무절제를 극도로 혐오하고 증오한다. 그들은 경험적으로 그런 무절제가 자기에게 즉각 치명적인 것임을 알고 있다. 반면에, 수년에 걸친 무절제와 낭비도 상류층을 반드시 파멸시키지는 않을 것이다. 이 계층의 사람들은 어느 정도의 무절제에 빠질 수 있는 능력을 그들 재산이 제공하는 이점 중의 하나라고 간주하기 쉬우며, 또한 비난이나 책망을 받지 않고 그렇게 할 수 있는 자유를 그들의 지위에 속하는 특권 중의 하나라고 간주하기 쉽다. 그러므로 그들은 자신과 동등한 지위의 사람들이 그런 무절제한 행동을 하더라도 그리 나쁘게 생각하지 않으며, 또한 아주 가볍게 책망하거나 전혀 책망하지 않는다.

11. 모든 종파는 일반적으로 엄숙주의에서 시작된다.

거의 모든 종파들은 서민들 사이에서 창시되었으며, 대개 서민들로부터 최초의 또한 가장 많은 개종자들을 흡수했다. 따라서 거의 모든 종파들은 거의 예외 없이〔약간의 예외는 있었다〕 도덕의 엄격주의를 채택하였다. 이 엄격주의에 의해 각 종파들은 기성 종교에 대한 자기들의 개혁안을 처음으로 제시한 계층의 사람들로부터 가장 쉽게 지지를 받을 수 있었던 것이다. 많은 종파들, 아마 대부분의 종파들은 이런 엄격주의를 심화시키고 어느 정도 극단화시킴으로써 서민들의 호응을 얻으려고 노력했다. 그리고 이런 과도한 엄격성을 통하여 종종 다른 어떤 것보다 더 서민들의 존경과 숭배를 받게 되었다.

12. 작은 종파(宗派)에게 도덕은 정해진 규칙이고 질서정연한 것이며, 심지어 과도할 만큼 엄격하고 비인간적이기까지 하다.

지위와 재산이 있는 사람은 자신의 신분에 의해 사회의 명사가 되는데, 사회는 그의 모든 행동을 주목하며, 따라서 그 자신도 자신의 행동에 주의할 수밖에 없다. 그의 권위·사회적 평판은 사회가 그에게 품고 있는 존경에 매우 크게 의존한다. 그는 자기의 명예를 훼손시키거나 자기의 신용을 잃게 하는 어떤 짓도 감히 하지 않는다. 그리고 그는 사회가 일반적으로 지위·재산이 있는 사람에게 요구하는 종류의 도덕〔자유주의든 엄격주의든〕을 엄수할 수밖에 없다. 반면에, 사회적 지위가 낮은 사람은 전혀 사회의 명사가 아니다. 그가 만약 시골동네에 있다면, 그의 행동은 주목받을 수 있으며 그는 스스로 행동에 주의할 수밖에 없을 것이다. 이런 상황, 오직 이런 상황에서만, 그는 이른바 잃어버릴 평판을 가질 수도 있을 것이다. 그러나 대도시에 오자마자 그는 중요하지도 않고 남에게 알려지지도 않게 된다. 아무도 그의 행동을 관찰하지도 주목하지도 않는다. 따라서 그는 자신의 행동에 주의하지 않고 모든 종류의 방탕과 악에 빠져버린다. 그는 소종파의 일원이 됨으로써 이런 무명인사의 상태로부터 효과적으로 탈피할 수 있으며, 그의 행동은 사회의 주목을 크게 받을 수 있다. 그 순간부터 이전에는 얻지 못한 어느 정도의 존경을 받는다. 그의 동료 신도들은 그 종파의 명예 때문에 그의 행동을 관찰하는 데 관심을 가진다. 만일 그가 어떤 추문을 일으키거나 〔거의 항상 서로에게 요구하는〕 엄격한 도덕으로부터 크게 벗어난다면, 그들은 그 종파로부터의 추방 또는 파문〔이것은 시민생활에는 아무런 영향도 미치지 않지만 항상 매우 엄한 벌이다〕을 통해 그를 처벌한다. 따라서 소종파에서는 서민들의 도덕이 거의 항상 현저하게 엄정하고 질서정연하며 일반적으로 국교에서보다 훨씬 더 그러하다. 물론 그런 소종파의 도덕은 종종 지나치게 엄격하고 비인간적이었다.

13. 두 가지 실행 가능한 구제책이 있다.

그러나 이에 대한 두 가지 간단하고도 효과적인 구제책이 있다. 국가는 이 구제책들을 동시에 사용함으로써, 폭력을 사용하지 않고도, 나라를 분할하고 있는 모든 소종파들의 비인간적이고 지나치게 엄격한 도덕을 바로잡을 수 있을 것이다.

14. (1) 각종 직업과 공직의 후보자에게 과학과 철학에 관한 지식을 갖추도록 요구한다.

그 첫 번째 구제책은 과학과 철학의 학습이다. 국가는 이런 학습을 중류 또는 중류 이상의 지위와 재산을 가진 모든 사람들 사이에 보편화시킬 수 있다. 이를 보편화시키는 방법은, 교사들에게 봉급을 줌으로써 그들을 태만하게 만드는 것에 의해서가 아니라, 검정시험 제도를 도입하여 누구든 자유직업에 종사할 허가를 받기 전에, 또는 누구든 무급·유급의 명예로운 직위의 후보자가 되기 전에, 반드시 모종의 검정시험, 심지어 높은 수준의 난해한 과학지식에 관한 검정시험에 합격하도록 의무화 하는 것에 의해서다.

만약 국가가 이 계층의 사람들에게 학습의 필요성을 규정한다면, 국가가 직접 나서서 그들에게 적당한 교사를 구해주려고 신경 쓸 필요는 없을 것이다. 그들은 국가가 구해 줄 수 있는 교사보다 더욱 우수한 교사를 스스로 곧 구할 것이기 때문이다. 과학은 종교적인 광신·미신의 병독(病毒)에 대한 최선의 해독제(解毒劑)다. 그리고 모든 상류층 사람들이 이런 병독에 감염되지 않을 때 하층민들만 그런 병독에 크게 감염될 수는 없을 것이다.

15. (2) 공중오락의 장려

두 번째 구제책은 흥겨운 공중오락을 자주 즐길 수 있게 하는 것이다. 국가는 〔자신의 이익을 위해서 그림·시·음악·무용·각종 연극·공연·전시회 등을 통해 남들을 즐겁게 하고 기분전환 시키면서도 사회풍속을 해치지 않는〕 모든 사람들을 격려함으로써 〔즉, 그들에게 완전한 자유를 부여함으로써〕 대중의 미신과 광기의 온상이 되고 있는 우울하고 침울한 기분을 대다수 사람들에게서 쉽게 쫓아낼 수 있다.

대중을 열광시키는 모든 광신적 선동자에게는 공중오락은 언제나 공포와 증오의 표적이었다. 왜냐하면 그런 오락이 고취시키는 흥겨움과 유쾌한 분위기는 〔이 선동자들의 목적에 가장 잘 맞거나 또는 그들이 가장 잘 활동할 수 있는〕 대중의 정신상태와 전혀 양립할 수 없기 때문이다. 게다가 연극 공연은 광신적 선동자들의 수작을 대중에게 폭로하여 종종 조소의 대상이 되게 하고, 때때로 대중의 혐오의 대상이 되게 하므로, 기타 모든 오락들보다도 그들이 특히 싫어하는 대상으로 되었다.

16. 특정 종교의 교사들을 편애하지 않는 국가에서는 국왕이 종교 교사들에게 영향을 미치려고 할 필요가 없다.

법률이 어떤 한 종교의 교사들을 특별히 애호하지 않는 나라에서는, 어느 교사도 왕이나 행정 당국에 특별히 또는 직접적으로 의존할 필요는 없을 것이며, 왕이 성직자들의 임명에 관여할 필요도 없을 것이다. 이런 상황에서는 왕은 다른 모든 백성들에 대하여 하는 것과 마찬가지로 교사들 사이에 평화를 유지시키는 것〔즉, 그들이 서로를 박해·모욕·억압하는 것을 방지하는 것〕 이외에는 그들에게 관여할 필요가 전혀 없을 것이다. 그러나 국교 또는 지배적인 종교가 있는 나라에서는 사정이 전혀 다르다. 이 경우 왕은 국교의 대다수 교사들에게 상당한 정도로 영향을 미칠 수 있는 수단을 가지지 않는 한 안전할 수 없다.

17. 그러나 국교가 있는 국가에서는 국왕은 종교 교사들에게 반드시 영향을 미칠 수 있어야 한다.

국교회의 성직자들은 하나의 거대한 단체를 구성하고 있다. 그들은 마치 한 사람의 지휘 하에 있는 것처럼 하나의 계획과 하나의 정신을 가지고 일치단결하여 행동할 수 있으며, 자신들의 이익을 추구할 수 있다. 실제로 그들은 종종 한 사람의 지휘 하에 있다. 하나의 단체로서의 그들의 이익은 왕의 이익과 결코 동일하지 않으며, 때로는 직접적으로 상반되기도 한다. 그들의 주된 관심은 국민들에 대한 권위를 유지하는 것이다. 그리고 이 권위는 그들이 설교하는 교리 전체를 진실하며 중요하다고 국민들이 인식하느냐, 그리고 영원한 불행을 피하기 위해 절대적 맹신으로 교리 전체를 채택할 필요를 국민들이 인정하느냐 여부에 달려 있다.

만약 국왕이 그들의 교리 중 가장 사소한 부분이라도 조소·의심하거나, 그렇게 하는 자를 인정상 보호하려고 시도하는 것처럼 보이는 경거망동을 한다면, 왕에게 종속되어 있지 않은 성직자의 융통성 없는 명예심은 곧바로 격분하여 왕을 신성모독(神聖冒瀆)으로 배척하고, 국민들로 하여금 더 정통적이고 순종적인 왕에게로 충성심을 옮기도록 하기 위해 모든 종교상의 공포수단을 사용하게 된다.

만약 국왕이 그들의 요구와 찬탈행위에 반대한다면 마찬가지로 대단히 위험하다. 이런 방식으로 감히 교회에 반역을 기도한 왕들은 이 반역죄에 덧붙여 대개 이단죄(異端罪)까지도 추가되었다. 이것은 〔교회가 왕에게 적당하다고 생각해서 지령한〕 모든 교리에 대한 믿음과 겸손한 복종을 왕이 엄숙하게 선언했음에도 불구하고 그렇게 되었다. 종교의 권위는 다른 모든 권위보다 우월하다. 그것이 연상시키는 공포는 다른 모든 공포를 억누른다. 종교의 권위를 부여받은 교사들이 국왕의 권위를 훼손하는 교리를 국민들에게 선전할 때, 국왕이 자기의 권위를 유지할 수 있는 것은 오직 폭력 또는 상비군의 무력을 통해서다. 이런 경우 상비군조차 그에게 계속적인 안전을 보장할 수 없다. 왜냐하면, 병사들이 외국인〔이런 경우는 거의 있을 수 없다〕이 아니라 국민〔항상 그러하다〕들로부터 뽑히는 경우, 그들은 바로 그런 교리에 의해 곧 오염될 것이기 때문이다. 동로마 제국이 존속하는 동안 콘스탄티노플에서 불온한 그리스 성직자들이 계속 야기하고 있었던 변란과, 수세기 동안 불온한 로마 성직자들이 계속 유럽 지역에서 야기하고 있었던 동란은 〔자기 나라의 국교나 지배적인 종교의 성직자들에게 영향력을 미칠 적당한 수단을 가지지 못한〕 국왕의 지위가 항상 얼마나 위험하며 불안정한가를 충분히 보여주고 있다.

18. 왜냐하면 국왕이 성직자의 교리(敎理)에 직접 반대할 수는 없기 때문이다.

신앙조항과 다른 모든 영적 문제를 〔국민들을 보호하는 데는 자질이 뛰어나지만 그들을 교화하는 데는 그렇지 않다고 여겨지는〕 현세의 세속적인 국왕이 담당하기에는 적당하지 않다는 것은 명백하다. 따라서 그런 문제에 관한 한 그의 권위는 국교 성직자들의 연합된 권위에 대항하기에는 충분할 수 없다. 그러나 공공의 안녕과 국왕 자신의 안전은 〔그런 문제에 대해 성직자들이 전파하기에 적당하다고 생각하는〕 교리에 종종 의존한다. 국왕이 적절한 압력·권위에 의해 그들의 결정을 직접적으로 반대할 수가 거의 없기 때문에 그들의 결정에 영향을 미칠 힘을 가질 필요가 있다. 그리고 그는 오직 성직자 개개인의 대부분에게 공포와 기대를 야기함으로써 그렇게 할 수 있다. 그런 공포는 면직 또는 기타의 처벌에 대한 공포이며, 기대는 승진에 대한 기대이다.

19. 성직자는 종신 성직의 봉록(俸祿)을 보유하고 있으므로, 그들에게는 폭력을 사용해도 효과가 없을 것이다. 따라서 그들을 조종하는 수단에 호소할 수밖에 없다.

모든 기독교 교회에서 성직자들의 봉록(俸祿)은 자신들이 향수할 수 있는 일종의 종신보유 부동산이므로, 자신들의 행위가 단정하기만 하면 향수할 수 있고, 국왕의 호오(好惡)에 따라 허용되거나 박탈당하는 그런 것이 아니다. 만약 성직자들이 자신들의 봉록을 더 불확실한 보유권의 형태로 보유하고 있고, 국왕이나 행정장관의 뜻에 조금이라도 거슬리는 경우 곧바로 그 권리를 박탈당한다면, 국민들에게 자신들의 권위를 유지시키는 것은 아마 불가능할 것이며, 이럴 경우 국민들은 그들을 국왕에게 금전적으로 의존하고 있는 사람들로 간주할 것이며, 그들이 설교의 진실성을 전혀 신뢰하지 않을 것이다. 그러나 만약 국왕이 어떤 당파적이거나 선동적인 교리를 보통 이상의 열정으로 전파하였다는 이유로 비합법적으로 그리고 폭력을 사용하여 성직자들의 종신보유 부동산을 박탈하려고 한다면, 국왕은 그런 박해를 통해 성직자들과 그들의 교리를 10배 이상 인기 있게 만들 뿐이며, 따라서 이전보다 10배 이상 성가시고 위험하게 만들 뿐이다.

모든 경우 공포심(fear)을 느끼게 만드는 것은 가장 사악한 통치수단이며, 조금이라도 독립을 요구하는 계층의 사람에게는 결코 행사해서는 안 되는 수단이다. 그들에게 공포심을 느끼게 하려는 시도는 오로지 그들의 불쾌한 심기를 자극하고 〔좀 더 관대하게 대우한다면 아마 쉽게 억제하거나 그만두게 할 수도 있을〕 그들의 반항심을 강화시키는 데 도움이 될 뿐이다.

프랑스 정부는 의회나 최고법원으로 하여금 인기 없는 칙령을 법제화하도록 하기 위해서 흔히 폭력을 사용해 왔으나, 그것이 성공한 경우는 거의 없다. 그러나 보통 사용하는 방법, 즉 반항적인 모든 의원을 투옥시키는 방법이 충분히 강력하다고 생각하는 사람들도 있을 것이다. 스튜어트가의 왕들은 잉글랜드 의회의 일부 의원들에게 영향력을 행사하기 위해서 그와 같은 방법을 사용했는데, 그들도 그 수단이 마찬가지로 다루기 힘들다는 사실을 발견했다. 잉글랜드 의회는 현재 다른 방법으로 통제되고 있다. 슈와젤 공(Duke of Choiseul)이 약 12년 전 파리 최고법원에 대해 시도한 아주 작은 실험은 모든 프랑스 최고법원들이 이와 동일한 방법으로 훨씬 더 쉽게 통제될 수 있었을 것이라는 사실을 충분히 보여주었다. 그러나 이 실험은 더 이상 추구되지 않았다. 왜냐하면 비록 강제수단과 폭력이 가장 나쁘고 가장 위험한 통치수단이며, 교묘한 조종과 설득이 항상 가장 간단하고 안전한 통치수단이라 할지라도, 사람의 본능적인 오만으로 말미암아 〔이 나쁜 수단을 사용할 수 없거나 감히 사용하지 못하는 경우를 제외하고는〕 거의 항상 좋은 수단을 경멸하고 사용하지 않기 때문이다.

프랑스 정부는 강제수단을 사용할 수 있었으며 그럴 용기도 있었기에, 따라서 조종과 설득을 사용하는 것을 경멸했다. 그러나 내 생각으로는, 모든 시대의 경험을 살펴보면, 강제와 폭력을 국교의 존경받는 성직자들에게 행사하는 것은 다른 어떤 계층의 사람들에게 행사하는 것보다 훨씬 더 위험하고 치명적이어서 그것을 행사하는 측을 완전히 파멸시키는 것으로 보인다. 자기 자신이 소속해 있는 집단과 좋은 관계를 가지고 있는 성직자의 권리·특권·개인적 자유는 가장 전제적인 정부에서조차도 거의 동등한 지위·재산을 가진 다른 사람들의 그것보다 훨씬 더 존경받는다. 그것은 온화하고 관대한 파리 정부의 전제정치로부터 폭력적이고 광폭한 콘스탄티노플 정부의 전제정치에 이르기까지 모든 단계의 전제정치에서 그러하다. 그러나 비록 성직자들을 거의 강제할 수는 없다고 하더라도 다른 사람들만큼 쉽게 조종할 수는 있다. 그리고 공공의 안녕뿐 아니라 국왕의 안전은 국왕이 그들을 조종할 수 있는 수단에 크게 의존하는 것으로 보인다. 그리고 이런 수단으로는 국왕이 그들에게 수여하는 승진의 권리를 장악하는 것 이외에는 없는 것 같다.

20. 주교(主教)는 처음에는 목사와 국민의 선거에 의해 선출되었지만 뒤에는 목사들만에 의해 선출되었다.

기독교회의 옛날 제도에서 교구의 주교는 관할 도시의 성직자와 신도들의 공동 투표를 통해 선출되었다. 일반 신도들의 선거권은 오래 지속되지 않았다. 그들이 선거권을 보유했을 때에도 거의 언제나 그런 영적 문제에 관해 자연적 안내자로 여겨지는 성직자들의 영향력 아래 행동했다. 그러나 성직자들은 곧 일반 신도들을 통제하는 수고에 지쳐버렸으며, 그들 자신이 직접 주교를 선출하는 것이 더 쉽다는 사실을 발견했다. 같은 방식으로 수도원장 역시 적어도 대부분의 수도원에서는 수도사들이 선출했다. 교구 안에 소속된 모든 하급 성직자들의 성직록은 주교에 의해 수여되었는데, 주교는 자기 생각에 적당하다고 여겨지는 성직자에게 그것을 주었다. 이런 방식으로 모든 교회의 승진은 교회의 재량에 달려 있었다. 국왕이 그런 선거에서 약간의 간접적인 영향력을 미칠 수는 있었다고 하더라도, 그리고 때때로 선거에 관한 동의와 선출된 사람의 승인을 국왕에게 요청하는 것이 관례였다 하더라도, 국왕은 성직자들을 조종할 어떤 직접적이거나 충분한 수단을 가지지 못했다. 자연히 모든 성직자들은 자신의 야망으로 말미암아 국왕보다도 자신의 교단에 더욱 아부하게 되었으며, 오직 그로부터만 승진을 기대할 수 있었다.

21. 훨씬 후에 가서는 교황에 의해 선임되었다.

유럽 대부분의 지역에서 교황은 모든 성직의 임명권을 장악했다. 처음에는 거의 모든 주교와 수도원장 — 즉, 이른바 추기경 전체 회의의 성직 — 의 임명권을, 그 뒤에는 다양한 음모와 기만을 통해 각 교구 안에 소속된 대부분의 하급 성직자들의 성직의 임명권을 장악했다. 따라서 주교에게는 자신의 하급 성직자에 대한 권위를 유지하는 데 필요한 정도밖에 거의 남은 것이 없었다. 이런 조치에 의해 국왕의 지위는 이전보다 훨씬 약화되었다. 모든 상이한 유럽 나라들의 성직자들은 각지에 분산되어 있는 일종의 승려군(僧侶軍)으로 편성되었으며, 그 군대의 모든 행동·작전은 이제 한 사람에 의해 지휘되고 하나의 통일된 계획에 따라 수행될 수 있었다. 각국의 성직자들은 그 군대의 개별 지대(支隊)로 간주될 수 있었고, 각 지대의 활동은 주위의 다른 나라에 주둔해 있는 다른 모든 지대에 의해 쉽게 지원을 받을 수 있었다. 각 지대들은 그들이 주둔하여 봉록을 받고 있는 해당국의 국왕으로부터 독립되어 있었을 뿐 아니라 외국의 국왕〔즉, 교황〕에게 종속되어 있었다. 이 외국의 국왕은 언제라도 그들에게 명령을 내려 그들이 소재하고 있는 그 나라의 국왕에게 반대하도록 할 수 있었고, 또한 기타 모든 나라들에 분산되어 있는 지대들의 군대를 가지고 그들을 지원할 수도 있었다.

22. 이런 사정과 성직자들의 거대한 부(富)가 결합되어 그들은 극히 두려운 존재가 되었다.

이런 종교적 무기는 상상 이상으로 무서운 것이었다. 기술과 제조업이 아직 확립되기 이전 옛날 유럽에서 성직자들의 부(富)는 그들로 하여금 보통사람들에게, 대영주(大領主)가 자신의 가신(家臣)·차지인·부하들에게 미친 것과 동일한 영향력을 미칠 수 있게 하였다. 각국의 국왕과 개인들이 그릇된 신앙심에서 교회에 기부한 대규모 소유지에서는 대영주의 재판권과 동일한 교회의 재판권이 확립되었는데, 이것 역시 성직자들의 부(富) 때문이었다. 그런 대규모 소유지에서 성직자 또는 그의 관리인은 국왕이나 다른 사람들의 지원이나 보조 없이 쉽게 평화를 유지할 수 있었다. 반면에, 국왕이나 다른 사람들은 그곳에서 성직자의 지원이나 보조 없이는 평화를 유지할 수 없었다. 따라서 성직자의 특정 영지 또는 장원에서 성직자의 재판권은 민간인 대영주의 재판권과 동등하게 국왕의 법정의 권위로부터 독립되어 있었고, 그것을 배제할 수 있었다. 대영주의 차지인들과 마찬가지로, 성직자의 차지인들은 거의 모두 마음대로 해약할 수 있는 차지인들이었고, 전적으로 그들의 직접적인 지주〔성직자〕에게 예속되어 있었기 때문에, 성직자는 차지인들을 끌어들이는 것이 적절하다고 생각하는 어떤 전투에도 차지인들을 마음대로 징집할 수 있었다. 자신의 소유지에서 얻는 지대 이외에 1/10세〔십일조〕가 있었으므로, 성직자들은 유럽 왕국의 기타 소유지의 지대 중 상당 부분을 획득하였다. 이 두 가지 종류의 지대로부터 나오는 수입은 그 대부분이 현물〔즉, 옥수수·포도주·가축·가금 등〕로 납부되었다. 그 수량은 성직자 자신들이 소비할 수 있는 수준을 훨씬 초과하였고, 아직 기술·제조업이 발달하지 않았기 때문에, 그 잉여와 교환할 수 있는 생산물도 없었다. 성직자들은 대영주와 마찬가지로 이 거대한 잉여를 가장 헤프게 써서 사람들을 환대하고, 가장 거대하게 자선을 베푸는 데 사용하는 것 이외의 다른 방법으로는 그것을 사용할 수 없었다. 따라서 고대 성직자들의 환대·자선은 대단히 거창했다고 한다. 그들은 각 왕국의 거의 모든 빈민들을 부양했을 뿐 아니라, 수많은 기사(騎士)·신사들은 종종 다른 생존수단이 없었으므로 이 수도원 저 수도원으로 떠돌아다니면서 기식(寄食)했는데, 그 구실은 종교에의 귀의(歸依)라고 하였으나 실제로는 성직자들의 환대를 즐기기 위해서였다.

어떤 수도원장의 시종(侍從)의 수는 최대인 세속영주의 그것만큼 많은 경우도 종종 있었다. 모든 성직자들의 가신을 모두 합하면 그 수는 모든 세속영주들의 가신보다 훨씬 많았다. 성직자들 간의 단결은 세속 영주들 간의 단결보다 항상 훨씬 더 강고했다. 전자는 교황의 권위에 대한 질서정연한 규율·복종 하에 있었지만, 후자는 질서정연한 규율·복종 하에 있지 않았으며, 거의 언제나 서로를 시기하거나 국왕을 시기했다. 따라서 비록 성직자의 차지인·가신들의 수가 모두 합해 세속 대영주의 그것보다 적었다고 하더라도, 그리고 차지인들의 수만으로 보면 세속 대영주의 그것보다 훨씬 더 적었다고 하더라도, 그들의 단결력으로 인해 그들은 더욱더 무서운 존재가 되었다. 또한 성직자에 의한 환대·자선은 그들에게 거대한 세속적인 힘을 누릴 수 있게 했을 뿐 아니라 그들의 종교적 무기의 힘도 크게 증가시켰다. 그들의 선행에 의해 그들은 모든 하층민(그들 중 많은 사람들이 계속적으로 그리고 거의 수시로 성직자들에 의해 부양되었다) 들 사이에서 최고의 존경·숭배를 받았다. 그렇게 인기 있는 계급에 속해 있거나 그것과 관계있는 모든 것(즉, 성직자의 소유물·특권·교리) 들은 필연적으로 서민들의 눈에는 신성하게 보였으며, 그것들을 조금이라도 더럽히는 것(진짜든 가짜든)은 신성을 모독하는 최고로 사악하고 야비한 행동으로 간주되었다. 이런 상태에서, 국왕이 몇몇 대귀족의 동맹에 저항하는 것이 종종 힘들다는 것을 발견했다면, 그가 (모든 이웃 나라의 성직자들의 단합된 힘의 지원을 받는) 자국 안의 성직자들의 연합세력에 저항하기가 더욱더 힘들다는 것을 발견했다고 해서 이상하게 생각할 것은 없을 것이다. 이런 상황에서 우리가 놀랍게 생각하는 것은, 그가 때때로 굴복하지 않을 수 없었다는 것이 아니라, 오히려 그가 저항할 수 있었다는 것이다.

23. 성직자의 특권은 자연적인 결과였다.

고대 성직자들의 특권(현재의 우리에게는 매우 불합리하게 보이지만), 예를 들어 세속의 재판권으로부터 그들이 완전히 면제되는 특권, 또는 잉글랜드에서 이른바 성직자의 특전(benefit of clergy: 성직자가 보통재판소에서 유죄 판결을 받더라도 그것의 재심을 교회재판소에 요구하는 특전을 가리키는데, 이 특전은 나중에 보통재판소의 재심권으로 되었다. 뒤에 가서 이 특전은 성직자에게만 한정되지 않고 글을 읽을 줄 아는 사람으로서 교회에 들어가 직책을 맡을 수 있는 사람들도 같이 누릴 수 있었다. 1827년 조지 4세 때 폐지되었다) 이라 부르는 것은 이런 사태의 자연적인, 또는 필연적인 결과라고 말할 수 있다. 성직자가 어떤 범죄를 범했든, 만약 그가 속한 교단이 그를 보호하기 위해 그처럼 신성한 사람을 유죄로 판결하기에는 증거가 불충분하다거나, 그의 몸이 신앙에 의해 신성하게 된 사람을 처벌하는 것은 너무 가혹하다고 주장하고 나온다면, 그럴 경우에 국왕이 그런 성직자를 처벌하려고 시도한다는 것은 얼마나 위험한 일이겠는가? 그런 상황에서 국왕이 할 수 있는 최선의 방법은 그를 교회재판소가 심리하도록 맡겨 버리는 것이다. 그리고 이 교회재판소는 자신들의 교단의 명예를 위해 가능한 한 모든 구성원들이 큰 죄를 범하지 않도록, 심지어 사람들의 혐오감을 자아낼 추문(醜聞)을 일으키지 않도록, 단속하는 데 신경을 썼다.

24. 중세의 로마 교회는 자유 · 이성 · 행복을 위협하는 가장 무서운 연합체였다.

10세기, 11세기, 12세기, 13세기와 그 시기 전후 얼마 동안 대부분의 유럽 상황에서, 로마 교회 조직은 정부의 권위·안전을 위협하고 〔정부가 보호할 수 있는 경우에만 번영할 수 있는〕 인류의 자유·이성·행복을 위협하는 가장 무서운 단체였다고 말할 수 있다. 이 교회 조직에서는 미신의 가장 큰 현혹이 매우 많은 사람들의 개인적 이익에 의해 지지되고 있었기 때문에 인간 이성의 공격을 받을 위험으로부터 벗어나 있었다. 왜냐하면 비록 인간의 이성이 미신의 허망함을 보통 사람들의 눈에도 보일 정도로 폭로할 수 있었다고 하더라도, 인간의 이성이 개인적 이해관계의 유대를 해체시킬 수는 없었기 때문이다. 만약 이 교회조직이 인간 이성의 약한 노력 이외의 다른 적에 의해 공격받지 않았다면, 그 조직은 틀림없이 영원히 지속되었을 것이다. 그러나 모든 인간의 지혜와 덕행으로도 전복시키는 것은 그만두고 동요시킬 수도 없었던 그 거대하고 견고한 구조물〔교회조직〕도 사물의 자연적 발전과정에 의해 처음에는 약화되고, 이후에는 부분적으로 파괴되었으며, 현재 시점에서 보기로는, 아마도 앞으로 수세기 안에 완전히 붕괴하여 와해(瓦解)될 것이다.

25. 로마 교회의 권력은 수공업 · 제조업 및 상업의 발전에 의해 허물어졌다.

수공업·제조업·상업의 점진적인 발전이 대영주의 역량을 허물어뜨린 것과 마찬가지로 대부분의 유럽에서 성직자들의 세속적 권력 전체를 파괴했다. 수공업·제조업·상업의 생산물에서 성직자들은 〔대영주와 마찬가지로〕 자신의 천연생산물과 교환할 수 있는 물건들을 발견했으며, 따라서 그들 수입의 상당 부분을 다른 사람들에게 나누어 주지 않고도 수입 전체를 자신들을 위해 소비할 수 있는 대상을 발견하게 되었다. 그들의 자선행위의 규모는 점점 작아져 갔으며, 그들의 환대 역시 점차 덜 너그럽거나 덜 낭비적이게 되었다. 따라서 그들의 시종들의 수 역시 점점 줄어들었고, 마침내는 완전히 사라졌다. 대영주와 마찬가지로 성직자 역시 자기의 소유지로부터 더 많은 지대를 얻어 그것을 자신의 개인적 허영과 어리석은 일에 지출하고자 했다. 그러나 이런 지대 증대는 오직 그들의 차지인들에게 토지임대 계약을 해줌으로써 획득할 수 있었으며, 이리하여 차지인들은 상당한 정도 성직자들로부터 독립하게 되었다. 하층민들을 성직자에게 묶어 놓았던 이해관계의 유대는 이런 방식으로 점차 절단되고 해체되었다. 그것은 하층민들을 대영주에게 묶어 놓았던 유대보다 더 빨리 절단되고 해체되었다. 왜냐하면 교회의 소유 토지는 대부분 대영주의 소유지보다 훨씬 작았으므로, 그런 작은 토지의 소유자들은 훨씬 빨리 자기 수입의 전체를 자기 자신을 위해 소비할 수 있었기 때문이다.

14~15세기 대부분 동안 대영주의 권력은 유럽의 대부분 지역에서 최고도에 달했지만, 성직자의 세속적 권력, 즉 이전에 그들이 대다수 국민들에게 구사할 수 있었던 절대적 지배력은 크게 쇠퇴했다. 이 시기에 유럽의 대부분 지역에서 교회의 권력은 오직 종교적 권위로부터 나오는 수준에 거의 가깝게 감소했으며, 그 종교적 권위조차도 성직자들의 자선·환대에 의해 유지될 수 없게 되자 크게 약화되었다. 하층민들은 더 이상 성직자들을 이전에 생각한 것처럼 고통의 위안자·빈곤의 구제자로 생각하지 않았다. 반대로 그들은 부유한 성직자들의 허영·사치·낭비에 분개하

고 혐오하게 되었다. 왜냐하면 이 부유한 성직자들이 이전에는 항상 빈민의 세습 재산으로 간주되었던 것을 이제는 그들 자신의 쾌락을 위해 소비하고 있다고 생각했기 때문이다.

26. 국왕들은 교황으로부터 중요한 성직의 처분권을 빼앗으려 노력했으며, 특히 프랑스와 잉글랜드에서 성공했다.

이런 상황에서 유럽 여러 나라의 국왕들은 교회의 중요한 성직들의 처분에서 자신들이 이전에 가졌던 영향력을 회복하려고 노력했다. 그 방법은 각 교구의 주임 사제와 참사회에게 주교를 선출할 옛날의 권리를 회복시켜 주고, 각 수도원의 수도사들에게 수도원장을 선출할 옛날의 권리를 회복시켜 주는 것이었다. 이런 구(舊)제도의 부활은 14세기 중에 잉글랜드에서 제정된 여러 법령들, 특히 이른바 성직 후보자법(statute of provisors), 그리고 프랑스에서 15세기에 제정된 국사조서〔國事詔書: pragmatic sanction: 국왕에 의해 포고되어 기본법의 효력을 갖는 문서〕의 목표였다. 선거를 유효한 것으로 하기 위해서는 국왕이 사전에 선거에 동의하고, 선출된 사람을 승인하는 것이 필요했다. 그리고 비록 선거는 여전히 자유롭게 실시되는 것으로 생각되었지만, 국왕은 자신의 지위로부터 필연적으로 나오는 모든 간접적 수단들을 가지고 자국 안의 성직자들에게 영향을 미칠 수 있었다. 비슷한 경향의 다른 규정들이 유럽의 다른 지역에서 제정되었다. 그러나 교회의 중요한 성직의 임명에서 교황이 가지는 권력이 종교개혁 이전의 프랑스·영국에서와 같이 효과적으로 그리고 일반적으로 제한된 곳은 없었던 것 같다. 그 뒤 16세기에는 교황과 정부 사이에 체결된 종교 사무에 관한 협정, 즉 이른바 정교협정(政教協定: Concordat)에 의해 프랑스 가톨릭교회의 모든 중요한 성직〔즉, 추기경회의의 성직〕을 추천할 절대적인 권한이 프랑스 국왕에게 부여되었다.

27. 그 뒤 프랑스의 성직자는 교황에게 그렇게 충성하지 않게 되었다.

국사조서(國事詔書)와 정교협정(政教協定)이 제정된 이래, 프랑스 성직자들은 일반적으로 교황청의 포고에 대해 다른 가톨릭 나라들의 성직자들과 같은 존경을 표하지 않았다. 그들의 국왕이 교황과 벌인 모든 논쟁에서 그들은 거의 일관되게 국왕의 편을 들었다. 프랑스의 성직자들이 이렇게 교황청으로부터 독립한 것은 주로 국사조서와 정교협정에 근거한 것으로 보인다. 왕정의 초기에는 프랑스 성직자들도 다른 나라 성직자들만큼 교황에 대해 충성했던 것 같다. 카페(Capet) 왕조의 제2대 국왕인 로베르(Robert)가 로마 교황청에 의해 매우 부당하게 파문당했을 때, 그의 하인들은 그의 식탁에서 나온 음식을 개에게 던져 주었으며 파문당한 사람의 손이 닿은 어떤 것도 먹기를 거절했다고 한다. 로베르 자신의 영토 안의 성직자들이 그들에게 그렇게 하도록 가르쳤다는 사실은 충분히 추측할 수 있다.

28. 그러므로 종교개혁 이전에도 성직자들은 국가를 교란시킬 역량도 의향도 가지고 있지 않았다.

교회의 중요한 성직의 임명권(이 임명권을 지키기 위해 로마교황청은 기독교국의 최대의 국왕들 중 몇몇의 왕위를 종종 동요시켰고 때로는 전복시켰다)은 이런 방식으로 유럽의 많은 지역에서 이미 종교개혁 이전에도 제한되거나 수정되었으며, 또는 완전히 포기되었다. 성직자들이 이제 국민에 대한 영향력을 점점 상실해감에 따라 국가는 성직자에 대해 더 큰 영향력을 갖게 되었다. 이리하여 성직자들이 국가를 혼란케 하는 역량과 의향은 모두 점점 줄어들었다.

29. 종교개혁의 교리(教理)는 그것을 전파하는 교사들의 열의에 의해 보통사람들의 환영을 받게 되었다.

로마교회의 권위가 이런 쇠락해 가는 상태에 놓였을 때, 종교개혁을 야기한 논쟁들이 독일에서 시작되어 곧 유럽 전체로 확산되었다. 새로운 교리들은 어디에서나 사람들의 큰 인기를 얻으면서 받아들여졌다. 새로운 교리들은 새로운 종파가 기성 권위를 공격할 때 일반적으로 당파심을 자극하기 위해 동원하는 모든 광신적인 열광을 통해 전파되었다. 새로운 교리의 전도사들은 (아마 다른 점에서는 국교를 방어한 많은 신학자들보다 학식이 더 뛰어나지는 않았지만) 일반적으로 교회의 역사와 교회 권위의 기본이 되는 학설의 기원·발달에 관해서는 그들보다 더 정통해 있었던 것 같다. 따라서 그들은 거의 모든 논쟁에서 다소 유리했다. 그들의 태도가 엄숙했기 때문에 그들은 서민들로부터 권위를 얻게 되었으며, 서민들은 그들 생활의 엄격한 질서와 성직자들 대부분의 무질서한 생활을 대비했다. 새로운 교리의 전도사들은 또한 대중 확보술과 개종자 획득술(교회의 고결하고 귀한 성직자들은 이 기술을 유용하지 않은 것으로 간주하여 오랫동안 무시했다)을 그들의 적들보다 훨씬 더 많이 소유하고 있었다. 어떤 사람들은 새로운 교리의 합리성에 매력을 느꼈으며, 많은 사람들은 그것의 참신함에 매력을 느꼈고, 훨씬 더 많은 사람들은 국교 성직자들을 증오하고 경멸했기 때문에 그렇게 되었다. 그러나 최대 다수의 사람들은 거의 모든 장소에서 설교되는, 종종 세련되지 못하고 소박하지만 열광적이고 정열적이며 광신적인 웅변에 의해, 그 교리에 매력을 느꼈다.

30. 그 결과 로마 교황청과 사이가 나빴던 국왕들은 쉽사리 교회의 권위를 전복시킬 수 있었다.

새로운 교리는 거의 모든 곳에서 대성공을 거두었기 때문에, 그 당시 로마 교황청과 사이가 나빴던 국왕들은 그 교리에 의해 그들 자신의 영토에서 쉽게 교회 세력을 타도할 수 있었으며, 교회는 하층민들의 존경과 숭배를 상실했기 때문에 거의 어떤 저항도 할 수 없었다. 로마 교황청은 독일 북부지방의 몇몇 소국왕들을 친절히 대하지 않았는데, 교황청은 그들을 하찮게 여겨서 통제할 가치가 없다고 생각했던 것 같다. 따라서 그들은 자신들의 영토 안에서 광범하게 종교개혁을 단행했다. 크리스티안(Christiern) 2세와 웁살의 대주교인 트롤(Troll)의 폭정을 이유로 구스타브 바사(Gustavus Vasa)는 그들 모두를 스웨덴에서 추방시킬 수 있었다. 교황은 폭군과 대주교를 총애했으므로, 구스타브 바사는 스웨덴에서 어려움 없이 종교개혁을 실시할 수 있었다. 크리스티

안 2세는 그 뒤 덴마크 왕위에서 축출되었는데, 거기서도 그의 행동은 스웨덴에서와 마찬가지로 사람들의 혐오감을 불러일으켰던 것이다. 그러나 교황은 여전히 그를 총애하려고 했으며, 그를 대신해서 왕위에 오른 프리드리히(Frederic von Holstein)는 구스타브 바사의 선례에 따라 교황에게 복수했다. 교황과 특별한 싸움을 하지 않았던 베른·취리히의 정부도 각각의 주에서 아주 쉽게 종교개혁을 실시했는데, 그곳에서는 종교개혁 직전 몇몇 성직자들이 보통 이상의 심한 사기행각을 벌여서 사람들이 전체 성직자들을 혐오하고 경멸했다.

31. 반면에 국왕과 로마 교황청의 사이가 우호적인 나라에서는 종교개혁은 진압되거나 저지되었다.

이런 위기상황에서, 교황청은 프랑스·스페인 양국의 강력한 국왕과 우호관계를 두텁게 하기 위해 무던히 노력했다. 당시 스페인 국왕은 독일 황제를 겸하고 있었다. 그들의 원조에 의해 교황청은 〔비록 큰 어려움과 유혈사태가 있기는 했지만〕 프랑스·스페인에서 종교개혁의 진전을 완전히 진압하거나 크게 저지시킬 수 있었다. 또한 교황청은 잉글랜드 국왕과도 친절히 대할 의향을 충분히 가지고 있었다. 그러나 그 당시의 상황에서는 더욱 강력한 스페인 국왕이자 독일 황제인 칼(Charles) 5세를 화나게 하지 않고서는 그렇게 할 수 없었다. 따라서 비록 헨리 8세가 그 자신은 종교개혁의 교리를 신봉하지 않았지만, 그런 교리들이 일반적으로 유행하였기 때문에 그는 자기의 영토 안에 있는 모든 수도원을 억압하고, 로마교회의 권위를 없앨 수 있었다. 비록 그가 더 이상 나아가지는 않았지만, 그만큼 나아갔다는 사실은 종교개혁의 지지자를 어느 정도 만족시켜 주었고, 이 지지자들은 그의 아들이자 후계자의 치세 하에서 정권을 장악한 뒤, 헨리 8세가 시작한 사업을 어려움 없이 완성할 수 있었던 것이다.

32. 일부 나라들에서는 종교개혁이 교회와 국가를 다 함께 뒤엎어버렸다.

스코틀랜드처럼 정부가 약하고 인기가 없으며 아직 그 기초가 확립되어 있지 않은 일부 나라에서는, 종교개혁은 교회뿐 아니라 〔교회를 옹호하려고 시도한〕 국가까지도 전복시킬 만큼 강한 힘을 가지고 있었다.

33. 종교개혁의 신봉자들은 로마 교황청과 같은 공통된 권위를 가지고 있지 않았으며, 루터교파와 캘빈교파로 분열되어 있었다.

유럽 각국에 산재해 있는 종교개혁의 추종자들 사이에는 〔로마 교황청 또는 종교회의의 법정처럼 그들 사이의 모든 논쟁을 해결하고 저항할 수 없는 권위로 그들 모두에게 정교(正教)의 정확한 한계를 규정해 줄 수 있는〕 최고법정이 없었다. 따라서 어떤 나라의 종교개혁가가 다른 나라의 종교개혁가와 견해를 달리하는 경우가 발생할 때, 그들에게는 호소할 만한 공통의 재판관이 없었기 때문에 논쟁은 해결될 수 없었으며, 그리고 많은 논쟁들이 그들 사이에서 발생했다. 교회 관리와 성직 임명권에 관한 논쟁은 아마도 일반사회의 평화·복지에 가장 밀접한 관계가 있을 것이다. 그런 논쟁에 의해 종교개혁의 추종자들 사이에 두 개의 주요 종파(宗派) 또는 교파(敎派), 즉 루터교파와 칼빈교파가 생겼다. 여러 교파 중 이 두 교파의 교리와 규칙만이 유럽에서 처음으로 법률에 의해 확립되었다.

34. 루터교파와 잉글랜드 교회는 감독관리 제도를 찬성했고, 성직 수여권을 국왕과 세속의 후원자들에게 주었다.

루터의 추종자들과 이른바 잉글랜드 교회는 다소 감독관리(監督管理) 제도를 유지해 왔고, 성직자들 사이에 예속(隷屬) 관계를 확립했으며, 왕에게 그의 영토 안의 모든 주교직과 기타 추기경회의의 성직의 처분권을 주었다. 이리하여 국왕은 교회의 실질적인 우두머리가 되었다. 또한 그들은 주교로부터 자기 교구 안의 하급 성직의 임명권을 박탈하지 않고, 국왕과 모든 세속 후원자들에게 이 하급 성직의 추천권을 허용했을 뿐 아니라 환영하기까지 했다. 이런 교회관리제도는 처음부터 평화와 훌륭한 질서, 그리고 세속의 국왕에 대한 복종을 위해 유리한 것이었다. 따라서 이 제도가 한번 확립된 나라에서는 어디서든 소동이나 내란이 발생하는 일이 전혀 없었다. 특히 잉글랜드 교회는 자신의 교리가 국왕에 대한 예외 없는 충성심을 지니고 있다고 항상 과시했는데, 그것에는 충분한 이유가 있었다. 왜냐하면 그런 교회관리제도에서는 성직자들은 당연히 그 나라의 국왕·왕실·귀족·상류사회의 환심을 사려고 노력하며, 주로 그들의 영향력으로 승진하기를 기대하기 때문이다. 그들은 때때로 틀림없이 가장 비열한 아첨·영합을 통하여 후원자들의 환심을 사려고 하지만, 또한 자주 〔지위와 재산을 가진 사람들의 존경을 받기에 가장 적합하고 따라서 가장 존경받을 것 같은〕 모든 교양을 도야함으로써 환심을 사려고 한다. 다시 말해, 모든 부문의 유용하고 장식적인 학문에 대한 지식(知識)을 통해, 품위 있고 관대한 태도를 통해, 사교적이고 온화한 대화(對話)를 통해, 그리고 스스로 황당하고 위선적인 금욕생활을 한다고 주장하는 광신도들에 대해 공공연한 경멸(輕蔑)을 표함으로써 그렇게 한다. 광신도들이 금욕생활을 하는 것은, 그것을 실천하는 자신들은 보통사람들의 종교적 숭배를 받고, 그것을 실천하지 않는다고 공언하는 대부분의 지위와 재산을 가진 사람들은 혐오의 대상이 되도록 하기 위해서다. 그러나 성직자들은 한편으로는 이런 방식으로 상류층의 환심을 사려고 하면서도, 다른 한편으로는 하층민들에 대한 자신들의 영향력·권위를 유지하는 수단을 전혀 무시하는 경향이 있다. 상류층 사람들은 그들의 말에 귀를 기울이고 그들을 칭찬하고 존경한다. 그러나 하층민들 앞에서는 그들은 가장 무지한 광신자들이 자신들의 교리를 공격해 오더라도 그에 대항하여 자신들의 온화하고 온건한 교리를 효과적으로 방어해 내지 못함으로써 청중들에게 굳건한 신앙심을 심어주지 못하는 경우가 종종 있다.

35. 츠빙글리파와 캘빈파는 주민들에게 목사 선거권을 주었고, 성직자들 간에 평등을 확립했다.

이와는 반대로 츠빙글리(Zwingli)의 추종자들은, 더욱 적절하게 말하면 칼빈(Calvin)의 추종자들은, 각 교구의 주민에게 교회의 목사직이 비어 있을 때에는 언제라도 자신들의 목사를 선출할 권리를 부여했다. 그리고 동시에 성직자들 간에 가장 완전한 평등을 확립했다. 이 제도 중 전자〔주민들의 목사 선출권〕는 그것이 유효하게 존재하는 동안 무질서·혼란만을 발생시켰으며, 성직자와 주민들 모두의 도덕을 동일하게 타락시키는 경향을 가졌던 것으로 보인다. 후자는 이 제도의 목적에 완전히 합치되는 좋은 결과만을 낳은 것으로 보인다.

36. 주민들에 의한 선거는 대단한 무질서를 야기했으므로 스코틀랜드에서는 시행 후 곧 폐지되었다. 그러나 여전히 주민들의 동의를 필요로 한다.

각 교구의 주민들이 그들 자신의 목사를 선출하는 권리를 유지하는 한, 그들은 거의 항상 목사〔그리고 일반적으로 가장 당파적이고 광신적인 성직자〕의 영향 하에서 행동했다. 이런 군중선거에서 영향력을 유지하기 위해 목사들 가운데 많은 사람들이 스스로 광신적으로 변하거나 광신자인 것처럼 가장했고, 사람들에게 광신의 열기를 불어넣었으며, 거의 언제나 가장 광신적인 후보자가 선택되었다. 한 명의 교구목사 임명이라는 아주 사소한 일이 거의 언제나 그 교구뿐 아니라 인접한 모든 교구들에서도 격렬한 논쟁을 불러 일으켰는데, 인접한 교구가 이 논쟁에 참여하지 않는 경우는 거의 없었다. 그 교구가 대도시에 있을 경우, 선거는 모든 주민들을 두 파로 갈라놓았다. 그리고 그 도시가 그 자체로서 하나의 소공화국을 이루고 있거나 스위스와 네덜란드의 많은 대도시의 경우처럼 소공화국의 수도일 경우, 이런 종류의 모든 하찮은 논쟁은 다른 모든 파별들 간의 증오를 격화시켰을 뿐 아니라 교회에는 새로운 분파(分派)를, 그리고 나라에는 새로운 당파(黨派)를 만들어낼 위험이 있었다. 따라서 이런 소공화국에서 정부는 공중의 평화를 유지하기 위해 모든 비어 있는 성직의 추천권을 전부 자신이 장악할 필요가 있음을 곧 발견했다. 교회관리의 장로제(長老制) 제도를 확립한 가장 큰 나라인 스코틀랜드에서는 일반인에 의한 목사 추천권이 윌리엄 3세 통치 초기에 장로회

제도를 실시한 법령에 의해 사실상 폐지되었다. 적어도 이 법률은 각 교구의 특정 계급의 사람들에게 자신의 목사를 선출할 권리를 매우 적은 가격으로 살 수 있도록 했다. 이 법률에 의해 확립된 제도는 약 22년간 유효하게 존속하도록 허용되었지만, 이런 더욱 대중적인 선거방식은 거의 모든 지역에서 혼란과 무질서를 야기했기 때문에, 앤 여왕 제10년의 제12호 법률(1711년)에 의해 폐지되었다. 그러나 스코틀랜드와 같이 광대한 나라에서는 멀리 떨어진 교구의 분란이 소국에서처럼 정부를 소란스럽게 만들 것 같지는 않았다. 앤 여왕 제10년의 법률은 성직자 추천권을 부활시켰다. 그러나 비록 스코틀랜드에서는 법률이 (성직자 추천권을 가진 사람에 의해) 피선된 사람에게 예외 없이 성직을 수여하지만, 교회는 때때로 그 피선자에게 이른바 영혼의 감독권 또는 교회의 재판권을 부여하기 전에 사람들의 동의를 받도록 요구하였다('때때로'라고 말한 것은 이 점에 관한 결정이 항상 동일하지는 않았기 때문이다). 교회는 교구의 평화 유지에 관심을 가지는 체하면서 사람들의 동의를 얻을 수 있을 때까지 때때로 목사의 취임을 연기하기도 한다. 일부 인근 목사들이 개인적인 간섭(이들의 간섭은 때때로 사람들의 동의를 받도록 하기 위해서, 그러나 더 빈번하게는 그 동의를 받지 못하도록 방해하기 위해서 이루어졌다)과, 그들이 이런 경우에 더욱 효율적으로 간섭하기 위해 연마해온 일반적인 수단들은 아마도 스코틀랜드의 목사들이나 국민들에게 오래된 종교적 광신의 정신적 잔재를 온존시키는 주요 원인인 것 같다.

37. 장로파 목사들 사이의 평등은 그들을 독립적이고 존경받을 만한 존재로 만든다.

장로들에 의해 관리되는 교회제도(presbyterian form)가 목사들 사이에 확립하는 평등은, 첫째는 권위의 평등 또는 교회 재판권의 평등이고, 둘째는 성직봉록(聖職俸祿)의 평등이다. 모든 장로교회에서 권위의 평등은 완전하지만 성직봉록의 평등은 그렇지 않다. 그러나 성직들 사이의 봉록의 차이가 그리 크지 않기 때문에, 일반적으로 더 적은 봉록의 성직을 가지고 있는 사람조차 더 좋은 성직봉록을 얻기 위해 아첨·영합이라는 비열한 술수(術數)를 통해 성직 추천권자의 환심을 사려고 하지 않는다. 성직 추천권이 완전히 확립되어 있는 모든 장로교회에서는 지위가 안정된 성직자들은 일반적으로 더 고상하고 훌륭한 방법을 통해 상급자의 호감을 사려고 노력한다. 즉, 그들의 학문에 대한 지식, 흠잡을 데 없는 규칙적인 생활, 그리고 충실하고 근면한 업무집행 등을 통해 상급자의 호감을 얻으려고 노력한다. 성직 추천권자들은 성직자들의 독립정신에 대해 종종 불평하기조차 하며, 그 독립정신을 과거의 호의에 대한 배은망덕으로 해석하는 경향까지 있다. 그러나 성직자들의 그런 태도는, 가장 나쁜 각도에서 말하더라도, 아마도 더 이상 그들을 추천한 사람들로부터 어떤 호의를 기대할 수 없다는 사실을 깨달았을 때 자연적으로 표현되는 무관심 이외의 것은 전혀 아닐 것이다. 아마 유럽의 어느 곳에서도 네덜란드·제네바·스위스·스코틀랜드의 대다수 장로교회 성직자들보다 더욱 학식 있고 품위 있으며, 독립적이고 존경할 만한 사람들은 거의 찾아볼 수 없을 것이다.

38. 그들의 성직 봉록의 적음이 그들에게 보통사람들에 대해 영향을 미칠 수 있게 한다.

교회의 성직 봉록이 전부 거의 평등한 곳에서는 어떤 성직 봉록도 매우 클 수 없으며, 이런 성직 봉록의 평범성은, 비록 너무 지나치게 작아질 수도 있지만, 몇 가지 아주 좋은 효과를 나타낸다. 적은 재산을 가진 사람이 존엄을 유지할 수 있는 유일한 길은 가장 모범적인 도덕을 실천하는 것이다. 경솔(levity)·허영(vanity)이라는 악덕은 필연적으로 성직자를 조롱의 대상으로 만들 뿐 아니라 보통사람들을 파멸시키는 것과 마찬가지로 성직자를 파멸시킨다. 따라서 성직자는 스스로의 행동에서 보통사람들이 가장 존경하는 도덕체계를 따르지 않을 수 없다. 그는 자신의 이익과 지위가 인도하는 그런 생활방식을 따름으로써 그들의 존경과 애정을 받게 된다. 보통사람들은 〔자기 자신의 생활상태와 다소 비슷하지만 실제로는 더욱 높은 상태에 있어야 한다고 생각하는 사람을 볼 때 자연히 가지게 되는〕 그런 애정을 가지고 그를 바라보게 된다. 그들의 애정은 당연히 그의 애정을 유발한다. 그의 마음은 그들을 교화하는 데로 기울어지고, 그들을 도와주고 구제하는 데 신경을 쓴다. 그는 자신에게 그렇게 호의적인 사람들의 편견을 경멸하지 못하며, 결코 〔부유하고 기부재산이 많은 교회의 교만한 고위 성직자들에게서 종종 보게 되는〕 모욕적이고 오만한 태도로 보통사람들을 다루지 않는다. 따라서 장로교회의 목사들은 아마 다른 어떤 기성종교의 성직자들보다 서민들의 마음에 더 큰 영향력을 미친다. 그러므로 오직 장로교회의 나라에서만 보통사람들이 아무런 강박 없이, 완전하게, 거의 최후의 한 사람까지 국교로 개종했다는 사실을 발견하게 된다.

39. 적은 성직록은 대학교로 하여금 교수들을 교회로부터 끌어올 수 있도록 했고, 그리하여 그들은 가장 저명한 학자들이 되었다.

교회 성직록의 대부분이 매우 적은 나라에서 대학 교수직은 일반적으로 교회의 성직보다 더 나은 지위에 있었다. 이런 상황에서 대학은 국내의 모든 성직자들 가운데서 자신의 구성원을 뽑아올 수 있었는데, 성직자들은 어느 나라에서나 그 구성원 수가 가장 많은 학자 계층이었다. 반면 교회의 성직록이 매우 큰 나라에서는 교회는 자연히 대학으로부터 대부분의 저명한 학자들을 뽑아 간다. 대학 교수들에게 성직을 주어 영전시키는 것을 자기의 명예로 생각하는 성직 추천자들이 있기 때문에 대학 교수들이 성직자로 되는 것이다. 전자의 상황에서는 대학은 그 나라의 가장 우수한 학자로 채워진다. 후자의 경우에는 대학에서 우수한 학자들을 거의 찾아볼 수 없으며, 가장 젊은 교수 중 몇몇이 그러하지만 그들도 대학을 위해 매우 큰 유용한 경험과 지식을 획득할 수 있기 전에 대학으로부터 빠져 나오게 된다. 볼테르(Voltaire)에 따르면, 지금까지 프랑스에서 읽을 만한 가치가 있는 책을 저술한 유일한 교수는, 학술계에서는 그다지 저명한 편이 아니었던 예수회의 신부 포레(Porre)뿐이었다. 저명한 학자들을 그처럼 많이 배출한 나라에서 그들 중에 대학교수는 겨우 한 사람뿐일 정도로 드물었다는 것은 다소 기묘한 일임에 틀림없다. 유명한 가생디(Gassendi)는 그의 생애 초기에는 엑스(Aix) 대학의 교수였다. 그의 천재성이 발휘되기 시작할 무렵, 교회로 들어가면 대학교수보다 더 조용하고 안락한 생활을 할 수 있을 뿐 아니라 연구를 계속하는 데 더욱 훌륭한 환경을 얻을 수 있다는 권고를 받았다. 그리고 그는 즉시 그 권고를 따랐다. 내 생각으로는 이런 볼테르의 관찰은 프랑스뿐 아니라 다른 모든 로마 가톨릭 나라에도 적용될 수 있다. 이런 나라 어디에서도 법학·의학〔교회는 이런 분야로부터 학자들을 뽑아오지는 않는다〕을 제외하고는 유명한 학자 중에 대학교수는 거의 없다.

로마교회 다음으로 잉글랜드 교회가 기독교국에서 가장 부유하고 기부재산이 가장 많은 교회다. 따라서 잉글랜드에서 교회는 계속 대학으로부터 가장 훌륭하고 유능한 구성원들을 빼내온다. 그리고 유럽에서 유명한 학자로 알려지고 있는 늙은 대학교수는 모든 로마 가톨릭 나라에서와 마찬가지로 잉글랜드에서도 거의 찾아볼 수 없다. 반면에 제네바, 스위스의 프로테스탄트주, 독일의 프로테스탄트국, 네덜란드, 스웨덴 그리고 덴마크에서는, 그 나라들이 배출한 가장 저명한 학자들은 그 전부는 아니라 하더라도 거의 대부분이 대학교수였다. 그런 나라에서는 대학이 계속 교회로부터 가장 저명한 학자들을 빼내온다.

40. 그리스와 로마에서는 저명한 학자들은 대부분 교사들이었다.

아마 지적해둘 만한 가치가 있는 것은, 만약 우리가 시인·소수의 웅변가·소수의 역사가들을 제외한다면, 그리스와 로마의 저명한 학자들은 대부분 공공교사이거나 개인교사, 일반적으로 철학 또는 수사학 교사였다는 사실이다. 이 지적은 리시아스(Lysias)와 이소크라테스(Isocrates), 플라톤과 아리스토텔레스의 시대로부터 플루타크와 에픽테투스(Epictetus), 수에토니우스(Suetonius)와 퀸틸리아누스(Quintilian)의 시대에 이르기까지 진실이었다는 것을 발견할 수 있을 것이다. 어떤 사람에게 매년 학문의 특정 분야를 가르칠 것을 요구하는 것은, 사실상 그 분야를 완전히 습득할 수 있게 하는 가장 효과적인 방법일 것이다. 매년 똑같은 학문을 되풀이할 수밖에 없으므로, 만약 그가 조금이라도 유능하다면, 그는 반드시 몇 년 안에 그 분야 전부에 정통하게 될 것이다. 그리고 만약 어떤 특정한 점에 대해 어떤 해에 너무 성급한 견해를 내세웠다 하더라도, 다음 해에 강의 과정에서 동일한 주제를 다시 고려하게 될 때, 그는 그것을 교정할 수 있을 것이다. 학문의 교사가 되는 것은 분명히 순수한 학자의 천직인 것처럼, 그것은 그를 견실한 학문과 지식을 가진 학자로 만들어 줄 수 있는 최상의 교육수단일 것이다. 교회 성직록을 비슷하게 하는 것은 자연히 대다수 학자들을 그 사회에 가장 유용한 직업으로 이끌어가는 경향이 있으며, 그와 동시에 아마 그들이 받을 수 있는 최상의 교육을 받을 수 있게 하는 경향이 있다. 성직록을 비슷하게 하는 것은 그들의 학식을 가능한 한 견실하게 또한 가능한 한 유용하게 만드는 경향을 가지고 있다.

41. (1) 교회의 수입은, 기부재산에서 나오는 부분을 제외하면, 국가 수입의 일부분이다.

주목해야 할 것은, 모든 국교 교회의 수입은. 특정 토지나 장원으로부터 나오는 부분을 제외한다면, 국가의 일반 세입의 일부이면서도 국가 방위와는 전혀 다른 목적에 전용되고 있다는 사실이다. 예를 들어 $\frac{1}{10}$세〔십일조〕는 진정한 토지세인데, 이것은 토지 소유자가 국방을 위해 기여할 수 있는 능력을 그만큼 빼앗아버리는 것이다. 그러나 모든 거대한 왕국에서 토지의 지대는 국가의 긴급수요를 충당할 수 있는 유일한 재원이거나 주된 재원이다. 이 재원 중에서 교회에 주어지는 부분이 많으면 많을수록 국가를 위해 남는 부분은 그만큼 적어진다는 것은 명백하다. 다른 사정이 모두 동일하다면, 교회가 부유해질수록 한편으로는 국왕이, 다른 한편으로는 국민들이 필연적으로 더 궁핍해진다는 것, 그리고 어떤 경우에도 국가의 국방력이 더욱 감소한다는 것은 하나의 명백한 원리로 설정될 수 있을 것이다. 약간의 프로테스탄트 나라들, 특히 스위스의 모든 프로테스탄트 주에서는, 이전에 로마 가톨릭 교회에 속해 있었던 수입〔$\frac{1}{10}$세 · 교회소유지의 수입〕은 모든 목사들에게 적당한 봉급을 제공하기에 충분할 뿐 아니라 국가의 다른 모든 경비를 추가부담 없이 지불하기에 충분한 재원이었다. 특히 강력한 베른주의 정부는 이 재원을 절약하여 수백만 파운드에 달하는 거액을 축적했고, 그 중 일부는 국고에 들어가 있고, 일부는 유럽 채무국의 이른바 공채(公債)에, 주로 프랑스 · 영국의 공채에, 투자되어 이자를 받고 있다. 베른이나 기타 프로테스탄트 주(州)의 교회의 총지출 중에서 국가에서 부담하는 것이 얼마나 되는지 나로서는 알 수 없다. 매우 정확한 보고서에 의하면, 1755년 스코틀랜드 교회의 목사들의 총수입〔교회소유 토지(glebe)와 목사관저(manse)의 임대료를 합리적으로 평가하여 포함시키면〕은 68,514파운드 1실링 5$\frac{1}{2}$ 펜스밖에 되지 않았다. 이처럼 그리 많지 않은 수입으로 944명의 성직자들에게 웬만한 생활비를 제공하고 있는 것이다. 교회의 총지출은 교회 목사관의 건축 · 수리를 위해 임시로 지출하는 경비를 포함해서 연간 8만 또는 8만5천 파운드를 넘는다고는 생각할 수 없다.

41. (2) 스코틀랜드 교회의 총수입은 적은 액수에 불과하나 그 교회는 최대의 좋은 효과를 올리고 있다. 스위스의 프로테스탄트 교회는 더욱 그렇다.

기독교 나라에서 가장 부유한 교회도 기부재산이 빈약한 스코틀랜드 교회에 비해 국민들의 신앙의 통일, 헌신의 열의, 질서 · 기율 · 엄격한 도덕의 정신을 더 잘 유지하고 있지는 못한다. 국교가 산출할 수 있는 종교적 · 세속적인 모든 좋은 효과를 스코틀랜드 교회는 다른 어떤 교회에 비해서도 뒤지지 않을 정도로 완전하게 만들어내고 있다. 스위스의 프로테스탄트 교회 대다수는 일반적으로 기부재산이 스코틀랜드 교회보다 더 많지 않지만, 이런 효과를 더 잘 만들어내고 있다. 대부분의 프로테스탄트 주에서는 스스로 국교를 신봉하지 않는다고 고백하는 사람은 단 한 사람도 발견할 수 없다. 물론 그가 국교를 신봉하지 않는다고 고백한다면, 법률은 그 사람으로 하여금 그 주를 떠나라고 강제한다. 그러나 만약 목사들이 근면해서 소수의 개인만을 제외한 국민 전체를 미리 국교도로 개종시켜 놓지 않았다면, 그런 자유국가에서 이처럼 엄격한 또는 억압적인 법률이 시행될 수는 없었을 것이다. 따라서 스위스의 몇몇 지방에서는 프로테스탄트 지역과 로마 가톨릭 지역이 우연히 합병했기 때문에 개종이 그렇게 철저하게 수행될 수 없었으므로, 두 종교가 모두 허용될 뿐 아니라 법률에 의해 국교로 정해졌다.

42. 큰 수입은 성직자에게는 적합하지 않다.

어떤 직무라도 그것을 정확하게 수행하도록 하기 위해서는, 그의 봉급 또는 보수가 가능한 한 정확하게 그가 담당하는 직무의 성질과 비례관계를 유지하도록 할 필요가 있는 것 같다. 만약 어떤 직무의 급료가 직무의 성질에 비해 너무 적다면, 그 직무에 종사하는 사람들 대다수의 열성 부족과 무능(無能) 때문에 그 직무는 제대로 수행되기 어렵다. 만약 너무 많이 지불된다면, 아마 그들의 소홀함·태만에 의해 더욱더 수행되기 어려울 것이다. 그의 직업이 무엇이든, 큰 수입을 얻는 사람은 자신도 당연히 큰 수입을 얻는 다른 사람들처럼 생활해야 하며, 자신의 시간 대부분을 환락·사치·방탕에 써야 한다고 생각한다. 그러나 성직자들이 이런 생활을 계속한다면, 그의 직무 수행에 써야 할 시간을 허비하는 것일 뿐 아니라, 보통사람들의 눈에는 신성한 품격을 완전히 파멸시켜 버리는 것으로 비치는데, 그가 영향력과 권위를 가지고 자신의 직무를 수행할 수 있는 것은 이런 신성한 품격을 유지하고 있을 때 비로소 가능한 것이다.

제 4절 국왕의 존엄을 유지하기 위한 비용

1. 국왕의 존엄을 유지하기 위한 비용은 국민의 지출이 증가함에 따라 증가한다.

국왕으로 하여금 자신의 몇 가지 의무를 수행할 수 있도록 하는 데 필요한 지출 이외에도, 국왕의 존엄을 유지하는 데는 약간의 비용이 필요하다. 이 비용은 사회 진보의 단계에 따라, 그리고 정부의 형태에 따라 다르다.

2. 국왕도 자신의 존엄을 유지하기 위해 사회의 유행을 따라 지출을 증대시킨다.

부유하고 진보된 사회에서는, 모든 계층의 사람들이 주택·가구·식탁·의복·마차 등에 대한 지출을 매일같이 증가시키고 있는데, 국왕만이 시대에 뒤떨어질 수는 없다. 국왕도 자연히 또는 오히려 필연적으로 위와 같은 품목들에 더욱 많이 지출하게 된다. 그는 자기의 존엄을 유지하기 위해 그렇게 해야 한다고까지 말할 수 있다.

3. 공화국에서보다 왕국에서 이런 지출은 더욱 크다.

존엄이란 측면에서 볼 때, 공화국의 원수(元首)가 동료 시민들보다 높은 것보다는 왕국의 국왕이 자기 신민(臣民)들보다 훨씬 더 높다고 생각된다. 따라서 더 높은 존엄을 유지하기 위해서는 더 큰 비용 지출이 필요하다. 우리는 공화국의 원수나 시장의 관저(官邸)보다 당연히 국왕의 궁전(宮殿)이 더욱 화려해야 한다고 생각한다.

제 5절 본장의 결론

1. 국방비와 국왕의 존엄을 유지하기 위한 비용은 일반적 기여에서 지출되어야 한다.

사회를 방위하기 위한 지출과 국가 원수(元首)의 존엄을 유지하기 위한 지출은 사회 전체의 일반적 이익을 위하여 지출되는 것이다. 따라서 그것은 사회 전체의 일반적 기여〔general contribution: 즉 가능한 한 사회의 모든 구성원들이 각자의 능력에 비례하여 납부하는 것〕에 의해 지불되는 것이 합리적이다.

2. 사법비의 지출은 법정 수수료로 조달될 수 있다.

사법행정의 지출도 사회 전체의 이익을 위해 지출된다고 간주되어야 한다. 그러므로 이 비용이 사회 전체의 일반적 기여에 의해 조달되는 것은 부당하지 않다. 그러나 이 비용을 발생시키는 사람은 어떤 불의(不義)를 행하거나 당함으로써 재판소의 구제나 보호를 요구하는 사람이다. 그리고 이 비용지출에 의해 가장 직접적으로 이익을 얻는 사람은 법정이 그 권리를 회복시켜 주거나 권리를 유지시켜 주는 사람들이다. 그러므로 사법비용은 〔경우에 따라서는〕 두 당사자의 일방 또는 타방 또는 모두의 특수한 기여〔즉, 법정 수수료〕에 의해 조달되는 것이 매우 적합할 것이다. 사법비용은 〔수수료를 지불하는 데 충분한 소유지나 재원을 가지고 있지 않은 범법자를 재판하는 비용을 제외하고는〕 반드시 사회 전체의 일반적 기여에 의거할 필요는 없다.

3. 지방적 이익에 관련된 비용은 지방의 수입에 의해 지불되어야 한다.

특정 지방이나 주(州)의 이익을 위해 지출되는 지방이나 주(州)의 지출(예컨대 특정 도시나 지역의 경찰 유지를 위한 지출)은 지방이나 주(州)의 수입에 의해 조달되어야 하며 사회 전체의 일반적 수입에 부담을 주어서는 안 된다. 그 이익이 사회의 일부에 국한되는 지출을 위해 사회 전체가 비용을 부담하는 것은 공평(公平)하지 못하다.

4. 도로의 건설과 유지를 위한 지출은 사회 전체의 일반수입에 의해 조달하더라도 불공평하지 않으나, 통행세에 의하는 편이 더욱 공평하다.

훌륭한 도로와 교통을 건설하고 유지하기 위한 지출은 틀림없이 사회 전체에 이익을 주며, 따라서 사회 전체의 일반수입에 의해 조달되는 것은 불공평하다고 할 수 없다. 그러나 이 비용은 여행을 하거나 재화를 이곳에서 저곳으로 운반하는 사람과 그 재화를 소비하는 사람에게 가장 직접적이고 즉각적인 이익을 준다. 잉글랜드의 유료도로세(turnpike tolls)와 다른 나라의 통행세(peages)는 이런 비용을 전적으로 위의 두 종류 사람들에게 부과하며, 따라서 사회의 일반수입은 이런 종류의 큰 부담으로부터 면제되고 있다.

5. 교육과 종교적 교화에 관한 지출 역시 일반수입에 의해 지불되어도 좋지만, 수업료와 자발적인 기부에 의거하는 편이 더 좋다.

교육과 종교적 교화를 위한 기관의 지출은 틀림없이 사회 전체에 유익하므로 사회 전체의 일반수입으로 지불하더라도 그것은 부당하지 않다. 그러나 이런 지출이 그런 교육과 종교적 교화로부터 직접적인 이익을 얻는 사람들에 의해, 또는 교육이나 교화를 받을 필요가 있다고 생각하는 사람들의 자발적인 기여에 의해 조달되는 것은 마찬가지로 부당하지 않으며 심지어 일정한 이점까지 있다.

6. 사회 전체에 유익한 기관의 자체 수입이 부족할 경우, 그것은 반드시 일반수입에 의해 메워져야 한다.

사회 전체에 이익을 주는 기관이나 공공사업이 그것에 의해 가장 직접적으로 이익을 얻는 사회의 특정 구성원의 기여에 의해 도저히 유지될 수 없거나 유지되지 않는 경우에는, 그 부족분은 대부분의 경우 사회 전체의 일반적 수입에 의해 보충되어야 한다. 국가의 일반수입은 사회를 방위하기 위한 비용과 최고 통치자의 존엄을 유지하기 위한 비용을 지불할 뿐 아니라 다수의 특수 분야의 수입 부족분을 보충해야만 한다. 이 일반수입 또는 공공수입의 원천에 관해서는 다음 장(章)에서 설명하도록 할 것이다.

제2장
한 사회의 일반수입 또는 공공수입의 원천

1. 모든 수입은 두 가지 원천, 즉 (1)국왕에게 속하는 재원과 (2)국민의 수입에서 나온다.

한 사회를 방위하고 국왕의 존엄을 유지하기 위한 지출과, [국가의 헌법이 어떤 특별한 수입을 규정하지 않으면서 지출해야 하는] 기타 일체 필요한 정부 지출, 이 두 가지를 위한 수입은 특별히 첫째는 국왕 또는 국가에 속해 있으면서 국민들의 수입과는 관계없는 어떤 재원으로부터 나오거나, 둘째로는 국민들의 수입으로부터 나온다.

제 1절 국왕 또는 국가에 특별히 속해 있는 재원, 즉 수입의 원천

1. 그 재원이란 자본 또는 토지다.

국왕 또는 국가에 특별히 속해 있는 재원, 즉 수입의 원천은 자본이나 토지로 이루어져 있다.

2. 자본에서 나오는 수입은

국왕은 다른 자본의 소유자들과 마찬가지로

이윤 또는 이자다.

자본을 스스로 사용하거나 대부함으로써 수입을 얻을 수 있다. 국왕의 수입은 전자의 경우에는 이윤(利潤)이고, 후자의 경우에는 이자(利子)다.

3. 타타르와 아라비아의 족장은 소와 양을 쳐서 이윤을 얻는다.

타타르 족장이나 아라비아 족장의 수입은 이윤으로 이루어진다. 그의 수입은 주로 그가 소유하는 양이나 소의 우유와 그것들의 번식으로부터 생긴다. 그는 목축을 스스로 관리하며 자기 집단이나 종족들 중에서 최대의 목축인(牧畜人)이다. 그러나 군주제 국가의 공공수입에서 이윤이 주된 부분을 차지하는 것은 통치가 초기의 원시적인 상태에 있을 때뿐이다.

4. 함부르크는 포도주 저장고와 약국 경영에서, 그리고 많은 국가들은 은행 경영에서 이윤을 올린다.

작은 공화국들은 때때로 상업적 사업의 이윤으로부터 상당한 수입을 거둬들였다. 함부르크 공화국은 공공 포도주 저장고와 약국을 경영하여 큰 수입을 얻었다고 한다.* 국왕이 포도주 저장고나 약국을 경영할 만큼 한가한 나라는 대국일 수 없다. 국립은행의 이윤은 이보다 훨씬 큰 국가수입의 한 원천이었다. 이것은 함부르크뿐 아니라 베네치아와 암스테르담에서도 그러했다. 어떤 사람들은 이런 종류의 수입이 잉글랜드와 같은 대제국에서도 경시되어서는 안 된다고 생각했다. 잉글랜드은행의 평균 배당이 5.5%, 그 자본금이 1,078만 파운드라고 하면, 경영 관리비를 공제한 연간 순이윤은 59만 2천 파운드에 이를 것이다. 정부가 이 자본을 3%의 이자로 차입해서 직접 이 은행을 경영한다면 매년 26만 9천5백 파운드의 순이윤을 얻을 수 있다는 것이다. 그러나 베네치아나 암스테르담에서와 같은 귀족정치의 규율 있고 성실하며

* J.L. Moreau de Beaumont, *Memoires concernant les impositions et droits en Europe* (Paris, 1768~1769). 이 저서는 프랑스 재정을 개혁하는 적절한 수단을 찾기 위해 구성된 한 위원회에 제공하기 위해 국왕의 명령으로 작성된 것이다.

검소한 행정이 이런 종류의 상업적 사업을 경영하기에 매우 적합하다는 것은 경험상 알 수 있다. 그러나 잉글랜드 정부와 같은 정부는 비록 여러 가지 장점을 가지고 있지만 결코 절약을 잘 하기로 이름난 적은 없으며, 평화시에는 군주제의 속성상 불가피하게 사치스럽고 게을러서 낭비하였고, 전시에는 민주정치가 빠지기 쉬운 무분별한 낭비를 끊임없이 일삼아 왔기 때문에, 이런 종류의 사업을 안전하게 경영할 수 있을지는 적어도 훨씬 더 의심스럽다.

5. 또한 우편사업에서도 이윤을 올리고 있다.

우편업무는 본래 상업적 사업이다. 정부는 우체국 설치비용과 필요한 말과 마차를 구입하거나 임차하는 비용을 투하하며, 그것을 우편요금을 통해 큰 이윤과 함께 회수한다. 우편업무는 어떤 종류의 정부라도 성공적으로 경영할 수 있는 유일한 상업적 사업이라고 생각한다. 투하되는 자본의 규모는 그리 크지 않다. 이 업무에는 어떤 비법도 없다. 자본의 회수는 확실할 뿐 아니라 즉각적이다.

6. 그러나 일반적으로 국왕은 상인으로서 성공하지 못한다.

국왕들도 종종 기타 상업적 사업에도 손을 댔으며, 개인과 마찬가지로 보통의 상업부문에서 모험상인이 되어 재정상태를 개선하고자 했다. 그러나 그들이 성공한 예는 드물다. 국왕의 사무관리에는 낭비가 따르는 것이 보통이며 따라서 성공하는 경우가 거의 없다. 국왕의 대리인은 국왕의 부(富)가 무궁무진하다고 생각하므로, 얼마의 가격으로 구입해서 얼마의 가격으로 판매하건 상관하지 않고, 그의 재화를 이 장소에서 저 장소로 운반하는 데 얼마의 비용이 들건 상관하지 않는다. 이들 대리인은 종종 왕과 마찬가지로 낭비적인 생활을 한다. 그리고 때로는 이런 낭비에도 불구하고 적절한 방법을 사용하여 장부를 분식함으로써 국왕의 재산을 자기 것으로 만든다. 마키아벨리의 말에 따르면, 결코 무능한 군주가 아니었던 메디치가(家)의 로렌조(Lorenzo)의 대리인이 바로 이런 방식으로 그의 사업을 경영했다고 한다. 플로렌스 공화국은 이들 대리인의 낭비로 말미암아 몇 번이나 부채를 지불하지 않으면 안 되었다. 그래서 국왕은 그의 가문이 처음에 재산을 모을 수 있었던 상업을 포기하고, 여생을 남은 재산과 자유롭게 처분할 수 있는 국가 수입을 이용하여 자기의 지위에 더 잘 어울리는 사업과 용도에 전념하는 편이 더 좋다는 것을 발견하게 되었다.

7. 두 가지 성격은 서로 용납하지 않는다.

상인과 군주라는 두 가지 인물의 성격은 가장 양립하기 어려운 것이라 여겨진다. 영국 동인도회사가 상인 기질 때문에 매우 나쁜 군주가 되었다면, 마찬가지로 군주로서의 정신 때문에 형편없는 상인이 되었다고 생각된다. 그 회사가 오로지 상인이기만 했던 동안에는 무역경영에 성공하여 주주들에게 회사의 이윤 중에서 적당한 배당금을 지급할 수 있었다. 그러나 그 회사가 처음 300만 파운드 이상의 수입을 매년 거둘 수 있는 군주가 된 뒤에는 즉각적인 파산을 모면하기 위해 정부로부터 특별원조를 요청하기에 이르렀던 것이다. 그 회사가 상인의 지위에 있을 때에는 인도 주재 직원들은 스스로를 상인의 서기라고 생각했지만, 현재와 같이 군주의 지위에 있게 되자 스스로를 국왕의 대신이라고 생각한 것이다.

8. 국가는 부(富)를 외국이나 자국 국민들에게 대부할 수 있다.

국가는 때때로 공공수입의 일부를 자본이윤으로부터 얻듯이 화폐의 이자로부터도 얻을 수 있다. 만약 부를 축적했다면, 국가는 그 중의 일부를 외국 정부나 자국 국민에게 대부할 수 있다.

9. 베른 주는 외국에 대부하고 있다.

베른(Berne) 주(州)는 부(富)의 일부를 외국정부에 대부하여 상당한 수입을 얻고 있다. 즉, 부(富)의 일부를 유럽의 여러 채무국들〔주로 프랑스와 영국〕의 공채에 투자하고 있다〔제5편 제1장 제3절과 제5편 제3장을 참조하라〕. 이 수입(收入)의 안전성은 먼저 그 공채의 안전성 여하에, 즉 그 공채를 관리하는 정부의 성실성 여하에 달려 있다. 그리고 둘째로 채무국과의 사이에 평화가 계속될 가능성 또는 확실성에 달려 있다. 전쟁이 일어나면 채무국이 가장 먼저 취하는 적대행위는 채권국의 자금을 몰수하는 것이다. 외국 정부에 화폐를 대부하는 정책은, 내가 알기로는, 베른주에 특유한 것이다.

10. 함부르크시는 전당포를 운영하고 있다.

함부르크시는 일종의 국영 전당포를 개설해서 6%의 이자율로 담보를 잡고 국민들에게 돈을 빌려주고 있다. 이 전당포는 "롬바르드(Lombard)"라고도 불리는데, 국가에 15만 크라운의 수입을 제공하는 것으로 알려져 있다. 1크라운은 4실링 6펜스이므로, 이것은 33,750파운드 스털링에 해당되는 액수다.

11. 펜실바니아는 토지를 담보로 지폐를 대부하고 있다.

펜실베니아 정부는 축적해 놓은 부(富)가 없으면서도, 화폐가 아니라 화폐의 등가물(等價物)을 주민들에게 대부하는 방법을 발명했다. 즉, 정부어음(Paper bills of credit)을 발행하여 개인에게 이자를 받고 〔대출액의 두 배나 되는 토지를 담보로 하여〕 대출했는데, 이 정부어음은 발행일로부터 15년 뒤에 상환되고, 그 동안에는 은행권과 마찬가지로 손에서 손으로 이전될 수 있으며, 모든 거래에서 법화(法貨)로서 통용되어야 한다고 의회의 법률로써 선언된 것이다. 이 정부어음의 대출로부터 얻는 이자수입에 의해, 이 검소하고 규율 있는 정부는 경상지출 총액 〔약 4,500파운드의 연간지출〕의 상당 부분을 충당하고 있다. 이런 종류의 편법이 성공한 것은 다음과 같은 세 가지 사정에 의존하였음에 틀림없다. 첫째, 금화나 은화 이외의 다른 어떤 상업수단에 대한 수요가 있었다는 점, 다시 말해 소비재에 대한 수요가 커서 자기들의 금화·은화의 대부분을 해외로 수출하지 않고서는 소비재를 구입할 수 없었다는 점이다. 둘째, 이런 편법을 사용한 정부의 신용이 좋았다는 점이다. 셋째, 이 편법이 적절하게 사용되었다는 점이다. 즉, 정부어음의 총액은 만약 정부어음이 존재하지 않았더라면 유통상 필요하였을 금화·은화의 총액을 결코 초과하지 않았다는 점이다. 이와 동일한 편법이 몇몇 다른 아메리카 식민지에서도 여러 차례 채택된 바 있다. 그러나 이와 같은 적절함이 결여되었기 때문에 대부분의 경우 편리함보다는 더 큰 혼란만 초래했다.

12. 이런 종류의 원천으로부터는 큰 수입을 얻을 수가 없다.

그러나 자본과 신용(정부어음의 발행은 결국 정부가 갚아야 할 채무, 즉 신용이다)은 그 성질상 불안정하고 비영속적이기 때문에, (정부에게 안전과 존엄을 줄 수 있는) 확실하고 규칙적이며 영구적인 수입의 주요 원천으로서 의지하기에는 적절하지 못하다. 목축국의 상태로부터 벗어난 어떤 큰 나라 정부도 이런 원천으로부터 공공수입의 대부분을 얻어내는 경우는 거의 없었던 것으로 보인다.

13. 토지에서 나오는 수입은 이보다 훨씬 더 중요하다.

토지는 더 안정적이고 영구적인 성질을 갖는 재원이다. 따라서 국유지의 지대는 목축국보다 훨씬 더 발전한 다수의 큰 나라의 공공수입의 주요 원천이었다(제4편 제7장 제3절을 참조하라). 그리스·이탈리아의 고대 공화국은 오랫동안 국유지의 수익 또는 지대로부터 국가의 필요경비를 지탱한 수입의 대부분을 얻었다. 유럽에서는 왕실 영지의 지대는 오랫동안 옛날 국왕의 수입 대부분을 이루었다.

14. 고대 그리스와 이탈리아에서처럼 전쟁에 소요되는 비용이 적었을 때에는 특히 그러했다.

근대에는 전쟁과 전쟁 준비가 모든 대국들의 필요경비의 대부분이 지출되는 두 가지 원인이 되고 있다. 그러나 그리스·이탈리아의 고대 공화국에서는 모든 시민이 군인이었으며 자비로 군복무를 하고 전쟁을 준비했다. 그러므로 전쟁이나 전쟁준비 어느 것도 국가에 대해 큰 경비의 원인이 되지는 않았다. 그리하여 크지 않은 소유지로부터의 지대가 정부의 다른 모든 필요경비를 충당하는 데 충분했다.

15. 봉건시대에는 모든 경비 지출이 소액이었다.

유럽의 옛날 군주국들에서는 그 시대의 풍속·관습으로 말미암아 대다수 국민들은 전쟁에 대한 충분한 준비를 하고 있었다〔제 5편 제1장 제1절을 참조〕. 그리고 그들이 전쟁터에 나갈 때에는 봉건적인 주종관계의 의무조항에 따라 비용은 그들 스스로 부담하거나 직속 영주의 부담이 되었고, 군주에게는 새로운 비용이 전혀 들지 않도록 했다. 정부의 기타 경비의 대부분은 매우 가벼운 것이었다. 이미 서술했듯이, 사법행정은 경비의 원인이 아니라 수입의 원천이었다〔제5편 제1장 제2절을 참조〕. 수확기의 전후 각 3일 동안 지방민들이 제공하는 노동은 모든 다리·국도, 그리고 나라의 상업에 필요하다고 생각되는 기타 토목공사들을 건설·유지하는 데 충분한 재원이라고 생각되었다. 그 당시에는 군주의 주된 지출은 군주의 가족을 부양하고 궁전을 유지하는 비용이었다. 이에 따라 궁정의 관리들은 곧 국가의 관리들이었다. 재정대신(財政大臣)은 국왕을 대신하여 지대를 거둬들였고, 궁내대신(宮內大臣)과 내무대신은 국왕 가정의 지출을 담당했다. 국왕의 마굿간은 치안대신과 경호대신이 맡아서 관리했다. 국왕의 저택은 전부 성(城)의 형식으로 건축되었는데, 그가 소유한 주요 요새 같았다. 이런 저택 또는 성을 지키는 사람은 일종의 군사총독이라 부를 수 있을 것이다. 이들이 평화시에 유지될 필요가 있는 무관(武官)의 전부였다. 이런 사정 하에서는 대규모 소유지의 지대는 보통의 경우 정부의 필요경비 일체를 지불할 수 있었다.

16. 현재는 국내의 모든 토지의 지대를 가지고도 보통의 경비지출을 충당하기에 부족할 것이다. 그러나 만약 한 나라의 토지 전부가 낭비적인 관리 하에 놓인다면, 지대는 크게 감소할 것이다.

유럽 대부분의 문명화된 군주국의 현재 상태에서는, 한 나라의 토지 전체의 지대〔만약 토지 전체가 한 사람의 소유인 것처럼 관리될 수 있다고 가정하더라도〕는 평화시에 그 국민들에게 부과하는 경상수입에조차 미치지 못할 것이다. 예를 들면 영국의 경상수입은, 매년의 경상지출에 필요한 것뿐 아니라 국채의 이자를 지불하고 그 원금의 일부를 상환하는 데 필요한 것까지 포함하여, 1년에 1,000만 파운드 이상에 이른다. 그런데 1파운드당 4실링의 토지세를 부과하더라도 연간 2백만 파운드에도 미치지 못한다. 그러나 이 이른바 토지세는 영국의 모든 토지 지대의 $\frac{1}{5}$일 뿐 아니라, 모든 가옥 임대료의 $\frac{1}{5}$이고, 모든 자본(그 중에서 국가에 빌려준 부분과 토지 경작에 사용되는 부분은 제외) 이자의 $\frac{1}{5}$이라고 생각되고 있다. 이 토지세 수입의 매우 큰 부분은 가옥의 임대료와 자본의 이자로부터 나온다. 가령 런던 시티(City of London)의 토지세 수입은 1파운드당 4실링의 세율로 123,399파운드 6실링 7펜스에 달하며, 웨스트민스터 시티(City of Westminster)의 토지세 수입은 63,092파운드 1실링 5펜스에 이른다. 화이트홀 팰리스와 세인트 제임스 팰리스(모두 런던의 구역 이름)의 토지세는 30,754파운드 6실링 3펜스에 이른다. 토지세의 일정 부분은 이와 마찬가지 방식으로 영국 안의 모든 크고 작은 도시에 부과되며, 거의 대부분은 가옥의 임대료나 상업자본·대부자본의 이자로 간주되는 것으로부터 나온다. 그러므로 영국 전체에 부과되는 토지세를 근거로 추정하면, 모든 토지의 지대·모든 가옥의 임대료·일체의 자본(이 중 국가에 대부한 것과 토지경작에 사용되는 것은 제외)의 이자로부터 나오는 수입 총액은 매년 1,000만 파운드(즉, 평화시에 정부가 국민에게 부과하는 경상수입)를 넘지 못한다. 물론 영국 전체에 부과되는 토지세를 근거로 한 수입 추정액은, 영국 전체를 평균해 보면, 그 진정한 금액보다 훨씬 적다(비록 몇 개 지구에서는 그 진정한 가치와 거의 같다고 하지만). 가옥의 임대료 및 자본의 이자를 제외한 토지의 지대가 2,000만 파운드에 이른다고 추정하는 사람들도 많지만, 이것은 상당히 자의적인 추정이며 실제와는 다를 가능성이 크다. 그러나 만약 영국의 토지가 현재와 같은 경작상황에서조차 1년에 2,000만 파운드 이상의 지대를 산출할 능력이 없다면, 그리고 이 토지가 모두 한 사람 지주의 소유로 되어 태만하고 낭비적이며 억압적인 토지 관리인의 관리 하에 들어간다면, 이 지대의 $\frac{1}{2}$도 낳을 수 없을 것이며, 어쩌면 $\frac{1}{4}$도 낳지 못할 가능성이 매우 크다. 현재 영국 왕실의 토지는 만약 그 토지가 개인 소유라면 얻을 수 있을 지대의 $\frac{1}{4}$도 낳지 못하고 있다. 만약 왕실 토지가 더욱 넓다면 그 관리는 훨씬 더 나쁠 것이다.

17. 국민의 수입은 국가의 그것보다 훨씬 크게 감소할 것이다.

대부분의 국민들이 토지로부터 얻는 수입은 지대에 비례하지 않고 토지 생산물에 비례한다. 한 나라 토지의 연간 총생산물은 종자(種子)를 위해 유보되는 부분을 제외하면, 대다수 국민들에 의해 매년 소비되거나 그들이 소비하는 다른 것들과 교환된다. 토지 생산물을 가능한 수준 이하로 감소시키는 것은 무엇이든 토지 소유자의 수입을 감소시키는 것보다 훨씬 크게 국민 대다수의 수입을 감소시킨다. 토지의 지대(즉, 토지생산물 중에서 토지 소유자에게 귀속되는 부분)가 총생산물의 $\frac{1}{3}$ 이상 되는 곳은 영국 어디에도 없다. 어떤 경작상태에서 매년 2,000만 파운드의 지대를 제공할 수 있는 토지가 다른 경작상태에서 매년 1,000만 파운드의 지대를 제공한다면, 두 경우 모두 지대는 생산물의 $\frac{1}{3}$이라고 가정하면, 토지 소유자의 수입은 이 경작상태의 변화에 의하여 매년 1,000만 파운드 감소할 뿐이지만, 대다수 국민의 소득은 (종자에 필요한 부분을 제외하면) 매년 3,000만 파운드 감소하게 될 것이다(연간 총생산물이 6,000만 파운드에서 3,000만 파운드로 감소했기 때문이다). 따라서 그 나라의 인구는 매년 3,000만 파운드로 부양할 수 있는 사람의 수(물론 이것은 3,000만 파운드를 분배받는 상이한 계층의 생활방식과 지출방식에 따라 다르다)만큼 감소할 것이다.

18. 왕실 토지의 매각은 국왕과 국민 모두에게 이익이 될 것이다.

공공수입의 대부분을 국가 소유지의 지대로부터 거두어들이는 문명된 국가는 현재의 유럽에는 하나도 없지만, 유럽의 모든 대군주국에서는 거대한 왕실 토지가 아직도 남아 있다. 그것들은 일반적으로는 삼림이지만, 몇 마일을 여행하더라도 나무 한 그루 볼 수 없는 곳들도 종종 있다. 이것은 생산물·인구의 두 측면에서 볼 때 큰 낭비이자 손실이다. 유럽의 어느 대군주국에서도 왕실 토지를 팔면 큰 돈을 얻을 것이고, 그것을 공채 상환에 충당하면 국왕의 수입 중 공채 담보로 잡힌 부분이 해제되므로, 왕실 토지가 지금까지 국왕에게 제공했던 수입보다 훨씬 더 큰 수입을 국왕에게 줄 수 있을 것이다. 토지의 개량과 경작이 매우 고도로 이루어지고 있어서 판매시에 최대로 많은 지대를 받고 팔 수 있는 나라에서는 토지는 일반적으로 그 연간 수입의 30배에 달하는 가격으로 판매된다(토지를 매매할 때 그 가격은 고정된 금액이 아니라 몇 년간의 지대라는 형식으로 정해진다). 그런 나라에서 개량도 되지 않고 경작도 되지 않고 지대도 낮은 왕실 토지는 그 연간 수입의 40배, 50배 또는 60배에 상당하는 가격으로도 판매될 수 있을 것이다. 국왕은 이 토지 판매대금을 공채상환에 사용함으로써 담보로부터 해제된 수입을 즉각 누리게 될 것이다. 그리고 몇 년 안에 국왕은 또 다른 수입을 얻을 수 있을 것이다. 왜냐하면 왕실 토지가 민간의 소유로 된다면 그것은 몇 년 안에 잘 개량되고 경작될 것이기 때문이다. 이리하여 토지 생산물의 증가는 국민의 수입·소비를 증대시킴으로써 인구를 증가시킬 것이다. 또한 왕이 관세·소비세로부터 얻는 수입도 국민의 수입·소비와 더불어 반드시 증가할 것이다.

19. 왕실 토지에서 나오는 수입은 기타 수입에 비해 국민들에게 더 많은 대가를 지불하게 한다.

어떤 문명된 군주국에서 국왕이 왕실 토지로부터 얻는 수입은 국민에게는 아무런 손실도 입히지 않는 것처럼 보일지 모르지만, 실제로는 국왕이 누리는 동일 금액의 다른 수입보다 사회에 대해 더욱 많은 비용을 들게 하는 것이다. 국왕의 이 수입을 무엇인가 동일 금액의 다른 수입으로 바꾸어 주고 이 토지를 국민들에게 분배해 주면 반드시 사회에 이익이 될 것이다. 그리고 그것을 분배해 주는 최선의 방법은 그것을 공매(公賣)에 부치는 것이다.

20. 공원 등은 왕실에 속해 있어야 할 유일한 토지다.

오락과 관상(觀賞)을 위한 토지, 예컨대 공원·정원·공공 산책로 등은 어디에서든 지출의 원인이지 수입의 원천은 되지 못한다. 이런 토지들은 문명대국에서 왕실에 속해야 할 유일한 토지인 것 같다.

21. 국왕의 대부분의 지출은 조세 수입으로 지불되어야 한다.

왕 또는 국가에 특별히 속하는 두 가지의 수입 원천인 국유자본과 국유지(國有地)는 대문명국의 필요 경비를 지탱하는 데 부적절하고 불충분한 재원이기 때문에, 이 경비의 대부분은 여러 종류의 조세에 의해 조달되어야 한다. 즉, 국민은 왕 또는 국가의 공공수입을 지탱하기 위해 각자의 소득 중 일부를 납부해야 한다.

제 2절 조세

1. 조세는 지대·이윤·임금에, 또는 이런 세 종류의 수입 모두에 부과되어야 한다.

이미 앞의 제1편〔제6장〕에서 설명했지만, 개인들의 사적인 수입은 궁극적으로 세 가지 다른 원천, 즉 지대·이윤·임금으로부터 나온다. 모든 조세는 궁극적으로 이들 세 가지 다른 종류의 수입 중 어느 하나로부터 지불되거나 또는 그들 모두로부터 무차별하게 지불되는 것이다. 나는 먼저 지대에 부과하려는 조세, 둘째로 이윤에 부과하려는 조세, 셋째로 임금에 부과하려는 조세, 넷째로 이들 세 가지 개인 수입의 원천에 대해 무차별하게 부과하려는 조세에 관해 가능한 한 잘 설명하고자 노력할 것이다. 이들 네 가지 종류의 조세를 각각 설명하기 위해 이 제 2절을 4개 항목(項目)으로 나누고 그 중 3개 항목을 다시 몇 개의 소항목(小項目)으로 나눌 것이다. 뒤의 논의에서 알 수 있는 바와 같이, 이들 조세 중 다수는 부과하고자 했던 그 재원 또는 수입의 원천으로부터 최종적으로 지불되지는 않는다.

2. 조세 일반에 관해서는 네 가지 원칙이 있다.

각종 조세에 관한 고찰을 시작하기 전에 먼저 조세 일반에 관한 다음의 네 가지 원칙(maxim)을 제시해둘 필요가 있다.

3. (1) 공평(公平)할 것

Ⅰ. 한 국가의 국민이라면 마땅히 가능한 한 각자의 능력에 비례하여〔즉, 국가의 보호 하에 각자가 획득하는 수입의 크기에 비례하여〕 정부를 유지하기 위한 기여를 해야 한다. 큰 나라의 정부지출과 국민 개인들 사이의 관계는 대토지 관리비용과 공동임차인들 사이의 관계와 같은데, 임차인 각자는 그 토지로부터 얻는 이익에 비례하여 관리비를 부담해야 한다. 이른바 과세의 공평(公平) 또는 불공평(不公平)은 이 원칙의 준수 여하에 달려 있다. 위에서 말한 세 종류의 수입 중 어느 하나에만 최종적으로 부과되는 조세는, 그것이 나머지 두 가지 소득에 영향을 미치지 않는다는 점에서, 필연적으로 불공평하다는 사실을 언급해 두어야 할 것이다. 각종 조세에 대한 이하의 검토에서 나는 이런 종류의 불공평에 관해서는 더 이상 주의하지 않고, 대부분의 경우 나의 고찰을 모종의 조세가 어떻게 (그것에 의해 영향을 받는) 모종의 개인 수입에 불공평하게 부과되는지에 대한 것으로 한정할 것이다.

4. (2) 확정적일 것

Ⅱ. 각 개인이 납부해야 하는 조세는 반드시 확정적(確定的)이어야 하고 자의적(恣意的)이어서는 안 된다. 즉, 납세의 시기·방법·금액은 납세자와 기타의 사람들에게 간단명료해야 한다. 그렇지 않다면 납세 의무자는 어느 정도 징세인의 권력에 복종하게 되고, 징세인은 마음에 들지 않는 납세자에게는 세금을 무겁게 부과할 수 있으며 이를 미끼로 선물·부수입을 갈취할 수 있기 때문이다. 과세가 불확정적이게 되면 〔오만하거나 부패하지 않더라도 자연히 인기가 없는〕 징세인(徵稅人)들을 더욱 오만하게 만들고 그들의 부패를 조장할 것이다.

각자가 지불해야 할 조세가 확정적이라는 것은 과세에서는 너무나 중요한 사항이므로, 매우 큰 불공평도 매우 작은 불확정성(不確定性)만큼 유해하지는 않다는 것이 모든 나라의 경험에서 판명되고 있다.

5. (3) 납부하기에 편리할 것

Ⅲ. 조세는 납세자가 지불하기에 가장 편리한 시간에, 가장 편리한 방법으로 징수되어야 한다. 토지 지대나 가옥 임대료에 대한 조세는, 지대나 임대료가 일반적으로 지불되는 시기에 맞추어 부과됨으로써, 납세자가 지불하기에 가장 편리한 때 또는 납세자가 납부할 금액을 가지고 있을 가능성이 가장 높은 때에 징수되고 있다. 사치품과 같은 소비재에 부과되는 조세는 최종적으로 소비자가 부담하며, 일반적으로 소비자에게 가장 편리하고 적절한 방법으로 징수된다. 즉, 소비자는 소비재를 구입할 때마다 조금씩 세금을 납부한다. 소비자는 자기의 선택에 따라 소비재를 구입하거나 구입하지 않을 수 있기 때문에, 그가 이런 종류의 조세 때문에 아무리 큰 불편을 겪는다 하더라도 그것은 자신의 책임일 수밖에 없다.

6. (4) 징수비가 적게 들 것

Ⅳ. 모든 조세는 국민의 주머니로부터 끄집어내는 금액, 또는 국민들의 주머니 속으로 들어가지 못하는 금액이, 국고에 들어가는 금액을 초과하는 부분이 가능한 한 작게 되도록 고안되어야 한다. 그러나 다음의 네 가지 경우에는 조세가 국고에 들어가는 금액보다 훨씬 큰 금액을 국민들의 주머니로부터 끌어내거나 국민들의 주머니 속으로 들어가지 못하게 한다.

첫째는, 조세 징수에 많은 수의 관리들이 필요해서 그들의 봉급이 조세수입의 대부분을 갉아먹고 또한 그들의 부수입이 국민들에게 추가적인 과세 부담으로 되는 경우다.

둘째는, 조세가 국민들의 근면을 방해하고, 그들로 하여금 〔많은 사람들을 먹여 살리고 고용할 수 있는〕 어떤 산업부문에 종사하는 것을 단념하도록 만드는 경우이다. 이런 조세는 한편으로는 국민들의 납세를 강요하고 있지만, 다른 한편으로는 국민들이 훨씬 더 쉽게 납세할 수도 있게 해 줄 자원의 일부를 감소시키거나 파괴해 버릴 수 있다.

셋째는, 탈세를 시도하다가 실패하는 불행한 사람들에게 몰수 기타의 형벌을 부과함으로써, 조세가 그들을 종종 몰락시키고 그리하여 사회가 〔그들의 자본 운용으로부터 얻을 수 있었을〕 이익을 상실하게 되는 경우이다. 무분별한 조세는 밀매매나 밀수의 큰 유혹을 제공한다. 그런데 밀매매에 대한 처벌은 그 유혹의 크기에 비례하여 틀림없이 무거워진다. 공정성(justice)에 관한 모든 일반원칙들과는 반대로, 법률은 먼저 유혹을 조성하고 그 다음에 그 유혹에 굴복하는 사람들을 처벌하고 있다. 법률은 보통 범죄의 유혹이 크거나 작음에 따라 처벌을 경감(輕減)하거나 가중(加重)하고 있는데, 범죄의 유혹이 큰 이런 정황은 본래 그 처벌을 경감해 주어야 하는 성질의 것임에도 불구하고 오히려 처벌을 가중시키고 있다.

넷째는, 국민들에게 조세 징수인의 빈번한 방문·짜증나는 조사를 받게 함으로써 조세가 국민들에게 수많은 불필요한 고통·번거로움·억압을 주는 경우이다. 엄밀하게 말하면, 번거로움은 비용이 아니지만 일종의 비용과 동일한 것으로 간주되어야 한다. 왜냐하면 모든 사람들은 그것으로부터 벗어나기 위해 기꺼이 비용을 지불할 것이기 때문이다. 위의 네 가지 방법을 통해 각종 조세는 종종 국왕을 이롭게 하는 것보다 훨씬 더 큰 부담을 국민들에게 지운다.

7. 이런 일반원칙은 모든 국가들의 주목을 받았다.

이상의 원칙들은 분명히 공정하고 유용한 것이기 때문에 모든 나라들은 이들에 다소 주의를 기울여 왔다. 모든 나라들은 최선의 판단에 따라, 될 수 있는 한, 조세를 공평하도록 하고, 납세의 시기·방법도 납세자에게 최대한 확정적이고 편리하도록 하며, 또한 국고 수입에 비한 국민들의 부담이 적게 되도록 노력을 기울여 왔다. 그러나 다양한 시대와 나라들이 부과한 주요 조세 중 일부에 관한 이하의 단평(短評)은, 모든 나라들의 노력이 이 점에서 똑같이 성공을 거두었던 것은 아니라는 사실을 보여줄 것이다.

1. 토지 지대와 가옥 임대료에 대한 조세

1. 토지 지대에 대한 조세는 불변의 평가액을 기초로 할 수도 있고, 가변의 평가액을 기초로 할 수도 있다.

지대에 대한 조세는 일정한 기준에 따라, 즉 각 지역을 일정한 지대로 평가하고 그 평가를 그 뒤 변경시키지 않는 방식으로 부과되거나, 현실적인 지대의 변화에 따라 변하도록, 그리고 토지 경작의 개량·쇠퇴에 따라 증감하도록 하는 방식으로 부과될 수도 있다.

2. 만일 고정된 평가액에 의해 부과된다면, 영국의 토지세처럼 불공평한 것이 된다.

영국의 토지세처럼, 일정한 불변의 기준에 의해 각 지역에 부과되는 토지세는 처음에는 공평했다고 하더라도 시간이 지남에 따라 각 지역의 경작의 개량·태만의 정도가 서로 다르기 때문에 필연적으로 불공평한 것으로 변한다. 잉글랜드에서 윌리엄과 메리의 재위 제4년〔1692년〕의 법률에 의해 군(郡: county)과 교구(parishes)에 부과된 토지세의 평가는 처음부터 매우 불공평한 것이었다. 그러므로 이 조세는 위의 네 가지 원칙 중 첫번 째 원칙〔공평의 원칙〕을 위반하는 것이다. 그러나 이 조세는 다른 세 가지 원칙에는 완전히 합치된다. 이 조세는 완전히 확정적(確定的)이며, 조세 납부의 시기는 지대 납부 시기와 같기 때문에 납세자에게 가장 편리하다. 이 조세는 어떤 경우에도 지주가 부담하는 것이지만, 차지인에 의해 지주 대신 납부되는 것이 보통이며, 지주는 지대를 받을 때 이 세금만큼 공제해 준다. 또한 이 세금을 징수하는 관리의 숫자도 이와 거의 동일한 수입을 가져다주는 다른 조세의 경우보다 훨씬 적다. 각 지역에 부과되는 이 세금은 지대가 증가하더라도 인상되는 것은 아니기 때문에, 국가는 지주의 여러 가지 개량에 의한 이득을 나누어 갖지 않는다. 이 개량은 종종 그 지역의 다른 지주들의 부담을 경감시키는 데 기여한다. 그러나 이로 말미암아 어느 특정 소유지의 조세 부담이 (상대적으로) 증가하더라도 그것은 항상 매우 적기 때문에 그런 개량을 저해하거나 토지생산물을 감소시키지 않는다. 이 조세는 생산물의 양(量)을 감소시키는 경향은 없기 때문에 가격을 인상시키는 경향을 가질 수 없다. 이 조세는 국민들의 근면을 해치지 않으며, 납세라는 불가피한 불편 이외에는 지주에게 일체 불편을 끼치지 않는다.

3. 외부적인 사정으로 고정적인 평가가 영국의 지주들에게 유리하게 되었다.

그러나 영국의 모든 토지에 부과되는 토지세의 평가가 일정하고 불변이라는 사실로부터 지주가 얻는 이익은 이 조세의 성질과는 전혀 무관한 다른 사정들에 주로 기인하는 것이었다.

4. 그것은 이 나라가 번영해서 지대가 상승한 것이다.

그것은 부분적으로 〔영국의 거의 모든 소유지의 지대가 최초로 평가된 이래 계속 상승했으며 하락한 적은 거의 없었다고 하는〕 거의 전국에 걸친 큰 번영에 기인하는 것이었다. 즉, 거의 모든 지주들은 자기들의 소유지의 현재의 지대에 따라 지불할 경우의 조세와 과거의 평가에 따라 실제로 지불하고 있는 조세 사이의 차액을 이익으로 얻고 있는 것이다. 만약 농촌의 상황이 달랐더라면, 즉 경작의 쇠퇴에 따라 지대가 점차로 하락했더라면, 거의 모든 지주들은 이런 차액만큼 손실을 입었을 것이다. 혁명〔1688년〕 이후 일어난 여러 사정들에도 불구하고 그 평가가 변하지 않았다는 사실은 지주에게는 유리하지만 국왕에게는 불리했다. 사정이 달랐더라면, 국왕에게 유리하고 지주에게 불리했을 것이다.

5. 화폐와 은의 가치가 불변이었다는 사정도 있다.

세금은 화폐로 지불되기 때문에 토지에 대한 평가도 화폐로 표현된다. 이런 평가가 확립된 이후로 은의 가치는 거의 동일했으며, 주화의 법정 표준은 무게·순도에서 변하지 않았다. 아메리카 광산들이 발견되기 이전 2세기 동안 그러했듯이 만약 은의 가치가 현저히 상승했다면, 평가의 계속적인 불변성은 지주로서는 견디기 어려웠을 것이다. 은의 가치가 〔이들 광산이 발견된 이후 적어도 약 한 세기 동안은 분명히 그러했던 것처럼〕 실제로 두드러지게 하락했다면, 평가의 불변성은 국왕의 수입을 크게 감소시켰을 것이다. 동일한 은량(銀量)을 오늘날보다 낮은 명목가치로 인하하거나 또는 높은 명목가치로 인상하여 화폐의 법정 표준에 중대한 변경을 가한다면, 예를 들어 은 1온스가 지금처럼 5실링 2펜스가 아니라 매우 낮아져 2실링 7펜스(이것은 은의 가치하락 또는 은으로 표시한 화폐가치의 상승을 의미한다), 또는 매우 높아져 10실링 4펜스로 주조된다면(이것은 은의 가치 상승 또는 은으로 표시한 화폐가치의 하락을 의미한다), 전자의 경우에는 토지 소유자의 수입이 손해를 볼 것이고, 후자의 경우에는 왕의 수입이 손해를 볼 것이다.

6. 평가액의 고정성은 당사자들 중 어느 한 편에 대해서는 불리한 것이었을 수도 있다.

그러므로 현실적으로 발생했던 것과는 약간 다른 사정 하에서는 이와 같은 평가의 불변성은 납세자 또는 국가에게 매우 불리하게 작용했을 것이다. 그러나 시대가 변하면 그와 같은 사정은 언젠가는 일어날 것이다. 그러나 제국(empire)은 다른 모든 인간의 작품과 마찬가지로 소멸한다는 것이 지금까지 입증되어 왔음에도 불구하고, 모든 제국은 영원히 지속되기를 기대한다. 그러므로 〔제국 그 자체와 마찬가지로 영속시키고자 하는〕 모든 제도는 일정한 사정 하에서뿐 아니라 어떤 사정 하에서도 편리한 것이어야 한다. 즉, 모든 제도는 과도적·일시적·우연적인 사정에 적합해서는 안 되며 필연적인 사정에 적합해야 하며, 따라서 항상 동일해야 한다.

7. 프랑스의 일부 경제학자들은 지대의

〔지대의 모든 변동과 더불어 변동하는,

변화에 따라 변하는 조세제도의 채택을 건의하고 있다.

바꾸어 말해 경작의 개량·태만에 따라 증감하는〕 토지세는 자칭 진정한 경제학자라고 주장하는 프랑스 학자의 일파(중농주의자)가 모든 조세들 중에서 가장 공평한 것이라고 장려한 바 있다. 그들은 모든 조세는 궁극적으로 토지의 지대에 귀착되므로 최종적으로 이를 지불해야 하는 수입 원천에 공평하게 과세해야 한다고 주장한다. 모든 조세는 최종적으로 이를 지불해야 하는 수입 원천에 가능한 한 공평하게 부과되어야 한다는 주장은 확실히 옳다. 그러나 그들의 이 교묘한 이론을 떠받치고 있는 형이상학적 논증에 관해 불유쾌한 토론을 진행하지 않더라도, 다음의 논평으로부터 토지 지대에 최종적으로 귀착되는 조세는 어떤 것이고, 기타의 수입 원천에 최종적으로 귀착되는 조세는 어떤 것인가가 충분히 판명될 것이다.

8. 베네치아의 영토에서는 임대지에 대해서는 10%, 토지 소유자가 직접 경작하는 토지에 대해서는 8%가 과세되고 있다.

베네치아의 영토에서는 차지농에게 임대되는 모든 경작 가능한 토지는 그 지대의 $\frac{1}{10}$의 비율로 과세된다. 토지 임대계약은 각 지역의 세금 징수인이 보관하는 등기부에 기록된다. 토지 소유자가 자신의 토지를 스스로 경작하는 경우 그 토지는 공정한 조사에 의해 평가되어 이 세금의 $\frac{1}{5}$을 공제받는다. 그러므로 토지 소유자는 이 토지에 대하여 위에서 추정된 지대의 10%가 아니라 8%만을 지불한다.

9. 그런 토지세는 영국의 그것보다 공평하지만, 그렇게 확정적이지 않고, 징수비용도 더 비싸게 먹힌다.

이런 종류의 토지세가 잉글랜드의 토지세보다 공평(公平)하다는 것은 확실하다. 그러나 아마도 이것은 잉글랜드의 토지세만큼 확정적(確定的)인 것은 아니며, 조세의 평가는 지주들에게 훨씬 더 큰 번거로움을 줄 것이다. 따라서 징수비용도 훨씬 더 많이 들 것이다.

10. 이 불확정성과 징수비는 감소될 수 있다.

그러나 이와 같은 조세 제도는 이런 불확정성(不確定性)을 예방하고 징수비용을 줄일 수 있도록 고안될 수 있을 것이다.

11. 즉, 토지 임대차계약을 등기하도록 강제하는 것이다.

예를 들면, 지주와 차지인이 공동으로 그들의 임대차계약을 등기부(登記簿)에 등기하도록 강제할 수도 있을 것이다. 이 임대차계약의 조건을 은폐하거나 거짓으로 등기하는 경우에는 적절한 벌금을 부과할 수 있다. 그리고 만약 이 벌금의 일부를 양 당사자 중 누군가가 다른 한 쪽을 고발하여 그 은폐 또는 거짓 등기를 증명하는 사람에게 포상한다면, 국가의 공공수입을 사취하기 위해 양 당사자가 결탁하는 것을 효과적으로 방지할 수 있을 것이다. 토지 임대차계약의 일체의 조건은 이 등기부를 통하여 충분히 알 수 있을 것이다.

12. 계약 갱신에 대한 권리금(fine)에 대해서는 지대보다 더 고율로 과세하는 것이다.

어떤 지주들은 지대를 받는 대신 토지 임대차계약을 갱신할 때 일시불로 권리금(fine)을 받는다. 이 방법은 대개의 경우 낭비가 심한 지주가 취하는 방법이다. 그는 약간의 현금〔권리금〕을 받고 그것보다 훨씬 큰 가치가 있는 장래의 수입〔지대〕을 판매하는 것이다. 따라서 지주에게 이런 방법은 대부분의 경우 해롭다. 그것은 또한 종종 차지인에게도 해로우며, 사회 전체적으로도 항상 해로운 것이다. 이 방법은 종종 차지인이 가지고 있는 자본의 대부분을 가져감으로써 토지를 경작하는 그의 능력을 감소시킨다. 그리하여 그는 일시불로 권리금을 지불하지 않았더라면 더 많은 지대를 지불할 수 있을 텐데 권리금을 일시불로 지불했기 때문에 더 적은 지대를 지불하기에도 더 큰 어려움을 느끼게 될 것이다. 그런데 그의 토지 경작능력을 감소시키는 것은 그것이 무엇이든 사회의 수입 중에서 가장 중요한 부분(즉, 지대수입)을 필연적으로 감소시킨다. 이 권리금에 대한 조세를 통상적인 지대에 대한 세금보다 훨씬 더 과중하게 부과한다면 모두에게 유해한 이 방법을 저지할 수 있을 것이며, 모든 이해 당사자, 즉 지주·차지인·국가 사회 전체에게 큰 이익을 줄 것이다.

13. 경작에 관한 조건들을 높은 지대로 평가하여 그런 방법들을 저지하는 것이다.

어떤 종류의 토지 임대차계약은 차지인에 대해 일정한 경작 방법을 지정하고, 계약 기간 동안 일정한 작물의 윤경(輪耕) 방법을 지정한다. 이런 조건들은 일반적으로 지주가 자신의 농업지식은 차지인보다 월등하다는 자부심(대부분의 경우 근거가 없는 자부심이지만)에서 나온 결과인데, 이런 조건들은 일종의 추가지대(즉, 화폐지대에 추가되는 노동지대)로 간주되어야 할 것이다. 대체로 어리석은 이런 관행을 저지하기 위해서는 이런 종류의 지대는 오히려 높게 평가해서 통상의 화폐지대보다 높게 과세해야 할 것이다.

14. 현물지대를 높게 평가하는 것이다.

어떤 지주들은 화폐(로 지불되는) 지대 대신에 곡물·가축·포도주·기름 등의 현물(로 지불되는) 지대를 요구한다. 또한 지주에 따라서는 노동(으로 지불되는) 지대를 요구하기도 한다. 이런 종류의 지대는 지주에게 유리한 정도 이상으로 차지인에게는 불리하다. 그것은 지주의 수중에 들어가는 것보다 더 많은 것을 차지인의 주머니로부터 뽑아내 가거나 차지인의 주머니에 들어가지 못하게 한다. 이런 지대가 행해지는 나라는 어디에서나 차지인은 가난하거나 거지 상태에 놓여 있다. 그리고 그 가난한 정도는 이 지대가 시행되는 정도에 거의 비례하고 있다. 따라서 이런 지대는 오히려 높게 평가해서 통상적인 화폐지대보다 높게 과세한다면 사회 전체에 해로운 관행을 아마도 충분히 저지할 수 있을 것이다.

15. 자신의 토지 일부를 자경(自耕)하는 지주에게는 세금을 경감해 주는 것이다.

지주가 자신의 토지 중 일부를 경작하려는 경우, 그 지대는 이웃의 차지인·지주들의 공정한 중재에 의해 평가되어야 하며, 이 경우 베네치아의 영토에서와 마찬가지로, 지주가 자경(自耕)하는 토지의 지대가 일정한 액수를 초과하지 않는 한, 지주에 대해 적당한 감세를 허용해 주어도 무방할 것이다. 중요한 것은, 지주로 하여금 토지의 일부를 자경하도록 장려하는 것이다. 일반적으로 지주의 자본은 차지인의 자본보다 크기 때문에 비록 그의 기능이 차지인보다 못하더라도 생산량은 더 많을 수 있다. 지주는 여러 가지 실험을 할 수 있으며 일반적으로 그렇게 하는 경향이 있다. 실험이 실패하더라도 손해는 별로 크지 않으며, 만일 성공하면 나라 전체의 토지 개량과 경작 발전에 기여하게 된다. 그러나 이런 세금의 경감이 지주들로 하여금 일정한 면적까지만 자경하도록 장려하고 그 이상으로 장려해서는 안 된다는 것도 중요할 수 있다. 만약 대부분의 지주들이 자기 소유지 전체를 자경하려고 한다면, 농촌은, 자신의 이익에 따라 자기의 자본·기술이 허락하는 한 잘 경작하고자 하는 착실하고 근면한 차지인 대신에, 게으르고 낭비적인 토지 관리인들로 가득차게 될 것이다. 그들은 제멋대로 관리함으로써 조만간 경작의 질을 떨어뜨리고, 그리하여 토지의 연간생산물을 감소시키게 될 것이다. 그리하여 지주의 수입뿐 아니라 사회 전체의 수입 중 가장 중요한 부분을 감소시키게 될 것이다.

16. 이런 제도는 과세의 불편성과 불확정성을 제거해서 토지의 개량을 장려할 것이다.

이와 같은 관리제도는 지대의 변동에 따라 변동하는 토지세의 불확정성〔이것은 납세자에게 억압이나 불편을 야기할 수 있다〕을 다소 완화시켜 줄 것이고, 또한 전국의 토지 개량과 경작의 발전에 크게 기여할 그런 계획이나 정책을 도입하는 데 기여할 것이다.

17. 이 세금을 징수하기 위한 추가적인 비용은 매우 작을 것이다.

지대가 변할 때마다 변하는 토지세의 징수비용은 고정된 평가에 따라 부과되는 조세의 징수비용보다 확실히 더 클 것이다. 전국 각지에 설치될 필요가 있는 등기소의 직원들에 대한 봉급과,

토지 소유자가 자경하려는 토지에 대해 평가해야 할 일 등이 생기기 때문에, 추가적인 비용이 드는 것은 필연적이다. 그러나 이 모든 비용은 매우 적을 것이며, 그리고 많은 다른 종류의 과세에서 발생하는 비용보다 훨씬 적을 것이다. 많은 다른 종류의 과세로부터 거두어들일 수 있는 수입은 이런 종류의 토지세(가변 토지세)가 제공할 수 있는 수입에 비하면 아주 적다.

18. 토지 개량의 결과 발생하는 가치 증가분에 대해서는 일정 기간만 면세해 주어야 할 것이다.

이런 종류의 가변적인 토지세에 대해 있을 수 있는 가장 유력한 반대는 그것이 토지개량을 저해할 수 있다는 것이다. 토지 개량의 비용에 아무런 기여도 하지 않는 왕이 토지 개량의 이윤 일부를 공유하고자 한다면, 토지를 개량하려는 지주의 의욕은 확실히 줄어들 것이다. 그러나 이런 반대조차도, 지주가 개량을 시작하기 전에 세무관리와 협의하여 지주 소유지의 시가를 〔이웃의 지주와 차지인 양측으로부터 같은 수만큼 선출되는 일정 수의 사람들의 공정한 중재에 따라〕 평가해서 확정하도록 지주에게 허락한다면, 그가 투자액을 완전히 되찾기에 충분한 기간 동안 그 평가에 의해 과세하도록 함으로써 충분히 제거할 수 있을 것이다. 이런 종류의 토지세가 제공하는 주요한 이익들 중의 하나는, 국왕이 자기 자신의 수입을 증가시키기 위해서 토지 개량에 관심을 가지게 된다는 것이다. 그러므로 지주에 대한 보상을 위해 허락되는 기간은 보상에 필요한 기간보다 훨씬 더 길어서는 안 될 것이다. 왜냐하면 이 개량에 의한 이익이 너무 늦게 돌아온다면 국왕의 관심이 크게 둔화될 것이기 때문이다. 그렇지만 그 기간은 짧은 것보다는 긴 편이 나을 것이다. 토지 개량에 대한 국왕의 관심을 크게 자극함으로써 얻는 이익은 지주의 관심을 조금이라도 저해함으로써 입는 손해를 상쇄할 수 없다. 국왕의 관심은 영토 대부분의 경작·개량에 공헌할 수 있는 매우 일반적이고 막연한 고려에 불과하다. 그런데 지주가 기울이는 주의는 자기 소유지의 각 부분에 가장 유리한 방식으로 적용되는 특별하고도 세심한 고려이다. 그러므로 국왕은 자기의 권력 안에 있는 모든 수단을 통해 지주와 차지인 모두의 주의를 격려하는 것에 관심을 쏟아야 한다. 즉, 양자로 하여금 스스로의 판단에 따라, 자신의 이익을, 자신의 방식으로 추구하도록 하며, 또한 그들에게 자신의 근로에 대한 대가를 충분히 향유할 수 있도록 보장하며, 아울러 그들의 모든 생산물에 대해 가장 넓은 시장을 〔영토의 각지에 가장 편리하고 안전한 수륙 교통망을 설치하며, 또한 여러 외국에 대한 무제한의 수출 자유를 허락함으로써〕 제공해야 한다.

19. 이렇게 되면 이 과세의 불편은 최소화될 것이다.

만약 이런 관리제도에 의해 이런 종류의 과세가 토지 개량을 저해하지 않고 오히려 반대로 장려하게끔 관리된다면, 그것은 〔세금을 지불해야 한다는 불가피한 불편을 제외하면〕 지주에게 다른 어떤 불편도 주지 않을 것이다.

20. 이 조세는 모든 변화에 적응할 것이다.

사회상태가 아무리 변하더라도, 농업이 개량되든 쇠퇴하든, 은의 가치와 주화의 법정 표준이 어떻게 변동하든지 간에, 이런 종류의 조세는 정부가 별다른 주의를 기울이지 않더라도 스스로 쉽게 사물의 현실적인 상황에 적응해 갈 것이며, 위와 같은 모든 변화된 상황에서도 항상 공정하고 공평할 것이다. 그러므로 이런 종류의 조세는 일정한 평가에 의해 부과되는 토지세보다도 영구불변의 규정으로서, 또는 이른바 국가의 기본법으로서, 확립되는 것이 훨씬 더 적합할 것이다.

21. 일부 국가에서는 토지세를 징수하기 위해 측량과 평가를 하고 있다.

일부 국가들은 토지 임대차 계약을 등기하도록 하는 간단명료한 방법을 채택하지 않고, 전국의 모든 토지를 실제로 측량하여 평가하는 〔노력과 비용이 많이 드는〕 방법을 채택하고 있다. 그들은 임대인(lessor)과 임차인(lessee)이 국가의 공공수입을 사취하기 위해 결탁해서 토지 임대차 계약의 실제 조건들을 은폐할지도 모른다고 생각했던 것 같다. 영국의 토지조사 대장(Doomsday-book)(윌리엄 1세가 1086년에 만들게 한 것)은 이런 종류의 매우 정밀한 측량의 결과라고 생각된다.

22. 예를 들면 프러시아와 실레지아가 그랬다.

프러시아 국왕의 옛날 영토 안에서 토지세는 실제의 토지 측량 · 평가에 의해 과세되었는데, 이 평가는 수시로 심사해서 변경되었다.* 이 평가에 의하면, 세속의 토지 소유주들은 지대 수입의 20%에서 25%까지, 성직자는 40%에서 45%까지를 납세했다. 실레지아의 토지 측량 · 평가는 현재의 국왕 명령으로 이루어진 것으로, 매우 정확하다고 한다. 이 평가에 의하면, 브레슬라우 주교(bishop of Breslaw)의 토지는 지대의 25%만큼 과세되었다. 신교(新教)와 구교(舊教) 성직자들의 기타 수입은 50%가 과세되었으며, 튜튼(Teutonic) 기사단과 몰타(Malta) 기사단의 영지에는 40%가 부과되었고, 귀족의 보유지는 $38\frac{1}{3}$%, 그리고 평민 보유지는 $35\frac{1}{3}$% 과세되었다.

23. 보헤미아도 그랬다.

보헤미아(Bohemia)의 토지 측량 · 평가는 1백년 이상 걸린 대규모 사업이었다고 한다. 그것은 현재의 여왕의 명령에 의해 1784년의 평화조약 이후에 완성되었다. 밀란(Milan) 공국(公國)의 토지 측량은 샤를(Charles) 6세〔재위: 1380~1422년〕 시대에 시작되었지만 1760년 이후에 와서야 겨우 완성되었다. 이 측량은 지금까지 있었던 모든 측량들 중에서 가장 정밀한 것이라고 평가된다. 사보이(Savoy)와 피에몬테(Piedmont)의 토지 측량은 죽은 사르디니아(Sardinia) 왕의 명령에 의해 시행되었다.

24. 프러시아에서는 교회 소유지는 기타

프러시아 국왕의 영지 안에서는

* De Beaumont, 앞의 책

토지에 비해 더 고율로 과세되고 있지만, 어떤 나라에서는 기타 토지에 비해 저율로 과세되고 있다.

교회의 수입은 세속 지주들의 수입보다 훨씬 높게 과세된다. 교회 수입의 대부분은 지대로부터 얻는 것임에도 불구하고 그것이 조금이라도 토지개량에 사용되거나, 어떤 측면에서든 국민 대중의 수입을 증가시키는 데 기여하게끔 사용되는 경우는 거의 없다. 그래서 프러시아 국왕은 교회 수입이 국가의 긴급한 필요를 충족시키는 데 더욱 많이 공헌하는 것은 합리적이라고 생각했던 것 같다. 어떤 나라에서는 교회의 토지는 일체의 조세를 면제받고 있다. 밀란(Milan) 공국에서는 교회가 1575년 이전부터 갖고 있던 토지는 그 가치의 $\frac{1}{3}$에 대해서만 과세되고 있다.

25. 귀족 보유지와 평민 보유지 사이에는 흔히 과세상의 차별이 있다.

실레지아에서는 귀족 보유지는 평민 보유지보다 3% 높게 과세되고 있다. 프로이센 왕은, 귀족계급은 각종 명예와 특권을 누리고 있으므로 세금을 좀더 많이 내는 것에 대한 보상이 되며, 평민계급은 비천한 지위에서 온갖 굴욕을 당하고 있으므로 세금을 좀 덜 내도록 경감해 주어야 한다고 생각했던 것 같다. 다른 나라들에서는 조세 제도가 이런 불평등을 완화시키기는커녕 오히려 심화시키고 있다. 사르디니아 국왕의 영지와, 프랑스 혁명 전에 이른바 토지 또는 농지 따이유〔real or predial taille: 따이유(taille)는 프랑스 혁명 전에 농민들로부터만 징수하였던 세금으로서, 농민들의 보유지에 대한 토지세로 징수한 것이 토지(real) 또는 농지(predial) 따이유이다〕라 불리는 세금을 징수했던 프랑스의 각 지방에서는, 세금은 오로지 농민들의 보유지에만 과세되었고 귀족들의 보유지는 면세되었다.

26. 일반적으로 측량 및 평가에 따라 부과되는 토지세는 얼마 지나지 않아 불공평한 것으로 된다.

일반적으로 측량·평가에 따라 부과되는 토지세는 처음에는 아무리 공평하더라도 시간이 조금 지나면 반드시 불공평하게 되지 않을 수 없다. 불공평하게 되는 것을 방지하기 위해서는 나라 안의 모든 농장들의 상태와 그 생산물의 변화를 일일이 끊임없이 인내를 갖고 주의를 기울일 필요가 있을 것이다. 프로이센·보헤미아·사르디니아·밀란 공국의 정부는 이런 종류의 주의를 실제로 기울이고 있다. 그런데 이런 주의는 정부의 성질에 적합하지 않기 때문에 오랫동안 지속될 수 없으며, 가령 지속된다고 하더라도 장기적으로는 납세자를 편하게 하기보다는 훨씬 더 많은 번거로움과 골칫거리를 가져다 줄 것이다.

27. 몽토방에서 그러했다. 1666년 프랑스의 몽토방(Montauban) 지역은 매우 정밀한 측량·평가에 따라 토지 또는 농지 따이유(real or predial taille)가 부과되었다. 그러나 1727년에 와서는 이 평가는 이미 매우 불공평한 것으로 되어 버렸다. 이런 불공평을 제거하기 위해 정부는 이 지역 전체에 대해 12만 리브르의 부가세를 부과하는 것 이외에는 달리 좋은 방법을 찾을 수 없었다. 이 부가세는 이전의 평가에 따라 따이유(taille)를 납부하던 모든 지구에 할당되었다. 그러나 이 세금은 이전의 평가에 따라 지금으로서는 비교적 적은 세금을 내고 있는 지구에서만 징수되어, 같은 평가에 따라 지금으로서는 비교적 많은 세금을 내고 있는 지구의 부담을 경감시켜 주는 데 사용되었다. 예컨대 두 개의 지구가 있을 때, 실제의 상황으로 보면 한 지구에 대해서는 900리브르가 과세되어야 하고 다른 지구에 대해서는 1,100리브르가 과세되어야 함에도 불구하고, 두 지구 모두 옛날의 평가에 따라 1,000리브르가 과세되고 있었다고 하자. 그런데 이제 부가세 때문에 두 지구 모두 1,100리브르가 과세되고 있다. 그러나 이 부가세는 부담이 적었던 지구에서만 징수되어 그것을 이전에 과세부담이 높았던 지구의 구제에 충당되기 때문에, 이제 그간 과세 부담이 높았던 지구는 900리브르만 납부하면 되는 것이다. 정부는 이 부가세를 통해 아무런 이득도 손실도 보지 않고, 이 부가세는 전적으로 이전의 평가로부터 생겨나는 불공평을 교정하는 데 사용될 뿐이다

〔이 두 지구는 이전에는 각각 1,000리브르씩 총 2,000리브르를 납부했지만, 이제는 한 지구는 900리브르를, 다른 지구는 1,100리브르를 납부하여 총 2,000리브르가 된다〕. 그러나 이 방법의 운용은 그 구역의 행정장관의 자유재량에 맡겨져 있으므로 상당한 정도 독단적으로 시행될 수밖에 없다.

1) 지대에 비례하지 않고 토지생산물에 비례하는 조세

1. 토지생산물에 부과되는 세금은 최종적으로 지주에 의해 지불된다.

토지생산물에 부과되는 세금은 사실상 지대에 대한 조세며, 비록 차지농이 먼저 지불한다고 하더라도 최종적으로는 지주가 지불하게 된다. 토지생산물의 일정 부분이 세금으로 지불되는 경우, 차지농은 이 부분의 가치가 해마다 평균적으로 얼마나 되는지를 가능한 한 잘 계산해서 지주에게 지불하기로 합의한 지대 중에서 이것에 해당하는 부분만큼을 미리 공제한다. 이런 종류의 토지세인 교회의 십일조(tythe)가 매년 평균적으로 얼마나 되는지를 미리 계산하지 않는 차지농은 하나도 없다.

2. 이것은 매우 불공평한 조세다.

십일조와 이런 종류의 다른 모든 토지세는 표면상으로는 완벽하게 공평한 것 같지만 실제로는 매우 불공평한 조세다. 왜냐하면 상이한 상황(토지세를 현물로 납부하게 되는 상황)에서는, 생산물의 일정 부분은 지대의 전혀 다른 크기의 일정 부분과 등가(等價)가 되기 때문이다〔다시 말해, 생산물의 일정 비율과 지대의 일정 비율은 서로 다르게 된다〕. 매우 비옥한 토지에서는 수확량이 매우 많기 때문에 차지농은 그 절반($\frac{1}{2}$)만 가지고도 충분히 자신이 경작에 투하했던 자본을, 인근의 농업 자본들이 누리는 만큼의 보통이윤과 함께, 회수할 수 있다. 만약 십일조가 없다면, 차지농은 나머지 절반〔또는 결국 마찬가지 말이지만, 나머지 절반의 가치〕을 지주에게 지대로 지불할 수 있을 것이다. 그러나 만약 이 생산물의 $\frac{1}{10}$이 십일조로 지불되어 버린다면, 그는 지대의 $\frac{1}{5}$의 감축을 요구할 수밖에 없다(따라서 지대는 총생산물의 $\frac{5}{10}$에서 십일조($\frac{1}{10}$)를 뺀 $\frac{4}{10}$로 줄어든다). 그렇지 않으면 그는 자신의 투하자본을 보통이윤과 함께 회수할 수 없을 것이기 때문이다. 이 경우 지주의 지대는 총생산물의 $\frac{1}{2}$(즉, $\frac{5}{10}$)이 아니라 $\frac{4}{10}$에 불과하게 될 것이다. 반대로, 척박한 토지에서는 생산물은 적고 경작비용이 많이 들기 때문에 차지농이 그의 자본을 보통이윤과 더불어 보충하기 위해서는 총생산물의 $\frac{4}{5}$를 필요로 하는 경우조차 종종 있다. 이 경우 십일조가 없더라도 지주의 지대는 총생산물의 겨우 $\frac{1}{5}$(즉, $\frac{2}{10}$)을 상회할 수 없을 것이다. 그러나 만약 차지농이 십일조를 납부하게 된다면 (십일조 등 토지세의 궁극적인 부담자는 지주이므로) 그는 지주의 지대로부터 그것만큼 감축해 주기를 요구하지 않을 수 없으며, 그 결과 지대는 총생산물의 겨우 $\frac{1}{10}$로 감소해 버릴 것이다. 비옥한 토지의 지대에 대해서는 십일조가 지대의 $\frac{1}{5}$, 또는 1파운드당 4실링의 세금($\frac{4실링}{20실링}=\frac{1}{5}$)에 불과하지만, 반대로 척박한 토지의 지대에 대해서는 종종 지대의 $\frac{1}{2}$, 또는 1파운드당 10실링($\frac{10실링}{20실링}=\frac{1}{2}$)의 세금으로 된다.

3. 토지생산물에 대한 십일조는 토지 개량과 경작을 모두 저해한다.

십일조는 지대에 부과되는 매우 불공평한 조세이기 때문에 항상 지주에 의한 토지개량과 차지농의 경작을 심하게 저해한다. 교회가 비용을 조금도 지출하지 않고 이익만 많이 챙기려든다면, 지주는 일반적으로 비용이 가장 많이 드는 가장 중요한 개량을 감히 시도할 수 없게 되며, 차지농은 일반적으로 비용이 가장 많이 드는 가장 값비싼 작물을 경작할 수 없게 된다. 꼭두서니(madder: 주황색 염료용 식물)의 재배가 오랫동안 네덜란드에만 한정되어 있었던 이유는 그 나라에는 십일조가 없었기 때문이다. 네덜란드는 장로교 국가로서 유해한 십일조가 없었기 때문에 유럽의 다른 나라들에 대해 이 유용한 염료를 독점적으로 재배할 수 있었던 것이다. 그런데 영국에서 꼭두서니를 재배하는 토지에 대해 십일조 대신에 1에이커 당 5실링의 과세를 규정한 법률이 제정된 결과, 이 식물을 영국에서도 재배하려는 시도가 최근에 와서 겨우 이루어지게 되었다.

4. 생산물에 대한 조세는 아시아의 많은 나라에서는 국가의 주요 수입을 형성하고 있었다.

유럽 대부분 지역의 교회와 마찬가지로 아시아의 많은 나라들에서 정부는 지대에 비례하는 것이 아니라 토지생산물에 비례하는 토지세에 의해 주로 유지되고 있다. 중국에서는 국왕의 주된 수입은 제국 안의 모든 토지생산물의 $\frac{1}{10}$로 구성된다. 그러나 이 $\frac{1}{10}$은 매우 낮게 평가되어 많은 지방에서는 통상적인 생산량의 $\frac{1}{30}$을 넘지 않는다고 한다. 벵골이 영국 동인도회사의 수중에 들어오기 전에 벵골의 마호메트 정부에 납부하던 토지세(또는 지대)는 토지생산물의 약 $\frac{1}{5}$이었다고 한다. 고대 이집트의 토지세도 이와 마찬가지로 $\frac{1}{5}$이었다고 한다(구약성서, 창세기 제 47장 제 26절).

5. 이런 종류의 조세는 국왕으로 하여금 토지의 개량과 경작에 관심을 갖도록 한다고 한다.

아시아에서는 이런 종류의 토지세는 국왕으로 하여금 토지의 개량·경작에 관심을 갖도록 만들었다고 한다. 따라서 중국·(마호메트 정부 치하에 있던 동인도의) 벵골·고대 이집트의 국왕들은 토지의 모든 생산물에 대해서 (그 영토가 제공할 수 있는 한) 가장 광대한 시장을 제공함으로써 토지생산물의 수량과 가치를 될 수 있는 한 증가시키기 위해 훌륭한 도로와 운하를 건설·유지하는 데 매우 큰 주의를 기울였다고 한다. 이에 반해 교회의 십일조는 수많은 작은 부분으로 나누어지기 때문에 그 취득자 중의 누구도 이와 같은 관심을 가질 수 없었다. 한 교구를 담당하는 목사는 자기 교구의 생산물에 대한 시장을 확대하기 위해 다른 지방으로 연결되는 도로·운하를 만드는 것이 자신의 이익이라고는 생각할 수가 없었다. 이와 같은 조세가 국가의 유지에 충당되는 경우에는 그것을 도입할 때 야기되는 불편들을 어느 정도 상쇄할 수 있는 모종의 이점을 갖는다. 그러나 교회의 유지를 위해 충당되는 경우에는 그것은 부담 이외에는 어떤 이점도 수반하지 않는다.

6. 이런 종류의 세금은 현물로 징수되어도 좋고 화폐로 징수되어도 좋다.

토지생산물에 부과되는 조세는 현물 또는 〔일정한 평가에 따른〕 화폐로 징수될 수 있다.

7. 현물로 징수하는 것은 공공수입으로서는 부적당하다.

교구의 목사 또는 자기의 소유지로 살아가는 소지주는 십일조 또는 지대를 현물로 받는 것이 약간 유리하다고 생각할 때가 가끔 있을 것이다. 징수할 수량도 적고 지역도 좁기 때문에 그들은 자기가 받아야 할 모든 것의 징수·처분을 스스로의 눈으로 감시할 수 있다. 그런데 수도에서 살고 있는 대지주는 먼 지방에 있는 소유지의 지대가 대리인·지배인의 손을 거쳐 현물로 납부되는 경우, 이 대리인·지배인의 태만에 의해 더욱 큰 손해를 입을 위험에 처하게 될 것이다. 세금 징수인의 부정·횡령에 의해 국왕이 입는 손해는 필연적으로 훨씬 더 클 것이다. 아무리 부주의한 개인의 하인이라 하더라도 매우 주의 깊은 국왕의 대리인에 비하면 주인의 감시를 받는 정도가 더 클 것이기 때문이다. 현물로 납부되는 국가의 공공수입은 세금 징수인들의 잘못된 관리로 말미암아 국민들로부터 징수되는 세금 중 매우 적은 일부만이 국왕의 국고로 들어간다. 그러나 중국의 공공수입의 일정 부분은 이런 방식으로 납부되고 있다고 한다. 중국의 관리들과 기타 세금 징수인들은 〔화폐에 의한 징세에 비해 훨씬 부정을 저지르기가 쉬운〕 이런 징세 관행을 계속하는 것이 스스로의 이익이라고 생각하는 것이다.

8. 생산물에 대해 화폐로 징수하는 과세는 영구불변이거나 또는 생산물의 시장가격에 따라 변동할 수 있다.

화폐로 징수되는 토지생산물에 대한 과세(생산물의 일정 부분을 화폐로 받는 조세)는 시장가격이 변할 때마다 변화하는 평가에 따라 징수될 수도 있고, 고정된 평가〔예컨대

밀 1부셸은 시장상황이 어떻든 항상 동일한 화폐가격으로 평가된다)에 따라 징수될 수도 있다. 후자의 방법으로 이루어지는 과세는 경작의 개량·태만에 따른 토지의 실제 생산량의 변동에 따라서만 변동할 것이다. 그러나 전자의 방식으로 이루어지는 과세는 토지생산량의 변동뿐 아니라 귀금속 가치의 변동 및 상이한 시기에 동일한 명칭의 주화 속에 함유되어 있는 귀금속량의 변동에 따라서도 변동할 것이다. 전자의 경우 과세수입과 실제의 토지생산물의 가치 사이의 비율은 항상 일정할 것이지만, 후자의 경우 과세수입과 생산물 가치 사이의 비율은 시대에 따라 매우 달라질 것이다.

9. 세금을 일정한 화폐액으로 지불하면, 그 세금은 영국의 토지세와 동일한 성질을 갖게 된다.

모든 세금 또는 십일조를 토지생산물의 일정 부분(또는 이 부분의 가격)으로 지불하지 않고 일정한 화폐액으로 지불하는 경우, 이 세금은 잉글랜드의 토지세와 완전히 동일한 성질을 갖게 된다. 이 세금은 토지 지대와 더불어 늘어나거나 줄어들지 않는다. 그것은 개량을 촉진하지도 않고 저해하지도 않는다. 이른바 현금납부 방식의 십일조(Modus)로 기타 모든 십일조를 대체하고 있는 대부분의 교구들에서 징수하고 있는 십일조는 바로 이런 성질의 조세다. 벵골의 회교정부 하에서는 토지생산물의 $\frac{1}{5}$을 현물로 납부하는 대신에, 전국 대부분의 지역 또는 조세징수 관할구역(zemindari) 안의 대부분의 토지들은 매우 적절한 금액의 현금납부 방식의 십일조를 납부하도록 되어 있었다. 그런데 영국 동인도회사의 일부 직원들은 공공수입을 적절한 수준으로 회복한다는 구실 하에 일부 지역에서 현금납부 방식을 현물납부 방식으로 바꾸었다. 그들의 관리 하에서는 이런 변경은 경작을 저해하고 공공수입의 징수에서 부정을 저지를 새로운 기회를 줄 것 같다. 그 결과 과세수입은, 최초에 동인도회사가 벵골을 지배했을 때와 비교하면, 지금은 크게 줄었다고 한다. 아마도 동인도회사의 직원들은 이런 변경을 통해 이익을 얻었겠지만, 그만큼 회사의 주주들과 국가는 손해를 보았을 것이다.

2) 가옥의 임대료에 부과되는 조세

1. 가옥의 임대료에는 두 가지 부분이 포함되어 있다.

가옥의 임대료는 건물 임대료(building rent)라 불리는 것이 적절한 부분과 통상 택지지대(ground rent)라 불리는 두 부분으로 나눌 수 있다.

2. 건물 임대료

건물 임대료는 가옥의 건축에 사용된 자본의 이자 또는 이윤이다. 건축업자의 사업이 다른 사업과 동일한 수준에 놓여 있기 위해서는 이 사용료는, 첫째, 그 건축업자가 자신의 자본을 확실한 담보를 잡고 대부할 경우 획득할 수 있는 만큼의 이자를 제공하기에 충분할 필요가 있으며, 둘째, 그 가옥을 끊임없이 수선·유지하기에, 또는, 마찬가지 말이지만, 일정한 기한 안에 가옥 건축에 투하된 자본을 회수하기에 충분할 필요가 있다. 그러므로 건물 임대료 또는 통상의 건축 이윤은 어디에서나 통상의 이자율에 의해 규제된다. 시장이자율이 4%인 곳에서는 건축비 전체의 6.0~6.5%를 제공하는 가옥 임대료〔택지 임대료를 제외한 것〕는 아마도 건축업자에게 충분한 이윤을 줄 것이다. 시장이자율이 5%인 곳에서는 그것은 아마도 7.0~7.5%가 되어야 할 것이다. 만약 이자율에 비해 건축업이 이것보다 훨씬 큰 이윤을 준다면, 다른 사업으로부터 많은 자본을 흡수하기 때문에 건축업의 이윤은 적절한 수준으로까지 하락할 것이다. 그리고 만약 그 이윤이 이 수준보다 훨씬 작다면, 지금까지 건축업에 투하되었던 자본은 곧 대량으로 다른 사업으로 옮아갈 것이기 때문에 그 이윤은 다시 상승하게 될 것이다.

3. 택지지대

가옥의 전체 임대료 중에서 이와 같은 적절한 이윤을 제공하기에 충분한 크기를 초과하는 부분은 당연히 택지지대가 되며, 그리고 땅의 소유자와 건물의 소유자가 다른 경우에는 대체로 모두 전자에게 지불된다. 이런 잉여지대(surplus rent)는 그 가옥의 거주자가 그 위치로부터 생겨나는 현실적인 또는 상상적인 이익에 대해 지불하는 가격이다. 대도시로부터 멀리 떨어져 있으며 건축할 대지가 풍부한 농촌의 가옥에서는 택지지대는 거의 무시할 수 있는 수준이거나 기껏해야 가옥이 세워진 땅이 농사에 사용될 때 얻을 수 있는 정도에 불과하다. 대도시 부근의 별장에서는 택지지대가 이것보다 훨씬 높을 수 있다. 이 경우 그 위치의 특유한 편리함과 아름다움에 대해 매우 높은 가격이 지불되는 것이다. 택지지대는 일반적으로 수도에서, 그리고 수도 안에서는 가옥에 대한 수요가 많은 〔그 이유가 장사나 사업을 위해서든, 쾌락과 사교를 위해서든, 또는 단순한 허영과 유행 때문이든〕 특수한 지역에서 가장 높다.

4. 가옥 임대료에 대한 과세는 거주자가 지불하지만 그 일부는 거주자의 부담으로 돌아가고 일부는 택지의 소유자에게 돌아간다.

〔각 가옥의 전체 임대료에 비례하여 임차인이 지불하는〕 가옥 임대료에 대한 조세는 적어도 오랫동안 건물 임대료에 영향을 미칠 수 없다. 만약 건축업자가 적절한 이윤을 얻지 못한다면 그는 사업을 그만둘 수밖에 없으며, 그렇게 되면 건물에 대한 수요가 증가하여 조만간 그의 이윤은 다른 사업의 이윤과 같은 수준으로 되돌아올 것이다. 이 세금은 또한 택지지대에만 전부 귀착되지는 않을 것이고, 일부는 가옥 거주자에게, 일부는 땅의 소유자에게 귀착되도록 나눠질 것이다.

5. 한 가지 예를 들어 설명할 수 있다.

예를 들어 어떤 사람이 가옥 임대료로 연간 60파운드의 비용을 지불할 수 있다고 가정하고, 또한 1파운드당 4실링, 즉 $\frac{1}{5}$(20%)의 세금이 가옥 임대료에 부과되며 이를 거주자가 납부한다고 가정하자. 가옥 임대료가 60파운드인 가옥은 1년에 72파운드를 거주자에게 부담시키는데, 이것은 그가 지불할 수 있다고 생각하는 바를 12파운드 초과한다. 그러므로 그는 이보다 못한 가옥, 즉 가옥 임대료가 50파운드인 가옥에 만족해야 할 것이다. 이 가옥은 그가 세금으로 지불해야 하는 10파운드를 합치면 연간 60파운드가 되어 그가 지불할 수 있다고 생각하는 비용과 같아질 것이다. 결국 그는 이 세금을 납부하기 위해 연간 10파운드 비싼 가옥으로부터 얻을 수 있는 추가적인 편리함의 일부를 포기하는 것이다. 내가 추가적인 편리함의 전부가 아니라 일부를 포기하는 것이라고 말하는 이유는, 그가 연간 50파운드를 가지고 (세금이 없을 경우 연간 50파운드로 얻을 수 있는 가옥보다) 더 좋은 가옥을 얻을 수 있기 때문이다. 왜냐하면 이런 종류의 세금이 가옥 임대료가 60파운드인 가옥에 대한 경쟁을 (이 사람을 탈락시킴으로써) 감소시키는 것과 마찬가지로, 가옥 임대료가 50파운드인 가옥에 대해서도, 그리고 나머지 가옥들에 대해서도, 경쟁을 감소시킬 것이기 때문이다. 다만 가옥 임대료가 최저인 가옥에 대한 경쟁은 당분간 증대될 것이다. 그리하여 경쟁이 감소된 모든 가옥의 임대료는 필연적으로 다소나마 인하될 것이다. 그러나 이런 인하는 적어도 오랫동안 건물 임대료에 영향을 미칠 수는 없으므로, 그 인하된 부분 전체는 장기적으로는 결국 택지지대에 귀착될 것이다. 그러므로 이 세금의 최종적인 지불은, 부분적으로는 가옥 거주자(그는 자기 몫의 세금을 지불하기 위하여 편리함의 일부를 포기하지 않을 수 없을 것이다)에게 귀착되며, 부분적으로는 택지 소유자(그는 자기 몫의 세금을 지불하기 위하여 수입의 일부를 포기해야 할 것이다)에게 귀착될 것이다. 상이한 상황에서는 이런 배분은 크게 달라질 것이며, 상이한 상황에 따라 이런 종류의 과세는 가옥 거주자·토지 소유자에게 매우 불평등하게 영향을 미칠 것이다.

6. 이 조세는 부자에게 가장 무겁게 부과되므로 거주자에게는 불공평한 조세가 될 것이다.

이런 종류의 조세가 상이한 택지지대의 소유자들에게 불공평하게 귀착되는 것은 앞에서 말한 이 배분의 우연한 불평등 때문이다. 그러나 상이한 가옥 거주자들에게 귀착되는 불평등은 이런 이유뿐 아니라 다른 이유로부터도 생긴다. 전체 생활비 중 가옥 임대료가 차지하는 비율은 재산의 크기에 따라 달라진다. 즉, 이 비율은 재산이 가장 많을 때 가장 크고, 그 뒤 점점 작아져서 재산이 가장 적을 때 가장 작다. 생활필수품은 가난한 사람들에게는 매우 큰 비용이 든다. 그들은 식료품조차 구하기 어려우며 얼마 안 되는 수입의 대부분은 식료품 구입에 지출된다. 그러나 부자는 사치품·장식품에 주로 지출하며, 웅대한 가옥은 그들이 소유하고 있는 모든 사치품·장식품을 아름답게 꾸미고 가장 멋있게 보이도록 만든다. 그러므로 가옥 임대료에 대한 과세는 일반적으로 부자들이 가장 무겁게 부담하게 되는데, 이런 종류의 불평등에 무슨 매우 불합리한 점이 있는 것은 결코 아니다. 부자들이 수입에 비례해서뿐 아니라 그 비례를 약간 초과해서 공공수입에 기여하는 것은 그렇게 불합리한 일은 아닐 것이다.

7. 이 과세는 다른 모든 소비재에 대한 과세와 비슷하게, 사람들의 전체 지출과 비례관계를 매우 잘 유지할 것이고, 또한 상당한 수입을 가져올 것이다.

가옥 임대료는 몇 가지 측면에서는 토지 지대와 비슷하지만, 한 가지 점에서는 본질적으로 다르다. 토지 지대는 생산적인 물건의 사용에 대해 지불된다. 지대를 얻는 토지는 이 지대를 생산한다. 그러나 가옥 임대료는 비생산적인 물건의 사용에 대해 지불된다. 가옥이나 그것이 세워져 있는 토지는 아무것도 생산하지 않는다. 그러므로 가옥 임대료를 지불하는 사람은 그것을 가옥과는 전혀 무관한 어떤 수입의 원천으로부터 끌어내야 한다. 가옥 임대료에 대한 세금은, 그것이 거주자의 부담으로 되는 한, 가옥 임대료 그 자체를 지불하는 것과 동일한 원천으로부터 나와야 하며, 그들의 수입〔노동의 임금·자본의 이윤·토지의 지대〕으로부터 지불되어야 한다. 가옥 임대료에 대한 세금이 가옥 거주자의 부담으로 되는 한, 그것은 하나의 수입 원천에만 귀착하는 것이 아니라 서로 다른 세 가지 수입 원천 모두에 귀착하는 것이다. 그것은 모든 점에서 소비재에 부과되는 과세와 동일한 성질을 갖는다. 일반적으로 한 사람의 총지출의 크기를 판단할 수 있는 지출항목으로서 가옥 임대료보다 더 나은 기준은 없다. 이 지출 항목(가옥임대료)에 비례세를 부과하면, 그것은 아마도 지금까지 유럽의 어느 나라가 지출에 관한 어떤 조세로부터 끌어낸 것보다 더 많은 세수(稅收)를 낳을 것이다. 더욱이 이 세금이 너무 높다면, 대부분의 국민들은 더 작은 가옥에 만족하고 그들의 지출의 대부분을 다른 방면으로 돌림으로써 가능한 한 이 세금으로부터 벗어나고자 할 것이다.

8. 가옥 임대료는 쉽게 확정될 수 있다. 비어 있는 집은 면세되어야 하고, 주인이 살고 있는 가옥은 그 임대 가치로써 부과되어야 한다.

가옥 임대료는 토지의 지대를 확정하는 데 필요한 것과 동일한 방법으로 충분히 정밀하고 쉽게 확정할 수 있을 것이다. 사람이 거주하지 않는 가옥은 납세하지 않아도 좋다. 이런 빈 가옥에 과세하는 것은 완전히 그 소유자의 부담으로 되며, 그에게 아무런 편의·소득도 제공하지 않는 물건에 대해 과세하는 것으로 될 것이다. 가옥 소유자가 거주하는 가옥은, 그것을 건축하는 데 든 건축비용에 따라서가 아니라 〔공정한 중재에 의해 임차인에게 임대하면 충분히 받을 수 있다고 판단되는〕 임대료에 따라 과세되어야 한다. 만약 가옥 건축비에 따라 과세한다면, 건축비 1파운드당 3~4실링(즉, 15~20%)의 과세는 기타의 과세와 더불어 영국이나 기타 문명국의 거의 모든 부유한 대가문들을 몰락시켜 버릴 것이다. 우리나라에서 가장 부유한 대가문들이 소유하고 있는 도시지방의 각종 가옥을 주의 깊게 조사해 본다면, 원래의 건축비의 6.5~7%로 계산한 가옥 임대료가 그들 소유지의 순수입 전체에 거의 필적하게 됨을 알 수 있을 것이다. 매우 웅장하고 화려한 가옥이라면 원래의 건축비는 몇 세대에 걸쳐 축적된 비용인데, 그 가옥은 비용에 비교한다면 매우 적은 교환가치밖에 없다.*

9. 택지지대는 건물 임대료보다는

택지지대는 가옥 임대료보다 더욱 적절

* 이 책의 초판이 발간된 이래 위에서 말한 원리에 의거한 조세가 부과되었다.

더욱 적당한 과세 대상이다.

한 과세 대상이다. 택지지대에 대한 세금은 가옥 임대료를 인상시키지 않을 것이다. 이 세금은 전적으로 택지지대를 수취하는 택지 소유자[그는 항상 독점자로서 행동하며 택지 사용에 대해 얻을 수 있는 최대의 지대를 뽑아낸다]의 부담으로 될 것이다. 그가 택지의 사용에 대해 얻는 지대는 경쟁자들이 부유한가 가난한가에 따라 많을 수도 있고 적을 수도 있다. 바꾸어 말하면, 경쟁자들이 특정한 땅에 대한 자신의 기호를 만족시키기 위해 얼마나 많은 비용을 지출할 수 있는가에 따라 커질 수도 있고 작아질 수도 있다. 어느 나라에서든 부유한 경쟁자들의 대다수는 수도에 있고, 따라서 수도의 택지지대는 항상 가장 높다. 이 경쟁자들의 부(富)는 택지지대에 대한 과세로 말미암아 결코 증가하지는 않기 때문에, 그들은 택지 사용에 대해 더 많이 지불하고자 하지는 않을 것이다. 가옥 거주자가 이 세금을 선납(先納)하는가 또는 택지 소유자가 직접 지불하는가는 별로 중요하지 않을 것이다. 이 세금을 거주자가 많이 부담하면 부담할수록 그는 택지에 대해 더 적게 지불하고자 할 것이다. 그리하여 이 세금의 최종적인 지불은 모두 택지지대의 수취인에게 귀착될 것이다. 사람이 거주하지 않는 가옥의 택지지대에는 과세하지 않아야 한다.

10. 토지의 지대에 과세하더라도 나라의 어떤 산업도 전혀 저해되지 않는다.

택지 지대와 보통의 토지 지대는 대부분의 경우 그 토지 소유자가 스스로 아무런 관심이나 주의도 기울이지 않고 얻는 수입(收入)의 일종이다. 이 수입의 일부를 그의 주머니로부터 국가 경비를 부담시키기 위해 징수하더라도, 어떤 종류의 산업도 저해되지 않을 것이다. 한 사회의 토지·노동의 연간생산물, 즉 국민 대다수의 참된 부와 수입은 과세 전이나 후에나 변함이 없을 것이다. 따라서 택지 지대와 보통의 토지 지대는 그것에 부과되는 어떤 조세라도 가장 잘 부담할 수 있는 수입일 것이다.

11. 택지 지대는 보통의 토지 지대에 비해서도 더 적당한 과세 대상이다.

이런 점에서 택지 지대는 보통의 토지 지대보다 적절한 과세 대상이라고 생각된다. 왜냐하면 보통의 토지 지대는 많은 경우 적어도 부분적으로는 지주의 주의와 적당한 관리 덕분이며, 따라서 세금이 과중한 경우 이와 같은 주의와 관리를 심하게 저해할 것이기 때문이다. 보통의 지대를 상회하는 택지 지대는 전적으로 왕의 훌륭한 통치 덕분이다. 왜냐하면 훌륭한 통치는 전체 국민 또는 특정지역 거주자들의 생업을 보호함으로써 그들로 하여금 가옥의 택지에 대해 그 진정한 가치보다 훨씬 많이 지불할 수 있게 하기 때문이다. 바꾸어 말하면, 그들로 하여금 택지 소유자에게 그가 이 택지를 자신이 사용하지 못함으로써 입는 손실을 보상하고도 남을 만큼 훨씬 많이 지불할 수 있게 하기 때문이다. 따라서 국가의 훌륭한 통치로 말미암아 발생하는 수입에 대해, 그 국가의 유지를 위해 특별하게 과세하는 것(즉, 다른 대부분의 수입보다 더 많이 기여하도록 하는 것)은 매우 합리적인 일이다.

12. 택지 지대를 별도로 과세하고 있는 곳은 아무데도 없으나, 택지 지대와 가옥 임대료를 분리하여 과세하는 것은 크게 어려운 일이 아니다.

유럽의 많은 나라들은 가옥 임대료에 대해서 과세했지만 택지 지대를 별개의 과세 물건으로 간주했던 나라는 하나도 없었다. 조세 제도의 입안자들은 전체 가옥 임대료 중에서 택지 지대 부분과 건물 임대료 부분을 확정하기가 매우 어렵다고 생각했던 것 같다. 그러나 가옥 임대료 중에서 이 두 부분을 서로 구별하여 과세하는 것이 매우 어려운 일은 아닐 것으로 보인다.

13. 가옥 임대료는 법률상 영국의 토지세를 납부해야 한다.

영국에서는 이른바 연간 토지세에 의해 가옥 임대료와 토지 지대가 같은 비율로 과세되고 있는 것으로 추정된다. 각 교구·지구에서 이 세금을 부과하기 위해 적용하는 평가는 항상 동일하다.

그러나 이 평가는 원래 매우 불공평한 것이었으며, 지금도 그러하다. 우리나라의 대부분 지역에서 이 연간토지세는 토지지대에 대해서보다 가옥 임대료에 훨씬 더 가볍게 부과되고 있다. 다만 처음에는 높게 평가되었으나 가옥 임대료가 현저하게 하락한 소수 지역에서만, 1파운드당 3실링 내지 4실링(15%~20%)의 토지세가 가옥의 실제 임대료에 대해 공평한 비율을 이루고 있다고 한다. 임대되지 않은 빈 집은, 법률상으로는 과세되어야 하지만, 대개의 지역에서는 과세 사정인(assessor)의 호의에 의해 면세되고 있다. 그리고 이 과세 면제는 그 지역의 세율에는 변동을 야기하지 않지만 때때로 개별 가옥의 세율에 소폭의 변동을 야기하는 경우도 있다. 신축(新築)이나 수선(修繕) 등으로 인한 임대료의 증가는 그 지역의 세금 부담을 경감시키지만, 그 때문에 개별 가옥의 과세율은 더욱 크게 변동하게 된다.

14. 네덜란드에서는 주택의 자본 가치에 대해 과세하고 있다.

네덜란드에서는 모든 가옥에 대해 그 가치의 2.5%의 세금이 부과된다.* 이 세금은 가옥이 실제로 얻고 있는 임대료를 고려하지 않으며, 또한 가옥이 임대되고 있는지 없는지도 고려하지 않는다. 소유자에게 아무런 수입도 가져다주지 않는 임대되지 않은 가옥에 대하여 과세를 〔더욱이 그것도 매우 무거운 세금을〕 강요하는 것은 가혹하다고 생각된다. 시장 이자율이 3%를 초과하지 않는 네덜란드에서는 가옥의 가치 전체에 대한 2.5%는 대개의 경우 건물 임대료〔또는 아마도 가옥임대료 전체〕의 $\frac{1}{3}$ 이상에 해당한다. 그러나 가옥이 과세되는 평가는 매우 불공평하지만 항상 그 가옥의 실제 가치보다는 낮다고 한다. 가옥이 개축·수선·확장되는 경우에는 새롭게 평가되어 과세된다.

15. 영국에서는 주택에 대한 세금은

잉글랜드에서 상이한 시기에 가옥에

* De Beaumont, 앞의 책

주택 임대료에 비례하지 않았다.

부과하는 각종 과세 제도의 입안자들은 각 가옥의 실제 임대료를 상당히 정확하게 확정하기는 어렵다고 생각했던 것 같다. 그러므로 그들은 비교적 명확한 어떤 상황을 가정하고 세액을 규정하려고 했는데, 그들은 대부분의 경우 그런 상황에서는 실제 임대료와 규정한 세액이 어떤 비례관계를 가질 것이라고 생각했던 것이다.

16. 처음에는 벽난로의 수에 비례하여 과세했다.

이런 종류의 조세 중 최초의 것은 벽난로세(Chearth-money)였다. 즉, 벽난로 하나에 대해 2실링의 세금을 부과하는 것이었다. 그런데 벽난로가 그 가옥에 몇 개나 있는지를 확인하기 위해서는 세금 징수인이 그 가옥의 각 방마다 들어가서 조사할 필요가 있었다. 따라서 혁명〔1688년〕 이후 곧 이 조세는 노예제도의 표지(標識)라고 해서 폐지되었다.

17. 그 다음에는 창문의 수에 비례하여 과세했다.

이런 종류의 조세로서 그 다음의 것은 현재 사람이 거주하고 있는 가옥 1호마다 부과되는 2실링의 세금이었다. 창문이 10개인 가옥은 4실링 더 과세되었고, 창문이 20개 이상 있는 가옥은 8실링을 더 납부해야 했다. 이 세금은 그 뒤 개정되어 창문 수가 20~29개 이하인 가옥은 10실링, 30개 이상인 가옥은 20실링을 납부하게끔 되었다. 대개의 경우 창문 수는 가옥 외부에서 헤아릴 수 있으며, 어떤 경우에도 가옥의 각 방에 들어갈 필요는 없다. 따라서 세금 징수인의 점검은 벽난로세만큼 불쾌한 것은 아니었다.

18. 현재의 창문세는 창문 하나당 2펜스에서 2실링까지 점점 증가한 것이다.

이런 종류의 과세제도는 그 뒤 폐지되고, 그 대신에 신설된 것이 창문세(window-tax)이다. 이 창문세 역시 수차례 변경되어 증액되었다. 현행〔1775년 1월〕 창문세는, 잉글랜드에서는 가옥 1호당 부과되는 3실링의 세금〔스코틀랜드에서는 가옥 1

호당 1실링의 세금) 이외에 각 창문에도 과세하는 것이며, 잉글랜드에서는 창문 수가 7개 이하의 가옥에 대해서는 창문 한 개당 2펜스〔최저세율〕로부터 점점 올라가서 창문 수가 25개 이상인 가옥에 대해서는 창문 한 개당 2실링〔최고세율〕이 된다.

19. 창문세에 대한 주요 반대 이유는 불공평하다는 것이다.

이와 같은 종류의 과세에 대한 주된 반대 이유는 그것이 매우 불공평하다는 것, 즉 가장 나쁜 종류의 불공평이라는 것이다. 왜냐하면 그것은 종종 부자들보다 가난한 사람들에게 훨씬 무거운 부담이 되고 있기 때문이다. 가옥 임대료가 1파운드인 지방도시의 가옥이 가옥 임대료가 500파운드인 런던의 가옥보다 더 많은 수의 창문을 가진 경우가 때때로 있다. 전자의 가옥 거주자가 후자의 가옥 거주자보다 훨씬 궁핍한데도 불구하고, 그의 세금이 창문세에 의해 결정되는 한, 그는 국가의 유지를 위해 후자보다 더 많은 세금을 납부해야만 하는 것이다. 그러므로 이런 창문세는 앞에서 제시한 네 가지 원칙 중에서 첫 번째 원칙(즉, 공평의 원칙)을 직접적으로 위반하고 있다. 다른 원칙들은 크게 위반하고 있는 것 같지 않다.

20. 가옥에 대한 과세는 임대료를 저하시킨다.

창문세와 기타 모든 가옥세는 가옥 임대료를 하락시키는 자연적인 경향이 있다. 왜냐하면, 사람들이 세금을 많이 낼수록 임대료를 지불할 능력은 그만큼 적어지기 때문이다. 그러나 창문세가 부과된 이후로 가옥 임대료는 내가 알고 있는 영국의 거의 모든 도시와 시골에서 전반적으로 많게 또는 적게 올랐다. 거의 모든 곳에서 가옥에 대한 수요가 크게 증가하여 창문세가 가옥 임대료를 하락시킨 것 이상으로 그것을 올렸던 것이다. 이것은 우리나라의 엄청난 번영과 주민들의 수입 증대를 보여주는 증거들 중의 하나다. 만약 이 창문세가 없었더라면 가옥 임대료는 더 많이 올랐을 것이다.

2. 자본의 수입, 즉 이윤에 대한 조세

1. 이윤은 이자와, 이자를 초과하는 잉여로 나누어진다.

자본으로부터 생기는 수입, 즉 이윤은 자연스럽게 두 부분으로 나누어진다. 하나는 이자(利子)를 지불하는 부분으로서 자본 소유자에 귀속되는 부분이며, 다른 하나는 이자 지불에 필요한 부분을 초과하는 잉여분(剩餘分)이다.

2. 그 잉여 부분은 과세의 대상이 될 수 없다.

이윤 중 후자(이자를 지불한 뒤의 잉여분)는 분명히 직접적으로 과세할 수 없는 대상이다. 이 부분은 자본의 사용에 따른 위험·고통에 대한 보상이며, 대부분의 경우 매우 적절한 보상에 불과하다. 자본의 사용자는 이 보상을 받아야 한다.[1] 그렇지 않으면 자신의 이익에 부합되게 이 사업을 계속할 수 없을 것이기 때문이다. 그러므로 만약 총이윤에 비례하여 직접적으로 과세된다면, 그는 이윤율을 인상하거나 또는 세금을 화폐의 이자에 부담시킴으로써 이자 지불을 줄이거나 할 수밖에 없을 것이다. 만약 그가 이윤율을 세금에 비례하여 인상한다면, 그 세금 전체는, 비록 그가 세금을 선납하더라도, 그가 자본을 사용하는 방법에 따라 두 종류의 사람들 중 어느 한 쪽에 의해 최종적으로 지불될 것이다.

만약 그가 자본을 토지의 경작에 농업자본으로 사용한다면, 그는 오직 토지생산물의 더 큰 부분(또는 마찬가지 이야기지만, 더 큰 부분의 가격)을 차지함으로써 이윤율을 높일 수 있을 것이다. 그런데 이것은 지대를 감소

1) 마르크스는 자본의 소유와 자본의 기능이 분리할 때 자본 소유(所有)의 대가(代價)가 이자(利子)로 생각되고 자본 기능(機能)의 대가가 기업가 이득(利得)으로 생각되는 잘못된 관념이 발생하는 것을 지적하고 있다. 그는, 사실은 노동자의 잉여노동을 자본 소유자와 기능 자본가가 분할하여 가지는 형태가 이자와 기업가 이득이라고 했다.『자본론』제 3권 제 23장(이자와 기업가 이득)을 참조하라.

시킬 수밖에 없기 때문에 세금의 최종적인 지불은 지주에게 귀착될 것이다. 만약 그가 자본을 상업자본 또는 공업자본으로 사용한다면, 이윤율을 높이기 위해서는 상품가격을 인상하는 수밖에 없을 것이다. 이 경우 조세의 최종적인 지불은 그 상품의 소비자에게 전적으로 귀착될 것이다. 만약 그가 이윤율을 인상시키지 않는다면, 그는 세금 전체를 이윤 중 이자에 할당되는 부분에 부담시켜야만 할 것이다, 왜냐하면 차입한 자본에 대해 이자를 지불할 수 있는 그의 능력이 감소되었기 때문이다. 그리하여 그 세금은 전부 궁극적으로는 이자의 부담으로 될 것이다. 그가 어떤 한 가지 방식(즉, 이윤율의 인상)을 통해 과세의 부담으로부터 벗어날 수 없는 한, 그는 다른 방식(즉, 이자율의 인하)을 통해 벗어날 수밖에 없다.

3. 얼핏 보면 이자는 지대와 마찬가지로 과세에 적당한 것 같다.

화폐의 이자는 얼핏 보면 토지의 지대와 마찬가지로 직접 과세할 수 있는 대상인 것 같다. 그것은 지대와 마찬가지로 자본의 사용에 따른 모든 위험·고통을 완전히 보상한 뒤에 남는 순생산물이기 때문이다. 토지 지대에 대한 과세는 지대를 인상시킬 수 없다. 왜냐하면, 차지농의 자본을 적절한 이윤과 함께 보충한 뒤 남는 순생산물은 이 세금을 부과하기 이전보다 부과한 이후에 더 클 수 없기 때문이다. 이와 마찬가지 이유로, 이자에 대한 과세는 이자율을 인상시킬 수 없을 것이다. 왜냐하면, 한 나라에 있는 자본 또는 화폐의 수량은 토지의 수량과 마찬가지로 과세 전이나 후나 여전히 같다고 생각되기 때문이다. 〔이미 제1 편에서 설명했듯이〕 어디에서든 보통의 이윤율은 자본으로 경영되어야 할 사업의 양(量)과 투하되려는 자본의 양(量) 사이의 비율에 의해서 결정된다. 그런데 자본으로 경영되어야 할 사업량은 이자에 대한 과세 때문에 증감할 수는 없을 것이다. 그러므로 만약 이 과세 때문에 투하되려는 자본량이 증감하지 않는다면, 보통 이윤율은 필연적으로 일정하게 머물러 있을 것이고, 아울러 이윤 중에서 자본 사용자의 위험·고통을 보상하는 데 필요한 부분도 마찬가지로 일정한 크기로 유지될 것이다. 왜냐하면 이 위험·고통은 전혀 변화하지 않을 것이기 때문이다. 그러므로 이윤의 나머지 부분, 즉 자본 소유자에게 귀속되며 이자 지불에 충당되는 부분 또한 필연적으로 일정하게 유지될 것이다. 따라서 얼핏 보면 이자는 지대와 마찬가지로 직접적인 과세에 적합한 대상인 것처럼 보인다.

4. 그러나 사실은 그렇지 않다. 왜냐하면,

그러나 화폐의 이자를 토지의 지대보다 훨씬 덜 적합한 직접적 과세대상으로 만드는 두 가지 사정이 있다.

5. (1) 개인이 가진 자본의 양은 쉽게 확정될 수 없기 때문이다.

첫째, 각 사람이 소유하고 있는 토지의 수량과 가치는 결코 비밀이 될 수 없으며 항상 아주 정확하게 확정될 수 있다. 그러나 그가 소유하고 있는 자본 총액은 거의 항상 비밀에 가까우며 어느 정도 정확하게 확정되기가 거의 불가능하다. 게다가 자본 총액은 거의 끊임없이 변동하기 쉽다. 자본 총액이 다소 증감하지 않는 기간은, 1년은 거의 없고, 한 달도 자주 없으며, 때때로 하루도 거의 없다. 모든 사람들의 개인적인 사정을 감시하는 것, 그것도 그들에게 과세하기 위해 재산상의 모든 변동을 감시하는 것은, 어느 누구도 감당하기 어려운 연속적이고 끝없는 골칫거리다.

6. (2) 자본은 과세하면 다른 나라로 옮겨가 버리기 때문이다.

둘째, 토지는 움직일 수 없는 물건이지만, 자본은 쉽게 움직일 수 있다. 토지 소유자는 반드시 자기의 소유지가 있는 특정국의 시민이다. 그러나 자본 소유자는 세계의 시민이라고 하는 것이 더 적절하며, 그는 반드시 어느 특정국에 속해 있는 것도 아니다. 그는 무거운 세금을 부과하려고 골치 아픈 세무조사를 하는 나라를 쉽게 떠나며, 자기의 사업을 더 쉽게 할 수 있거나 자기의 재산을 더 안락하게 즐길 수 있는 다른 나라로 자기의 자본을 이동시킬 것이다. 자본을 이동시킴으로써 그는 자신이 떠난 나라에서 그 자본이 유지했던 모든 산업에 종지부를 찍을 것이다. 자본은 토지를 경작하며 노동을 고용한다. 자본을 쫓아버리는 경향을 갖는 조세는 국왕과 사회에 대해 모든 수입의 원천을 그만큼 고갈시키는 경향을 가질 것이다. 자본의 이윤뿐 아니라 토지의 지대 및 노동의 임금도 자본의 이동에 의해 필연적으로 다소 감소할 것이다.

7. 자본에 대한 과세가 있는 곳에서는, 그것은 느슨하고 대단히 낮은 평가에 따라 과세된다.

따라서 자본으로부터 생기는 수입에 대해 과세하려고 했던 모든 나라들은 이와 같은 엄밀한 조사 대신에 매우 느슨하며 따라서 다소 자의적인 평가에 만족할 수밖에 없었다. 이런 방식으로 평가되는 조세의 극단적인 불공평성과 불확정성은 매우 낮은 세율에 의해서만 보상될 수 있다. 모든 사람들은 자신의 수입에 비해 훨씬 낮게 과세되고 있음을 알기 때문에, 그의 이웃이 약간 더 낮게 과세되더라도 별로 개의치 않게 된다.

8. 잉글랜드의 토지세가 그렇다.

잉글랜드의 이른바 토지세가 의도한 것은 자본도 토지와 동일한 비율로 과세되어야 한다는 것이었다. 토지에 대한 세금이 1파운드당 4실링, 즉 추정 지대의 $\frac{1}{5}$이었을 때, 자본도 추정 이자의 $\frac{1}{5}$ 만큼 과세되어야 한다는 취지였다. 현재의 연간 토지세가 처음으로 부과되었을 때(1660년), 법정이자율은 6%였다. 따라서 자본도 100파운드당 24실링〔즉, 100파운드 x 6% $\times \frac{1}{5}$ = 1.2파운드 = 24실링〕을 납세해야 하는 것으로 간주되었다. 법정이자율이 5%로 저하되었으므로, 자본은 100파운드당 20실링〔즉, 100파운드 × 5% $\times \frac{1}{5}$ = 1파운드 = 20실링〕만 납세하면 된다. 이른바 토지세에 의해 징수될 금액은 지방과 주요 도시로 나뉘어져 있었는데, 대부분은 지방에 부과되었으며, 또한 도시에 부과된 금액의 대부분은 가옥에 과세되었다. 도시의 자본 또는 사업에 대한 과세는(토지에 투하되는 자본에 대해서는 과세해서는 안 되는 것으로 이해되었기 때문에) 이 자본 또는 사업의 실제 가치보다 매우 낮게 부과되었다. 그러므로 최초의 평가가 아무리 불공평했다고 하더라도 거의 불평을 야기하지 않았다. 각 교구·지역에서 토지·가옥·자본에 대한 과세는 지금도 계속 최초의 평가에 따라 이루어지고 있다. 대부분의 지역에서 이 모든 것의 가치를 매우 크게 증가시킨 이 나라의 일반적인 번영은 이런 불공평을 덜 중요한 것으로 만들었다. 또한 각 지역에 대한 세율이 계속 동일하기 때문에, 이 세금의 불확정성은 (그것이 개인의 자본에 과세되는 한) 격감했고 또한 훨씬 덜 중요하게 되었다. 만약 잉글랜드 대부분의 토지가 그 실제 가치의 절반도 안 되게 토지세가 부과된다면, 잉글랜드의 자본의 대부분은 아마도 그 실제 가치의 $\frac{1}{50}$도 안 되게 과세되고 있을 것이다. 일부 도시에서는 토지세는 전부 가옥에 부과되고 있다. 예를 들면 웨스트민스터 시티(런던의 지역 이름)에서는 자본과 사업은 완전히 면세되고 있다. 그러나 런던 시티(런던의 금융 중심지)에서는 그렇지 않다.

9. 개인에 대한 세무조사는 신중하게 피하고 있다.

어느 나라에서도 개인의 사정에 대한 엄밀한 조사는 신중하게 회피되었다.

10. 함부르크에서는 모든 주민들은 선서에 의해 스스로 납세액을 사정한다.

함부르크에서는 모든 주민들은 자신이 소유한 모든 것의 0.25%를 국가에 납부할 의무가 있다.*

함부르크 사람들의 부는 주로 자본으로 이루어져 있기 때문에, 이 조세는 자본에 부과되는 세금이라고 봐도 좋을 것이다. 모든 사람들은 스스로 자기의 납세액을 사정(査定)하여 매년 일정 금액을 지방장관의 입회 하에 국고에 집어넣고 있다. 사람들은 그 일정 금액이 자기가 가진 모든 것의 0.25%라고 선서(宣誓)에 의해 선언하지만, 이 금액이 얼마인가는 언명(言明)하지 않으며 또한 그에 관해 조사를 받는 일도 전혀 없다. 이 세금은

---

* De Beaumont, 앞의 책

일반적으로 매우 성실하게 납부되는 것으로 간주되고 있다. 〔국민들이 정부 당국을 전적으로 신뢰하고, 국가의 유지에 세금이 필요하다는 점을 잘 납득하고 있으며, 세금이 이런 목적에 성실하게 사용된다고 확신하고 있는〕 소공화국에서는 때로는 이와 같이 양심에 따른 자발적인 납세를 기대할 수 있다. 이것은 반드시 함부르크 시민들에게만 한정된 독특한 현상은 아니다.

11. 스위스의 일부 주에서는 각자 스스로 공개적으로 세액을 사정(査定)하고 있다.

스위스의 운더발트(Underwald) 주(州)는 폭풍우·홍수로 말미암아 자주 황폐화되며 그 때문에 특별 지출이 필요하게 된다. 이 경우 사람들은 모여서 각자 하나도 숨김없이 자신의 소유 재산이 얼마인가를 공표하고 그것에 따라 과세된다고 한다. 취리히의 법률은 긴급한 경우에는 각자의 수입에 비례하여 과세되어야 한다고 규정하고 있으며, 사람들은 자기의 수입이 얼마인지를 선서(宣誓)하고 공표한다. 그들은 동료시민들 중 누군가가 속일지도 모른다는 생각은 전혀 하지 않는다. 바젤에서는 국가의 주된 수입은 수출품에 부과되는 약간의 관세에서 나온다. 모든 시민은 법률이 부과하는 일체의 세금을 3개월마다 납부할 것을 선서한다. 모든 상인·숙박업자들조차 국내외에서 판매하는 상품을 스스로 기록할 의무를 갖는다. 3개월째의 마지막 날에 그들은 이 계산서와 그것에 의거한 세금액을 국고 회계관에게 보낸다. 이런 믿음 때문에 국고 수입이 손해를 입는다고는 생각하지 않는다.*

12. 그러나 이것은 함부르크에서는 곤란한 일이다.

이들 스위스의 여러 주에서는 각 시민에게 재산액을 선서에 의해 공개적으로 선언할 의무를 지우는 것이 그리 어렵지 않은 일로 생각하는 것 같다. 그러나 함부르크에서는 그것은 매우 어려운 일이라 생각하고 있다. 위험한 사업에 종사하는 상인은 자기가 처한 상태의 실상을

* De Beaumont, 앞의 책

항상 공개할 의무를 진다는 생각만 해도 몸서리칠 것이다. 그렇게 한다면 빈번히 그들의 신용은 추락하고 사업은 실패하게 될 것이기 때문이다. 그와 같은 사업에 관계하지 않는 착실하고 검소한 사람들은 그렇게 감출 필요가 전혀 없다고 느낄 것이다.

13. 네덜란드도 한때 함부르크의 관행을 채용한 적이 있었다.

네덜란드에서는 작고한 오랜지(Orange) 왕자가 총통에 취임한 뒤 각 시민의 총재산에 2%의 세금 〔즉, 이른바 $\frac{1}{50}$세〕을 부과했다. 함부르크와 마찬가지로 각 시민은 스스로 그 세액을 사정하여 납부했으며, 이 세금은 일반적으로 매우 성실하게 납부되었다고 한다. 당시 국민들은 국민 전체의 봉기로 건설한 새로운 정부에 대해 절대적인 애정을 가지고 있었다. 이 세금은 국가를 비상사태로부터 구제하기 위해 한 번 납부토록 한 것이었다. 사실 그 세금은 영속적이 되기에는 지나치게 무거웠다. 시장이자율이 3%를 거의 넘지 않는 나라에서 2%의 조세는 자본으로부터 보통 얻는 최고 순소득의 $\frac{2}{3}$ 〔즉, 1파운드당 13실링 4펜스〕에 이르는 것이다. 이렇게 되면 자기 자본을 다소 잠식하지 않고서는 이 세금을 납부할 수 있는 사람이 드물 것이다. 국가비상시에는 국민들은 국가를 구제하기 위해 열성을 다하며 그들의 자본의 일부까지 포기할 것이다. 그러나 상당히 오랫동안 그것을 계속할 수는 없다. 만약 계속한다면 그들은 그 세금 때문에 완전히 파멸하여 국가를 지탱할 능력을 상실하고 말 것이다.

14. 이 경우 조세는 자본에 대한 조세를 뜻하는 것이다.

잉글랜드의 토지세법에 의해 자본에 부과된 조세는, 자본의 크기에 비례하는 것이지만, 자본의 일부라도 빼앗거나 감소시킬 의도를 가졌던 것은 아니다. 그것은 이자에 부과되는 조세를 지대에 부과되는 조세에 비례하도록 만들려는 것일 뿐이며, 따라서 지대에 부과되는 조세가 1파운드당 4실링이라면 이자에 부과되는 조세도 1파운드당

4실링이어야 한다는 것이다. 함부르크의 조세 및 운더발트나 취리히의 더 가벼운 조세는 자본에 부과되는 조세는 아니고 자본의 이자 또는 순소득에 과세하려는 것이다. 그러나 네덜란드의 조세는 자본에 과세하려는 것이었다.

1) 특수한 사업의 자본이윤에 부과되는 조세

1. 때로는 특별한 자본이윤이 과세된다.

어떤 나라에서는 자본이윤에 대해 특별한 세금이 부과된다. 즉, 때로는 자본이 어떤 특수한 상업부문에 투하되는 경우, 때로는 농업에 투하되는 경우, 특별히 그 자본으로부터 생기는 이윤에 과세된다.

2. 방물장수와 행상 등에 대한 과세가 그것이다.

잉글랜드에서 전자에 속하는 세금으로는 길에서 외치고 다니면서 물건을 파는 방물장수(hawkers)나 이곳저곳으로 옮겨 다니면서 물건을 파는 행상(pedlars)에게 부과되는 세금, 임대 마차나 가마에 부과되는 세금, 술집주인이 맥주나 위스키의 소매 면허에 대해 지불하는 세금이 있다. 최근의 전쟁〔1763년 파리조약에 의해 종결된 7년 전쟁〕 동안 위와 동일한 종류의 다른 세금을 상점에 부과하자는 제안이 있었다. 전쟁은 이 나라의 상업을 방어하기 위해 치러지는 것이기 때문에, 그 덕을 보고 있는 상인은 전쟁을 지지하기 위해 전비(戰費)를 부담해야 한다는 것이었다.

3. 이런 조세는 상인들의 부담이 되지 않고 소비자들의 부담이 된다.

그러나 어떤 특정 상업부문의 자본이윤에 부과되는 조세는 최종적으로는 상인(그들은 보통의 경우 적절한 이윤을 얻어야 하며, 경쟁이 자유로운 곳에서는 이보다 더 많은 이윤을 거의 얻을 수 없다)의 부담으로 귀착되는 것이 아니라 항상 소비자의 부담으로 된다. 소비자는 상인이 선납하는 세금을 상품가격으로 지불할 수밖에 없는데, 일반적으로 상품가격은 세금보다 크게 인상된다.

4. 그러나 그것이 상인의 영업에 비례하지 않을 때에는, 그것은 소상인을 억압하고 대상인을 우대하게 된다.

이런 종류의 조세는 해당 상인의 영업규모에 비례하는 경우에는 소비자가 최종적으로 납부하며 상인에 대해서는 아무런 압박도 가하지 않는다. 그러나 이 세금이 영업규모에 비례하지 않고 모든 상인들에게 일률적으로 부과되는 경우에는, 〔이 경우에도 최종적으로는 소비자가 납부하지만〕, 대상인을 유리하게 하고 소상인에게는 어느 정도 압박을 가하게 된다. 임대 마차 한 대당 주 5실링의 세금, 임대 가마 한 대당 연간 10실링의 세금은 〔이런 영업을 하는 사람들이 선불하는 한〕 각자의 영업규모에 정확히 비례한다. 그것은 대규모 상인을 유리하게 하는 것도 아니고 소규모 상인에게 압박을 가하는 것도 아니다. 그러나 맥주 판매면허에 대한 연간 20실링의 세금, 위스키 판매면허에 대한 연간 14실링의 세금, 포도주 판매면허에 대한 40실링 이상의 세금은, 모든 소매상들에게 동일하기 때문에, 필연적으로 대상인을 약간 유리하게 하고 소상인을 어느 정도 압박하게 된다. 대상인은 소상인보다 쉽게 이 세금을 상품가격으로 회수할 수 있기 때문이다. 그러나 이 세금이 가볍기 때문에 이런 불공평은 덜 중요하게 되며, 또한 소규모 술집의 증가를 어느 정도 막는 것이 적절하다고 생각하는 사람들도 적지 않다. 상점에 부과되는 세금은 모든 상점들에 동일하게 하려고 했으며, 그 이외에 다른 방법은 없었다. 왜냐하면, 자유국가에서는 도저히 견디기 어려운 세무조사를 수행하지 않는다면, 각 상점의 영업규모에 정확하게 비례하여 각 상점에 세금을 부과하는 것은 거의 불가능했을 것이기 때문이다. 만약 이 세금이 상당히 컸다면 소규모 상인들은 압박을 받았을 것이고 결국 모든 소매상업은 대상인의 수중에 들어갔을 것이다. 소상인들로부터의 경쟁이 사라졌다면 대상인들은 상업의 독점을 누렸을 것이고, 다른 모든 독점자와 마찬가지로 그들은 이윤을 세금의 지불에 필요한 것보다 훨씬 높게 인상했을 것이다. 세금의 최종적인 지불은 상인에 귀착하지 않고 소비자에 귀착했을 것이고, 소비자는 세금보다 더 큰 금액을 지불할 수밖에 없어서 상인의 이윤은 증가했을 것이다. 이런 이유에서 상점에 대한 과세 계획은 유보되었으며, 그 대신 1759년의 왕실 보조세(subsidy) 제도〔특정 종류의 상품에 대한 $\frac{1}{5}$% 과세〕가 도입되었다.

5. 프랑스의 동산 따이유세는 농업이윤에 부과되었다.

프랑스에서 동산(動産) 따이유(personal taille)라 불리는 것은 농업에 사용된 자본의 이윤에 부과되는 것으로서는 유럽에서 가장 중요한 조세이다.

6. 봉건시대의 유럽의 과세는 대부분 불공평한 것이었다.

봉건시대의 유럽의 혼란상태에서는 군주는 납세를 거부할 만한 힘을 갖지 못한 사람들에게만 과세하는 데 만족할 수밖에 없었다. 세력 있는 영주는 비상시에는 군주를 도왔지만 항상 과세되는 것은 거부했으며, 군주도 그들에게 이를 강제할 만한 힘이 없었다. 유럽 전체를 통해 토지 점유자의 대부분은 원래 농노(bond-men)였다. 그러나 유럽의 대부분 지방을 통해 그들은 점차 해방되어 자유의 몸이 되었다. 그들 중의 일부는, 마치 옛날 잉글랜드의 토지등기 보유자(copy holder)들처럼, 때로는 국왕 밑에서 그리고 때로는 어떤 대영주 밑에서, 토지재산 소유권이나 또는 예농(隷農) 또는 평민 보유권(ignoble tenure)을 획득했다. 또 다른 일부는 재산권을 획득하지 못하고 그들이 영주 밑에서 점유하고 있었던 토지에 대해 장기임차권을 획득했으며, 그리하여 영주에게 덜 종속되게 되었다. 대영주들은 이들 하층민이 누리고 있는 정도의 번영과 독립에 대해서도 악의에 찬 경멸하는 눈으로 보았으며, 그리하여 군주가 그들에게 과세하는 것을 흔쾌히 승낙했던 것 같다. 어떤 나라에서는 이 세금은 평민 보유권에 근거, 재산으로 보유한 토지로 한정되었는데, 이 경우에는 토지 따이유(real taille)라 불렸다. 작고한 사르디니아의 국왕이 실시한 토지세,

랑그도크 · 프로방스 · 도피네 · 브리타뉴(Brittany) 등 각 주의 토지세, 몽토방의 징세구(generality), 아쟁(Agen)과 콩돔(Condom)의 징세분구(徵稅分區: election), 그리고 프랑스의 기타 일부 지구에서의 토지세는 평민 보유권에 근거, 재산으로 보유한 토지에 부과된 조세들이다.

그 밖의 지구들에서는 귀족의 토지이건 평민의 토지이건 타인 소유의 토지를 소작하거나 임차하는 모든 사람들의 추정 이윤에 과세되었다. 이 경우에는 동산(動産) 따이유(personal taille)라 불렸다. 징세분구 지방(Countries Election)이라 불리는 징세지구의 대부분에서는 이런 종류의 동산 따이유가 부과되었다. 토지 따이유(real taille)는 나라 전체 토지의 일부에만 과세되었기 때문에 필연적으로 불평등한 것이었지만, 반드시 자의적인 세금은 아니었다. 이에 반해 동산 따이유는 어떤 계급의 이윤〔이것은 다만 추정될 수 있을 뿐이다〕에 비례하여 과세되는 것이었기 때문에 필연적으로 자의적이며 불공평한 것이었다.

7. 이 과세 기관은 항상 납세자의 실제 능력을 알지 못하고, 종종 우정이나 당파적인 적의와 사적인 원한에 의해 그르치는 수가 있다.

프랑스에서는 징세분구 지방이라 불리는 20개의 징세지구에서 현재〔1775년〕 매년 과세되는 동산(動産) 따이유는 40,107,239리브르 16수에 이른다.* 이 금액을 각 징세지구에 할당하는 비율은 〔각 징세지구의 담세 능력을 증감시키는 수확의 풍흉(豊凶)과 기타 사정에 관해 추밀원에 제출되는〕 보고에 따라 매년 변한다. 또한 각 징세구(generality)는 몇 개의 징세분구(elections)로 나누어진다. 한 징세구 전체에 부과되는 금액을 이들 징세분구들 사이에 배분하는 비율은 또한 각 징세구의 담세 능력에 관해 추밀원에 제출되는 보고에 따라서 마찬가지로 매년 변한다. 추밀원이 아무리 좋은 의도를 갖고 있다고 하더라도, 이 두 가지의 할당 비율을 각각

* De Beaumont, 앞의 책

의 징세구 또는 징세분구의 참된 담세 능력에 정확하게 비례하도록 하는 것은 불가능한 것 같다. 왜냐하면 아무리 정직한 추밀원이라도 사정을 잘 모르거나 잘못된 정보로 말미암아 그릇된 판단을 내릴 수 있기 때문이다. 한 징세분구에 할당되는 총액 중에서 각 교구(parish)가 부담해야 하는 비율과, 한 교구에 할당되는 총액 중에서 각 개인이 부담해야 하는 비율도 여러 가지 사정에 의해 매년 변한다. 그리고 이들 사정은 전자의 경우에는 그 징세분구의 관리가, 후자의 경우에는 그 교구의 관리가 판단하는데, 양자 모두 대체로 지방장관의 지휘 · 영향을 받고 있다. 무지 · 오해뿐 아니라 우정 · 당파적 반감 · 개인적인 감정으로 말미암아 그릇된 판단을 내리는 경우가 많다고 한다. 이와 같은 조세에서는 납세 의무자가 실제로 납세액을 사정받기 전까지는 자신의 납세액이 얼마나 되는지를 알 수 없는 것은 당연하다. 뿐만 아니라 이미 납세액이 결정된 이후에도 그의 납세액은 확정될 수 없다. 만약 면세되어야 할 사람이 과세되었거나 다른 어떤 사람이 자신의 부담 비율 이상으로 과세되었다면, 양자 모두 일단 지불하는 수밖에 없지만, 그들의 불평이 정당하다면 교구 전체는 그들을 보상해주기 위해 다음해에 그것을 추가적으로 다시 부과할 것이다. 만약 납세 의무자 중 누군가가 파산하거나 지불능력이 없어지면, 세금 징수인은 그 사람이 납부해야 할 세금을 대신 납부할 책임을 지며, 교구 전체는 세금 징수인을 보상해 주기 위해 그 다음해에 추가 징수한다. 만약 이때 세금 징수인이 파산한다면, 그를 선출한 교구는 그 징세분구의 세입 징수관에게 책임을 져야 한다. 그러나 세입 징수관으로서는 교구 전체를 상대로 소송하는 것은 골치아픈 일이기 때문에, 그는 가장 부유한 납세자 중 5~6명을 임의로 골라서 세금 징수인의 파산으로 말미암은 결손을 보상하도록 한다. 그 이후에 교구는 이들 5~6명을 보상해주기 위해 추가 징수한다. 이런 추가 세금은 이를 부과하는 해당 연도의 따이유와 더불어 징수된다.

8. 농업이윤에 대한 과세는 다른 세금이 특정 상업부문의 자본이윤에 부

사업의 이윤에 대한 그것과는 달리, 그 부담이 소비자에게가 아니라 지주에게 돌아간다.

과되는 경우, 상인들은 선불한 세금을 보상하기에 충분한 가격으로 판매할 수 있는 수량 이상의 상품을 시장에 내놓지 않으려고 할 것이다. 그들 중의 일부는 자본의 일부를 그 상업부문으로부터 철수한다. 그 결과 시장의 공급은 종전보다 적어지며, 상품가격은 상승하고 세금의 최종 부담은 소비자가 지게 된다. 그러나 농업에 사용되는 자본의 이윤에 과세되는 경우, 농업으로부터 자본의 일부를 철회하는 것은 차지농의 이익에 합치하지 않는다. 차지농은 일정 규모의 토지를 점유하고 이 토지에 대해 지대를 납부한다. 이 토지의 적절한 경작에는 일정한 자본량이 필요하다. 그런데 이런 필요 자본량의 일부를 철수함으로써 차지농이 지대나 세금의 지불능력을 증대시킬 수는 없다. 세금을 지불하기 위해 생산량을 감소시키는 것(따라서 종전보다 적게 시장에 공급하는 것)은 결코 차지농의 이익이 될 수 없다. 즉, 그는 이 세금을 이유로 생산물의 가격을 인상해서 세금의 최종부담을 소비자에게 전가시킬 수 없는 것이다. 그러나 차지농도 다른 모든 상인들과 마찬가지로 적절한 이윤을 얻어야만 한다. 그렇지 않으면 그는 농업을 포기할 수밖에 없기 때문이다. 이런 종류의 세금이 부과된 이후에는, 차지농은 지주에게 더 적은 지대를 지불함으로써만 적절한 이윤을 얻을 수 있다. 그가 세금으로서 납부하는 부분이 많을수록 지대로서 지불하는 부분은 적어진다. 토지 임차계약의 유효기간 동안 부과되는 이런 종류의 세금은 확실히 차지농을 괴롭히거나 몰락시킬 것이다. 그러나 임차계약을 갱신할 때 이 세금은 항상 지주의 부담이 될 것이다.

9. 동산 따이유는 경작을 저해하므로 사회 · 차지농 · 지주 모두에게 손해다.

동산(動産) 따이유(personal taille)가 시행되는 지역에서는, 차지농은 일반적으로 그가 경작에 사용하는 것처럼 보이는 자본에 비례하여 과세액이 사정된다. 그러므로 그는 훌륭한 말·소를 가지려 하지 않을 것이며, 가능한 한 형편없는 농구를 가지고 경작하려고 할 것이다. 과세 사정인(査定人)의 공정성(公正性: justice)에 대한 불신이 매우 크기 때문에, 차지농은 과중한 세금을 지불하는 것이 두려워서 빈곤을 가장하거나 거의 한 푼도 지불할 수 없는 것처럼 보이기를 바랄 것이다. 그러나 이렇게 비참한 방법을 쓰더라도 아마 그의 이익을 가장 효과적인 방식으로 도모할 수는 없을 것이다. 그에게는 세금을 경감시킴으로써 얻을 수 있는 이익보다 생산량의 감소로 말미암아 입게 될 손실이 더 클 것이기 때문이다. 물론 열악한 경작 때문에 시장의 공급은 약간 줄어들 것이지만, 이로 말미암아 생길지도 모르는 가격 등귀는 차지농의 생산 감소를 보상하기에도 모자랄 것이기 때문에, 그가 지주에게 더 많은 지대를 지불할 수 있게 될 것 같지는 않다. 그렇다면 국가·차지농·지주 모두가 이 열악한 경작 때문에 손실을 입게 될 것이다. 동산 따이유가 여러 가지 방법으로 경작을 저해하는 경향을 가지며, 따라서 각국의 부(富)의 주된 원천을 고갈시키는 경향이 있음은 이미 이 책의 제 3편〔제 2장〕에서 서술한 바 있다.

10. 흑인 노예에 대한 인두세(人頭稅)는 지주의 부담이다.

북아메리카의 남부지방 및 서인도제도의 이른바 인두세〔人頭稅: poll-tax: 흑인 노예 한 명당 연간 얼마의 조세〕는 사실상 농업에 사용되는 특수한 종류의 자본 이윤에 대한 조세다. 이곳의 농장주들은 대부분 차지농이며 지주이기 때문에, 이 세금의 최종 부담은 〔아무런 보상 방법도 없이〕 지주 자격으로서의 그들에게 귀착한다.

11. 인두세는 노예제도의 상징이라고 주장되어 왔으나, 납세자에게는 모든 종류의 과세는 자유의 상징이다.

경작에 종사하는 농노에 부과되는 일인당 얼마의 세금은 옛날부터 유럽 전체에 걸쳐 행해져 왔던 것으로 보인다. 지금도 러시아 제국에는 이런 종류의 세금이 있다. 모든 종류의 인두세가 종종 노예제도의 표지(標識: badge)를 나타내는 것이라고 한 것은 이런 이유에서인 것 같다. 그러나 모든 조세는 납세자에게는 노예의 표지가 아니라 자유의 표지다. 원래 조세라는 것은 납세자가 통치를 받고 있음을 나타내는 것이지만, 그는 어떤 재산을 소유하고 있기 때문에, 그 자신이 어떤 주인의 재산이 될 수는 없는 것이다. 노예에 부과되는 인두세는 자유민에게 부과되는 인두세와는 전혀 다른 것이다. 자유민에 대한 세금은 과세된 사람이 납부하며, 노예에 대한 세금은 타인(노예주인)이 납부한다. 여기서 자유민에 대한 세금은 완전히 자의적이거나 완전히 불공평하며, 대개의 경우 완전히 자의적이고 불공평하다. 그런데 노예에 대한 세금은 어떤 점에서는 불공평하지만(왜냐하면 각각의 노예는 가치가 다르므로) 결코 자의적인 것은 아니다. 왜냐하면 자신의 노예 숫자를 알고 있는 주인은 지불해야 할 세금 액수를 정확히 알기 때문이다. 그러나 이 두 가지 세금은 인두세라는 동일한 명칭을 가지고 있기 때문에 동일한 성질을 갖는 것으로 간주되었던 것이다.

12. 하인에 대한 과세는 소비재에 대한 과세와 같다.

네덜란드에서 남녀 하인에게 부과되는 조세는 자본에 대한 조세가 아니라 지출에 대한 과세이며, 이런 점에서는 소비세에 가깝다. 최근 영국에서 과세된 바 있는 남자 하인 1인당 1기니의 세금은 이와 동일한 종류의 세금이다. 이 세금의 부담은 중류층에게 가장 무겁다. 연간수입이 200파운드인 사람은 남자 하인을 한 명 둘 수 있을 것이다. 그러나 연간수입이 1만 파운드인 사람이라도 50명의 하인을 두지는 않을 것이다. 이 세금은 하인을 둘 수 없는 가난한 사람에게는 영향을 미치지 않는다.

13. 어떤 종류의 이윤에 대한 과세는 이자에 영향을 미칠 수 없다.

어떤 특수한 사업의 자본이윤에 대한 과세는 결코 이자율에 영향을 미칠 수 없다. 왜냐하면, 과세되지 않는 사업을 하는 사람에게보다 과세되는 사업을 하는 사람에게 낮은 이자율로 대부할 사람은 없을 것이기 때문이다. 모든 사업의 자본으로부터 생기는 이윤에 대한 조세는 정부가 정밀하게 과세하고자 시도할 때에는 많은 경우 이자에 귀착될 것이다. 프랑스의 $\frac{1}{20}$세(Vingtieme)는 잉글랜드의 토지세와 동일한 종류의 세금으로서 토지·가옥·자본으로부터 생기는 수입에 부과되는 세금이다. 자본에 관한 한, 이 세금은 그리 엄격하게 과세되지는 않지만, 자본에 관한 잉글랜드의 토지세보다는 훨씬 더 정확하게 부과된다. 이 세금은 많은 경우 화폐의 이자에 귀착된다. 프랑스에서는 종종 화폐를 이른바 연금계약〔年金契約: Contracts: 채무자는 언제든지 최초에 차입한 금액을 지불함으로써 상환할 수 있지만, 채권자는 어떤 특별한 경우를 제외하고는 채무상환을 청구할 수 없는 무기한의 영구연금(永久年金)〕이라는 것에 고정 투자하고 있다. $\frac{1}{20}$세는 이 연금에 정확하게 과세되고 있지만 그 연금들의 이자율을 인상시키지는 않은 것 같다.

2) 제 1항과 제 2항의 부록: 토지·가옥·자본의 자본가치에 부과되는 조세

1. 재산의 양도에 대한 과세는 흔히 필연적으로 자본가치의 일부를 빼앗아간다.

재산을 동일인이 점유하고 있는 동안에는, 어떤 영구적인 조세가 부과되더라도 그 세금은 재산의 자본 가치를 감소시키거나 빼앗아갈 의도는 조금도 없었으며, 다만 그 재산으로부터 생기는 수입의 일부만을 가져갈 것을 목적으로 했다. 그러나 재산이 어떤 사람의 수중을 벗어나서 다른 사람의 손으로 이전되는 경우, 즉 그것이 죽은 사람으로부터 살아 있는 사람으로, 또는 살아 있는 사람으로부터 살아 있는 사람으로 옮겨지는 경우, 그 재산에 대한 과세는 필연적으로 그 자본가치의 일부를 빼앗아 가게 된다.

2. 죽은 사람으로부터 산 사람으로의 이

죽은 사람으로부터 살아 있는 사

전과 모든 부동산의 이전은 직접 과세될 수 있고, 화폐 대부를 통한 이전은 인지세 또는 등기세로 과세되어 왔다.

람으로의 모든 종류의 재산의 이전, 그리고 살아 있는 사람들 상호간의 부동산〔즉, 토지·가옥〕의 이전은 그 성질상 공개적이며 오랫동안 은폐될 수 없는 것이다. 따라서 이런 거래는 직접 과세될 수 있다. 화폐 대부를 통한 살아 있는 사람으로부터 살아 있는 사람으로의 자본·동산의 이전은 종종 또는 항상 비밀거래로 행해지고 있다. 그러므로 이것에 대해서는 직접 과세하기는 쉽지 않다. 이것은 다음과 같은 두 가지 방식으로 간접적으로 과세되어 왔다. 첫째, 채무상환 의무를 기재하는 증서는 일정한 인지세(stamp-duty)를 납부한 용지·양피지에 기록해야 하며 그렇지 않은 경우에는 무효로 한다고 규정했다. 둘째, 그 거래는 공공 또는 비밀등기부에 등록되어야 하며 그렇지 않은 경우에는 무효로 한다고 규정하고, 이 등록에 일정한 세금을 부과했다. 인지세와 등록세는 모든 종류의 재산을 죽은 사람으로부터 살아 있는 사람에게로 이전하는 증서, 그리고 살아 있는 사람 상호간의 부동산 이전 증서(移轉證書)에 대해서도 종종 부과되었는데, 이런 거래는 쉽게 직접 과세될 수도 있었을 것이다.

3. 죽은 사람으로부터 산 사람에게로 옮겨지는 이전에 대해서는 $\frac{1}{20}$의 상속세가 부과되었다.

아우구스투스 황제가 로마인에게 부과했던 20펜스에서 1페니를 취하는 유산세(遺産稅: Vicesima Hereditatum)는 죽은 사람으로부터 살아 있는 사람에게로의 재산 이전에 부과되는 조세였다. 이 세금에 관해 가장 자세하게 기록하고 있는 디온 카시우스(Dion Cassius)는, 사망으로 말미암아 발생하는 모든 상속·유증·증여〔단, 가장 가까운 친척이나 빈곤층에 대한 것은 제외〕에 대해 이 세금이 부과되었다고 했다.

4. 네덜란드의 상속세

네덜란드의 상속세는 이와 같은 종류에 속한다. 즉, 방계(傍系) 상속은 가까운 친척 순서에 따라 상속재산 총액의 5~30%의 세금이 부과된다. 방계 친족에 대한 유언에 따른 증여에 대해서도 동일한 세금이 부과된다. 배우자 상호간의 상속에는 $\frac{1}{15}$의 세금이 부과된다. 직계존속〔直系尊屬: 예컨대 부모〕이 직계비속〔直系卑屬: 예컨대 자식〕을 상속하는 '슬픈 상속(Luctuosa Hereditas)'의 경우에는 $\frac{1}{20}$의 세금만 부과된다. 직계상속(直系相續: direct successions), 즉 직계비속이 직계존속을 상속하는 경우에는 면세된다. 아버지가 사망했을 경우 같은 주택 안에 거주하는 자녀들은 수입이 증가되기는커녕 상당히 감소한다. 그들은 아버지의 사업·관직을 잃고 아버지가 받고 있었던 종신연금을 상실하기 때문이다. 그들의 상속분의 일부를 빼앗아 그들의 손실을 가중시키는 세금은 가혹하고 억압적이라 할 것이다. 그러나 때때로 다음과 같은 자녀들에게는 세금이 부과되는 경우가 있다. 즉, 로마법의 용어로 친권(親權)으로부터 해방된 자녀, 그리고 스코틀랜드의 법률 용어로는 분가한 자녀, 즉 이미 자기의 상속분을 받아 스스로 가족을 거느리고 있으며 아버지의 재산과는 관계없는 수입 원천으로 독립된 생계를 꾸리고 있는 자녀들이다. 상속재산 중 이런 자녀에게 돌아가는 몫은 그들의 재산을 증가시키게 될 것이므로, 이 상속재산에 대해 약간의 세금을 부과하더라도, 이런 종류의 기타 모든 과세에 비해 더 불편하거나 불공정할 것은 없을 것이다.

5. 봉건 법률은 토지의 이전에 대하여 과세했다.

봉건 법률에서는 죽은 사람으로부터 살아있는 사람에게로, 그리고 살아있는 사람에게서 살아있는 사람에게로의 토지 이전에 대해 부가비용〔附加費用: casualties: 우연한 사고로 말미암아 발생하는 비용이란 뜻〕이라는 것이 과세되었다. 옛날에는 이런 종류의 조세는 유럽 전역에 걸쳐 국왕의 주요 수입원천들 중의 하나였다.

6. 후견인 제도와 봉지상속 헌납금에 의한 과세

봉건제도 하에서는 국왕의 직접적인 신하의 상속인은 봉지(封地)를 받으면 일정한 세금

(일반적으로 그 봉지 1년분의 지대)을 납부했다. 만약 상속인이 미성년자라면, 그가 성인이 될 때까지 그 토지의 모든 지대수입은 전부 국왕에게 귀속되었다. 국왕은 미성년자인 상속인을 부양하고 과부 몫의 상속재산(widow' s dower)이 있을 경우 그것을 지불하기 위한 것을 제외하고는 일체 기타 지출은 하지 않았다. 이 미성년자가 성인이 되면 국왕에게 별도로 봉지상속 헌납금(relief)이라는 세금을 바쳤는데, 이 세금도 마찬가지로 1년분의 지대 수입에 해당하는 것이었다. 상속인이 미성년자로 있는 기간이 매우 장기간이면 현대에는 종종 봉지에 대한 일체의 채무를 면제시켜 주고 그 가족의 옛날의 영화를 회복시켜 주는 경우도 있지만, 그 당시에는 그렇지 않았다. 즉, 상속인이 장기간 동안 미성년자로 있는 경우 그 결과는 그 봉지에 대한 채무면제가 아니라 보통 그 소유지가 황폐화되는 것이었다.

7. 토지 양도 부담금에 의한 과세. 이것은 아직도 많은 나라에서 국왕 수입의 주요 부분을 이루고 있다.

또한 봉건 법률에 따라, 봉지를 가진 가신(家臣)들은 국왕의 동의를 받지 않고는 그 토지를 매각하거나 양도할 수 없었고, 국왕은 보통 이에 동의해 주는 대가로 일정한 부담금 또는 보상금을 받았다. 이 부담금은 처음에는 매우 자의적으로 정해졌지만, 뒤에는 많은 나라에서 그 토지 매매가격의 일정한 비율로 정해지게 되었다. 다른 대부분의 봉건적 관습이 이미 폐지된 일부 나라들에서도 토지 양도에 대해 부과되는 이 세금은 지금까지도 국왕의 수입의 중요한 부분을 차지하고 있다. 베른(Berne) 주에서는 이 세금이 매우 높아서, 모든 귀족의 토지에 대해서는 가격의 $\frac{1}{10}$, 모든 평민의 토지에 대해서는 가격의 $\frac{1}{6}$이나 된다.* 루체른(Lucerne) 주에서는 토지매매에 부과되는 세금은 보편적이지 않고 일정한 지역에서만 시행되고 있다. 그러나 만약 어떤 사람이 그

* De Beaumont, 앞의 책

주 밖으로 옮겨가기 위해 자신의 토지를 매각한다면, 그는 총 매매가격의 10%를 세금으로 납부해야 한다.** 모든 토지, 또는 특정 조건으로 보유되는 토지의 매매에 대해 부과되는 위와 같은 종류의 과세는 다른 많은 나라에서도 시행되고 있는데, 이것은 국왕의 수입에서 다소의 차이는 있으나 중요한 부분을 이루고 있다.

8. 토지 매매에 대한 이런 세금은 인지세 또는 등록세의 방식으로 과세될 수 있다.

이런 토지매매의 법률행위는 인지세나 등록세에 의해 간접적으로 과세될 수 있으며, 이 세금은 이전되는 물건의 가치에 비례하는 경우도 있고 그렇지 않은 경우도 있다.

9. 영국에서는 이런 종류의 과세는 재산가치와 비례하지 않는다.

영국에서는 인지세는 이전되는 재산의 가치에 비례하지 않고(아무리 큰 금액의 증서에도 18펜스 내지 $\frac{1}{2}$ 크라운의 인지(印紙)만 붙이면 충분하기 때문이다) 증서의 성질에 따라 정해진다. 가장 높은 경우에도 용지 또는 양피지 한 장당 6파운드를 초과하지 않는데, 이런 높은 인지세는 주로 국왕의 특허장이나 또는 법률상의 소장(訴狀)에 첨부되는 인지의 경우이고, 그 대상의 가치와는 전혀 관계가 없다. 영국에서는 계약이나 문서의 등기에 대해 이 등기부를 관리하는 관리의 수수료 이외에는 어떤 세금도 부과하지 않는다. 더욱이 이 수수료는 그들의 노동에 대한 적절한 보상에 지나지 않는다. 국왕은 이로부터는 어떤 수입도 얻지 않는다.

10. 네덜란드에는 비례하는 것도 있고 그렇지 않은 것도 있다.

네덜란드에는 인지세도 있고 등록세도 있는데, 이전되는 재산의 가치에 비례하는 경우도 있고 그렇지 않은 경우도 있다. 모든 유언장은 처분하려는 재산의 크기에 따라 가격이 다른 인지가 첨부

** 위와 같음.

된 용지에 기재되어야 하는데, 한 장에 3스타이버〔stiver: 스타이버는 화폐 단위로 영국의 펜스와 그 가치가 대략 같다〕인 것에서부터 300플로린〔florins: 300 플로린은 27파운드 10실링에 해당한다〕에까지 이르는 다양한 인지들이 있다. 만약 인지가 유언자가 사용했어야 하는 것〔즉, 처분재산의 크기에 해당하는 것〕보다 낮은 가격의 인지를 첨부한 경우, 그의 상속재산은 몰수된다. 이 인지세는 상속에 관계되는 기타의 세금과는 별도로 부과된다. 환어음이나 기타 상업어음을 제외한 모든 계약서·채권·합의서에는 인지세가 부과된다. 그러나 이 인지세는 그 대상의 가치에 비례하지 않는다. 토지·가옥의 매매 및 저당은 모두 등기를 해야 하며, 등기하는 경우 매매가격 또는 저당가액의 2.5%를 국가에 납부해야 한다. 이런 종류의 세금은 갑판의 유무와 상관없이 적재량 2톤 이상의 모든 선박의 매매에까지 확대 적용된다. 선박은 물 위의 가옥으로 간주되기 때문이다. 법정 명령에 의해 동산(動産)을 매각하는 경우에도 위와 같이 2.5%의 세금이 부과된다.

11. 프랑스에서는 인지세를 징수하는 관리와 등록세를 징수하는 관리가 별도로 있다.

프랑스에는 인지세도 있고 등록세도 있다. 인지세는 봉건영주에게 귀속되는 국내소비세(aides)의 한 부문으로 간주되며, 이 세금이 시행되는 지방에서는 소비세를 취급하는 관리가 징수한다. 등록세는 국왕의 수입의 한 부문으로 간주되며, 다른 관리가 징수한다.

12. 인지세와 등록세는 근대의 과세방법이다.

인지세와 등록세로써 과세하는 방법은 근대에 와서 발명되었다. 그러나 인지세는 겨우 1세기 안에 유럽 전역에서 거의 보편화되었으며, 등록세도 극히 통상적인 것이 되었다. 정부가 다른 나라 정부로부터 배우는 기술 가운데서 국민들의 주머니로부터 돈을 끄집어내는 기술보다 더 빨리 배우는 것은 없다.

13. (1) 죽은 사람으로부터 산 사람으로의 재산 이전에 대한 과세는 재산을 획득하

죽은 사람으로부터 살아 있는 사람으로의 재산 이전(즉, 상속)

는 사람이, (2)토지 매매의 경우에는 파는 사람이, (3)신축 가옥 매매의 경우에는 사는 사람이, (4) 오래된 가옥 매매의 경우에는 파는 사람이, (5)택지지대 매매의 경우에는 파는 사람이, (6)차입금 계약서 등의 경우에는 빌리는 사람이, (7)소송절차의 경우에는 원고가 세금을 부담한다.

에 부과되는 세금은 직접적으로 그리고 최종적으로 이 재산을 이전받는 사람이 부담한다. 토지매매에 부과되는 세금은 모두 판매자의 부담이 된다. 토지의 판매자는 거의 항상 판매해야 할 필요에 쫓기고 있기 때문에, 그가 얻을 수 있는 가격으로 만족할 수밖에 없다. 그러나 구매자가 구매할 필요에 쫓기는 경우는 거의 없기 때문에 자기가 원하는 가격만 지불하려고 한다. 구매자는 그 토지를 구입하는 데 드는 세금과 가격이 얼마인지를 생각해 본다. 세금으로 지불해야 하는 부분이 많으면 많을수록 그가 지불하고자 하는 구입가격은 낮아질 것이다. 그러므로 이런 과세는 거의 항상 궁핍을 느끼는 사람들에게 귀착되기 때문에 매우 가혹하고 잔인한 세금이라 할 것이다.

신축 가옥의 매매에 대한 과세는, 건물이 택지와는 별도로 판매되는 경우라면, 일반적으로 구매자의 부담으로 될 것이다. 왜냐하면 건축업자는 이윤을 얻어야만 하며, 그렇지 않으면 건축사업을 포기할 것이기 때문이다. 그러므로 만약 그가 세금을 선납한다면 구매자는 이 세금을 그에게 상환하지 않으면 안 되는 것이 일반적이다.

이에 반해 오래된 가옥의 매매에 대한 과세는, 토지매매에 부과되는 조세와 마찬가지 이유에서, 일반적으로 판매자의 부담이 된다. 왜냐하면 판매자는 대개의 경우 자신의 편의 또는 필요에 쫓겨서 팔 수밖에 없기 때문이다. 매년 시장에 공급되는 신축 가옥의 숫자는 대체로 그 수요에 따라 정해진다. 이 수요가 건축업자에게 모든 비용을 보상하고 이윤을 제공하기에 충분하지 않다면, 그는 한 채의 가옥도 더 지으려고 하지 않을 것이다. 그런데 어떤 시점에서 시장에 나오는 오래된 가옥의 숫자는 대부분의 경우 그 수요와는 아무런 관계없이 우연적으로 결정된다. 예컨대 상업도시에서 두세 개의 파산 사건이 발생하면 어떤 가격에라도 팔 수밖에 없는 많은 수의 가옥이 생길 것이다.

택지지대의 매매(즉, 건축부지의 매매)에 부과되는 세금은, 토지매매에 부과되는 세금과 마찬가지 이유에서, 전적으로 판매자가 부담하게 된다. 돈을 빌리는 경우 차용증서나 계약서에 부과되는 인지세·등록세는 모두 차입자의 부담으로 되며, 실제로 지불하는 것도 항상 차입자이다. 소송서류에 부과되는 인지세 등의 세금은 원고가 부담한다. 이런 종류의 세금은 원고와 피고 모두에 대해 그 소송 대상의 자본가치를 감소시킨다. 어떤 재산도 획득하는 데 드는 비용이 많으면 많을수록, 획득되었을 때의 순가치는 줄어든다.

14. 재산의 이전에 대한 모든 과세는, 그것이 자본가치를 감소시키는 한, 낭비적인 것이다.

각종 재산의 이전에 부과되는 일체의 과세는, 그것이 이전되는 재산의 자본가치를 감소시키는 한, 생산적 노동의 유지에 사용될 재원을 감소시키는 경향이 있다. 이런 종류의 과세는 바로 생산적 노동을 부양하는 국민자본을 희생시켜서 비생산적 노동자 이외에는 아무도 부양하지 않는 국왕의 수입을 증대시킨다는 의미에서 다소 낭비적인 것이다.

15. 재산의 이전에 대한 과세는 그것이 재산의 가치에 비례할 때라도 이전되는 빈도가 다르기 때문에 불공평하다. 그러나 이것은 확정적이고, 편리하고, 징수비가 적게 든다.

이런 세금은 이전되는 재산의 가치에 비례하는 경우에도 불공평하다. 왜냐하면 동일한 가치의 재산이라 하더라도 그 이전 횟수는 반드시 같지 않기 때문이다. 그리고 이전되는 재산의 가치에 비례하지 않는 경우(대부분의 인지세와 등록세가 그러하다)에는 더욱 불공평하다. 그러나 이런 종류의 과세는 어떤 측면에서도 자의적이지는 않으며, 오히려 모든 경우 분명하고 확정적이다. 이 세금은 때때로 담세능력이 매우 낮은 사람들에게 부과되는 경우도 있지만, 납세시기는 대부분의 경우 납세자에게 가장 편리한 때다. 납부기한이 되었을 때 납세자는 대부분의 경우 납부할 돈을 가지고 있다. 또한 이 조세는 징수비용이 매우 적게 들며, 납세자에게는 납세하지 않으면 안 된다는 불가피성 이외에는 어떤 불편도 주지 않는다.

16. 프랑스에서 재산의 이전에 대해 부과하는 인지세에 관해서는 큰 불평이 없다. 그러나 등록세는 자의적이고 불확실한 것이라고 불평한다.

프랑스에서 사람들은 인지세에 대해서는 크게 불평하지 않지만, 콩트롤(Controle)이라 불리는 등록세(登錄稅)에 대해서는 크게 불평한다. 그들은, 등록세는 세금을 징수하는 징세청부인(徵稅請負人: farmer- general)이 고용한 수세원(收稅員)들에게 상당한 가렴주구의 기회를 제공함으로써 이 등록세가 상당한 정도로 자의적이고 불확정적인 것이 되었다고 주장한다. 현행 프랑스의 재정제도를 반대하는 대부분의 소책자(小册子)에서는 등록세의 폐단이 주제로 등장하고 있다. 그러나 불확정성(不確定性)이 반드시 이 세금의 내재적 본질인 것 같지는 않다. 만약 이 세금에 대한 국민 전체의 불평이 상당한 근거를 가진 것이라면, 그 폐단은 세금의 성질로부터 나온다기보다는 오히려 과세 명령이나 법률에 사용된 용어들이 애매하고 정확성과 명확성이 결여되어 있다는 사실로부터 나오는 것임에 틀림없다.

17. 저당권과 부동산에 대한 모든 권리의 공개적인 등기는 유익하지만, 비밀 등기부는 존재해서는 안 된다.

저당권의 등기 및 부동산에 관한 모든 권리의 등기는 채권자와 구매자 모두에게 커다란 보장책(保障策: security)이 되어 주기 때문에 공공의 이익에 크게 기여한다. 그러나 대부분의 기타 종류의 계약서의 등기는 개인에게는 종종 불편함과 심지어는 위험까지 주면서도 사회 전체에 대해서는 아무런 이익도 주지 못한다. 비밀리에 보관되어야 할 등기부는 결코 존재해서는 안 된다는 것은 모두가 인정하고 있는 점이다. 개인 신용의 안전성은 결코 하급 세무관리들의 정직성이나 양심과 같은 매우 취약한 보장책에 의존해서는 안 된다는 것은 명확하다. 그러나 등기료가 국왕의 수입의 원천의 하나로 되어 있는 곳에서는 어디에나 등기소가 끝없이 증설되어, 등기를 해야 할 계약서도 등기하고, 그럴 필요가 없는 계약서도 등기하고 있다. 프랑스에는 몇 가지 종류의 상이한 비밀등기소가 있다. 이런 폐단은 이 세금의 필연적인 결과는 아니지만, 매우 당연한 결과임은 인정해야 할 것이다.

18. 많은 인지세는 소비에 대한 과세다.

잉글랜드에서 카드(card)와 주사위, 신문과 정기적인 팜플렛 등에 부과되는 인지세는 최종적인 납세 부담이 그것을 소비하거나 사용하는 사람에게 귀착되는 소비세(消費稅)이다. 이런 인지세는 〔맥주·포도주·위스키의 소매 면허에 부과되는 인지세와 마찬가지로〕 아마도 그 본래 의도는 해당 소매상의 이윤에 부담시키려는 것이었는지 몰라도, 최종적으로는 이런 종류의 술의 소비자가 지불하게 된다. 이런 세금은 앞에서 언급한 재산 이전에 부과되는 인지세와 동일한 명칭으로 불리고, 같은 관리들에 의해 같은 방법으로 징수되지만, 그와는 전혀 다른 성질의 것이고, 그리고 전혀 다른 수입원천에 귀착되는 것이다.

3. 노동임금에 대한 과세

1. 임금에 대한 과세는 반드시 세액 이상으로 임금을 올린다.

하층노동자계급의 임금이 어느 곳에서나 항상 두 가지 사정, 즉 노동에 대한 수요와 식료품의 통상적인 가격 또는 평균가격에 의해 결정된다는 사실은 이미 제1편〔제8장〕에서 설명한 바 있다. 노동 수요가 증가하는가, 정지하고 있는가, 또는 감소하는가에 따라, 즉 체증(遞增)하거나, 정지(停止)하거나, 또는 체감(遞減)하는 인구를 필요로 하는가에 따라, 노동수요는 노동자의 생활상태를 좌우하며, 그 생활이 어느 정도로 풍요로워지는가, 중간 수준인가, 또는 궁핍해지는가를 결정한다.

한편, 식료품의 평균가격은 노동자가 매년 이 풍부한, 중간 수준의, 또는 부족한, 생활수단을 구입할 수 있도록 그에게 지불되어야 할 화폐량을 결정한다. 그러므로 노동수요와 식료품 가격에 변동이 없는 한, 임금에 부과되는 직접세는 임금을 이 세금보다 약간 더 올리는 것 이외에는 아무런 다른 결과를 가져올 수 없을 것이다. 예를 들어, 어떤 지방에서 노동수요와 식료품 가격이 주당 10실링을 노동의 통상임금이 되도록 하고 있었는데, 이제 임금에 대해 $\frac{1}{5}$〔즉, 1파운드당 4실링〕의 세금을 부과한다고 가정하자. 만약 노동수요와 식료품가격이 변동 없이 그대로 유지된다면, 노동자는 그 지방에서 1주간에 10실링으로 구입할 수 있는 생활수단을 벌 수 있어야〔즉, 세금을 납부한 뒤에 처분할 수 있는 임금이 1주간 10실링은 되어야〕 한다. 그러나 그가 세금을 지불하고 난 뒤에도 그만큼의 처분 가능한 임금을 가지기 위해서는 노동의 가격은 1주에 12실링이 아니라 12실링 6펜스로 상승해야 한다〔10실링÷(1−$\frac{1}{5}$)=12.5실링〕. 즉, 그가 $\frac{1}{5}$세를 납부할 수 있기 위해서는 그의 임금은 $\frac{1}{5}$이 아니라 $\frac{1}{4}$만큼 상승해야 한다〔(12.5−10)÷10=0.25=$\frac{1}{4}$〕. 세율이 어떻든, 노동임금은 그 세율만큼 상승해야 되는 것이 아니라 그 세율보다 더 많이 상승해야 한다. 가령 세금이 $\frac{1}{10}$이라면 임금은 $\frac{1}{10}$이 아니라 $\frac{1}{8}$만큼 올라야 할 것이다〔1÷(1−$\frac{1}{10}$)= $\frac{1}{9}$〕.

2. 제조업에서 노동임금의 상승은 고용주가 선불하고 소비자가 부담한다. 농업에서 임금의 상승은 차지농이 선불하고 지주가 부담한다.

그러므로 노동임금에 대한 직접적인 과세는, 비록 노동자가 직접 자신의 수중에서 그것을 지불하더라도, 노동자가 이를 선납했다고 말할 수는 없을 것이다. 만약 노동수요와 식료품의 평균가격이 과세 전후에 변화 없이 일정하다면, 세금뿐 아니라 세금보다 약간 많은 금액을 그를 직접 고용하는 고용주가 실질적으로 선불할 것이기 때문이다. 그러나 그 세금의 최종적인 지불 부담은 경우에 따라서는 다른 사람에게 귀착될 수 있다. 세금으로 말미암아 인상되는 제조업 노동자의 임금은 제조업자가 지불할 것이지만, 이 제조업자는 임금 인상분을 이윤과 함께 상품가격에 첨가할 정당한 이유가 있으며, 또한 그렇게 할 수밖에 없을 것이다. 그러므로 이런 임금 상승분 및 이에 대한 추가적인 이윤의 최종적인 지불은 소비자의 부담으로 귀착될 것이다. 세금으로 말미암아 인상되는 농업노동자의 임금은 차지농이 지불하지만, 그가 이전과 동일한 수의 노동자를 유지하기 위해서는 더 큰 자본을 사용해야만 한다. 그런데 이런 더 큰 규모의 자본을 보통 이윤을 붙여서 회수하기 위해서는 토지생산물 중 더 큰 부분(또는 마찬가지 이야기지만 더 큰 부분의 가격)을 손 안에 유보해야 하며, 따라서 지주에게 지불하는 지대는 이전보다 작아져야 할 것이다. 그러므로 이 경우 임금인상분의 최종적인 지불부담은 지주에게 귀착되며, 더욱이 지주는 그것을 투하한 차지농의 추가적인 이윤까지 부담하게 될 것이다. 그렇다면 모든 경우 노동임금에 부과되는 직접세는 장기적으로는 (그 조세수입과 동일한 금액의 세금을 지대나 소비재에 직접 부과하는 경우보다도) 더 크게 지대를 감소시키고 공산품 가격을 상승시킬 것이다.

3. 과세가 임금을 인상하는 효과는 그로 말미암아 발생하는 노동수요의 감소 때문에 은폐된다.

만약 노동임금에 대한 직접세가 그것에 비례하여 임금을 상승시키지 않는다면, 그것은 이 세금이 일반적으로 야기한 노동수요의 큰 감소 때문이다. 산업의 쇠퇴, 노동자의 고용 감소, 나라의 토지·노동의 연간생산물의 감소 등은 일반적으로 이 세금의 결과인 것이다. 그러나 이런 과세의 결과 노동의 가격은 (이 세금이 없었을 경우 노동수요의 현실적인 상태에서 받았을 가격보다) 항상 높을 것임에 틀림없다. 이런 노동가격의 상승은 필연적으로 그것을 투하한 사람의 추가적인 이윤과 더불어 항상 궁극적으로는 지주·소비자에 의해 지불되는 것이다.

4. 농업노동의 임금에 대한 과세는 차지농의 이윤에 대한 과세와 마

농업노동의 임금에 대한 과세는 그것에 비례하여 토지생산물의 가격을 상

찬가지로 그 생산물의 가격을 올리지 않는다.

승시키지는 않는데, 이것은 차지농의 이윤에 부과되는 세금이 그것에 비례하여 토지생산물의 가격을 상승시키지 않는 것과 마찬가지 이유에서다.

5. 많은 나라들이 이런 과세를 하고 있다. 이를테면 프랑스와 보헤미아가 그렇다.

이런 과세는 불합리하고 파괴적인 것이라 하더라도 많은 나라에서 시행되고 있다. 프랑스에서 지방 촌락의 노동자·일용노동자의 노동에 부과되는 따이유 부분은 사실상 이런 종류의 세금이다. 그들의 임금은 그들이 거주하는 지역의 통상적인 수준에 의해 계산되며, 그들에게 지나치게 무거운 부담을 주지 않기 위해 연간 수입은 1년 동안 200일 이상 일하지 않는 것으로 추정한다. 각 개인이 납부하는 세금은 여러 가지 사정에 따라 매년 같지는 않다. 그리고 이런 사정은 세금징수관이나 〔그를 보좌하도록 주지사가 임명한〕 위원이 판단하여 결정한다. 보헤미아에서는 1748년에 이루어진 재정제도의 변경에 의해 수공업자의 노동에 매우 무거운 세금이 부과되고 있다. 그들은 네 계급으로 나뉜다. 최고 계급은 연간 100플로린을 납부하는데, 이것은 1플로린을 22.5펜스로 계산하면 9파운드 7실링 6펜스 〔22.5펜스 × 100 = (9파운드 × 20실링 × 12펜스) + (7실링 × 12펜스) + 6펜스〕에 해당한다. 제 2계급은 70플로린, 제 3계급은 50플로린, 그리고 제 4계급에는 지방촌락의 수공업자와 도시의 최하계급이 포함되는데, 이들은 25플로린의 세금을 납부한다.

6. 자유업 등의 보수에 대한 과세도 그 보수를 과세액 이상으로 올릴 것이다.

우수한 기술자와 전문지식을 필요로 하는 이른바 자유직업에 종사하는 사람들의 보수는, 이미 제 1편〔제 10장 제 1절〕에서 설명한 바와 같이, 하급 직업의 보수와 반드시 일정한 비율을 유지하고 있다. 그러므로 이런 종류의 보수에 대한 과세는 그 보수를 그 세액에 비례하는 것보다 약간 상승시키지만 그 밖의 다른 효과는 없을 것이다. 만약 그 보수가 이 정도로 상승하지 않는다면 다른 직업과 일정한 비율을 유지하지 못할 것이기 때문에, 사람들이 그처럼 우수한 수공업과 자유직업을 점점 떠나게 될 것이므로 그들의 보수는 곧 적절한 수준으로 돌아올 것이다.

7. 그러나 정부 관리의 봉급에 대한 과세는 그것을 인상시키지 않을 것이다.

다음으로 정부 관리의 보수는 보통의 산업이나 전문직업의 보수와는 달리 시장에서의 자유경쟁에 의해 결정되지 않기 때문에, 직업의 성질상 필요로 하는 수준과는 어떤 정당한 비례관계를 반드시 가지는 것은 아니다. 그것은 아마도 대부분의 나라에서 직업의 성질상 필요한 것보다 많을 것이다. 왜냐하면 정부의 행정을 맡고 있는 사람들은 일반적으로 그들 자신 및 그 직속 부하들에게 필요 이상으로 많은 보수를 주려는 성향을 가지고 있기 때문이다. 그러므로 정부 관리들의 보수는 대부분의 경우 과세를 잘 부담할 수 있다. 또한 공직, 특히 대우가 좋은 공직에 있는 사람들은 일반적으로 모든 나라에서 부러움의 대상이 되고 있으며, 따라서 그들의 보수에 대한 과세는 〔다른 어떤 종류의 수입에 대한 과세보다 많다고 하더라도〕 항상 많은 사람들로부터 환영을 받는 세금이다. 예를 들면, 잉글랜드의 경우 기타 모든 종류의 수입에 대해서는 1파운드당 4실링의 비율로 토지세를 부과한 반면, 봉급이 연간 100파운드 이상인 관직에 대해서는 1파운드당 5실링 6펜스의 비율로 과세했는데, 사람들은 그런 고율의 과세를 환영했다. 다만 새로 분가(分家)한 왕실 가족의 연금, 육해군 장교의 급여 및 기타 사람들의 질투의 대상이 아닌 소수 관직의 봉급은 제외했다. 잉글랜드에서 노동임금에 대한 이 밖의 다른 직접세는 없다.

4. 각종 수입에 대한 차별 없는 과세

1. 이것에는 인두세와 소비품에 대한 과세가 있다.

각종 수입에 대해 무차별적으로 과세하도록 고안된 세금이 인두세(人頭稅)와 소비재에 대한 세금이다. 이 세금은 납세자가 어떤 수입을 가지는지와는 무관하게 그의 수입으로부터, 즉 자기 소유지의 지대(地代), 자기 자본의 이윤(利潤), 또는 자기 노동의 임금(賃金)으로부터 무차별적으로 지불되어야 한다.

1) 인두세

2. 표면상 수입에 비례하는 인두세는 모두 자의적인 것이다.

인두세(人頭稅: capitation tax)를 만약 각 납세자의 재산 또는 소득에 비례하도록 만들려 한다면, 그것은 완전히 자의적인 것으로 되어 버린다. 사람의 재산상태는 매일매일 변한다. 따라서 어떤 조세보다도 견디기 어려운 조사를 하지 않는다면, 그리고 적어도 일년마다 한 번씩 새로 조사를 하지 않는다면, 그것은 다만 추정에 의존할 수밖에 없다. 그러므로 그 세액 사정은 대부분의 경우 과세 사정인의 마음대로 될 수밖에 없으며, 따라서 완전히 자의적이고 불확정적(不確定的)이 될 수밖에 없다.

3. 만약 이것을 신분에 비례시킨다면, 그것은 불공평한 것이 된다.

만약 인두세를 추정 재산에 비례시키지 않고 각 납세자의 신분에 비례시킨다면, 그것은 완전히 불공평한 것이 된다. 왜냐하면 같은 사회적 등급의 사람이라도 흔히 재산의 정도는 다르기 때문이다.

4. 제 1의 경우에는 이것은 항상 고통을

그러므로 인두세는, 만약 그것을

주고, 제 2의 경우에는 이것은 가볍지 않은 한 견디기 어려울 것이다.

공평하게 만들려고 시도하면, 그것은 완전히 자의적이고 불확정적인 것이 되고, 확정적이고 자의적이지 않게 만들려고 하면, 그것은 완전히 불공평한 것이 된다. 세금이 무겁든 가볍든 그것이 불확정적이면 언제나 큰 불평을 야기한다. 세금이 가벼운 경우에는 상당한 정도의 불공평도 참아줄 수 있겠지만, 세금이 무거운 경우에는 불공평은 전혀 참아줄 수 없게 된다.

5. 윌리엄 3세 당시의 인두세는 주로 신분에 따라 부과되었다.

윌리엄 3세의 재임기간 중 잉글랜드에서 시행된 각종 인두세에서, 대부분의 납세자는 신분〔공작(公爵)·후작(侯爵)·백작(伯爵)·자작(子爵)·남작(男爵)·향사(鄕士)·신사(紳士)·귀족의 맏아들과 막내아들 등〕에 따라 과세되었다. 300파운드 이상의 재산을 가진 상점주인·상인〔즉, 그들 가운데서 비교적 형편이 나은 상층부 인사〕들은, 그들 사이의 재산 차이가 아무리 크다고 하더라도 동일하게 과세되었다. 즉, 그들의 재산보다 오히려 신분이 고려되었던 것이다. 최초의 인두세에서 추정 재산에 따라 과세되었던 사람들 중의 일부는 나중에는 그 신분에 따라 과세되었다. 고급 변호사(serjeants), 일반 사무변호사(attornies), 왕실의 소송 대리인(proctors)들은 제 1차 인두세 부과 때에는 그들의 추정소득 1파운드당 3실링(즉, 15%의 비율)으로 과세되었으나, 나중에는 신사(紳士)의 신분으로 과세되었다. 그리 무겁지 않은 과세에서는, 약간이라도 불확정적인 것보다는 상당한 정도 불공평한 것이 차라리 견디기 쉽다는 것을 알게 되었다.

6. 프랑스에서는 상층계급의 사람들은 신분에 따라, 하층계급의 사람들은 추정 재산에 따라 과세된다.

금세기 초부터 중단되지 않고 시행되어 온 프랑스의 인두세에서 최고계급의 사람들은 신분에 따라 불변의 세율에 의해 과세되고, 하위계급의 사람들은 추정 재산에 따라 매년 변화하는 사정(査定)에 의해 과세된다. 왕실의 관리들, 최고재판소의 재판관과 기타 관리들, 육해군 장교 등은 첫 번째 방법으로 과세된다. 지방의 하층계급에 속하는 사람들은 두 번째 방법으로 과세된다. 프랑스에서 대부분의 사람들은 조세부담이 매우 무겁지만 않다면 그 조세의 상당한 불공평도 쉽게 견뎌내지만, 지방장관의 자의적인 사정에 대해서는 참을 수 없어 한다. 프랑스의 하층계급 사람들은 그들의 상급자가 적당하다고 생각해서 해주는 대우를 감내할 수밖에 없다.

7. 프랑스에서는 영국보다도 더 엄격하게 징세되고 있다.

잉글랜드에서 각종 인두세는 이 세금으로부터 기대되었던 만큼의 금액, 또는 그것을 엄밀하게 징수했다면 거둘 수 있었을 것으로 기대되는 금액을 결코 징수하지 못했다. 그러나 프랑스에서는 인두세는 항상 예상한 만큼의 금액을 징수했다. 온화한 잉글랜드 정부는 인두세를 각종 신분에게 부과할 때, 그 과세를 통해 실제로 징수되는 금액으로 만족한다. 즉, 정부는 납세할 능력이 없거나 의사가 없는(실제 이런 사람들은 매우 많다) 사람들 때문에, 또는 법률 집행이 느슨해서 납세를 강요받지 않는 사람들 때문에 입게 되는 손해에 대한 보상을 전혀 요구하지 않았던 것이다. 그러나 잉글랜드에 비해 더욱 엄격한 프랑스 정부는 각 징세구마다 일정한 금액을 할당하고, 각 지방장관들은 적극적으로 그 납세를 강요해서 징수해야만 한다. 만약 어떤 지역이 과중하게 과세되고 있다고 불평하는 경우, 그 지역은 그 다음 해 과세될 때 전년도의 초과 과세에 상당하는 감세를 받을 수 있다. 그러나 그 지역은 그때까지 일단 납세하지 않으면 안 된다. 지방장관은 자신의 징세구에 할당된 금액을 확실하게 거두기 위해, 일부 납세자의 납세 불능 또는 납세 거부를 나머지 사람들에 대한 초과 과세를 통해 충분히 보상할 수 있도록, 처음 할당된 금액보다 많은 금액을 과세할 수 있는 권한을 부여받고 있었다. 1765년까지는 이런 초과 징세의 결정은 완전히 그의 재량권에 속했는데, 그해에 추밀원의 권한으로 바뀌었다. 프랑스의 각 지역에 부과되는 인두세에서 귀족이나 따이유(taille)를 면제받는 특권층이 부담하는 비율은 매우 가벼웠다고 프랑스의 과세 문제에 매우 정통한 『회고록(Memoirs)』의 저자 드 보몽(De Beaumont)은 말하고 있다. 인두세에서 가장 큰 비율은 따이유를 납부하는 사람들이 부담했는데, 이들은 그 세금의 납세액에 따라 그것의 몇 퍼센트를 인두세로 납부했다.

8. 하층계급 사람들에 대한 인두세는 노동임금에 대한 직접세와 같다.

인두세는, 그것이 하층계급의 시람들에게 부과되는 한, 노동임금에 대한 직접세이며, 따라서 그런 직접세의 부정적 성격들을 전부 다 가지고 있다.

9. 인두세는 징수비가 적게 들고 확실한 수입을 제공해 준다.

인두세는 징수비용이 적게 들고, 그것이 엄격하게 징수되기만 한다면 국가에 대해 매우 확실한 수입을 제공한다. 그러므로 하층계급의 안일·편안함·안전을 전혀 고려하지 않는 나라에서는 인두세가 매우 일반적이다. 그러나 큰 제국에서는 인두세로부터 얻는 수입은 전체 공공수입의 극히 작은 일부분에 지나지 않는다. 그리고 인두세로부터 거둘 수 있는 최대의 금액조차 항상 국민들에게 더 편리한 다른 방법을 통해 징수되었다.

2) 소비품에 대한 과세

1. 수입에 따른 과세가 불가능하므로 소비품에 대한 지출에 따라 과세하게 되었다.

수입에 비례하여 인두세를 과세하는 것이 불가능하다는 사정 때문에 소비품에 대한 과세가 고안되었던 것 같다. 국가는 국민들의 수입에 직접적으로 그리고 비례적으로 과세하는 방법을 몰랐기 때문에, 국민들의 지출은 대부분의 경우 거의 수입에 비례할 것이라고 가정하고 국민들의 지출에 대해 과세함으로써 그 수입에 간접적으로 과세하려고 노력하는 것이다. 그들의 지출에 대해 과세하는 방법은 곧 지출의 대상인 소비품에 과세하는 것이다.

2. 소비품은 필수품이거나 사치품이다.

소비품은 필수품(必需品)이거나 사치품(奢侈品)이다.

3. 필수품은 사회의 일반적인 예의가 최하층 계급에게조차 필요하도록 만드는 물품이다.

필수품이란, 생활을 유지하기 위해 필수 불가결한 상품뿐만 아니라, 그 나라의 관습상 점잖은 사람의 체면 유지를 위해, 심지어 최하층 계급 사람들의 체면 유지를 위해서도, 없어서는 안 될 상품들을 가리킨다고 나는 생각한다. 예를 들어 아마포 셔츠는 엄격하게 말하면 생활필수품이 아니다. 그리스인이나 로마인들은 아마포 없이도 매우 안락하게 생활할 수 있었다. 그러나 지금은 대부분의 유럽을 통해 날품팔이라 하더라도 아마포 셔츠를 입지 않으면 다른 사람들 앞에 부끄러워 얼굴을 들지 못할 것이다. 왜냐하면 그것이 없다는 것은 극단적으로 나쁜 행동을 하지 않고서는 누구도 그렇게 될 수 없는 부끄러울 정도의 빈곤상태를 나타낸다고 모두들 생각하고 있기 때문이다. 마찬가지로 잉글랜드에서는 관습상 가죽신발이 생활필수품으로 되고 있다. 아무리 가난한 사람이라도 평판이 괜찮은 사람이라면 남자건 여자건 가죽신발을 신지 않고 남들 앞에 얼굴을 내밀지는 못할 것이다. 스코틀랜드에서는 가죽신발은 최하층 계급의 남자에게는 생활필수품이지만, 최하층 계급의 여자에게는 그렇지 않다. 여자는 아무런 부끄러움 없이 맨발로 걸어 다닌다. 프랑스에서는 가죽신발은 남녀 모두에게 생활필수품이 아니다. 최하층 계급의 남녀 모두 때로는 나막신, 때로는 맨발로 다니더라도 결코 불명예스럽지 않다. 그러므로 생활필수품이란 자연과 사회의 일반적인 예의가 최하층 계급에게조차 필요하도록 만드는 물품이라고 이해해야 한다.

나는 그 이외의 모든 물품을 사치품이라 부른다. 그러나 이 용어 사용에는 사치품을 적당하게 사용하는 것까지 비난하는 의미는 조금도 포함되어 있지 않다. 예를 들어 맥주는 영국에서, 그리고 포도주는 포도주 생산국에서조차도 사치품이다. 어떤 계급에 속하는 사람도 이런 술을 마시지 않는다고 해서 어떤 비난을 받는 일은 전혀 없다. 자연환경이 이와 같은 알콜 음료를 생활유지에 필수불가결한 것으로 만들지도 않았고, 또한 어떤 곳의 사회적 관습도 이런 것을 마시지 않고 살아가는 것을 체면 상하는 일로 여기지도 않는다.

4. 생활수단의 가격을 올리는 사정들은 반드시 노동임금을 인상시킨다.

그런데 노동임금은 어디에서나 부분적으로는 노동에 대한 수요(需要)에 의해, 또한 부분적으로는 생활필수품의 평균가격(平均價格)에 의해 결정되므로, 이런 평균가격을 상승시키는 요인들은 어떤 것이건 필연적으로 임금을 인상시킬 것이다. 그래야만 노동자는 주어진 노동 수요의 상태〔증가 · 정지 · 감소 그 어느 것이든〕에서 필요한 생활필수품을 이전과 동일한 수량만큼 구입할 수 있을 것이기 때문이다. 생활필수품에 대한 과세는 필연적으로 그것의 가격을 세액보다 좀더 높게 인상시킨다. 왜냐하면 이 세금을 선납하는 상인은 이윤을 덧붙여서 그 선납한 세금을 되돌려 받아야 하기 때문이다. 그러므로 이런 세금은 생활필수품의 가격 상승에 비례하는 임금인상을 야기할 것이다.

5. 따라서 생활필수품에 대한 과세는 임금에 대한 과세와 마찬가지로 반드시 임금을 인상시킨다.

그러므로 생활필수품에 대한 과세는 노동임금에 대한 직접적인 과세와 완전히 마찬가지로 작용한다. 노동자는, 가령 자기 주머니에서 세금을 직접 납부하더라도, 적어도 상당한 기간을 두고 보면, 선납한다고 말할 수도 없을 것이다. 왜냐하면 그 세금은 장기적으로는 항상 그의 고용주에 의해 임금의 인상이라는 형태로 선불될 것이기 때문이다. 그의 고용주는, 만약 그가 제조업자라면, 위와 같은 임금인상을 이윤과 함께 상품가격에 전가시킬 것이며, 따라서 이 세금은 최종적으로 이 과징액(過徵額: over-charge)과 함께 소비자의 부담으로 될 것이다. 만약 그의 고용주가 차지농이라면, 그 세금은 최종적으로 위와 마찬가지의 과징액과 함께 지주의 지대가 부담하게 될 것이다.

6. 사치품에 대한 과세는, 비록 그것을 가난한 사람들이 소비하더라도, 그런 영향을 미치지 않는다.

그러나 내가 사치품이라 말한 것에 대한 과세는 〔노동자들이 소비하는 사치품에 대한 과세까지도〕 이런 종류의 효과가 발생하지 않는다. 과세되는 사치품의 가격 상승은 반드시 임금 상승으로 귀결되지는 않을 것이다. 예를 들어 담배는 빈부(貧富)를 막론하고 그 누구에게나 사치품이지만, 담배세를 부과한다고 해서 임금이 인상되지는 않을 것이다. 담배는 영국에서는 원가의 3배, 프랑스에서는 15배로 과세되고 있지만, 이런 무거운 세금도 노동임금에 대해 아무런 영향도 미치지 않는 것 같다. 차와 설탕〔영국과 네덜란드에서는 최하층 계급의 사치품이 되어 있다〕에 부과되는 세금에 대해서도 마찬가지로 말할 수 있으며, 초콜릿〔스페인에서는 이미 최하층계급의 사치품이 되어 있다〕에 대한 세금에 대해서도 마찬가지로 말할 수 있다. 영국에서는 이번 세기 동안 위스키에 각종 세금들이 부과되었으나, 이들은 노동임금에 대해 아무런 영향도 미치지 않은 것으로 보인다. 런던에서 흑맥주 1배럴당 3실링의 추가적인 과세로 흑맥주의 가격이 상승했으나, 그것은 일반적인 노동임금을 상승시키지 않았다. 과세 이전에 노동임금은 하루에 약 18~20펜스였는데, 지금도 그보다 높지는 않다.

7. 그것은 사치 금지법과 같은 작용을 하므로, 빈민들이 가족을 부양할 수 있는 능력을 감소시키지는 않는다.

사치품의 가격 상승이 필연적으로 하층계급의 가족 부양능력을 감소시키는 것은 아니다. 사치품에 대한 과세는 착실하고 근면한 빈민들에게는 사치 금지법과 같은 작용을 함으로써, 그들로 하여금 더 이상 쉽게 구입할 수 없게 된 사치품의 사용을 줄이거나 완전히 금지하도록 만든다. 그들의 가족 부양능력은 이런 강요된 절약으로 말미암아 세금 때문에 감소되기는커녕 오히려 종종 증대된다. 착실하고 근면한 빈민들이 일반적으로 가장 많은 가족을 부양하면서 유용노동에 대한 수요를 주로 공급하고 있다. 물론 모든 빈민들이 착실하고 근면한 것은 아니며, 방탕한 사람들은 이런 가격상승 이후에도 이전과 마찬가지로 사치품을 사용할 수도 있고, 그러면서도 자신의 사치품 탐닉이 자신의 가족들에게 가져다 줄 불행 같은 것은 생각하지 않을 수도 있다. 그러나 그와 같이 무절제한 생활을 하는 사람들은 많은 가족을 부양할 수 없다. 왜냐하면 그들의 자녀들은 방치되고, 잘못 관리되며, 식료품 부족이나 영양실조로 요절할 것이기 때문이다. 만약 자녀들이 신체적으로 건강해서 부모들의 좋지 못한 행동이 주는 고통을 견뎌내어 살아남는다고 하더라도, 부모들의 나쁜 행동을 보고 배웠기 때문에 그들의 도덕은 타락할 것이다. 따라서 그들은 근로를 통해 사회에 유용한 사람이 되기는커녕 악행과 방탕한 행동으로 사회에 해를 끼칠 것이다. 그러므로 빈민들이 사용하는 사치품의 가격상승은 방탕한 가정의 어려움을 증대시켜 그들의 자녀 양육능력을 감퇴시킬 것이지만, 나라 전체의 유용노동을 크게 감소시키지는 않을 것이다.

8. 그러나 필수품의 가격 상승은 가난한 사람이 가족을 부양하고 노동 수요를 공급할 수 있는 능력을 감소시킨다.

필수품의 평균가격 상승은 그것에 비례하는 노동임금 상승에 의해 보상되지 않는 한, 필연적으로 노동 빈민들의 가족 부양능력, 나아가 유용노동의 수요에 대한 그들의 공급능력을 어느 정도 감퇴시킬 것이다. 이것은 노동에 대한 수요가 증대·정지·감퇴의 어느 상태에 있든, 또는 인구의 증가·정지·감퇴의 어느 것을 요구하든, 그러할 것이다.

9. 생활필수품에 대한 과세는 중류계층과 상류계층 사람들의 이익과도 배치된다.

사치품에 대한 과세는 과세되는 상품을 제외한 다른 상품의 가격을 상승시키는 경향은 없다. 그러나 생활필수품에 대한 과세는 노동임금을 상승시킴으로써 필연적으로 모든 공산품의 가격을 상승시키며, 따라서 그 판매량·소비량을 감소시키는 경향이 있다. 사치품에 대한 과세는 궁극적으로 그 상품의 소비자가 아무런 보상도 받지 못한 채 지불하게 된다. 그 과세는 모든 종류의 수입〔즉, 노동의 임금, 자본의 이윤, 토지의 지대〕에 무차별적으로 귀착된다. 그러나 생활필수품에 대한 과세는, 그것이 노동 빈민들에게 영향을 미치는 한, 부분적으로는 지대의 감소를 통해 지주에 의해 지불되고, 부분적으로는 공산품의 가격 상승(항상 세액 이상이다)을 통해 부유한 소비자(지주이건 기타 사람들이건 불문하고)에 의해 지불된다. 진정한 생활필수품으로서 노동 빈민들이 소비해야 하는 공산품〔예컨대 거친 모직물〕의 가격 상승은 그들의 임금을 더 많이 상승시킴으로써 보상되어야 한다. 중류·상류 계급 사람들이 자신들의 이익을 충분히 이해한다면, 그들은 노동임금에 대한 직접적 과세뿐 아니라 생활필수품에 대한 과세도 반드시 반대해야 할 것이다. 왜냐하면 이 두 세금의 최종적인 지불부담은 그들이 지게 되며, 더욱이 항상 세금보다 더 많이 지불해야 하기 때문이다. 이 세금들은 지주에게 가장 무겁게 귀착되는데, 왜냐하면 지주는 지주의 자격으로서는 지대의 감소를 통해 세금을 지불하고, 부유한 소비자의 자격으로서는 지출의 증대를 통해 세금을 지불하기 때문이다. 매튜 데커 경(Sir Mattew Decker)은, 어떤 세금은 어떤 물품의 가격에서 종종 4~5회 반복해서 누적된다고 말한 바 있는데, 이것은 생활필수품에 대한 과세에 관한 한 완전히 옳은 지적이다. 예컨대 가죽신발의 가격에서는 당신 자신의 신발의 가죽에 대한 세금뿐 아니라 제화공·무두공의 신발의 가죽에 대한 세금의 일부까지 포함되어 있다. 더욱이 이 노동자들이 당신에게 고용되어 일하는 동안 소비하는 소금·비누·양초에 부과되는 세금 및 소금 제조업자·비누 제조업자·양초 제조업자가 일하는 동안 소비하는 가죽신발에 부과된 세금까지도 포함되어 있다.

10. 영국에서 생활필수품에 대한

영국에서 생활필수품에 대한 주요 과

주된 과세에는 소금 · 가죽 · 비누 · 양초에 대한 것들이 있다.

세는 바로 앞에서 말한 소금·가죽·비누·양초 등에 대해 부과되는 것들이다.

11. 소금·가죽·비누·양초에 대한 과세들

소금은 매우 오래 전부터 보편적인 과세대상이었다. 로마인들도 소금에 과세했으며, 지금도 유럽 전체에 걸쳐 과세되고 있다. 개인이 매년 소비하는 양은 매우 적고 조금씩 구매될 수 있기 때문에, 비록 상당히 무거운 세금이 소금에 부과되더라도 어느 누구도 그것을 느끼지 못할 것으로 생각한 것 같다. 잉글랜드에서 염세(鹽稅)는 1부셀당 3실링 4펜스로서 원가의 약 3배다. 다른 나라들에서는 염세가 조금 더 높다. 가죽은 정말로 필수불가결한 생활필수품이다. 아마포를 사용하기 때문에 비누 또한 없어서는 안 될 생활필수품이다. 겨울밤이 긴 나라들에서는 양초는 생산도구이다. 영국에서는 가죽·비누는 무게 1파운드당 1페니 반, 양초는 1페니의 비율로 과세된다. 이런 세금은 가죽 원가의 약 8~10%, 비누 원가의 약 20~25%, 양초 원가의 약 14~15%에 해당하며, 염세에 비해서는 물론 가볍지만 여전히 무거운 세금이다. 위의 네 가지 물품들은 진정한 생활필수품이기 때문에, 그것들에 부과되는 이런 무거운 세금은 착실하고 근면한 빈민들의 지출을 어느 정도 증가시키며, 따라서 필연적으로 그들의 노동임금을 다소 상승시킬 것이다.

12. 해상 운송되어 온 석탄도 생활필수품이다.

영국과 같이 겨울이 매우 추운 나라에서 연료는 겨울철에 가장 엄밀한 의미에서 진정한 생활필수품이다. 그것은 음식물을 요리하기 위해서뿐 아니라 겨울철에 실내에서 일하는 다양한 종류의 직공들의 안락한 생활을 위해서도 없어서는 안 되는 생활필수품이다. 석탄은 모든 연료 중에서 가장 저렴하다. 연료 가격이 노동의 가격에 미치는 영향이 너무나도 크기 때문에, 영국 전체에서 제조업은 주로 석탄 산지로 한정되어 있다. 영국의 기타 지역에서는 이 생활필수품(석탄)의 가격이 높기 때문에 석탄 산지에서처럼 그렇게 싸게 일을 시킬 수가 없다. 또한 어떤 종류의 제조업〔예컨대 유리·철·기타 금속제조업〕에서는 석탄은 사업상 필수불가결한 원료다. 어떤 경우든 장려금이 합리적일 수 있다고 한다면, 석탄을 풍부한 지방에서 부족한 지방으로 옮기는 수송에 대해 주어지는 장려금이야말로 합리적일 것이다. 그러나 입법부는 장려금 대신에 연안에서 운반되는 석탄에 대해 톤당 3실링 3펜스의 세금을 부과했는데, 이 세금은 채탄장에서의 원가의 6할에 해당한다. 육상수송·내륙수운에 의해 운반되는 석탄에는 세금이 부과되지 않는다. 석탄 가격이 자연적으로 저렴한 곳에서는 면세되고 있는 반면에, 석탄가격이 자연적으로 비싼 곳에서는 석탄 소비에 무거운 세금이 부과되고 있는 것이다.

13. 이런 세금들은 비록 나쁜 효과를 낳지만 정부에게 수입을 제공한다. 그러나 곡물 무역 등의 규제는 마찬가지로 나쁜 효과를 낳으면서도 정부에 수입을 가져오지 않는다.

이런 세금들은 생활수단의 가격을 등귀시키고 나아가 임금을 등귀시키지만, 그럼에도 불구하고 이들은 정부에게 다른 방법으로는 얻기 어려운 커다란 수입을 제공한다. 그러므로 이런 과세를 계속하는 데에는 상당히 유력한 이유가 있다. 그러나 곡물수출에 대한 장려금은, 실제의 경작 상태에서 생활필수품의 가격을 상승시키는 경향이 있다는 점에서, 이런 과세들과 똑같이 나쁜 영향을 주면서도 정부에 대해서는 어떤 수입도 제공하지 않고 흔히 매우 큰 지출을 발생시킨다. 외국곡물의 수입에 부과되는 무거운 세금〔이것은 비교적 풍작인 해에는 수입을 금지시키는 효과를 가져온다〕과 살아있는 가축(生畜)·염장(鹽藏) 육류의 수입금지〔이것은 정상적인 상태에서 실시되며, 현재는 품귀 현상 때문에 아일랜드와 영국 식민지에 대해 일정 기간 그 집행이 정지되고 있다〕는 생활필수품에 대한 과세가 갖는 모든 나쁜 결과들을 낳으면서도 정부에게 아무런 수입도 제공하지 못한다. 이런 규정들을 폐지하기 위해서는 일반 국민들에게 그것을 확립시킨 제도 자체의 무익성(無益性)을 확신시키는 길 이외에 다른 아무것도 필요하지 않을 것으로 보인다.

14. 기타 수많은 나라들에서는 생활 필수품에 대해 이보다 더 높은 과세가 시행되고 있다. 빵에 대한 과세가 그 예다.

생활필수품에 대한 세금이 다른 많은 나라들에서는 영국보다 훨씬 높다. 많은 나라들에서는 제분소에서 빻는 밀가루 및 오븐에서 구워내는 빵에 대해서도 과세하고 있다. 네덜란드에서는 이런 세금 때문에 도시에서 소비되는 빵의 화폐가격이 두 배로 올랐다고 한다. 농촌에 사는 사람들은 빵에 대한 세금 대신에 그들이 소비할 것으로 추정되는 빵의 종류에 따라 1인당 얼마씩의 인두세를 매년 납부한다. 밀가루 빵을 먹는 사람은 3길더 15스타이버(약 6실링 9펜스 반)를 매년 납부한다. 이런 세금과, 그리고 비슷한 종류의 기타 세금들은 노동임금을 상승시킴으로써 네덜란드의 대부분의 제조업을 파괴시켰다고 한다.* 이 정도로 무겁지는 않지만 비슷한 세금이 밀라노 공국 · 제노바 · 모데나(Modena) · 파르마(Parma) · 플라센티아(Placentia) · 구아스탈라(Guastalla) 공작령 및 교황령에서도 부과되고 있다. 프랑스의 한 유명한 저자는 다른 대부분의 세금을 모든 세금 중에서 가장 파멸적인 이 세금으로 대체시킴으로써 프랑스의 재정상태를 개혁하자고 제안했다.** 아주 황당한 것들 가운데 가끔 일부 철학자들이 주장하지 않았던 것은 없다고 키케로(Cicero)는 말한 바 있다.

15. 육류에 대한 과세도 그 한 예이다.

정육점 고기에 대한 과세는 빵에 대한 과세보다 더욱 보편적이다. 정육점 고기가 어느 곳에서나 생활필수품인지는 의문의 여지가 있다. 곡류 · 야채류는 우유 · 치즈 · 버터 · 〔버터가 없는 곳에서는〕 기름의 도움으로 정육점 고기가 전혀 없더라도 가장 풍부하고 위생적이며 영양분이 많고 활력을 주는 식사를 제공할 수 있다는 사실은 경험상 알려져 있다. 체면상 아

* De Beaumont, 앞의 책

** Le Reformateur(1756)

마포 셔츠를 입거나 가죽신을 신지 않으면 안 되는 것처럼 고기를 먹지 않으면 안 되는 곳은 어디에도 없다.

16. 소비품에 대한 과세는 소비자에게 정기적으로 과세할 수도 있고, 또 소비자가 상품을 살 때마다 상인에게 한 차례씩 과세할 수도 있다.

소비품은 필수품이건 사치품이건 두 가지 방식으로 과세될 수 있다. 즉, 소비자로 하여금 그가 사용·소비하는 소비품에 대해 매년 일정한 금액을 납부하도록 하든가, 그렇지 않으면 물품이 아직 소비자의 수중에 들어가지 않고 상인의 수중에 있을 때 과세할 수 있다. 완전히 소비되기에는 오랜 시간이 걸리는 소비품에는 첫 번째 방법으로 과세하는 것이 적당하고, 소비가 즉각적이거나 더 신속하게 이루어지는 경우에는 두 번째 방법으로 하는 것이 적당하다. 대형 사륜마차에 대한 과세 및 금은 식기류에 대한 과세는 첫 번째 방법의 예이고, 기타 소비세 및 관세의 대부분은 두 번째 방법의 예이다.

17. 내구성이 있는 상품일 경우에는 첫 번째 과세방법이 가장 좋다.

대형 사륜마차는 잘 관리하면 10~12년 정도 사용할 수 있다. 마차가 그것을 제조한 사람의 손을 떠나 소비자의 수중으로 옮겨질 때에 단 한 차례 과세될 수도 있다. 그러나 그것을 구매하는 사람의 입장에서는, 그것을 보유하는 특권에 대해 매년 4파운드의 세금을 납부하는 쪽이, 그것을 살 때 마차 제조인에게 한 차례 세금으로 40~48파운드를 추가가격(이것은 마차를 사용하는 기간 동안 납부해야 할 세액 총액과 같다)으로 지불하는 것보다, 확실히 편리할 것이다. 이와 마찬가지로, 금은 식기류는 100년 이상 사용할 수 있기 때문에, 소비자의 입장에서는, 식기(중량) 100온스당 〔그 가치의 약 1%에 해당하는〕 5실링〔따라서 식기의 가격은 중량 100온스에 500실링, 곧 25파운드임〕의 세금을 매년(100년간) 납부하는 것이, 이 세금의 25년 또는 30년에 해당하는 세액(즉, 125실링~150실링)을 한꺼번에 (추가 가격으로)지불하는 것〔이렇게 되면 식기 가격이

25~30% 정도 올라가는 것과 같다〕보다 쉬울 것이다. 또한 각종 가옥세는 가옥 주인의 입장에서는 일정한 세액을 매년 납부하는 편이 가옥을 최초에 건축할 때 또는 매각할 때 매년 납부하는 세액을 합한 총액과 동등한 액수의 무거운 세금을 한꺼번에 납부하는 것보다 훨씬 더 편리할 것이다.

18. M. 덱커 경은 상품소비에 대한 허가증을 매년 발급함으로써 첫 번째 방법을 다른 상품들에도 적용하자고 제안했으나, 이것은 두 번째의 방법보다 더 큰 반대에 부닥칠 것이다.

매튜 데커 경(Sir Matthew Decker)의 유명한 제안이란, 모든 상품들에 대해, 그 소비가 즉각적이거나 매우 신속한 상품들에 대해서까지도, 이런 방식으로 〔즉, 상품을 판매하는 상인은 전혀 선납하지 않고 소비자들만 일정한 상품을 소비할 수 있는 면허를 매년 받도록 하고 그 면허에 대해 일정한 액수를 납부하는 방식으로〕 과세할 수 있다는 것이다. 그의 제안의 목적은 모든 외국무역 부문〔특히 중개무역 부문〕을 일체의 수출입세로부터 면제시켜 유능한 상인으로 하여금 그의 총자본과 신용을 〔세금의 선납에 조금도 전용함이 없이〕 화물구입·선박운임에 사용할 수 있도록 함으로써 외국무역을 진흥시키려는 것이었다. 그러나 즉각적으로 소비되거나 신속하게 소비되는 상품에 이런 방식으로 과세하려는 계획은 다음과 같은 매우 중요한 네 가지 반대에 부닥치게 될 것이다.

첫째, 일반적인 과세 방법에 비해 훨씬 더 불공평하게 될 것이다. 바꾸어 말하자면, 납세자 개개인의 지출·소비에 그만큼 잘 비례하지 않을 것이다. 상인이 선납하는 맥주·포도주·위스키에 대한 세금은 결국 소비자들이 각자의 소비에 정확히 비례해서 납부하게 된다. 그러나 만약 음주면허를 판매하는 방법으로 과세한다면, 술을 적게 마시는 사람은 술을 취하도록 마시는 사람에 비해 훨씬 무겁게 과세되는 셈이다. 손님을 성대하게 대접하는 가족은 그렇지 않은 가족보다 가볍게 과세될 것이다.

둘째, 일정한 상품을 소비할 수 있는 연간·반년간·분기간 면허에 대해 지불하는 이런 과세 방법은, 소비가 신속하게 이루어지는 상품에 대한 과세가 갖는 주요한 이점 중의 하나, 즉 조금씩 점차적으로 납세한다는 이점을 크게 감소시킬 것이다. 현재 한 병(pot)의 흑맥주에 대해 지불되는 3.5펜스의 가격 속에는 맥아·호프·맥주에 부과되는 상이한 세금들과 〔이 세금을 선납했다고 해서 양조업자가 추가한〕 특별이윤이 아마 약 1.5페니 정도 포함될 것이다. 만약 노동자가 이 1.5페니를 부담 없이 지출할 수 있다면 그는 흑맥주 한 병을 살 것이다. 그럴 수 없다면 그는 한 잔(pint)으로 만족할 것이다. 1페니의 절약은 1페니를 버는 것과 같다(a penny saved is a penny got). 그러므로 그는 절제를 통하여 약간의 돈(1파싱)을 버는 것이다. 그는 세금을 지불할 수 있기 때문에, 그리고 세금을 지불할 수 있을 때에만, 조금씩 세금을 납부한다. 그리고 모든 납세행위는 완전히 자발적이며, 만약 그가 세금을 내지 않으려고 작정한다면, 그는 내지 않을 수 있다.

셋째, 그런 세금은 사치를 금지하는 법률로서의 작용은 별로 하지 않을 것이다. 일단 면허를 구입하고 나면 많이 마시든 적게 마시든 그가 납부하는 세금은 일정하기 때문이다.

넷째, 만약 노동자가 자기가 마시는 술잔에 따라 아무런 불편 없이 현재 지불하고 있는 세금을 연 1회 또는 연 2회 또는 매분기마다 모아서 한꺼번에 지불해야 한다면, 그는 그 큰 금액 때문에 큰 고통을 겪게 될 것이다. 그러므로 이런 과세방식은 〔아무런 압박감을 주지 않는 현재의 과세방법에 의해 얻을 수 있는〕 세수(稅收)를 큰 불평을 야기하지 않고서는 결코 징수할 수 없다. 그러나 몇몇 나라에서는 즉각적으로 또는 신속하게 소비되는 상품에 대해 이와 같은 방식으로 과세하고 있다. 네덜란드에서는 차를 마실 수 있는 면허에 대해 일인당 약간의 세금을 납부한다. 나는 이미 빵세에 관해 설명한 바 있는데, 농가나 지방의 촌락에서 소비되는 빵의 경우에는, 이와 같은 방법으로 과세되고 있다.

19. 영국의 국내소비세는

국내소비세(excise)는 주로 국내의 소비에 충

주로 사치품에 과해진다.

당되는 국산품에 부과된다. 이 세금은 가장 일반적으로 사용되는 몇몇 종류의 재화에만 부과된다. 그것이 부과되는 품목이나 각 품목의 세액에 관해서는 결코 의심의 여지가 있을 수 없다. 국내소비세는 위에서 말한 네 가지의 품목(즉, 소금·비누·가죽·양초)과, 그리고 아마도 유리를 제외하면, 거의 모두 내가 말하는 사치품에 부과된다.

20. 관세는 처음에는 상인의 이윤에 대한 과세라고 간주되었다.

관세(關稅: duties of customs)는 국내소비세보다 훨씬 오래 되었다. 그것이 커스텀즈(customs: 관습. 습관)라는 명칭으로 불리는 이유는, 이것은 아주 먼 옛날부터 관습적으로 해온 지불(customary payments)이라는 뜻을 나타내기 위해서라고 생각된다. 관세는 처음에는 상인의 이윤에 대한 과세라고 인식되었다. 중앙정부가 존재하지 않았던 봉건적 야만시대에는 상인들은 성 안의 다른 모든 거주자들과 마찬가지로 해방된 농노보다 별로 더 나은 대우를 받지 못했다. 그들은 멸시당했고 그들이 얻는 이득은 질시(嫉視)의 대상이 되었다. 당시의 대영주들은 자신들의 차지인이 얻는 이윤에 대해 국왕이 과세하는 것에 이미 동의했으므로, 자신들이 보호해 줄 의향이 없는 이 상인계급의 사람들이 얻는 이윤에 대해 과세하는 것에도 기꺼이 동의해 주었다. 이 우매한 시대에는 상인의 이윤은 직접적으로 과세될 수 없다는 것, 바꾸어 말해 이 과세의 최종적인 지불부담은 상당한 초과부담과 함께 소비자에게 귀착된다는 사실을 이해할 수 없었던 것이다.

21. 외국 상인의 이윤은 더 무겁게 과세되었다.

외국 상인의 이득은 영국 상인의 이득에 비해 더욱 질시의 대상이 되었다. 그러므로 전자의 이득이 후자의 이득보다 훨씬 무겁게 과세되는 것은 당연했다. 외국 상인과 영국 상인 간의 이런 과세상의 차별은 처음에는 무지 때문에 생긴 것이지만, 나중에는 독점정신으로부터 (즉, 국내외 시장에서 우리나라 상인에게 이익을 주기 위해) 계속 시행되었다.

22. 최초의 관세는 각종 재화에 대해, 수입품과 수출품에 대해서도 동등하게 부과되었다.

이런 차별은 별도로 하고, 관세는 처음에는 모든 종류의 재화(즉, 생활필수품이든 사치품이든, 그리고 수출품이든 수입품이든)에 평등하게 부과되었다. 왜 일정한 재화의 판매자를 다른 재화의 판매자보다 우대해야 한단 말인가, 또는 왜 수출상인이 수입상인보다 우대되어야 한단 말인가 하는 점이 고려되었던 것 같다.

23. 옛날의 관세는 세 종류로 나뉘었는데, 첫째의 관세는 양모 및 가죽에 대한 것이었고, 둘째의 것은 톤 세, 셋째의 것은 파운드 세였다. 그리고 특별세는 파운드세의 부가세였다.

옛날의 관세는 세 종류로 나뉘져 있었다. 그 첫 번째의 그리고 아마도 가장 오래된 것은 양모·가죽에 부과되는 것이었다. 이 세금은 주로 또는 완전히 수출세였던 것 같다. 잉글랜드에서 모직물 제조업이 처음으로 설립되었을 때, 왕은 양모에 부과되는 관세의 일부라도 모직물의 수출 때문에 잃어버리지 않기 위해 동일한 세금을 모직물에도 부과했다. 두 번째의 관세는 포도주에 대한 것인데, 이 관세는 톤당 얼마라는 식으로 부과되었기 때문에 톤세(tonnage: 현대적인 용어로는 종량세(從量稅))라고 불렀다. 세 번째의 관세는 모든 재화에 부과되는 관세로서 그 추정가치의 1파운드당 얼마라는 식으로 부과되었기 때문에 파운드세(poundage: 현대적인 용어로는 종가세(從價稅))라고 불렀다. 에드워드 3세 제 47년에 모든 수출입 상품(특별세가 부과된 양모·양피·가죽·포도주 등은 제외)에 대해 1파운드당 6펜스의 관세가 부과되었다. 리차드 2세 제 14년에 이 관세는 1파운드당 1실링으로 인상되었으나 3년 뒤에 다시 6펜스로 인하되었다. 그것은 다시 헨리 4세 제2년에 8펜스로 인상되었으며 제4년에는 1실링으로 인상되었고, 이때부터 윌리엄 3세의 제 9년까지 계속되었다. 톤세와 파운드세는 동일한 하나의 의회 법률에 의해 국왕에게 허용되었으며, 톤세·파운드세의 왕실보조금세(subsidy of tonnage and poundage)

라고 불렸다. 파운드세라는 왕실보조금세는 매우 오랫동안 1파운드당 1실링〔즉, 5%〕으로 유지되었기 때문에, 관세용어상 왕실보조금세(subsidy)는 이런 종류의 5% 관세 일반을 지칭하게 되었다. 이 왕실보조금세는 오늘날에는 구(舊) 왕실보조금세(old subsidy)라 불리지만, 찰스 2세 제 12년에 제정된 관세율표에 따라 오늘날에도 계속 징수되고 있다. 이 세금이 부과되는 화물의 가치를 관세율표에 따라 사정하는 방법의 기원은 제임스 1세 이전부터였다고 한다. 윌리엄 3세 제9년 및 제10년(1697~8년)에 부과된 신(新)왕실보조금세(new subsidy)는 대부분의 화물에 부과되는 추가적인 5% 관세였다. 그 밖에 $\frac{1}{3}$ 왕실보조금세와 $\frac{2}{3}$ 왕실보조금세는 또 하나의 추가적인 5% 관세의 $\frac{1}{3}$과 $\frac{2}{3}$에 해당되는 것이었다. 1747년의 왕실보조금세는 대다수의 화물에 부과되는 제 4의 5% 관세였고, 1759년의 왕실보조금세는 특정 종류의 화물에 부과되는 제 5의 5% 관세였다. 이런 다섯 종류의 왕실보조금세 이외에 매우 다양한 관세가 때로는 국가의 긴급한 필요를 충당하기 위해, 또 때로는 중상주의 원리에 따라 나라의 무역을 규제하기 위해 특정 종류의 물품에 부과되었다.

24. 중상주의 원칙의 유행은 거의 모든 수출세를 폐지시켰다.

중상주의는 갈수록 점점 더 유행하게 되었다. 구(舊) 왕실보조금세는 수입은 물론 수출에 대해서도 무차별적으로 부과되었다. 그 뒤의 네 종류의 왕실보조금세와 〔때때로 특정 종류의 물품에 부과되었던〕 기타 관세는, 약간의 예외는 있지만, 모두 수입품에 부과되었다. 종래 국내 농산물·공산품의 수출에 부과되었던 옛날 관세의 대부분은 때로는 경감되었고 때로는 폐지되었다. 대개의 경우 완전히 철폐되었을 뿐만 아니라 국내 농산물·공산품의 일부의 수출에 대해서는 장려금까지 지급되었다. 또한 외국 상품을 수입할 때 일단 납부한 관세는 종종 그 전부, 대개의 경우 그 일부가, 그것의 재수출시에 환불되었다. 구 왕실보조금세에 의해 수입에 부과되는 관세는 절반만이 수출시에 환불되었지만, 그 이후의 왕실보조금세와 기타 관세는 대다수의 화물에 대해 그 전부가 환불되었다. 이와 같이 점점 수출을 장려하고 수입을 억제하는 것은 오직 몇 개의 예외만을 허용했는데, 이 예외는 주로 특정 제조업의 원료에 관한 것이었다. 우리의 상인·제조업자들은 가능한 한 원료를 싸게 구입하고 그들의 경쟁자에게는 가능한 한 비싸게 팔고자 한다. 이런 이유에서 외국 원료는 종종 세금 없이 수입이 허가되었다. 예를 들면 스페인의 양모·아마 원료·아마사 등이 그것이다. 국산 원료 및 우리나라 식민지산 원료의 수출은 때로는 금지되었고 때로는 고율의 관세를 부과했다. 잉글랜드산 양모의 수출은 금지되었다. 해리 가죽·해리 모피·세네갈 고무의 수출에는 무거운 관세가 부과되었다. 영국은 캐나다·세네갈을 정복해서 이런 상품들을 거의 독점하고 있었다.

25. 이것은 국가의 수입(收入)에는 불리했다.

중상주의가 국민 대다수의 수입에 대해, 나라의 토지·노동의 연간생산물에 대해, 크게 유익하지 않았다는 것은 이 책의 제 4편에서 이미 밝힌 바 있다. 중상주의는, 국가수입이 적어도 관세에 의존하는 한, 국왕의 수입에도 별로 유익하지 않았던 것 같다.

26. 수입 금지로 말미암아 국가 수입의 일부가 없어졌기 때문이다.

중상주의의 결과로, 몇몇 종류의 재화의 수입은 완전히 금지되었다. 이런 금지는 어떤 경우에는 이런 재화의 수입을 완전히 중지시키고, 또한 어떤 경우에는 그 수입을 격감시키기 때문에, 수입업자는 어쩔 수 없이 밀수입을 하게 된다. 이런 금지는 외국제 모직물류의 수입을 완전히 중지시키고 외국제 견직물·비로도의 수입을 격감시켰다. 이런 금지는 이 두 경우에 〔그렇지 않았더라면 부과되었을〕 관세수입을 완전히 소멸시켜 버렸다.

27. 또한 고율의 관세로 국가 수입의 다른 부분이 감소되었기 때문이다.

다양한 종류의 외국상품의 수입에 부과된 무거운 관세는 영국에서 그 소비를 억제하려는 것이었지만, 실제로는 많은 경우 오직 밀수입을 장려할 따름이었다. 그리고 모든 경우 관세 수입을 적절한 관세에 의해 얻을 수 있었을 수준 이하로 감소시켰다. 세관의 계산에서는 2+2는 4가 아니라 1이 되는 경우가 종종 있다는 스위프트(Swift) 박사의 말은 〔중상주의가 우리에게 조세를 국가 수입을 얻는 수단으로서가 아니라 독점의 도구로 사용하라고 가르쳐 주지 않았다면 결코 부과할 수 없었을〕 무거운 관세에 대해서는 완전히 타당한 말이다.

28. 수출장려금, 관세 환불금 및 관리비 지출은 관세 수입을 크게 감소시킨다.

국내 농산물·공산품의 수출에 때때로 주어지는 수출장려금과 대부분의 외국 제품의 재수출에 주어지는 세금환불은 다양한 사기와 일종의 밀무역을 야기함으로써 국가 세수에 큰 손해를 끼쳤다. 수출 장려금 또는 세금환불을 얻기 위해 때때로 일단 화물을 선적해서 해상으로 수송하고, 그 뒤 곧 은밀하게 국내의 다른 곳에 내려놓았다. 수출장려금·세금환불로 말미암은 관세 수입의 손실(그 중의 큰 부분은 사기에 의한 것이다)은 상당하다. 1755년 1월 5일에 끝난 회계연도에 관세 총수입은 5,068,000파운드에 달했다. 이 수입으로부터 지출된 장려금은 같은 해에 곡물수출 장려금이 없었는데도 불구하고 167,800파운드나 되었다. 재수출 증명서나 기타 증명서들에 의해 내어준 환불세금은 2,156,800파운드에 달했다. 그러므로 장려금과 환불세금을 합하면 2,324,600파운드이며, 이를 공제한 관세 수입은 겨우 2,743,400파운드에 지나지 않았다. 이 중에서 다시 봉급·기타 부수경비 287,900파운드를 공제하면 당 회계연도의 관세 순수입은 2,455,500파운드가 된다. 따라서 운영경비는 관세 총수입의 5~6%가 되고, 장려금과 세금환불을 공제한 뒤에 남는 순수입의 10%를 약간 웃돈다.

29. 세관의 보고에서는 수입은 최소로 되고 수출은 과장된다.

거의 모든 수입품에 무거운 관세가 부과되기 때문에 우리 상인들은 가능한 한 밀수입을 하려고 하며 세관에는 가능한 한 적게 신고하려고 한다. 반대로 수출상인들은 때로는 무관세 상품의 대(大) 수출상인으로 알려지고 싶어서, 때로는 장려금·세금환불을 얻기 위해서, 실제로 수출하는 것 이상으로 과장해서 신고한다. 이와 같이 다양한 사기 때문에 세관의 장부상으로는 우리 수출 총액이 수입 총액보다 훨씬 많은 것으로 나타나 있는데, 이것은 이른바 무역차액에 의해 국가 번영을 측정하는 정치가들에게는 말할 수 없는 위안을 가져다 준다.

30. 관세는 그 항목수가 대단히 많으며 국내소비세에 비하면 훨씬 덜 명료하고 덜 분명하다.

일체의 수입품은 특히 예외적으로 면세되지 않는 이상(예외적으로 면세되는 경우는 많지 않다) 관세가 부과된다. 만약 관세율표에 기재되지 않은 어떤 화물이 수입되면, 수입업자의 선서에 따라 그 가치 1파운드당 4실링 $9\frac{9}{20}$펜스 〔즉, 거의 다섯 종류의 특별세 또는 다섯 종류의 파운드세에 해당되는 비율〕로 과세된다. 관세율표는 매우 포괄적이고 매우 다양한 품목들을 열거하고 있지만, 그 중의 많은 것은 사용되지 않기 때문에 잘 알려져 있지 않다. 그래서 어떤 특수한 화물을 어떤 품목에 포함시키는가, 따라서 어떤 세금을 부과해야 하는가가 불명확한 경우도 종종 있다. 이를 잘못 처리하는 경우 세관 관리는 파면되고 수입업자는 많은 번거로움·많은 비용지출·큰 곤란을 당하게 된다. 그러므로 표현의 명료함·정확함·분명함이란 점에서 관세는 국내소비세에 미치지 못한다.

31. 관세를 소수의 품목으로 한정하면 큰 이득이 있을 것이다.

대부분의 사회 구성원이 각자의 지출에 따라 국가 수입에 기여하기 위해 각자가 지출하는 모든 항목에 대해 과세해야 할 필요가 있다고는 생각되지 않는다. 사람들은 국내소비세로 징수되는 수입은 관세로 징수되는 수입과 마찬가지로 납세자들에게 공평하게 부담되고 있다고 생각한다. 그런데 국내소비세는 다만 가장 일반적으로 사용되고 소비되는 소수의 품목에 대해서만 과세되고 있다. 이와 마찬가지로 관세 또한 적절한 관리를 통해 소수의 물품에만 부과된다면, 국가 수입에 어떤 손실도 주지 않으면서 외국 무역에 큰 이득을 줄 수 있다는 것이 많은 사람들의 견해였다.

32. 외국산 포도주 · 브랜디 및 동인도와 서인도의 산물들이 현재 관세수입의 대부분을 제공하고 있다.

현재 영국에서 가장 일반적으로 사용 · 소비되는 외국물품은 주로 외국산 포도주 · 브랜디인 것 같다. 아메리카와 서인도제도의 농산물 중에서는 설탕 · 럼주 · 담배 · 코코넛 등이 있고, 동인도의 생산물 중에는 차 · 커피 · 도자기 · 모든 종류의 향료 · 몇몇 종류의 직물 등이 있다. 아마도 이런 물품들이 현재로는 관세 수입의 대부분을 제공하고 있다. 현재 외국 공산품 〔앞에서 열거한 몇 가지 품목을 제외하고〕에 부과되는 관세는 세입을 목적으로 하는 것이 아니라 독점을 위한 것, 즉 우리 상인들에게 국내시장에서 특혜를 주기 위한 것이다. 모든 금지 조치를 없애고 모든 외국 공산품에 대해 적절하게 과세한다면, 우리 노동자들은 국내시장에서 훨씬 더 많은 편익을 누릴 수 있을 것이다. 그리고 현재 정부에 대해 아무런 수입도 가져다 주지 않거나 적은 수입만 가져다주는 물품들이 매우 큰 수입을 가져다 줄 것이다.

33. 고율의 관세는 종종 소비를 감소시키거나 또는 밀수를 조장함으로써 정부의 수입을 감소시킨다.

무거운 관세는 때로는 과세대상 물품의 소비를 감소시킴으로써, 때로는 밀수를 조장함으로써, 적절한 관세에 의해 얻을 수 있는 것보다 더 적은 수입을 정부에게 가져다준다.

34. 첫 번째의 경우, 유일한 구제책은 세금을 경감시키는 것이다.

소비의 감소로 말미암아 정부 수입이 감소한다면, 그 해결책은 단 하나, 관세를 인하하는 길밖에 없다.

35. 밀수 방지책은 세율을 낮추거나 또는 밀수를 더욱 어렵게 만드는 것이다.

밀수를 조장한 결과 정부 수입이 감소하는 경우, 그것은 두 가지

방식으로 해결될 수 있다. 즉, 밀수의 유혹을 감소시키거나 밀수의 어려움을 증대시키는 것이다. 밀수의 유혹은 세율을 인하함으로써만 감소시킬 수 있고, 밀수의 어려움은 그것을 방지하기에 가장 적합한 관리체계를 확립함으로써 증대시킬 수 있다.

36. 국내소비세법이 관세법보다 밀수업자를 더욱 어렵게 만든다.

경험에 비추어 보면, 관세보다는 국내소비세가 더욱 효과적으로 밀수업자들의 활동을 저지하고 좌절시킬 수 있다고 나는 확신한다. 국내소비세와 비슷한 제도를 관세에 도입한다면 밀수의 어려움은 상당히 증대할 것이다. 이런 제도의 변경은 많은 사람들에 의해 제안되어 왔던 것으로서, 쉽게 실행될 수 있을 것이다.

37. 만일 관세 부과가 소수의 물품에만 한정된다면, 보세창고 제도를 확립할 수도 있을 것이다.

관세를 지불해야 하는 상품의 수입업자는 자기 자신의 선택에 따라 그 상품들을 자기 자신의 창고에 보관하거나 자신의 경비 또는 국가의 경비로 운영되는 공공창고에 보관할 수 있어야 한다. 그러나 후자의 경우에는 세관원이 열쇠를 가지고 있어야 하며, 그의 면전에서만 창고를 열어야 한다. 만약 상인이 수입품을 자신의 사설 창고로 운반하면 관세가 즉각적으로 지불되고, 그 이후에는 결코 환불되지 않아야 한다. 그리고 그 창고에 보관되어 있는 수입상품의 수량과 관세가 지불된 수량이 일치하는지를 확인하기 위해 세관원이 항상 그 창고를 방문해서 검사할 수 있어야 한다. 수입품이 공공창고에 보관되어 있는 경우에는 국내소비를 위해 출고될 때까지는 아무런 관세도 부과해서는 안 된다. 수출을 위해 출고되는 경우에는 면세되어야 하며, 그렇게 수출될 수 있도록 항상 적절하게 관리되어야 한다. 이런 특수한 상품의 거래자는 도매상이건 소매상이건 항상 세관원의 방문 검사에 응해야만 하며, 그들의 상점이나 창고에 있는 물품 전량에 대해 관세를 지불했다는 적합한 증명서를 가지고 있어야 한다. 수입된 럼주에 대한 이른바 국내소비세는 이와 같은 방식으로 징수되고 있는데, 이와 동일한 관리체계가 (관세가 국내소비세와 마찬가지로 가장 일반적으로 사용·소비되는 몇 종류의 물품으로만 제한된다면) 수입품에 대한 모든 관세로까지 확대될 수 있을 것이다. 그러나 만약 관세가 지금과 같이 모든 종류의 상품으로까지 확대된다면, 공공창고가 충분하지 않을 것이며, 매우 정교한 성질의 물품들 또는 보관에 많은 주의를 필요로 하는 물품들은 상인 자신의 창고 이외의 어느 곳에도 안심하고 맡길 수 없을 것이다.

38. 이렇게 함으로써 관세제도를 크게 단순화시키면서도 국가 수입의 손실은 없게 할 수 있다.

이런 관리체계에 의해 밀수가 상당히 무거운 관세 하에서도 크게 방지될 수 있다면, 그리고 모든 관세가 국가 수입을 최대화하도록 때로는 인상되고 때로는 인하된다면, 관세는 독점의 수단이 아니라 항상 수입(收入)의 수단으로 이용될 것이다. 그리고 가장 일반적으로 사용·소비되는 몇몇 물품에만 과세하더라도 세관의 현재의 순수입과 거의 동일한 수입을 얻는 것이 불가능할 것 같지는 않다. 또한 관세는 국내소비세와 마찬가지로 단순하고 확정적이고 정확하게 될 것이다. 그리고 현재 외국상품을 수입한 뒤 재수출해서 관세를 환불받고는 그것을 다시 몰래 국내로 들여와서 소비되도록 함으로써 국가가 입고 있는 국내소비세 수입의 감소는, 이런 제도 하에서는 완전히 사라질 것이다. 이런 절약만 해도 상당한 크기지만, 여기에다 국산품의 수출에 대한 모든 장려금(이 장려금이 이전에 이미 납부한 국내소비세의 사실상의 환급이 아닌 모든 경우)의 철폐가 추가된다면, 관세 순수입은 이런 종류의 변경 이후에도 그 이전의 최고수준과 완전히 동일한 금액으로 되리라는 것은 의심의 여지가 없다.

39. 반면에, 국가의 상업과 제조업은 큰 이득을 볼 것이다.

이와 같은 제도의 변경을 통해서도 국가 수입이 감소되지 않는다면, 이 나라의 상업과 제조업은 틀림없이 큰 이익을 얻을 것이다. 압도적인 다수를 차지하는 과세되지 않는 상품들의 무역은 완전히 자유롭게 될 것이고, 세계 각국에 수출되거나 세계 각국으로부터 수입되어 온갖 이익을 가져다 줄 것이다. 그런 상품들 중에는 모든 생활필수품과 제조업 원료가 포함될 것이다. 생활필수품의 자유로운 수입으로 말미암아 국내시장에서 생활필수품의 평균 화폐가격이 하락하는 한, 노동의 화폐가격은 하락하지만 노동의 실질적인 보수는 하락하지 않을 것이다.

화폐의 가치는 그것이 구매할 수 있는 생활필수품의 수량에 비례한다. 한편 생활필수품의 가치는 그것의 구입을 위해 지불되는 화폐량과는 전혀 무관하다. 노동의 화폐가격이 하락한다면 모든 국내 제품의 화폐가격도 반드시 비례적으로 하락할 것이며, 따라서 해외시장에서 유리하게 될 것이다. 일부 제품의 가격은 원료의 자유로운 수입에 의해 훨씬 더 큰 비율로 하락할 것이다. 만약 생사(生絲)가 중국·인도에서 면세로 수입될 수 있다면, 잉글랜드의 견직물 제조업자는 프랑스·이탈리아의 견직물 제조업자보다 훨씬 싸게 판매할 수 있을 것이다. 이리하여 외국의 비단·비로도의 수입을 금지할 아무런 이유도 없게 될 것이다. 우리의 재화가 저렴하므로, 우리나라의 생산자들은 국내시장을 장악할 뿐 아니라 해외시장을 상당 부분 지배할 수 있을 것이다. 과세되는 상품들의 무역조차도 지금보다 훨씬 더 유리하게 이루어질 것이다. 만약 그런 상품들이 해외수출(재수출)을 위해 공공창고에서 인도된다면, 모든 세금이 면제되므로, 그것들의 무역은 완전히 자유롭게 될 것이다. 이런 제도 하에서 모든 재화의 중개무역은 최대한의 이점을 누릴 것이다. 또한 그런 상품들이 국내소비를 위해 인도된다면, 수입업자는 재화를 어떤 상인·소비자에게 판매할 때까지 세금을 선납하지 않아도 되므로, 수입하는 순간 세금을 선납하는 경우에 비해 그 상품을 더 싸게 판매할 수 있을 것이다. 이리하여 대외 소비무역은 〔비록 동일한 관세를 부과하더라도〕 지금보다 훨씬 더 유리하게 이루어질 것이다.

40. 로버트 월폴 경(卿)의 국내소비세 법안의 목적은, 포도주와 담배에 관한 한, 이런 종류의 것이었다.

로버트 월폴 경(Sir Robert Walpole)의 유명한 국내소비세 법안의 목적은 포도주와 담배에 관하여 여기에서 제안한 것과 매우 비슷한 제도를 만드는 것이었다. 비록 그 당시 의회에 제출된 법안은 오직 두 가지 상품만을 포함했지만, 그것은 동일한 종류의 더 광범한 계획의 단서라고 모두들 생각했다. 밀수업자들의 이익과 결부된 당파가 그 법안에 대해 (비록 매우 부당하지만) 매우 격렬하게 반대했기 때문에, 그는 그 법안을 기각하는 것이 적절하다고 생각했다. 이와 비슷한 소란을 일으키는 것이 두려워서 그의 후임자들 중 누구도 감히 그 계획을 재추진하려고 하지 않았다.

41. 외국산 사치품에 대한 과세는 주로 중류 및 상류 계급의 부담이 된다.

국내 소비를 위해 수입되는 외국 사치품에 부과되는 세금은 〔비록 그것이 때로는 빈민들의 부담이 되기도 하지만〕 주로 중산층·부유층의 부담이 된다. 예를 들면 외국의 포도주·커피·차·설탕 등에 부과되는 세금이 그러하다.

42. 국산 사치품에 대한 과세는 모든 계급의 사람들이 부담한다.

국내 소비를 위해 국내에서 생산된 값싼 사치품에 부과되는 세금은 모든 계층의 사람들에게 그들 각자의 지출에 비례하여 똑같이 부담된다. 빈민 계층의 사람들은 자신이 소비하는 맥아·호프·맥주 등에 대한 세금을 납부한다. 한편 부유층 사람들은 그들 자신이 소비하는 것과 하인들이 소비하는 것에 대한 세금을 모두 납부해야 한다.

43. 하층계급의 소비에 대한 과세는 부자들의 소비에 대한 과세보다 훨씬 더 많은 수입을 거둬들인다.

모든 나라에서 하류층〔즉, 중류 이하〕의 전체 소비는 중·상류층의 소비보다 그 수량이나 금액에서 훨씬 크다.

하류층의 지출은 중·상류층의 지출보다 훨씬 크다. 먼저, 한 나라의 총자본의 거의 대부분은 생산적 노동의 임금으로 하류층에게 매년 분배된다. 둘째로, 토지 지대와 자본 이윤에서 생기는 수입의 대부분 역시 하인이나 기타 비생산적 노동자들의 임금·생계비의 형태로 하류층에게 매년 분배된다. 셋째로, 자본 이윤의 일부 또한 하류층에 귀속되는데, 그들이 소규모 자본을 사용해서 수입을 얻기 때문이다. 소규모 상점주인·상인·기타 모든 소매상들이 매년 얻는 이윤 총액은 어디에서나 매우 크며 연간수입의 상당한 부분을 차지한다. 마지막으로, 지대의 일부조차도 하류층에 귀속한다. 즉, 그 상당 부분이 중류층보다 약간 낮은 사람들에게 귀속되고 그 일부는 최하층의 사람들에게 귀속된다. 그 이유는, 일반 노동자들도 때때로 1~2에이커의 토지를 소유하고 있기 때문이다. 그러므로 하류층의 지출이 개별적으로 보면 매우 작을지 몰라도 전체적으로 보면 사회 전체의 지출 중 항상 가장 큰 비중을 차지한다. 그리하여 한 나라의 토지·노동의 연간 생산물 중에서 상류층의 소비를 위해 남는 부분은 수량이나 금액에 있어서 훨씬 작다. 그러므로 주로 중·상류층의 지출에 부과되는 조세는 연간 생산물의 비교적 작은 부분을 대상으로 하기 때문에, 모든 계층의 지출에 무차별적으로 부과되는 조세나 주로 하류층의 지출에 부과되는 조세에 비해 그 금액이 매우 작을 것이다. 즉, 그것은 연간 총생산물에 대해 무차별적으로 부과되거나 그것의 거대한 부분에 주로 부과되는 경우에 비해 작을 것이다. 따라서 국산 발효주(醱酵酒)나 주정(酒精) 음료의 원료·제품에 대한 국내소비세는 모든 지출에 부과되는 각종 과세들 중에서 가장 큰 세액이며, 이 국내소비세는 거의 대부분 일반사람들의 지출에 부과되고 있다. 1775년 7월 5일에 끝난 회계연도에서 이 항목의 국내소비세 총수입은 3,341,837파운드 9실링 9펜스에 달했다.

44. 그러나 그런 종류의 세금이 하층계급의 필수적인 소비에

그러나 과세되어야 하는 것은 하류층의 필수품에 대한 지출이 아니라 사치품에

부과되어서는 결코 안 된다.

대한 지출이어야 한다는 점을 항상 기억해야만 한다. 그들의 필수품 지출에 대한 과세의 최종적인 지불은 항상 중·상류층의 부담으로 될 것이다. 즉, 연간생산물의 큰 부분이 부담하는 것이 아니라 작은 부분이 부담하게 될 것이다. 모든 경우 이런 과세는 노동자의 임금인상이나 노동수요의 감소를 가져온다. 노동자의 임금이 올라가면 그 조세의 최종적 부담은 중·상류층에 귀착한다. 노동수요가 감소하면 토지·노동의 연간생산물〔즉, 모든 조세를 최종적으로 지불하는 재원〕이 감소하게 된다. 이런 종류의 조세가 노동수요를 얼마나 줄이더라도, 그것은 그 줄어든 상태에서 가능했을 수준 이상으로 임금을 인상시킨다. 대부분의 경우 이런 임금인상분에 대한 최종적인 지불은 중·상류층의 부담이 된다.

45. 자가 소비용 발효 양조주 또는 증류주는 국내소비세를 면제받고 있다. 그러나 맥아의 제조는 세금을 지불하지 않으면 안 된다.

판매를 위한 것이 아니라 자가용의 발효주·증류주는 영국에서는 국내소비세의 과세 대상이 아니다. 이렇게 예외를 두는 목적은 개인 가정을 징세인의 불쾌한 방문 조사로부터 보호하기 위한 것이지만, 이런 예외 때문에 조세 부담이 종종 빈민층보다 부유층에게 가볍게 된다. 사적인 용도로 증류주를 만드는 일은 이따금 행해지긴 하지만 일반적인 현상은 아니다. 그러나 영국의 많은 중류층과 거의 모든 상류층은 그들 자신의 맥주를 양조한다. 그들의 진한 맥주는 일반 양조업자의 비용에 비해 1배럴당 8실링 싸게 먹힌다. 양조업자는 그가 지출하는 모든 비용·조세에 대해 이윤을 붙여야 한다. 그러므로 그런 가정은 일반 사람들〔그들은 양조장이나 선술집에서 조금씩 맥주를 사는 것이 더 편리하다〕에 비해 적어도 1배럴당 9~10실링 싸게 맥주를 마실 수 있다. 마찬가지로 개인 가정의 용도를 위해 제조되는 맥아(malt)는 징세인의 방문 조사를 받지 않는다. 그러나 이 경우 그 가정은 세금으로 1인당 7실링 6펜스씩을 내야 한다. 이 금액은 맥아 10부셸에 대한 국내소비세에 해당되는데, 맥아 10부셸은 일반 가정의 각 구성원이 평균적으로 소비하는 양에 해당된다. 그러나 환대를 많이 베푸는 상류층 가정에서 식구들에 의해 소비되는 맥아맥주는 그 집안의 소비 중 매우 작은 부분을 차지한다. 이런 이유나 다른 이유 때문에 맥아를 가정용으로 제조하는 것은 맥주를 제조하는 것만큼 일반적으로 행해지지 않는다. 가정용으로 발효주나 증류주를 만드는 사람들은 왜 맥아 제조에 대해 부과되는 것과 같은 세금을 내지 않아도 되는지에 대해 어떤 정당한 이유를 제시하기는 어렵다.

46. 맥아 · 맥주 및 맥아주에 대한 고율의 세금보다 가벼운 세금을 맥아에 대해 과세함으로써 훨씬 더 많은 수입을 거둘 수 있다고 한다.

현재 맥아(malt) · 맥주(beer) · 맥아주(ale)에 대한 무거운 과세로 거두는 것보다 더 큰 수입을 맥아에 대한 훨씬 가벼운 과세로도 거둘 수 있다고 종종 이야기되고 있다. 그 이유는 세금을 속일 기회가 맥아를 만드는 곳보다는 양조장에 훨씬 많고, 자가용으로 양조하는 사람들은 면세되는 반면에 자가용으로 맥아를 만드는 사람들은 그렇지 않기 때문이다.

47. 그리고 이것은 숫자로도 증명할 수 있다.

런던의 흑맥주 양조장에서는 보통 1쿼터의 맥아가 2배럴 반 이상 또는 종종 3배럴 이상의 흑맥주로 양조된다. 맥아에 대한 각종 세금은 모두 합해서 1쿼터당 6실링이며, 흑맥주에 대한 각종 세금은 1배럴당 8실링에 이른다. 그러므로 흑맥주 양조장에서 맥아 · 맥주에 대한 각종 세금은 맥아 1쿼터로 생산되는 맥주에 대해 26~30실링 [= (2.5~3배럴) x 8실링 + 6실링(맥아)] 에 이른다. 지방 판매를 위해 생산하는 지방 양조장에서 1쿼터의 맥아가 2배럴의 도수 높은 맥주(strong beer)와 1배럴의 도수 낮은 맥주(small beer)보다 적은 양으로 양조되는 경우는 거의 없으며, 대개 2배럴 반의 도수 높은 맥주로 양조된다. 도수 낮은 맥주에 대한 각종 세금은

1배럴당 1실링 4펜스에 달한다. 그러므로 지방 양조장에서 맥아·맥주·맥아주에 대한 각종 세금은 맥아 1쿼터로 생산되는 맥주에 대해 23실링 4펜스〔= 2배럴 x 8실링 + 1실링 4펜스 + 6실링(맥아)〕 미만인 경우는 거의 없으며, 대개 26실링〔= 2.5배럴 x 8실링 + 6실링(맥아)〕에 이른다. 그러므로 전국 평균으로 맥아·맥주에 대한 세금은 맥아 1쿼터로 생산되는 맥주에 대해 24~25실링 미만일 수 없다. 그러나 맥주에 대한 각종 세금을 없애고 맥아세를 세 배로 인상함으로써, 즉 맥아 1쿼터에 대한 세금을 6실링에서 18실링으로 인상함으로써, 현재의 각종 중과세에서 얻는 액수보다 많은 수입이 단일세(單一稅)로 확보될 수 있다고 한다.

48. 기존의 맥아세에 포함되는 사과주와 멈주에 대한 세금은 사과주 · 과일주스 · 식초 · 벌꿀 술에 대한 「지방 국내소비세」로 메워질 수 있다.

기존의 맥아세 안에는 사과주(cyder) 1통(hogshead: 52.5갤런=2barrel)당 4실링의 조세와 멈주(mum: 도수 높은 맥주) 1배럴당 10실링의 세가 포함되어 있다. 1774년 사과주에 대한 주세 수입은 3,083파운드 6실링 8펜스에 불과했다. 이 금액은 아마도 평상시보다 다소 작은 금액이었는데, 그해에 사과주의 소비가 평상시보다 작았기 때문이다. 멈주에 대한 주세 수입은 비록 중과세였음에도 불구하고 훨씬 작았는데, 그 이유는 멈주의 소비가 더 적었기 때문이다. 그러나 그 두 가지에 대한 평상시의 과세 수입이 얼마이든 그것에 맞추기 위해 이른바 지방 국내소비세에는 다음의 각종 세금들이 포함되었다. 즉, 먼저 사과주 1통당 6실링 8펜스의 국내소비세, 둘째로 과일주스(verjuice) 1통당 6실링 8펜스의 세, 셋째로 식초(vinegar) 1통당 8실링 9펜스의 세, 마지막으로 벌꿀 술(mead) 1갤론당 11펜스의 세금 등이 포함되었다. 이런 각종 과세 수입은 아마도 이른바 사이다와 멈주에 대한 연간 맥아세(the annual malt tax)로 걷히는 수입보다 훨씬 클 것이다.

49. 만일 맥아세를 인상한다면 맥아가

맥아는 맥주(beer)와 맥아주(ale)의

연도	세금종류	파운드	실링	펜스
1772년	종래의 맥아세	722,023	11	11
	부가세	356,776	7	$9\frac{3}{4}$
1773년	종래의 맥아세	561,627	3	$7\frac{1}{2}$
	부가세	278,650	15	$3\frac{3}{4}$
1774년	종래의 맥아세	621,614	17	$5\frac{3}{4}$
	부가세	310,745	2	$8\frac{1}{2}$
1775년	종래의 맥아세	657,357		$8\frac{1}{4}$
	부가세	323,785	12	$6\frac{1}{4}$
	합 계	3,835,580	12	$\frac{3}{4}$
	4년평균(1)	958,895	3	$\frac{3}{16}$
1772년	지방국내소비세	1,243,128	5	3
	런던양조장납세	408,260	7	$2\frac{3}{4}$
1773년	지방국내소비세	1,245,808	3	
	런던양조장납세	405,406	17	$10\frac{1}{2}$
1774년	지방국내소비세	1,246,373	14	$5\frac{1}{2}$
	런던양조장납세	320,601	18	$\frac{1}{4}$
1775년	지방국내소비세	1,214,583	6	1
	런던양조장납세	463,670	7	$\frac{1}{4}$
	합 계	6,547,832	19	$2\frac{1}{4}$
	4년 평균(2)	1,636,958	4	$9\frac{1}{2}$
	맥아세 평균(1)	958,895	3	$\frac{3}{16}$
	합계 (3)(=1+2)	2,595,853	7	$9\frac{11}{16}$
	맥아세의 3배 (4)	2,876,685	9	$\frac{9}{16}$
	차액 (4)-(3)	280,832	1	$2\frac{14}{16}$

포함된 포도주와 위스키에 대한 국내소비세를 인하해야 한다.

양조에 들어갈 뿐 아니라 약한 포도주 · 증류주(위스키)를 제조하는 데도 들어간다. 만약 맥아세가 1쿼터당 18실링으로 인상된다면, 맥아를 원료로 하는 약한 포도주 · 위스키에 부과되는 각종 국내소비세는 경감될 필요가 있을 것이다. 이른바 증류주에는 맥아가 원료의 $\frac{1}{3}$ 을 차지하고, 나머지 $\frac{2}{3}$ 는 전부 보리이거나 $\frac{1}{3}$ 은 보리이고 $\frac{1}{3}$ 은 밀이다. 맥아 주정(酒精)의 증류공장에서는 밀조(密造)의 기회와 유혹이 맥주 양조나 맥아 제조에 비해 훨씬 더 크다. 그 기회가 큰 이유는, 그 제품인 위스키의 경우 그 부피는 더 작으면서 그 가치는 더 크기 때문이다. 그 유혹이 더 큰 이유는, 부과되는 세금이 주정(酒精) 1갤런당 3실링 10 $\frac{2}{3}$ 펜스에 달할 정도로 더 높기 때문이다. 맥아에 대한 세금을 인상하고 증류주에 대한 세금을 인하한다면, 이와 같은 밀조의 기회와 유혹이 줄어들 수 있을 것이다. 그렇게 되면 국가의 수입은 더욱 증가할 수도 있을 것이다.

50. 그러나 증류주의 가격을 인하시킬 정도로 세금을 가볍게 해서는 안 된다.

과거 한때 위스키가 일반 사람들의 건강을 해치고 도덕성을 떨어뜨리는 경향이 있다고 생각해서 그것의 소비를 감축시키는 것이 영국의 정책이었던 적도 있다. 이런 정책에 따르면, 증류주(위스키)에 대한 세금을 경감해 주더라도 그것이 증류주의 가격을 인하시킬 정도로 경감해 주어서는 안 될 것이다. 증류주의 가격은 항상 비싸게 유지하면서, 맥주와 같이 건강에 좋고 활기를 불어넣는 술은 그 가격을 크게 인하시킬 수 있을 것이다. 그리하여 사람들이 현재 가장 불평하는 부담 중 한 가지를 부분적으로 덜어 주면서 동시에 국가의 수입을 상당히 증가시킬 수 있을 것이다.

51. 다비넌트 박사는 이에 대해, 맥아 제조자의 이윤이 불공평하게 과세

다비넌트(Dr. Davenant) 박사는 현행 국내소비세 제도의 이와 같은 변경

되고 맥아 산지의 지대 및 이윤이 감소할 것이란 이유로 반대한다.

에 반대하고 있는데, 이 반대는 별로 근거가 없는 것 같다. 그가 반대하는 이유는, 이런 종류의 과세는 지금처럼 맥아 제조인·양조업자·소매상의 이윤에 대해 공평하게 부담되는 것이 아니라 〔그것이 이윤에 미치는 영향이란 측면에서〕 전적으로 맥아 제조인의 이윤에 귀착되기 때문이라는 것이다. 즉, 맥아 제조인은 〔양조업자·소매상들이 술 가격을 인상하여 자신들이 납부한 과세액을 회수하는 것만큼〕 쉽게 맥아 가격을 인상해서 자신들의 과세액을 회수할 수 없을 것이고, 또한 맥아에 대한 무거운 과세는 보리 경작지의 지대·이윤을 줄일 것이기 때문이라는 것이다.

52. 그러나 이 변경은 맥아주를 더욱 싸게 만들 것이고, 그리하여 그 소비를 증가시킬 수 있을 것이다.

어떤 세금도 상당한 기간 동안 어떤 특정 사업의 이윤율을 떨어뜨릴 수는 없다. 어떤 사업의 이윤율도 항상 주위의 다른 사업의 그것과 동등해야 하기 때문이다. 맥아·맥주에 대한 현행 조세는 이런 상품들을 취급하는 상인들의 이윤에 영향을 주지 않는데, 그들은 자신들의 상품가격 인상을 통해 자신들이 납부하는 세금을 추가적인 이윤과 함께 회수하기 때문이다. 사실 세금은 그것이 부과되는 상품을 비싸게 함으로써 소비를 줄이는 결과를 낳을 수 있다. 그러나 맥아는 주로 맥아주를 제조하는 데 소비되고 있으므로, 맥아 1쿼터에 대한 18실링의 세금은, 현재 24~25실링에 달하는 각종 세금들에 비하면, 맥아주의 가격을 올리는 정도가 작을 것이다. 이와는 반대로, 이런 술들은 아마도 더욱 저렴해질 것이며, 그 소비도 감소하기보다는 오히려 증가할 것이다.

53. 맥아 제조인은 현재 양조업자가 24~ 30실링을 회수하고 있는 것과 마찬가지로 쉽게 18실링을 회수할 수 있을 것이며, 또한 그

맥아 제조인이 맥아의 값을 인상해서 18실링을 회수하는 것이, 현재 양조업자가 술값을 인상해서 24, 25 또는

는 양조업자보다 더 장기의 신용을 얻을 수 있을 것이다.

30실링을 회수하는 것보다 어려운 까닭을 이해하기가 쉽지 않다. 맥아 제조인은 맥아 1쿼터당 6실링의 세금 대신에 18실링의 세금을 선납해야 할 것이다. 그러나 양조업자는 현재 그가 양조하는 맥아 1쿼터당 24, 25 또는 30실링을 선납해야 한다. 양조업자가 더 무거운 세금을 내고 있는 데 비해 맥아제조인은 비교적 가벼운 세금을 내고 있으므로, 맥아 제조인이 더 불리하다고 말할 수는 없을 것이다. 맥아 제조인이 창고에 보관하는 맥아 재고는, 양조업자가 창고에 보관하는 맥주와 맥아주 재고에 비해, 그것을 처분하는 데 더 장기간이 소요되는 것은 아니다. 그러므로 맥아 제조인은 흔히 양조업자와 마찬가지 속도로 그의 화폐를 회수한다. 비록 맥아 제조인이 더 무거운 세금을 선납해야 하는 불리한 점이 생긴다고 하더라도, 현재 양조업자에게 통상적으로 주어지고 있는 신용기간보다 수개월 더 긴 신용기간을 허용해줌으로써 이런 불리한 점은 쉽게 해소될 수 있을 것이다.

54. 보리의 소비가 줄어들지 않으므로, 독점이 없기 때문에, 보리 산지의 지대와 이윤이 감소될 수가 없을 것이다.

보리에 대한 수요를 줄이지 않고서는 보리 경작지의 지대·이윤을 줄일 수 없다. 그런데 맥아 1쿼터로 생산되는 맥주와 맥아주에 대한 세금을 24, 25실링에서 18실링으로 인하하는 제도의 변화는 보리 수요를 줄이기보다 오히려 증가시킬 것이다. 게다가, 보리 경작지의 지대·이윤은 동일한 비옥도를 지닌 다른 경작지의 지대·이윤과 항상 동일해야 한다. 만약 그것이 작으면 보리 경작지의 일부는 곧 다른 용도로 전환될 것이다. 또한 만약 그것이 크다면 더 많은 토지가 보리 재배로 전용될 것이다. 어떤 특정 토지생산물의 통상가격이 이른바 독점가격이라면, 그 생산물에 대한 과세는 반드시 그 경작지의 지대·이윤을 줄인다. 예를 들어, 어떤 밭에서 나는 희귀한 포도로 만든 포도주에 대한 유효수요가 그 공급능력을 훨씬 초과한다면, 그 가격은 항상 비옥도나 경작상태가 동등한 다른 토지의 생산물 가격에 대한 자연적인 비율을 초과하게 된다. 그런데 만약 이때 이 희귀 포도주에 대해 과세한다면, 그 포도밭의 지대·이윤은 필연적으로 감소하게 된다. 포도주의 가격은 보통 이미 시장에 출하(出荷)되고 있는 수량이 받을 수 있는 최고가격 수준에 있기 때문에, 그 가격이 이보다 더 오른다면 필연적으로 그 수요량이 줄어들고, 수요량이 줄어들면 필연적으로 손실이 더욱 커질 것이다. 왜냐하면 그 토지는 포도만큼 수익성이 좋은 기타 작물의 재배로 전용될 수가 없기 때문이다. 그러므로 세금은 포도밭의 지대·이윤, 보다 적절히 말한다면 포도밭의 지대에 의해 전부 부담될 것이다.

설탕에 대해 새로운 세금을 부과해야 한다는 제안이 있을 때마다 설탕 재배자들은 흔히 불평하기를, 자신들은 설탕가격을 과세되기 이전 수준보다 높게 인상할 수 없기 때문에, 그 과세 부담 전체를 소비자들이 아니라 생산자들이 지게 될 것이라고 했다. 과세에도 불구하고 추가적인 가격 인상이 불가능하다는 사실로 미루어 보아 설탕가격은 세금이 부과되기 이전에 이미 독점가격이었던 것 같다. 그들은 설탕 가격이 독점가격임을 실토하는 이런 논리로 설탕이 과세의 부적합한 대상임을 증명하려고 했으나, 이것은 도리어 설탕이 과세의 적합한 대상임을 증명한 셈이 되었다. 왜냐하면 독점자의 이익은, 그들이 그런 이득을 얻을 때에는 언제든지, 가장 적합한 과세 대상이기 때문이다. 그러나 보리의 일반적인 가격은 독점가격이 아니었고, 보리 경작지의 지대·이윤도 동일한 비옥도를 가진 다른 경작지의 지대·이윤에 대한 자연적인 비율을 결코 초과하지 않았다. 맥아·맥주에 부과되었던 각종 과세들은 결코 보리 가격을 인하시키지 않았으며, 보리 경작지의 지대·이윤도 감소시키지 않았다.

양조업자가 지불하는 맥아 가격은 그것에 부과되는 세금에 비례하여 끊임없이 올랐다. 그리고 그런 세금들은 맥주에 대한 각종 세금과 더불어 항상 맥주 가격을 올려놓았거나, 같은 이야기지만, 맥주의 질을 떨어뜨렸다. 그런 세금들은 생산자가 아니라 소비자들에 의해 최종적으로 지불되었다.

55. 유일한 피해자는 자가소비 목적으로 양조하는 사람들이다.

여기에서 제안된 제도의 변화로 말미암아 피해를 볼 수 있는 유일한 사람은 자가소비(自家消費) 목적으로 양조하는 사람들뿐이다. 그러나 가난한 노동자·수공업자들은 막중한 세금을 부담하는 반면, 중·상류층은 현재 이런 부담에서 면제되고 있다는 점은 분명히 가장 부당하고 불공평한 처사이며, 따라서 제도의 변화가 없더라도 반드시 시정되어야 한다. 그런데 국가의 세입을 증대시키고 일반 대중의 부담을 경감시키는 이런 제도의 변화가 지금까지 저지된 까닭은, 그것이 상류층의 이익과 대립되었기 때문이다.

56. 한 장소에서 다른 장소로 운반되는 재화에 대한 통행세는 가격에 대해 불공평하게 영향을 미친다.

앞에서 언급한 관세·국내소비세 이외에도 더욱 불공평하고 더욱 간접적으로 재화 가격에 영향을 미치는 여러 가지 조세가 있다. 그것들 중에는 프랑스의 이른바 통행세〔Peages. 옛날 색슨 시대에는 Duties of Passage라 불렸다〕라는 것이 있는데, 이것은 본래 도로·운하의 유지를 위해 부과된 영국의 통행세(turnpike toll)와 마찬가지 목적으로 생겼던 것 같다. 그런 목적을 위해 그런 종류의 과세를 하려면, 재화의 부피나 무게에 따라 과세하는 것이 가장 적절하다. 그것은 본래 지방(地方)이나 주(州)의 목적에 사용될 지방세(地方稅)나 주세(州稅)였으므로, 그것의 관리 책임은 대부분의 경우 그것을 징수하는 특정 도시·교구(教區)·영주의 영지에 위임되었다. 왜냐하면 이들 공동체가 어떤 방식으로든 그 수입의 적절한 운용에 대해 책임을 져야 되는 것으로 인식되었기 때문이다. 그런데 전혀 아무런 책임도 지지 않는 국왕들이 많은 나라에서 이런 종류의 세수의 관리권을 장악했고, 그리고 대부분의 경우 그 과세를 크게 늘렸음에도 불구하고, 많은 경우 그것의 적절한 운용에 대해서는 완전히 소홀했다. 영국의 유료도로 통행세가 정부의 수입 항목에 포함된다면, 우리는 다른 많은 나라의 사례들로부터, 그 결과가 어떠할 것인지를 짐작할 수 있을 것이다. 그런 통행세는 분명히 소비자에 의해 최종적으로 지불될 것이지만, 소비자는 그의 지출에 비례하거나 또는 소비하는 재화의 가치에 따라서가 아니라 그것의 부피나 무게에 따라 과세될 것이다. 그런 조세가 재화의 부피나 무게에 따라서가 아니라 추정 가치에 따라 부과된다면, 그것은 아마도 일종의 내국관세 또는 국내소비세에 해당하게 될 것이고, 이것은 모든 상업부문 중에서 가장 중요한 분야인 국내상업을 크게 저해할 것이다.

57. 어떤 나라들은 외국 화물에 대해 통과세를 부과하고 있다.

일부 소국(小國)들에서는 육로나 수로를 통해 외국으로부터 자국 영토를 통과하여 제3국으로 운송되는 화물에 대해 이런 통행세와 비슷한 세금들을 부과하고 있다. 이것을 일부 나라에서는 통과세(transit-duties)라 부르고 있다. 포(Po) 강과 그 지류에 위치한 이탈리아의 일부 소국들은 이런 종류의 세금으로 약간의 세입을 올린다. 그 세금은 전적으로 외국인에 의해 지불되며, 따라서 자국의 상공업을 저해하지 않으면서 한 국가가 다른 국가의 국민들에게 부과할 수 있는 유일한 세금일 것이다. 세계에서 가장 중요한 통과세는 덴마크 왕이 발틱 해협(the Sound)을 통과하는 모든 상선에 대해 부과하는 세금이다.

58. 사치품에 대한 과세는 그 나라에 살지 않는 사람에게까지 영향을 미치지는 않는다, 그것은 자발적으로 지불된다는 데 그 장점이 있다.

관세와 국내소비세의 상당 부분을 차지하는 사치품에 대한 세금들은, 각종의 소득에 무차별적으로 귀착되고 사치품을 소비하는 불특정인에 의해 아무런 보상 없이 최종적으로 지불되지만, 반드시 모든 개인들의 수입에 공평하거나 비례적으로 귀착되는 것은 아니다. 개인들의 소비 정도는 그 개인의 기분에 의해 결정되므로, 각 개인은 자기의 수입에 따라서가 아니라 자기의 기분에 따라 그런 세금을 부담한다. 따라서 돈을 잘 쓰는 사람은 자기의 소득에 대한 적절한 비율 이상으로 세금을 내고, 검약하는 사람은 그 이하로 세금을 내게 된다.

거대한 재산을 가진 사람이라도 미성년자인 동안에는 (비록 그가 국가의 보호로부터 상당한 수입을 얻고 있더라도) 소비를 통해 국가 수입에 공헌하는 것은 거의 없다. 다른 나라에 거주하는 사람들은 (자신들의 수입 원천이 특정국에 있더라도) 소비를 통해 그 특정국 정부의 수입에 공헌하는 것은 전혀 없다. 만약 그 특정국에 토지세가 전혀 없거나 동산이나 부동산의 이전에 대해 상당히 무거운 세금이 부과되지 않는다면(아일랜드의 경우가 그렇다), 그 부재지주들은 자신들이 한 푼도 공헌하지 않는 정부의 보호로부터 막대한 수입을 올릴 수 있다.

이런 불평등은 한 나라의 정부가 어떤 면에서 다른 나라의 정부에 종속되어 있거나 의존하는 경우 가장 극심하게 나타날 수 있다. 종속국에 매우 많은 재산을 소유하고 있는 사람들은 일반적으로 지배국에서 생활하는 것을 선호할 것이다. 아일랜드는 분명히 이런 상태에 놓여 있으며, 그러므로 부재지주에 대해 과세해야 한다는 제안이 그 나라에서 그처럼 큰 환영을 받고 있는 것은 전혀 이상할 게 없다. 어떤 종류의, 그리고 어느 정도의 부재(不在) 상태에 있는 사람들을 부재지주로 규정하여 과세할 것인가, 또는 부재지주에 대한 과세의 시작과 종료 시점을 언제로 할 것인가를 정확히 단정하기는 아마도 그리 어렵지 않을 것이다. 그러나 만약 이렇게 특수한 상황을 제외한다면, 이런 과세로 말미암아 발생하는 개인들 사이의 납세의 불평등은 그런 불평등을 야기하는 바로 그 사정에 의해 충분히 보상될 수 있을 것이다. 그 사정이란 곧, 각자의 납세는 전적으로 자발적인 것이며, 과세 상품을 소비할 것인가 소비하지 않을 것인가의 선택도 전적으로 각자에게 달려 있다는 것이다. 그러므로 이런 세금이 제대로 과세되고 또 적절한 품목에 과세된다면, 기타 종류의 과세보다도 조세 저항을 덜 받고 납부될 것이다. 그것이 상공업자에 의해 선납되는 경우, 최종적으로 세금을 지불하는 소비자는 세금을 그 상품들의 가격과 혼동하게 되고, 자기가 세금을 내고 있다는 사실조차 거의 망각하게 될 것이다.

59. 이런 과세는 또한 확정적이다.

이런 세금은 완벽할 정도로 명백하고, 얼마가 지불되어야 하고, 언제 지불되어야 하는지에 관해, 즉 납세액과 납세 시점에 관해 의문의 여지가 없도록 과세될 수 있다. 영국의 관세와 다른 나라의 비슷한 세금에 이따금 불분명한 점이 나타나지만, 그것은 이런 세금 자체에 기인하는 것이 아니라 그것을 부과하는 법률의 표현이 부정확하고 서투르기 때문이다.

60. 이것은 편리한 시기에 납부된다.

사치품에 대한 세금은 일반적으로, 그리고 언제나, 납세자가 그것이 부과된 재화를 구입하는 것에 비례하여 조금씩 지불된다. 납세 시점과 납세 방식에서 그것은 모든 세금들 중에서 가장 편리하다. 그러므로 대개 이런 세금은 과세에 관한 4개 항의 일반원칙 중 앞의 세 가지 원칙에 다른 어떤 세금보다도 가장 잘 부합된다고 하겠다. 한편, 그것은 모든 측면에서 그 네 번째 원칙에는 어긋난다.

61. 국민들의 주머니에서 끌어내는 금액이 국고에 들어오는 수입보다 큰데, 그 이유는 다음과 같다.

다른 세금에 비해 관세·국내소비세는 국가의 금고에 들어가는 금액보다 훨씬 큰 금액을 사람들의 주머니로부터 끌어낸다. 다음과 같은 네 가지 경로를 통해 이런 결과를 가져올 수 있는 것 같다.

62. (1) 관세 · 국내소비세를 징수하는 관리의 봉급과 부수입이 징세액의 큰 부분을 차지하고 있기 때문이다.

첫째, 가장 효율적으로 징수될 때조차 그런 세금의 징수를 위해서는 상당한 수의 세관원과 국내소비세 징수인이 필요하다. 이들의 봉급·각종 수당은 사람들에게 부과되는 실질적인 조세지만 국가의 금고에는 아무것도 들여놓지 않는다. 그렇지만 영국에서 이런 경비는 다른 나라에 비해 매우 적다는 점이 인정되어야 한다. 1775년 7월 5일에 종료된 회계연도에 잉글랜드 국내소비세 장관의 관리하에 걷힌 각종 세금 총액은 5,507,308파운드 18실링 8 $\frac{1}{4}$ 펜스에 달했고, 이를 징수하는 데 약 5.5%의 경비가 들었다. 그러나 이런 총수입에서 〔국내소비세가 적용되는〕 재화의 수출에 교부한 장려금과 세금환불액이 공제되어야 한다. 이 경우 순수입은 5백만 파운드 이하로 줄어들 것이다. 역시 국내소비세지만 담당부서가 다른 염세(鹽稅)의 징수에는 더 많은 경비가 소요된다. 또 관세 순수입은 그 총액이 250만 파운드도 되지 않지만, 이를 징수하는 데 관리들의 봉급·기타 부대경비로 10% 이상의 경비가 소요된다. 그러나 세관원의 부수입은 어디에서든 그들의 봉급보다 훨씬 커서, 일부 항구에서는 봉급의 두 배 또는 세 배에 이른다. 그러므로 관리의 봉급과 기타 부대비용이 관세 순수입의 10% 이상에 달한다면, 그만큼을 징수하는 데 소요되는 총비용은 봉급과 부수입을 합쳐 20~30% 이상에 이를 것이다. 국내소비세 징수인들은 부수입을 거의 또는 전혀 얻지 않는다. 이 분야의 행정은 관세행정보다 새로운 제도이므로, 일반적으로 관세행정에 비해 부정이 덜하다. 관세행정은 오랜 역사를 갖고 있으며, 그 동안에 많은 폐해가 생겼고 또 이것들이 당연시되어 왔다. 현재 맥아와 맥아주에 대한 각종 세금들로 징수되는 총수입을 맥아에만 부담시킨다면, 국내소비세의 연간 징수경비에서 5만 파운드 이상이 절약될 것으로 기대된다. 관세를 몇 가지 재화로 한정하고 국내소비세법에 따라 세금을 징수한다면, 세관의 연간 경비에서 더욱더 많은 부분이 절약될 것이다.

63. (2) 어떤 산업부문이 저해되기 때문이다.

둘째, 이런 세금들은 필연적으로 특정 산업분야에 어떤 장애를 야기하거나 발달을 저해하게 된다. 세금은 항상 과세 대상의 가격을 올리기 때문에 그 상품의 소비를 감소시키고 따라서 생산도 감소시킨다. 만약 그것이 국내에서 산출·제조되는 상품이라면, 그 상품을 재배·생산하는 데 고용되는 노동력 또한 줄어들게 된다. 한편 세금이 외국상품의 가격을 인상시킨다면, 국내에서 생산되는 동일한 종류의 상품들은 아마도 국내시장에서 약간의 우위를 차지하게 될 것이며, 더 큰 국내 노동량이 그 분야로 이동할 것이다. 그러나 비록 외국상품의 가격 상승이 국내산업의 특정 부문에 유리하게 작용하더라도 필연적으로 기타 부문의 국내 산업의 성장을 저해한다. 버밍엄 제조업자가 외제 포도주를 비싸게 사면 살수록 필연적으로 (이것에 비례하여) 그는 외제 포도주를 구매하는 수단인 자기 자신의 철물류의 일부를 그만큼 싸게 팔 수밖에 없고, 또는 (같은 말이지만) 그 철물류의 (상대적)가격을 저렴하게 할 수밖에 없다. 그러므로 그의 철물류의 일부는 그에 대해 전보다 가치가 작아지게 되며, 그만큼 철물류를 생산하려는 유인이 줄어든다.

한 나라의 소비자들이 다른 나라의 잉여생산물을 비싸게 사면 살수록 필연적으로 그들은 그것과 교환하는 그들 자신의 잉여생산물 부분을, 또는 (같은 말이지만) 그것을 사기 위해 파는 것의 가격을, 그만큼 싸게 할 수밖에 없다. 그들 자신의 잉여생산물의 일부는 전보다 (상대적)가치가 떨어지게 되고, 그만큼 그 생산량을 증대시키려는 유인이 줄어든다. 그러므로 소비재에 대해 세금이 부과되면 세금이 부과되지 않았을 경우에 비해 생산적 노동량이 줄어드는 경향이 있다. 즉, 그것이 국내 상품이라면 과세된 상품을 생산하는 데 투입되는 생산적 노동이, 또한 그것이 외국상품이라면 그것과 교환되는 국내 상품을 생산하는 데 투입되는 생산적 노동이, 줄어드는 것이다. 이런 세금들은 항상 다소간 국내산업의 자연스런 흐름을 바꾸어 놓고, 국내산업을 그것이 없었을 경우에 비해 더 불리한 방향으로 유도한다.

64. (3) 밀수가 장려되기 때문이다.

셋째, 밀수를 통해 이런 과세를 회피하려고 하다가 흔히 재산의 몰수와 기타 처벌을 받게 되는 데, 이런 처벌은 밀수업자를 완전히 파멸시킨다. 개인으로서의 밀수업자는, 비록 그가 자국의 법률을 위반한 것에 대해서는 마땅히 무거운 처벌을 받아야겠지만, 그가 자연적 정의(自然的 正義)의 법을 위반했다고는 할 수 없는 경우가 종종 있으며, 만약 자연이 죄(罪)로 인정하지 않는 행위를 그 나라의 법률이 범죄로 규정하지만 않았다면, 그는 모든 측면에서 지극히 훌륭한 시민일 것이다. 불필요한 경비를 많이 지출하고 공공수입을 함부로 남용하고 있다고 전반적으로 의심받고 있는 부패한 정부를 가진 나라에서는 정부 수입을 보장하는 법률들이 별로 존중을 받지 못한다. 위증(僞證)의 죄를 추궁당하지 않고도 쉽고 안전하게 밀수할 기회가 있을 경우, 양심의 가책을 느껴서 밀수를 하지 않을 사람은 많지 않다. 국가가 세법 위반과 거의 항상 이에 수반되는 위증(僞證)을 장려하고 있음에도 불구하고, 밀수품을 사는 것에 대해 양심의 가책을 느끼는 것처럼 가장하는 것은 대부분의 나라에서 위선적인 행동으로 간주될 것이며, 그런 행위를 하는 사람은 대다수의 이웃사람들로부터 더 나쁜 사기꾼으로 의심받을 것이다. 사회 일반의 이런 관용에 의해 종종 밀수업자는 자기가 어느 정도 결백하다고 느끼는 거래를 계속하도록 장려된다. 그리고 세법의 준엄한 처벌이 자기에게 떨어질 때, 그는 폭력을 사용해서라도 자신의 정당한 재산이라고 습관적으로 생각해 온 것을 지키려고 한다. 아마도 처음에는 범죄를 저지르겠다는 생각에서가 아니라 단지 분별력이 부족해서 시작한 일이었으나, 나중에 가서는 그 사회의 법률에 대한 가장 대담하고 가장 적극적인 위반자들 중의 하나가 되는 것은 매우 흔한 일이다. 밀수업자의 파멸로 말미암아 이전에는 생산적 노동을 고용하는 데 사용되었던 밀수업자의 자본은 국가 수입이나 세무공무원의 수입으로 흡수되어 비생산적 노동을 부양하는 데 사용된다. 그 결과 사회의 총자본이 감소되고, 만약 그가 파멸하지 않았더라면 유지되었을 유용노동 또한 줄어들게 된다.

65. (4) 세무공무원의 방문과 검사는 비용과 동등한 번민(煩悶)을 야기하기 때문이다.

넷째, 이런 세금들은 과세 상품을 거래하는 상인들로 하여금 자주 징세인들의 방문과 불쾌한 조사를 받게 함으로써, 그들을 어느 정도 억압하고 항상 번거로움과 고민을 안긴다. 이미 언급한 바와 같이, 비록 이런 번거로움과 고민은 엄격한 의미에서 비용은 아니지만, 모든 사람들이 일정한 비용을 지불하더라도 그런 번민으로부터 벗어나려고 한다는 의미에서 보면 분명히 일종의 비용과 같다. 국내소비세법은, 비록 그것이 만들어진 목적을 위해서는 더욱 효율적일지 몰라도, 이런 측면에서는 관세법보다 더 번거롭고 고통을 주는 법률이다. 상인이 어떤 관세의 적용을 받는 재화를 수입해서 세금을 납부한 뒤 그 재화를 자기의 창고에 넣었을 때, 그는 대부분의 경우 더 이상 세관원으로부터 번거로움이나 고통을 당하지 않는다. 그러나 국내소비세가 적용되는 재화의 경우에는 그렇지 않다. 상인들은 국내소비세 징세인들의 빈번한 방문 조사로 끊임없이 시달린다. 이 때문에 국내소비세는 관세에 비해 환영을 받지 못하고, 마찬가지 이유로 국내소비세 징세인은 세관원에 비해 환영을 받지 못한다. 그들은 세관원들과 마찬가지로 자신들의 직무를 다하고 있지만, 그런 직무 때문에 자주 그들의 일부 이웃들에게 큰 고통을 주므로, 그들은 대개 다른 사람들이 갖지 않은 냉혹한 성격을 갖게 된다고 한다. 그러나 이런 말은 오직 사기성이 농후한 상인들의 주장일 가능성이 크다. 왜냐하면 그 관리들의 근면함으로 말미암아 이들의 밀수가 방지되거나 발각되기 때문이다.

66. 이런 과세로 영국 국민들이 겪고 있는 불편은 다른 나라 국민들에 비해 심한 것은 아니다.

소비재에 대한 과세와 어느 정도 불가분(不可分)의 관계에 있는 이런 불편들은 그러나 영국 국민들이, 영국 정부와 지출 규모가 비슷한 다른 나라 국민들에 비해, 더 심하게 겪고 있는 것은 아니다. 우리의 상태는 완벽하지 않고 개선의 여지가 있지만, 대부분의 우리 주변국들의 상태와 비슷하거나 좀더 낫다.

67. 소비재에 대한 과세는 스페인의 국내소비세처럼 상품을 판매할 때마다 반복적으로 과세된다.

소비재에 대한 과세는 상인들의 이윤에 부과되는 것이라고 생각한 결과, 일부 나라에서는 해당 재화가 판매될 때마다 반복적으로 과세되었다. 만약 수입상·제조업자의 이윤에 과세된다면, 평등의 원칙에 따라, 그들과 최종 소비자 사이에 개입하는 중간상인들 모두의 이윤도 마찬가지로 과세되어야 할 것이다. 스페인의 유명한 알카발라(Alcavala: 소비세)는 이런 원칙에 근거해서 제정된 것 같다. 이것은 처음에 10%의 세금이었다가 뒤에 14%가 되었고 현재에는 6%에 불과하다. 이 세금은 동산이든 부동산이든 모든 종류의 재산의 매각에 부과되며, 재산이 팔릴 때마다 그것이 반복적으로 부과된다. 이런 세금의 징수를 위해서는 한 지방에서 다른 지방으로, 그리고 한 가게에서 다른 가게로 재화의 운송을 관찰할 만큼 충분히 많은 관리들이 필요하다. 또한 그 조세로 말미암아 특정 재화를 취급하는 상인들뿐 아니라 모든 상인·농부·제조업자·소매상들이 징세인의 빈번한 방문과 조사에 시달린다. 이런 조세가 시행되는 나라의 대부분의 지역에서는, 원거리 판매를 위해 생산되는 것은 아무것도 없을 것이다. 그 나라의 모든 지역의 생산량은 그 동네의 소비에 비례할 것임에 틀림없다. 그리하여 우스타리츠(Ustaritz)는 스페인의 제조업이 붕괴한 책임을 이 알카발라(소비세) 탓으로 돌렸던 것이다. 그는 농업의 쇠퇴까지 이것의 탓으로 돌려도 되었을 것이다. 왜냐하면 이 알카발라는 제조품에 부과되었을 뿐 아니라 토지의 천연생산물에도 부과되었기 때문이다.

68. 나폴리에도 3%세가 있다.

나폴리 왕국에도 이와 비슷한 종류의 세금이 있는데, 그것은 모든 계약금액, 따라서 모든 판매 계약금액에 3%를 부과한다. 그것은 스페인의 세금보다는 가볍고, 대부분의 도시·교구가 그것 대신에 일정한 금액을 납부하는 것이 허용되었다. 그들은 자신들이 선택하는 방식으로 〔일반적으로 그곳의 내부 상업에 전혀 방해를 주지 않는 방식으로〕 이 대납금을 징수했다. 그러므로 나폴리의 세금은 스페인의 세금처럼 그렇게 파괴적인 것은 아니었다.

69. 영국에서는 획일적인 조세제도로 큰 이익을 얻고 있다.

별로 중요하지 않은 약간의 예외는 있지만, 영국 전역에서 획일적인 조세제도가 시행됨으로써 국내 상업, 즉 내지(內地)·연안(沿岸) 무역은 거의 완전히 자유롭다. 내지 상업은 거의 완전히 자유로운데, 대부분의 재화들은 어떤 허가증 없이, 그리고 세리(稅吏)의 검문이나 조사를 받지 않고 영국의 한 쪽 끝에서 다른 쪽 끝까지 운송될 수 있다. 여기에는 약간의 예외가 있지만, 그것들은 내지 상업의 어떤 주요 부문에도 지장을 주지 않는 것들이다. 연안으로 수송되는 재화는 증명서나 연안운송 허가증이 요구되는 게 사실이다. 그렇지만 석탄을 제외한 나머지는 거의 모두 면세다. 내지 상업의 자유는 획일적인 조세제도의 결과이며, 아마도 영국이 번영하는 중요한 원인들 중 하나일 것이다. 왜냐하면 모든 대국(大國)들은 필연적으로 그 나라 산업 생산물의 대부분에 대한 가장 좋고 가장 넓은 시장이기 때문이다. 만약 마찬가지로 획일적인 조세제도의 시행으로 동일한 자유가 아일랜드와 영국령 식민지들에까지 확장된다면, 영국의 위세와 제국의 모든 지역의 번영은 지금보다 훨씬 더 확장될 것이다.

70. 프랑스에서는 각 주(州)마다 조세제도가 다르기 때문에, 국내 상업에 수많은 장애가 조성된다.

프랑스에서는 각 주(州)들마다 세법이 서로 다르기 때문에, 특정 재화의 수입을 금지하거나 수입에 대해 모종의 세금을 징수하기 위해서는 그 나라의 국경뿐 아니라 각 지방의 경계를 감시할 상당히 많은 수의 관리들이 필요하다. 이것은 국내 상업에 적지 않은 지장을 초래한다. 일부 주에서는 염세(鹽稅: gabelle)에 대해 대납금(代納金)의 현금 납부가 허용되고 있고, 다른 주에는 염세가 아예 없다.

또 일부 주에서는 왕국의 대부분 지역에서 징세청부인(farmers)들이 누리고 있는 담배의 전매권이 없다. 잉글랜드의 국내 소비세에 해당하는 에이드(aids: 消費稅)는 각 주들마다 전부 다르다. 일부 주에서는 그것이 없고, 그에 상응하는 것을 대납금으로 낸다. 그것들이 시행되고 징세 청부제가 실시되고 있는 주들에서는, 특정 도시나 지구 안에서만 적용되는 많은 종류의 지방세들이 있다.

영국의 관세에 해당되는 뜨레뜨(traites: 관세)는 프랑스 전국을 크게 세 구역으로 나누어 서로 다르게 적용된다. 첫째, 1664년의 관세가 적용되는 주(州)들은 징세청부제 실시 5대 주(州)라고 불리는데, 여기에는 피카르디(Picardy), 노르망디(Normandy)와 프랑스 왕국의 대부분의 내지 지방들이 포함된다. 둘째, 1667년의 관세가 적용되는 주들은 외국으로 간주되는 지방이라 불리는데, 여기에는 변경에 있는 주들 대부분이 포함된다. 셋째, 외국으로 취급되는 주들은 외국과의 자유로운 무역이 허용되므로, 외국과 동일한 관세를 납부하면서 프랑스의 다른 주들과 교역한다. 여기에는 알사스(Alsace)·메츠(Metz)·툴(Toul)·베르덩(Verdun) 세 주교 교구, 그리고 덩커크(Dunkirk)·바욘(Bayonne)·마르세유(Marseilles) 등 세 도시들이 포함된다. 5대 징세청부구(farm)의 지방들〔옛날에 관세를 5대 부문으로 나누고, 지금은 하나로 통합되어 있지만, 본래 각 부문은 특정 징세청부구역에 위임되었기 때문에 이와 같이 불린다〕에서는, 그리고 외국으로 간주되는 지방들에서는, 특정 도시나 지구에만 적용되는 지방세들이 많이 있다. 심지어 외국으로 취급되는 지방들에서도, 특히 마르세유 시에서도, 그런 세금들이 약간 있다. 각기 다른 조세제도의 적용을 받는 지방들과 지구들의 경계를 지키기 위해 프랑스의 내지 상업이 얼마나 제약을 받고 있는지, 그리고 이를 위해 얼마나 많은 징세인들이 더 있어야 하는지에 대해서는 말할 필요도 없다.

71. 그리고 포도주의 교역은 특수한 제한을 받는다.

이런 복잡한 세법체계로 말미암아 발생하는 일반적인 제약뿐 아니라, 프랑스에서 곡물

다음으로 가장 중요한 생산물인 포도주의 교역은 대부분의 주(州)에서 특수한 제약을 받는다. 이것은 특정 주·지구들의 포도밭에 베풀어지는 특혜 때문에 발생한다. 포도주로 가장 유명한 주들은 포도주의 교역이 이런 종류의 제약을 가장 적게 받는 지방이다. 이런 주들은 매우 넓은 시장을 가지므로 포도밭의 경작과 포도주의 제조가 매우 잘 관리되도록 장려된다.

72. 밀라노와 파르마는 훨씬 더 엉터리로 관리되고 있다.

이와 같이 매우 다양하고 복잡한 세법은 프랑스에만 있는 특수한 현상은 아니다. 밀라노 소공국(小公國)은 6개의 주로 나뉘어 있는데, 각 주에는 다양한 종류의 소비재에 대해 각기 다른 조세제도가 시행되고 있다. 이보다 더 작은 파르마(Parma) 공국(公國)도 3~4개 주로 나뉘어 있고, 각 주는 마찬가지로 독자적인 조세제도를 가지고 있다. 이렇게 무질서하게 관리되지만, 기름진 토지와 좋은 기후 때문에 이들 나라는 오래지 않아 극단적인 빈곤과 극단적인 야만상태에 떨어지는 것을 면할 수 있었다.

73. 정부의 직접적인 관리에 의한 징세가 징세청부제보다 훨씬 낫다.

소비품에 부과되는 세금이 징수되는 방식에는 다음과 같은 두 가지가 있다. 그 하나는 정부가 직접 징수하는 방식으로, 정부에 의해 임명되는 징세관이 정부에 대해 직접적으로 책임을 지게 된다. 이 경우 정부의 수입은 필연적으로 세수(稅收)의 변동에 따라서 해마다 달라진다. 다른 하나는 징세청부인으로 하여금 정부에 대해 약정(約定)된 세액을 납부하게 하고, 징세청부인은 자기 자신의 관리를 임명하는 것이 허용되고, 그 관리들은, 비록 법률에 규정된 대로 세금을 징수해야 하지만, 징세청부인의 감독을 받고 그에게 직접 책임을 지는 방식이다. 징세청부제는 결코 가장 좋고 비용이 덜 드는 세금 징수 방법일 수 없다. 약정된 청부료, 관리들의 봉급, 그리고 행정경비 등을 지불하는 데 필요한 것 이외에도 징세청부인은 세수액에서 일정한 이윤을 항상 공제한다. 이 이윤은 그가 선불하는 금액, 그가 겪는 위험·수고, 그리고 그렇게 복잡한 일을 해내는 데 필요한 지식·숙련에 비례하여 계산된다. 정부는 징세청부인이 설립하는 것과 비슷한 집행기관을 자기 자신의 직접적인 감독 하에 설립함으로써, 적어도 이런 이윤(거의 언제나 막대한 금액이다) 만큼을 절약할 수 있다. 국가 수입의 중요한 항목에 대해 징세를 청부하려면 상당한 규모의 자본·신용이 필요하므로, 이런 청부를 얻으려고 경쟁하는 사람들은 소수로 제한될 것이다. 이런 자본·신용을 가진 소수의 사람들 중에서도 극소수가 필요한 지식·경험을 지니고 있으므로 경쟁은 더욱 더 제한될 것이다. 이와 같이 경쟁자가 될 자격을 갖춘 극소수의 사람들은 서로 연합하는 것이 자신들에게 이익이 된다는 것을 발견하고는 경쟁자가 아니라 동업자로서, (징세청부권이 공개입찰에 부쳐지는 경우) 그들은 실제 가치보다 훨씬 낮은 금액을 청부료로 제시한다. 징세청부제가 실시되는 나라에서 징세청부인들은 일반적으로 가장 부유한 사람들이다. 그들의 엄청난 부(富)만으로도 대중의 분노를 야기할 수 있는데, 이 졸부(猝富)들의 허영심과 부를 뽐내려는 과시욕이 대중의 분노를 더욱 더 부채질한다.

74. 징세청부인은 가혹한 세법(稅法)을 요구한다.

징세청부인들은 납세를 회피하려는 시도를 처벌하는 법률들이 너무 가혹하다고 생각하지 않는다. 그들은 납세자들에 대해 인정을 베풀지 않는다. 납세자들은 그들의 백성이 아니며, 또한 납세자들이 모두 파산하더라도, 만약 자신들의 징세청부가 종료된 뒤에 파산한다면, 그것은 자신들의 이익과는 무관하기 때문이다. 세입이 정확히 들어올 것인가에 대한 왕의 근심이 최고에 달하는 국가 비상사태에, 징세청부인은 실제 행해지고 있는 법률보다 더 가혹한 법 없이는 통상적인 청부료도 지불할 수 없다고 불평한다. 재정이 궁핍한 이런 시기에 그들의 요구는 받아들여지지 않을 수 없다. 그리하여 세법은 점점 더 가혹하게 된다. 국가 세입의 대부분이 징세청부로 징수되는 나라에서 세법은 항상 가장 가혹하고, 그 수입이 왕의 직접적인 감독 하에서 징수되는 나라에서 세법은 항상 가장 온화하다. 가장 나쁜 국왕조차도 백성들에 대해 징세청부인에게 기대할 수 있는 것보다 더 많은 동정심을 느낀다. 국왕은 왕실의 영구적인 영화가 백성의 번영에 달려 있다는 점을 알고 있으며, 따라서 자기 자신의 일시적인 이익을 위해 백성의 번영을 해치려고 하지 않을 것이다. 그렇지만 징세청부인의 경우에는 사정이 다르다. 그들의 영화는 종종 백성의 번영에 따른 결과라기보다는 백성들의 파멸의 결과일 수 있기 때문이다.

75. 과세상품에 대한 독점권이 청부에 맡겨지는 것은 더욱 나쁘다.

어떤 과세가 확정된 금액으로 청부(請負)될 뿐 아니라 징세청부인에게 과세 상품에 대한 독점권이 부여되는 경우도 있다. 프랑스에서는 담배·소금에 대한 세금이 이런 방식으로 징수된다. 이 경우 징세청부인은 납세자로부터 한 가지가 아닌 두 가지의 막대한 이윤을 징수한다. 즉, 징세청부인으로서의 이윤이 그 하나이고, 그보다 더욱 큰 독점자로서의 이윤이 다른 하나이다. 담배는 사치품이기 때문에 모든 사람들이 자기의 기호에 따라 구입할 수도 있다. 그러나 소금은 필수품이므로 모든 사람들은 징세청부인으로부터 일정한 양을 구입할 수밖에 없다. 만약 징세청부인으로부터 구입하지 않는다면 밀매업자로부터 구입하는 수밖에 없기 때문이다. 이 두 가지 상품에 부과되는 세금은 엄청나다. 따라서 많은 사람들이 밀매매에 대한 유혹을 뿌리치기가 어려우며, 동시에 그런 밀매매가 가혹한 법률과 징세청부인의 관리들의 사찰에 걸리면 사람들은 거의 파멸에 이른다. 소금·담배의 밀매매로 인해 매년 수백 명의 사람들이 감옥에 가고, 더욱이 상당한 수의 사람들이 교수형에 처해진다.

이런 방식으로 징수되는 세금들은 정부에 막대한 수입을 가져다준다. 1767년 담배의 징세청부로 1년에 22,541,278리브르의 수입이 들어왔고,

소금의 징세청부로는 36,492,404리브르의 수입이 들어왔다. 두 가지 재화에 대한 징세청부는 1768년에 시작되어 6년 동안 계속되기로 되어 있었다. 국왕의 수입에 비교하면 백성들이 흘리는 고혈(膏血)은 아무것도 아니라고 생각하는 사람이라면, 아마도 이런 징세방식에 동의할지도 모른다. 소금·담배에 대한 이와 비슷한 조세제도와 독점권이 여러 나라에서, 특히 오스트리아와 프러시아의 영토 안에서, 그리고 이탈리아의 대부분 지역에서, 실시되었다.

76. 프랑스에서 정부관리에 의해 징수되는 수입의 세 부문이 훨씬 경제적이다.

프랑스에서는 현재 왕실 수입의 대부분이 8개의 다른 원천들, 즉 따이유(taille), 인두세(capitation), 두 가지 $\frac{1}{20}$세(vingtiemes), 염세(gabelles), 국내소비세(aides), 관세(traites), 국유재산세(domaine), 그리고 담배의 징세청부(farm of tobacco)로부터 들어온다. 뒤의 다섯 가지는 대부분의 주들에서 징세청부제로 징수되고 있다. 앞의 세 가지는 어디에서나 정부의 직접적인 감독·지시를 받는 집행기관에 의해 징수되는데, 일반적으로 인정되고 있듯이, 사람들의 주머니에서 뽑아내오는 금액에 비해 국고에 들어가는 것은 〔그 관리가 더욱 낭비적이고 비용이 더욱 많이 드는〕 뒤의 다섯 가지 경우보다 더 많다.

77. 따이유(tailles)와 인두세는 폐지되어야 하며, 20분의 1세는 증가되어야 하고, 소비품에 대한 과세는 획일화되어야 하며, 징세청부제는 폐지되어야 한다.

프랑스의 재정은 현재 상태에서 세 가지 측면에서 극히 확실한 개혁이 가능할 것 같다. 첫째, 따이유와 인두세를 폐지하고, 동시에 $\frac{1}{20}$세(vingtiemes) 적용 대상 품목을 늘려서 증가된 수입이 폐지된 두 종류의 세액과 같게 하는 것이다. 이렇게 함으로써 왕실 수입은 동일한 규모로 유지될 수 있을 것이다. 이 경우 징세 경비는 매우 줄어들고, 따이유와 인두세로 인해 야기되는 하류층의 고통은 완전히 없어지며 상류층도 현재보다 부담이 더 늘어나지 않을 것이다. 내가 이미 관찰한 바와 같이, $\frac{1}{20}$세는 잉글랜드의 토지세와 매우 비슷한 세금이다. 따이유는 토지 소유자들에 의해 최종적으로 부담된다. 그리고 인두세의 대부분은 토지세 납세 의무가 있는 사람들에게 부과되고 각 사람으로부터 토지세 납세액에 따라 징수되기 때문에, 그것 또한 마찬가지로 결국은 토지 소유자들이 부담하게 된다. 그러므로 두 가지 세수와 같은 액수의 추가세입을 얻기 위해 $\frac{1}{20}$세 적용 대상의 수를 증가시키더라도, 상류층은 현재 그들이 부담하는 것보다 그 부담이 더 늘어나는 것은 아닐 것이다. 따이유가 각 개인들의 소유 토지와 차지(借地)에 대해 매우 불공평하게 부과되므로, 개혁 뒤에 그 부담이 늘어나는 경우도 틀림없이 많이 있을 것이다. 이처럼 특혜를 누리던 상류층의 이익과 그들의 반대가 이런 개혁 또는 이와 같은 종류의 개혁을 저지하는 최대의 방해물이다.

둘째로, 염세(gabelle) · 국내소비세(aides) · 관세(traites) · 담배세 등과 각종 관세와 국내소비세를 왕국의 모든 지역에서 획일화함으로써 그런 세금들은 더 적은 비용으로 징수될 수 있을 것이며, 또한 국내 상업은 잉글랜드의 국내 상업과 마찬가지로 자유롭게 될 것이다. 마지막 셋째로, 모든 조세들을 정부의 직접적인 감독 · 지시를 받는 집행기관에 맡김으로써 징세청부인들이 얻는 막대한 이윤이 국가수입에 보태질 수 있을 것이다. 개인들의 사적 이해에서 비롯되는 반대가 첫 번째 개혁안의 실현을 저지한 것과 마찬가지로 마지막 두 가지 개혁안의 실현을 효과적으로 저지할 만큼 클 수 있다.

78. 프랑스의 조세제도는 모든 점에서 영국의 그것보다 못하다.

모든 측면에서 프랑스의 조세제도는 영국의 그것보다 못하다. 영국에서는 매년 1천만 파운드 스털링이 특정 계층을 억압하지 않으면서 8백만 명 미만의 백성들에게 부과된다. 아베 엑스필리(Abbè Expilly)의 계산과 「곡물법과 곡물거래에 관한 논문」의 저자(J. Necker)의 관측에 따르면, 로렌(Lorraine)과 바르(Bar) 주를 포함하여 프랑스는 2,300~2,400만의 인구로 영국 인구의 세 배를 가지고 있다. 프랑스의 토양·기후는 영국의 그것에 비해 양호하다. 그 나라는 더 장기간 개량·경작의 상태에 있었고, 따라서 세우거나 건축하는 데 장기간이 소요되는 것들, 예를 들면 거대한 도시들, 쾌적하고 잘 지어진 집들이 도시나 시골에 상당히 많다. 이런 이점을 안고 있으므로 프랑스에서 3천만 파운드의 세입이 (영국에서 1천만 파운드의 세입이 징수되는 것처럼) 아무런 불편 없이 징수될 수 있을 것으로 기대된다. 비록 불완전한 계산이지만 내가 구할 수 있었던 가장 좋은 자료에 따르면, 1765년과 1766년에 프랑스의 국고에 들어온 총수입은 대략 3억800만 리브르와 3억 2,500만 리브르 사이였는데, 이것은 (프랑스인들이 영국인들과 마찬가지의 비율로 납세한다고 가정할 경우 예상되는 세입의 절반인) 1,500만 파운드에도 이르지 못했다. 그럼에도 불구하고 프랑스인들은 영국인들보다 세금 압박을 더 심하게 받고 있다고 한다. 그러나 프랑스는 틀림없이 영국 다음으로 가장 온화하고 관대한 정부를 가진 유럽의 대제국이다.

79. 네덜란드에서는 생활필수품에 대한 무거운 과세가 제조업을 파멸시켰다.

네덜란드에서는 생활필수품에 대한 중과세로 말미암아 그들의 기간산업이 망했다고 한다. 또한 점차로 어업·조선업까지도 쇠퇴하고 있다고 한다. 영국의 경우 생활필수품에 대한 과세는 높지 않으며, 이제까지 그것 때문에 망한 산업은 하나도 없다. 제조업에 가장 큰 타격을 주고 있는 영국의 조세는 원료의 수입, 특히 생사의 수입에 부과되는 관세다. 네덜란드에서 국가 일반과 각 도시의 세입은 525만 파운드 스털링 이상에 달한다고 한다. 그런데 네덜란드 주민은 영국 주민의 $\frac{1}{3}$ 이상은 될 수 없으므로, 그들은 1인당 훨씬 무겁게 과세되고 있음에 틀림없다.

80. 그러나 네덜란드는 이미 가능한 최선을 다해 왔다.

모든 적절한 과세 대상에 세금을 부과한 이후에도 국가의 긴급사태가 여전히 새로운 세금을 요구하는 경우에는 적절하지 않은 과세 대상에도 세금을 부과할 수밖에 없다. 그러므로 생활필수품에 과세한다고 해서 네덜란드 정부가 지혜가 없다고 비난할 수는 없다. 그 정부는 독립을 획득·유지하기 위해 〔평소에는 매우 검약함에도 불구하고〕 비용이 매우 많이 드는 전쟁을 했으며, 그리하여 대규모 공채를 짊어지게 되었던 것이다. 더욱이 네덜란드와 젤란섬(Zealand: 덴마크의 최대의 섬)과 같은 기묘한 나라에서는 바다에 삼켜버리는 것을 방지하여 나라의 존재를 유지하기 위해서도 큰 비용지출이 필요한데, 이것이 또한 조세 부담을 크게 증대시켰음에 틀림없다. 공화국 형태의 통치가 네덜란드의 현재의 영화를 유지하는 주된 기둥인 것 같다. 대자본의 소유자〔즉, 대 상인가족〕는 일반적으로 정부의 행정에 직접적으로 참가하거나 간접적으로 영향을 미치고 있다. 그들은 이런 상황에서 얻는 존경·권위를 보존하기 위해 기꺼이 네덜란드에서 살려고 한다. 물론 그들이 자기 자본을 네덜란드에서 직접 운용한다면 유럽의 다른 나라에서 운용하는 것보다 이윤이 적을 것이고, 자본을 남에게 대부하면 더 적은 이자를 받게 될 것이다. 자본으로부터 나오는 수입이 적기 때문에 그들은 더 적은 양의 생활필수품·편의품을 구매할 수 있을 뿐이다. 그러나 이런 부유층이 네덜란드에 살고 있기 때문에 온갖 불리한 점에도 불구하고 그 나라에 어느 정도의 산업이 살아 있는 것이다. 만약 국가적 변란이 일어나 공화국 형태의 정부를 파괴하거나, 행정 전체를 귀족·군인의 수중으로 이전시키거나, 부유한 상인층의 지위·권위를 손상시키게 된다면, 이 부유층은 더 이상 자기들을 존경하지 않는 나라에 살려고 하지 않을 것이다. 그리하여 그들은 자기들의 거주지와 자본을 타국으로 이동시킬 것이며, 네덜란드의 산업과 상업은 곧 그것들을 지탱해 주던 자본을 따라 타국으로 옮겨가 버리고 말 것이다.

제3장
공채(公債)

1. 비싼 사치품이 알려지지 않았던 시기에는 많은 수입을 얻고 있었던 사람들은 쓰고 남은 돈을 저축했다.

상업의 확장과 제조업의 발달에 선행하는 미개사회 상태에서는, 상업과 제조업만이 제공할 수 있는 고가의 사치품들을 전혀 몰랐기 때문에, 큰 수입을 얻는 사람은 〔이 책의 제3편에서 밝힌 바와 같이〕 그런 수입으로 부양할 수 있는 최대한 많은 수의 사람들을 부양하는 것 이외에 달리 그 수입을 지출하거나 향유할 수 있는 방법이 없었다. 거대한 수입은 항상 거대한 양의 생활필수품에 대한 지배력을 나타내는 것이라 할 수 있다. 이 미개사회 상태에서는 그런 수입은 대개 대량의 생활필수품, 소박한 식료품과 거친 의복의 재료들, 곡물과 가축, 양모와 날가죽 등의 형태로 들어왔다. 상업과 제조업이 〔이런 것들의 소유자가 스스로 소비하고 남는〕 그런 물건들의 상당 부분을 교환할 수 있는 어떤 것도 공급하지 못할 때, 그가 이 잉여분(剩餘分)을 가지고 가능한 한 많은 사람들을 먹이고 입히는 것 이외에 달리 할 수 있는 것이 없었다. 사치스럽지 않은 환대(歡待)와 과시적이지 않은 시혜(施惠)가 이런 상태에서 부자와 권력자들의 주요 지출을 이루었다. 그러나 제3편에서 밝혔지만, 이 때문에 그들 자신이 망하지는 않았다. 이기적인 향락은 사정이 다른데, 아무리 사소한 것일지라도 그것을 추구한 결과 때로는 아주 총명하던 사람들까지도 파멸하고 말았다. 투계(鬪鷄: cock-fighting)에 대한 지나친 열정은 수많은 사람들을 파멸시켰다. 비록 사치스런 환대와 과시적인 시혜는 수많은 사람들을 망치기도 했지만, 앞에서 말한 종류의 사치스럽지 않은 환대나 과시적이지 않은 시혜 때문에 망한 사람들의 예는 실제로 그리 많지 않다고 생각한다. 봉건시대의 우리 조상들 사이에는 토지가 장기간 동일한 가족에 의해 소유되고 있었음을 보는데, 이것은 사람들이 자신들의 수입 범위 안에서 생활하는 일반적 성향을 가지고 있었음을 충분히 보여주고 있다. 대토지 소유자들에 의해 항상 행해지는 시골풍의 요란한 환대가 〔지금의 우리에게는 건전한 절약과 분리될 수 없는 것으로 생각하기 쉬운〕 생활질서와 일치하지 않는 것처럼 보일지 모르지만, 우리는 적어도 그들이 수입 전체를 지출하지 않을 만큼 절약하는 사람들이었다는 사실을 분명히 인정해야 한다. 그들은 대개 양모나 생가죽〔生皮〕의 일부를 팔아서 화폐를 얻을 기회를 가졌다. 아마도 그들은 그것으로 그 시대상황이 제공하는 몇몇 허영·사치의 대상들을 구입하는 데 사용했을 것이다. 그러나 다른 일부는 대개 저축했던 것 같다. 그들은 절약한 돈을 전부 저축하는 것 이외에는 달리 아무것도 할 수 없었다. 상업은 신사의 체면상 할 수 없는 것이었고, 이자를 받고 화폐를 빌려주는 것은 그 당시에는 고리대금(高利貸金)으로 간주되어 법으로 금지되고 있었으므로 더욱더 할 수 없는 것이었을 것이다. 게다가 폭력·무질서가 지배하는 그런 시대에는 손 가까이에 약간의 화폐를 저장해 두는 것이 편리했다. 그래야만 그들이 자기 집에서 쫓겨나는 비상시에도 다른 안전한 장소로 옮겨갈 때 값어치 나가는 것을 조금이라도 가지고 갈 수 있었기 때문이다. 저장하는 것이 유리하도록 만든 그 폭력이 또한 저장한 것을 숨기는 것이 유리하도록 만들었다. 매장된 보물들이 자주 발견되고, 그리고 그 발견된 보물들의 주인이 누구인지 알 수 없다는 것은 바로 그 당시에 저장과 은폐가 흔히 있는 일이었음을 충분히 보여준다. 이런 매장된 보물들은 당시 군주의 수입 중 중요한 하나의 항목으로 여겨졌다. 그러나 현재에는 왕국의 매장된 보물을 전부 합하더라도 거대한 소유지를 가진 개인 신사의 수입의 큰 몫에도 미치지 못할 것이다.

2. 그러므로 고대 유럽의 군주들은 재보(財寶)를 축적할 수 있었다.

절약하고 저장하는 성향이 백성들 사이에서뿐 아니라 군주들 사이에서도 유행했다. 아직 상업과 제조업이 알려지지 않았던 국민들 사이에서 군주는, 이미 제 4편〔제1장〕에서 관찰한 것처럼, 자연히 축적에 필요한 절약을 하게 된다. 이런 상황에서 군주의 지출조차도 궁전의 화려한 장식물에서 즐거움을 느끼는 그런 종류의 허영심에 의해 지배될 수 없었다. 그 시대의 무지는 화려한 궁정 장식을 위해서도 가치가 아주 작은 소수의 보석들만 제공할 수 있을 뿐이었다.

상비군(常備軍)은 당시에는 필요하지 않았으므로, 다른 대영주들의 지출과 마찬가지로 군주의 지출조차도 주로 그의 소작인들에 대한 시혜와 그의 가신들에 대한 환대에 사용되었다. 그러나 그런 시혜와 환대가 낭비를 야기하는 경우는 거의 없었다〔비록 허영심은 언제나 낭비를 야기하는 것이지만〕. 따라서 옛날 유럽의 모든 군주들은, 앞에서 이미 지적한 것처럼, 보물들을 가지고 있었다. 현재에도 모든 타타르 족장들은 보물을 가지고 있다고 한다.

3. 사치품이 도입된 뒤 군주의 지출은 평소 그의 수입과 같아졌다.

각종 고가의 사치품들이 풍부한 상업국에서는 군주는 자국 안의 거의 모든 대토지 소유자들과 마찬가지로 자연히 수입의 상당 부분을 사치품들을 구입하는 데 지출한다. 자국과 이웃 나라들은 〔화려하지만 쓸모없는 궁전의 장관(壯觀)을 이루는 데 사용되는〕

고가의 장식물들을 풍부하게 공급해 준다. 이보다는 못해도 비슷한 종류의 장관을 갖추기 위해 귀족들도 자신의 가신들을 쫓아내고 소작농들을 독립시키며, 또한 점차로 자국 안의 대부분의 부유한 시민들과 마찬가지로 평범하게 되어 간다. 그들의 행동에 영향을 미치는 천박한 향락적 열기는 군주의 행동에도 영향을 미친다. 그가 어찌 자국 안에서 이런 종류의 환락에 둔감한 유일한 부자일 수 있겠는가? 그가 자기 수입의 대부분을 이런 환락을 위해 지출함으로써 국가의 방위력을 크게 약화시키지는 않는다 하더라도(사실 그럴 가능성이 매우 크지만), 그가 그런 방위력 유지에 필요한 것을 초과하는 모든 부분을 그런 환락에 지출하지 않을 것으로 생각할 수는 없다. 그의 일상적인 지출은 그의 일상적인 수입과 같아지며, 경상지출이 그의 경상수입을 자주 초과하지만 않는다면 다행일 것이다.

이런 상황에서는 더 이상 보물의 축적을 기대할 수 없으므로, 만약 예외적인 긴급사태가 특별한 경비지출을 필요로 하는 경우에는, 그는 반드시 백성들에게 특별 원조를 청할 수밖에 없게 된다. 1610년 프랑스의 앙리 4세가 죽은 이래, 유럽의 국왕들 중에서 상당한 보물을 축적했으리라고 예상되었던 인물은 오직 현재의 프로이센 국왕과 이전 국왕뿐이다. 축적을 가져오는 검약은 군주제 국가에서와 마찬가지로 공화정 국가에서도 드문 현상이 되었다. 이탈리아 공화국들과 네덜란드 연방(聯邦) 모두 부채를 지고 있다. 유럽에서 (스위스의) 베른(Berne) 주(州)는 상당한 보물을 축적한 유일한 공화국이다. 기타 스위스 공화국들은 전혀 그렇지 않다. 모종의 장관(壯觀)이나 화려한 건물, 또는 적어도 기타 공공 장식물에 대한 기호는 이제 강대국 국왕의 호사스러운 궁전뿐 아니라 작은 공화국의 외견상 수수해 보이는 의사당(議事堂)에서도 마찬가지로 나타나고 있다.

4. 전시(戰時)에는 빚을 내야 한다.

평화시에 절약이 없으면 전시(戰時)에는 빚을 낼 수밖에 없다. 전쟁이 일어났을 때, 국고에는 평화시의 정부기구 운영에 필요한 돈밖에 남아 있지 않다. 전시에는 정부기구는 국가 방위를 위해 평상시 지출의 서너 배를 필요로 하며, 따라서 수입 또한 보통 때의 수입보다 서너 배가 늘어나야 한다. 드문 경우지만 군주가 지출 증가에 비례하여 수입을 증가시킬 수 있는 직접적인 수단을 가지고 있다고 가정하더라도(사실은 별로 없지만), 이런 수입이 증가될 수 있는 원천인 조세는 부과된 뒤 아마도 10개월 내지 12개월이 지나야만 국고에 들어오기 시작할 것이다. 그러나 전쟁이 일어나는 시각에, 또는 전운이 감도는 시기에, 육군은 증강되어야 하고, 함대는 정비되어야 하며, 방위군이 주둔하고 있는 도시는 방위태세를 갖추어야 한다. 또한 육군·함대·방위군이 주둔한 도시에 무기·탄약·식량 등을 공급해 주어야 한다. 직접적인 위험의 순간에는 거대한 경비가 즉각적으로 지출되어야 하므로 점차적으로 천천히 들어오는 새로운 조세 수입을 기다릴 수는 없을 것이다. 이런 위급한 상황에서 정부는 빚을 내는 길밖에 다른 방법이 없다.

5. 차입이 필요하도록 만든 원인들이 또한 차입을 가능하도록 해준다.

정신적인 대의(大義)를 위해 정부로 하여금 차입(借入)을 하지 않을 수 없게 한 그 사회의 경제상황은 그 나라 국민들로 하여금 대부(貸付)할 능력과 기꺼이 대부하려는 성향을 갖도록 한다. 그런 경제상황이 차입을 해야 할 필요성을 야기한다면, 그것은 동시에 대부를 가능하게 하는 수단도 제공한다.

6. 상인과 제조업자들은 대부할 능력이 있다.

상인과 제조업자가 많은 나라에는 필연적으로 〔그들 자신의 자본뿐 아니라 그들에게 화폐를 빌려주거나 재화를 맡긴〕 다른 사람들의 자본을 운용하는 부류의 사람들도 많은데, 이들이 자신들의 손으로 운용하는 자신의 자본과 다른 사람들의 자본은, 〔상업이나 영업을 하지 않고 자기 수입으로 살아가는〕 개인의 수입이 그 개인의 손을 거쳐 가는 것보다 더 빈번하게 그들의 손을 거쳐 간다. 이런 개인의 수입은 규칙적으로 일 년에 단 한 번 그 개인의 손을 거쳐 갈 뿐이다. 그러나 상인들의 자본과 신용의 총액은, 만약 그가 대금 회수가 매우 빠른 상거래에 종사하는 경우에는, 때로는 일년에 두 번, 세 번, 또는 네 번이나 그의 손을 거쳐 간다. 그러므로 상인과 제조업자가 많은 나라는, 〔만약 그들이 그렇게 할 마음만 먹는다면〕 거액의 돈을 정부에 대부해 줄 수 있는 능력을 갖춘 부류의 사람들이 많을 수밖에 없다. 그러므로 상업국의 국민들은 대부할 능력이 있는 것이다.

7. 그리고 또한 기꺼이 대부하려고 한다.

정상적인 사법행정(司法行政: regular administration of justice)이 존재하지 않고, 사람들이 소유재산에 대해 안전을 느끼지 못하고, 계약 준수에 대한 믿음이 법률의 뒷받침을 받지 못하고, 채무상환 능력이 있는 사람들로 하여금 채무를 상환하도록 강제하는 데 국가의 권위를 언제든지 이용할 수 있을 것으로 기대할 수 없는 어떤 나라에서도 상업과 제조업이 장기간 번성할 수는 없다. 요컨대 상업과 제조업은 국가의 사법(司法: justice)에 대한 일정한 정도의 신뢰가 없는 나라에서는 번성할 수 없다.

대 상인과 대 제조업자들로 하여금 보통의 경우에 자신들의 재산을 특정 정부의 보호에 맡기도록 하는 신뢰가 또한 특별한 경우에 자신들의 재산 사용을 그 정부에 맡기도록 한다. 그들이 정부에 돈을 빌려주더라도 그들은 한 순간도 자신들의 상업이나 제조업의 경영능력을 감소시키지 않는다. 이와는 반대로, 그들은 대개 그런 능력을 증가시킨다. 국가의 긴급한 필요 때문에 정부는 불가피하게 대부분의 경우 돈을 빌려주는 사람에게 극히 유리한 조건으로 돈을 빌릴 수밖에 없기 때문이다. 정부가 최초의 채권자에게 발행해 주는 증서는 다른 어떤 사람에게도 양도가 가능하며, 국가의 사법에 대한 보편적인 신뢰에 의거하여 이것은 시장에서 최초에 지불된 금액 이상의 가격으로 매매된다. 상인이나 돈이 있는 사람들은 정부에 돈을 빌려줌으로써 이득을 얻고, 그리하여 자신들의 영업자본을 감소시키기보다는 오히려 증가시키는 것이다. 그러므로 정부가 새로운 차입을 위한 최초의 응모에 그들의 참가를 허용하는 경우, 그들은 대개 그것을 특혜로 간주한다. 따라서 상업국의 국민들은 기꺼이 대부하려는 성향을 가진다.

8. 쉽게 차입할 수 있음을 알고 정부는 절약을 하지 않게 된다.

이런 나라의 정부는 특별한 상황에 직면했을 때 국민들이 정부에 기꺼이 돈을 빌려줄 의향도 있고 능력도 있다고 생각해서 이에 의존하기 쉽다. 정부는 차입이 용이함을 예견하고 스스로 절약의 의무를 방기(放棄)한다.

9. 차입의 가능성이 없다면 정부도 절약의 필요성을 느끼게 된다.

미개한 사회상태에서는 거대 상업자본이나 거대 제조업자본도 존재하지 않는다. 개인들은 자신들이 절약할 수 있는 화폐를 전부 저장하고 그 저장한 화폐를 은폐하는데, 그들이 이렇게 하는 이유는 국가의 사법에 대한 불신과, (만약 그들이 저장했다는 사실과 그것이 있는 장소가 알려지는 경우에는) 곧바로 약탈당할 것이라는 두려움 때문에 그렇게 하는 것이다. 이런 상태에서는 예외적인 긴급한 상황에서 정부에 돈을 빌려줄 수 있거나 빌려주려고 하는 사람은 아무도 없을 것이다. 군주는 긴급한 상황에서는 차입이 절대 불가능하다는 것을 미리 알고 있으므로, 그런 긴급 상황에 대비하여 저축을 해야만 한다고 느낀다. 이런 예견은 그의 자연적인 저축성향을 더욱더 촉진한다.

10. 각국은 처음에는 특별한 보증 없이 차입하기 시작했으나, 후에는 특별한 자원을 담보로 제공하게 되었다.

현재 유럽의 모든 대국(大國)들을 짓누르고 있고 아마도 결국 그들을 파멸시킬 거대한 채무의 누적은 매우 일률적으로 진행되어 왔다. 개인과 마찬가지로 국가도 일반적으로 부채상환을 위해 어떤 특정 재원을 할당하거나 담보로 제공하지 않은 채 이른바 개인적 신용에 의거해서 차입을 하기 시작했다. 그리고 이런 방식으로 더 이상 차입할 수 없게 되었을 때, 그들은 특정 재원을 담보로 제공하면서 계속 차입했다.

11. 영국의 특별 차입금은 첫번째 방법에 의해 이루어지고 있다.

이른바 영국의 무담보 공채(unfunded debt)는 위의 두 가지 방식 중 첫 번째에 해당된다. 그것의 일부는 무이자이거나 무이자라고 생각되는 채무로서, 개인이 외상장부에 의해 얻는 부채와 비슷하며, 다른 일부는 이자가 붙는 부채로서 개인이 환어음 · 약속어음에 의하여 얻는 부채와 비슷하다. 첫 번째 종류의 부채를 구성하는 것들에는 특별한 서비스를 제공하기 위하여 조달하는 부채나, 수행될 때 지불되지 않는 서비스를 제공하기 위하여 조달하는 부채 — 즉, 육군 · 해군 및 무기에 소요되는 예외적인 지출의 일부, 외국 군주에게 주는 사례금의 미지불 잔금, 선원들 급료의 미지불 잔금 — 등이 있다. 그리고 때때로 이러한 부채의 일부를 상환하기 위해, 또는 다른 목적으로 발행되는 해군성 증권(Navy-bills)과 재무부 증권(Excheguer bills) 등이 두 번째 종류의 부채를 구성한다. 재무성 증권은 발행 당일부터 이자가 붙고, 해군성 증권은 발행 후 6개월부터 이자가 붙는다.

잉글랜드 은행은 이 증권들을 임의로 시가(時價)로 할인하거나 정부로부터 일정한 보수를 받고 재무부 증권을 유통시킨다는 협정 〔즉, 재무부 증권을 액면 가격으로 인수하고 기한이 도달하면 국민들에게 그것에 대한 이자를 지불하겠다는 협정〕을 정부와 체결함으로써 그것들의 가치를 유지하고, 유통을 촉진하고, 그리하여 정부가 언제나 이런 종류의 공채 발행으로 대규모 채무계약을 맺어서 차입할 수 있도록 했다. 은행이 없는 프랑스에서는 국가증권(billets d'état)의 경우 때로는 60% 또는 70% 할인되어 팔렸다.*

윌리엄 국왕 시대의 대규모 주화 재주조 동안 잉글랜드 은행은 일상적

* J. P. Duverney, *Examen du livre intitulintitule Réflexions politiques sur les finances et le commerce*, 1740년.

인 거래를 중지하는 것이 적절하다고 생각했는데, 그때 재무부 증권과 정부채무 증서(tally: 숫자를 기록한 표시란 뜻으로, 표면에 적힌 액수를 지불받을 수 있는 우선순위가 정해져 있고, 그 가능성의 정도에 따라 그 가치가 달라진다)는 25%에서 60%까지 할인되어 판매되었다고 한다. 이것은 틀림없이 부분적으로는 혁명〔1688년〕으로 설립된 새로운 정부의 불안정성 때문이었고, 부분적으로는 잉글랜드 은행의 지원부족 때문이었다.

12. 특정 부문의 수입(세금)을 담보로 제공하는 것은 정해진 기간 동안에만 하는 것과 영구적으로 하는 것 두 종류가 있는데, 전자는 예상수입에 의해 조달된다고 말하고, 후자는 공채차환(公債借換)에 의해 조달된다고 말한다.

〔이런 차입의 원천이 고갈되어〕 기채(起債)를 위해서는 채무상환에 국가 세입(稅入)의 몇몇 특정 분야를 할당하거나 담보로 제공해야만 하게 되었을 때, 정부는 경우에 따라 두 가지 서로 다른 방식으로 기채를 했다. 즉, 정부는 이런 할당이나 담보 제공을 오직 단기로만 〔예컨대 1년 또는 몇 년〕 허용하는 경우도 있었고, 영구적으로 허용하는 경우도 있었다. 전자는 국가 세입원(특정 세금)이 제한된 기간 안에 차입금의 원금 · 이자 모두를 상환하기에 충분하다고 생각되는 경우이고, 후자는 담보로 제공된 국가 세입원이 단지 이자〔또는 이자와 동등한 영구연금〕를 상환하기에만 충분하다고 생각되는 경우다. 이때 정부는 언제라도 차입 원금을 상환해서 이런 연금(年金: 해마다 지불하는 채무원금 또는 이자를 말한다) 지급에서 벗어날 수 있다. 전자의 방법으로 화폐가 조달되는 것을 예상수입에 의한 차입(anticipation), 후자의 방법으로 조달되는 것을 영구적인 이자부(利子付) 공채차환(公債借換), 또는 간단히 줄여서 영구 공채차환(perpetual funding) 방식이라고 말한다.

13. 연간 토지세와 맥아세는 항상 예상수입에 의해 차입했다.

영국에서는 매년 징수되는 토지세와 맥아세는 〔정부가 그것을 부과하는 세법 가운데 매년 삽입하는 차입조항(借入條項)에 의해) 항상 예상수입에 의거하여 차입되고 있다. 잉글랜드 은행은 그런 세금에 해당하는 금액을 (혁명 이래 3~8% 사이에서 변동해온 이자로) 선대(先貸)해 주고, 세금이 계속 걷혀 들어옴에 따라 상환을 받는다. 항상 있는 일이지만, 걷혀 들어오는 세금이 부족한 경우에는 다음해의 수입으로 그 부족분을 보충한다. 이와 같이 국가 수입 중 아직 담보로 제공되지 않은 유일한 부문에서도 항상 수입이 들어오기도 전에 그 수입들은 먼저 지출된다. 돈쓰기에 바빠서 자기의 수입이 규칙적으로 들어올 때까지 기다리지 못하는 헤픈 낭비자와 마찬가지로, 국가는 자신의 대리인이나 백성들로부터 자기 자신의 돈을 미리 차입해다 쓰고 그것의 사용에 대해 이자를 지불하는 일을 되풀이하고 있다.

14. 윌리엄 3세와 앤 여왕의 통치시대에는 예상수입에 의한 차입에 결손이 생겼다.

윌리엄 국왕의 통치시대와 앤 여왕 통치시대의 대부분 기간 동안 영구적인 이자부 공채차환(公債借換)을 통한 자금조달 방법은 지금처럼 일반적이지 않았으며, 대부분의 새로운 세금들은 다만 단기(4년, 5년, 6년, 7년)로만 부과되었고, 또한 매년 대부분의 지출은 (이런 새로운 세금의 예상수입에 의한) 차입으로 이루어졌다. 그러나 약정된 기간 안에 차입 원금·이자를 지불하기에는 그 세수가 항상 부족하였으므로 적자가 발생했고, 이를 보충하기 위해 차입기간을 연장할 필요가 있게 되었다.

15. 담보로 제공된 세수(稅收)의 기한은 1697년에 연장되었다.

1697년(윌리엄 3세 8년)의 제20호 법률에 의거하여, 몇 가지 세수 부족분은 그 당시 제1차 총저당(first general mortgage: 일종의 공동담보) 또는 총기금(general fund : 일종의 차입금 상환을 위한 공동기금)이라 불린 것에서 지불되었다. 그것은 머지않아 곧 만기가 도래하는 몇 가지 세금들의 과세 기한을 1706년 8월 1일까지로 연장하고, 그것들의 세수는 하나의 총기금에 축적되도록 하는 것이었다. 이렇게 기한이 연장된 세금에 부담시킨 부족분은 5,160,459파운드 14실링 9$\frac{1}{4}$펜스나 되었다.

16. 1701년에도 연장되었고, 1701년, 이 세금들은 일부 다른 세금들과 함께 비슷한 목적으로 1710년 8월 1일까지 더욱 연장되었는데, 이것을 제2차 총저당 또는 총기금이라 불렀다. 이것이 부담한 세수 부족분은 모두 2,055,999파운드 7실링 11$\frac{1}{2}$펜스였다.

17. 1707년에도 연장되었고, 1707년, 이 세금들은 신규 차입금에 대한 상환기금으로서 다시 1712년 8월 1일까지 더욱 연장되었는데, 이것을 제3차 총저당 또는 총기금이라 불렀다. 이것이 부담한 세수 부족분은 983,254파운드 11실링 9$\frac{1}{4}$펜스였다.

18. 1708년에도 연장되었고, 1708년, 이 세금들은 전부(그 반만 이 기금의 일부로 포함되는 톤세와 파운드세라는 구 왕실보조금세와, 잉글랜드와 스코틀랜드의 합병조약으로 그 효력이 없어진 스코틀랜드산 아마포 수입세를 제외) 신규 차입금을 위한 (상환)기금으로서 1714년 8월 1일까지 더욱 연장되었는데, 이것을 제4차 총저당 또는 총기금이라 불렀다. 이것에 의거하여 차입한 금액은 925,176파운드 9실링 2$\frac{1}{4}$펜스였다.

19. 1709년에도 연장되었고, 1709년, 이 세금들은 전부(톤세와 파운드세라는 구 왕실보조금세를 제외하고. 이것들은 지금은 모두 이 기금에 포함되지 않는다) 동일한 목적을 위해 1716년 8월 1일까지 연장되었는데, 이것을 제5차 총저당 또는 총기금이라 불렀다. 이것에 의거하여 차입한 금액은 922,029파운드 6실링이었다.

20. 그리고 1710년에도 연장되었다. 1710년, 이 세금들은 다시 1720년 8월 1일까지 연장되었는데, 이것을 제6차 총저당 또는 총기금이라 불렀다. 이것에 의거하여 차입한 금액은 1,296,552파운드 9실링 11$\frac{3}{4}$펜스였다.

21. 1711년에는 이런 세금들을 영원히 1711년, (이때에는 이미 네 가지 예상

연장시켜 917만 파운드에 대한 이자 지불을 위한 기금으로 만들었다.

수입에 의한 차입금의 담보로 제공되어 있었던) 동일한 세금들이 다른 몇 가지 세금들과 함께 영원히 연장되어 남해회사(South Sea Company)의 자본의 이자 지불을 위한 기금으로 되었다. 이 회사는 그해에 정부에 대해 9,177,967파운드 15실링 4펜스를 빌려주어 차입금 상환과 세수 부족분 보충에 사용하도록 했는데, 이 금액은 그 당시로는 미증유(未曾有)의 최대 규모의 차입이었다.

22. 차입금의 이자 지불을 위해 이전에 영구적으로 과세되었던 세금은 잉글랜드은행 및 동인도회사로부터의 차입금에 대한 이자 지불을 위한 것뿐이다.

이 시기 이전에 차입금의 이자를 지불하기 위해 영구적으로 과세되었던 주된 또는 (내가 알고 있는) 유일한 세금은 잉글랜드은행과 동인도회사로부터 대부받은 돈에 대한 이자와, 계획 중이던 토지은행으로부터 대부받을 것으로 기대했던 돈에 대한 이자를 지불하기 위한 세금들이었는데, 토지은행으로부터의 그것은 결국 실현되지 않았다. 이 당시 잉글랜드은행이 정부에 대부해 준 금액은 모두 3,375,027파운드 17실링 $10\frac{1}{2}$펜스였는데, 이것에 대해 매년 206,501파운드 13실링 5펜스의 이자가 지불되었다. 동인도회사에서 정부에 대부해 준 금액은 모두 320만 파운드였는데, 이것에 대해 매년 16만 파운드의 이자가 지불되었다. 잉글랜드은행 대출금의 이자율은 6%였고, 동인도회사의 이자율은 5%였다.

23. 1715년에는 몇 가지 세금들이 합쳐져서 총기금으로 되었다.

1715년(조지 1세 원년)의 제12호 법률에 따라, 잉글랜드은행에 대한 이자를 지불하기 위한 담보로 제공되었던 각종 세금들이 (마찬가지로 이 법률에 의해 영속적으로 된) 다른 세금들과 함께 총기금(The Aggregate Fund)이라 불리는 공동기금으로 통합되었다. 이 기금은 잉글랜드 은행의 이자뿐 아니라 기타 여러 가지 이자들과 각종 채무의 상환에 충당되었다. 이 기금은 뒤에 조지 1세 3년의 제8호 법률과 조지 1세

5년의 제3호 법률에 의해 증대되었고, 이때 그것에 덧붙여진 각종 세금들도 마찬가지로 영속적인 것으로 되었다.

24. 1717년에는 다른 몇 가지 세금들이 합해져서 일반기금으로 되었다.

1717년에는, 조지 1세 3년의 제7호 법률에 따라, 기타 여러 가지 세금들이 영속적인 것으로 되어 총기금(general fund)이라 불리는 또 다른 공동기금으로 축적되었다. 이 기금은 724,849 파운드 6실링 $10\frac{1}{2}$ 펜스에 이르는 특정 연금(年金)〔매년 지불되는 이자를 가리킨다〕들의 상환에 충당되었다.

25. 이리하여 예상수입에 의한 차입금의 담보로 제공된 세금의 대부분은 이자 지불만을 위한 기금으로 변했다.

이런 상이한 법률들에 의해 전에는 단기(몇 년)로 예상수입에 의한 차입금의 담보로 제공되었던 세금의 대부분이 〔그 뒤 계속 같은 방식으로 이루어진〕 차입금의 원금이 아닌 이자만의 상환을 위한 기금으로 영속화되었다.

26. 일단 익숙해진 다음에는 예상수입에 의한 차입보다는 영구 공채차환 방식을 선호하게 된다.

만약 예상수입에 의한 차입 방식으로 돈이 조달되지 않았더라면, 정부는 정해진 기간 안에 상환할 수 있는 것보다 더 많은 채무를 지지 않도록 주의하고, 그리고 첫 번째 예상수입의 기한이 끝나기 이전에 두 번째의 예상수입에 의한 차입을 하지 않도록 주의하는 것 외에 달리 주의할 필요 없이, 몇 년 이내에 국가수입은 부채로부터 벗어날 수 있었을 것이다. 그러나 대부분의 유럽 정부들은 그런 것에 주의할 수가 없었다. 그들은 자주 첫 번째 예상수입에 의한 차입에서조차도 그 기금〔담보로 제공된 특정 세금〕에 과중한 부담을 주었다. 그렇지 않은 경우에는 대개 첫 번째 차입의 만기가 도래하기 이전에 두 번째, 세 번째의 차입을 중복시킴으로써 기금에 과중한 부담을 주었던 것이다. 그 기금은 이런 방식으로 그것에 의해 이루어진 차입금의 원금·이자 모두를 상환하는 데 부족하게 되었다. 따라서 그 기금은 오직 이자 또는 이자와 등가의 영구연금(永久年金)의 상환에만 충당되었다. 이처럼 앞날에 대한 생각 없이 예상 수입에 따라 미리 차입하는 것은 필연적으로 영구적인 이자부(利子付) 공채차환(公債借換)이라는 파괴적인 결과를 초래했다. 그러나 이런 관행은 비록 필연적으로 국가수입에 의한 채무상환을 고정된 기간으로부터 좀처럼 닥칠 것 같지 않은 먼 미래의 확정되지 않은 기간으로 연장하지만, 예상수입에 의한 차입이라는 옛 방식보다 이런 새로운 관행에 의해 더 많은 자금을 조달할 수 있으므로, 사람들이 일단 이 방식에 익숙해지고 난 다음에는 국가의 비상사태에서는 일반적으로 이 방식〔즉, 영구적인 이자부 공채차환〕이 선호되었다. 국정에 직접 관계하는 사람들의 주된 관심사는 당장의 위급 상황을 해소하는 것이다. 그들은 미래의 국가수입을 채무로부터 해방시키는 일은 후손들의 문제로 남겨둔다.

27. 시장이자율의 하락은 절약을 가능하게 했고, 이것은 감채기금의 기초가 되었다.

앤 여왕의 통치기간에 시장이자율은 6%에서 5%로 떨어졌는데, 앤 여왕 12년에는 이 5%의 이자율이 〔개인적으로 담보를 잡고 돈을 빌려주는 경우 받을 수 있는〕 법정 최고이자율로 선언되었다. 영국의 대부분의 임시 세금들이 영속적인 것으로 되어 총기금·남해회사 기금·일반기금들로 할당된 직후, 국가에 대한 채권자들은 〔개인에 대한 채권자들과 마찬가지로〕 5%를 그들의 돈에 대한 이자율로 받아들이게 되었다. 이리하여 영구적인 이자부 공채차환 방식으로 조달된 부채 대부분의 원금에 대한 이자지불이 1% 절약되었거나, 위에서 언급한 세 가지 거대 기금들로부터 지불되는 연금 대부분의 $\frac{1}{6}$이 절약되었다.

이런 종류의 절약은 그런 기금들에 축적되는 다양한 조세 수입이 그것들이 현재 부담하고 있는 연금지불에 필요한 액수를 초과하여 거액의 잉여(剩餘)를 낳도록 했는데, 이것은 그 뒤 감채기금(減債基金: sinking fund)이라 불리는 기금의 기초가 되었다. 1717년에는, 이 잉여액이 323,434파운드 7실링 7 $\frac{1}{2}$ 펜스에 이르렀다. 1727년에는, 대부분의 공채 이자율이 4%로 더욱 떨어졌고, 1753년과 1757년에는, 각각 3 $\frac{1}{2}$%와 3%로 떨어졌다. 이런 이자율의 하락은 감채기금을 더욱 증가시켰다.

28. 감채기금은 신규 기채를 쉽게 한다.

감채기금은, 비록 처음에는 과거의 채무상환을 위해 만들어졌지만, 신규 채무의 조달 또한 매우 쉽게 했다. 그것은 국가의 긴급상황에서 자금을 조달하려는 경우, 그 조달이 의문시되는 기타의 기금(즉, 특정 세금)을 지원하기 위해 담보로 제공될 수 있는 〔항상 손쉽게 이용할 수 있는〕 일종의 보조기금이기 때문이다. 영국의 감채기금이 이 두 가지 목적(과거의 부채상환과 신규 기채를 용이하게 하는 것) 중 어느 것을 위해 더 자주 이용되었는가는 차차 충분히 드러날 것이다.

29. 차입 방법에는 정기 연금과 종신 연금 두 가지 방법이 있다.

예상수입에 의하거나 영구적인 이자부 공채차환에 의한 두 가지 차입 방식 이외에도 두 가지 다른 방식이 또 있는데, 이것은 기존의 두 가지 방식을 절충한 것이다. 즉, 정기연금(定期年金)에 의한 차입방식과 종신연금(終身年金)에 의한 차입방식이 그것이다.

30. 윌리엄 3세 및 앤 여왕의 통치 기간에는 정기연금 차입법으로 거액의 차입이 이루어졌다.

윌리엄 왕과 앤 여왕의 통치기간에는 자주 상당한 금액이 정기연금 차입방식으로 차입되었는데, 그 정해진 기간은 어떤 때는 더 장기(長期)이기도 하고 어떤 때는 더 단기(短期)이기도 했다. 1693년에, 100만 파운드를, 연 14%의 연금, 즉 1년에 14만 파운드의 연금을, 16년 동안 지불한다는 조건으로 차입하기 위한 법률이 통과되었다. 그에 앞선 1691년에는, 100만 파운드를 종신연금 차입방식으로 차입하기 위한 법률이 통과되었는데, 현재로서 보면 매우 유리한 조건이지만, 그러나 당시에는 그 계획된 액수 전부가 응모되지는 않았다. 그리하여 그 다음 해에 그 부족액이 14%의 종신연금 〔즉, 대략 7년 조금 넘는 기간의 연금이 원금 전액과 같게 되는 조건이었다〔100÷14=7.14년〕〕 방식으로 차입되었다. 1695년에 와서 재무성은 이 연금공채를 구입한 사람들에게 그것을 96년 만기의 다른 연금공채와 교환할 수 있도록 허용했는데, 이때 사람들은 〔96년 만기의 연금공채〕 액면가 100파운드에 대해 63파운드를 지불했다. 즉, 14%짜리 종신연금과 만기 96년의 14%짜리 연금의 차액에 해당하는 것이 액면가 100파운드당 63파운드, 즉 4년 반 만에 그 투자 원금이 전액 회수되는 연금으로 매매되었다〔63÷14=4.5〕. 그러나 당시 사람들은 정부가 몹시 불안정하다고 생각하였기 때문에, 이런 조건으로도 그것을 매입하는 사람들이 드물었다.

앤 여왕 통치기간에, 각각 서로 다른 상황에서, 종신 연금법과 32년 · 89년 · 98년 · 99년 기한의 정기연금법에 의한 차입이 이루어졌다. 1719년, 32년 만기의 정기연금 소유자들은 그 연금 대신에 11년 반의 연금에 해당하는 금액을 남해회사의 주식으로 교환받고, 아울러 그 당시의 미불이자에 해당하는 금액을 동일한 가격의 남해회사 주식으로 추가 인수받도록 권유받았다. 1720년에, 만기가 서로 다른 대부분의 기타 연금공채들도 모두 하나의 동일한 기금으로 편입되었다. 그 당시 매년 지불해야 할 장기연금은 666,821파운드 8실링 $3\frac{1}{2}$펜스에 달했다. 1775년 1월 5일, 그것들의 나머지, 즉 그 당시 연금공채 매입신청 미달액은 136,453파운드 12실링 8펜스에 불과했다.

31. 그러나 18세기 중엽의 전쟁 때에는 이런 방법으로 차입할 수 없었다. 대부분의 사람들은 영구연금을 좋아했다.

1739년과 1755년에 발발한 두 전쟁 기간에 정기연금이나 종신연금의 방식으로는 차입이 별로 이루어지지 않았다. 그러나 만기 98년 또는 99년의 연금은 영구연금과 거의 같은 값어치가 있으므로, 거의 같은 금액을 차입할 수 있는 기금이라고 생각하기 쉽다. 그러나 가족에게 재산을 증여하기 위해, 그리고 먼 장래에 대비하기 위해 공채를 매입하는 사람들은 (비록 그 기한이 매우 장기라 하더라도) 가치가 계속 감소하는 공채를 매입하려고 하지 않을 것이다. 그런데 이런 사람들이 공채 소유자·매입자의 큰 비율을 차지한다. 그러므로 장기연금은 그 내재적 가치가 영구연금의 가치와 거의 같은 수준이라 하더라도, 그 구매자의 수는 영구연금의 경우보다 적을 것이다. 가능한 한 빨리 재판매하려는 새로운 기채의 응모자들은, 동일한 액수지만 중도 상환이 불가능한 장기연금보다는, 의회의 결의에 따라 중도상환이 가능한 영구연금을 더욱 선호한다. 영구연금의 가치는 항상 같거나 거의 같은 수준일 것으로 기대되고, 그리하여 그것은 장기연금보다 양도하기에 편리한 공채가 되고 있다.

32. 그리고 정기연금과 종신연금은 단지 프리미엄으로서 주어졌을 뿐이다.

앞서 언급한 두 전쟁 기간에 정기연금이나 종신연금은 〔차입이 이루어지도록 해준 대부자에 대한 연금이나 이자 지불을 초과해〕 신규 기채에 응모하는 사람들에게 일종의 프리미엄으로서만 주어졌다. 그것은 차입을 위한 적합한 기금으로서가 아니라 돈을 빌려주는 사람에 대한 추가적인 격려로서 주어졌다.

33. 통팅법 연금은 개인적인 종신연금보다 더 즐겨 채택되었지만, 그것은 후자만큼 빨리 공공수입을 채무로부터 해방시키지 않는다.

종신연금은 이따금 두 가지 서로 다른 방식으로 주어졌다. 즉, 각 개인들의 종신생명(終身生命)에 대해, 또는 한 집단(集團)의 사람들의 종신생명에 대해 주어졌는데, 후자의 경우 프랑스에서는 그 창안자의 이름을 따서 통팅(Tontine)법이라 부른다. 연금이 각 개인에 대해 주어지는 경우에는 그 연금 수령자가 사망하면 그가 받아야 할 연금액만큼 국가 수입의 부담이 줄어든다. 연금이 통팅법으로 주어지는 경우에는 그 집단에 속하는 모든 연금 수령자들이 전부 죽은 다음이라야 국가의 부담이 없어진다. 대개 이런 집단은 20명 내지 30명으로 구성되며, 그들 가운데 생존자들은 그 이전에 죽은 사람들의 연금을 승계하고, 최후의 생존자는 모든 사람들의 연금을 승계하기 때문이다. 동일한 세입을 담보로 제공할 때, 각 개인에 대한 연금보다 통팅법에 의해 항상 더 많은 화폐를 차입할 수 있다. 살아남은 사람이 연금 전부를 수령할 수 있는 권리(생존자 승계권)가 있는 연금(통팅법)은 각 개인이 단독으로 수령하는 연금(개인 종신생명)보다, 비록 그 연금액은 같다고 하더라도, 사실상 더 가치가 있다. 그리고 모든 사람들은 당연히 자기 자신의 행운에 대한 믿음을 가지고 있으므로〔모든 복권의 성공은 이런 원리에 기초를 두고 있다〕, 그런 연금은 일반적으로 그 가치 이상으로 팔린다. 정부가 통상 연금을 판매해서 기채(起債)를 하는 나라에서는 이런 이유로 통팅법이 각 개인의 종신생명에 대한 연금보다 일반적으로 선호된다. 정부는 항상 가장 많은 돈을 조달하는 데 편리한 방식을, 국가 수입을 채무 부담으로부터 가장 빨리 해방시켜 주는 방식보다, 더욱 선호한다.

34. 프랑스에서는 공채 총액에서 종신 연금이 차지하는 비율이 영국보다 훨씬 더 크다.

프랑스에서는 공채에서 개인 종신연금이 차지하는 비중이 잉글랜드보다 훨씬 크다. 1764년 보르도(Bourdeaux) 의회가 국왕에게 제출한 비망록에 따르면, 프랑스의 전체 공채액은 24억 리브르로 추정되는데, 그 중에서 종신연금으로 차입한 것은 3억 리브르로서 전체의 $\frac{1}{8}$로 추정된다. 연금(종신연금의 원금과 이자의 합계액) 자체는 매년 3천만 리브르, 즉 전체 공채액의 이자 1억 2천만 리브르의 $\frac{1}{4}$이다. 이런 추정이 정확하지 않다는 것을 나는 잘 알고 있다. 하지만 신뢰할만한 단체에 의해 사실에 근접한 수치로 제시된 것이므로, 아마 그런 것으로 간주해도 무방할 것이다. 잉글랜드와 프랑스 정부가 그들의 차입방식에서 차이를 보이는 것은, 국가 수입을 채무 부담에서 벗어나게 하려는 그들의 염려의 정도가 다르기 때문이 아니라, 전적으로 대부자들의 관점·이해관계가 다르기 때문이다.

35. 이 차이는 영국에서는 돈을 빌려주는

영국에서는 정부가 세계 최대의

사람들이 상인이란 사실에 기인한다.

상업도시에 위치해 있기 때문에 정부에 돈을 빌려주는 사람들은 대개 상인들이다. 그들은 정부에 돈을 빌려줌으로써 자신들의 상업자본을 감소시키려는 것이 아니라, 그 반대로, 자신들의 상업자본을 증가시키려고 한다. 만약 그들이 신규 차입공모에 응모한 부분을 약간의 이윤을 얹어서 판매할 수 있을 것으로 기대하지 않는다면, 그들은 결코 공모에 응하지 않을 것이다. 그러나 그들이 자신들의 돈을 주고 살 수 있는 것이 영구연금이 아니라 〔그들 자신의 것이든 다른 사람들의 것이든〕 종신연금이라면, 그들은 언제나 약간의 이윤을 얹어 그것들을 팔 수는 없을 것이다. 그들 자신의 종신생명연금은 항상 손해를 보고 팔릴 것이다. 왜냐하면 어떤 사람도 나이나 건강상태가 별로 다르지 않은 다른 사람의 종신생명연금에 대해, 〔그가 자기 자신의 종신생명연금에 대해 지불하는 것과〕 동일한 가격을 주려고 하지 않을 것이기 때문이다. 제3자의 종신생명연금은 분명히 판매자와 구매자에게 그 가치가 동일하다. 그러나 그것이 판매되는 순간부터 그것의 실질가치는 감소하기 시작하고(그것을 사는 순간 그는 더 이상 제3자가 아니고 그 연금의 소유자가 되기 때문에), 그것이 존속하는 한 그 가치는 계속 감소한다. 그러므로 종신생명연금은 그 실질가치가 항상 같거나 거의 같은 수준이라고 기대되는 영구연금에 비해 양도하기에 편리한 증권이 아니다.

36. 프랑스에서는 돈을 빌려주는 사람이 징세 청부인이거나 징세에 종사하고 있는 사람들인데, 이들은 주로 독신자들이다.

프랑스에서는 정부가 거대 상업도시에 위치해 있지 않으므로, 정부에 돈을 빌려주는 사람들 가운데 상인들의 비중은 그리 크지 않다. 국가의 긴급상황에서 돈을 빌려주는 사람들의 대부분은 국가 재정에 관심이 있는 사람들, 즉 징세청부인들, 청부제가 아닌 기타 세금의 징수인들, 왕실은행가 등이다. 이런 사람들은 공통적으로 비천한 가문 출신이지만 거대한 재산을 갖고 있으므로 극히 교만하다. 그들은 교만해서 같은 신분의 사람들과는 결혼을 하려고 하지 않는데, 한편 상류사회의 여자들은 그들과 결혼하는 것을 수치로 여긴다. 그러므로 그들은 종종 독신으로 살기로 작정하고, 그들 자신의 가족을 갖지 않고, 또한 기타 친척들의 가족들과도 별로 왕래하지 않는다. 그들은 친척들을 친척이라고 인정하기를 싫어하며, 자신들의 평생 동안만 화려하게 살기를 바라고, 자신들의 재산이 자신의 생명과 함께 끝나는 것도 개의치 않는다. 게다가 결혼하기를 기피하거나 생활조건 때문에 결혼하는 것이 부적절하거나 불편한 부자들의 수는 잉글랜드보다 프랑스에 훨씬 더 많다. 후손에 대해 별로 관심을 보이지 않는 그런 사람들에게는 자신의 자본을 자신들이 원하는 기간 동안만 지속되는 수입〔즉, 종신생명 연금〕과 교환하는 것이 훨씬 편리하다.

37. 영구공채 제도는 국민들로 하여금 전쟁의 부담을 크게 느끼지 못하게 한다.

평화시에 현대 정부들은 대부분 그 경상지출이 경상수입과 같거나 거의 같으므로, 전쟁이 일어나도 그들은 지출의 증가에 비례하여 수입을 증가시키려 하지 않고 또 그럴 수도 없다. 각국 정부들은 갑자기 세금을 크게 늘림으로써 전쟁에 싫증을 낼 사람들을 자극하는 것이 두려워서 세금을 증가시키려고 하지 않는다. 또한 필요한 수입을 얻기 위해서는 얼마만큼의 세금이면 충분한지도 알지 못하기 때문에, 그들은 세금을 증가시킬 수도 없다.

이런 상황에서 차입의 용이함은 정부에게 이런 종류의 두려움이나 능력 부족이란 두 가지 문제로 야기되는 곤란을 해소시켜 준다. 〔세금을 조금만 늘리더라도〕 각국 정부는 차입을 통해 매년 전쟁 수행에 필요한 돈을 충분히 마련할 수 있다. 또한 영구공채의 발행을 통해, 가능한 최소의 세수 증가로, 매년 가능한 최대의 돈을 조달할 수 있다. 대 제국에서는 수도에 살거나 전장에서 멀리 떨어진 지역에 사는 사람들의 다수는 전쟁으로 인한 불편을 조금도 느끼지 않으며, 그 반대로 신문에서 그 나라 함대와 육군이 거둔 굉장한 승전보를 읽으면서 마음껏 즐거움을 누린다. 이런 즐거움은 그들에게 〔전쟁 때문에 그들이 부담하는 세금과 평화시에 부담해 왔던 세금 사이의〕 작은 차이를 보상해 준다. 그들은 보통 평화의 회복을 불만스러워 한다. 왜냐하면, 평화가 회복되면 전쟁이 장기간 계속되는 가운데 형성되었던 그들의 즐거움과, 정복과 국가의 영광이라는 모든 환상과 희망들이 사라지기 때문이다.

38. 평화가 회복되더라도 그들의 부담은 경감되지 않는다.

평화가 회복된다고 해서 전쟁기간에 부과되었던 대부분의 세금들이 소멸되는 경우는 거의 없다. 이런 세금들은 전쟁을 치르기 위해 발행되었던 공채의 이자지불을 위해 담보로 제공된다. 새로운 과세 수입이 종래의 수입과 함께 이런 공채의 이자지불과 정부의 경상지출을 감당하고도 약간의 잉여수입을 낳을 경우, 그것은 아마도 채무의 상환을 위한 감채기금으로 전환될 것이다. 그러나 첫째로, 이런 감채기금이 다른 목적에 전용되지 않는다고 하더라도, 그 기금은 〔평화가 지속되리라고 합리적으로 기대되는 기간 중에〕 전쟁에서 발생한 모든 채무를 상환하기에는 완전히 부족하다. 둘째로, 이 감채기금은 거의 항상 다른 목적으로 전용되고 있다.

39. 새로운 세금의 부과가 새로운 이자를 지불하고 남는 경우는 드물다. 감채기금은 일반적으로 이자가 줄어들기 때문에 조성되는 것이다.

새로운 세금들이 부과되는 유일한 목적은 〔그것을 담보로 차입한 돈의〕 이자를 지불하려는 것이다. 만약 세금들이 예상보다 더 많이 걷혀서 잉여가 생기더라도, 그것은 일반적으로 의도되거나 기대된 것이 아니며, 따라서 그 금액이 상당히 큰 경우는 거의 없다. 감채기금이 조성되는 것은 일반적으로, 어떤 세금이 〔그것을 담보로 차입한〕 채무의 이자나 연금지불에 필요한 것 이상으로 걷힘으로써 세금의 잉여분이 발생하기 때문이 아니라, 그 이자가 계속해서 줄어들기 때문에 생기는 것이다. 1655년의 네덜란드의 감채기금과 1685년의 바티칸 시(교황 영지)의 감채기금은 모두 이런 방식으로 조성되었다. 그런 감채기금이 대개 채무상환에 불충분한 이유가 바로 여기에 있다.

40. 감채기금은 언제나 전용(轉用)된다.

극히 평화로운 시기에도 예외적인 지출을 필요로 하는 각종 사건들이 발생하는데, 정부는 이런 지출에 대해 새로운 세금을 부과하기보다는 감채기금을 전용하는 것이 편리하다고 생각한다. 새로운 세금을 부과하면 국민들이 많건 적건 그것을 직접적으로 느끼기 때문이다. 새로운 세금 부과는 항상 불평불만을 유발하고 또한 반대에 부닥치기도 한다. 세금의 종류가 많아질수록 한 종류의 과세 대상이 부담해야 할 세금은 더욱 무거워질 것이고, 각종 새로운 세금에 대한 사람들의 원성은 더욱 높아질 것이다. 그리하여 새로운 과세 대상을 찾기가 더욱 어려워지고, 이미 존재하고 있는 항목의 세금을 인상하기는 더욱더 어려워진다. 그러나 부채의 상환을 잠시 연기하는 것은 사람들이 곧바로 느끼지 못하며 〔큰 소리든 작은 소리든〕 아무런 불평불만도 야기하지 않는다.

감채기금에서 차입하는 것은 항상 현재의 난국(難局)에서 벗어나기 위한 분명하고도 편리한 수단이다. 공채가 더 많이 누적될수록, 그리고 채무를 줄이기 위한 연구가 더욱 필요해질수록, 감채기금의 어떤 부분을 전용하는 것은 더욱 위험하고 더욱 파괴적인 것이 될 것이다. 그리고 공채가 상당한 정도로 감소될 가능성은 더욱 줄어들고, 감채기금이 평화시에 발생하는 모든 예외적인 비용지출을 위해 전용될 가능성은 더욱 커지고 더욱 확실해진다. 국민의 세금부담이 이미 과중할 때에는, 새로운 전쟁의 불가피성〔즉, 국민적 복수라는 적개심이나 국가의 안전에 대한 두려움〕 등을 제외한 그 어떤 것도 사람들로 하여금 상당한 인내심을 가지고 새로운 세금을 부담하게 할 수 없게 한다. 감채기금이 늘 전용되는 이유가 여기에 있다.

41. 영국의 거액의 채무는 1688~97년의 전쟁에서 비롯되었다.

영국에서 영구공채란 파멸적인 방법을 통해 자금을 조달하기 시작한 이후로, 평화시의 공채 감소는 전시의 공채 누적과 어떤 비례관계도 유지하지 못했다. 영국이 현재 안고 있는 거대한 채무의 기초가 처음 놓여진 것은 바로 1688년에 시작되어 1697년 라이스위크(Ryswick) 조약에 의해 종결된 전쟁 중이었다.

42. 이 전쟁은 2,250만 파운드의 공채를 남겼다. 그리고 이 공채는 1697~1701년에 5백만 파운드가 감소되었다.

1697년 12월 31일 영국의 공채는, 그 공채 발행을 위한 기금이 있는 것과 없는 것을 합해, 전부 21,515,742파운드 13실링 $8\frac{1}{2}$ 펜스에 달했다. 그리고 이 채무의 대부분은 단기의 예상수입을 기초로 차입된 것이고, 일부는 종신연금을 기초로 차입된 것이다. 그리하여 그로부터 4년이 채 안 되는 1701년 12월 31일 이전에 부분적으로는 상환되고 부분적으로는 국고로 귀속된 금액이 5,121,041파운드 12실링 $\frac{3}{4}$ 펜스였다. 이것은 단기간에 이루어진 것들 중에서 최대 규모의 공채 감소였다. 따라서 채무 잔액은 오직 16,394,701파운드 1실링 $7\frac{1}{4}$ 펜스에 불과했다.

43. 1702년에서 1722년에 이르기까지 공채의 증가액은 3,900만 파운드였으나, 1722년부터 1739년까지 감소된 금액은 겨우 830만 파운드에 지나지 않았다.

1702년에 시작되어 위트레히트(Ütrecht) 조약으로 종결된 전쟁 기간에 공채는 다시 팽창했다. 1714년 12월 31일, 공채의 잔액은 총액 53,681,076파운드 5실링 $6\frac{1}{12}$ 펜스에 달했다. 단기연금과 장기연금을 남해회사 기금으로 응모함으로써 공채의 원금이 증가되었으며, 그리하여 1722년 12월 31일에는 그 총액이 55,282,978파운드 1실링 $3\frac{1}{6}$ 펜스에 이르렀다. 채무는 1723년부터 감소되기 시작했으나 너무나 완만하게 진행되어, 1739년 12월 31일, 즉 평화 상태가 17년 동안이나 오래 지속된 뒤에도, 상환된 채무총액은 8,328,354파운드 17실링 11$\frac{1}{12}$펜스에 불과했으며, 그 당시 공채의 원금은 46,954,623파운드 3실링 4$\frac{7}{12}$펜스나 되었다.

44. 1739년에서 1748년까지 3,130만 파운드나 증가했다.

1739년에 일어난 스페인 전쟁과 뒤따라 일어난 프랑스 전쟁으로 인해 채무는 더욱 증가했다. 엑스라샤펠(Aix-la-Chapelle) 조약으로 전쟁이 종결된 뒤인 1748년 12월 31일, 공채 잔액은 78,293,313파운드 1실링 10$\frac{3}{4}$펜스에 달했다. 평화 상태가 17년간 지속되는 동안에도 채무는 8,328,354파운드 17실링 11$\frac{3}{12}$펜스밖에 줄어들지 않았는데, 9년도 안 되게 지속된 전쟁 기간에 채무는 31,338,689파운드 18실링 6$\frac{1}{6}$펜스나 늘어났다.*

45. 1748~55년의 평화시에 600만 파운드가 감소되었으나, 7년 전쟁으로 7,500만 파운드의 공채가 증가되었다.

펠람(Pelham, 1694~1754) 행정부 시절에 공채 이자는 4%에서 3%로 인하되었거나, 아니면 적어도 그렇게 인하시키기 위한 조치가 취해졌다. 감채기금은 증가했고 공채의 일부는 상환되었다. 1755년 최근의 전쟁이 일어나기 전, 영국의 감채기금이 있는 공채는 총 72,289,673파운드에 달했다.

1763년 1월 5일, 전쟁이 종결되었을 때 감채기금이 있는 공채 총액은 122,603,336파운드 8실링 2$\frac{1}{4}$펜스에 달했다. 기금이 없는 공채는 13,927,589파운드 2실링 2펜스였다. 그러나 전쟁이 야기한 경비지출은 전쟁의 종결과 함께 종결되지는 않았다. 그리하여 1764년 1월 5일, 감채기금이 있는 공채 총액은, 부분적으로는 신규차입 때문에, 그리고 부분적으로는 감채기금이 없는 공채 일부를 감채기금이 있는 공채로 전환했기 때문에, 129,586,789파운드 10실링 1$\frac{3}{4}$펜스로 증가되었지만, (『영국의 무역과 금융에 관한 고찰』을 쓴 해박한 저자에 따르면) 감채기금이 없는 공채는

---

* James Postlethwayt, *History of the Public Revenue from 1688 to 1753, with an Appendix to* 1758, 런던, 1759년.

9,975,017 파운드 12실링 $2\frac{15}{44}$펜스만큼 여전히 남아 있었다.

그러므로 1764년 영국의 공채는, 이 저자에 따르면, 감채기금이 있는 공채와 감채기금이 없는 공채를 합해서 모두 139,516,807파운드 2실링 4펜스에 달했다. 또한 1757년 신규 차입에 응모한 사람들에게 프리미엄으로 주어졌던 종신연금은 〔원금을 연간 종신연금의 14배로 계산하면〕(즉, 14년에 원금 전액을 회수하는 것으로 계산하면) 472,500파운드가 되었다. 마찬가지로 1761년과 1762년에 프리미엄으로 주어진 장기연금은 〔원금을 연금의 $27\frac{1}{2}$배로 계산하면〕(즉 27.5년 안에 원금 전액을 회수하는 것으로 계산하면) 6,826,875파운드가 되었다. 평화가 지속된 약 7년 동안에 신중하고 참으로 애국적인 펠람 행정부도 종래의 채무 600만 파운드를 상환할 수 없었다. 한편, 거의 같은 기간 지속된 전쟁 동안에는 7,500만 파운드 이상이나 되는 새로운 채무가 기채되었다.

46. 1775년 1월 이전의 11년간의 평화 시기에 줄어든 공채액은 1천만 파운드에 지나지 않았다. 이것도 그 대부분이 이자율 인하에 의한 것이다.

1775년 1월 5일 영국의 감채기금이 있는 공채는 총액 124,996,086파운드 1실링 $6\frac{1}{4}$펜스에 달했고, 감채기금이 없는 공채는 거액의 왕실 채무를 제외하고, 4,150,236파운드 3실링 $11\frac{7}{8}$펜스였다. 이 둘을 합한 채무 총액은 129,146,322파운드 5실링 6펜스였다. 이 계산에 따르면, 이전 11년 동안 지속되었던 평화 기간에 상환된 채무 총액은 10,415,474파운드 16실링 $9\frac{7}{8}$펜스에 불과했다. 이런 작은 액수의 채무상환조차 전부 국가의 경상수입을 절약해서 이루어진 것은 아니다. 경상수입의 절약과는 전혀 상관없는 몇 가지 외적 요인으로 인한 금액이 여기에 기여했다. 이 중에는 3년 동안 토지세에 대한 부가세 징수(1파운드당 1실링), 동인도회사로부터 그들이 획득한 영토에 대한 배상으로 받은 2백만 파운드, 그리고 잉글랜드은행으로부터 이 은행의 특허장 갱신의 대가로 받은 11만 파운드 등이 포함된 것으로 생각된다. 이 밖에도 최근의 전쟁에서 생

	파운드	실링	펜스
프랑스로부터의 전리품 수익금	690,449	18	9
프랑스의 포로 배상금	670,000	0	0
할양한 섬들의 매각 수익금	95,500	0	0
총 계	1,455,949	18	9

겨난 수입들로서 아마도 그 전비(戰費)에서 공제되어야 할 몇 가지 항목의 금액들이 있다. 그 주요한 것들을 들면 다음과 같다.

만약 이 금액에다 차탐(Chatham) 백작과 칼크라프트(Calcraft)가 추산한 군비계정 잔고, 기타 같은 종류의 군비 절약과, 잉글랜드 은행과 동인도회사에서 받은 금액과, 그리고 1파운드당 1실링의 토지세 부가세 등을 더한다면, 총액은 5백만 파운드를 훨씬 초과할 것임에 틀림없다. 그러므로 평화가 회복된 이후 국가의 경상수입에서 절약된 부분으로 상환된 채무는 평균적으로 매년 50만 파운드도 되지 않았다. 평화가 회복된 이래 감채기금은 이미 크게 증가했는데, 그것은 틀림없이 채무가 상환되고, 이자율이 4%에서 3%로 떨어지고, 종신 연금의 만기가 도래했기 때문이다. 그리고 만약 평화가 지속된다면, 아마도 연간 1백만 파운드가 채무상환에 충당될 수 있을 것이다. 그리하여 작년에는 다시 1백만 파운드가 추가로 상환되었다. 그러나 동시에 거대한 왕실 채무가 남아 있는데다가 우리나라는 현재 새로운 전쟁〔1763년 파리조약으로 종결된 7년 전쟁. 프랑스로부터 캐나다를, 스페인으로부터 플로리다를 할양받았음〕에 휘말려 들고 있다. 이 전쟁은 그 경과로 볼 때 이전의 어느 전쟁 못지않게 많은 비용이 들 것 같다.* 아마

* 이 전쟁은 이전의 어떤 전쟁보다 전비가 많이 들었음이 판명되었으며, 영국은 1억 파운드 이상의 추가적인 채무를 지게 되었다. 지난 11년간의 평화 기간에 겨우 1천만 파운드 남짓한 채무가 상환되었는데, 이 7년간의 전쟁에서는 1억 파운드 이상의 채무가 늘어난 것이다.

도 다음의 전투가 끝나기 전에 차입할 새로운 채무는 국가의 경상수입의 절약분에서 상환된 종래의 모든 채무와 거의 맞먹을 것이다. 그러므로 현재와 같은 경상수입의 절약으로 공채를 완전히 상환할 수 있을 것으로 기대한다면, 그것은 순전한 환상이다.

47. 공채는 일종의 추가적 자본이라는 견해는 전혀 잘못된 것이다.

어느 한 저자는 주장하기를, 부채를 지고 있는 유럽 각 국가들의 공채, 특히 영국의 공채는 그 나라의 기타 자본에 추가된 거대 자본의 축적으로서, 이것에 의해 기타 자본만을 사용했을 경우에 가능한 수준 이상으로 국가의 무역이 확장되고, 제조업도 확대되고, 토지도 경작되고 개량된다고 했다. 그러나 이 저자는, 최초의 채권자가 정부에 빌려주는 자본은 빌려주는 그 순간부터 연간생산물의 일부를 자본으로서 기능하던 것에서 수입(收入)으로 기능하는 것으로 전환시키며, 생산적 노동자를 고용하던 것에서 비생산적 노동자를 고용하는 것으로 전환시키며, 미래의 어떤 재생산에 대한 희망도 없이 매년 소비되고 낭비될 뿐이라는 사실을 고려하지 않고 있다. 그들이 정부에 빌려준 자본에 대한 보수로 그들은 대부분의 경우 등가(等價) 이상의 연금을 공공기금으로부터 받았다. 이런 연금은 분명히 그들의 자본을 대체했고 그들로 하여금 이전과 같은 규모 또는 아마도 그 이상의 규모로 무역과 상업을 운영할 수 있도록 했다. 다시 말해, 그들은 이 연금을 담보로 제공하고 다른 사람들로부터 새로운 자본을 빌리거나, 이 연금을 팔아 그들이 정부에 빌려준 금액과 같거나 그보다 더 큰 새로운 자본을 다른 사람들로부터 얻을 수 있었다.

그러나 그들이 이런 방식으로 타인으로부터 빌리거나 연금 판매를 통해 조달한 새로운 자본이란 것은 이전에 이미 국내에 존재하고 있었고, 모든 자본과 마찬가지로 생산적 노동을 고용하는 데 사용되고 있었던 것임에 틀림없다. 그 자본이 정부에 돈을 빌려준 사람들의 수중에 들어왔을 때, 비록 그것이 어떤 측면에서는 그들에게는 새로운 자본이지만, 한 나라 전체로 보면 그렇지 않다. 오직 다른 쪽으로 이전되기 위해 특정 용도에서 빠져나온 자본일 따름이다. 비록 그 자본은 그들에게 그들이 정부에 빌려준 돈을 대체해 주었지만, 나라 전체로 보면 그렇지 않다. 만약 그들이 이 자본을 정부에 빌려주지 않았더라면, 한 나라 안에는 하나가 아니라 두 개의 자본(즉, 연간생산물 가운데 하나가 아니라 두 개의 부분)이 생산적 노동을 고용하는 데 사용되었을 것이다.

48. 필요한 지출이 조세로써 충당될 때에는 그것은 다만 비생산적 노동을 하나의 용도에서 다른 용도로 돌리는 데 지나지 않는다.

정부의 비용을 지불하기 위해 한 해의 정부 수입이 (자유로운 혹은 담보로 제공되지 않은) 조세에 의해 조달되는 경우, 그것은 일정 부분의 개인수입이 한 종류의 비생산적 노동을 유지하는 것에서 다른 종류의 비생산적 노동을 유지하는 것으로 전환되는 것에 불과하다. 개인이 세금으로 납부하는 것의 일부분은 틀림없이 자본으로 축적될 수 있고, 따라서 생산적 노동을 유지하는 데 사용될 수 있을 것이지만, 그 대부분은 아마도 지출되어 비생산적 노동을 유지하는 데 쓰일 것이다. 하지만 공공지출이 이런 방식으로 사용되는 경우 틀림없이 새로운 자본의 더 이상의 축적은 많든 적든 저해된다. 그러나 이로 말미암아 실제로 존재하는 자본이 반드시 파괴되는 것은 아니다.

49. 그러나 공공지출이 차입금으로 충당될 때에는, 그것은 노동을 생산적 용도에서 비생산적 용도로 전환시킨다. 이런 경우의 유일한 이점은 개인들이 전쟁 중에 계속 더욱 절약할 수 있다는 것이다.

공공지출이 공채발행을 통한 차입에 의해 조달되는 경우, 그것은 그 나라에 이전에 존재해 왔던 자본의 일부를 매년 파괴하고, 이전에는 생산적 노동의 고용에 사용되던 연간생산물의 일부를 비생산적 노동의 고용으로 전용함으로써 조달되는 것이다. 하지만 이런 경우에는 (동일한 지출을 충당하기에 충분한 수입이 그해에 거두어지는 경우에 비해) 세금이 가볍게 부과되므로, 따라서 개인들의 사적인 수입은 필연적으로 그 부담이 가벼워지고, 그 결과 수입의 일부를 절약하여 자본으로 축적하는 능력은 훨씬 적게 손상된다. 만약 공공지출을 차입으로 충당하는 것이 더 많은 종래의 자본을 파괴한다고 한다면, 그것은 동시에 (공공지출을 그해에 거둔 세금으로 지불하는 경우에 비해) 신규 자본의 축적·획득을 더 적게 방해한다. 차입으로 공공지출을 충당하는 제도에서는, 개인의 절약·근면이 (정부의 낭비·사치가 때때로 사회의 총자본에 끼칠 수도 있는) 파괴를 더 쉽게 치유할 수 있다.

50. 그러나 이런 이점은 평화가 회복되면 즉시 소멸한다. 다른 제도 하에서는 전쟁은 더 짧아질 것이며, 평화의 기간은 더 길어질 것이다.

그러나 공공지출을 차입 방식으로 조달하는 제도가 다른 제도에 비해 이런 장점을 가질 수 있는 것은 전쟁이 계속되는 동안뿐이다. 만약 전비(戰費) 지출이 항상 그해에 거두어들인 세금만으로 이루어져야 한다면, 특별수입을 얻던 세금 역시 전쟁 기간보다 더 길게 계속될 수는 없을 것이다. 민간의 축적 능력은, 비록 전쟁기간에는 더욱 약화되더라도, 평화시에는 (공공지출을 차입 방식으로 조달하는 제도에 비해) 더욱 강화될 것이다.

전비 지출이 그해의 세수 범위 안에서 이루어지는 이 제도에서는 전쟁이 반드시 종래 자본의 파괴를 야기하지 않을 것이고, 평화는 더 많은 새로운 자본의 축적을 야기할 것이다. 전쟁은 대체로 더 빨리 끝날 것이고, 더 신중히 개시될 것이다. 전쟁이 계속되는 동안 사람들은 전쟁의 부담 전부를 져야 하기 때문에 곧 전쟁에 싫증을 내게 될 것이고, 정부는 인심을 얻기 위해 전쟁을 필요 이상으로 오래 끌지 않을 것이다. 전쟁으로 인한 무겁고 불가피한 부담들을 예견하기 때문에, 사람들은 싸워서 쟁취할 실제적이고 확실한 이득이 없는 한 무작정 전쟁을 하려고 하지 않을 것이다. 민간의 축적 능력이 다소 손상되는 시기는 더욱 드물게 될 것이고, 그 지속 기간도 더욱 짧아질 것이다. 반대로, 민간의 축적능력이 최고조에 달하는 기간은, 공채발행을 통한 차입방식으로 공공지출을 조달하는 제도에 비해, 훨씬 더 길어질 것이다.

51. 그리고 공공지출을 차입으로 조달하는 제도는 결국 세수(稅收)에 대해 큰 부담이 되므로, 평상시의 경상지출이 다른 제도 하에서의 그것을 훨씬 초과할 것이다.

이밖에 공채발행을 통한 차입에 의해 채무가 일단 증가하면 그에 따라 조세부담이 증가되는데, 이것은 심지어 평화시에도 〔그해의 세입으로 전비를 충당하는〕 다른 제도가 전시에서 그런 것만큼이나 민간의 축적능력을 손상시킨다. 영국의 평화시의 세수는 현재 매년 1천만 파운드 이상에 이른다. 세금이 담보로 제공되어 있지 않아 자유로운 경우, 이 세수가 적절히 관리된다면, 새로운 채무를 한 푼도 추가하지 않으면서 가장 격렬한 전쟁을 수행하는 데도 충분할 것이다. 그러나 공공지출을 공채발행을 통한 차입으로 조달하는 제도를 채택한 결과, 평화시인 현재 영국 주민들의 개인적인 수입이 방해받고 있는 정도나 그들의 축적 능력이 손상되고 있는 정도는 비용이 가장 많이 드는 전쟁을 수행하고 있을 때와 마찬가지로 크다.

52. 국채의 일부 또는 전부가 국민들에 의해 보유되고 있다는 사실이 사태의 본질을 변화시키는 것은 아니다.

어떤 사람은 말하기를, 공채의 이자지불은 자기 오른손이 지불하고 자기 왼손이 받는 것과 같다고 했다. 화폐는 나라 밖으로 나가지 않는다. 일부 주민들의 수입 일부가 다른 주민들에게 이전될 뿐이며, 국민 전체로는 한 푼도 더 가난해지는 것은 아니라고 했다. 이런 변명은 완전히 중상주의의 궤변에 근거한 것으로서, 내가 이미 중상주의 제도에 대해 자세하게 검토한 뒤이므로, 이것에 대해 더 이상 설명할 필요는 아마 없을 것이다. 게다가 모든 공공채무는 그 나라 국민들에 대한 것이라고 생각하지만(상환해야 할 사람도 상환 받을 사람도 모두 그 나라 국민이라는 의미에서), 사실은 그렇지 않다. 몇몇 외국인뿐 아니라 네덜란드인들도 우리 공채의 상당 부분을 가지고 있기 때문이다.

그러나 비록 모든 공공채무가 그 나라 국민들에 대한 것이라 하더라도, 그런 이유로 그 해악이 감소하지는 않을 것이다.

53. 토지와 자본, 즉 모든 수입의 두 가지 원천은 지주와 자본의 소유자 또는 사용자에 의해 관리된다.

토지와 자본은 모든 민간수입과 정부수입의 두 가지 원천이다. 자본은 생산적 노동〔그것이 농업·제조업·상업 어디에 종사하든〕의 임금을 지불한다. 수입의 두 가지 원천을 관리하는 일은 두 가지 상이한 사람들〔즉, 토지소유자와 자본 소유자 또는 자본 사용자〕에게 속한다.

54. 과세는 지주가 자신의 토지를 개량할 능력을 감소시키거나 파괴할 것이다.

토지 소유자는 자신의 수입을 위해 자기 소유지를 될 수 있는 한 좋은 상태로 유지하는 데 관심이 있다. 때문에 그는 차지인의 가옥들을 건축·수리하며, 필요한 배수로·울타리를 만들고, 지주가 그 비용을 부담해야 할 기타 모든 값비싼 개량공사를 한다. 그러나 만약 다양한 토지세 때문에 지주의 수입이 상당히 감소한다면, 그리고 생활필수품·편의품에 부과되는 다양한 조세 때문에 그의 줄어든 수입의 실질가치가 아주 적어지게 되면, 지주는 그런 값비싼 개량공사를 전혀 하지 못할 것이다. 그가 자신이 해야 할 일을 제대로 하지 못하게 되면, 차지인 역시 자기 일을 제대로 하기는 완전히 불가능하다. 지주의 어려움이 증가함에 따라 그 나라의 농업은 필연적으로 쇠퇴할 수밖에 없다.

55. 또한 자본의 소유자로 하여금 자기의 자본을 그 나라로부터 타국으로 옮기고 싶게 만든다.

생활필수품·편의품에 부과되는 각종 조세 때문에 자본의 소유자·사용자들이 자신들의 수입으로 〔다른 모든 나라에서는 구입할 수 있는 양의〕 생활필수품과 편의품을 그 나라에서만 구입할 수 없음을 알게 되는 경우, 그들은 자신들의 자본을 그 나라로부터 다른 나라로 이전(移轉)시키고 싶은 생각이 날 것이다. 그리고 그런 세금들을 거두기 위해 징세인들이 상인이나 제조업자들〔즉, 거대한 자본의 사용자들〕

의 전부 또는 대부분을 계속 방문하여 귀찮고 성가시게 할 경우, 자본을 이전시키고 싶은 생각은 곧 실제로 이전하는 것으로 바뀔 것이다. 그 나라의 산업은 그것을 지탱해온 자본의 이전과 더불어 필연적으로 쇠퇴할 것이고, 상업과 제조업의 붕괴가 농업의 쇠퇴를 뒤따를 것이다.

56. 수입의 원천을 그 특정 부분의 소유자로부터 국채의 채권자에게로 이전시키면 필연적으로 토지는 황폐해지고 자본은 낭비되거나 또는 이전된다.

수입의 두 가지 원천〔토지와 자본〕의 소유자들 — 즉, 토지의 모든 부분을 양호한 상태로 유지하고, 자본의 모든 부분을 양호한 상태로 관리하는 데 직접적인 관심이 있는 사람들 — 로부터 다른 종류의 사람들(그런 것에 특별한 관심을 가지지 않는 국가의 채권자들)에게 두 가지 원천에서 나오는 수입의 상당부분을 이전시키는 것은, 장기적으로는 토지의 황폐화와 자본의 낭비·이동을 가져올 것임에 틀림없다.

국가에 대한 채권자들은 분명히 그 나라의 농업·제조업·상업의 번영에 대하여, 따라서 토지의 양호한 상태와 자본의 적절한 관리에 대하여, 일반적인 관심을 가지고 있다. 만약 이들 중 어느 분야에서라도 전반적인 흉작이나 침체가 발생한다면, 자신들에 대한 연금·이자 지불에 충당될 조세수입이 부족하게 될 것이기 때문이다. 그러나 단순히 국가에 대한 채권자로서의 그는 특정 토지의 양호한 상태 유지나 특정 자본의 적절한 관리에는 관심이 없으며, 그런 특정 분야에 대해서는 어떤 지식도 갖고 있지 않다. 그는 그것을 감독하지도 못하고, 그것들에 대해 어떤 주의도 기울일 수 없다. 그것들이 파괴되더라도 어떤 경우에는 그에게 전혀 알려지지 않을 수도 있으며, 또한 직접적으로 그에게 영향을 끼칠 수도 없다.

57. 기채의 관행은 항상 국가를 쇠약하게 만든다.

기채(起債)의 관행은, 그것을 채택하는 모든 나라들을 점차 약하게 만들었다. 이탈리아 공화국들이 기채를 처음 시작한 것으로 보인다. 그 중에서 독립적인 존재로 아직 남아 있는 유일한 두 공화국, 즉 제노바(Genoa)와 베네치아(Venice)는 이런 관행으로 말미암아 약화되어 버렸다. 스페인은 이탈리아 공화국들로부터 그 관행을 배웠던 것 같은데, (그 조세들이 아마도 이탈리아 공화국들의 그것에 비해 현명하지 못해) 자신의 자연적 국력에 비해 이탈리아 공화국보다 훨씬 더 피폐하게 되었다. 스페인이 부채를 지고 있은 지는 매우 오래되었다. 스페인은 잉글랜드가 한 푼의 부채도 지고 있지 않았던 시기보다 1백 년이나 앞선 16세기 말에 이미 매우 많은 부채를 지고 있었다. 프랑스는 풍부한 천연자원에도 불구하고 동일한 종류의 부채 부담에 억눌려 피폐해져 있다. 네덜란드 공화국 또한 제노바와 베네치아만큼이나 부채 때문에 쇠약해져 있다. 다른 모든 나라에 쇠약과 피폐를 가져다준 기채의 관행이 영국에서만은 전혀 그렇지 않을 것이라는 보장이 있는가?

58. 영국 조세제도의 우월성이 영국으로 하여금 무한정의 채무 부담을 지탱할 수 있게 해주지는 않는다.

다른 나라들이 채택한 조세제도는 영국의 그것에 비해 열등했다고 할 수도 있다. 나 역시 그렇게 생각한다. 그러나 아무리 현명한 정부일지라도 적당한 과세 대상들을 전부 소진(消盡)했을 때에 긴급한 수요가 발생한다면, 그때에는 부적당한 과세 대상들에 의지할 수밖에 없게 된다는 점을 반드시 유념해야 한다. 현명한 네덜란드 공화국도 어떤 경우에는 스페인의 대부분의 조세만큼이나 부적당한 과세에 의지할 수밖에 없었다. 만약 공공수입이 채무 부담에서 크게 벗어나기도 전에 새로운 전쟁이 발발해서 전쟁 동안 전비(戰費) 부담이 지난번의 전쟁처럼 커진다면, 영국의 조세제도도 어쩔 수 없이 네덜란드의 제도 또는 심지어 스페인의 제도처럼 억압적인 것으로 변할 수도 있다.

우리나라의 현행 조세제도 덕분에 우리나라 산업은 지금까지 어떤 지장도 거의 받지 않아 왔다. 가장 비용이 많이 드는 전쟁 중에도 개인들의 절약과 훌륭한 행위들은 절약과 축적을 통해 정부의 낭비와 사치가 사회의 총자본에 끼친 일체의 침해를 치유할 수 있었던 것으로 보인다. 영국이 치른 전쟁 중 가장 값비싼 최근의 전쟁이 끝나자 전쟁 전과 마찬가지로 농업은 확대되고, 제조업은 그 수가 늘어나서 고용이 증가하고, 상업은 팽창하고 있다.

따라서 다양한 분야의 산업을 지탱하고 있던 자본은 전쟁 전과 같은 크기임에 틀림없다. 평화가 찾아온 이래로 농업은 더욱 개선되었고 전국의 모든 도시·농촌에서 가옥임대료가 상승했다. 이것은 사람들의 부(富)와 수입이 증가했다는 증거다. 그리고 종래 세금들의 대부분〔특히 국내 소비세와 관세 중 주요 항목〕의 연간수입이 지속적으로 증가하고 있다. 이것은 소비의 증대와 이런 소비를 지탱할 수 있는 생산물의 증대를 보여주는 명백한 증거다.

영국은 이제 50년 전에는 아무도 감당할 수 있으리라고 생각하지 못했던 무거운 부담을 어렵지 않게 감당하는 것으로 보인다. 하지만 이런 이유 때문에 어떤 부담도 감당할 수 있다고 성급하게 결론지어서는 안 된다. 또한 이미 지고 있는 것보다 좀 더 큰 부담을 큰 어려움 없이 감당할 수 있을 것이라고 과신(過信)해서도 안 된다.

59. 채무가 크게 누적되면 그 결말은 항상 파산이다.

국채가 일단 누적되어 일정한 정도에 달했을 때, 그것들이 공정하게 그리고 완전히 상환된 적은 한 번도 없었다고 나는 생각한다. 만약 공공수입이 채무부담으로부터 해방된 적이 있다고 한다면, 그것은 항상 파산에 의해서였다. 때로는 공공연한 파산에 의해, 또는 흔히 겉모습은 상환의 형식을 취하기는 하지만 사실은 진정한 파산에 의해서였다.

60. 화폐의 명목가치 인상은 파산을 위장하기 위한 일종의 방법이다. 그러나 이 편법은 공개적인 파산보다 더 나쁜 결과를 가져온다.

화폐의 명목가치를 인상하는 방법은 실질적인 국가 파산을 겉으로는 마치 상환하는 것처럼 위장하기 위해 사용되는 가장 상투적인 수단이었다. 예를 들면, 의회 법률 또는 칙령에 의하여 6펜스의 은화가 1실링의 명목가치로 인상되고, 6펜스의 은화 20개(6×20 = 120펜스 = 10실링 = 0.5파운드)가 1파운드의 명목가치로 인상된다면, 종전의 명목가치로 20실링(또는 은 4온스 가량. 1파운드)을 차입했던 사람은 새로운 명목가치에서는 6펜스의 은화 20개(또는 은 2온스 미만. 0.5파운드)로 상환할 것이다. 영국의 약 1억 2,800만 파운드에 달하는 영국의 국가채무(즉, 특정 조세의 예상수입이 담보로 제공되어 있는 채무와 그렇지 않은 채무를 합한 총액)는 이런 방식으로 한다면 현재의 화폐 약 6,400만 파운드로 상환될 수 있을 것이다. 이것은 사실 겉모양만 상환의 형식을 띨 뿐, 국가의 채권자들은 자신들이 받아야 할 것에서 1파운드당 10실링(즉, 채권액의 $\frac{1}{2}$)만큼을 사실상 사취당하는 것이다. 또한 이런 재난은 국가의 채권자들에게 국한되지 않고 상당한 정도로 확산될 것이고, 모든 민간의 채권자들도 그에 비례하는 손실을 입을 것인데, 이들이 입는 이런 손실은 다시 국가의 채권자들에게 어떤 이득도 주지 않고 대부분의 경우 막대한 추가적인 손실만을 가져다준다.

만약 국가의 채권자들이 일반적으로 다른 사람들에게 큰 빚을 지고 있다면, 그들은 (정부가 그들에게 상환해준) 바로 그 주화로 자기들의 채권자들에게 지불함으로써 자신들의 손실을 어느 정도 보상할 수 있을 것이다. 그러나 대부분의 나라에서 국가의 채권자들은 대부분이 부유한 사람들이고 나머지 시민들에 대하여 채무자이기보다는 채권자이다. 그러므로 이런 종류의 위장된 상환은 대부분의 경우 국가의 채권자들의 손실을 경감시키지 않고 증대시키며, 국가에 대해 어떤 이익도 주지 않은 채 상당수의 무고한 사람들에까지 그 재난을 확산시킨다.

이런 위장된 상환방식은 또한 민간의 재산에 대해 보편적이고 가장 해로운 파멸을 초래한다. 즉, 이것은 대부분의 경우 부지런하고 절약하는 채권자들을 희생시켜서 게으르고 방탕한 채무자들을 부유하게 하며, 국가 자본의 대부분을 그것을 증진시키고 개선할 사람들의 수중에서 그것을 소진하고 파괴할 사람들의 수중으로 옮긴다. 국가가 파산을 선언할 수밖에 없게 되었을 때에는, 개인이 파산선언을 하게 되었을 때와 같은 방법으로, 공정하고, 공개적이고, 공공연하게 하는 것이 언제나 채무자에게도 가장 덜 불명예가 되고 채권자에게도 가장 피해가 적은 방법이다. 사실상의 파산으로 겪을 치욕을 은폐하기 위해 이와 같은 종류의 기만적 수법(매우 쉽게 간파되고 동시에 지극히 해로운 수법)을 이용하는 것은 국가의 명예를 지키기 위한 방법으로는 확실히 매우 졸렬한 방법이다.

61. 그러나 고대 로마를 포함하여 많은 국가에서 이 방법을 채택했다.

그러나 지금에나 옛날에나 거의 모든 나라들은 이런 종류의 필요성에 직면했을 때, 어떤 경우에는, 이와 같은 기만적 수법을 사용했다. 로마인은 제1차 포에니 전쟁이 끝난 뒤 아스(As)〔다른 모든 주화의 가치를 계산하는 데 사용한 주화 또는 그 명칭〕를 12온스의 동(銅)을 포함하는 것에서 2온스의 동을 포함하는 것으로 그 함량을 낮추었다. 즉, 그들은 2온스의 동을 전쟁 전에 12온스의 가치를 나타내었던 명목가치로 인상했던 것이다. 이런 방식으로 로마공화국은 실제로 진 빚의 $\frac{1}{6}$을 가지고 그 전에 차입한 막대한 부채를 상환할 수 있었다. 이처럼 갑작스럽고 거대한 규모의 파산은 필연적으로 민중들의 격렬한 소요(騷擾)를 야기했을 것이라고 우리는 〔현재의 관점에서〕 생각하기 쉽다. 그러나 그것은 어떤 소요도 야기하지 않았던 것 같다. 그것을 제정한 법률도 〔주화와 관련된 기타 모든 법률과 마찬가지로〕 호민관(護民官)에 의해 국민의회에 제출되어 통과되었는데, 그것은 아마도 매우 인기 있는 법률이었을 것이다.

로마에서는, 고대의 다른 공화국들과 마찬가지로, 빈민들은 부자들과 권력자들에게 항상 빚을 지고 있었다. 이들은 매년 선거에서 빈민들의 표를 얻기 위해 빈민들에게 매우 높은 이자로 돈을 빌려 주었다. 이자가 턱

없이 높아서 상환하지 못하면 곧 큰 금액으로 누적되어 더 이상 채무자가 상환할 수도 없고 그 밖의 다른 집단이 대신 갚을 수도 없었다. 채무자는 가혹한 강제집행이 두려워서 더 이상의 어떤 보수도 받지 않고 채권자가 추천한 후보자에게 투표하지 않을 수 없었다. 뇌물 공여와 매수를 금지하는 모든 법률에도 불구하고, 후보자가 내놓는 기부금은 〔원로원의 명령에 의해 시행되는 불규칙한 곡물 분배와 더불어〕 로마공화국 말기에 빈민들이 자신들의 생계수단을 얻는 주요 원천이 되었다.

채권자들에 대한 이런 종속에서 벗어나기 위해 빈민들은 부채의 완전한 탕감 또는 그들이 부르는 바 「신동표법(新銅表法: New Tables)」〔즉, 누적된 부채의 일부만을 상환함으로써 빚의 완전한 탕감을 받도록 하는 법률〕의 제정을 끊임없이 요구했다. 모든 주화의 실질가치를 그 이전 가치의 $\frac{1}{6}$로 인하시키는 법률은, 채무자들이 실제로 진 빚의 $\frac{1}{6}$만으로 그들의 부채를 전부 상환할 수 있도록 하는 것이었으므로, 빈민들에게는 가장 유리한 신동표법에 해당하는 것이었다. 대중을 만족시키기 위해 부자들과 권력자들은 여러 가지 다양한 상황에서 〔부채를 철폐하고 신동표법을 도입하는〕 법률에 동의하지 않을 수 없었다. 그들이 동의하게 된 것은, 아마도 부분적으로는 대중들의 요구를 만족시켜 주기 위해서였고, 또한 부분적으로는 국가 수입을 채무부담으로부터 벗어나게 함으로써 그들 자신이 주도하고 있는 정부에게 이전과 같은 활력을 회복시켜 주기 위해서였다.

〔만약 영국에서〕 이와 같은 종류의 조치를 취한다면, 〔현재 영국이 지고 있는〕 1억 2,800만 파운드의 채무는 단숨에 21,333,333파운드 6실링 8펜스(즉, 본래 채무의 $\frac{1}{6}$)로 줄어들 것이다. 제 2차 포에니 전쟁이 진행되는 동안, 아스(As)는 그 가치가 더욱 떨어져서 먼저는 동(銅)을 2온스 포함하던 것에서 1온스 포함하는 것으로, 그 뒤에는 동(銅) 1온스에서 $\frac{1}{2}$온스를 포함하는 것으로까지 떨어졌다〔즉, 포에니 전쟁 이전에 12온스 포함하던 것에서 $\frac{1}{2}$온스 포함하는 것으로 줄어들었으니, 그 최초 가치의 $\frac{1}{24}$로 감소한 것이

다]. 로마가 실시한 이런 세 차례의 화폐가치 인하 조치를 만약 (영국이) 한꺼번에 취한다면, 영국의 채무 1억 2,800만 파운드는 한꺼번에 5,333,333파운드 6실링 8펜스로 줄어들 것이고, 영국 정부의 막대한 부채도 금방 상환될 수 있을 것이다.

62. 그 때문에 주화의 가치는 보편적으로 떨어졌다.

이런 방법으로 모든 국가의 주화는 그 본래의 가치 이하로 점점 더 떨어졌고, 동일한 명목가치가 함유하고 있는 은의 양도 점점 더 줄어들었다.

63. 또 한 가지 방법은 주화의 품위(品位)를 떨어뜨리는 것이다.

각국은 때때로 동일한 목적을 위해 그들 주화의 법정표준을 떨어뜨렸다. 다시 말해, 주화에 다량의 합금(合金)을 혼합했다. 예를 들면, 1파운드[12온스] 무게의 은화에다 현행 법정표준에 따른 18페니의 합금[$\frac{1}{20}$ 온스]을 혼합하지 않고 그 대신에 8온스의 합금을 혼합한다면, 그 주화 1파운드 스털링[즉, 20실링]은 현재 화폐로 6실링 8펜스의 가치에 불과하게 될 것이다[즉, 1파운드(12온스) 무게의 은화에 8온스의 합금이 사용되면 그 주화에는 은이 4파운드, 즉 그 $\frac{1}{3}$만 포함되어 있게 된다]. 그리하여 현재 화폐로 6실링 8펜스에 담겨진 은량[즉, 4온스]은 1파운드 스털링의 명목가치[실제로는 은이 4온스만 함유되어 있다] 수준으로 인상될 것이다. 법정 표준의 저하(低下)는 프랑스인들이 말하는 주화의 명목가치의 증대[또는 직접적 인상]와 정확히 동일한 효과를 갖는다.

64. 그러나 이것은 사기행위로서 대단한 분노를 야기하고, 대부분 실패한다.

주화 명목가치의 증대나 직접적인 인상은 항상 공개적이고 공공연하게 이루어지고, 그 성격상 그래야만 한다. 이런 방법으로 더 작은 중량과 부피를 갖는 주화가 그 이전에 더 큰 중량과 부피를 가진 주화에게 주어졌던 것과 동일한 명칭을 갖게 된다. 이와는 반대로, 법정표준의 저하(低下)는 일반적으로 비밀스럽게 이루어진다. 이런 방법으로 조폐국은 이전에 훨씬 큰 가치로 유통되었던 주화와 동일한 명칭으로, 그리고 〔최대한 근사하게 고안되어〕 동일한 중량·질량·외관을 가진 (그러나 실제로는 더 작은 가치를 가진 저품위의) 새로운 주화를 발행하였다.

프랑스의 존(John) 왕이 부채를 상환하기 위해 주화의 품위를 떨어뜨렸을 때, 조폐국의 모든 관리들은 비밀을 지키겠다고 서약했다. 이런 두 가지 일들은 모두 불공정하다. 그러나 단순한 명목가치의 인상은 공개된 위반이라는 면에서 불공정한 것인 반면, 주화의 품위를 떨어뜨리는 것은 은밀한 사기라는 면에서 불공정한 것이다. 그러므로 후자는, 그것이 일단 발견되면〔이것은 결코 오랫동안 감춰질 수 없다〕, 항상 전자보다 더욱 격렬한 분노를 야기한다. 주화는 그 명목가치가 상당히 인상된 뒤에 본래의 중량으로 복귀한 경우가 드물지만, 주화는 그 품위가 최대한 크게 떨어진 뒤에도 거의 모든 경우 원래의 순도(fineness)를 회복했다. 그렇지 않으면 대중의 분노와 반발을 달랠 수 없었기 때문이다.

65. 잉글랜드와 스코틀랜드 및 기타 대부분의 나라들에서도 이렇게 해왔다.

헨리 8세 말기와 에드워드 6세 초기에 영국의 주화는 그 명목가치가 인상되었을 뿐 아니라 그 표준 품위도 저하되었다. 스코틀랜드에서도 제임스 6세가 미성년일 때에 비슷한 사기행위가 있었다. 이런 사기행위는 대부분의 다른 나라에서도 이따금 있었다.

66. 영국의 국채를 완전히 상환하거나 감소시키기 위해서는 수입의 거대한 증가 또는 지출의 거대한 감소가 필요하다.

영국의 국가 수입의 잉여분〔즉, 평화시에 소요되는 연간경비를 지불하고 남는 부분〕이 너무나 작기 때문에, 영국의 국가 수입이 채무부담에서 완전히 해방될 수 있을 것으로 기대하거나 또는 심지어 그런 방향으로 상당한 진전이 이루어질 것으로 기대하는 것은 완전히 허망한 노릇인 것 같다. 국가 수입의 상당한 증가나 국가 지출의 상당한 감소 없이는, 그런 채무부담으로부터의 해방은 결코 이루어질 수 없다는 것은 분명하다.

67. 조세제도의 개혁으로 수입을 크게 늘릴 수 있을지 모르나, 그것만으로는 불충분하다.

현재의 토지세·가옥 임대세를 더욱 공평하게 하고, 그리고 관세·국내소비세의 현행 제도를 앞 장(章)에서 말한 것과 같이 변경한다면, 대부분 사람들의 부담을 증가시키지 않으면서 다만 부담을 국민 전체에게 더 공평하게 분배함으로써 세입(稅入)을 크게 증가시킬 수도 있을 것이다. 하지만 가장 낙관적인 개혁의 추진자조차도, 이런 종류의 수입 증가가 국가 수입을 채무부담으로부터 완전히 해방시킬 수 있을 것이라는 희망을 주거나, 평화시에 그런 방향으로 크게 진전함으로써 다음 번 전쟁 때에는 국가 채무가 더 이상 누적되는 것을 막거나 보상할 수 있을 것이라는 희망을 줄 수 있다고 자신할 수는 없을 것이다.

68. 영국의 조세제도를 아일랜드와 각 식민지들로까지 확대한다면 수입은 더욱 커질 것이다.

영국의 조세제도를 〔그 거주민이 영국인이든 유럽인이든 관계없이〕 대영제국의 모든 지역으로 확대한다면, 국가 세입이 훨씬 크게 증가될 것으로 기대할 수 있다. 그러나 그렇게 하기 위해서는 반드시 영국 헌법의 원칙에 따라 영국의 의회 안에, 또는 대영제국의 국회 안에, 각 지역이 공평하고 평등한 대표권을 갖도록 해야 한다. 즉, 각 지역의 대표자 수와 그 지역의 납세액이 비례하도록, 또는 영국 국내의 대표자 수와 기타 지역의 대표자 수의 비율이 영국 국내의 납세액과 기타 지역의 납세액의 비율과 서로 같도록 각 지역에게 대표권을 부여하지 않으면 안 될 것이다. 많은 권력자들의 사적인 이익과 민중들의 뿌리 깊은 편견은 현재로서는 이처럼 큰 변화를 반대하고 있는데, 이들 권력자와 민중들의 반대라는 장애는 극복하기가 어려울지도 모르며, 아마도 완전히 불가능할지도 모른다.

그러나 현실적으로 그런 연방(union)이 가능한지의 여부는 제쳐 두더라도, 본서와 같은 이론적인 책에서, 영국의 조세제도가 대영제국의 모든 지역에 어느 정도까지 적용될 수 있을지, 만약 적용될 수 있다면 얼마만큼의 세입(稅入)이 기대될 수 있을지, 그리고 이런 종류의 전반적인 연방(general union)은 그 안에 포함되는 다양한 지역의 행복·번영에 어떤 방식으로 영향을 줄 수 있을지를 고찰하는 것은 부적절하지는 않을 것이다. 이런 이론적 고찰은 아무리 나빠도 새로운 유토피아, 즉 이전의 유토피아보다 분명히 재미는 덜하겠지만 그러나 그보다 더 무용(無用)하거나 공상적이지는 않을 유토피아로 간주될 수 있다.

69. 영국 조세제도의 4대 주요 부문 토지세, 인지세 그리고 다양한 종류의 관세·국내소비세(excise)는 영국 조세제도의 네 가지 주요 분야를 구성한다.

70. 토지세는 아일랜드와 아메리카 및 서인도제도까지 확대 시행할 수 있을 것이다. 아일랜드는 토지세를 납부할 수 있는 능력이 영국 정도의 수준이고, 아메리카와 서인도의 영국 식민지들은 그 이상으로 능력이 있다. 지주가 10분지 1세나 구빈세(救貧稅: poor rate)를 내지 않는 곳에서는, 그런 부담을 지고 있는 곳에 비해, 토지세를 납부할 능력이 훨씬 크다. 10분지 1세를 대납금(代納金: modus)으로 납부하지 않고 반드시 현물(現物: in kind)로 징수하는 곳에서는, 10분지 1세는 실제로 1파운드당 5실링의 토지세(25%)보다도 지주의 지대〔즉, 이 세금이 아니라면 지주의 지대가 되었을 부분〕를 더욱 감소시킨다. 10분지 1세는 대부분의 경우 토지의 진정한 지대〔즉, 차지농의 자본을 보통의 이윤과 함께 전부 보상하고 남는 부분〕의 $\frac{1}{4}$(25%) 이상에 달한다. 만약 10분지 1세의 대납금(modus)이나 교회의 재산·수입(impropriation)을 일반인들에게 이전시키는 것을 폐지한다면, 영국과 아일랜드의 모든 교회의 10분지 1세는 결코 600~700만 파운드 이하로 내려가지는 않을 것이다. 다시 말해 영국과 아일랜드에서 10분지 1세가 없다면, 지주들은 대부분 현재보다 더 큰 부담을 느끼지 않으면서도 600~700만 파운드의 추가적인 토지세를 납부할 수 있을 것이

다. 아메리카는 10분지 1세를 내지 않으며, 따라서 토지세를 낼 수 있는 능력이 매우 크다. 아메리카와 서인도제도에서는, 토지는 일반적으로 소작되지도 않고 차지농에게 임대되지도 않는다. 그러므로 토지는 지대 장부(rent-roll)에 따라 평가될 수는 없다. 윌리엄과 메리 4년에 영국의 토지도 지대 장부에 따라 평가되지 않고 매우 느슨하고 부정확한 방법으로 추정되어 과세되었다. 아메리카의 토지도 마찬가지 방식으로, 또는 〔최근에 이탈리아의 밀라노 공국(公國)과 오스트리아 · 프러시아 · 사르디니아 등지에서 실시된 것과 같은〕 정확한 조사 결과에 의한 공정한 평가에 따라 과세될 수도 있을 것이다.

71. 인지세(印紙稅)는 쉽게 확대 시행할 수 있을 것이다.

다음으로, 인지세는 법적 소송의 형식과 동산 · 부동산이 이전되는 방식이 동일하거나 거의 같은 모든 나라에서 별 차이 없이 부과될 수 있다는 것은 자명하다.

72. 관세법의 확대 시행은 자유무역의 확대를 수반할 것이므로 모든 지역에 크게 유리하다.

영국 관세법의 적용을 아일랜드와 식민지들로 확장하는 것은, 만약 그것이 무역 자유의 확대를 수반한다면〔당연히 수반해야 하지만〕 양쪽 모두에게 최고로 유익할 것이다. 현재 아일랜드의 무역을 억압하는 모든 불쾌한 제한들과, 아메리카에 대한 열거품목(列擧品目)과 비열거품목들 사이의 구별들도 사라질 것이 분명하다. 피니스테레 곶(Cape Finisterre) 이북의 나라들은 〔그 이남의 나라들이 현재 아메리카의 모든 생산품에 대해 자국 시장을 개방하고 있는 것처럼〕 아메리카의 모든 생산품에 대해 자국의 시장을 개방할 것이다. 대영제국의 모든 지역들 사이의 교역은 관세법이 통일된 결과 현재의 영국의 연안무역처럼 자유로워질 것이다. 그리하여 대영제국은 그 내부에 있는 모든 지역의 모든 생산물들을 위한 거대한 내부시장을 제공할 수 있을 것이다. 이처럼 시장이 엄청나게 확대되면 아일랜드와 각 식민지들은 관세의 증가로 인한 모든 곤란을 즉시 보상받을 수 있을 것이다.

73. 국내소비세는 약간의 수정이 필요할 것이다.

국내소비세는 영국의 조세제도 중에서 유일하게 제국 안의 상이한 지역들에 적용되기 위해서는 어느 정도 수정되어야 할 부분이다. 그러나 그것을 아일랜드에 적용하려고 하는 경우에는 어떤 수정도 필요가 없다. 왜냐하면 아일랜드의 생산·소비는 영국의 그것과 정확히 동일한 성격을 가지고 있기 때문이다. 그러나 생산·소비가 영국의 그것과는 매우 다른 아메리카와 서인도제도에 국내소비세를 적용하려고 할 때에는, 잉글랜드 안에서도 사과술(cyder)과 맥주에 대해서는 각 주(州)마다 국내소비세를 서로 달리 적용하는 것처럼, 약간의 수정이 필요할 것이다.

74. 예를 들면 아메리카산 맥주의 경우가 그렇다.

예를 들면, 아메리카에서 맥주(beer)라고 불리는 발효음료는 그 원료가 당밀로서 우리나라의 맥주와는 완전히 다른데, 이것이 아메리카 사람들의 대중적 음료의 상당부분을 차지한다. 이 음료는 단지 며칠 동안만 보관될 수 있으므로 우리나라의 맥주처럼 큰 양조장에서 판매용으로 양조하거나 저장할 수는 없고, 모든 가정이 자신들의 음식을 직접 요리하는 것과 마찬가지로 자가소비를 위해 스스로 그것을 양조해야 한다. 그런데도 만약, 마치 우리가 대중 판매를 목적으로 하는 선술집 주인들과 양조업자들에 대해 하는 것과 마찬가지로, 징세인들로 하여금 모든 가정을 마구 방문·조사를 하도록 한다면, 그것은 각 가정의 자유에 대한 침해가 될 것이다. 만약 공평성(公平性)을 위해 이런 음료에 과세해야 할 필요가 있다면, 그것의 원료에 대해 원료를 만드는 곳에 과세하거나, 또는 그것이 부적절하다면, 원료가 소비되는 식민지에 그것이 수입될 때 과세할 수도 있을 것이다.

아메리카로의 당밀 수입에 대해 영국 의회가 부과한 1갤런 당 1페니의 세금 이외에도, 그것이 다른 식민지의 배를 이용해서 매사추세츠만으로 수입될 때에는 큰 통(hogshead: 52.5 갤런들이 통) 하나 당 6펜스의 지방세가 부과되고, 북부 식민지들에서 남 캐롤라이나로 수입되는 것에 대해서는 1갤런 당 5펜스의 지방세가 부과된다. 만약 이런 방법들이 모두 불편하다면, 각 가정은 〔잉글랜드에서 각 가정이 맥아세 대신에 따로 보상금을 내어서 이 문제를 해결한 것처럼〕 그 가족수에 따라 이 음료의 소비에 대해 보상금을 내는 방식으로 이 문제를 해결할 수도 있을 것이고, 또는 〔네덜란드에서 각종 세금이 부과되는 것과 같은 방식으로〕 각 가정의 가족들의 연령별 · 성별로 세금을 부과하는 방식처럼 이 문제를 해결할 수도 있을 것이고, 또는 〔영국에서 소비 가능한 모든 품목에 대해 세금을 부과해야 한다고 한〕 매튜 데커 경(Sir Matthew Decker)이 제안한 것과 거의 비슷한 방식으로 해결할 수도 있을 것이다. 그러나 앞에서 이미 지적한 것처럼, 이런 과세 방식은 신속하게 소비되는 물품에 적용될 때에는 그리 편리한 방식이 아니다. 하지만 더 나은 방법을 찾을 수 없을 경우에는 이런 방식이 채택될 수도 있을 것이다.

75. 설탕 · 럼주 및 담배에는 국내 소비세가 부과될 수 있다.

설탕 · 럼주 · 담배는 어느 곳에서든 생활필수품은 아니지만 거의 보편적인 소비재이며, 따라서 과세 대상으로 매우 적절한 상품들이다. 만약 영국과 식민지들과의 연방이 이루어진다면, 이런 상품들은 제조업자 · 경작자들의 손을 벗어나기 전에 과세될 수도 있고, 또는, 만약 이런 과세 방식이 그런 사람들의 사정에 적합하지 않다고 한다면, 그 상품들이 제조되는 장소에〔또는 나중에 운송되는 제국 안의 모든 항구에서 공공창고에〕 저장되어, 국내소비를 위해 소비자나 소매상에게 인도되거나 수출상에게 인도될 때까지 소유자 · 세관원의 공동 감시 하에 보관되어 있는 동안에는 미리 세금이 부과되지 않을 수도 있다. 이것들이 수출을 목적으로 인도될 때에는, 만약 실제로 제국(帝國)의 밖으로 수출된다는 확실한 보장만 있다면, 세금이 면제될 수 있다. 이 상품들은 만약 식민지들과 영국과의 연방이 이루어지는 경우 현재의 영국 조세제도에 상당한 수정을 필요로 하는 주요 대상품목들일 것이다.

76. 이렇게 얻어지는 수입의 증가는, 만약 과세 인구의 증가에 비례한다면, 감채기금에 625만 파운드를 제공할 수 있을 것이고, 그리고 이 액수는 계속 늘어날 것이다.

이런 조세제도가 제국의 모든 지역으로까지 확대될 때 얻어지는 수입이 얼마나 될지 정확하게 말하기는 완전히 불가능하다. 이런 제도에 의해 영국에서는 매년 8백만 명 미만으로부터 1천만 파운드 이상의 조세가 거두어들여지게 될 것이다. 아일랜드 인구는 200만 명 이상이고, 의회에 제출된 보고에 따르면, 아메리카의 12개 주를 합한 인구는 300만이 넘는다. 하지만 이런 보고는 아마도 그들 자신의 주민들을 고무 격려하고 본국의 주민들을 위협하기 위해 과장되었을 것이다. 그러므로 우리는 북아메리카와 서인도 식민지들을 합하여 300만 명을 넘지 않거나, 유럽과 아메리카에 걸친 대영제국 전체의 인구가 1,300만 명 정도라고 가정할 것이다. 이런 조세제도가 800만 명 미만의 주민들을 상대로 1,000만 파운드 이상의 세입을 올린다면, 1,300만 명의 주민들을 대상으로 해서는 1,625만 파운드 이상의 세입을 올릴 것이다. 이 세입으로부터 통상 아일랜드와 식민지들이 자신들의 정부의 경비지출을 위해 거둬들이는 세입 부분을 공제해야 한다. 아일랜드의 민간용·군사용 경비지출은, 공채의 이자 지불을 포함해서, 1775년 3월 말까지 2년 동안 평균 연간 75만 파운드에 미치지 못한다.

아메리카와 서인도의 주요 식민지들의 세입에 대한 매우 정확한 계산에 따르면, 그 금액은 최근의 전쟁이 시작되기 전에는 연간 141,800파운드에 이르렀다. 그러나 이 계산에는 메릴랜드와 북 캐롤라이나, 그리고 최근 우리가 대륙·섬들에서 획득한 영토의 과세 수입은 누락되어 있다. 이것 때문에 아마 3~4만 파운드의 차이가 생길 것이다. 그러므로 개략적으로 아일랜드와 식민지들의 정부를 지탱하는 데 필요한 수입이 1백만 파운드에 달한다고 가정해 보자. 그러면 제국의 일반지출과 공채상환에 사용될 수 있는 수입으로는 1,525만 파운드가 남을 것이다. 그러나 영국의 현재 수입에서 100만 파운드가 평화시에 공채상환을 위해 절약될 수 있다면, 625만 파운드가 이 개선된 수입에서 절약될 수 있을 것이다. 〔영국은 1,000만 파운드의 수입에서 900만 파운드를 지출하고 100만 파운드를 저축한다〕.

이와 같이 거대한 감채기금은 또한 그 전 해에 상환한 공채의 이자만큼 매년 증가될 것이고, 이런 방식으로 매우 급속하게 증가해서 몇 년이 지나면 모든 공채를 충분히 상환할 수 있고, 그리하여 현재 약화되고 무력해진 제국의 활력을 완전히 회복할 수 있을 것이다. 그 사이에 사람들은 가장 무거운 과세 부담〔즉, 생활필수품이나 제조업 원료에 대한 과세 부담〕에서 벗어날 수 있을 것이다. 그 결과 노동자들은 더 잘 살 수 있게 되고, 더 적은 임금을 받고도 일을 하고, 그리하여 그들이 만든 상품을 더욱 저렴한 가격으로 시장에 출하할 수 있을 것이다. 그들의 상품이 저렴하므로 그 제품에 대한 수요가 증가할 것이고, 그 결과 그것들을 생산하는 노동에 대한 수요도 증가할 것이다. 이런 노동에 대한 수요 증가는 노동자의 수를 늘리고 동시에 그들의 처지를 개선시킬 것이다. 그들의 소비는 증가할 것이고, 그와 더불어 아직도 과세 대상인 그들의 소비품목으로부터의 과세 수입도 증가할 것이다.

77. 이 추산에서 약간 공제해야 할 필요가 있는 것들은 몇 가지 조세제도 변경에서 생기는 수입 증가에 의하여 상쇄될 것이다.

그런데 이런 조세제도에서 생기는 수입은 과세 대상자의 수에 비례하여 즉각적으로 증가하지는 않을 것이다. 이런 조세제도 변경 때문에 그 이전에는 부담하지 않아 왔던 새로운 과세 부담을 지게 된 제국의 일부 지역들은 부득이 일정한 기간 동안 과세에서 너그럽게 취급되어야 할 것이다. 그리고 모든 곳에서 가능한 한 최대로 정확하게 과세될 때조차도, 모든 곳에서 사람 수에 비례하여 수입이 거두어지지는 않을 것이다.

가난한 나라에서는 관세·국내소비세의 적용을 받는 주요 상품들의 소비가 매우 작고, 인구가 적은 나라에서는 밀매매(smuggling)의 기회가 매우 많다. 스코틀랜드에서는 하류층 계급에 의한 맥아 음료의 소비는 매우 적고, 맥아(malt)·맥주(beer)·맥아주(ale)에 대한 국내소비세 수입은 인구수와 세율(맥아에 대한 세율은 맥아의 질에 차이가 있기 때문에 다르다)에 비해 잉글랜드보다 적다. 이런 특정 분야에서의 국내소비세의 차이 때문에 밀매매가 이루어지는 정도는 두 나라 사이에 큰 차이가 없다고 생각한다. 증류주 제조에 대한 과세수입과 대부분의 관세수입은, 각국의 인구수와 비교했을 때, 스코틀랜드가 잉글랜드보다 적다. 그것은 스코틀랜드에서는 과세상품의 소비가 더 적어서일 뿐 아니라 밀매매가 훨씬 더 쉽기 때문이다. 아일랜드에서는 하층계급 사람들은 스코틀랜드에 비해 더욱 가난하고, 많은 지역에서 주민들의 수는 스코틀랜드와 마찬가지로 적다. 그러므로 아일랜드에서는 과세대상 상품들의 소비가 그 인구수에 비해 스코틀랜드보다 작고, 밀매매의 용이함은 두 나라가 거의 비슷하다.

아메리카와 서인도제도에서는 최하층계급의 백인들조차 잉글랜드의 최하층계급 사람들보다는 더 좋은 환경에서 살고 있고, 그들이 보통 즐기는 모든 사치품들의 소비는 아마 훨씬 더 많을 것이다. 아메리카 대륙의 남부 식민지들과 서인도제도의 주민들 대부분을 차지하는 흑인들은 노예 상태에 있으므로, 그들이 스코틀랜드나 아일랜드에 사는 가장 가난한 사람들보다 열악한 상태에 있다는 것은 의심의 여지없이 명백한 사실이다. 그러나 우리는 이런 이유 때문에 그들이 잘 먹지 못한다거나 적당히 과세된 재화들에 대한 그들의 소비수준이 잉글랜드의 하층 빈민들보다 못하다고 생각해서는 안 된다. 그들이 일을 잘 하도록 하기 위해서 그들을 잘 먹이고 기분 좋게 만드는 것이 그들의 주인에게는〔자신들의 역축(役畜)을 다루는 경우와 마찬가지로〕 이익이 된다. 따라서 흑인들은 백인 하인들과 마찬가지로 거의 모든 곳에서 럼주·당밀·맥주를 수당으로 지급받는다. 그리고 이런 수당은 그런 물품들에 약간의 세금이 부과되더라도 아마 취소되지는 않을 것이다. 그러므로 주민들의 수에 비해 과세 상품들의 소비는 아마 아메리카와 서인도제도가 대영제국의 어느 곳에 비해서도 적지 않을 것이다. 밀매매의 기회는 사실 더욱 클 것이다. 왜냐하면 아메리카는 그 나라의 크기에 비해 스코틀랜드나 아일랜드보다 인구가 훨씬 적기 때문이다. 그러나 현재 맥아와 맥아주에 부과된 다양한 세금들이 맥아에 대해서만 부과된다면, 국내소비세의 가장 중요한 부문에서 밀매매의 기회는 완전히 사라질 것이다.

그리고 관세가 거의 모든 종류의 수입품목에 대해 부과되지 않고 가장 일반적으로 사용·소비되는 일부 품목에 대해 제한적으로 부과된다면, 그리고 이런 관세가 국내소비세법에 따라 부과된다면, 밀매매의 기회는, 비록 완전히 두절될 수는 없을지라도, 크게 줄어들 것이다. 이런 두 가지의, 명백히, 극히 간단하면서도 매우 손쉬운 세제개혁을 한다면, 그 결과 관세와 국내소비세로 얻을 수 있는 과세수입은, 그 소비에 비하면, 인구가 가장 희박한 지역에서도 현재 인구가 가장 조밀한 지역에서와 마찬가지로 크게 될 것이다.

78. 아메리카 사람들에겐 금화나 은화가 없다.

어떤 사람들은 말하기를, "아메리카 사람들에겐 사실 금화·은화가 없다. 아메리카의 국내 거래는 전부 지폐(紙幣)로 이루어지고 있고, 그들이 가끔 얻는 금이나 은은 모두 영국으로 보내져 그들이 영국으로부터 상품을 구입하는 데 사용되고 있다. 게다가 금이나 은이 없이는 세금도 납부할 수 없다. 우리는 이미 그들이 가졌던 금이나 은을 전부 가지고 있다. 어떻게 그들로부터 그들이 더 이상 갖고 있지도 않은 금이나 은을 얻을 수 있겠는가?"라고 했다.

79. 그러나 이것은 선택의 결과이지

아메리카에서 현재 금화·은화가 희소

필연의 결과는 아니다.

한 것은 그 나라가 빈곤하거나 거기에 사는 사람들이 그런 금속을 구입할 수 없어서가 아니다. 영국에 비해 노동임금이 매우 높고 식량가격은 매우 낮은 나라에서는, 대부분의 사람들은 〔그렇게 할 필요가 있거나 그렇게 하는 것이 편리할 경우〕 더 많은 양의 금·은을 구입할 수단을 가지고 있다. 그러므로 귀금속이 희소한 것은 그들의 선택(選擇)의 결과이지 어쩔 수 없어서 그렇게 된 것〔즉, 필연(必然)의 결과〕은 아니다.

80. 금화나 은화가 필요한 것은 거래를 위해서다.

금화·은화가 필요하거나 편리하다는 것은 대내·대외 거래를 수행하기 위해서다.

81. 아메리카 사람들에게는 국내 상업을 위해 지폐가 더 편리하다.

모든 나라의 국내거래는 〔이 책의 제 2편에서 이미 밝혔듯이〕 적어도 평화시에는 지폐로도 금화·은화와 마찬가지로 편리하게 수행될 수 있다. 아메리카 사람들은 언제나 자기들이 쉽게 얻을 수 있는 것보다 더 큰 자본을 토지의 개량에 투자하여 이윤을 얻을 수 있었으므로, 금은과 같이 비용이 많이 드는 상업수단에 대한 지출을 가능한 한 절약하고, 그들의 잉여생산물 중에서 귀금속을 구입하는 데 필요한 부분을 그들의 생산도구, 의복의 원료, 각종 가정용 가구, 그리고 〔자신들의 주택 건축과 농장의 개간과 경작 확대에 필요한〕 철제품, 즉 죽은 자본이 아니라 활동적이고 생산적인 자본을 구입하는 데 사용하는 것이 그들에게는 더욱 유리했다.

식민지 정부들은 사람들에게 그들의 국내거래를 수행하는 데 충분하거나 또는 그 이상으로 지폐를 공급하는 것이 그들의 이익에 부합된다는 것을 발견했다. 일부 이런 정부들은, 특히 펜실베니아 정부는, 이런 지폐를 상당한 이자율로 주민들에게 대부해 주고 수입을 얻는다. 기타 정부들은, 매사추세츠만의 정부처럼, 특별히 긴급한 경우에 공공경비를 지불하기 위해 먼저 이런 종류의 지폐를 발행해서 유통시키고, 나중에 식민지의 사정이 허락할 때 이 지폐를 〔그 사이에 점차 떨어진〕 가치로 상환하였다. 1747년에 이 식민지는 이런 방식으로 당초 발행한 지폐의 $\frac{1}{10}$의 가치로 공채의 대부분을 상환했다.*

식민지의 주민들로서는 국내거래에서 금화·은화를 사용하는 데 드는 비용을 절약할 수 있어서 좋았고, 또 식민지 정부로서는 〔비록 상당한 불편도 수반되지만〕 그들에게 그런 비용을 줄이도록 해 줄 수 있는 수단을 제공할 수 있어서 좋았다. 지폐의 과다 발행은 필연적으로 식민지의 대내거래에서 금은을 축출하는데, 이것은 지폐의 과다 발행이 스코틀랜드에서 금은을 대부분의 국내거래로부터 축출한 것과 같은 이유 때문이다. 두 나라 모두 지폐를 과잉 발행하게 된 것은 빈곤 때문이 아니다. 그것은 사람들의 기업가적이고 사업가적인 기질, 즉 그들이 획득할 수 있는 모든 자본을 활동적이고 생산적인 자본으로 사용하려는 욕심 때문이다.

82. 반면에 대외무역에서는 필요에 따라 금은을 사용하고 있다.

각 식민지들이 영국과 수행하는 대외무역에서, 금은은 정확히 그것이 필요한 만큼만 사용된다. 그런 금속들을 사용할 필요가 없을 때에는 그것들은 나타나지 않으며, 그것들이 필요할 때에는 일반적으로 그것들을 얻을 수 있다.

83. 영국과 버지니아 및 메릴랜드와의 무역에서는 담배가 금은보다 더 편리한 유통수단이다.

영국과 담배생산 식민지들 사이의 교역에서, 영국 상품들은 보통 장기 신용으로 각 식민지들에 미리 제공되고 나중에 일정한 가격으로 평가된 담배로 지불된다. 식민지의 생산자들에겐 금·은보다 담배로 지불하는 것이 편리하다. 어떤 상인이라도 거래 상대방으로부터 구입한 상품의 값을 화폐로 지불하는 것보다 자기가 취급하는 다른 종류의 재화로 지불하는 것이 더욱 편리할 것이다. 이런 상인은 자

* Thomas Hutchinson, *History of the Colony of Massachusstt's Bay*, 제2판, 1765~8.

기 자본의 일부를 사용하지 않고 현금으로 가지고 있다가 상대의 지불 요구에 응해야 할 필요가 없다. 따라서 그는 항상 많은 양의 상품을 자기 가게나 창고에 가지고 있을 수 있으며, 거래 규모를 더욱 키울 수 있다.

그러나 한 상인의 모든 거래 상대방들로서는, 그 상인에게 판매하는 상품의 대금을 그 상인이 취급하는 상품으로 받는 것이 편리한 경우는 거의 없다. 그러나 버지니아·메릴랜드의 상인과 거래하는 영국 상인들은 특별한 교역상대로서, 그들이 담배 식민지에 판매한 상품의 대금을 금·은 대신에 담배로 지불받는 것이 그들에게는 더욱 유리하다. 그들은 (판매한 상품 대금을) 담배로 지불받고, 다시 그 담배를 판매함으로써 이윤을 얻을 것을 기대한다. 그들은 금·은의 판매를 통해서는 어떤 이윤도 얻을 수 없다. 그러므로 금·은은 영국과 담배 식민지들 사이의 교역에서 별로 사용되지 않는다. 메릴랜드와 버지니아 상인들은 그들의 대내교역에서뿐 아니라 대외무역에서도 금·은과 같은 귀금속들을 사용할 필요가 거의 없다. 따라서 그들은 아메리카의 다른 어떤 식민지보다 금·은을 적게 보유하고 있다고 한다. 그렇지만 그들은 주변의 어느 식민지보다 더욱 번영하고 따라서 부유한 것으로 생각된다.

84. 그러나 북부의 각 식민지들은 대체로 영국과의 무역 차액을 지불하기 위해 금은을 가지고 있어야 할 필요가 있다.

펜실베니아·뉴욕·뉴저지·뉴잉글랜드의 4개 주 등 아메리카의 북부 식민지에서는 그들이 영국에 수출하는 자신들의 생산물 총액은 〔그들이 그들 자신의 사용을 위해, 또는 그들이 중개하는 다른 식민지들의 사용을 위해〕 수입하는 상품들의 총액과 같지 않다. 그러므로 그 차액은 금·은으로 모국(母國)에 지불되어야 하는데, 그들은 보통 그 금·은을 확보할 수 있다.

85. 설탕 식민지도 흔히 영국과의 무역차액을 지불하기 위해 금은을 확보할 필요를 느끼는데, 이 차액은 설탕 농장주가 부재지주이기 때문에 발생한다.

설탕 식민지들에서는 그들이 영국으로 수출하는 연간생산물 총액(즉, 설탕의 총가치)은 영국에서 수입하는 모든 상품들의 총액보다 훨씬 크다. 만약 연간 모국으로 보내는 설탕 · 럼주(rum)의 대가(代價)가 식민지에 보내져야 한다면, 영국은 매년 그 차액에 해당하는 상당량의 화폐를 결제해야 할 것이고, 그렇게 되면 일부 정치가들은 서인도제도와의 교역은 극히 불리하다고 생각할 것이다. 그런데 설탕 농장의 주요 소유자들 다수가 영국에 거주하고 있으며, 그들의 지대는 그들 농장의 생산물인 설탕 · 럼주의 형태로 그들에게 보내져 오고 있는 것이다. 서인도제도와 거래하는 상인들이 설탕 식민지로부터 구입하는 설탕 · 럼주의 가치는, 그들이 매년 그곳에 판매하는 상품들의 가치보다 적다. 그러므로 그 차액은 반드시 금 · 은으로 (영국에 있는) 그 상인들에게 지불되어야 하는데, 그 차액에 해당하는 화폐(금 · 은) 또한 대체로 확보될 수 있다.

86. 지불의 곤란성은 지불해야 할 차액의 크기에 비례하지는 않는다.

각 식민지가 영국에 결제해야 할 차액을 지불하기가 곤란하거나 불규칙한 정도는 결코 그들이 지불해야 할 차액의 크기에 비례하지 않았다. 북부 식민지들은 일반적으로 상당히 큰 규모의 차액을 화폐로 지불해야 했지만, 담배 식민지들은 차액 지불이 전혀 없거나 훨씬 소액이었음에도 불구하고, 일반적으로 후자보다도 전자의 지불이 더욱 규칙적으로 이루어졌다. 각 설탕 식민지들로부터 차액을 지불받기가 어려운 정도는 그 지불받을 차액의 크기에 비례한다기보다 오히려 각 식민지 안에 있는 미개간지의 규모에 다소 비례하였다.

다시 말해 지불받기가 어려운 정도는, [농장주들이 자신의 자본 규모를 초과하여 황무지를 개간하려는] 유인(誘引)의 크기에 비례했다. 아직도 미개간지가 상당히 많이 남아 있는 거대한 섬인 자메이카로부터의 차액 회수는 이런 이유로 훨씬 더 작은 섬들인 바바도스 · 안티구아 · 세인트 크리스토퍼로부터의 차액 회수보다 더 불규칙적이고 불확실했다. 후자의 섬들은 최근 여러 해 동안 완전히 개간되었고, 그 때문에 농장주들이 더 이상

투기할 여지가 거의 없었다. 그러나 그레나다(Grenada) · 토바고 · 세인트 빈센트 · 도미니카 등을 새로 획득함으로써 이런 종류의 투기 여지가 새로 열렸으며, 따라서 최근에는 이런 섬들로부터의 차액 회수가 거대한 섬인 자메이카로부터의 차액 회수만큼이나 불규칙하고 불확실해졌다.

87. 그 곤란은 불필요하고 과도한 사업욕에서 생겼다.

그러므로 대부분의 식민지에서 현재 금화 · 은화가 희소한 것은 식민지의 빈곤 때문이 아니다. 활동적이고 생산적인 자본에 대한 그들의 수요가 거대하기 때문에, 죽은 자본〔즉, 화폐로서의 금은〕을 가능한 한 적게 갖는 것이 그들에게 유리했다. 그 때문에 그들은 금 · 은보다 저렴하지만 그만큼 편리하지는 못한 상업수단〔즉, 지폐〕으로 만족하는 것이다. 그리하여 그들은 지폐로 대체한 만큼의 금 · 은을 생산도구, 의복의 원료, 각종 가정용 가구, 그리고 자신들의 주택 건축과 농장의 개간과 경작 확대에 필요한 철제품 등으로 전환시킬 수 있는 것이다.

금 · 은 없이는 교역을 할 수 없는 상업부문에서는 필요한 양의 금 · 은을 항상 확보할 수 있었던 것 같다. 그리고 그들이 종종 금 · 은을 확보할 수 없었던 경우에도 그 이유는 일반적으로 그들이 빈곤하기 때문이 아니라 과도한 사업욕 때문이다. 다시 말해 금 · 은으로 이루어지는 지불이 불규칙하고 불확실한 까닭은 그들이 빈곤하기 때문이 아니라 지나치게 부유해지려고 사업을 확장하기 때문이다.

식민지의 조세수입 중에서 식민지 자신의 민간용 비용 · 군사용 비용을 지불하는 데 필요한 부분을 초과하는 부분 전체를 금 · 은의 형태로 영국에 송금해야 한다고 하더라도, 식민지들은 필요한 양의 금 · 은을 구입할 수 있는 수단들을 충분히 가지고 있다. 이런 경우 그들은 활동적이고 생산적인 자본을 구입하던 잉여생산물의 일부를 죽은 자본〔즉, 화폐로서의 금 · 은〕과 교환하지 않으면 안 될 것이다. 그들은 대내거래에서 저렴한 상업수단 대신에 비싼 상업수단을 사용해야만 할 것이다. 그리고 이와 같이 비싼 상업수단을 구입하는 데 비용이 지출됨으로써 토지개량에 대한 왕성한 사업 욕구·활력은 다소 저해될지도 모른다.

그러나 아메리카의 과세수입의 일부를 금·은으로 본국에 송금할 필요가 없을 수도 있다. 아메리카의 잉여생산물의 일부를 영국에 있는 상인·회사에게 보내고 그 상인·회사 앞으로 환어음을 발행하고 그것을 그들이 인수한다면, 영국에 있는 상인·회사는 아메리카에서 보낸 화물을 인수한 다음, 그 환어음에 해당하는 대금을 영국에 있는 재무부에 화폐로 납부하는 방법으로 아메리카의 과세수입의 일부가 영국으로 송금될 수 있을 것이다. 이렇게 함으로써 전체 거래는 흔히 아메리카로부터 금·은을 한 푼도 수출하지 않고서도 이루어질 수 있다.

88. 아일랜드와 아메리카가 영국의 공채 상환에 기여하는 것은 정의에 합당한 것이다.

아일랜드와 아메리카가 영국의 공채 상환에 기여해야 하는 것은 결코 정의에 어긋나지 않는다. 그 공채는 혁명〔1688년의 혁명〕에 의해 설립된 정부를 지지하기 위해 발행된 것으로, 아일랜드의 신교도들은 그들이 현재 자기들 나라에서 누리고 있는 모든 권위뿐 아니라 그들의 자유·그들의 재산·그들의 종교 방면에서의 모든 안전까지도 이 정부 덕에 누리고 있으며, 또한 아메리카의 몇몇 식민지들은 그들의 현재의 특허장들(charters), 따라서 그들의 법령들을 이 정부 덕에 가질 수 있게 되었으며, 아메리카의 모든 식민지들은 그들이 전에는 누려보지 못했던 자유·안전과 재산을 이 정부 덕에 누리고 있기 때문이다. 그 공채는 영국만이 아니라 제국의 모든 지역을 지키기 위해 발행된 것이다. 특히 최근의 전쟁에서 발생한 거대한 채무와 그 전의 전쟁 때 발생한 채무의 대부분은 모두 아메리카를 지키기 위한 것이었다.

89. 영국의 연방이 됨으로써 아일랜드는 종교와 정치적 편견에 근거한 압제적인 귀족정치로부터 해방될 것이다.

영국의 연방(聯邦)이 됨으로써 아일랜드는 무역의 자유뿐 아니라 기타 더 중요한 혜택들을 얻을 것인데, 그런 혜택들은 영국의 연방이 됨으로써 발생할 조세의 증가를 보상하고도 남을 것이다. 잉글랜드와의 합병으로 스코틀랜드의 중류층과 하류층 사람들은 그 전에 항상 그들을 억압해 왔던 귀족들의 정치권력으로부터 완전히 해방되었다. 영국의 연방이 됨으로써 아일랜드의 모든 계급의 사람들은 훨씬 더 억압적인 귀족들로부터 역시 완전히 해방될 것이다.

아일랜드의 귀족들은 스코틀랜드의 귀족들과는 달리 출신·부(富)의 자연적이고 존중할 만한 차이에 의거하고 있는 것이 아니라 가장 불쾌한 차이〔즉, 종교적·정치적 편견의 차이〕에 근거를 두고 있으며, 이런 차이는 무엇보다도 억누르는 사람의 불손함과 억눌리는 사람의 증오·분노를 자극하며, 다른 나라 국민들과의 사이에서보다 같은 나라 국민들끼리 서로 더욱 적대적이게 만든다. 영국과 연방을 이루지 못한다면, 아일랜드 주민들은 앞으로도 오랫동안 자신들을 같은 한 나라의 국민으로서 느끼지 못할 것이다.

90. 식민지는 원한에 찬 당파투쟁에서 벗어날 것인데, 만약 영국에서 분리된다면 유혈사태가 벌어질 것이다.

아메리카의 각 식민지에는 지금까지 억압적인 귀족들이 지배하지 않았다. 그러나 그들도 영국과의 연방으로 행복과 안정이라는 점에서 상당한 이익을 볼 것이다. 연방은 적어도 작은 민주국가에서 항상 존재하는 적의에 찬 당파투쟁으로부터 그들을 해방시켜 줄 것이다. 이런 당파투쟁은 종종 그들 국민 상호간의 우호감정을 파괴하고, 그 형태상 민주주의에 가까운 그들 정부의 안정을 해친다.

이들이 영국과 완전히 분리되어 나간다면 〔연방이 되어 이를 막지 않는다면 그렇게 될 가능성이 높다〕, 이런 당파투쟁은 이전보다 열 배나 더 치명적이 될 것이다. 현재의 전쟁이 일어나기 이전에는, 모국의 강제력이 항상 이런 당파투쟁이 잔인하고 모욕적인 행동 이상으로 더욱 악화되지 않도록 억눌러 둘 수 있었다. 만약 그런 강제력이 완전히 소멸된다면, 당파투쟁은 아마도 곧바로 공개적인 폭력행위와 유혈사태로 발전할 것이다. 하나의 통일정부 아래에서 연합된 모든 대국에서는, 보통 당파의식은 제국의 중심보다 변두리 지역에서 더 약하다. 이 변두리 지역들은 수도(首都)〔즉, 당파심 · 야심들이 서로 맹렬히 싸우는 중심지〕로부터 떨어져 있으므로, 그 떨어진 거리가 그들로 하여금 어느 한 당파의 견해에 말려들지 않게 하고, 모든 당파의 행위에 대해서 냉정하고 공정무사한 방관자가 될 수 있게 한다. 당파의식은 잉글랜드에서보다 스코틀랜드에서 비교적 약하다. 연합할 경우 당파의식은 스코틀랜드에서보다는 아일랜드에서 더욱 약할 것이고, 식민지들은 머지않아 지금까지 대영제국의 어느 곳에서도 있어보지 못한 수준의 화합과 단결을 누릴 것이다.

만약 연방이 되면 아일랜드와 각 식민지들의 조세부담은 사실 현재보다 더 무거워질 것이다. 그러나 공공수입을 근면하고 충실하게 사용해서 공채를 상환해 가게 되면, 그런 조세의 대부분은 장기간 계속 부과되지 않을 것이고, 영국의 공공수입은 곧 평화시의 국가기관 유지에 필요한 수준으로 줄어들 수 있을 것이다.

91. 동인도도 세금을 더욱 경감시켜 주고 행정상의 부패를 줄인다면 더 많은 추가수입도 얻을 수 있을 것이다.

동인도회사의 영토 획득은 의심의 여지없이 국왕에게 속한 권리, 즉 영국의 국가와 국민들에게 속한 권리인데, 이것은 앞에서 이미 말한 모든 것보다 더욱 풍부한 수입원천이 될 수 있을 것이다. 그 나라들은 영국보다 더 비옥하고, 더 넓으며, 또 그 넓이에 비해 영국보다 더 부유하고 인구도 더 조밀하다. 그들로부터 큰 과세 수입을 올리기 위해 그 나라들에 새로운 조세제도를 도입할 필요는 아마 없을 것이다. 그들에겐 이미 충분히, 아마 충분한 이상으로 과세되고 있다. 그런 불행한 나라들의 세금 부담을 더 무겁게 하기보다는 더 가볍게 해주고, 새로운 세금을 부과하기보다는 그들이 이미 납부하고 있는 세금의 횡령 · 남용의 방지를 통해 수입을 얻으려 노력하는 것이 더욱 적절할 것이다.

92. 만일 수입을 증가시킬 수 없다면, 영국은 평화시와 전시의 식민지 유지 부담을 벗어버림으로써 국가의 지출을 줄여야 할 것이다.

영국이 이상에서 언급한 어떤 원천으로부터도 수입을 크게 증가시킬 수 없음이 밝혀질 경우, 이제 남은 유일한 길은 국가의 경비지출을 줄이는 것이다. 세금을 징수하는 방식에서도, 공공수입을 사용하는 방식에서도 모두 개선의 여지가 있지만, 영국은 현재에도 적어도 이웃 어떤 나라보다도 절약하고 있다. 또한 평화시에 자신의 방위를 위해 유지하는 군사력은, 부(富)나 세력에서 영국과 경쟁할 수 있는 유럽의 어떤 나라보다도 작다. 그러므로 이런 항목들에서는 경비지출을 크게 줄일 수 있는 여지가 없는 것처럼 보인다.

그러나 이번 전쟁이 시작되기 전에도 각 식민지의 평화시의 정부 유지를 위한 경비지출은 매우 컸다. 식민지로부터 아무런 수입도 생길 수 없다면, 이런 경비지출은 완전히 삭감되어야 한다. 비록 평화시의 이런 경상지출이 매우 크다고 하더라도, 전시에 식민지들을 지키기 위해 우리가 지출하는 경비에 비하면 아무것도 아니다. 전적으로 식민지를 위해 치르게 되었던 최근의 전쟁비용은, 이미 본 바와 같이, 9천만 파운드를 넘는다. 1739년의 스페인과의 전쟁은 주로 식민지들을 위해 치러졌고, 그 전쟁에서, 그리고 그 전쟁의 결과 발생한 프랑스와의 전쟁에서 영국은 4천만 파운드 이상을 썼는데, 그 비용의 대부분을 식민지들에 부과하는 것은 공정한 처사이다. 두 전쟁에서 영국은 식민지들을 위해 스페인과의 전쟁이 시작되기 이전의 국가부채 총액의 두 배나 되는 비용을 썼다. 그런 전쟁들이 없었더라면 그 부채는 아마도 지금쯤에는 완전히 상환되었을 것이고, 식민지들을 위해서가 아니었다면, 두 전쟁 중 전자는 일어나지도 않았을 것이고 후자는 확실히 일어나지 않았을 것이다. 이런 비용이 식민지를 위해서 지출된 것은 식민지들을 대영제국의 지방으로 간주했기 때문이다.

그러나 과세 수입에서도 군사력에서도 제국의 유지에 전혀 기여하지 않는 나라들을 제국의 한 지방으로 간주할 수는 없다. 그들은 아마도 제국의 부속물, 즉 제국이 가진 일종의 화려하고 눈부신 장식품으로 간주될 수는 있을지 모른다. 그러나 제국이 더 이상 이런 장식물을 유지하기 위한 비용지출을 감당할 수 없다면, 그들을 포기해야 한다. 그리고 지출에 비례하여 수입을 올릴 수 없다면, 적어도 그 지출을 수입에 맞춰야 한다. 식민지들이 영국에 대한 납세를 거부하고 있음에도 불구하고 그들을 여전히 대영제국의 지방으로 간주한다면, 장래의 전쟁에서 그들을 방위하는 데 드는 비용은 이전의 어떤 전쟁 때의 비용만큼이나 클 것이다.

영국의 통치자들은 과거 1세기 이래 대중들로 하여금 대서양 서쪽에 하나의 거대한 제국을 갖고 있다는 상상(想像)을 하게 함으로써 그들을 즐겁게 해주었다. 그러나 그 제국은 지금까지 다만 상상 속에서만 존재했다. 그것은 이제까지 제국이 아니라 제국 건설계획에 불과했으며, 금광이 아니라 금광 채굴계획에 불과했다. 그 계획에는 이미 거액의 비용이 들었고, 지금도 계속 들어가고 있으며, 또한 만약 그것을 지금까지와 같은 방식으로 계속 추진한다면, 앞으로도 어떤 이윤도 가져오지 않으면서 거액의 비용만 들어갈 것 같다. 왜냐하면, 이미 지적한 것처럼, 식민지 무역의 독점의 결과는 대부분의 사람들에게는 이윤이 아니라 단지 손실만 주기 때문이다. 지금이야말로 우리의 통치자들이 국민들뿐만 아니라 그들 자신도 빠져 있었던 황금빛 꿈을 실현하거나, 아니면 그들 자신이 먼저 이런 꿈에서 깨어나고, 그리고는 국민들을 이런 꿈에서 깨우기 위해 노력해야 할 때이다. 제국 건설 계획을 완성할 수 없다면, 마땅히 그것을 포기해야 한다.

대영제국의 모든 지방들로 하여금 제국 전체를 유지하는 데 기여하도록 할 수 없다면, 지금이야말로 대영제국은, 전시에는 이 지방들을 방위하고 평화시에는 그들의 민간용·군사용 제도들을 유지하기 위해 져 왔던 비용부담에서 스스로를 해방시키고, 그리고 자신의 미래 비전과 계획을 자신의 평범한 실제 사정에 맞추도록 노력해야 할 때이다.

— END —

〈부록〉 백색 청어 어업에 대한 장려금

1. 스코틀랜드의 백색 청어 어업

	선박 수	싣고 간 빈 배럴 (barrel)	잡은 청어 배럴	어선에 지불한 장려금		
				£	s.	d.
1771	29	5,948	2,832	2,085	0	0
1772	168	41,316	22,237	11,055	7	0
1773	190	42,333	42,055	12,510	8	6
1774	248	59,303	56,365	16,952	2	
1775	275	69,144	52,879	19,315	15	0
1776	294	76,329	51,863	21,290	7	6
1777	240	62,679	43,313	17,592	2	6
1778	220	56,390	40,958	16,316	2	6
1779	206	55,194	29,367	15,287	0	0
1780	181	48,315	19,885	13,445	12	6
1781	135	33,992	16,593	9,613	12	6
합 계	2,186	550,943	378,347	155,463	11	0

A. 염장 청어(sea sticks: 바다에서 잡혀 소금에 처리된 청어)의 합계는 378,347배럴이며, 이것의 $\frac{1}{3}$ 인 126,115$\frac{2}{3}$ 배럴을 빼면 매매가능한 포장된 청어 252,231$\frac{1}{3}$ 배럴이 남는다.

	£	s.	d.
B. 염장 청어 1배럴의 평균장려금	0	8	2$\frac{1}{4}$
포장된 청어 1배럴의 평균장려금	0	12	3$\frac{3}{4}$
포장된 청어의 수출장려금(배럴당)	0	2	8
정부가 현금으로 지불한 장려금(배럴당)	0	14	11$\frac{3}{4}$
면제된 소금세(1배럴을 처리하는 데 외국산 소금 1$\frac{1}{4}$부셸이 소요되며, 1부셸에 대한 소금세는 10실링이다.)	0	12	6
1배럴당 장려금	1	7	5$\frac{3}{4}$

C. 청어를 영국산 소금으로 처리하는 경우

	£	s.	d
정부가 현금으로 지불한 장려금(배럴당)	0	14	11 $\frac{3}{4}$
면제된 소금세(1배럴을 처리하는데 스코틀랜드산 소금 2부셸이 소요되며, 1부셸에 대한 소금세는 1실링 6펜스다.)	0	3	0
1배럴당 장려금	0	17	11 $\frac{3}{4}$

D. 청어를 스코틀랜드의 국내소비로 보내는 경우

포장된 청어 1배럴의 평균장려금	0	12	3 $\frac{3}{4}$
(−) 1배럴당 소비세	0	1	0
(+) 면제된 소금세(외국산 소금)	0	12	6
1배럴당 장려금	1	3	9 $\frac{3}{4}$

E. 영국산 소금으로 처리된 청어를 스코틀랜드의 국내소비로 보내는 경우 1배럴당 장려금은 14실링 3 $\frac{3}{4}$ 펜스다.

F. 수출되는 청어에 대한 소금세의 면제는 장려금으로 간주될 수 없을지 모르지만 국내소비용 청어에 대한 소금세의 면제는 분명히 장려금이다.

2. 1771년 4월 5일부터 1782년 4월 5일까지 스코틀랜드로 수입된 외국산 소금과 청어업을 위해 염전에서 면세로 교부된 스코틀랜드 소금의 수량에 관한 보고서

	수입된 외국산 소금 (부셸=84파운드)	스코틀랜드 소금 (부셸=56파운드)
1771년 4월 5일~ 1782년 4월 5일	936,974	168,226
연평균	85,179 $\frac{5}{11}$	15,293 $\frac{3}{11}$

<참고문헌>

Adams, J. *A Voyage to South America* (London, 1807). See under G. Juan and A. de Ulloa.

Anderson, A. *Historical and Chronological Deduction of the Origin of Commerce* (London, 1764)

Anderson, James. *Observations on the Means of Exciting a Spirit of National Industry* (Edinburgh, 1777)

Anderson, James. *Selectus diplomatum et numismatum Scotiae thesaurus*, ed. T. Ruddiman (Edinburgh, 1739)

Anderson, John. *Commonplace Book*

Arbuthnot, C. *Table of Ancient Coins, Weights and Measures* (London, 1727)

Aristotle. *Politics*

Baretti, J. *Journey from London to Genoa through England, Portugal, Spain, and France* (London, 1770)

Bazinghen, M. Abot *de. Traité des Monnoies et de la jurisdiction de la Cour des Monnoies en forme de dictionnaire* (Paris, 1764)

Bell, J. *Travels from St. Petersburg in Russia to Diverse Parts of Asia* (Glasgow, 1763)

Bernier, F. *Voyages* (1710), translated by I. Brock as *Travels in the Mogul Empire by F. Bernier* (London, 1826)

Bible

Bindon, D. *A Political Essay upon Commerce* (Dublin, 1738). See under J. F. Melon.

Birch, T. *The Life of Henry Prince of Wales* (London, 1760)

Blackstone, W. *Commentaries on the Laws of England* (Oxford, 1765~69)

Bolts, W. *Considerations on India Affairs, particularly respecting the Present State of Bengal and its Dependencies* (London, 1772)

Borlase, W. *The Natural History of Cornwall* (Oxford, 1758)

Bouchaud, M. A. *De l'impot du Vingtieme sur les successions et de l'impot sur les merchandises chez les Romains* (Paris, 1766)

Brady, R. *An Historical Treatise of Cities and Burghs or Boroughs* (London,

1711)

Brock, I. *Travels in the Mogul Empire by F. Bernier* (London, 1826). See under F. Bernier.

Buffon. *Histoire Naturelle, translated as Barr's Buffon's Natural History* (London, 1797)

Burman(Burmannus), P. *De vectigalibus populi Romani dissertio* (1714)

Burn, R. *Ecclesiastical Law* (London, 1763)

—— *Justice of the Peace* (London, eds. of 1764 and 1776)

—— *History of the Poor Laws* (London, 1764)

Byron, J. *Narrative of the Hon. John Byron, containing an account of the Great Distresses suffered by himself and his companions on the Coast of Patagonia from the Year 1740 until their Arrival in England 1746* (London, 1780)

Cantillon, R. *Essai sur la Nature du Commerce* (1755)

Carreri, J. F. G. *A Voyage round the World.* See under A. and J. Churchill, *A Collection of Voyages and Travels.*

Cato. *De re rustica*

Chambers, E. *Cyclopaedia* (fourth ed. 1741)

Charlevoix, F. X. de. *Histoire de l'isle espagnole ou de S. Domingue* (Paris, 1730)

—— *Histoire et description generale de la nouvelle France* (Paris, 1744)

Child, J. *New Discourse of Trade* (London, 1694)

Churchill, A. and J. *A Collection of Voyages and Travels* (London, 1704)

Cicero. *Ad Atticum*

—— *De Divinatione*

—— *De Officiis*

—— *In Verrem*

Cobbett, W. *Parliamentary History*, xiv (1747~53)

Columella. *De re rustica*

Daniel, G. *Histoire de France* (1755)

D'Avenant, C.(ed. C. Whitworth), *Political and Commercial Works* (London, 1771)

Decker, M. *Essay on the Causes of the Decline of Foreign Trade* (London,

1740)

De Lange, See under J. Bell, *Travels from St. Petersburg.*

Denisart, J. B. *Collection de décisions nouvelles et de notions relatives a la jurisprudence actuelle* (Paris, seventh ed. 1771)

Derry, T. K. and Williams, T. I. *Description des Arts et Métiers faites ou approuvées par Messieurs de l'Académie Royale des Sciences* (1767~88)

De Ulloa, A. See under Juan G. and De Ulloa, A..

Dion Gassius. *History*

Dionysius of Halicarnassus. *Roman Antiquities*

Dobbs, A. *An Account of the Countries adjoining to Hudson's Bay in the North-West Part of America…with an Abstract of Captain Middleton's Journal* (London, 1744)

Douglass, W. *A Summary, Historical and Political, of the First Planting, Progressive Improvements and Present State of the British Settlements in North America* (London, 1760)

Du Fresne, C. Sieur du Cange, *Glossarium* (1688)

Du Halde, J. B. *Description géographique, historique, chronologique, politique, et physique de l'Empire de la Chine et de la Tartarie chinoise* (Paris, 1735)

Dupont De Nemours, P. S. (ed.) *Physiocratie* (1768)

Dupre De St. Maur, F. *Essai sur les Monnoies, ou reflexions sur le rapport entre l'argent et les denrées* (Paris, 1746)

—— *Recherches sur la valeur des Monnoies et sur les prix des grains avant et aprés le concile de Francfort* (Paris, 1762)

Du Tot. *Réflexions politiques sur les Finances et le Commerce, ou l'on examine quelles ont été sur les revenus, les denrées, le change étranger et consequemment sur notre commerce, les influences des augmentations et des diminutions des valeurs numéraires des monnoyes* (La Haye, 1738)

Duverney, J. Paris. *Examen du livre intitulé Réflexions politiques sur les finances et le commerce* (1740)

Eden, W. *Four Letters to the Earl of Carlisle* (London, 1779)

Edinburgh Review

Encyclopédie (1755)

Ephémérides du citoyen ou bibliothéque raisonée des sciences morales et politiques (Paris, 1766~69)

Expilly, J. J. *Dictionnaire géographique, historique et politique des Gaules de la France* (Paris, 1762~70)

Ferguson, A. *History of Civil Society* (Edinburgh, 1767)

—— *Institutes of Moral Philosophy* (Edinburgh, 1772)

Fleetwood, W. *Chronicon Preciosum* (London, 1707)

Folkes, M. *A Table of English Silver Coins* (London, 1745)

Forster, J. R. *Travels into North America* (Warrington, 1770)

Frezier, A. F. *A Voyage to the South Sea and along the Coasts of Chili and Peru in the years 1712, 1713 and 1714* (London, 1717)

Gee, J. *The Trade and Navigation of Great Britain Considered* (Glasgow, 1760)

Gesnerus, (Gesner) J. M. *Scriptores rei rusticae* (1735)

Gilbert, G. *A Treatise of Tenures* (London, 1757)

Guicciardini, F. *Della Istoria d'Italia* (Venice, 1738)

Gumilla, J. *Histoire naturelle, civile et géographique de l'Orenoque* (Avignon, 1758)

Hailes, Lord(David Dalrymple). *An Examination of Some of the Arguments for the High Antiquity of Regiam Majestatem* (Edinburgh, 1769)

Hale, M. *Discourse touching Provision for the Poor* (London, 1683)

Hanway, J. *An Historical Account of the British Trade over the Caspian Sea* (London, 1753)

Harris, J. *An Essay upon Money and Coins* (London, 1757)

Harte, W. *Essays on Husbandry* (London, 1764)

Hawkins, W. A Treatise of the Pleas of the Crown (London, third ed., 1739)

Herbert, C. J. *Essai sur la police générale des grains, sur leur prix et sur les effets de l'agriculture* (1755)

Hobbes, T. *Leviathan* (1651)

Homer. *Iliad*

—— *Odyssey*

House of Commons. *Journals*, vol. 29 (1761~4)

—— *Reports from Committees of the House of Commons, 1715~801* (First Series) vols. iii, iv and x

Hume, D. *History of England* (London, eds. of 1754 and 1778)
—— *Treatise of Human Nature*
—— *Essays Moral, Political, and Literary*
Of the Rise and Progress of the Arts and Sciences (1742)
Of the Original Contract (1748)
Of Commerce (1752)
Of Refinement in the Arts (1752)
Of Money (1752)
Of Interest (1752)
Of the Balance of Trade (1752)
Of the Jealousy of Trade (1752)
Of Taxes (1752)
Of Public Credit (1752)
Of the Populousness of Ancient Nations (1752)
Hutcheson, F. *A Short Introduction to Moral Philosophy* (Glasgow, 1747)
—— *A System of Moral Philosophy* (London, 1755)
Hutchinson, Thomas, *History of the Colony of Massachu-ssett's Bay* (second ed., 1765~8)

Isocrates. *Against the Sophists*

James, R. A *Treatise of the Diseases of Tradesmen.* See under Ramazzini,B.
Johnson, S. *Journey to the Western Islands of Scotland* (London, 1775)
Juan, G. and De Ulloa, A. *Voyage historique de l'Amêrique mêridionale* (1752), translated by J. Adam, *A Voyage to South America* (London, 1807)
Justamond, J. *A Philosophical and Political History of the Settlements* and *Trade of the Europeans in the East and West Indies* (Edinburgh, 1777). See under G. T. F. Raynal.

Kalm, P. *Travels into North America*, translated by J. R. Forster (Warrington, 1770)
Kames, Lord(Henry Home). *Essays upon several Subjects Concerning British Antiquities* (Edinburgh, 1747)
—— *Historical Law Tracts* (Edinburgh, 1758)
—— *Sketches of the History of Man* (Edinburgh, 1774)

King, C. *The British Merchant* (1721)
King, G. *Natural and Political Observations and Conclusions upon the State and Condition of England* (1688)
Kippax, J. *The Theory and Practice of Commerce* (London, 1751). See under G. de Uztariz.
Knox, J. *A View of the British Empire* (London, 1785)
Knox, W.(attributed to). *The Present State of the Nation* (1768)

Law, J. *Money and Trade Considered* (Edinburgh, 1705)
Livy. *History*
Locke, J. *Essay on Civil Government* (1690)
—— *Some Considerations of the Consequences of the lowering of Interest and raising the Value of Money* (1691)
—— *Further Considerations concerning raising the Value of Money* (1695)
Lowenthal, D.(ed.). Montesquieu, *Considerations on the Causes of the Greatness of the Romans and their Decline* (London, 1965). See under Montesquieu.
Lowndes, W. *Report containing an Essay for the Amendment of the Silver Coins* (London, 1695)
Lucian. *Eunuchus*

Machiavelli, N. *History of Florence* (translated London, 1851)
——. *Discourses on the First Decade of Titus Livius*, translated by N. H. Thomson (London, 1883)
Madox, T. *Firma Burgi* (London, 1726)
——. *History and Antiquities of the Exchequer of the Kings of England. From the Norman Conquest to Edward II* (London, 1711)
Magens, N.(ed. Horsley). *The Universal Merchant* (London, 1753)
Mandeville, B. *The Fable of the Bees* (1723)
Melon, J. F. *Essai Politique sur le Commerce* (Paris, 1734), translated by D. Bindon, *A Political Essay upon Commerce* (Dublin, 1738)
Mercier De La Riviere. *L'ordre naturel et essentiel des societes politiques* (1767)
Messance. *Recherches sur la population des généralities d'Auvergne, de Lyon, de Rouen et de quelques provinces et villes du royaume, avec des reflexions sur la valeur du bled tant en France qu'en Angleterre, depuis*

1674 jusqu'en 1764 (Paris, 1766)
Millar, J. *Origin of the Distinction of Ranks* (1771)
Mirabeau, V. R. *Philosophie rurale ou économie générale et politique de l'agriculture, pour servir de suite à l'Ami des Hommes* (Amsterdam, 1766)
Montesquieu. *Considérations sur les causes de la grandeur des Romains et de leur decadence* (1734)
—— *Esprit des Lois* (1748)
Moreau De Beaumont, J. L. *Mémoires concernant les Impositions et Droits en Europe* (1768~9)
Morellet, A. *Memoires* (1769)
Mun, T. *England's Treasure by Forraigne Trade* (London, 1664)

Necker, J. *Sur la législation et le commerce des Grains* (1775)
Newton, I. *Representation to the Lords of the Treasury* (1717)

Old Statistical Account

Palladius. *De re rustica*
Petty, Sir William. *Political Arithmetick* (London, 1690)
—— *Another Essay in Political Arithmetick, concerning the Growth of the City of London* (London, 1683)
—— *Verbum Sapienti* (London, 1691)
Pfeffel von Kriegelstein, C. F. *Nouvel Abrégé chronologique de l'histoire et du droit publique d'Allemagne* (Paris, 1766)
Plato. *Euthydemus*
—— *Republic*
Pliny. *Natural History*
Plutarch. *Life of Alexander*
—— *Life of Demosthenes*
—— *Life of Lycurgus*
—— *Life of Solon*
Pococke, R. *A Decsription of the East and some other Countries* (London, 1743)
Poivre, P. *Voyages d'un Philosophe, ou observations sur les moeurs et les arts des peuples de l'Afrique, de l'Asie, et de l'Amerique* (1768), translated as

Travels of a Philosopher (Glasgow, 1790)

Polybius. *History*

Postlethwayt, J. *History of the Public Revenue from 1688 to 1753, with an Appendix to 1758* (London, 1759)

Postlethwayt, M. *Dictionary of Commerce* (London, 1774)

Pownall, Thomas. *Letter to Adam Smith, being an Examination of Several Points of Doctrine laid down in his Inquiry into the Nature and Causes of the Wealth of Nations* (London, 1776)

—— *Administration of the Colonies* (1764)

Price, R. *Observations on Reversionary Payments* (London, 1772)

Pufendorf. *De Officio Hominis et Civis Juxta Legem Naturalem*

—— *De Jure Naturae et Gentium*

Quesnay, F. *Analyse* (1766). See under Dupont.

—— *Probleme Economique* (1766)

—— *Tableau Economique* (1757~8)

Raleigh, W. *The Discovere of the large and beautiful Empire of Guina* (1596)

Ramazzini, B. *De morbis artificum diatriba*, translated by R. James, *A Treatise of the Diseases of Tradesmen* (London, 1705)

Raynal, G. T. F. *Histoire philosophique et politique des etablissemens et du commerce des Europeens dans les deux Indes* (Amsterdam, 1775), translated by J. Justamond, *A Philosophical and Political History of the Settlements and Trade of the Europeans in the East and West Indies* (Edinburgh, 1777)

Le Reformateur (1756)

Report from the Committee … appointed to inquire into the Causes of the High Price of Provisions, 1764

Robertson, W. *History of Charles V* (1769)

Rousseau, J. J. *Origin of Inequality* (1755)

Ruddiman, T. *An Introduction to Mr. James Anderson's Diplomata Scotiae* (Edinburgh, 1782)

Ruffhead, O. *Statutes at Large from Magna Charta to the Twentieth Year of the Reign of King George III*, 13v.(London, 1769~80)

Sandi, V. *Principj di Storia Civile della Republica de Venezia* (Venice, 1755)

Saxby, H. *The British Customs* (1757)

Seneca. *De ira*

Skene, Sir J. *Regiam Majestatem. The Auld Laws and Con-stitutions of Scotland. Faithfullie collected furth of the Register, and other auld authentick Bukes, from the Dayes of King Malcome the Second untill the Time of King James the First* (Edinburgh, 1609)

Smith, C. *Three Tracts on the Corn Trade and Corn Laws* (second ed., London, 1766)

Smith, J. *Chronicon Rusticum Commerciale; or Memoirs of Wool*, etc. (London, 1747)

Solorzano-Pereira. *De Indiarum Jure* (Madrid, 1777)

Stair, Lord(James Dalrymple). *Institutions of the Law of Scotland* (1681)

Steuart, Sir James. *Principles of Money Applied to the State of the Coin in Bengal* (London, 1772)

—— *Considerations on the Interest of the County of Lanark in Scotland* (Glasgow, 1769)

—— *Principles of Political Oeconomy* (London, 1767)

Swift, J. *An Answer to a Paper called a Memorial of the Poor Inhabitants and Labourers of the Kingdom of Ireland* (Dublin, 1728)

Theocritus. *Idylls*

Thom, W. *Defects of an University Education, and its Unsuitableness to a Commercial People* (Glasgow, 1762)

Thucydides. *History of the Peloponnesian War*

Turgot, A. J. *Reflections on the Formation and Distribution of Riches* (1766)

Tyrrell, J. *General History of England both Ecclesiastical and Civil* (London, 1700)

De Uztariz, G. *The Theory and Practice of Commerce*, translated by John Kippax (London, 1751)

Ulloa. See under Juan G. and De Ulloa

Varro. *De re rustica*

Virgil. *Georgics*

Voltaire. *Siecle de Louis XIV* (Berlin, 1751)

Whateley, T. (often ascribed to G. Grenville). *Considerations on the Trade and Finance of this Kingdom* (London, 1766)

Whitworth, C.(ed.) C. D'Avenant, *Political and Commercial Works* (London, 1771). See under C. D'Avenant.

Xenophon. *Anabasis*

—— *Hellenica*

『국부론 색인』

〈가〉

〈다〉

〈라〉

〈마〉

〈바〉

〈사〉

〈아〉

〈자〉

〈차〉

〈카〉

〈타〉

〈파〉

〈하〉